Wolfram Bayer (Hg.)

Kontinent Bernhard

Kontinent Bernhard

Zur Thomas-Bernhard-Rezeption in Europa

Herausgegeben von
Wolfram Bayer

unter Mitarbeit von
Claude Porcell

BÖHLAU VERLAG WIEN · KÖLN · WEIMAR

Dieses Projekt wurde gefördert von
der Oesterreichischen Nationalbank (Jubiläumsfonds, Projekt 4354)
und dem Centre National de la Recherche Scientifique, Forschungsbereich 1282,
an der Universität Paris-Sorbonne (Paris IV) unter der Leitung von Jean-Marie Valentin.

Gedruckt mit Unterstützung durch
das Bundesministerium für Auswärtige Angelegenheiten,
das Bundesministerium für Unterricht und Kunst,
das Bundesministerium für Wissenschaft und Forschung
und das Kulturamt der Stadt Wien

Die Deutsche Bibliothek - CIP-Einheitsaufnahme

Kontinent Bernhard: zur Thomas-Bernhard-Rezeption in Europa /
hrsg. von Wolfram Bayer unter Mitarb. von Claude Porcell. –
Wien; Köln; Weimar: Böhlau, 1995
ISBN 3-205-98330-0
NE: Bayer, Wolfram [Hrsg.]

Umschlag von Thomas Kussin unter Verwendung eines Fotos von Oliver Hermann
Satz: Sonderzahl GmbH
Druck: REMA*print*, Wien

Inhalt

Resonanzen: Die Kunst und die Wirklichkeit

Europäische Rezeptionen und Spiegelungen

Vorwort

»So können wir«, verkündet Thomas Bernhards letztes Prosawerk, *Auslöschung*, voller Zuversicht, »so können wir mit Wolfsegg fertig werden, aus der Ferne«. Die vorliegende Bestandsaufnahme der internationalen Bernhard-Rezeption versucht der banal-tiefgründigen Einsicht gerecht zu werden, »daß es außerhalb Österreichs auch noch etwas anderes gibt« und daß das Ausland, wie es weiter heißt, die »Menschheit außerhalb Wolfseggs«, dem Inländer »lebenslängliche[r] Ansporn« sein sollte.

Die hier versammelten Aufsätze zeichnen die Wege nach, die Bernhards Bücher vor und nach ihrer posthumen literarischen Emigration aus Österreich gegangen sind. Aus der Gegenüberstellung von Beiträgen zur heimischen und zur ausländischen Bernhard-Rezeption ergeben sich aufschlußreiche Abweichungen von unseren gewohnten Interpretationsmechanismen. Die vielstimmigen Ansätze der europäischen Bernhard-Kritik bestätigen, daß die Leser, Theaterbesucher und Kritiker anderer Länder einen unbefangeneren Zugang zum »Phänomen Bernhard« finden als wir, die betroffenen Wolfsegger, denen sein Bannstrahl gegolten hat und auch weiterhin gilt – obwohl Bernhard, wie der Blick über die Grenzen zeigt, auch anderswo Publikationsverbote ausgesprochen hat: etwa in Bulgarien.

Die europäische Bernhard-Rezeption kann dem deutschsprachigen Leser in vielerlei Hinsicht Gelegenheit und »Ansporn« sein, das Vorverständnis, das wir den Schriften des »Österreichagitators« entgegenbringen, durch andere Lektüren relativieren zu lassen. So haben Bernhards Bücher im Ausland keiner Kampagnen und medialen Erregungen (und weitgehend keiner offiziellen Weitervermittlung als Kulturexport) bedurft, um erfolgreich ihre Wege zu suchen und ein überwiegend enthusiastisches Publikum zu finden. Bernhard, der anderswo kein Skandalautor ist, sondern höchstens im Ruf steht, einer zu sein, ist trotzdem bekannt geworden: als Schriftsteller, dessen Texte fasziniert gelesen, und auch verehrt werden.

Im Frühstadium der verschiedenen nationalen Rezeptionen war es vor allem das intensive Engagement einzelner Leser – meist Lektoren oder Übersetzer –, das die Verlage dazu bewog, Übersetzungen auf den Markt zu bringen: Das Werk liegt mittlerweile in Frankreich, Spanien, Italien und im angelsächsischen Raum nahezu vollständig vor, und in anderen Ländern wird daran gearbeitet, die letzten Lücken zu schließen. Das Echo auf diese

Übersetzungen zeigt, daß sich wesentliche Wirkungsaspekte in anderen Sprachen erhalten haben. Daß man der Schreibweise Bernhards auch international eine musikalische, fugierte Konstruktion bescheinigt, ist natürlich zuallererst das Verdienst der Übersetzer, die, wie etwa im Ungarischen, ohne Konjunktiv oder, wie in den romanischen Sprachen, mit der Notwendigkeit einer strengen Zeitenfolge und der Unmöglichkeit der Kompositabildung zurechtkommen müssen. Solche mit der deutschsprachigen Kritik übereinstimmenden Befunde zeigen aber auch, daß gerade die formalen Textmerkmale einer Art Bernhardschen Universalsprache zuzurechnen sind, die Angehörigen anderer Kulturen zugänglich gemacht werden kann.

Die Verpflanzung des Werks in andere soziokulturelle und literaturgeschichtliche Kontexte bringt unweigerlich neue Schwerpunktsetzungen der Interpretation mit sich – die mangelnde Vertrautheit mit den Fragestellungen, die der Text bei der Erstveröffentlichung aufgeworfen hat, erweist sich so als durchaus fruchtbar. Generell läßt sich beobachten, daß der österreichische Hintergrund vor dem Herbst 1988 in den meisten Ländern nicht oder nur sehr fragmentarisch wahrgenommen wurde. Bevor das *Heldenplatz*-Modell nachträglich die gesamte Rezeption überlagerte, wurden die Texte daher in ihrer Buchstäblichkeit gelesen, unbelastet z. B. von österreichischer Innenpolitik. So interessierte man sich im Ausland im allgemeinen mehr bzw. früher als hierzulande für formalästhetische Aspekte (wie etwa Erzähltechnik, Komik oder die »Gedankenmusik« der Texte), so daß mitunter – in spiegelbildlicher Umkehrung der Erstrezeption – von den Inhalten abgesehen werden konnte, die sich auch im Ausland als unbequem erwiesen haben: Im Frankreich der späten achtziger Jahre gerieten etwa die Aussagen Professor Schusters in eigenartige Resonanz mit der aktuellen politischen Situation, und in Polen konnte *Die Ursache* wegen der darin enthaltenen Angriffe auf die katholische Kirche bis zum heutigen Tag nicht erscheinen.

Es ist wohl ebenfalls einem Informationsdefizit über Österreich zu verdanken, daß Bernhards Werk von vielen europäischen Kritikern als exemplarische Ausprägung der »österreichischen Seele« oder mitteleuropäischer Geistigkeit gelesen und geschätzt wird. Der »Österreich-Hasser«, der sich und sein Werk literarisch und juristisch ausgebürgert hat, scheint in der Fremde paradoxerweise alle möglichen Spielarten der Austrophilie zu fördern. Das Auslands-Image Österreichs wird mit den Texten durchweg mitrezipiert, entweder als Idylle (»Österreich ist arm und billig, wenig industrialisiert und der Ziehharmonika zugetan«, schrieb noch 1978 der erste spanische Rezensent von *Verstörung*), oder aber als deren Korrektur, die die offiziellen Selbstdarstellungen tilgt oder zurechtrückt. Häufig scheinen die Begriffe »zentral-« oder »mitteleuropäisch« in den Kritiken lediglich dazu verwendet worden zu sein, um auf die völlige Andersartigkeit dieser Literatur hinzuweisen. Sie wurde, den Rezensionen nach zu schließen, als Gegengewicht zu den eigenen literarischen Traditionen verstanden, die erst im Kontrast zu Bernhards Texten als Konventionen sichtbar wurden. Daß Bernhard vielen Autoren Europas als literarischer Orientierungspunkt dient, der ihnen einen Ausbruch aus alten und einen Zugang zu neuen Schreibweisen eröffnet, geht auch aus dem Umstand hervor, daß sehr häufig Schriftsteller als Rezensenten seiner Ersterscheinungen aufgetreten sind. Angemerkt sei, daß die europäische Literaturwissenschaft (in auffälligem Gegensatz zur nordamerikanischen) meist erst nachträglich auf den Plan trat, und zu guter Letzt die Großkritiker, die sich damit begnügten, den einmal etablierten Kanon abzusegnen.

Andrerseits ist die Tendenz unverkennbar, Bernhard nicht als Bestandteil einer österreichischen Nationalliteratur, sondern umstandslos als Weltliteratur aufzunehmen und zu lesen. Daß sich das Werk mit der österreichischen Wirklichkeit auseinandersetzt und aus dieser heraus verstanden werden kann, wird damit zwar unterschlagen; dafür kann die in ihrer Universalität ortlos gewordene Literatur unschwer den eigenen Traditionen eingebürgert werden, so daß Bernhard etwa als »bester Schriftsteller des spanischen Realismus«, als (französischer) »Existentialist« oder, wie in Bulgarien, als »Nationalnihilist« bezeichnet werden konnte. Je größer die geographische und sprachliche Entfernung, desto unterschiedlicher – und für uns aufschlußreicher – sind die Normen und Maßstäbe, die an die Texte angelegt werden.

Die in diesem Band skizzierte Europakarte der Bernhard-Rezeption zeigt uns *den* österreichischen Dichter von außen, gelesen mit den Augen Außenstehender. Die Hoffnung auf einen »Nullpunkt der Verunsicherung« des Rezipienten, auf eine abgeklärte, neutrale Lektüre, die von außerliterarischen Phänomenen gänzlich absieht, bleibt freilich unerfüllt: Die unübersehbare Vielfalt der Herangehensweisen belegt, daß die Widersprüchlichkeit der Texte und ihre paradoxen Wirkungen auch in fremder Umgebung erhalten bleiben. Bernhard ist auch anderswo ein Schriftsteller, der von mehreren Seiten zugleich Zustimmung oder Ablehnung erhält, der die Bedürfnisse junger Schriftsteller, aber auch konservativer Redakteure erfüllt und – völlig konträr – als Bauernschriftsteller oder Dandy, als Nihilist oder Humanist, als »Staatsregisseur« oder Außenseiter, als Nationalschriftsteller oder verfemter Dichter, als Marienverehrer oder Seelenverderber, als Todesengel oder als Lebenshelfer aufgenommen werden kann.

Die Idee zu diesem Sammelband entstand am Rande des Symposiums »Thomas Bernhard et le public« (Universität Paris-Sorbonne, 23. bis 25. November 1991), das von Jean-Marie Valentin und Claude Porcell geleitet und vom Österreichischen Kulturinstitut Paris (Rudolf Altmüller), dem Centre National de la Recherche Scientifique (Forschungsbereich 1282) und dem Germanistischen Institut der Universität Paris-Sorbonne (Paris IV) veranstaltet wurde. Die Beiträge von Wendelin Schmidt-Dengler, Franz Eybl, Martin Huber, Claude Porcell, Jean-Marie Winkler und Wolfram Bayer sind überarbeitete und aktualisierte Fassungen der dort gehaltenen Vorträge. Das abschließende Round-table-Gespräch gibt eine der Diskussionen des Symposiums in geraffter Form wieder; es wurde von Claude Porcell redigiert. Die hier versammelten Aufsätze sind durchweg Originalbeiträge.

Allen, die zum Zustandekommen dieser Publikation beigetragen haben, sei hier sehr herzlich gedankt.

Wien, im Jänner 1994 *W. B.*

Lektüren: Umspringbilder und Gegenmodelle

Wendelin Schmidt-Dengler

Die Tragödien sind die Komödien
oder Die Unbelangbarkeit Thomas Bernhards durch die Literaturwissenschaft

1. »Leberknödelsuppe oder Frittatensuppe«

Alle Figuren Bernhards, ob sie im Drama agieren oder in den Erzählungen auftreten, werden vor Entscheidungen gestellt. Je genauer sie sich die möglichen Alternativen, die einander im landläufigen Sinne ausschließen, ansehen, umso unsicherer werden sie und umso ähnlicher werden einander die Oppositionspaare. Mit der gefällten Entscheidung ist auch die Entscheidung für das Unglück gefallen: Der Erzähler in *Die Mütze* lebt die Situation eines Menschen am Scheidewege durch; aber es gibt keine wie immer geartete Instanz, die ihm Argumentationshilfen anbietet:

> Ich habe eine große Abneigung gegen Parschallen. Burgau ist häßlich, Parschallen nicht. So sind auch die Menschen in Burgau häßlich, in Parschallen nicht. Burgau hat einen fürchterlichen Geruch, Parschallen nicht. Aber für meine Zustände ist Burgau besser. Trotzdem bin ich heute nach Parschallen gelaufen. Und auf dem Weg nach Parschallen habe ich dann die Mütze gefunden. (E 73)

Und die Auffindung der Mütze führt denn auch zu dem katastrophalen Zustand, aus dem heraus der Bericht geschrieben wird. Der Raum, in dem die Entscheidung stattfindet, wird ausgespart: Wir haben keinen Anteil an diesem Moment der Dezision, und je mehr wir uns auf die Rede Bernhards einlassen, umso stärker wird das Gefühl, daß wir von ihm allein gelassen werden. Ungleich leichter, ja geradezu komisch wirkt da die Entscheidung, vor die sich der Theatermacher Bruscon gestellt sah: »Leberknödelsuppe / oder Frittatensuppe / das war immer die Frage / bis ich mich endgültig / für die Frittatensuppe entschieden habe«. Hier geizt der Redende auch nicht mit einer Begründung: »Wenn wir am Nachmittag Leberknödelsuppe essen / können wir am Abend nicht Theater spielen« (St4 38f.). Mit der Frittatensuppe wird der gebrechliche Bruscon denn auch völlig zufriedengestellt: »[...] eine so gute Suppe / hat es schon lang nicht gegeben / eine so gute Frittatensuppe« (62). Freilich lassen sich nicht alle Alternativen so leicht aus der Welt schaffen wie die von Frittaten- und Leberknödelsuppe. Bernhards Figuren agieren unter Entscheidungszwang, und weil sich diese Alternativen als nicht behebbar erweisen, drohen sie, irrelevant zu werden. Er rede vom Tod wie von einer Semmel, hat Bernhard – sehr zum Ärger Franz Schuhs – in einem Interview gesagt, und die Annahme, daß in diesem Figurenkosmos die Alternative von Frittaten- und Leberknödelsuppe dieselbe Triftigkeit erhalten könnte wie die von Leben und Tod, ist so abwegig nicht. Der Zusammenfall der Gegensätze wird zum geradezu scholastisch angewendeten Argumentationsmodell und zugleich auch zum Ferment eines Schreibens, das nicht mehr emphatisch auf Wahrheit beharrt und im Hintergehen der Wahrheit durch die Lüge sogar die Wahrheit erkennen will: »Die Wahrheit, die wir kennen, ist logisch die Lüge, die, indem wir um sie nicht herumkommen, die Wahrheit ist. Was hier beschrieben ist, ist die Wahrheit und ist doch nicht die Wahrheit, weil es nicht die Wahrheit sein kann.« Und ein wenig später hat sich – ähnlich wie der gebrechliche Bruscon mit der Frittatensuppe – der Erzähler in *Der Keller* mit folgender Einsicht zufriedengegeben: »Letzten Endes kommt es nur auf den Wahrheitsgehalt der Lüge an.« (Ke 33) Ich will unentschieden lassen, ob damit in einem emphatischen Sinne Bernhard den Wahrheitsgehalt seiner Kunst riskiert; daß diese Zeilen indes eine Provokation enthalten, steht außer Zweifel, auch wenn Bernhard in der Folge eben die »Aufrichtigkeit« für diese Aussage verantwortlich macht.

»Wahrscheinliches, Unwahrscheinliches« hätte der ursprüngliche Titel der Kurztextsammlung *Der Stimmenimitator* lauten sollen[1], in der es heißt, Stanislaw Jerzy Lec hätte immer die Wahrheit gesagt: und dazu gehört seine wohl auch absurde Behauptung, daß die gefährlichsten Gegner des Regimes unter dem Nowy Swiat in Warschau verscharrt seien (Sti 135). Indem – so würde ich vorsichtig formulieren – Bernhard die Lüge hart an die Wahrheit heranführt, erschließt er ihr eine neue Dimension, mag die Alternative von Lüge und Wahrheit fast auf der Ebene handeln, auf der auch die Alternative von Frittatensuppe und Leberknödelsuppe gehandelt wird. Dem Wort »egal« wird am Ende von *Der Keller* eine geradezu hymnische Eloge zuteil: »Ein schönes, ein klares, ein kurzes, einprägsames Wort: *egal*.« (Ke 118) Es ist alles egal, weil Egalität unmöglich ist, kann man aus diesen Worten folgern: Der Mann hinter dem Preßlufthammer oder der Mann hinter der Schreibmaschine – beide verzweifeln. Es wäre nun ein Leichtes, Bernhard aus allen Verpflichtungen zu entlassen und als einen Propheten der Gleichgültigkeit hinzustellen, der sich aus allen die gesellschaftliche, ja die ethische Verantwortlichkeit betreffenden Fragen verabschiedet und alle Verbindlichkeiten aufgegeben habe, um das Spiel des »Lachphilosophen« mit der Geste eines barocken Theatermachers zu betreiben. Akademische Skepsis und stoische Ataraxie würden die Weltsicht bestimmen. Somit hätte ihn auch die Literaturwissenschaft dort, wo sie ihn so gerne antreffen und belangen möchte: Als den heimlichen Fortsetzer jener österreichischen Barocktradition, der den überkommenen Ordo-Begriff negativ aufgefüllt hätte, als den, der etwas just dadurch bestätigt, daß er es verneint.

Die Wiederholung analoger Antithesen in Bernhards Schriften führt nun denn auch dazu, sein Werk immer von solchen Gegensätzen her zu begreifen. Das Prinzip Bernhards, die Gegensätze aufzuheben, wird auch von den Kritikern übernommen, um die somit entstehende Verunsicherung zu paralysieren. Ich meine aber, daß es sinnvoll ist – und für den Komplex Wahrheit/Lüge müßte dies noch eindringlicher andernorts geleistet werden –, nun genauer auf diese antithetische Denkform einzugehen und ihre Funktion für das vorliegende Gesamtwerk zu betrachten. Es scheint mir dabei gar nicht so wesentlich, zwischen den Aussagen Bernhards und seiner Protagonisten zu trennen; auch wenn wir seinen Versicherungen, alles in seinen Büchern sei künstlich, folgen wollen, so ist doch das, was er über Kunst sagt, eben dadurch, daß es künstlich ist, für den Text verbindlich. Ist, so wollen wir fragen, diesem finalen Statement in *Der Keller*, daß alles egal wäre, so zu trauen, daß wir daraus auch gültige Aussagen über Bernhards Verfahren ableiten können?

2. Die »Komödientragödie«

In jedem Fall ist dieses Spiel der Antithesen für Bernhards Werk verbindlich geworden. Und die Kritik hat es auch willig übernommen und darin die Kennzeichnung des diffizilen Charakters der Bernhardschen Poesie erblicken zu können gemeint. Indes lohnt es sich, einmal einer dieser Antithesen nachzugehen, und für die Konstitution seines Werks scheint mir eine besonders relevant zu sein – die Antithese von Komödie und Tragödie. Selbst wenn man deren Zusammenfall als Resultat des Vergleichs im vorhinein anzunehmen geneigt ist, so wäre doch die Frage zu stellen, warum Bernhard immer wieder auf diese Antithese zurückkommt, ja warum denn auch so viele seiner Schriften auf diese konventionellen Gattungsbezeichnungen nicht verzichten. Vielleicht wird daraus eben auch so etwas wie eine Dynamik innerhalb des Bernhardschen Werkes erkennbar, um auf den dubiosen Begriff der Entwicklung einmal zu verzichten. *Ist es eine Tragödie? Ist es eine Komödie?* – dieser Titel ist mittlerweile geradezu zum geflügelten Wort geworden (vgl. E 81-89). Es sei erlaubt, von hier aus einmal die Frage anzuvisieren; der Erzähler dieser Geschichte schreibt über das Theater – ein Unterfangen, dessen Vollendung – naturgemäß – nicht absehbar ist. Er geht in den Volksgarten, also just in die Nähe des Burgtheaters, das für Bernhards Schaffen eine so zentrale Bedeutung bekommt und das so viele seiner Texte umkreisen, als stünde es als Tabernakel im Zentrum seiner Kunst. Und da überkommt ihn die Lust, dieses Theater, dem er so viel denkerische Anstrengung widmet, zu vernichten – eine Tötung *in effigie*: er zerreibt die Theaterkarte zwischen Daumen und Zeigefinger, er tut dies, um »das Theater zu zerreiben« (E 83). Und dann wird er von einem seltsamen Mann angesprochen, einem Mann, der, wie der Erzähler wahrnimmt, Frauenkleider trägt, Frauenhalbschuhe, einen Frauenhut, ja auch einen Frauenwintermantel. Und dieser Mann, dessen Geschlecht durch die Tracht zweideutig wird, betont, daß er etwas nicht wissen will: »Für mich ist das äußerst interessant, einmal *nicht* zu wissen, was gespielt wird. Ist es eine Komödie? Ist es eine Tragödie?« (E 84) Der Erzähler entläßt uns auch, ohne daß wir endgültig erfahren, was den Mann so unglücklich macht: Es »sind *ihre* Kleider«, sagt er plötzlich, an einer Stelle in das Wasser des Donaukanals hineinblickend, wo sich vor zweiundzwanzig Jahren und acht Monaten etwas ereignet hätte. Und dann aber der kryptische Schluß:

> Und wenn Sie glauben, daß es in den Strafanstalten ein Vergnügen ist, so irren Sie sich! Die ganze Welt ist eine einzige Jurisprudenz. Die ganze Welt ist ein Zuchthaus. Und heute abend, das sage ich Ihnen, wird in dem Theater da drüben, ob Sie es glauben oder nicht, eine Komödie gespielt. *Tatsächlich* eine Komödie. (E 89)

Mann oder Frau, Tragödie oder Komödie – die Wahrheit kommt in Verkleidung, und eine Entscheidung wird gefällt, die Findung der Entscheidung bleibt im dunkeln. Dieser Text Bernhards dürfte, so meine ich, einmal *sensu allegorico* auf das Gesamtwerk übertragen werden: Das Theater selbst wird nicht betreten, aber die Frage, was in diesem Theater geschieht, bewegt; die Frage kann aber nur von uns beantwortet werden, und sie wird beantwortet, und zwar zuletzt zugunsten der Komödie.

Im Werk Bernhards räsonieren die Figuren allenthalben über Komödie und Tragödie; einige einschlägige Beispiele, zunächst einmal die Worte des Malers aus *Frost*: »Ich habe Mitleid mit dieser Tragödie, mit dieser Komödie, ich habe *kein* Mitleid mit dieser Tragödie, Komödie, mit dieser von mir allein erfundenen Komödientragödie, mit diesen von mir allein erfundenen Schatten [...].« (F 189) Parallel dazu in *Der Keller*, dreizehn Jahre später publiziert: »Zuerst habe ich hundertprozentig eine Tragödie aufgeführt und dann eine Komödie und dann wieder eine Tragödie, und dann vermischte sich das Theater, es ist nicht mehr erkennbar, ob es eine Tragödie oder eine Komödie ist.« (Ke 114) Ich halte es nicht für eine Überinterpretation, wenn ich davon ausgehe, daß Bernhard hier das Patentrecht für seine Form des Dramas beansprucht und es nicht damit getan ist, seine Versuche einem *genus mixtum* zuzuschreiben, wie es etwa die Tragikomödie ist, deren Konturen einigermaßen scharf faßbar sind. Einschlägig diskutiert findet sich dieser Komplex zuletzt bei Willi Huntemann, der mit Recht betont, daß Bernhard weiter ginge »als die moderne Tragikomödie, die sich als Genre wenigstens noch ernst nimmt, wenn auch Komik und Tragik in ihr bis zur Untrennbarkeit miteinander verschmelzen«[2]. Ob allerdings Bernhards Behandlung von Komik und Tragik dem von Adorno für die Moderne als typisch statuierten »Absterben von Alternativen« entspricht, möchte ich doch bezweifeln, zumal Huntemann selbst mit Grund darauf aufmerksam macht, daß »erst in der Text-Leser-Interaktion [...] diese Ambivalenz glaubhaft realisiert [wird], insofern die inhaltsseitige Botschaft der Tragik und die formseitige Botschaft der Komik einander auszuschließen scheinen«[3]. Ob der Tragik ausschließlich die »inhaltsseitige Botschaft« zugehört und der Komik die »formseitige«, wäre auch noch eingehender zu diskutieren; die Trennung von Form und Inhalt bewährt sich hier einmal mehr nicht. Viel eher scheint mir Bernhard gerade diese Entscheidung, ob es sich um Tragik oder Komik handelt, aus den Texten selbst ausgelagert und dem Leser oder Zuschauer die Entscheidung darüber überlassen zu haben (sieht man einmal von den Texten ab, die – wie einige der Dramolette – unzweifelhaft als Farcen zu erachten sind). In jedem Falle sind diese Texte sowohl von ihrer Komik wie auch von ihrer Tragik her zu lesen; sie funktionieren nach dem Modell von Umspringbildern, und der Zuschauer (also der Leser) hat nun die Möglichkeit, blitzschnell im Lesen mal die eine, mal die andere Sicht der Sache wahrzunehmen. Der Text »Empfindung« aus *Der Stimmenimitator* projiziert diese Einsicht aus der Sphäre der Rezeption in die der Produktion zurück: Ein Theaterschriftsteller hat damit Erfolg, daß er »im Gegensatz zu seinen erfolglosen Kollegen ehrlich genug sei, seine Komödien immer als Tragödien, seine Tragödien aber immer als Komödien auszugeben« (Sti 117). Und Bernhard Minetti bestätigt mittelbar sehr deutlich die These vom »Umspringbild« in seinen Memoiren:

> Bernhard ist für mich der absolute Souverän auf dem Gebiet der Tragikomödie. Wie oft treffe ich Zuschauer aus meinen Bernhard-Aufführungen, die mir jeweils dieselbe Stelle zitieren: Die einen finden sie komisch, die anderen tragisch, aber ich denke weder an Komik noch an Erschütterung, während ich sie spiele. Ich spüre da immer wieder den philosophischen Punkt, an dem ich zu fragen beginne. Wie definieren wir Existenz? Aus der komischen Perspektive, aus der erhabenen, aus der tragischen? Sind wir wie Tiere, sind wir Heroen oder Kümmerlinge? Je nachdem, wie wir uns verstehen, handeln und erleben. Aber wir wechseln auch zwischen all diesen Definitionen hin und her, als wären sie nur Empfindungen.[4]

Offenbar unbewußt hat Minetti genau so wie Bernhard den Akzent auf »Empfindung« gelegt. Die Gegensätze existieren nebeneinander, und die Virtuosität Bernhards offenbart sich gerade darin, daß er dem Leser die Möglichkeit gewährt, diese Grenzüberschreitung zu vollziehen und ihn so in unvergleichlicher Weise zu aktivieren. Er scheint zum Stepdancer zu werden, der blitzschnell die Grenze von Komik und Tragik betanzt.

Die französischen Stellungnahmen zu Bernhard haben auf diese Positionierung stets Bezug genommen. Erika Tunner meint, der Bouffonnerie Bernhards würde definitorisch nur ein langer »monologue bouffon« gerecht werden;[5] Michel-François Demet vergleicht den »Witz« bei Novalis mit Bernhards Witz[6], und Claude Porcell leitet seinen Essay über das Theater Bernhards wie folgt ein: »Bernhard brouille les cartes, on le sait, des genres littéraires. La ›tragédie‹ se donne sans cesse pour une ›comédie‹, et ›et inversement‹«[7]. Jean-Louis de Rambures sprach von einer »énorme farce shakespearienne«.[8] Chantal Thomas schließlich leitet ihre Bernhard-Monographie mit einem Kapitel über »Le rire tragique de Thomas Bernhard« ein.[9] Dieser in den achtziger Jahren hergestellte Konsens, der meist aus der Kenntnis aller Schriften aus den siebziger Jahren stammt, ist begreiflicherweise in der früheren deutschen Fachliteratur nicht anzutreffen; der erste Hinweis auf eine derartige Rezeption der Schriften Thomas Bernhards stammt von Eckhard Henscheid und wurde unter dem Titel »Der Krypto-Komiker: Wie der österreichische Schriftsteller Thomas Bernhard seine Bewunderer, seine Kritiker und wahrscheinlich sich selber an der Nase herumführt« 1973 veröffentlicht.[10] Henscheid riet darin, man möge vorerst dem Manne nicht trauen. Dabei hätte eine sorgsame Lektüre der Schriften Bernhards bis dahin bereits deutlich machen können, daß es diesem Autor bereits immer um die Komödie gegangen war. Dies soll nun in Kürze skizziert werden, wobei, wie ich meine, sich so etwas wie eine Werkgeschichte und vor allem Poetologie auch der späten Schriften Bernhards ergibt.

3. Vom Schein zum Vorschein

Die Ambivalenz von Tragik und Komik ist – wie bereits angedeutet – auch von der deutschsprachigen Kritik nicht unbemerkt geblieben. Herbert Gamper notiert 1977 mit Bezug auf die »Komödie« *Die Macht der Gewohnheit*: »Es ist die Komik oder Tragik Caribaldis, daß sein Kunstwille ihm zur Gewohnheit wird, die ihn beherrscht und also statt dem Ziel ihn näherzubringen immer weiter davon entfernt.«[11] Wieso nun die Kritik meist in dieser Ambivalenz verharrt, ist ein Punkt, der der genaueren Prüfung bedarf. Zunächst sind es die bereits teilweise zitierten Reflexionen, mit denen Bernhard selbst seine Vorstellung von der Tragödie oder Komödie und ihrer »Grenzauflösung«[12] umreißt. Doch je genauer wir hinsehen, umso deutlicher zeigt sich, daß zwar die Komödie und Tragödie ident gesetzt werden, daß aber zugleich diese Identitätsformeln immer wieder unterlaufen werden.

Gamper hat in einer jüngeren Analyse des *Theatermachers* gemeint:

> Ab etwa der Mitte der siebziger Jahre hat Bernhard die in den ersten Stücken und vor allem in den großen Prosawerken entfalteten Themen und Motive mehr und mehr als formelhafte Versatzstücke zu immer neuen Variationen eines mehr oder weniger konstanten Musters montiert, wobei sie häufig zur routinemäßig wiederkehrenden, ohne Kenntnis der Werkgeschichte kaum mehr verständlichen Abbreviatur verkürzt, oder verzerrt und ins Lächerliche gezogen sind.[13]

Auch wenn man der darin implizierten Wertung nicht zustimmt, so ist doch die Beobachtung für das Gesamtwerk Bernhards zutreffend: Der Fundamentalsatz Bernhards: »Es ist alles lächerlich, wenn man an den *Tod* denkt«[14], gilt sowohl für die Zeit vor dieser mit Mitte der siebziger Jahre angegebenen Zäsur wie auch für die danach. Allerdings steht in der Epoche vorher das Tragische und Beklagenswerte, der Schrecken und Jammer, das Denken an den Tod im Vordergrund, nur allmählich wandelt sich dies, und der Tod tritt mehr und mehr in den Hintergrund und wird zur Folie, auf der ein Geschehen umso komischer wirkt. Markiert wird diese, wie ich meine, keineswegs scharfe Trennungslinie durch die Sammlung von Kurztexten *Der Stimmenimitator*, worin der Text mit dem Titel »Ernst« eben jene Ambivalenz nachhaltig beschwört: Ein unerhört erfolgreicher Komiker posiert auf dem Felsvorsprung über der Salzburger Pferdeschwemme vor einer Ausflüglergruppe, die in lautes Gelächter ausbricht, als er – mit dem Tirolerhut auf dem Kopf – ankündigt, er werde sich in die Tiefe stürzen: »Der Komiker soll aber gesagt haben, daß es ihm ernst sei und habe sich tatsächlich und augenblicklich in die Tiefe gestürzt.« (Sti 48) Gampers Kritik an Thomas Bernhard läuft nun darauf hinaus, daß er die Texte Bernhards durch die Lächerlichkeit ausgehöhlt sieht und sie dadurch ihrer Substanz verlustig wähnt. Seine Ausführungen beschließt er mit dem Satz:

> In dieser Zeit ohne Alternative und Perspektive, wo das zu universaler Geltung gelangte Prinzip kapitalistischen Wirtschaftens zum beherrschenden des alltäglichen Verhaltens wie der Politik geworden ist, [in dieser Zeit, da] die große Mehrheit, um nicht die Abwesenheit eines humanen Lebensinhalts und -zwecks wahrnehmen zu müssen, willentlich, süchtig, sich betäuben läßt und betäubt im mehr und mehr sich ausbreitenden und verdichtenden Nebel der das tägliche Leben totalitär vereinnahmenden Unterhaltungsindustrie ..., in dieser Zeit *mußte* Thomas Bernhard zum Erfolgsautor werden. Er reflektiert sie unbestechlich und ist zugleich ihr Produkt; affirmative Praxis und kritischer Verbalradikalismus halten sich die Waage. Damit kann die Intelligenz, im bestätigten Bewußtsein, ohne Illusionen zu sein, kommod weitermachen wie gewohnt.[15]

Ich meine, daß diese Kritik nicht ernst genug genommen werden kann; Bernhard würde raffiniert mit jener Gleichgültigkeit spielen, zu der uns die kapitalistische Marktlage verurteilt: Egal ist es, ob es eine Komödie oder eine Tragödie ist, und weil wir nichts mehr zu beklagen haben, weil uns selbst die Utopie eines besseren oder auch nur anderen Zustandes abhanden gekommen ist, haben wir uns der Farce anheimgegeben, dem Lächerlichen. Indem wir schreiben, dienten wir diesem Lächerlichen, das uns über die Zeit und damit über das Leben hinweghilft. Der Jokus ist wie das Tragische affirmativ; und das erinnert schon an eine frühe Kritik, die vor Jahren Michael Scharang geäußert hatte, nur kam er von der anderen Seite, er kam von der Seite des Todes: »Diejenigen, die bei Bernhard in Tod und Metaphysik flüchten, flüchten in der Realität leicht in den Faschismus«, hieß es da.[16] Diese Kritiken, deren Ausgangspunkt so unterschiedlich ist – in einem Falle die Todesfaszination, im andren das Spiel des »Krypto-Komikers« –, konvergieren in dem Moment, daß sie Bernhard unterstellen, seine Texte würden – manchmal sehr virtuos, manchmal auch weniger – um ein Nichts kreisen und damit jede kritische und dialektische Auseinandersetzung mit der Wirklichkeit unterbinden. Und nochmals Gamper: »Bernhards Denken spielt sich in Aporien ab, in Gegensätzen, die keine wirklichen Alternativen sind: *einerseits – andererseits*, weitgehend mechanisch, vereinzelt sogar sinnwidrig gebraucht, ist davon die erstarrte Formel.«[17] Die Alternativen sind demzufolge Scheinalternativen; und selbst wenn sie dies wären, so wäre doch zu fragen, ob sie nicht etwas zum Vorschein bringen.

4. Die totale Komödie

Die Kritik Gampers ist einem moralischen Impetus verpflichtet, der in Ehren halten möchte, was die Irritationstechnik Bernhards dekomponiert: Den sittlichen Auftrag der Dichtung, Widerstand zu leisten gegen Gleichgültigkeit und Passivität, Widerstand zu leisten gegen alle Entstellungen des Humanen. Vor einem Tribunal, das solchermaßen mit Bernhard ins Gericht geht, scheint ihm ein Anwalt zu fehlen und die Verteidigung schwer. Auch ich will hier zu keiner Apologie ansetzen, meine aber, daß einem Autor doch auch auf dem Feld begegnet werden dürfe, auf dem er mit seinem Verfahren umgeht. Der Poetik Bernhards ist eine zumindest vertretbare Argumentationshilfe für eine Lektüre zu entnehmen, die sein Verfahren im Umgang mit jenen Texten nicht nach dem Feingehalt des Moralgoldes in den Texten befragt, sondern ihre Organisation überprüft und dabei versucht, die Funktion eben dieser bloß als scheinhaft kritisierten Alternativen genauer zu beleuchten.

Daß Bernhard offenkundig mit der Gattungsbezeichnung »Komödie«

etwas im Sinne hatte und mit dieser Terminologie keinen arbiträren Umgang pflegte, läßt sich bereits den frühen Schriften entnehmen und wird in den späteren Arbeiten noch um einiges deutlicher. Ich meine sogar, daß es ihm – etwas überspitzt formuliert – um eine Poetik der Komödie zu tun ist und daß dies sich auch belegen läßt. Die ideal konzipierte Komödie scheint – und dies geht auch aus den bereits aus *Frost* und *Der Keller* zitierten Stellen hervor – das Telos einer Entwicklung darzustellen. In *Ungenach* merkt der Rechtsanwalt Moro in einem recht dunklen Monolog an: »Wem es gelingt, auf dem Totenbett eine Komödie oder ein reines Lustspiel zu schreiben, dem ist alles gelungen.« (U 44) Und der Theatermacher Bruscon hat den Plan einer universalen Komödie: »Die Idee war ja / eine Komödie zu schreiben / in der alle Komödien enthalten sind / die jemals geschrieben worden sind« (St4 99).

Mit gutem Grund ist bemerkt worden, daß im Augenblick des höchsten Entsetzens auch das Lachen seinen Platz hat; so z. B. am Ende von *Ein Fest für Boris*: Die Gute bricht, nachdem alle die Bühne verlassen haben und sie mit dem toten Boris allein ist, »in fürchterliches Gelächter aus«[18]. Komik entsteht bei Bernhard immer durch Lächerlichkeit; der Erzähler in *Die Mütze* ist blutig:

> Ich selber aber *weiß*, daß mein Rock blutig ist. Ich habe auch gar nicht versucht, meinen blutigen Rock zu reinigen. Noch vor dem Spiegel bin ich in Gelächter ausgebrochen, und während dieses Gelächters habe ich dann gesehen, daß ich mir ja das Kinn aufgeschlagen habe, daß ich eine schwere Körperverletzung an mir herumtrage. Merkwürdig, wie du mit einem aufgeschlagenen Kinn ausschaust, habe ich mir gedacht, wie ich mich im Spiegel mit dem aufgeschlagenen Kinn gesehen habe. Abgesehen davon, daß mich diese Kinnwunde entstellte, meine ganze Person hatte auf einmal auch noch einen unübersehbaren Zug ins Lächerliche, ja, in die absolute menschliche Komödie, und ich mir das Blut aus der Kinnwunde auf dem Heimweg ohne mein Wissen mit den Händen ins ganze Gesicht bis hoch in die Stirn hinauf geschmiert hatte, *in die Haare!* abgesehen davon, hatte ich mir auch meine Hose zerrissen. (E 70)

Die Erfahrung der Lächerlichkeit macht den Menschen bewußt, daß sie Akteure in einer Komödie sind. Diese Poetik der Lächerlichkeit bestimmt auch die Konzepte in dem Roman *Frost*: »Keine Tragödie regt die Welt auf. *Nichts ist tragisch.* Das Lächerliche sei ›allgewaltiger als alles andere‹. Innerhalb des Lächerlichen gebe es ›Tragödien, in die man vorstößt, ohne mit einem Licht ausgerüstet zu sein, in ein finsteres Bergwerk‹. Verzweiflung sei in der Lächerlichkeit.« (F 258f.) Die Komödie entsteht, so eine Bemerkung des Fürsten Saurau in *Verstörung*, nicht zuletzt dadurch, daß das Lächerliche an den Menschen »*ihre totale Unfähigkeit, lächerlich zu sein*« (V 174) ist. Und in *Kalkwerk* wird diese Poetik der Komödie konsequent fortgesetzt; denn dadurch, daß es das Komische gibt, wird das Lächerliche erst erträglich: »Aber nichts sei komischer als alles und dadurch, soll er [*sc.* Konrad] gesagt haben, ist ja alles erträglich, weil es komisch ist. Wir haben nichts anderes als den Inbegriff der Komödie auf der Welt und wir können tun, was wir wollen, wir kommen aus der Komödie nicht heraus, der Versuch der Jahrtausende, die Komödie zu einer Tragödie zu machen, hat naturgemäß scheitern müssen [...].« (Ka 70) So betrachtet, entsteht nun – und das konnte Alfred Barthofer bereits in seiner Studie zeigen – so etwas wie eine im Kontext Bernhard kohärente Komödientheorie, deren Aufgabe eine kompensatorische ist: Sie ist allein in der Lage, die Lächerlichkeit zu steuern, der sie wiederum ihre Existenz verdankt. Da angesichts des Todes alles lächerlich ist, ist die Tragödie eine Methode, die nichts gegen diese Lächerlichkeit vorbringt, nicht einmal eine vorübergehende Linderung. Bernhards Figuren erfahren sich alle in ihrer Lächerlichkeit, und in der Folge geht es denn auch darum, daß die Bernhardschen Protagonisten (und mit ihnen ihr Autor) sich dem Komödienprogramm widmen. Es ist, als würde das Tragische lächerlich: dieses bemißt sich stets durch die Fallhöhe, aber die Stürze Bernhards sind, so bewegend sie sein mögen, nur ein Stolpern.

Die Bezeichnung »Komödie« scheint bei Bernhard nicht beliebig, wobei auffällt, daß in der Gesamtausgabe der Stücke von 1969 bis 1981 aus dem Jahre 1983 eben die Gattungsbezeichnung »Komödie« fehlt, obwohl diese bei *Die Macht der Gewohnheit*, bei *Immanuel Kant*, bei *Über allen Gipfeln ist Ruh* und vor allem aber bei *Vor dem Ruhestand* als »Eine Komödie von deutscher Seele« überaus angebracht wäre. Wie wichtig es ist, hier bis in die ersten Veröffentlichungen zurückzugehen, erhellt aus dem Umstand, daß gegen Ende von Thomas Bernhards Werk die Gattungsbezeichnungen in einen vielschichtigen und aufschlußreichen Zusammenhang treten. Und davon soll nun abschließend die Rede sein.

5. *Unter Greisen und Narren*

Eine kleine Umstellung in der Entstehungschronologie gegenüber der Erscheinungschronologie ist vielleicht vonnöten: *Auslöschung* (erschienen 1986) ist mit Sicherheit vor *Alte Meister* (erschienen 1985) entstanden, so daß es für diesen Zusammenhang angebracht ist, die Texte in dieser Reihenfolge zu erörtern.[19] In *Auslöschung* erleben wir den Helden und Ich-Erzähler Murau im Zustand der Lächerlichkeit, die er (ähnlich wie der Erzähler in *Die Mütze*) vor dem Spiegel studiert, den er zu allem Überfluß auch selbst hergestellt hat. Murau ist zum Begräbnis der Eltern und seines Bruders auf das väterliche Gut Wolfsegg gekommen; er steht nackt auf dem Gang, seine Schwester Amalia sieht ihn, er streckt die Zunge heraus – ein Vergnügen, das er sich ihr gegenüber schon mehr als dreißig Jahre nicht erlaubt hat ... Das Ergebnis dieser Vorstellung ist so erfolgreich, daß er es für sich selber gleich nochmals – nun vor dem Spiegel – probiert:

> Ich pinselte mein Gesicht ein und sah mich im Spiegel als Spaßmacher, der sich gleich selbst die Zunge herausstreckt und dem dieses Zungeherausstrecken solchen Spaß machte, daß er es gleich mehrere Male, sozusagen sich selbst zum Spaß, wiederholte. Es gibt nichts Angenehmeres, als sich nach einer solchen, wenn auch kurzen, so doch anstrengenden Reise, zu rasieren. So nackt vor dem Spiegel stehend, mit herausgestreckter Zunge gegen mich, hatte ich nicht das Gefühl, ein Mensch zu sein mit einer geringeren Lebenserwartung, wie ich bis jetzt geglaubt hatte. (A 431f.)

Der Spaßmacher tröstet sich über den betrüblichen Gesundheitszustand hinweg, und gleich darauf setzt sich die Theatermetaphorik fort. Seine Eltern und sein Bruder sind bei einem Autounfall umgekommen – das war die Tragödie, aber diese Tragödie ist noch nicht zu Ende. Es heißt: »Der Vorhang ist zugegangen, dachte ich. Noch nicht ganz, dachte ich, sozusagen das Satyrspiel hat begonnen. Das Schwierigste des ganzen.« (A 432) Murau bekennt sich zur »Übertreibungskunst«, sie allein mache anschaulich (A 128f.). Sie ist die »Existenzüberbrückung« (A 611), selbst auf die Gefahr hin, daß wir zu »Altersnarren« uns erklären lassen müßten: »Wenn wir die Möglichkeit dazu haben, sollten wir uns spätestens mit vierzig zum Altersnarren ausrufen und versuchen, unser Narrentum auf die Spitze zu treiben.« (A 129) Vor dem Spiegel treibt Murau sein gefährliches Wiederholungsspiel; schonungslos zeigt er sich, nackt, fasziniert von der Entstellung, der Selbstentstellung. Sein Gesicht gerät zur Fratze. Der

Spiegel ist des Misanthropen gefährlichstes Gerät: Raimunds Rappelkopf zertrümmert ihn; Bernhards Murau benötigt ihn, um sich zu unterhalten. Im Zustand clownesker Selbstentstellung wird der Menschenfeind sich selber kenntlich und zugleich zum Narziß. Die lustige Figur weiß, daß die Prognose für ihre Lebensdauer höchst begrenzt ist. Die Fundamentalverurteilung kehrt sich gegen den Helden selbst. Das schonungslose Lächerlichmachen der eigenen Person, die Selbstentstellung, vermag indes der sarkastischen Entstellung der anderen die Glaubwürdigkeit zurückzugeben, die sie im Dröhnen der Bernhardschen Superlative verloren zu haben scheint.

Explicit tragoedia, incipit comoedia, so könnte dieses Finale der *Auslöschung* lauten, und es ist daher folgerichtig, daß Bernhards Buch *Alte Meister* den Untertitel »Komödie« hat. Worin allerdings das, was dieses Werk, das wir normalerweise als Erzählung oder Roman bezeichnen würden, seinem Wesen nach zur Komödie macht, bleibt ungeklärt. Der zweiundachtzigjährige Kunstkritiker Reger setzt zum Gegenschlag gegen die Kunst an; war vorher die Kunst, das Schreiben, so etwas wie der Überlebenstrick, so wird nun auch dieser Überlebenstrick zunichte gemacht: Es ist ein außerordentlich gefährliches Spiel, das Bernhard da mit sich treibt. Der alte Kunstkritiker Reger sitzt im Museum, regelmäßig, jeden zweiten Tag, vor demselben Bild: Was er sucht, ist der tödliche Fehler, und dies ist ein Verfahren, das, so Reger, mit Sicherheit zum Erfolg führt. Es ist also ein Verfahren, das der Falsifikation der Kunst dient. Reger ist der Altersnarr schlechthin; er führt die Kunst der Kunstvernichtung vor, und dies ist die Tragödie der Kunst. Der überraschende Schluß: Reger bietet dem Berichterstatter Atzbacher zwei Karten für den Besuch des Burgtheaters an, wo Kleists *Der zerbrochene Krug* gegeben werden soll. Beide gehen ins Burgtheater, der lapidare letzte Satz: »Die Vorstellung war entsetzlich.« (AM 311)

Eine zulässige Deutung scheint mir die folgende zu sein: Reger geht in der Hoffnung, ein vollkommenes Kunstwerk zu sehen, in das Theater. Doch das Theater besorgt das, was er sich mühsam erarbeitet hat, die Kunstvernichtungskunst, die Entstellung zur Karikatur. Tatsächlich wurde eine Komödie gegeben, doch wie diese Komödie gegeben wurde, das ist nur mehr als Tragödie zu bezeichnen. So wird die sublime Strategie Regers durch die plumpe Strategie der herrschenden Theaterpraxis liquidiert. Was Reger für sich zum höchst strapaziösen Beschäftigungsethos entwickelt hat und ihm hilft, sich gegen das schlechthin Vollkommene zur Wehr zu setzen, das ist allenthalben und erst recht in unseren Theatern zu haben. Die Kunst läßt sich viel müheloser liquidieren, und Reger, der sich in Schimpftiraden gegen die alten Meister und im besondren gegen den (österreichischen) Kunstkanon ergeht, macht sich zusehends zum bemitleidenswerten und zuletzt nur noch lächerlichen Altersnarren, um den herum sich die Komödie organisiert.

Im Burgtheater wurde tatsächlich eine Komödie gespielt; erinnern wir uns, was jener seltsame in Frauenkleider gehüllte Mann zum Abschluß seiner Geschichte sagte: »Die ganze Welt ist eine einzige Jurisprudenz. Die ganze Welt ist ein Zuchthaus. Und heute abend, das sage ich Ihnen, wird in dem Theater da drüben, ob sie es glauben oder nicht, eine Komödie gespielt. *Tatsächlich* eine Komödie.« (E 89) Im *Zerbrochenen Krug* erscheint ja die Welt als »eine einzige Jurisprudenz« – hierin wird tatsächlich ein Fall verhandelt, und der *Zerbrochene Krug* steht als Beispiel für die Komödie schlechthin. Und diese Komödie wird im Theater vernichtet.

Auch wenn Bernhard trittsicher die Grenzen zwischen Tragödie und Komödie andauernd bewechselt, so scheint mir – zumindest aus seinem Munde – die Option für die Komödie durchgehend stärker zu werden. Doch auch ihr Scheitern ist vorhersehbar, ihr Scheitern ist eingeplant.

Somit ist für das vorletzte Stück Bernhards, für *Elisabeth II.*, der Untertitel »Keine Komödie« nur konsequent. »Keine Komödie« bedeutet nicht notwendig Tragödie. Es scheint, daß hier ein Stück jenseits der Alternative Komödie-Tragödie versucht würde, gelenkt von einem im Zentrum stehenden Altersnarren – er ist siebenundachtzig, also um fünf Jahre älter als Reger. Die Schlußpointe: Die Gesellschaft, die die englische Königin bei ihrem Besuch in Wien auf der Ringstraße sehen will – stürzt mit dem Balkon in die Tiefe; nur der störrische Greis überlebt – er hatte keine Lust, an dieser Schaulust zu partizipieren. Sein Nein sichert ihm das Leben.

Der Weg von den frühen Erörterungen über die stete Interferenz von Komödie und Tragödie bis zu einem Stück, das »Keine Komödie« sein will, ist in sich folgerichtig; und in diesem Versuch, mit dem Lächerlichen umzugehen, erblicke ich nun nicht nur die Reaktion der Anpassung an eine Zeit, in der Alternativen nur als gleichgültig und irrelevant abgetan werden. Bernhard ist keinen wie immer gearteten Kompromiß eingegangen, der ihn irgendwie festlegen würde, sei es in inhaltlicher, sei es in moralischer Hinsicht. Das ständige Grenzgängertum zwischen Komödie und

Tragödie irritiert die Zuschauer und die Kritiker, die ihm weder auf der einen noch auf der anderen Seite Heimatrecht gewähren konnten. Durch sein blitzschnelles Changieren erweist er sich als unbelangbar durch die Sprache der Literaturwissenschaft, zumindest was die Pole Tragödie und Komödie, Scherz und Heiterkeit angeht. Er erweist sich m. E. auch als unbelangbar von seiten einer Literaturwissenschaft, die ein moralisches Tribunal errichtet hat und Bernhard in die Nähe der modernen Unterhaltungsindustrie plaziert. Entscheidend ist, daß die Komödien mit den Tragödien ident gesetzt werden, daß aber diese Identsetzung sofort befragt und brüchig wird. So wenig es zu entscheiden ist, ob etwas eine Tragödie oder Komödie ist, so wichtig ist es doch, ob etwas wie eine Tragödie oder eine Komödie funktioniert.

Die Versuche, Bernhards Texte mit Shakespeare, Tschechow oder Dürrenmatt zu vergleichen, sind ebenso zulässig wie die Absicht, seine Komödientheorie mit der Schopenhauers zu verbinden[20]. Doch wäre auch zu zeigen, daß sich Bernhard durch sein Spiel mit den Begriffen Komödie und Tragödie zusehends auch von den genannten Beispielen unterscheidet; seine Poetik erweist sich bestimmt von der Dynamik des Wechsels zwischen Tragödie und Komödie; beide bewegen sich auf demselben Terrain, und der Unterschied zwischen ihnen wird grell in dem Moment geleugnet, da er negiert wird. Eine hübsche Einsicht Gerhart Hauptmanns findet sich in seinem Reisetagebuch *Griechischer Frühling*; sie läßt sich sehr gut auf Bernhard anwenden: »Als höchste menschliche Lebensform erscheint mir die Heiterkeit: die Heiterkeit eines Kindes, die im gealterten Mann oder Volk entweder erlischt oder sich zur Kraft der Komödie steigert. Tragödie und Komödie haben das gleiche Stoffgebiet: eine Behauptung, deren verwegenste Folgerung zu ziehen der Dichter noch kommen muß.«[21] Sicher hat Gerhart Hauptmann in dem Dichter, der da noch kommen muß, am ehesten sich selber gesehen; in jedem Falle sind wir mit Thomas Bernhard ein gutes Stück weiter gekommen im Erweis der Tatsache, daß Komödie und Tragödie nicht nur in einer Person, sondern auch auf dem Gelände eines Textes in sublimer Dichte konvergieren können.

Anmerkungen

[1] Werkgeschichte Thomas Bernhard. Hg. von Jens Dittmar. Aktualisierte Neuausgabe 1990. Frankfurt/M. 1990, S. 199.
[2] Huntemann, Willi: Artistik und Rollenspiel. Das System Thomas Bernhard. Würzburg 1990, S. 219.
[3] Ebda, S. 218; vgl. auch S. 220f.
[4] Minetti, Bernhard: Ein Autor namens Bernhard. Erinnerungen eines Schauspielers. In: Thomas Bernhard. Portraits. Bilder & Texte, hg. v. Sepp Dreissinger. Weitra 1991, S. 219.
[5] Tunner, Erika: Une autre lecture de Thomas Bernhard: »Perturbation«, une bouffonnerie brutale. In: Thomas Bernhard: Ténèbres. Textes, discours, entretien suivis d'un dossier »A la Rencontre de Thomas Bernhard«, publié sous la direction de Claude Porcell etc. Paris 1986, S. 166.
[6] Demet, François-Michel: Les frères ennemis Thomas Bernhard et Novalis. In: Th. Bernhard, Ténèbres, a. a. O., S. 187–191.
[7] Porcell, Claude: Théâtre: La scène obscure. In: Th. Bernhard, Ténèbres, a. a. O., S. 137.
[8] Rambures, Jean-Louis de: Dans le labyrinthe. In: Thomas Bernhard, cahier dirigé par Hervé Lenormand et Werner Wögerbauer. Nantes: Arcane 17 1987, S. 175.
[9] Thomas, Chantal: Thomas Bernhard. Paris: Seuil 1990, S. 11–39.
[10] In: pardon, 1973, H. 7, S. 21, 23.
[11] Gamper, Herbert: Thomas Bernhard. München 1977, S. 156. Vgl. ebda, S. 159: »Als einziges Stück hat Bernhard ›Die Macht der Gewohnheit‹ ausdrücklich als Komödie deklariert.«
[12] Vgl. dazu Huntemann, a. a. O., S. 174–221.
[13] Gamper, Herbert: Theater machen oder Schluß machen. In: Schauspiel. Staatstheater Stuttgart: Thomas Bernhard: Der Theatermacher (1990; ohne Paginierung).
[14] Zit. nach: Botond, Anneliese (Hg.): Über Thomas Bernhard. Frankfurt/M. 1970, S. 7.
[15] Vgl. Anm. 13.
[16] Zit. nach Schuh, Franz: Thomas Bernhard in Anekdote und Selbstzeugnis. In: salz 1 (1975/76), H. 2., S. 8.
[17] Vgl. Anm. 13.
[18] St1 77. Zur Komödientheorie vgl. besonders: Barthofer, Alfred: Vorliebe für die Komödie. Todesangst. In: Vierteljahresschrift des Adalbert-Stifter-Institutes des Landes Oberösterreich 31 (1982), S. 77–100.
[19] Vgl. dazu Weinzierl, Ulrich: Bernhard als Erzieher. Thomas Bernhards »Auslöschung«. In: Lützeler, Paul Michael: Spätmoderne und Postmoderne. Beiträge zur deutschen Gegenwartsliteratur. Frankfurt/M. 1991, S. 193f.
[20] Huntemann, a. a. O., S. 219f.
[21] Hauptmann, Gerhart: Sämtliche Werke. Hg. von Hans-Egon Hass. Frankfurt/M., Berlin 1962, Bd. 7, S. 47.

Franz M. Eybl

Thomas Bernhards »Stimmenimitator« als Resonanz eigener und fremder Rede

Die Irritation, die Bernhards *Der Stimmenimitator* 1978 bei Lesern und Rezensenten auslöste, scheint auch die Forschung gelähmt zu haben. Über kaum ein Werk Bernhards ist so wenig zu lesen wie über die mit seiner Prosa scheinbar so wenig kongruente Sammlung von 104 Kurz- und Kürzestgeschichten, und verglichen mit dem Interesse an den »autobiographischen« Schriften erscheint die Sammlung eher als peripheres Nebenwerk. Es wird allenfalls mit der titelgebenden, wenngleich nicht am Beginn plazierten Geschichte »Der Stimmenimitator« (Sti 9) zitiert, als Lieferant nämlich der hermeneutischen Metapher vom Nachahmen fremder Stimmen als dem Ersatz für authentische Selbstaussage.[1] Als der Nachahmungskünstler nach glanzvoller Darbietung ersucht wird, »er solle am Ende seine eigene Stimme imitieren, sagte er, das könne er nicht« (10).

Zwei Untersuchungen des Textes gelangen bei ähnlichen Detailergebnissen zu ganz konträren Schlußfolgerungen. Auch für den poetologisch-gattungstheoretischen Ansatz von Wendelin Schmidt-Denglers Untersuchung »Verschleierte Authentizität« ist die Titelgeschichte poetologischer Schlüssel zum Werk[2], was zur These führt, »Bernhard, in der Fortsetzung der eigenen Manier unsicher geworden, probiere nun in der Form der kurzen Erzählung aus, die Stimmen anderer nachzumachen« (56). Über diese Einschätzung der schriftstellerischen Entwicklung Bernhards hinaus arbeitet Schmidt-Dengler zweitens die Leistungsfähigkeit der Anekdote als Gattung heraus, die die falsche landläufige Meinung mit einer »Gegen-Authentizität« konfrontiere (57). Er stellt die Sammlung damit in den Kontext des Mimesisproblems und hebt die durch Übertreibung erzielte aufklärerische Tendenz Bernhards hervor: »Im *Stimmenimitator* werden durch die Übertreibung die Realitätspartikel zur Kenntlichkeit entstellt. Evident wird dadurch die paradoxale Struktur des poetischen Prozesses: das Authentische enthüllt sich just dadurch, daß es verschleiert wird« (60).

Willi Huntemanns Buch *Artistik und Rollenspiel* zeigt am Beispiel des *Stimmenimitator*, wie »Komik aus dem Spannungsverhältnis von Darstellungsform und Inhalt entspringt«[3]. Im Hinblick auf den Entwicklungsgang des Autors entspreche dabei die Entfaltung des »makabren Humors« im *Stimmenimitator* »der allgemeinen Werktendenz« (210) im Spätwerk. Sah Schmidt-Dengler in den Einzeltexten die Gattungsmechanik der Anekdote am Werk, »[s]charf und unerbittlich [...] das offiziell Gesagte und Behauptete« (52) zu desavouieren, so gilt nach Huntemann »Bernhards anekdotisches Interesse der unabänderlichen Diskrepanz zwischen einem irrationalen Störfall (Tod, Verbrechen, Unglück) und dem (im Zeitungsmedium oder Gerichtsreport dokumentierten) gesellschaftlich-öffentlichen Umgehen damit« (210f.). Der in Bernhards Prosa sonst der »Selbstreflexion im Rollenspiel« (14) dienende »Zitatstil« bewirke hier eine vom Leser »als komisch erlebte Diskrepanz zwischen Darstellungsperspektive (mit ihren impliziten Normen) und berichtetem Einzelschicksal« (211). Huntemann verwendet die Titelgeschichte ebenfalls als hermeneutischen Schlüssel und folgert: »Bernhards Schreiben ist, insoweit sich die Komik aus der Form-Inhalt-Relation herleitet, *selbstparodistisch*, Bernhard ist sein eigener ›Stimmenimitator‹ und damit das Gegenstück zum Stimmenimitator in der gleichnamigen Geschichte [...]« (213). Auch dem als Paradox markierten Satz Schmidt-Denglers, das Authentische enthülle »sich just dadurch, daß es verschleiert wird« (60), könnten wir Huntemanns genau gegengleichen Befund gegenüberstellen: »Um es paradox zu formulieren: in Bernhards Literatur ist einzig die Fiktion authentisch, Authentik aber fiktiv« (197).

Der Stimmenimitator wird das Deutbild auch der folgenden Ausführungen sein. Er verweist auf das Echo anderer Stimmen, auf die Resonanz fremder Rede in der eigenen, auf den Zusammenhang des Textes mit dem, was um ihn herum gesprochen wird. Dieser Zusammenhang wird in drei Schritten untersucht werden, die drei Gestaltungsebenen des literarischen Diskurses entsprechen. Zuerst wird das Verhältnis von narrativer Kleinform und Sammlung betrachtet, steht der zunächst vom Stimmengewirr übertönte Zusammenhang der Einzeltexte *im* Werk selbst zur Debatte. Dann wird die Frage nach der Position der Sammlung in Bernhards übrigen Schriften, dem Zusammenhang *mit dem* Werk aufgeworfen. Schließlich wird drittens der Antwortcharakter zusammenzufassen sein, den die Sammlung im Hinblick auf die Stimmen der Literatur entwickelt. Insgesamt werde ich den Zusammenhang dieser drei Ebenen als Modus der Inversion zu beschreiben suchen.

Zusammenhang im Werk

Der Stimmenimitator ist die Sammlung eines Genres, das Bernhard neu für sich entdeckt zu haben schien. Die epischen Kleinformen – ihre Länge schwankt zwischen vier Druckzeilen und zweieinhalb Druckseiten – berichten im Stil von Anekdoten, Zeitungsmeldungen oder Gerichtssaalberichten von ganz und gar außergewöhnlichen Ereignissen, aber auch vom Schrecken des Gewöhnlichen. Ohne sogleich erkennbare Ordnung sind sie aneinandergereiht, eingeleitet von der Geschichte »Hamsun«, wo der Erzähler in einem Gasthaus »nahe Oslo« einen Philosophiestudenten trifft, der den norwegischen Schriftsteller gepflegt und schließlich tot aufgefunden haben soll, abgeschlossen mit »Zurückgekehrt« (178), in der nach einer allgemein gehaltenen Reflexion über den bedauernswerten Status des Geistesmenschen in Österreich die Rückkehr eines ausgewanderten Wissenschaftlers in der Wiener Irrenanstalt »Am Steinhof« endet.

Die von Schmidt-Dengler vorgenommene Gattungszuordnung zur Anekdote benennt zugleich die narrative Struktur, die mögliche humoristische Pointierung und die erkenntnisfördernde Leistungsfähigkeit der einzelnen Texte. In deren aufklärender oder makaber-humoristischer Funktion erschöpft sich die Sammlung jedoch nicht, die erst als Zusammenklang verschiedenster Stimmen ihre Wirkung entfaltet. Was uns als chaotische Menge entgegentritt, gehorcht in Wahrheit bestimmbaren Strukturgesetzen. Sind die einleitenden Texte nach dem Prinzip größtmöglicher Varietät zusammengestellt, so treten gegen Ende der Sammlung immer deutlicher Zusammengehörigkeiten in Hinblick auf Personal, Schauplatz oder Thema zum Vorschein. Der Typus des Wissenschaftlers, den wir aus Dramen und Romanen Bernhards in vielen Schattierungen kennen, tritt in drei aufeinanderfolgenden Texten als »weltberühmte[r] französische[r] Philosoph« (54), als charakterloser Gelehrter (»Charakter«, 55) und als Professor Moosprugger (56) auf. Ab der Mitte des Buches finden sich mehr oder minder geschlossene Serien von Texten, die auf den bekannten Bernhard-Schauplätzen im Salzkammergut, im oberösterreichischen Alpenvorland oder im Salzburgischen angesiedelt sind.[4] Das letzte Drittel der Sammlung koppelt jeweils zwei bis drei Texte. Den Figuren der Ärzte (128, 130), der Maler (150, 153) und der »Mächtigen« wie Diktatoren und Staatspräsidenten (155, 157, 158) sind einige Geschichten gewidmet. An aufeinanderfolgenden Themenbereichen begegnet die Welt der Bühne (115, 117, 119), das Postwesen (165, 166) und das Thema des Selbstmordes (167, 169, 170). In ihrer Anordnung zeigen die ausländischen Schauplätze eine Reise, die nach Berichten aus Warschau (78, 80) bzw. Polen (131, 133, 135), Portugal (138, 139, 140), Kairo (147, 149) und Graz (160) nach Wien (173, 176, 178) zurückführt.

Zusätzlich zu diesen sozialen, thematischen und topographischen Reihenbildungen ketten Verweise und Oppositionen einzelne Texte aneinander. Deutlich hebt das Gestaltungsmoment der syntaktischen Verknüpfung deren Autonomie auf. Auf den voranstehenden »Theaterschriftsteller, dessen Schauspiele auf allen großen Bühnen gespielt worden sind« (115), verweist die Eröffnungsklausel »Ein anderer Theaterschriftsteller hatte« (»Empfindung«, 117) und die dritte Theatergeschichte mit dem Satz »Ein Autor, der nur ein einziges Theaterstück geschrieben hat« (»Ein eigenwilliger Autor«, 119). Die Verweise vertexten die einzelnen Geschichten (vgl. 153). Auch die genaue Gegengleichheit im Personal mancher aufeinanderfolgender Texte stiftet Zusammenhang, so daß wir etwa auch in der Opposition der »Frau in Atzbach« (121) zum »Mann in Rutzenmoos« (122) ein Moment der Vertextung erblicken können.

Nicht bloß die Einzeltexte tragen Bedeutung, auch ihre Verknüpfung tut es. Wir haben nicht mit einem ausgeleerten Zettelkasten – Bernhard selbst sagte: »Ich bin alles nur kein Zettelkastenmensch«[5] –, sondern mit einer kalkulierten Unordnung zu tun. Es geht weniger um die dargestellten Schrecklichkeiten als um die gestaltete Varietät ihrer Darstellung. Während traditionelle Anekdoten- und Kurzprosasammlungen ihren Inhalt durch ein Inhaltsverzeichnis aufschlüsseln und so auf die Eigenständigkeit der einzelnen Texte verweisen, fehlt im *Stimmenimitator* jedes Register. Das Buch darf nicht zerteilt, es muß als Ganzes gelesen werden. Die Autonomie der narrativen Kleinformen Anekdote und Zeitungsbericht ist dem größeren Gestaltungszusammenhang der Sammlung untergeordnet. Man könnte an dieser Stelle das musikalische Prinzip der Variation als Interpretationskategorie in Anwendung bringen, wie das für die Theaterstücke und die Prosa immer wieder geschah. Ist einmal die Kohärenz der scheinbar isolierten Texte entdeckt, so kann deren Abfolge als Konstruktion einer Fuge begriffen werden, deren zunächst einzeln vorgetragene Themen in mehreren Tonlagen miteinander in Beziehung treten. Der Titel der Sammlung verweist somit auch auf das Imitieren der musikalischen Stimmen in der Durchführung der Fuge.

Die konventionellen Gruppierungsmuster von Anekdoten in entsprechenden Sammlungen läßt *Der Stimmenimitator* dabei ebenso hinter sich wie deren mimetischen bzw. historiographischen Anspruch. Das erweist sich an einem Vergleich von Auswahl und Anordnung mit dem Vorabdruck von 13 Geschichten im Programmbuch zu *Immanuel Kant*[6]. Sieben der Geschichten handeln dort von Artisten und Künstlern, drei von Theaterleuten, die letzten drei thematisieren den Bereich des Staates und seiner gesellschaftlichen Verfassung. Für die Vorveröffentlichung wurden offensichtlich jene Texte ausgewählt und gruppiert, die mit dem Rollentypus des Künstlers als dem Thema des Stückes, mit dem Bereich des Schauspiels sowie mit dem Bereich des Staates zu tun haben. Damit kommentiert Bernhard exakt und in geradezu emblematischer Form den Theaterzettel, der *Immanuel Kant* in der Regie von Claus Peymann am Württembergischen Staatstheater Stuttgart ankündigte, und er setzt in den drei letzten Texten zudem Assoziationen zu dem erst wenige Monate zurückliegenden Ende des RAF-Kerns durch die Selbstmorde von Stammheim[7] frei. Ein Achtjähriger hätte Anarchist »und also staatsvernichtende[r] Massenmörder« werden sollen (»Unerfüllter Wunsch«, 121), ein deutscher Bibliothekar, der in einer »wissenschaftlichen Zeitschrift einen Aufsatz gegen die deutsche Rechtsordnung« publiziert hatte, zerbricht am »Staatsdienst« (144), und ein politischer Flüchtling aus einem Staat, in dem »Anarchie herrscht« und »der Ministerpräsident umgebracht worden ist«, wird eingekerkert (»Glück«, 157). Der Antwortcharakter des Vorabdrucks liegt sowohl in den Texten selbst als auch in der anlaßgemäßen Auswahl und Anordnung, die Stimmen der Anekdote, um im Bild zu bleiben, bringen Außerliterarisches zur Sprache. Im *Stimmenimitator* dagegen ist die ästhetische Leistung der Anekdoten und Zeitungsmeldungen in der Sammelform aufgehoben, gegenüber den mimetischen Bezügen überwiegt die autoreferentielle Vertextung, und die Stimmen imitieren einander.

Zusammenhang mit dem Werk

Den Zusammenhang mit dem Werk haben die Rezensenten vor allem in der Thematik der Texte und in ihrem Stoff gesehen.[8] »Man kann nachvollziehen, wie ein im Endprodukt zum hermetischen Kunstsystem abgedichteter Stoff angerissen wird«, beobachtete Hermann Burger, und er spricht vom »Skizzenbuch-Charakter« der Sammlung. Zum Werk stünden die Erzählungen des *Stimmenimitator* so in einer Relation des noch Unfertigen, des Materials, des Rohstoffes, des Bausteins. Diese Beobachtung läßt sich anhand der Dramen modifizieren. Manches aus den Dialogen entspricht in Thematik und Erzählverfahren so präzise den Erzählungen des *Stimmenimitator*, daß diese nicht nur als narrative Handlungskerne, sondern auch als Bausteine möglicher Dramendialoge erkennbar werden. Wir können in den Dramendialogen drei eingelagerte Erzählungstypen unterscheiden, die zugleich eine Typologie der *Stimmenimitator*-Geschichten darstellen. Erstens finden wir die Beschäftigung der dramatis personae mit Zeitungsmeldungen, zweitens können wir den Typus der Anekdote registrieren, die von Berühmtheiten handelt, und wir finden drittens angedeutete Erzählungen mit ähnlichen Verlaufsmustern wie im *Stimmenimitator*. Der Unterschied allerdings liegt in der Vertextung, dort in die Gesprächssituation des Dramas, hier aber in die Struktur der Sammlung.

Der begeisterte Zeitungsleser Bernhard – in einem Interview heißt es: »Ich les' Zeitungen jeden Tag, das fehlt mir sonst. Aber ich lese sie nicht, ich schau' sie nur durch«[9] – läßt auch sein Dramenpersonal diese Leidenschaft teilen. In *Ritter Dene Voss* etwa spiegeln Zeitungsmeldungen die Außenwelt in den hermetischen Innenraum der Villa Worringer. Ritter liest aus der Zeitung vor: »Eine Postkarte / die im Jahr einundzwanzig / also drei Jahre nach Ende des Ersten Weltkrieges / in Linz aufgegeben worden ist / ist gestern in Wien angekommen / [...] / Gasexplosion im Dritten Bezirk / zwei tote Hausfrauen / bis zur Unkenntlichkeit verstümmelt« (St4 135f.). *Der Stimmenimitator* ist gleichfalls Echo der Zeitungswelt, von *La Stampa* (113) bis zum *Linzer Tagblatt* (122), von der *Frankfurter Allgemeinen* (58) bis zur *Welser Zeitung* (85) und zum *Salzburger Volksblatt* (23). In den *Berühmten* wiederum überwiegt dem Thema des Stückes gemäß im Dialog der Typus der Anekdote mit prominenten Handlungsträgern, die als ungeformtes Rohmaterial anekdotischer Darbietung gelten können.

Manche Erlebnisberichte in den Dramen nehmen auch in der Pointierung des gesellschaftlichen Umgehens mit dem Störfall bereits die Erzählweise im *Stimmenimitator* vorweg. »Zu den Fronleichnamsprozessionen durfte Ihr Herr Vater / das Marienbild tragen«, sagt der General in der *Jagdgesellschaft* zur Prinzessin. »Das war eine besondere Auszeichnung / Einmal stürzte Ihr Herr Vater mit dem Marienbild / und verletzte sich am

Kopf / Eine schwere Kopfverletzung müssen Sie wissen« (St1 235). Auszeichnung und Störfall bilden einen komischen Kontrast.[10] Oder, um ein Beispiel aus *Immanuel Kant* anzuführen, das von dergleichen Geschichten ebenso wimmelt (vgl. St2 288, 307, 313, 328) wie die *Berühmten* von Anekdoten: »Ich gehe drei Tage nach unserem Hochzeitstag«, erzählt dort die Millionärin, »auf die Straße / vor zweiundvierzig Jahren / um einen Serviettenring abzuholen beim Juwelier / den Serviettenring habe ich meinem Mann geschenkt / eine Gravur wissen Sie / mit dem Hochzeitstagdatum / Wie ich in das Juweliergeschäft eintreten will / tritt ein Mann vor mich hin und sagt Vorsicht / Vorsicht hören Sie Vorsicht / Ich denke ein Verrückter und lache / In diesem Augenblick schlägt mir der Mann / mit einem Metallstock auf das Knie / und zerschlägt mit einem einzigen Schlag die Kniescheibe / Es ist alles so schnell passiert / daß der Mann unerkannt entkommen konnte / Der Fall ist nie aufgeklärt worden« (St2 300). Bis hin zur pointierten Wendung aus der Zeitungs- und Gerichtssprache appliziert diese Erzählung das Verfahren des *Stimmenimitator*, was zusammen mit dem Vorabdruck im Programmheft den entstehungsgeschichtlichen Zusammenhang des *Stimmenimitator* mit *Immanuel Kant* belegt.

Damit ist das zweite Merkmal vorweggenommen, das die Erzählungen im *Stimmenimitator* vom reinen Material, vom Skizzenbuch unterscheidet. Über seinen Schreibimpuls äußerte Bernhard: »Ich brauch' zuerst einmal Anregungen und irgendeinen chaotischen Zwischenfall oder irgendsowas. Das Chaos beruhigt ja. Mich halt. Und in der Zeitung ist ja alles chaotisch. Nur ist es sehr anstrengend, weil man das alles umsetzen muß. Man muß es zuerst übersetzen, in Phantasie.«[11] Daß auch die als erlebt ausgegebenen Erzählungen »übersetzt« sind, erwies sich an der bekannten Zamponi-Geschichte. In seinem Brief an die Tochter Zamponis klassifiziert Bernhard die Erzählungen allesamt als »hundertvier freie Assoziationen und Denk-Erfindungen« und weist damit auf die gestalterische Überformung des vermeintlichen Rohmaterials hin. Mit dreifacher Emphase betont Bernhard, die inkriminierte Erzählung sei »nicht ohne Philosophie«, sei »eine philosophische Dichtung als Huldigung«, sei eine »Parabel«.[12] Man wittert die Absicht, ist aber nicht verstimmt: der Brief soll den Beklagten entschuldigen und schiebt daher die vom Leser wahrgenommene Authentizität in den Bereich poetischer Fiktion ab. Als poetologisches Signal indes ist diese Äußerung nicht wertlos, sie entspricht vielmehr Befunden der Forschung.

Das Erzählverfahren ist durch Schmidt-Dengler und Huntemann als minimalisierte, dennoch nachhaltige Gestaltung des Erzählten ausgewiesen und in Bezug zu den *Ereignissen* gesetzt worden, jener parabelhaften Vorgängersammlung (Schmidt-Dengler) mit »düster-beklemmende[m] Grundtenor« (Huntemann). Die Erzählstrategie stellt den Wahrheitsgehalt der meisten Geschichten in Frage, auch wenn die Texte an historische Personen erinnern und Anspielungen auf Zeitgenossen unschwer zu entschlüsseln sind. Die feine Redundanz in der Wahrheitsbetonung etwa macht das Zitierte gerade verdächtig: »wie das Linzer Tagblatt schreibt«, »Das Linzer Tagblatt schreibt von dem glücklichen Umstand«, »Das Linzer Tagblatt veröffentlicht heute das Bild«, »wie das Linzer Tagblatt schreibt« (122f.). In jenem Tonkünstler dagegen, den die Geschichte »Weltfremd« (64) einen »ursprünglich begabten Komponisten« nennt, »welchen wir selbst viele Jahre lang als ein Genie wie kein zweites bezeichnet haben«, hätte ein Hans Haider bereits 1978 den später in *Holzfällen* so geschmähten Gerhard Lampersberg erkennen können. Selbst ein Gebilde wie »Post«, das kürzeste Stück der Sammlung, ist höchst präzise als »die Inkongruenz von natürlicher und gesellschaftlicher Existenz« gestaltet, »die als Stelle in einem künstlichen System (Postempfänger, Melderegister) kein Ende kennt«[13]. Von stilistischer Kunstlosigkeit kann keineswegs die Rede sein. Die narrative Leistungsfähigkeit der Anekdote ist also zweifach entwertet, einerseits durch die »philosophische« Stilisierung, andererseits durch die Funktionalisierung in der Abfolge der Sammlung.

Dennoch bleibt als Befund, daß die Eigentümlichkeiten des Bernhardschen Stils hier kaum zur Anwendung kamen. Schlank und ökonomisch erzählt Bernhard in lapidarer Kürze. Der Bezug zum Prosawerk besteht in einer Umkehrung. An die Stelle der Charakteristik des *Stimmenimitator* als Skizzenbuch ist die Charakteristik als Inversion zu stellen. Bernhards Prosa, darin Beispiel einer modernen »Ästhetik der Identität« (Jurij Lotman), lenkt den Blick bei minimalen Variationen im Sujet vor allem auf die »artistische Gestaltung«[14]. Die Konstanz der Themen und des ästhetischen Verfahrens, Bernhard vielfach als Monotonie und Obsession vorgeworfen, bildet, was hier als bekanntes Faktum nicht im einzelnen nachgewiesen werden muß[15], ein künstlerisches Hauptkennzeichen des Schriftstellers. *Der Stimmenimitator* kehrt dieses Modell um, stellt es auf den Kopf. Die vom flüchtigen Leser kaum wahrgenommene Konstanz in der vergleichsweise minimalen artistischen Gestaltung entfaltet sich über einer sehr wohl wahrgenommenen maximalen Variation der Sujets. Wenn man die spezifische Form des Erzählens in Bernhards Prosa als Einrichtung einer unverläßlichen, ja irritierenden Erzählinstanz erklärt hat[16], so bildet in dessen Inversion die Sammelform die abstrakte, den Text organisierende Erzählinstanz. Selbst die Typen der Erzählungen entsprechen den zwei Strukturtypen der Prosa, wenn der mit Zitaten durchtränkte »Erzählerbericht als ›memoria mortui‹« auf die Zeitungsmeldung und den Gerichtsbericht übertragen wird und der monologisch ausladende »Strukturtyp der als authentisch fingierten Selbstdarstellung«[17] in Kürzesttexte zusammenschnurrt. Das stilistische Verfahren der Prosa wird aufgenommen – aber nur in der Umkehrung, der Stoff wird aufgenommen –, aber kaleidoskopartig vervielfältigt. Die Imitation ist zugleich die Negation des Imitierten. *Der Stimmenimitator* hebt also die Strukturelemente der Prosa hervor und verkehrt die Relationen, er steht damit zum Werk im Verhältnis der negativen Selbstparodie. Bernhard ist sein eigener Stimmenimitator, aber in Umkehrung, in Inversion.

Zusammenhang mit Literatur

Das erzählerische Gegenmodell des *Stimmenimitator* bezieht sich jedoch nicht nur als negative Selbstparodie auf Bernhards eigenes Werk, die Sammlung weist auch darüber hinaus. Daß Bernhard sein eigenes Werk selbstparodistisch imitiert, kann als akzeptiert gelten, und daß seine Texte insgesamt kein hermetisch abgeschlossener Kosmos sind, sondern in subtiler Verzerrung oder mit grotesker Übertreibung auf die außerliterarische Realität antworten und auf deren Antwort warten, ja daß gerade dieses Echo zum Schreibimpuls Bernhards wird, ist hinlänglich dargetan worden. »Ich meine, eine Wichtigkeit oder ein Wert entsteht nur dadurch, wie etwas aufgenommen wird. Im Echo. Wenn's keines hat, hat's auch keinen Wert.«[18]

Der Modus der Inversion, den *Der Stimmenimitator* diesen beiden Formen des Antwortens hinzufügt, eröffnet eine dritte Anspielungsebene. Die narrativ so präzise Gattung der Anekdote kartographiert das Grenzgebiet zwischen dem Wahrscheinlichen und dem Unwahrscheinlichen, wie der ursprünglich vorgesehene Titel lautete. Im »ständigen Changieren zwischen Artistik und Aussage«[19] erscheint neben dem Werkbezug und dem provokatorischen Potential der Erkennbarkeit hier eine Dimension der poetologischen Reflexion, die Bernhards Sammlung als Echo auch auf Fragen der literarischen Ästhetik erweist. Es sind auch die Stimmen der Literatur, die der Text imitiert.

Am Beispiel Kleist, der mit seinen Zeitungsberichten und Anekdoten als mögliches Vorbild vielfach genannt worden ist[20], sei das angedeutet. Bernhards Geschichte vom Tänzer (76) etwa, der »während er tanzt, niemals an seinen Tanz denken« dürfe, weist schlagende Verwandtschaft mit Kleists Abhandlung *Über das Marionettentheater* auf. Dort erörtert ein Tänzer, »welche Unordnungen in der natürlichen Grazie der Menschen das Bewußtsein anrichtet«. Zugleich konnte gerade dieser Text von einem Rezensenten als Beispiel Bernhardscher »Anspielungen auf konkrete, namhaft bekannte Personen aus der gegenwärtigen Kunstszene«[21] gelesen werden. Und auch der später verworfene Arbeitstitel zitiert, nämlich Kleists Anekdote *Unwahrscheinliche Wahrhaftigkeiten*, wie die Bernhardschen Anekdoten insgesamt als ausgewähltes Belegmaterial zu Kleists Formulierung erscheinen: »Denn die Leute fordern, als erste Bedingung, von der Wahrheit, daß sie wahrscheinlich sei; und doch ist die Wahrscheinlichkeit, wie der Erfahrung lehrt, nicht immer auf Seiten der Wahrheit.«[22] Im *Stimmenimitator* betreibt Bernhard die schon bei Kleist formulierte Problematisierung narrativer Vermittlung von Authentizität und Wahrheit.[23] Es kann in diesem Rahmen nur als Frage aufgeworfen werden, ob diese poetologische Problematisierung auch als Echo auf die Authentizitätsproblematik der gleichzeitigen autobiographischen Werke gelten kann, und es muß bloße Andeutung bleiben, daß in der Forschung Bernhards Beziehungen zur romantischen Ästhetik diskutiert werden.

Echo jedenfalls ist Bernhards Sammlung nicht nur auf Bernhards eigene literarische Produktion und – möglicherweise – auf Kleist, sondern auch auf einen Bestsellererfolg des Jahres 1975. Dies gilt bis zum Aufweis direkter Beeinflussung zumindest im Vergleich der Aussagestrukturen. Innerhalb kürzester Zeit in mehreren Auflagen vorliegend, könnte Friedrich Torbergs Anekdotensammlung *Die Tante Jolesch oder Der Untergang des Abendlandes in Anekdoten* für Bernhard der Anstoß zu eigener anekdotischer Produktion geworden sein, ein Buch, das von Begegnungen Torbergs mit Prominenten und Originalen aus der jüdischen Intelligenz der Zwischenkriegszeit berichtet, »um sie aus Sentenzen und Anekdoten noch einmal auferstehen zu lassen«[24]. Gegensätze und Konvergenzen zeigen das Ausmaß an Anverwandlung und Inversion, mit der Bernhards *Stimmenimi-*

tator eine Antwort auf oder doch zumindest eine Gegenstimme zu Torbergs Buch darstellt. Torberg fungiert »hier lediglich als Berichterstatter« (141f.), Bernhard als Gerichtssaalberichterstatter. Glaubte Torberg, »daß in unsrer technokratischen Welt, in unsrer materialistischen Kommerz- und Konsumgesellschaft die Käuze und Originale aussterben müssen« (»Zum Geleit«), so tritt Bernhard den makabren Gegenbeweis an. Der Anrufung von persönlich bürgenden Zeugen (Franz Werfel, Dr. Justinian Frisch) setzt Bernhard in ironischer Brechung die Anrufung der anonymen Zeitung entgegen, ein Bereich, dem bei Torberg im übrigen eine ganze Reihe von Anekdoten um das *Prager Tagblatt* gilt. Torbergs Konversationston, ja Geschwätzigkeit steht Bernhards lakonische Stilisierung gegenüber, den topographischen Schwerpunkten Prag, Ischl und Wien das »Epizentrum« (Schmidt-Dengler) von Bernhards engerer oberösterreichischer Heimat. Wie Torberg die eigene Lebensgeschichte in leichten Maschen von der Kindheit bis zur Emigration nachstrickt, so sind in Bernhards Umkehrung die Reisegeschichten als Rückkehr in eine haßgeliebte Heimat angeordnet. Bei beiden Autoren wird das Erzählen in der prägnanten Form der Anekdote durch die Gestaltung der Sammelform ergänzt und moderiert. Dem entspricht, daß beide die stets behauptete Faktizität einer Stilisierung ins Typische, ins »Philosophische«, unterordnen. Torbergs Titelfigur hat, so seine Vorrede, »wie alle anderen, von denen hier die Rede sein wird, wirklich gelebt und hat – auch das gilt für alle anderen – die hier wiedergegebenen Aussprüche wirklich getan. Oder doch die meisten von ihnen. Den und jenen habe ich ihr wissentlich unterschoben, weil sie ihn getan haben *könnte*. Denn die Tante Jolesch war [...] keine ›Person im konventionellen Eigen-Sinn‹, sondern ein Typus« (10). Er steht bei Torberg für zwei »untergegangene Bestandteile des Abendlandes: die k.u.k. Monarchie und ihr jüdisches Bürgertum« (ebda). Dem auf die ausgelöschte Schicht der österreichischen Juden projizierten Habsburgermythos stellt somit Bernhard seine Art von Österreichkritik gegenüber, Torbergs nach persönlicher Authentizität und epochenbezeichnender Bedeutsamkeit strebendem Erzählverfahren seine Problematisierung authentischen Erzählens. Der Modus der Inversion, das künstlerische Gestaltungsprinzip des *Stimmenimitator*, bietet damit auch den Ansatz, Bernhards Werk in den Kontext der österreichischen Literatur zu stellen.

Anmerkungen

[1] Vgl. Marquardt, Eva: Gegenrichtung. Entwicklungstendenzen in der Erzählprosa Thomas Bernhards. Tübingen 1990 (Untersuchungen zur deutschen Literaturgeschichte 54). Marquardt benutzt das Bild des Stimmenimitators als Chiffre für das problematische Verhältnis zwischen dem Erzähler der autobiographischen Schriften und dem Autor: »Als Verfasser literarischer Texte ist es Bernhard sicher gelungen, eine ›eigene Stimme‹ zu entwickeln, anders mag es sich jedoch bei der wenig faßbaren Privatperson gleichen Namens verhalten« (S. 169).

[2] Schmidt-Dengler, Wendelin: Verschleierte Authentizität. Zu Thomas Bernhards »Der Stimmenimitator«. In: Bartsch, Kurt u. a. (Hg.): In Sachen Thomas Bernhard. Königstein/Ts. 1983, S. 124–147; sowie in: Schmidt-Dengler: Der Übertreibungskünstler. Studien zu Thomas Bernhard, 2. erw. Aufl. Wien 1989, S. 42–63, zit. S. 55f.

[3] Huntemann, Willi: Artistik und Rollenspiel. Das System Thomas Bernhard. Würzburg 1990 (Epistemata 58), S. 210.

[4] Salzkammergut: 65, 67, 69; Alpenvorland: 91, 93?, 94, 96, 98, 99 sowie 121, 122, 124, 126, Salzburg: 103? 105, 106, 108, 110, 111?

[5] Thomas Bernhard in: Die Presse vom 22./23. 9. 1984: »Ich bin alles nur kein Zettelkastenmensch. Oft denke ich mir, ich sollte mir einen Gedanken aufschreiben, und tu's dann doch nicht. Das tut einem sehr oft leid.«

[6] Programmbuch 34 (Immanuel Kant). Württembergisches Staatstheater Stuttgart. Schauspiel 1977/78, Tl. 1, S. 31–128.

[7] Zur Chronologie: Entführung und Ermordung Hanns Martin Schleyers September/Oktober 1977, Selbstmorde von Stammheim Oktober 1977 (Andreas Baader, Gudrun Ensslin, Jan Carl Raspe), Uraufführung des »Immanuel Kant« am 15. 4. 1978.

[8] Vgl. Schmidt-Dengler: Verschleierte Authentizität, a. a. O., S. 43. »Es besteht zumeist Einigkeit darin, daß die gewählte Form der Texte atypisch für Bernhard wäre, die Themen jedoch allenthalben in den anderen Schriften anzutreffen wären.«

[9] Hofmann, Kurt: Aus Gesprächen mit Thomas Bernhard. Wien 1988, S. 99.

[10] Vgl. ebda, S. 124. Noch in den Gesprächen mit Kurt Hofmann erzählte Bernhard die strukturgleiche Geschichte über einen Kreuzträger, der wegen eines fehlenden Trageriemens kollabierte: »und dann ist er zusammengebrochen und liegt im Bett und ist auch erledigt«.

[11] Ebda, S. 30.

[12] Der bereits von Schmidt-Dengler (a. a. O., S. 47ff.) ausgewertete Brief jetzt abgedruckt in: Dittmar, Jens (Hg.): Sehr geschätzte Redaktion. Leserbriefe von und über Thomas Bernhard. Wien 1991, S. 87f.

[13] Huntemann, a. a. O., S. 211. – Feng versucht, in der affektiven Gestaltung der Erzählinstanz die »Spuren eines guten Menschen« aufzuweisen, zu dem sie Bernhard erklären will (Feng, Guoqing: Kreisel für Erwachsene. Zur Kürzestprosa in der Gegenwartsliteratur in Österreich: Thomas Bernhard, Elias Canetti und Erich Fried. Diss. Wien 1992, S. 132. – Zum Vergleich mit den »Ereignissen«: ebda, S. 168ff.).

[14] Huntemann, a. a. O., S. 64. – Unter dem Blickwinkel einer »Ästhetik der Melancholie« nimmt sich die Perpetuierung der sprachlichen Virtuosität Bernhards dagegen als »Leer-

lauf« aus, der im Spätwerk die »existentielle Schwerkraft« in einer »Ornamentik der Gestaltung« aufhebt und auslöscht.
Vgl. auch Fraund, Thomas: Bewegung – Korrektur – Utopie. Studien zum Verhältnis von Melancholie und Ästhetik im Erzählwerk Thomas Bernhards. Frankfurt/Bern/New York 1986 (Studien zur Deutschen Literatur des 19. und 20. Jahrhunderts 2), S. 197.

[15] Vgl. etwa Jahraus, Oliver: Die Wiederholung als werkkonstitutives Prinzip im Œuvre Thomas Bernhards. Frankfurt am Main/Bern/New York/Paris 1991 (Publications Universitaires Européennes, R. I: Deutsche Sprache und Literatur, Bd. 1257).

[16] Vgl. Huntemann, a. a. O., S. 67; Marquardt, a. a. O., S. 65ff.; Jahraus, a. a. O., S. 33ff.

[17] Huntemann, a. a. O., S. 99.

[18] Hofmann, a. a. O., S. 19f.; vgl. die (differenzierungsbedürftige) Katalogisierung intertextueller Verfahrensweisen bei: Jahraus, a. a. O., S. 113ff.

[19] Schweikert, Uwe: »Im Grunde ist alles, was gesagt wird, zitiert«. Zum Problem von Identifikation und Distanz in der Rollenprosa Thomas Bernhards. In: Arnold, Heinz-Ludwig (Hg.): Text und Kritik 1974, Heft 43: Thomas Bernhard, S. 1–8, zit. S. 2.

[20] Vgl. Feng, a. a. O., S. 172 (Zeitungsnähe und Protokollstil; Feng setzt die poetologischen Voraussetzungen Kleists und Bernhards nicht in Beziehung).

[21] Beckmann, Heinz: Der enthauptete Chorknabe. In: Rheinischer Merkur vom 1. 12. 1978; auch in: Fischer Almanach der Literaturkritik 1978/79, S. 24. – Daß die literarische Anspielungsebene noch in den plattesten Geschichten präsent zu sein hat, drückt Bernhard so aus: »Nur, wenn man so was beschreibt, ist es blöd, weil's ja nichts Besonderes ist. Das muß man wieder umsetzen oder irgendwas dazuerfinden. Der strangulierte Bub in Beziehung auf Troilus und Cressida, dann ging's vielleicht.« (Hofmann, a. a. O., S. 30f.)

[22] Kleist, Heinrich von: Sämtliche Werke und Briefe, hg. v. Helmut Sembdner. 8., rev. u. erw. Aufl. München 1985, Bd. 2, S. 277–281, zit. S. 277f.

[23] Vgl. die auf die Leistung des Lesers abgestimmte Formulierung im »Michael Kohlhaas«: »[...] und wie denn die Wahrscheinlichkeit nicht immer auf Seiten der Wahrheit ist, so traf es sich, daß hier etwas geschehen war, das wir zwar berichten: die Freiheit aber, daran zu zweifeln, demjenigen, dem es wohlgefällt, zugestehen müssen [...]«, ebda, S. 96. – Zu den Bezügen zwischen Bernhard und Kleists Aufsatz »Über die allmähliche Verfertigung der Gedanken beim Reden« vgl.: Betten, Anne: Sprachrealismus im deutschen Drama der siebziger Jahre. Heidelberg 1985 (Monographien zur Sprachwissenschaft 14), S. 386.

[24] Torberg, Friedrich: Die Tante Jolesch oder Der Untergang des Abendlandes in Anekdoten. München/Wien 1975, ^{6}1976 (Gesammelte Werke in Einzelausgaben, Bd. VIII), S. 13.

Martin Huber

»Möglichkeitsfetzen von Erinnerung«
Zur Rezeption von Thomas Bernhards autobiographischer Pentalogie

Ich habe mein Buch nicht mehr gemacht,
als mein Buch mich gemacht hat [...].
Michel de Montaigne

Zu den am wenigsten erfreulichen Erscheinungen der Rezeption Thomas Bernhards zählt gewiß die fortschreitende Loslösung vom Werk, die Beschäftigung mit allem Möglichen, nur nicht mit den Texten. Erscheinen – um nur ein Beispiel anzuführen – die *Gesammelten Gedichte*, erfahren wir etwa von einem prominenten Rezensenten wenig über diese, dafür um so mehr über seine Entdeckung des ersten Lyrikbandes Bernhards in einer Tübinger Buchhandlung anno 1957 und die Beschaffenheit des Buchumschlags desselben. Man kann also zu Recht fragen, ob man sich überhaupt mit der Rezeption beschäftigen sollte, ob nicht auch die Auseinandersetzung mit der Rezeption der autobiographischen Pentalogie von dieser, von den Texten wegführt und so die beschriebene Tendenz nur verstärkt. Um die Antwort kurz zu machen: In diesem Fall scheint mir der Umweg (leider) notwendig zu sein, da sich längst ein Rezeptionsfilter zwischen Bernhards Werk und die Leser gelegt hat, der eine unvoreingenommene Lektüre oder Interpretation (falls es so etwas überhaupt einmal gegeben haben sollte) gar nicht mehr zuläßt. Wenn man diese Brille schon nicht ablegen kann, dann sollte man sie sich wenigstens bewußt machen und sie mitbedenken, wenn man durch sie auf die Texte blickt.

Im ersten Teil beschäftige ich mich daher mit dem Teil des Rezeptionsfilters, der sich aufgrund seiner Fixierung nachvollziehen läßt, nämlich den Resultattexten zur autobiographischen Pentalogie, und zwar mit einer Auswahl aus Rezensionen des deutschen Sprachraums. Bei der Konstituierung dieses Rezeptionsfilters kommt der Autobiographie eine besondere Stellung zu, da sie – zumindest scheinbar – am Kreuzungspunkt von Leben und Werk angesiedelt ist. Wie noch zu zeigen sein wird, war das der ideale Ausgangspunkt für den nicht seltenen (Kurz-)Schluß, die Autobiographie als Offenbarung, als einfachen Schlüssel zum Werk zu lesen. Im zweiten Teil soll dann die Stichhaltigkeit etwa dieses Rezeptionsmusters mit den Texten – und hier vor allem mit dem in der autobiographischen Pentalogie durchgängigen Reflexionsstrang auf die eigene Möglichkeit – verglichen werden.

Dabei beginnt die Rezeption des 1975 erschienenen ersten Bandes *Die Ursache. Eine Andeutung* durchaus vielversprechend im Sinne einer textorientierten Auseinandersetzung. Ernst Wendt, kurz zuvor Regisseur der Uraufführung des Bernhard-Stücks *Der Präsident* am Wiener Akademietheater, bespricht in der *Zeit* Bernhards Buch und weist unter anderem schon auf einen entscheidenden und – wie sich zeigen wird – leider nicht selbstverständlichen – Punkt hin, nämlich – sehr allgemein formuliert – auf den Kunstcharakter auch der Autobiographie: »*Die Ursache*, die Ausgangspunkte seiner rabiaten Weltsicht, die lange keiner so ehrlich emotional aufzuklären versucht hat, werden endgültig eben doch nicht aufgedeckt, und das ist gut so. Weil Thomas Bernhard auch dort, wo er von sich erzählt, letzten Endes niemanden an sich herankommen läßt, bewahrt sein Bericht sich ›heimlich‹ auch den Charakter einer Fiktion.«[1] Und in Bernhards Invektiven gegen Salzburg erblickt Wendt die »Kehrseite einer übergroßen Sehnsucht nach einem Ort, wo Landschaft und Menschen und Architektur, wo Natur und Musik übereinkommen könnten«.

Dem kann sich zwar z. B. Karin Kathrein in der Wiener *Presse* anschließen[2], aber schon die erste Salzburger Rezension von Elisabeth Effenberger in den *Salzburger Nachrichten* sieht das – soll man sagen »naturgemäß« – ganz anders. Bernhards *Ursache* komme über eine Stadtbeschimpfung – so wird das Buch schon im Untertitel genannt – nicht hinaus, denn: »Zur Auseinandersetzung bedürfte es etwas von jener Distanz, die er den Zeit- und Schicksalsgefährten jener Jahre von 1943 bis 1946 zum erbarmungslosen Vorwurf macht.«[3] In Salzburg könne man das Buch anders als sonstwo lesen, da hier »der Anspruch der Authentizität aufs Exempel zu prüfen« sei; so bekäme er etwa für seine Beschreibung des Kriegs »kaum Sukkurs« von »Zeit- und Augenzeugen«. Und gegen die Wahrheit des Buches insgesamt zeugten schließlich auch Mozart und Trakl, was offenbar (wofür Effenberger allerdings nicht verantwortlich sein muß) ein nebenstehendes Foto eines Salzburger Hinterhofes belegen soll, das die ergreifende Bildunterschrift trägt: »Aus dieser Enge blickte das Kind Mozart«.

Das Mozart-Trakl-Argument wird von Lothar Sträter in der *Süd-Ost-Tagespost* aufgegriffen, dessen Diagnose nach diesem Buch Bernhards klar ist: »Nun wissen wir also, woher er's hat: dieses Interesse für Krüppel, dieses ewige Zelebrieren des Sterbens, Zerfallens, Verwesens. [...] Bernhards Jugend-Trauma, aus dem sich alles weitere entwickelte, heißt Salzburg.«[4] Und Walter Scheiner in den *Vorarlberger Nachrichten* demonstriert schließlich an einem Beispiel, wie man die *Ursache* als Schlüssel verwendet: sie habe ihm Zugang zum »Rachedrama« *Macht der Gewohnheit* verschafft, in dem Bernhard »seinen Minderwertigkeitskomplex gegenüber seinem Geigenlehrer abreagiert«[5] habe.

Natürlich gibt es neben diesen von mir gewählten Beispielen aus dem Bereich der »Schlüssel-Interpretationen« auch differenziertere Rezensionen, wie etwa jene von Günther Blöcker in der *Süddeutschen Zeitung*, der auf Parallelen zwischen *Ursache* und *Korrektur* hinweist[6], oder – um auch noch ein Schweizer Beispiel zu bringen – jene von Herbert Gamper in der *Züricher Weltwoche*[7].

Die Rezensionen insgesamt jedoch wurden bald überlagert von einer ganz anderen Berichterstattung über Bernhards *Ursache*, nämlich den Berichten vom damit verbundenen Prozeß gegen Bernhard. Zumindest quantitativ – und wohl auch in der öffentlichen Reichweite – dominierten diese Resultattexte zur *Ursache*, was insofern nicht ohne Bedeutung für die Rezeption der Bernhardschen autobiographischen Pentalogie blieb, als dieser Prozeß und die damit verbundene Berichterstattung zumindest eine scheinbare Bestätigung jedweder »Schlüssel-Interpretationen« darstellte.

Kurz zum Hintergrund: Der Salzburger Stadtpfarrer Franz Wesenauer meinte sich im »Onkel Franz« des Buches zu erkennen und klagte daraufhin Thomas Bernhard. Nach langem gerichtlichem Hin und Her, das von Oktober 1975 bis Mai 1977 dauerte, schloß man einen Vergleich, der die Streichung von inkriminierten Passagen beinhaltete. Das ist der Grund für die paradoxe Situation, daß in den danach erschienenen Ausgaben der *Ursache* (also auch in der heute gängigen Taschenbuch-Ausgabe) im Kapitel »Onkel Franz« von diesem praktisch nicht mehr die Rede ist. Paradox waren schon die juristischen Auseinandersetzungen und die Berichte darüber (ein Vorgang übrigens, der sich ja bei *Holzfällen* wiederholen sollte); nur zwei charakteristische Beispiele: die *Presse* überschrieb einen Artikel mit dem Titel »Romanfigur klagt den Autor«[8], was ja zwangsläufig zu Begegnungen der unheimlichen Art vor Gericht führen muß. Allein schon an diesem Titel zeigen sich sehr schön die Schwierigkeiten jeder Art von juristischem Umgang mit Literatur. Und die so angesprochene »Romanfigur« meinte in einer Stellungnahme im Informationsblatt *Glaube und Kirche*: »Thomas Bernhard hätte vor 30 Jahren sagen sollen, was er damals empfunden hat, und nicht erst heute. Damals hätte ich ihm helfen können.«[9]

Offenbar in Erwartung weiterer Lustbarkeiten erschienen 1976 die ersten Texte zum zweiten Teil der autobiographischen Pentalogie *Der Keller. Eine Entziehung* schon vor diesem, nämlich in Form von Vorankündigungen: »Wieder Perfides von Thomas Bernhard?« fragte etwa die Hamburger *Zeit* im Titel ihrer Vorankündigung des *Keller*.[10] (Da der Residenz Verlag anscheinend die Publicity des noch laufenden Prozesses zu Marketing-Zwecken nutzen wollte, ergänzten sich Sensationsgier der Zeitungen und ökonomisches Interesse des Verlages ideal.) Beim zweiten Band der Autobiographie kam es dann allerdings – für manche wohl leider – zu keinem Prozeß oder Skandal, stattdessen wurde Bernhard für den *Keller* der Preis der Bundeswirtschaftskammer verliehen, was abermals das quantitative Übergewicht von »Tertiärtexten« sicherte. Die meisten Artikel über die Preisverleihung sind durch ein Foto ergänzt, das die Preisträger mit den Preisverleihern zeigt, wobei z. B. unter jenem in den *Salzburger Nachrichten* zu lesen ist, der »Held« des Romans sei nicht vertreten gewesen[11]. Das könnte man zwar als subtilen Hinweis auf die Differenz zwischen dem Ich-Erzähler des Buches und dem auf dem Foto abgebildeten Thomas Bernhard verstehen, dürfte aber eher die Abwesenheit Karl Podlahas meinen. Und obwohl dieser bei der Preisverleihung also gar nicht anwesend war, unterstellte ihm angeblich eine alte Frau aus der Scherzhauserfeldsiedlung – wie wir aus einem investigativen Artikel in der *Salzburger Volkszeitung* erfahren -, er hätte seinen Anteil am Preisgeld dafür erhalten, daß er Bernhard Negatives über die Siedlung erzählt habe, was von Karl Podlaha aber entschieden zurückgewiesen werde.[12] Seit die Leute den *Keller* gelesen hätten, heißt es in dem Artikel weiter, werde Podlaha bedroht – wobei ich allerdings, sollte die Geschichte nicht überhaupt nur gut erfunden sein, vermuten würde, daß zumindest einige nur die Zeitungsartikel und nicht das Buch gelesen hatten, es sich bei dem Artikel also nur um eine spezielle Form der *self-fulfilling-prophecy* handelt.

Der Grundtenor der Rezensionen lautet, der *Keller* sei »heller« als die *Ursache*, wodurch er bei den Kritikern im Schnitt auch besser ankommt.

Während in manchen Rezensionen durchaus die Differenz zwischen Autobiographie und etwa Dokumentation ebenso thematisiert wird wie das Problem der »Verfälschung der Wahrheit durch Mitteilung« (Hans Rochelt in der *AZ*[13]), meinen andere – und sie sind wiederum in der Überzahl –, nun den zweiten Schlüssel vor sich zu haben, und zwar unabhängig davon, ob sie den *Keller* positiv oder negativ beurteilen. In der *Wochenpresse* – um jetzt nur mehr ein Beispiel zu nennen – heißt es, der *Keller* mache klar, warum Bernhard so schreibe, wie er schreibe[14], was man gern näher ausgeführt hätte. Und über solche und ähnliche Tautologien kommen die »Schlüssel-Interpretationen« auch beim zweiten Band der autobiographischen Pentalogie nicht hinaus.

Bei *Der Atem. Eine Entscheidung*, 1978 als dritter Band und damit schon in einigem Abstand zur *Ursache* und dem damit verbundenen Prozeß erschienen, dominieren dann erstmals die Rezensionen. Den dritten Band nimmt nun auch »Großkritiker« Marcel Reich-Ranicki zum Anlaß einer Gesamtbesprechung der bis dahin erschienenen Bände der Autobiographie in der *Frankfurter Allgemeinen Zeitung*.[15] Mit der Autobiographie habe ein neuer Abschnitt im Werk Bernhards begonnen, das zuvor schon von Abstraktion und Sterilität bedroht gewesen sei. Gleichsam unter der Hand seien ihm damit eben doch Geschichten gelungen, ein »Ganzes«, das zu den »großen literarischen Dokumenten« der siebziger Jahre gehöre, und innerhalb von Bernhards Autobiographie stelle der *Atem* den »Kulminationspunkt« an »ostentativer Selbstentblößung« dar.

Reich-Ranickis Rezension markiert ziemlich genau den Mainstream der Besprechungen von *Der Atem*, der auch von den meisten anderen Rezensenten – wenngleich meist weniger ausführlich – positiv rezensiert wird. Bei nicht wenigen geschieht dies wiederum eindimensional, werden – angebliche – »Schlüsselsätze« zitiert, die das ganze Werk zu öffnen in der Lage seien (Hans Jansen in der *Westdeutschen Allgemeinen*[16]). Über diese bekannte Lektüreart hinausgehend und daher erwähnenswert sind vielleicht noch zwei Rezensionen aus der – ehemaligen – DDR, wo *Der Atem* 1981 erschien. Meint der eine Rezensent, das Ziel des Buches sei es, »Widerstand« im »Bereich der medizinischen Versorgung« zu mobilisieren (Roland Mischke in *Neue Zeit*[17]), so hält der andere die beschriebene Krankenhauswelt für ein »verkleinertes Modell der kapitalistischen Gesellschaft« (Michael Hinze in der *Tribüne*[18]).

Bei der Durchsicht der Rezensionen zum vierten Band *Die Kälte. Eine*

Isolation – erschienen 1981 – wird dann deutlich, daß sich die »Schlüssel-Interpretationen« offenbar langsam erschöpft haben, zumindest ist mir nur noch eine explizit darauf hinauslaufende untergekommen.[19] Und bei der Einschätzung des Rangs der Autobiographie läßt sich immer mehr Einigkeit unter den Kritikern konstatieren, und zwar im Sinne einer positiven bis emphatischen Wertung. Das beste Beispiel für letztere Einschätzung stellt wohl die Rezension von Rolf Michaelis in der *Zeit* dar, der darin ausführt, die vier bis dahin erschienenen Bände der autobiographischen Pentalogie, würden heute schon »als Meisterwerke der Literatur dieses Jahrhunderts«[20] gelten. Wie subjektiv solche Wertungen auch immer sind, so scheint mir doch vieles in der ausführlichen Rezension von Michaelis zutreffend: etwa die Warnung vor einem »simplen Verständnis« der Autobiographie als bloße »lebensgeschichtliche Erläuterung von dichterischen Werken«, die er mit Parallelen zwischen beiden untermauert, oder die Skepsis der Sprache gegenüber, die sie durchzieht.

Diese Tendenz setzt sich schließlich fort bei den Rezensionen zum 1982 erschienenen letzten Band der autobiographischen Pentalogie, *Ein Kind*, wo die Autobiographie Bernhards nur mehr an entlegener Stelle als bloßer »Schlüssel zum Verständnis seines abgrundtiefen Pessimismus«[21] herhalten muß. Ansonsten scheinen mir unter den Rezensionen zu *Ein Kind* die vielleicht besten zur gesamten Autobiographie zu sein, wobei die seit Erscheinen der *Ursache* verstrichene Zeit und die nun erstmals gegebene Möglichkeit des Überblickens der gesamten autobiographischen Pentalogie das ihre zu dieser Qualität beigetragen haben mögen. Auf drei dieser Rezensionen möchte ich zum Schluß dieser Durchsicht hinweisen, nicht zuletzt, um dann daran anzuknüpfen: Hans Haider beginnt seine Rezension in der österreichischen *Presse* mit dem Hinweis auf das Voltaire-Motto von *Ein Kind* – »Niemand hat gefunden oder wird je finden.« –, um voreilige »Psychologerln und Pathologerln« – wie er schreibt – vor der Reduktion der Literatur »zu einem zwanghaften Kompensationsakt« zu warnen.[22] Rolf Michaelis stellt sich in einer weiteren Rezension eines autobiographischen Bandes Bernhards in der deutschen *Zeit* angesichts des nun vorliegenden fünften und letzten Bandes die Frage, ob man nicht die gesamte Pentalogie »trotz aller unverkennbar autobiographischen Prägung weniger als Dokumentar-Literatur denn als Dichtung«[23] lesen müsse. Und er beantwortet sich diese Frage mit der Interpretation der Radfahr-Geschichte am Anfang von *Ein Kind*, bei der er auf die dort explizite Transformation durch das Erzählen verweist. Im *Schweizer Tages-Anzeiger* schließlich nimmt Hermann Burger ebenfalls diese Episode auf und sieht darin ein Bild für »Struktur und Poetik« von Bernhards Autobiographie.[24] Deren fiktives Element in Relation zu erreichbarer Genauigkeit faßt er zum Schluß seiner Rezension jenseits der gängigen Klischees neu und für mich zwingend so: »Der Schriftsteller als Erfinder, Konstrukteur, nicht als ›Stimmenimitator‹ von Realität. Um erfinderisch produktiv sein zu können, muss man das Seiende und das Gewesene zunächst einmal hartnäckig leugnen: Kindheit? Nie gehabt! Erst dann wird die Fiktion möglich, die präziser ist als die Chronologie zufälliger Ereignisse.«

Das zu unterstreichen gegen andere – wie mir scheint, verzerrende – Interpretationen der Bernhardschen autobiographischen Pentalogie, nimmt sich der folgende zweite Teil vor. Wie Sie sicher schon meiner wohl nicht ganz wertungsfreien Darstellung entnommen haben werden, meine ich mit den verzerrenden jene voreiligen »Schlüssel-Interpretationen«, die mir schon allein aufgrund ihrer Zahl einen nicht unbeträchtlichen Teil des am Anfang angesprochenen Rezeptionsfilters auszumachen scheinen. Für kurzschlüssig halte ich sie vor allem, weil sie die Antworten zu kennen meinen, wo doch die Fragen noch gar nicht richtig gestellt sind: (Was Peter Szondi über die Suche nach dem Fürst des Fests in Hölderlins *Friedensfeier* geschrieben hat, ist auch hier zutreffend: »Doch wenn so viele Schlüssel aufzuschließen schienen, so nur, weil es ein Schloß gar nicht gab.«[25]) Statt der Frage nämlich: »Warum schreibt Thomas Bernhard so negativ/pessimistisch etc.?« und der durch die Autobiographie vermeintlich auf der Hand liegenden Antwort: »Weil er eine so düstere/schreckliche etc. Kindheit hatte!«, sollte man sich lieber Fragen nach der Stilisierung, der Literarizität der Autobiographie, nach dem berühmten Verhältnis von »Dichtung und Wahrheit«, nach der Möglichkeit oder Unmöglichkeit objektiver Wahrheit über ein Leben und deren Mitteilbarkeit etc. stellen, auch oder gerade weil sich darauf vielleicht keine so eindeutigen Antworten finden lassen. Daß in vielen Rezensionen solche Fragen überhaupt nicht gestellt werden, ist schon insofern verwunderlich, als es in Bernhards autobiographischer Pentalogie eine so bedeutende Anzahl an Stellen gibt, wo solche Fragen aufgeworfen werden, daß es berechtigt scheint, von einem durchgängigen Strang zu sprechen. (Auf die Sekundärliteratur zu Bernhards Autobiographie, die das – meist – erkannt hat, kann hier nur verwiesen werden: zu nennen wären etwa – ohne Anspruch auf Vollständigkeit – die Arbeiten von Christa Bürger, Piechotta, Sorg, Donahue und Strutz. [Bei einigen Beiträgen scheint mir der Zugang allerdings ebenfalls zu sehr aus Richtung vom vermeintlich gegebenen Leben aufs Werk hin gewählt zu sein, etwa bei Bugmann, Tschapke oder teilweise bei Mittermayer.]) Einige der Hauptelemente dieser Denkbewegung Bernhards in der Autobiographie auf ihre Möglichkeit hin möchte ich im folgenden herausarbeiten.

Bernhards Auseinandersetzung mit dieser Frage beginnt in seiner Pentalogie genaugenommen schon mit dem Titel und Untertitel des ersten Bandes. Die Spannung zwischen »Ursache« und »Andeutung«, zwischen unbedingtem Wahrheitsanspruch und gleichzeitiger Einsicht in die notwendige Bruchstückhaftigkeit des gesamten Unternehmens kennzeichnet Bernhards Autobiographie von Anfang an. Dabei ist der Wahrheitsbegriff in der *Ursache* zunächst noch ein relativ konventioneller, ungebrochener, etwa wenn der Ich-Erzähler (auf solche unschönen Zunftausdrücke muß man angesichts eines Teils der Rezeption wohl oder übel zurückkommen) die Feststellung, Salzburg sei immer unerträglich gewesen und das bis heute geblieben, breit mit folgender Rechtfertigung stützt:

> Jede andere Behauptung wäre falsch und Lüge und Verleumdung und diese Notizen müssen jetzt notiert sein und nicht später, und zwar in diesem Augenblick, in welchem ich die Möglichkeit habe, mich vorbehaltlos in den Zustand meiner Kindheit und Jugend und vor allem meiner Salzburger Lern- und Studierzeit zu versetzen mit der für eine solche Beschreibung als Andeutung notwendigen Unbestechlichkeit und aufrichtigen Schuldigkeit, dieser Augenblick, zu sagen, was gesagt werden muß, was angedeutet sein muß, muß ausgenutzt werden, der Wahrheit von damals, der Wirklichkeit und Tatsächlichkeit, wenigstens in Andeutung zu ihrem Recht zu verhelfen. (Ur 43)

Dieser Wahrheitsanspruch erstreckt sich freilich nicht nur auf Behauptungen über Salzburg etc., sondern auch auf die Selbstbeschreibung, wobei sich Bernhard wiederholt auf Montaigne beruft. Solche Stellen lassen sich nicht als »typisch Bernhardsches name-dropping« abtun, zitiert er doch dreimal ausführlich und mit klarem Bezug zum eigenen Text aus Montaignes *Essais*, z. B.: »Es dürstet mich danach, mich zu erkennen zu geben; mir ist gleichgültig wie vielen, wenn es nur wahrheitsgemäß geschieht« (Ur 88)[26]. Bei Montaigne findet sich nicht nur dieser Wahrheitsanspruch in bezug auf Selbsterkenntnis, sondern untrennbar damit verknüpft der grundsätzliche Zweifel an der Möglichkeit objektiver Erkenntnis ganz allgemein: »ich bin im Zweifel über mich so gut wie über alles andere«[27].

Solch radikale Skepsis findet sich bald auch in Bernhards autobiographischer Pentalogie, und zwar schon im zweiten Band *Der Keller. Eine Entziehung*, dem wohl nicht zufällig das Montaigne-Motto »Alles ist unregelmäßige und ständige Bewegung, ohne Führung und ohne Ziel« vorangestellt ist, solcherart jedwede Teleologie – Ingredienz nicht weniger Autobiographien – *a limine* von sich weisend. Neben anderen Stellen kreisen vor allem die letzten 10 Seiten des *Keller* um die Frage, ob eine Existenz überhaupt – und sei es auch »nur« in der Beschreibung – in den Griff zu bekommen sei. Zunächst wird dabei die herkömmliche Vorstellung von einer »Existenz« zerlegt:

> Ich darf nicht leugnen, daß ich auch immer zwei Existenzen geführt habe, eine, die der Wahrheit am nächsten kommt und die als Wirklichkeit zu bezeichnen ich tatsächlich ein Recht habe, und eine gespielte, beide zusammen haben mit der Zeit eine mich am Leben haltende Existenz ergeben, wechselweise ist einmal die eine, einmal die andere beherrschend, aber ich existiere wohlgemerkt beide immer. Bis heute. Hätte ich, was alles zusammen heute meine Existenz ist, nicht tatsächlich durchgemacht, ich hätte es wahrscheinlich für mich erfunden und wäre zu demselben Ergebnis gekommen. (Ke 110)

Und diese Gedanken werden schließlich ganz gegen Ende des Bandes im Zeichen der Skepsis jeder (Selbst-)Erkenntnis gegenüber nochmals zugespitzt:

> Die Idee ist gewesen, der Existenz auf die Spur zu kommen, der eigenen wie der anderen. Wir erkennen uns in jedem Menschen, gleich, wer er ist, und sind in jedem dieser Menschen verurteilt, solange wir existieren. Wir sind alle diese Existenzen zusammen und sind auf der Suche nach uns und finden uns doch nicht, so inständig wir uns darum bemühen. Wir haben von Aufrichtigkeit und von Klarheit geträumt, aber es ist beim Träumen geblieben. (Ke 119)

Nun müssen, ja vielleicht sogar dürfen solche Passagen nicht wortwörtlich genommen werden, aber bloße Koketterie sind sie ganz gewiß nicht. Dazu entsprechen sie zu genau Bernhards Autobiographie: das Element der Erfindung und die Unmöglichkeit der Klarheit ziehen sich durch den gesamten Text – von der nicht immer gegebenen Faktentreue (die eben gar nicht angestrebt wird), der deutlichmachenden Übertreibung bis zur notwendigen Fragmentarität der autobiographischen Pentalogie.

In der Passage am Ende des *Keller* wird diese Thematik nach verschiedenen Seiten hin ausgefaltet, so erfaßt die Unmöglichkeit der Klarheit auch die Sprache:

> Ich spreche die Sprache, die nur ich allein verstehe, sonst niemand, wie jeder nur seine eigene Sprache versteht [...] Es kommt mir vor, als existiere ich als Rutengänger im eigenen Kopf. (Ke 112)

bevor Bernhard – wie an vielen entscheidenden Stellen seines Werks – zur Theatermetaphorik greift:

> Nur die Verstellung rettet mich zeitweise und dann wieder das Gegenteil der Verstellung. [...] Das Theater, das ich mit vier und mit fünf und mit sechs Jahren für mein ganzes Leben eröffnet habe, ist schon eine in die Hunderttausende von Figuren vernarrte Bühne [...]. Jede dieser Figuren bin ich, alle diese Requisiten bin ich, der Direktor bin ich. [...] Manchmal behaupten wir, es sei eine Tragödie, manchmal das Gegenteil, und sagen, eine Komödie ist es, und wir können nicht sagen, jetzt ist es eine Tragödie, jetzt eine Komödie. Die Schauspieler sind allerdings von der Sinnlosigkeit meiner Tragödie wie auch meiner Komödie überzeugt. Und die Schauspieler haben immer recht. [...] Sie verstehen nicht, was gespielt wird, weil ich selbst nicht verstehe, was gespielt wird. Einem Verrückten in die Karten schauen, was bringt das? (Ke 112–114)

»Gegenteil« ist ein Stichwort dieser Passage und der unvermittelte Gegensatz ein Strukturprinzip des Bernhardschen Werks auf verschiedenen Ebenen. Eingeschrieben in den Schlußteil des *Keller* ist die Episode von der Wiederbegegnung mit einem Mann aus der Scherzhauserfeldsiedlung, der ihm zum Abschied die Maxime seiner Existenz liefert: »*Servus* und *es ist alles egal*« (Ke 118). Dies gelte erst recht für ihn, behauptet in der Folge der Ich-Erzähler mit der gleichen Emphase, mit der in einem Großteil des Buches das genaue Gegenteil vertreten wurde – es sei entscheidend gewesen, im richtigen Augenblick in die »entgegengesetzte Richtung« zu gehen. Und im Sinne dieses »Servus und es ist alles egal« formulieren dann die Schlußsätze des *Keller* indirekt auch die Aporie des gesamten autobiographischen Unternehmens: »Manchmal erheben wir alle unseren Kopf und glauben, die Wahrheit oder die scheinbare Wahrheit sagen zu müssen und ziehen ihn wieder ein. Das ist alles.« (Ke 120)

Obwohl das ein Ende wäre, ist damit die Denkbewegung der Bernhardschen Autobiographie über ihre Möglichkeit noch nicht zum Stillstand gekommen, wobei diese Bewegung natürlich keine lineare, eben keine irgendwie teleologische ist, sondern vielleicht am ehesten als eine spiralartige zu beschreiben wäre, die zwar immer wieder um dieselben Probleme kreist, sich dabei aber doch fortbewegt. In der längsten diesbezüglichen Passage des dritten Bandes *Der Atem. Eine Entscheidung* wird dann vor allem der fragmentarische Charakter der Autobiographie betont und der Leser gleichsam mit ihrer Rekonstruktion beauftragt:

> Die Vollkommenheit ist für nichts möglich, geschweige denn für Geschriebenes und schon gar nicht für Notizen wie diese, die aus Tausenden und Abertausenden von Möglichkeitsfetzen von Erinnerung zusammengesetzt sind. Hier sind Bruchstücke mitgeteilt, aus welchen sich, wenn der Leser gewillt ist, ohne Weiteres ein Ganzes zusammensetzen läßt. Nicht mehr. Bruchstücke meiner Kindheit und Jugend, nicht mehr. (At 69)

Daß sich tatsächlich sehr leicht »ein Ganzes zusammensetzen läßt«, haben ja nicht wenige der vorher angeführten Rezensionen demonstriert, freilich oft ohne sich dabei der eigenen Beteiligung und des angesprochenen Möglichkeitscharakters von Bernhards Autobiographie bewußt zu sein: was hier festgehalten ist, ist nicht die Wahrheit *ex cathedra* über ein Leben, sondern eine Lebens-Möglichkeit.

Im vierten Band *Die Kälte. Eine Isolation* werden Wahrheit und ihr Gegenteil derart ausgependelt, daß sich schließlich eine typisch Bernhardsche Begriffs-Äquilibristik herstellt, ja sich die Begriffe (zumindest in einem herkömmlich philosophischen Sinn) auflösen:

> [...] nur der Schamlose schreibt, nur der Schamlose ist befähigt, Sätze anzupacken und auszupacken und ganz einfach hinzuwerfen, nur der Schamloseste ist authentisch. Aber auch das ist natürlich so wie alles ein Trugschluß. (Kä 63)

> Die Wahrheit ist immer ein Irrtum, obwohl sie hundertprozentig die Wahrheit ist, jeder Irrtum ist nichts als die Wahrheit [...]. Wir sind im Irrtum, wenn wir glauben, in Wahrheit zu sein, und umgekehrt. (Kä 69f.)

Abermals und so ausführlich wie sonst nirgends in der Pentalogie wird in einem weiteren Schritt für diese Wahrheits-Unmöglichkeit, für das Scheitern des Versuchs, das Dickicht der Herkunft (vgl. Kä 77f.) aus dem Weg zu räumen, die Sprache belangt:

> Die Sprache ist unbrauchbar, wenn es darum geht, die Wahrheit zu sagen, Mitteilung zu machen, sie läßt dem Schreibenden nur die Annäherung, immer nur die verzweifelte und dadurch auch nur zweifelhafte Annäherung an den Gegenstand, die Sprache gibt nur ein gefälschtes Authentisches wider, das erschreckend Verzerrte, sosehr sich der Schreibende auch bemüht, die Wörter drücken alles zu Boden und verrücken alles und machen die totale Wahrheit auf dem Papier zur Lüge. (Kä 89)

Daß aber so eine Art »Lüge« etwas trifft, belegt zum Schluß die schon mehrfach angesprochene Radfahr-Geschichte aus dem Anfangs- und Endband *Ein Kind.* Das achtjährige Kind – so wird erzählt – besteigt zum ersten Mal ein Fahrrad (das Steyr-Waffenrad des Vormunds) und faßt nach einigen Runden um die Pfarrkirche von Traunstein den tollkühnen Entschluß, ins 36 Kilometer entfernte Salzburg zu radeln, um dort seine Tante Fanny zu besuchen (vgl. Ki 7ff.). Schon träumt es von der Bewunderung für sein Kunststück, fühlt sich als »Triumphator« (Ki 8), als es hinter Straß durch das Reißen der Kette in den Straßengraben katapultiert wird. Von zwei Burschen nach Hause gebracht, geht das Kind noch in der Nacht, da es der Mutter nicht unter die Augen zu treten wagt, zum Großvater nach Ettendorf. Nach vielen und ausführlichen Einschüben, die symptomatisch sind für das Erzählverfahren der Bernhardschen Autobiographie, erfahren wir, daß und wie es den ersten Bericht über sein Radfahr-Abenteuer seinem Freund Schorschi gab:

> Ich selbst genoß meinen Bericht so, als würde er von einem ganz anderen erzählt, und ich steigerte mich von Wort zu Wort und gab dem Ganzen, von meiner Leidenschaft über das Berichtete selbst angefeuert, eine Reihe von Akzenten, die entweder den ganzen Bericht würzende Übertreibungen oder sogar zusätzliche Erfindungen waren, um nicht sagen zu müssen: Lügen. Ich hatte [...] einen durch und durch dramatischen Bericht gegeben, von dem ich überzeugt war, daß man ihn als ein wohlgelungenes Kunstwerk auffassen mußte [...] (Ki 35f.).

Obwohl man nicht alles als Parabel lesen sollte, scheint auch mir der parabolische Charakter dieser Erzählung evident, kaum woanders das Verfahren der Pentalogie besser auf den Punkt gebracht.

Als abstraktes Resümee läßt sich also formulieren: Die Frage nach der Wahrheit und ihrer Mitteilbarkeit erhält eine paradoxe Antwort. Die Wahrheit schlechthin gibt es nicht, und selbst gäbe es sie, ließe sie sich nicht mitteilen. Aber »ein wohlgelungenes Kunstwerk« vermag vielleicht eine

Realität zu konstruieren, die einem Leben näher kommt als die Dokumentation und Verknüpfung von Fakten. Thomas Bernhards autobiographische Pentalogie scheint mir eine solche Möglichkeit zu bestätigen.

Anmerkungen

[1] Wendt, Ernst: Trauer über eine unglückliche Jugend. Thomas Bernhards autobiographischer Bericht von den Kriegsjahren in Salzburg: Die Ursache. In: Die Zeit, 29. 8. 1975

[2] Kathrein, Karin: Eine Kindheit, die nicht vergessen wurde. In: Die Presse, 10. 9. 1975.

[3] Effenberger, Elisabeth: Scheitern in Salzburg. »Die Ursache« von Thomas Bernhard. Eine Stadtbeschimpfung im Residenz Verlag. In: Salzburger Nachrichten, 13. 9. 1975

[4] Sträter, Lothar: Salzburghaß mit infantilen Zügen. In: Süd-Ost Tagespost, 20. 9. 1975

[5] Scheiner, Walter: Ein mißglücktes Experiment. In: Vorarlberger Nachrichten, 22. 11. 1975

[6] Blöcker, Günter: Unverhoffte Entdeckung des Glücks. Thomas Bernhards Salzburger Lehrjahre. In: Süddeutsche Zeitung, 20. 9. 1975

[7] Gamper, Herbert: Die Ursache und die Korrektur. In: Die Weltwoche, 22. 10. 1975.

[8] Anon.: Romanfigur klagt den Autor. In: Die Presse, 4. 12. 1975.

[9] Anon.: Vergleich im Autoren-Streit? In: Salzburger Nachrichten, 3. 4. 1975.

[10] Anon.: Wieder Perfides von Thomas Bernhard? In: Die Zeit 11. 6. 1976.

[11] Pfoser, Alfred: Ein schöner Vormittag der Literatur. Wirtschaftskammerpreise an Bernhard, Aichinger, Okopenko. In: Salzburger Nachrichten, 6. 11. 1976.

[12] Anon.: »Keller«-Kaufmann bedroht. Scherzhauserfeldsiedlung ist über Bernhard-Roman empört. In: Salzburger Volkszeitung, 10. 11. 1976

[13] Rochelt, Hans: Abweisung der Vertraulichkeit. In: Arbeiter-Zeitung, 1. 12. 1976.

[14] Pizzini, Duglore: [Romane] In: Wochenpresse, 6. 11. 1976.

[15] Reich-Ranicki, Marcel: Thomas Bernhards entgegengesetzte Richtung. Seine autobiographischen Erzählungen Die Ursache, Der Keller und Der Atem. In: Frankfurter Allgemeine Zeitung, 8. 4. 1978.

[16] Jansen, Hans: Entscheidung im Sterbezimmer. Der Atem, Thomas Bernhards Jugenderinnerungen. In: Westdeutsche Allgemeine, 18. 7. 1978.

[17] Mischke, Roland: Protest und Leidenschaft. In: Neue Zeit, 23. 11. 1981.

[18] Hinze, Michael: Blick ins Sterbezimmer als Bekenntnis zum Leben. Zu einer Erzählung von Thomas Bernhard. In: Tribüne, 16. 4. 1982.

[19] Schatsiek, Norbert: Dependance der Hölle. In: Kölnische Rundschau, 30. 4. 1981.

[20] Michaelis, Rolf: Einmal Hölle und zurück. Die Kälte. Eine Isolation: Der vierte Band von Thomas Bernhards Jugenderinnerungen. In: Die Zeit, 27. 3. 1981.

[21] Sauer, Ralph: Thomas Bernhards Leiden an der Sinnlosigkeit. In: Christ in der Gegenwart 1982, Nr. 25, S. 205f.

[22] Haider, Hans: Großvaters Lebensschule. In: Die Presse, 3. 3. 1982.

[23] Michaelis, Rolf: Himmelssturz, Höllenflug. Autobiographie als Erziehungsroman. In: Die Zeit, 4. 6. 1982.

[24] Burger, Hermann: Thomas Bernhards Kindheitsmuster. In: Tages-Anzeiger, 12. 6. 1982.
[25] Szondi, Peter: Er selbst, der Fürst des Fests. Die Hymne »Friedensfeier«. In: Schriften 1. Frankfurt am Main 1978, S. 315–342.
[26] Vgl. Montaigne, Michel de: Essais III, 5. Zürich 1991, S. 676.
[27] Ebda, S. 506.

Wolfram Bayer

Das Gedruckte und das Tatsächliche
Realität und Fiktion in Bernhards Leserbriefen

Die für ihn reservierte Sitzbank im Bordone-Saal des Wiener Kunsthistorischen Museums, auf der er seit mehr als dreißig Jahren jeden zweiten Tag (außer Samstag oder Montag) Platz nimmt, um Tintorettos *Weißbärtigen Mann* zu betrachten, sei eines Morgens, erinnert sich in *Alte Meister* der zweiundachtzigjährige Kunstkritiker Reger, von einem Engländer in Pumphose und schottischer Jacke in Beschlag genommen gewesen. Der sympathische und offenkundig kunstverständige Mann habe das Gemälde mit einer Abbildung in einem schwarzledernen Buch verglichen und sei dabei zutiefst erschrocken. Kreidebleich habe er Reger anvertraut, daß in seinem Schlafzimmer zu Hause in Wales »nicht nur das gleiche, sondern absolut dasselbe« Bild hinge, ein Erbstück seiner sogenannten Glasgow-Tante. Er müsse nun dringend feststellen, welcher *Weißbärtige Mann* der echte und welcher der gefälschte ist, so der Engländer weiter, denn *»eins von beiden muß eine Fälschung sein«* (AM 144–160).

Die in Regers Erinnerungsmonolog eingefaßte Geschichte des verwirrten Engländers umreißt bildhaft ein Bündel charakteristischer Phänomene der Bernhard-Rezeption: zunächst, recht drastisch, die Wirkung, auf die Bernhards Schreiben angelegt ist, den Schock der Leseerfahrung, dargestellt am fassungslosen, kreidebleichen Rezipienten, in dem ein schrecklicher Verdacht aufkeimt; die Denkfigur der beiden identischen Gemälde könnte man darüber hinaus auch als Metapher für das von Bernhard praktizierte Verfahren des Selbstplagiats deuten - oder aber eine Analogie zu jenen Bereichen herstellen, die in *Auslöschung* als »das Gedruckte« (die für Bernhard immer fiktive Wirklichkeitsdarstellung) und »das Tatsächliche« (die letztlich ebenso fiktive darzustellende Wirklichkeit) bezeichnet werden; und schließlich ließe sich in ihr auch das irritierende Doppelgängertum von Bernhards literarischen Publikationen einerseits und seinen öffentlichen Äußerungen in Reden, Interviews, Leserbriefen, offenen Briefen und Gastkommentaren andrerseits reflektiert finden («Die Analogien sind tödlich«; V 103). Der öffentliche Bernhard vermittelte in seinen publizistischen Stellungnahmen »nicht nur das Gleiche, sondern absolut

Dasselbe« wie die Figuren seiner Erzählprosa, so daß sich das Publikum genau wie der Engländer in *Alte Meister* die Frage nach dem Original, der authentischen Selbstaussage und der Replik oder Fälschung, der künstlich-künstlerischen Aussage stellen mußte.

Bernhards knapp vierzig in den Jahren zwischen 1960 und 1989 publizierte Leser- bzw. offene Briefe[1] – Briefe an die Leser der Zeitungen, zugleich auch Briefe eines Zeitungslesers – sollen im folgenden als Weiterführungen der Prosa in einem öffentlichen Medium beschrieben werden. In ihnen spiegeln sich die Ästhetik und die Verfahren einer Schreibweise wider, die nicht nur auf bestimmte Rezeptionsphänomene angelegt und angewiesen ist, sondern auch ihre eigene Rezeption mitrezipiert. Ein Schriftsteller, ganz offenkundig aufgebracht vor allem über die Folgenlosigkeit von Literatur, hat wiederholt bestimmte ästhetische Inhalte über den engen Kreis der Leser von Literatur hinaus publik gemacht, in eine größere Medienwelt eingeschleust und als Themen öffentlicher Kommunikation auf subtile Weise Wirklichkeit werden lassen. Rezeption wurde so, d. h. mit literarischen Mitteln, zunehmend als Schauspiel inszeniert und gesteuert.[2] Die Leserbriefe führen, um es vorweg zusammenzufassen, bestimmte Wirkungsmechanismen, die sich gewöhnlich im Kopf des Lesers vollziehen, auf der Bühne der Medienöffentlichkeit vor und demonstrieren damit, nicht zuletzt durch die ausgelösten Reaktionen, eine Art Authentizität oder »Wahrheit« der fiktionalen Texte; sie sind, könnte man sagen, die gesellschaftliche Praxis einer praxisfeindlichen Ästhetik.

»Hier geht es um die Strenge und um die Unbestechlichkeit einer nervenanspannenden Kunst ...«

Im Unterschied zu den literarischen Texten verfolgen die Leserbriefe *auch* einen konkreten Zweck, indem sie etwa eine frühere Äußerung richtigstellen, gegen die Absetzung eines Stückes protestieren, ein Aufführungsverbot aussprechen oder juristische Schritte androhen. Meist scheint es jedoch darum zu gehen, eine Person oder Institution des öffentlichen Lebens in ein denkbar schlechtes Licht zu rücken. Ganz wie die ausufernden Gedankengänge der Prosa entzünden sie sich an Geringfügigkeiten – etwa an einem von einer Behörde verspätet übermittelten Brief[3] oder an einer als »Verächtlichmachung meiner Person« empfundenen Äußerung eines Diplomaten[4] –, um sich zu verblüffend prägnanten und apodiktischen Pauschalverdammungen hochzuschrauben. Als in einem Artikel über die österreichische Heimatdichtung, der auch Seitenhiebe gegen Bernhard enthielt, der Name des oberösterreichischen Dichters Franz Stelzhamer irrtümlich als »Stelzhammer« wiedergegeben wurde, ergeht in einem Brief an den Herausgeber das unwiderrufliche Urteil: »Ihr Heft [...] trieft vor Dummheit und Scheinheiligkeit und es halten sich in ihm, klassisch österreichisch, Scheinheiligkeit und Dummheit die Waage.«[5] Übertreibung, Verzerrung und Verabsolutierung sind dem Briefschreiber ebenso probate Mittel einer unzweideutigen Artikulation wie dem Schriftsteller.

Bernhards erster Leserbrief beschränkt sich noch auf seine Gebrauchsfunktion. Seine Entgegnung auf eine nach Eingeständnis des Rezensenten »ratlose« Besprechung[6] der drei in G. Lampersbergs »Tonhof« 1960 aufgeführten Einakter stellt noch recht sachlich – erstens, zweitens, drittens – die dem Autor »in den Mund geworfenen« »Pubertätsbehauptungen« richtig; die Anrede »Thomas« wird als »zu liebenswürdig« zurückgewiesen.[7] Sieben Jahre später scheint die Erwiderung auf H. Eisenreichs *Spiegel*-Besprechung von *Verstörung* ausschließlich dem Zweck der Schmähung zu dienen; sie macht sich den Überraschungseffekt des Frontalangriffs zunutze und wirkt schon durch ihre schroffe Kürze beleidigend: »Mein nächstes Buch lassen Sie bitte gleich von einem natürlich auch in Oberösterreich geborenen oder ansässigen Schimpansen oder Maulaffen besprechen.«[8] Seit dem Eklat um die Staatspreis-Rede (1968), dem Büchner-Preis (1970) und den Salzburger, Münchner und Augsburger Kontroversen in den frühen siebziger Jahren bestimmt der Leserbriefschreiber die Themen seiner Briefe selbst (was nach Ausweis der Kommunikationswissenschaften nur selten der Fall ist[9]). Das Medium wird der pragmatischen Funktion, der es gewöhnlich dient, entbunden und der konkrete Anlaß als Signifikant zur Artikulation literarischer Signifikate benutzt. Im ersten Brief an Festspielpräsident Kaut dient der ursprüngliche Stein des Anstoßes (Regisseur und Festspielleitung hatten einander Vertragsbruch vorgeworfen) als Anlaß für eine programmatische Feststellung: »Hier geht es um die Strenge und um die Unerbittlichkeit einer nervenanspannenden Kunst und um ihr Prinzip und nicht um die Gemeinheit eines unappetitlichen Tagesfeuilletonismus.«[10]

Auf die Empörung derer, die sich in Erzählungen oder Stücken wiedererkannten, fiktive Sachverhalte oder Personen also mit realen gleichsetzten, reagieren Bernhards Richtigstellungen mit einer sturen Berufung auf den Kunstcharakter der betreffenden Werke; so etwa in der Kontroverse um eine Anekdote des *Stimmenimitators*[11], im Gefolge der Beschlagnahme von Holzfällen («jeder Leser erblickt Ähnlichkeiten mit sich selbst in dem von ihm Gelesenen«[12]) sowie in der Polemik *Vranitzky. Eine Erwiderung*. Denen, die sich vom Autor verunglimpft wähnen, weil sie Fiktion und Wirklichkeit durcheinanderbringen, bescheinigt dieser »einen wenigstens kuriosen, aber doch durch und durch dämonischen Kulturbegriff«[13]. Er scheint die Leser, die solche »Denk-Erfindungen« unbedingt beim Wort nehmen wollen, als Vertragsbrüchige und Literaturvernichter zu betrachten; indem sie gegen die zwischen Leser und Autor implizit geschlossene Übereinkunft verstoßen, Texte wie *Holzfällen* oder *Der Theatermacher* als Literatur zu lesen, entwerten sie die Sprachwelt und reduzieren Literatur zu bloßer Verbrämung realer Personen oder Sachverhalte.

Im Verwirrspiel von Fiktion und Realität bieten die Leserbriefe dem Autor die Möglichkeit, sein Publikum in die Irre zu führen, um es anschließend auf seinen Irrtum aufmerksam machen zu können. Sie lassen – sozusagen als Rezeptionsgehilfen der Literatur im Medium der Zeitungsnachricht – die Paradoxe und Negationen der Kunstwelt ästhetisch unvermittelt mit den großen Verheißungen kollidieren, von denen das Feuilleton, Politik und Werbung leben; sie fordern in ihrem Grobianismus das Recht des Irrtums, der maßlosen Übertreibung ein und kündigen damit das Vorverständnis einer rational-demokratischen Diskurskultur auf, das sich im Spiel vernünftig-verbindlicher Rede und Gegenrede erschöpft. In ihrer stark stilisierten und artistischen, den pragmatischen Kontext verzerrenden und überwuchernden sprachlichen Gestaltung stellen sie sich darüber hinaus als Verteidigungen nicht-pragmatischer, fiktiver Redehaltungen in der Öffentlichkeit und als Verteidigungen von Literatur und Kunst generell dar.

»Wenn ich mich [...] herablasse in die Alltagsarena ...«

Das Irritierende an Bernhards öffentlichen Stellungnahmen war, wie schon früh festgestellt worden ist[14], die Selbstverständlichkeit, mit der er in seinen Reden und Leserbriefen die Äußerungen und den Tonfall seiner Figuren wiederholte. Ähnlich wie ein Schauspieler, der seine Rolle vor dem Schlußvorhang weiterspielt, brüskierte er bereits dadurch sein Publikum, daß er die fiktive Wirklichkeit seiner Stücke und Erzählungen in der wirklichen Wirklichkeit sprachlich nachstellte.

Hier einige Beispiele für inhaltliche Übereinstimmungen der öffentlichen mit den literarischen Äußerungen: So finden sich etwa die »Vollwaisen [der Geschichte]« (V 184) und die ebenfalls im Monolog des Fürsten Saurau erhobene Forderung nach »Auflösung aller Begriffe« (V 168) in der Wildgans- bzw. Büchnerpreisrede wieder.[15] Die auch metrisch attraktive Zwillingsformel »Stumpfsinn und Niedertracht« stellt sich in vielfältigen Varianten immer dann ein, wenn – vor Publikum oder nicht – von Österreich die Rede ist; sie wandert nach ihrem ersten öffentlichen Auftritt in der *Politischen Morgenandacht*[16], dem grandios inszenierten Auftakt und zugleich Prototypen aller öffentlichen Stellungnahmen Bernhards, über *Ungenach* zu *Die Kleinbürger auf der Heuchelleiter;* der Anwalt Moro, 1968: »Man wacht auf und wacht in Gemeinheit und in Niedertracht und in Stumpfsinn und in Charakterschwäche hinein auf« (U 92); der Polemiker Bernhard, ein Jahrzehnt später: »Aufwachen in Österreich heißt, in eine stickige Atmosphäre der Geistfeindlichkeit und der Gefühlsroheit hinein aufwachen, in Stumpfsinn und Niedertracht.«[17] Die in *Frost* gescholtenen »Künstler als Pfründner« (F 132f.) lassen sich in den »jungen opportunistischen Schriftsteller[n]« des *Pensionierten Salonsozialisten*[18] ebenso unschwer wiedererkennen wie in den »Staatsopportunisten«, »Staatspfründnerinnen« (H 252–258) und »staatsopportunistischen Schriftsteller[n]« (AM 220) der späten Prosa. Als semantisch besonders konstant und von der Chronologie der Texte unabhängig zeichnet sich der Komplex »Staat« (»Politiker«) vs. »Volk« (»Land«) aus, dessen Bedeutungshöfe (geistesfeindlich, bankrott, gemeingefährlich, gefinkelt, größenwahnsinnig, brutal vs. schwachsinnig, unbelehrbar, von Natur aus verschlafen, gutgläubig, von den Politikern gemordet) im wesentlichen unverändert von der frühen Prosa (F 91, 265f.) in *Korrektur* (K 28ff.), in die beiden Kreisky-Invektiven und die großen Staats- und Regierungsschelten der Prosa der achtziger Jahre übernommen werden (B 100, 115f., 149; DU 174; AM 214 ff., 308 etc.). Die semantischen und lexikalischen Einheiten werden dabei mal wie fertige Versatzstücke von Text zu Text weitergereicht – die Bezichtigung »Kleinbürger« dient unterschiedslos der Zurückstutzung Kanzler Kreiskys, Thomas Manns, »ja selbst Musil[s]« (A 607f.) auf Schrebergärtnerniveau –, mal in einer Art freier Formeltechnik stets neu kombiniert und transponiert, so daß einzelne Motive auch widersprüchliche Bedeutungen annehmen können – die Pumphose, die den verwirrten Engländer so vorteilhaft kleidet, fungiert in anderen Kontexten als Standardrequisit und Identitätsmerkmal von »Nazis«. Mitunter wirkt die nicht-literarische Äußerung auch wie ein Resümee oder ein auf den letzten Stand gebrachtes *remake* von Themen und Motiven der Kunstwelt.

Vor allem aber verhält sich der Redner, Leserbriefschreiber und Kommentator in der Öffentlichkeit so, wie seine Figuren in den Büchern reden; er vollzieht ihre Sprachbilder in der Realität der Festveranstaltung oder des Feuilletons nach. Der erste Satz der *Politischen Morgenandacht* gibt sich den Anschein, von einem geistigen Hochgobernitz in die Niederungen der menschlichen Gesellschaft hinabzusteigen (»Wenn ich mich jetzt aus dem Denken, das *ich* denke, von dem dünnen Seil, an dem ich geschult bin, herablasse in die Alltagsarena ...«), und der Wildganspreisträger hätte, wenn es ihm gestattet worden wäre, Saurausche »Empfindlichkeitswörter« (V 85) in sein Publikum hineinsprechen und dessen Reaktion beobachten können: »Sie fürchten ständig, daß ich etwas ausspreche, das Sie fürchten« (vgl. etwa Am 89).

Angesichts der Erwartungen und Lektüregewohnheiten der Zeitungsleser erwies sich die Kongruenz der öffentlichen Äußerungen mit der Fiktion als ein Rezeptionshindernis, das eine Spaltung der Leserschaft in Bernhard-Leser und andere herbeiführte. Die Kompetenz jener Zeitungsleser, die Bernhards Bücher nicht kannten, war ganz offenkundig überfordert. Verführt durch die Unterschrift des Verfassers – Ausweis einer persönlichen Meinung, die mit der der Redaktion nicht übereinstimmen muß! – schob man die Leserbriefe ins Private und Persönliche ab. Sie wurden entweder als perfide Österreich-Beschimpfungen, als Wutanfälle, Äußerungen einer ans Pathologische grenzenden Misanthropie verstanden, oder – je nach Standort des Verfassers anerkennend oder mißbilligend – als kaufmännische Spekulation des Autors, der sich als »begabter PR-Mann in eigener Sache«[19] betätigt und die »Polizei als Werbehelfer«[20] bemüht habe. Der mit den literarischen Texten vertraute Teil des Publikums stand hingegen vor der Frage, die sich der verwirrte, aber belesene Engländer in *Alte Meister* stellt: Original oder Replik? Realität oder Fiktion? Selbst eine gattungstheoretische Einordnung der Leserbriefe als Selbstpastiches[21] mit zunehmend selbstparodistischer Komponente[22] läßt die Frage nach der Wirkung eines Autors unbeantwortet, der in der Öffentlichkeit so spricht und schreibt, wie er eben spricht und schreibt.

»Österreichagitator und Moralist«

Um die Mitte der achtziger Jahre scheint der Leserbriefschreiber Bernhard die von seinem Publikum irritiert, aber zäh verfolgte Frage der strittigen Identität von Figurenrede und Autorenmeinung mit einem Schlag vom Tisch zu wischen – und damit vollends unlösbar zu machen. Zwei offene Briefe verweisen ausdrücklich auf ein Prosawerk: In *Vranitzky. Eine Erwiderung* wird der österreichische Staat als *»Senkgrube der Lächerlichkeit«* bezeichnet und die krude Metapher explizit als Zitat aus *Alte Meister* ausgewiesen (AM 120, 308). Die zwei Wochen darauf erschienene Entgegnung auf Minister Moritz' »Verächtlichmachung« und »Psychiatrieempfehlung« beruft sich ebenfalls auf *Alte Meister*: Dasselbe wie der Briefschreiber, heißt es dort, »würde auch der Österreichagitator und Moralist Reger in meinem Buch *Alte Meister* sagen«.[23]

Diese Lektürevorgabe scheint dem Leser bereitwillig eine Hilfestellung anzubieten, lockt ihn aber gerade dadurch auf eine falsche Fährte: Sie verführt im Umkehrschluß dazu, Reger zu einem Sprachrohr Bernhards zu machen und seine provokanten Tiraden als ungeschminkte Selbstaussage des Autors zu werten; damit suggeriert sie jene biographische Illusion und Invasion, die sich in juristischen Auseinandersetzungen, grotesken Handgreiflichkeiten gegen den Autor und vor allem im Überhandnehmen von Rezensionen niederschlug, in denen seine persönlichen Eigenschaften anstatt seiner Bücher besprochen wurden. Andrerseits verweist das Selbstzitat, das der programmatischen Passage über die »Kunst des Lächerlichmachens« (AM 117–127) entnommen ist, implizit auch auf die angewandte Methode. Vor allem aber legt sich der (reale) Briefschreiber damit die Worte eines seiner Protagonisten in den Mund, schlüpft ins Kostüm des »Österreichagitators und Moralisten«, markiert seine Rede als eine künstlich-künstlerische und setzt sich auf offener Bühne zwei weitere Masken auf. Dem Leser wird zu verstehen gegeben, daß die Selbstreflexion in der Rollenprosa bzw. im Rollenspiel auf der Bühne[24] in die Zeitungswirklichkeit hinein verlängert wird: Der Briefschreiber will einerseits als »Österreichagitator«, als politischer Aufklärungsarbeiter oder Propagandist verstanden werden, der sich »aus Sorge um dieses Land« höhnisch als Wortführer »der österreichischen Bevölkerung«[25] einsetzt, und andrerseits als »Moralist«, der wie Montaigne über eine illusionslose Selbstbeschreibung die Unfähigkeit der Menschen zu Wahrheit und Gerechtigkeit herausstellt.

Es hat den Anschein, als solle durch diesen ambivalenten, in sich widersprüchlichen Lektüreschlüssel das Lesen als *»höchste mathematische Kunst«* (At 119) auf den Prüfstand der Öffentlichkeit und Lesescheu an den Pranger gestellt werden.

Es ist heute, wo die öffentlichen Erregungen um Bernhard fast schon Zeitgeschichte geworden sind, schwer nachzuvollziehen, wie die Leserbriefe und offenen Briefe als Klartext mißverstanden werden können, so dicht gesät sind in ihnen die Signale einer distanzierenden und reflektierenden Spannung zwischen einem beobachtenden und einem beschriebenen Ich. Die für die Prosa charakteristischen *inquit*-Formeln wie »sagte Reger«, »so Karrer« oder »dachte ich auf meinem Ohrensessel«, die den Redefluß prosodisch untergliedern und so mit für seine musikalische Überformung sorgen, werden in den Leserbriefen durch Einschübe wie »denke ich«, »wie ich weiß«, »wie ich es sehe« oder »wie mir scheint« ersetzt. Hinter ihrer scheinbaren Banalität machen sie den sich selbst zitierenden Briefschreiber zu seinem eigenen Protagonisten und erfüllen darüber hinaus in zahlreichen Varianten vielfältige Funktionen: Das in die schärfsten Attakken eingeflochtene »wie ich sagen muß« oder »was gesagt werden muß«[26] schillert zwischen gespieltem Bedauern und ebenso gespieltem Sendungsbewußtsein; bundesdeutschen Adressaten gegenüber werden österreichische Wendungen und Redensarten durch den Zusatz »wie wir in Österreich sagen würden«[27] ironisch kenntlich gemacht; Signale wie »heißt es« oder »wie gesagt wird«[28] weisen ähnlich wie in der Prosa auf eine distanzierende Verwendung von Gemeinplätzen hin, der Einschub »wie ich *jetzt* denke«[29] setzt die Gegenwart des Schreibens von der Vergangenheit ab, von der schreibend berichtet wird; die Begründung des Austritts aus der Deutschen Akademie für Sprache und Dichtung (1979) ist auf weiten Strecken als erinnertes Selbstgespräch gestaltet, dessen Konstruktion – die stärkere umgangssprachliche Färbung abgerechnet – mit der des *Holzfällen*-Monologs übereinstimmt: »Seit Jahren habe ich mich nach dem Sinn dieser sogenannten Darmstädter Akademie gefragt und mir immer wieder sagen müssen [...]. Wenn Herr Scheel eintritt, kann ich gleich austreten, habe ich mir gedacht.«[30]

Auch in den außerliterarischen Äußerungen stellt sich das Ich als ein schreibendes, beobachtendes, lesendes und sich erinnerndes dar. »Die nicht-fiktionale Selbstdarstellung ist ebenso *inszeniert* wie die fiktionale.«[31] Die Aufspaltung in ein erzählendes Ich (der durch die Unterschrift »Th.

B.« beglaubigte reale Briefschreiber) und ein erzähltes Ich (jener fiktive Protagonist als Leserbriefschreiber, der in den Texten wiederholt als »meine Person« oder »der Autor«[32] figuriert) ermöglicht dabei ähnlich wie in der Prosa Selbstreflexion. Die Auseinandersetzung mit dem Adressaten ist also vor allem eine Auseinandersetzung des Absenders mit sich selbst.

Dieser inszenierte Leserbriefschreiber nimmt in der späten Prosa, deren Figuren nicht nur Zeitungen lesen, sondern auch in ihnen publizieren, konkretere Konturen an. Der räsonierende und mißtrauische Kunstkritiker Reger kann auch als ironisch gebrochenes Phantombild des aufbrausenden, reaktionären Leserbriefschreibers gelesen werden, der über die »heutige Zeit« klagt, der darauf brennt zu erfahren, wie die Öffentlichkeit seine Texte aufnimmt (AM 177ff.), der an der Skandalberichterstattung der Zeitungen körperlich leidet (238), seine psychologische Verfaßtheit sarkastisch reflektiert (»Verfolgungswahn«, 172f.; »Massehaß«, 134f.) und schließlich seine Österreich-Schelte begründet und relativiert (212). In *Auslöschung* ist dieses Selbstporträt des Künstlers als Leserbriefschreiber deutlich autobiographisch markiert und wirkt so wie eine Selbstentblößung des realen Autors. Murau erinnert sich auf den ersten Seiten, die eine karikaturistische und verzerrte, aber um so illusionslosere Phänomenologie des Leserbriefschreibers entwerfen, an den Unmut desjenigen, der seinen Artikel schlecht plaziert und obendrein von Druckfehlern entstellt findet: »Ich warf den *Corriere* weg« (A 20f.). Mit dieser Negation schließt sich der Kreis zwischen dem auf Wirkung angelegten Werk und der im Werk verarbeiteten Wirkung. Der polemische Horizont der offenen Briefe wird von der Literatur eingeholt: *Auslöschung*, das als letztes publizierte Prosawerk, stellt sich auf den ersten Seiten als endgültige öffentliche Erwiderung dar. Die distanzierende Spannung zwischen Erzähler-Ich und Protagonisten-Ich ist weitgehend aufgehoben, wird von den *inquit*-Formeln und einer rudimentären Erzählerfiktion nur mehr angedeutet, und es kommt eine Autorenfigur zum Vorschein, die als allerletzte Negation ihr Werk »abschenkt«, indem sie dessen (Primär-)Rezeption in einer Geste, die die testamentarischen Verfügungen des realen Autors vorwegnimmt, wegwirft, vernichtet. Das Schreiben löscht sich aus und zeigt damit, daß es *sich selbst gelesen* hat und keine (inländischen) Leser mehr will. Murau erhält einige »Droh- und Bettelbriefe«, die sich auf ein paar Zeitungsartikel beziehen, die ich in letzter Zeit veröffentlicht habe und die diesen Leuten nicht passen, weil sie naturgemäß gegen alle diese Leute gedacht und geschrieben sind, natürlich Briefe aus Österreich, von Leuten geschrieben, die mich bis nach Rom mit ihrem Haß verfolgen. [...] Ich ziehe Österreich andauernd in den Schmutz, sagen diese Leute, die Heimat mache ich auf die unverschämteste Weise herunter, ich unterstellte den Österreichern eine gemeine und niederträchtige katholisch-nationalsozialistische Gesinnung wann und wo ich nur könne, wo es in Wahrheit diese gemeine und niederträchtige katholisch-nationalsozialistische Gesinnung in Österreich gar nicht gäbe, wie diese Leute schreiben. [...] Diese Briefe habe ich immer sofort weggeworfen, auch heute früh. (A 19f.)

»der Staat, mit dem ich nichts zu tun haben will«

Ähnlich wie Bernhard die traditionellen Erzählformen ihrer Inhalte entleert, nutzt er auch die Rhetorik des Leserbriefs als »Hohlform einer Selbstdarstellung des Künstlers im Rollenspiel«[33]. In persiflierender Zuspitzung der reaktiven Rolle des Leserbriefschreibers, der eine frühere Äußerung richtigstellt oder sich gegen sie zur Wehr setzt, stellt er sich häufig als Angegriffenen dar, der auf sein gutes Recht pocht. »I will ja net redn, i will nur reagiern«[34]. Die öffentliche Replik (*replicatio*, ursprünglich das Entfalten von Schriftrollen) bietet Gelegenheit, die markanten Stationen der Biographie neu aufzurollen und in die Perspektive der fiktionalen Künstlerschicksale zu stellen. So wird die Ablehnung der von der IG Autoren 1981 ausgesprochenen Einladung zum österreichischen Schriftstellerkongreß nicht nur mitgeteilt, sondern durch eine sehr explizite und ausführliche »Brüskierungsliste« auch begründet:

Sehr geehrter Herr Ruiss, meine Existenz als Schriftsteller in Österreich, das meine natürliche Heimat ist, war von Anfang an von bösartiger Verleumdung und Ignoration begleitet gewesen und immer sind auf Perioden gehässiger Verleumdungen solche der totalen Ignoration gefolgt [...], ich kenne die Situation jetzt schon über drei Jahrzehnte, solange schreibe und veröffentliche ich. [...] Ein ganzes Buch müßte ich schreiben nur aus Fakten, die beweisen, wie man mit einem Menschen wie ich, der nichts anderes tut, als schreiben, verfährt, ihn im Grunde mit allen Mitteln zum Schweigen bringen will. [...] Der ›Wiener Montag‹ hat mich schon vor bald zwanzig Jahren eine Wanze genannt, der Minister Percevic 1967 einen Hund, der Präsident des Kunstsenats Herr Henz ein Schwein und die Oberösterreichischen Nachrichten vor noch nicht langer Zeit ein »Gesindel, das über die Grenze abgeschoben gehört«.[35]

Ähnliche, weit ausholende Rekapitulationen untermauerten das Auslieferungsverbot von *Holzfällen*, finden sich auch in weiteren Briefen sowie, vollends ins Komödiantische gewendet, in der feuilletonistischen Staats-Posse *Mein Glückliches Österreich*[36]. Ihre offenkundige, an die Leidenskataloge einer Passionsgeschichte erinnernde Selbststilisierung rückt sie in die Nähe der Autobiographie. Auch in den Leserbriefen werden reale biographische Elemente in einen fiktiven Gesamtzusammenhang gestellt, aus dem sie ihre Bedeutung gewinnen und dem sie umgekehrt Glaubwürdigkeit verleihen. Der Leserbriefschreiber projiziert sein unweigerlich vernichtendes Urteil als Deutungsmuster auf den Sachverhalt zurück und konstruiert sich so seine Exempel selbst, wie ein Zauberkünstler, der das Karnickel, das von Anfang an da war, aus dem Zylinder zieht und dem Publikum triumphierend vorweist. Er hat es immer schon gewußt, der effektvoll erbrachte Wirklichkeitsbeweis ist ihm »*ein Resultat also, das mir bekannt ist, weil mir bereits das Ganze bekannt ist*« (I 91).

So unbekümmert er dabei mit Sachverhalten umspringt, so vergnügt er die Rolle des Nörglers, ja des paranoiden Querulanten (»die Feinde sind überall«[37]) ausspielt, so beharrlich führt er Anekdoten aus seiner Lebensgeschichte ins Treffen, schmückt sie großzügig aus und arrangiert sie zu einer Chronik exemplarischer Übergriffe gegen die Kunst, für deren Authentizität er mit seiner Unterschrift bürgt. Der Leser findet so die in der Fiktion durchgespielte Unmöglichkeit von künstlerischer Existenz schlechthin artistisch reflektiert und zugleich am Schulbeispiel Österreich praktisch bestätigt: »... und für diese Behauptung ist mir Österreich in jedem Augenblick eklatanter Beweis«[38]. Die häufigen Auflistungen der gegen den Autor begangenen Ungeheuerlichkeiten machen betroffen, weil den abstrakten Totalverdammungen konkrete Beobachtungen unterlegt und weil die realen Vorgänge, getreu dem dichterischen Programm, »die Wirklichkeit unerbittlich zu raffen«[39], *verzeichnet* wiedergegeben, d. h. verzerrt, aber auch scharf und unerbittlich registriert werden.

Auch die Österreich- und Staats-Tiraden kreisen, ob sie sich nun als Rollenmonologe in der Fiktion oder als Meinungsäußerung in der Leserbriefspalte artikulieren, zwar in sich selbst, streifen dabei aber mittlerweile belegte und dokumentierte Realien der, vor allem frühen, Biographie (Bernhard wurde 1955 für seine Befürchtung, das Salzburger Landestheater werde bald »nur noch ein Rummelplatz des Dilettantismus sein«[40], *tatsächlich* der Ehrenbeleidigung für schuldig befunden und in 1. Instanz zu 300

Schilling Geldstrafe oder fünf Tagen Arrest verurteilt etc.). »Die Künstler hatten in Salzburg«, hält eine Aufsatzsammlung zur österreichischen Kulturpolitik der Nachkriegszeit fest, »nur dann eine Chance, wenn sie sich kreuzbrav verhielten und dem Triumvirat von Kirche, Politik und Presse unterwarfen«.[41] Der zwischen Realitäts- und Fiktionsvermutung schwankende Leser sieht sich einerseits aberwitzigen Superlativen und Hyperbeln, einer sich selbst übertrumpfenden Artistik ausgesetzt und andrerseits durch die Authentizität des Selbst-Erlebten dazu aufgerufen, diese Scheltreden aus der Unverbindlichkeit eines Schimpfmechanismus zu lösen, der nur seiner Eigendynamik folgt. Gerade in der Fixierung der Invektiven auf den »Staat« – verkörpert in den »verheuchelten und inkompetenten, seit eh und je als approbierte und pragmatisierte Nationalblutegel in den österreichischen Staat verbissenen Schauergestalten der österreichischen Kulturbürokratie«[42] – kommt doch als authentisches literatursoziologisches Faktum der prämoderne Status des österreichischen Schriftstellers zur Sprache, der mangels Absatz in Abhängigkeit von offiziellen Institutionen gerät, die als Auftraggeber und Mäzene für einen viel zu kleinen Markt einspringen. »Der wichtigste Partner der österreichischen Literatur ist nicht das Verlagswesen, nicht der Buchhandel und nicht der Leser. Es ist der Staat. Daß ein Autor eher die zuständige Ministerin persönlich kennenlernt, bevor er einen Lektor zu Gesicht kriegt, ist in Österreich nichts Ungewöhnliches.«[43]

Die in fiktivem wie auch nicht-fiktivem Rahmen über Jahrzehnte hinweg in denselben Worten erhobene Forderung, von diesem Staat, »mit dem ich nichts zu tun haben will«[44], »in Ruhe gelassen zu werden«[45] (sie diente zuletzt als Begründung der im letzten Willen getroffenen Verfügungen), erscheint so als der Versuch einer radikalen Verweigerung als Selbstbehauptung, der trotz des Affekts luzide um seine Vergeblichkeit weiß und diese Vergeblichkeit auch sprachlich zum Ausdruck bringt. Die Kritik weist sich durch ihre äußerste Zuspitzung als eine Kritik aus, die ins Leere geht, und liefert so »den Beweis für die Unangemessenheit, Vergeblichkeit, mit einem Wort Unmöglichkeit von Kritik schlechthin gleich mit«[46]; die hartnäckig eingeklagte Autonomie und Souveränität des Geistesmenschen hebt sich in ihrer litaneiartigen Wiederholung auf. In *Der Wahrheit und dem Tod auf der Spur* spricht Bernhard vor allem von den Dingen, die er nicht ausspricht, lediglich andeutet oder überhaupt verschweigt, und führt damit die Paradoxie einer Rede vor, die die Möglichkeit sprachlicher Verständigung radikal leugnet (und dies auch anhand von »Mißverständnissen« praktisch vorführt), aber darauf besteht, dies aller Welt immer von neuem zu verkünden. So wie die abseits aller sozialen Vermittlungen lebenden Figuren der Prosa vorgeben, die Heimat, die Geschichte, ja die ganze Welt hinter sich gelassen zu haben, dabei aber ihrer Haßliebe zu Zeitungen frönen, muß auch der Briefschreiber mit der Umwelt kollidieren, um seiner realen Ohnmacht jene sprachliche Allmacht entgegensetzen zu können, die die Vereinzelung, aber auch die Einzigartigkeit des Geisteskopfes zur Schau und unter Beweis stellt.

Sein obsessives und letztlich folgenloses Schimpfen – jene »Hebung und Senkung« des Zorns[47], die sich in hämmernden Anaphern und Substantivballungen äußert – inszeniert zugleich die einzige Selbstvergewisserung, die dem ohnmächtig Zürnenden möglich ist: sich jeglichem Einverständnis zu verweigern und diese Verweigerung in eine radikal subjektive Perspektive zu stellen. Nur im Protest und im Rückbezug dieses Protests auf den Protestierenden bleibt dieser vor der Selbstvernichtung bewahrt. »Wenn wir den Mund aufmachen, begehen wir Rufmord, gleichzeitig Rufmord und Selbstmord. Aber wenn wir den Mund *nicht* aufmachen, sind wir bald verrückt, wahnsinnig, *nichts mehr.*« (V 165)

»Soeben aus dem Ausland zurückgekehrt ...«

Vor diesem Land und diesem Staat und diesem Volk flüchten die Protagonisten, die Ich-Erzähler, aber auch der Leserbriefschreiber ins Ausland. Bereits in *Ave Vergil* werden europäische Weltstädte und die mediterrane Welt gegen die »blöde Provinz« (AV 23) gesetzt, und noch Murau findet in Rom, der »Stadt für den Kopf«, »einen neuen Anhaltspunkt, einen neuen Anfang«, mit einem Wort, »die Geisteswende« (A 202ff.). Im Spätwerk gerinnen die abstrakten, quasi-mystischen Transzendenzvisionen der Prosa zwischen *Frost* und *Korrektur* zum konkreten Jenseits der Romania, »die nicht nur entsetzlich ist« (A 206), ja sogar Errettung verspricht. Die Weltläufigkeit der Bernhardschen Geistesmenschen steht dabei in einem eigentümlichen Kontrast zu ihrem Eremitendasein; ihre Xenomanie, könnte man sagen, scheint sie der Notwendigkeit zu entheben, mit ihren Nachbarn gut auszukommen.

Die am liebevollsten geschilderten Geh-, Denk- und Beobachtungspartner der Protagonisten sind jedenfalls Ausländer. Sie sind wie der Attaché an der französischen Botschaft elegant gekleidet, in Literatur, Musik, aber auch in Forstwissenschaften beschlagen, üben wie die Perserin von *Ja* schon durch ihren Akzent einen regenerierenden, erfrischenden Einfluß auf den Erzähler aus und können wie der sprachgewandte und heitere Midland, »Enthusiast« und »Brite durch und durch«, stets mit Anregungen, Neuigkeiten, interessantem Gesprächs- und »Denkstoff« aufwarten. Die Gespräche mit ihnen sind ein großes Vergnügen, denn sie erweisen sich wie Gambetti als gute Zuhörer und haben ein »geschultes Ohr für den Wahrheitsgehalt« (A 10) einer Aussage. Alles, was Midland sagt, »erhellt er in seiner ganzen klaren Fürchterlichkeit« (E 122). Bernhards Ausländer sind durchweg gebildete Menschen mit aufklärerischem Horizont und höchstem Anspruch und daher die »wenigsten, seltensten« Besucher, »die uns glücklich machen« (E 114): Wer, wie die Figuren der Texte vor *Korrektur*, in England, Spanien oder Frankreich gewesen ist, oder, wie die Figuren der Texte danach, häufig dort lebt, genießt den Überblick des Außenstehenden und sieht aufgrund dieses Erkenntnisvorsprungs den katastrophalen Zustand des Inlands so, wie er wirklich ist: »noch katastrophaler« (H 260).

Bei ihrer Rückkehr nach Österreich prallen zwei Universen aufeinander, die Biographie fällt auf tödliche Weise mit der Geographie in eins. Die Figur der Heimkehr, einer der großen Topoi der Fiktion, mißt sozusagen die Fallhöhe zwischen der »Vogelperspektive« des Exilierten (H 260) und dem heimischen Todesboden aus; die Rückkehr endet für Hollensteiner und Roithamer tödlich, für den »weltberühmten Künstler« (Sti 178f.) in der Irrenanstalt oder wird von den Heimgekehrten als »schreckliche Erfahrung« (DU 175), »Schock« (AM 195) oder »Beschmutzungseffekt« (A 649) erlebt. Ob als erinnerte Vorgeschichte, als bündiges, an einen Limerick erinnerndes Gedicht[48] oder als episch ausgefaltete Erzählung (*Auslöschung*) umgesetzt, bewirkt der Topos der Heimkehr als konstante Hintergrundfolie und Vergleichsmaßstab eine Art irdische Entrückung der Figuren, deren Rede über die inländischen Zustände damit wie ein Blick von außen wirkt: ein sicheres und literarisch bewährtes Mittel, um diesen Zuständen jede Daseinsberechtigung abzusprechen.

In den Leserbriefen äußert sich der Inland/Ausland-Komplex in obstinaten Kürzeln, die zusammen mit den oft ausländischen und prestigeträchtigen Absenderadressen dem realen Autor die Exterritorialität, aber auch den eigentümlich weltmännischen Gestus[49] seiner Figuren bescheinigen. Gut die Hälfte der Leserbriefe und offenen Briefe beginnt mit oder enthält Formeln wie »Soeben aus dem Ausland zurückgekehrt ...«, »Von Lissabon aus ...« oder »Gestern von einer längeren Auslandsreise zurückgekehrt ...«. Dieses stereotype Eröffnungsritual wird häufig durch Vergleiche des Auslands mit dem Inland ergänzt, die für Österreich, soll man sagen naturgemäß, vernichtend ausfallen. Das erste, im Gefolge des *Holzfällen*-Skandals verfügte Auslieferungsverbot beruft sich auf die »erniedrigende[n] und entwürdigende[n] Prozesse, die in keinem anderen Land Mitteleuropas möglich wären«[50]. Das eine Woche darauf erscheinende Plädoyer[51] spitzt den Hinweis auf die Sonderstellung der österreichischen Justiz noch zu: ihre Vorgangsweise wäre in keinem anderen Land Europas möglich, »die Ost-Diktaturen ausgenommen«; die Anklage hätte nämlich »in keinem mitteleuropäischen Land, schon gar nicht in einer sogenannten *Kulturnation*« zu einem Prozeß geführt. Und der erwähnte skandalöse »Postvorgang« des österreichischen Außenministeriums werde den brasilianischen Absendern schon deshalb schwer zu erklären sein, »weil sich ja Österreich nach wie vor als Kulturnation zur Schau stellt«[52]. (Die Texte des Auslieferungsverbots 1984 sowie des Testaments, die ähnlich insistierend auf ihren Geltungsbereich – das »Staatsgebiet« bzw. »innerhalb der Grenzen des österreichischen Staates, wie immer dieser Staat sich kennzeichnet« – verweisen, stellen sich so als Fortschreibungen eines literarischen Motivs in die juristische Wirklichkeit dar.)

Diese in den Leserbriefen vollzogene symbolische Selbstausbürgerung, effektvoll gepaart mit dem Gestus des in den besten Häusern verkehrenden Kosmopoliten, der einen unangenehmen Zwischenstopp in der Heimat möglichst rasch hinter sich bringen möchte (»Soeben aus dem Ausland zurückgekehrt, möchte man am liebsten gleich wieder umkehren ...«[53]), mußte im Inland intensive Emotionen wecken und ein spezifisch österreichisches Wir-Gefühl herausfordern, das auch von der Angst zusammengehalten wird, nicht genügend international zu sein oder gar provinziell zu wirken: Die öffentliche Diskussion um *Heldenplatz* verlief nicht zufällig entlang der von Bernhard vorgegebenen semantischen Achse Inland/Ausland. Die von Scham und Aggression geprägten Reaktionen[54] zeigen, daß Bernhards Gegner den Skandal als Umzingelung oder Unterwanderung der Heimat, als »ausländische Infektion« wahrnahmen. Der mit Peymann und Unseld, den Piefkes, verbündete und die Jüdin Hilde Spiel verehrende

Verfasser offener Schmähbriefe wies bei jeder sich bietenden Gelegenheit öffentlich auf seine Ausgrenzung hin und »beschmutzte sein Nest« und obendrein das Burgtheater.

Der Boulevard konnte bei solchen Vorgaben die beiden Urängste, von denen man die nationale Identität Österreichs bedroht sah, gezielt ansprechen. Es fielen zum einen Worte wie die vom »ruhrgermanischen Besatzungsregime« oder der »deutschen Theater-SA« am Burgtheater, und zum anderen konnte in Waldheims drittem Amtsjahr die Parole von den »ausländischen Kreisen« und mit ihr die alte Verschwörungstheorie, die eine Opfertheorie ist, wie selbstverständlich reaktiviert werden. Auf das Argument der Bernhard-Befürworter, Österreich dürfe sich vor dem Ausland nicht blamieren[55], reagierte die *Neue Kronen Zeitung* mit einer von vielen Gegentiraden, die sich Hals über Kopf in die von Bernhards Texten suggerierte Richtung stürzten:

> Welches Ausland bitte? Es handelt sich *dort doch wohl wiederum nur* um jene ausländischen (und inländischen) Kreise, die [...] bereits heute aus dem Peymann-Bernhard-Skandal eine »neue Waldheim-Affäre« konstruieren.
> Der *Normalbürger im Ausland* hingegen bringt nur wenig Verständnis dafür auf, daß in einem Staatstheater unter der Patronanz einer staatstragenden Partei und mit dem Geld der Steuerzahler eine nationale Selbstbesudelung inszeniert wird. *So etwas kommt im Ausland auch gar nicht vor.* So etwas ist *eine österreichische Spezialität* und stößt deshalb auf erhöhtes ausländisches Interesse.[56]

Österreich ist eben eine Katastrophe, und das Ausland ist grundsätzlich anders: darin pflichtet der empörte Glossenschreiber Bernhards Figuren wohl unfreiwillig, aber doch folgerichtig bei – bis zur völligen Identifikation. Wie Konrads Frau, die ihrem Gatten die befohlenen Wörter mechanisch rapportiert, oder wie der treue »Staatstote« Irrsigler, der den »charakteristischen Regerton« zu seinem eigenen macht, schimpft, nein geifert er dem Professor Robert Schuster hinterher, dessen Aussagen damit bekräftigend. Das im Medienvorlauf von *Heldenplatz* erzeugte Hetzklima nahm die im Stück erhobenen Vorwürfe vorweg, die Zeitungswirklichkeit setzte im realen Rezeptionsschauspiel die Fiktion vorauseilend in Kraft. »Aus den Gedanken [...] machen wir eine Wirklichkeit, die die tatsächliche Wirklichkeit ist« (U 22): In der »Senkgrube der Lächerlichkeit« wurde *tatsächlich* eine Fuhre Mist vor das Burgtheater gekippt. Reale Rezeptionsphänomene lösten auf subtile Weise auch die vernichtendsten Urteile der Figuren über jene inländischen Periodika ein, an deren Verlogenheit sich eine Wahrheit erweist (A 404f., H 285). Fürst Saurau: »Die Wirklichkeit stellt sich mir immer als grausige Darstellung aller Begriffe dar.« (V 167)

»Das Tatsächliche sei tatsächlich immer anders, das Gegenteil, immer das Tatsächliche, tatsächlich ...«

Es fanden sich bekanntlich genügend Vorgänge und Anlässe, um die äußere Wirklichkeit auf derart tragikomische Weise mit der Kopfwelt korrespondieren zu lassen: »Die Geschichte dieses brasilianischen Briefes zeigt ja wiederum deutlich die Kultur- und Geistfeindlichkeit dieses Staates.«[57] Die Leserbriefe stellen Elemente der außerliterarischen Wirklichkeit in den Dienst der Fiktion, als wollten sie hartnäckig den Nachweis erbringen, daß die Literatur nicht nur das letzte Wort, sondern prinzipiell recht hat und prinzipiell Wahrhaftigkeit beanspruchen kann. Die Literatur wird zur Vor-Schrift, der die Zeitungswirklichkeit um so bereitwilliger nachkommt, als sie von vornherein auf den Sinnhorizont des Werkes bezogen wird.

Bernhards herrischer Zugriff auf die außerliterarische Wirklichkeit tritt in dem Motto sinnfällig zutage, das er dem ersten Band seiner Autobiographie voranstellt. Anstatt sich wie zuvor in die Obhut Schopenhauers, Pascals oder Novalis' zu begeben, wählt er für *Die Ursache* ein Zitat aus den *Salzburger Nachrichten*, das dem Bundesland die höchste Selbstmordrate Österreichs bescheinigt (vgl. V 142, K 149, Sti 108f. etc.): Die Lebensgeschichte steht unter dem Zeichen einer Selbstmordstatistik, die als Zeitungsnachricht Glaubwürdigkeit, als Statistik universelle Verbindlichkeit beansprucht und die einleitende Episode in der Schuhkammer kontradiktorisch in der Empirie verankert.

Die literarischen, aber auch die feuilletonistischen Texte machen ab der vielzitierten »Wende« von 1975 zunehmend eine »Rückkopplung mit dem Alltag möglich«[58] und können daher als verstörende, weil zugleich verzerrte und plausible Doppelgänger der Wirklichkeit auftreten und so mit anderen Darstellungsweisen konkurrieren. Indem sie Elemente der Medienwirklichkeit *herbeizitieren* und rücksichtslos in die Monoperspektive der Fiktion stellen, unterwerfen sie reale Sachverhalte deren ästhetischem Konzept. Fiktion und Feuilleton begründen gemeinsam eine »Gegen-Authentizität«[59]; das Schreiben will weder Beschreibung noch Kritik der Wirklichkeit sein, sondern ihr Rivale, das Original, das alle anderen Wirklichkeiten als Fälschungen erscheinen läßt. Aus der triumphierenden Geste des Briefschreibers, der Staatsmänner und Funktionäre zu literarischen Gestalten umcodiert, ihnen sozusagen die Geistes- und also Narrenkappe überstülpt, spricht die Befriedigung desjenigen, der die realen Abbilder der Macht in Marionetten seines literarischen Universums verwandelt und damit, nach allerlei Hin und Her, einer, *seiner* Wahrheit zugeführt hat. »Österreich mit seiner Vorstellung, die wir davon haben«, hieß es schon in der *Politischen Morgenandacht*, »muß der Wahrheit zum Opfer fallen«. Die Politikerschelten (gleichgültig, ob fiktional oder nicht-fiktional) machen mit der Metapher von »dieser perversen Bühne meines Heimatlandes«[60] ernst, und ein allmächtiger Regisseur kanzelt die Hauptdarsteller der tatsächlichen, der politischen Bühne ab, damit die Wirklichkeit im Medium der Zeitungen und Zeitschriften ihre Übereinstimmung mit der Kunstwelt zu erkennen gibt.

Die »Diffamierungskunst« (V 138), die »Kunst der Karikatur« (AM 117ff.) läßt aber auch die Authentizität desjenigen nicht unversehrt, der sie ausübt. Sie verwandelt ihn selbst in eine Karikatur, einen Komödianten, der in verwirrend vielen Rollen auftritt – Österreichagitator, Moralist, Nörgler, Schmäh- oder Lobredner, Virtuose der Koloratur und der »Rachearie«, launiger Fabulierer – und sich damit eindeutiger Festlegung entzieht. In seinem letzten großen Feuilletonbeitrag macht sich Bernhard selbst zum »Staatsclown«[61], zu einer grotesken Parodie des hohen, ja höchsten Kulturpfründners, der die Öffentlichkeit der Diktatur seines Sinns unterwirft, seine Klamotte *Mein Glückliches Österreich* mit den Spitzen des Staates, mit dem Papst und André Heller besetzt und sich dafür von ebendiesem »Staat« achtunddreißig Millionen Schilling Subvention auf ausländische Konten überweisen läßt.[62] Hinter diesem Zerrbild des Künstlers als Staatskomödianten wird eine Persiflage des österreichischen Staatskünstlers als Schausteller sichtbar, der die spezifisch politische Unterscheidung zwischen Freund und Feind (C. Schmitt) anhand der Spaltung seines Publikums vorführt, als innenpolitische Schmiere nachstellt und an eine bundesdeutsche Zeitung weiterverkauft.

Daß auch dieses »Gedruckte« in ein »Tatsächliches« zurückschlagen kann, bewies die seit den späten achtziger Jahren durch die Feuilletons geisternde Einschätzung prominenter und weniger prominenter Rezipienten, die Wirklichkeit habe Bernhards Fiktionen längst eingeholt, wenn nicht gar übertroffen. Der Kippeffekt dieser Leseerfahrung ist ernstzunehmen, da er unumkehrbar ist. Das »Umspringbild« (W. Schmidt-Dengler), ästhetisches Verfahren und zentraler Wirkungsmechanismus der Prosa, griff auf die Glossen und Redaktionskommentare über, von denen die Bernhardschen Erwiderungen flankiert sind, bis das Medium selbst der Simulation[63] verdächtigt werden konnte. Der Argwohn des verwirrten Engländers, man habe ihm, von schnöden Interessen geleitet, eine Fälschung unterschoben, wurde zu einer verbreiteten Daseins- und Denkform. »Das Gedruckte ist das Tatsächliche und das Tatsächliche nurmehr noch ein vermeintliches Tatsächliches.« (A 478) Der auf die Alltagslektüre übergesprungene Kippeffekt machte deutlich, daß die Images öffentlicher Personen und Institutionen mediale und daher ebenfalls auf Fiktionen angewiesene Konstruktionen sind und daß auf dem Umschlagplatz der öffentlichen Meinung die eine Sprachregelung so gut ist wie die andere, wenn sie nur in genügend hoher Auflage gedruckt wird.

Ähnlich wie die ebenfalls an die Medienwirklichkeit herangeführten Dramolette wie *Alles oder nichts* vollziehen die Leserbriefe jene »ontologische Zweideutigkeit«[64] medialer Botschaften parodistisch nach, die sich als unernster Ernst oder ernster Unernst äußert und die Realität als Phantom, die Phantome als real vorführt. »Wo jedem wirklichen Vorgang durch dessen Übertragung etwas Scheinhaftes verliehen wird, muß das *Scheingeschehen* (der erfundenen dramatischen Szene) in der Übertragung seinen *spezifisch ästhetischen Scheincharakter einbüßen.*«[65] Diesen medienkritischen Befund des Philosophen bringt Bernhard anhand der Kunstfigur Kanzler Kreiskys auf die anschauliche Formel eines chiastisch verschränkten Doppelbildes: »Kreisky: der Pensionist in der Kanzlerbrust gegen den Kanzler in der Pensionistenbrust.«[66]

Man könnte Bernhards Leserbriefe als jene Experimente *in vivo* bezeichnen, die anhand konkreter Vorgänge beweisen, daß die »Lektürenatur« (K 213f.) oder Reportage-Natur (U 68) der Zeitungswelt, die zunehmend an die Stelle der »Natur« der frühen Prosa tritt, zugleich fiktiv und authentisch ist. Die Leserbriefe und offenen Briefe nehmen formal wie inhaltlich die Polemiken des Spätwerks vorweg und bereiten so das ästhetische Konzept einer fiktiven Wirklichkeit vor, die mit allem Nachdruck beansprucht, die tatsächliche zu sein – dabei aber auch das eigene Wahre als Lüge, das nur mehr vorgebliche Original als Fälschung deklariert

(»Alles G'schriebene ist Fälschung. Alles G'schriebene und alles Gedruckte, das sind alles Falsifikate, nicht«[67]). Es ist wohl nicht zuletzt dieser mit epischen, dramatischen oder feuilletonistischen Mitteln fruchtbar gemachten, stehenden Ambivalenz, der Gleichzeitigkeit und Gleich-Gültigkeit von Lüge und Wahrheit, Tragödie und Komödie, Fiktion und Wirklichkeit zu verdanken, daß Bernhard zu einem Inbegriff des österreichischen Dichters geworden ist.

Knapper, aber auch kryptischer wird die Ununterscheidbarkeit von Realität und Fiktion, Bild und Abbild vom verwirrten Engländer in *Alte Meister* formuliert; er verfällt schließlich, nach eingehenden Vergleichen von Original und Replik, auf eine andere, auf die entgegengesetzte Idee, die alles mit einem Schlag – in Schwebe läßt: Es sei nämlich durchaus möglich, daß beide Bilder »echt sind, also von Tintoretto und echt sind. Nur einem so großen Künstler wie Tintoretto mag es, so der Engländer, so Reger, tatsächlich gelungen sein, ein zweites Gemälde nicht *als ein vollkommen gleiches, sondern als vollkommen dasselbe zu malen. Das wäre dann immerhin eine Sensation,* sagte der Engländer, sagte Reger, und ging aus dem Bordone-Saal hinaus«.

Anmerkungen

[1] Einen Überblick bietet Dittmar, Jens (Hg.): Sehr gescherte Reaktion. Leserbrief-Schlachten um Thomas Bernhard. Wien 1993.
[2] Vgl. insbes. Schmidt-Dengler, Wendelin: Bernhards Scheltreden. Um- und Abwege der Bernhard-Rezeption. In: Ders.: Der Übertreibungskünstler. Studien zu Thomas Bernhard. Wien 1989, S. 93–106.
[3] »Sehr geehrter Herr Bundesminister [Mock] ...«, in: Basta, 30. 8. 1987.
[4] »Ein destruktiver, schrecklicher Kerl« (»Aus Portugal zurückgekommen ...«), in: Die Presse, 2. 6. 1976.
[5] Wiener Journal, Nr. 5, Februar 1981.
[6] IdM [Wolf In der Maur]: Die Frage bleibt offen, in: Wochenpresse, 6. 8. 1960.
[7] »Zu Ihrem merkwürdigen Brief ist zu sagen ...«, in: Wochenpresse, 13. 8. 1960, S. 14.
[8] Der Spiegel, 29. 5. 1967.
[9] Nur 16 Prozent der Leserbriefschreiber bringen »Eigenthemen« zur Sprache, weil die Themen der Leserbriefkommunikation im allgemeinen von den Medien selbst gesteuert werden. Vgl. Loreck, Sabine: Leserbriefe als Nische öffentlicher Kommunikation. Münster 1982, S. 307.
[10] Telegramm an Präsident Kaut (»Mit kühlem Kopf...«), in: Oberösterreichische Nachrichten, 9. 8. 1972, S. 8.

[11] Im offenen Brief an die Tochter des oberösterreichischen Oberlandesgerichtspräsidenten Dr. Reinulf Zamponi, die ihren Vater im Prosastück »Exempel« verunglimpft sah, bezeichnet er die Texte als »hundertvier freie [...] Assoziationen und Denk-Erfindungen« und die strittige Anekdote als »philosophische Dichtung als Huldigung« und »Parabel«. »Sehr geehrte Frau Annelore Lucan-Stood ...«, in: Oberösterreichische Nachrichten, 22. 1. 1979, S. 8.

[12] Bernhards Plädoyer (»Ich weiß, es ist in Mitteleuropa einmalig ...«), in: FAZ, 15. 11. 1984, S. 25.

[13] Vranitzky. Eine Erwiderung, in: Die Presse, 13. 9. 1985.

[14] Vgl. Schweikert, Uwe: »Im Grunde ist alles, was gesagt wird, zitiert«. Zum Problem von Identifikation und Distanz in der Rollenprosa Thomas Bernhards, in: Text + Kritik, 43 (Juli 1974), S. 1–8.

[15] Vgl. Der Wahrheit und dem Tod auf der Spur, in: NEVES FORVM XV/173, S. 347 sowie Nie und mit nichts fertig werden, in: Deutsche Akademie für Sprache und Dichtung Darmstadt, Jahrbuch 1970, Heidelberg, Darmstadt 1971, S. 84.

[16] Politische Morgenandacht, in: Wort in der Zeit, H. 1 (1966), S. 12 (Antwort auf eine Umfrage zum Thema »Die Ver-Politisierung unserer Kultur«).

[17] Die Kleinbürger auf der Heuchelleiter, in: Die Zeit, 17. 2. 1978, S. 40.

[18] Der pensionierte Salonsozialist, in: profil, 26. 1. 1981, S. 53.

[19] Anon. [Eckart Henscheid?] in: Titanic 2 (1980), zit. n. Dittmar, a. a. O., S. 106.

[20] Haider, Hans: Die Stigmatisierten steigen auf, in: Die Presse, 23. 8. 1985.

[21] Dazu Genette, Gérard: Palimpseste. Die Literatur auf zweiter Stufe. A. d. Franz. v. Wolfram Bayer u. Dieter Hornig. Frankfurt 1993, S. 168–174.

[22] Unverkennbar ist das Vergnügen, mit dem Bernhard 1979 auf eine aus fremder Feder stammende Parodie seiner selbst schon selbstparodistischen Schreibweise reagiert. Er überbietet sie in seiner Leserbriefreaktion, die als Parodie vierten Grades anzusprechen ist, durch insistierende Wiederholung der »Bernhardismen« par excellence, der Wörter »naturgemäß« und »sogenannt«. Vgl. Der doppelte Bernhard (»Du liebe ZEIT ...«), in: Die Zeit, 31. 8. 1979, S. 43f.

[23] »Die Ungeheuerlichkeiten, die Herr Moritz ...«, in: Die Presse, 25. 9. 1985.

[24] Vgl. dazu Huntemann, Willi: Artistik und Rollenspiel. Das System Thomas Bernhard. Würzburg 1990.

[25] Vranitzky. Eine Erwiderung, a. a. O.

[26] Z. B. »Sehr geehrter Herr Ruiss ...«, zit. n. Dittmar, a. a. O., S. 32; »Sehr geehrte Frau Annelore Lucan-Stood ...«, a. a. O.

[27] Z. B. »Sehr geehrte Frau Annelore Lucan-Stood ...«, a. a. O. sowie in Zu meinem Austritt, in: FAZ, 7. 12. 1979, S. 25.

[28] Z. B. Zu meinem Austritt, a. a. O.; »Die Ungeheuerlichkeiten, die Herr Moritz ...«, a. a. O.; Vranitzky. Eine Erwiderung, a. a. O.

[29] Z. B. ... allerdings nur als Baßstimmführer, in: Süddeutsche Zeitung, 3. 3. 1987, S. 33.

[30] Zu meinem Austritt, a. a. O.

[31] Huntemann, Artistik, a. a. O., S. 193.

[32] Etwa in »Aus Portugal zurückgekommen ...«, a. a. O., sowie mehrfach im Holzfällen-Plädoyer (»Ich weiß, es ist in Mitteleuropa einmalig ...«, a. a. O.).

[33] Huntemann, Willi: »Treue zum Scheitern«. Bernhard, Beckett und die Postmoderne, in: Text + Kritik, 43, 3. Auflage (Neufassung), S. 64.

[34] Dreissinger, Sepp (Hg.): Von einer Katastrophe in die andere. 13 Gespräche mit Thomas Bernhard. Weitra 1992, S. 36.

[35] Zit. n. Dittmar, a. a. O., S. 31ff.
[36] Mein Glückliches Österreich, in: Die Zeit, 11. 3. 1988.
[37] Zit. n. Dittmar, a. a. O., S. 33.
[38] Die Kleinbürger auf der Heuchelleiter, a. a. O.
[39] Rambures, Jean-Louis de: Alle Menschen sind Monster ..., in: Dreissinger, Von einer Katastrophe in die andere, a. a. O., S. 112.
[40] Salzburg wartet auf ein Theaterstück, in: Die Furche, 3. 12. 1955, S. 9.
[41] Kerschbaumer, Gert; Müller, Karl: Begnadet für das Schöne. Der rot-weiß-rote Kulturkampf gegen die Moderne. Wien 1992, S. 237.
[42] »Lieber Claus Peymann, für September ...«, in: Die Presse, 6. 8. 1987.
[43] Haslinger, Josef: Wozu brauchen wir Atlantis. Essays. Wien 1990, S. 9f. Zur staatlichen »Kulturwirtschaft« vgl. Zeyringer, Klaus: Innerlichkeit und Öffentlichkeit. Österreichische Literatur der achtziger Jahre. Tübingen 1992, insbes. S. 76-81.
[44] Z. B. »Lieber Claus Peymann, für September ...«, a. a. O.; A 448; Das Testament, in: Neues Volksblatt, 18. 2. 1989, S. 10.
[45] Z. B. Drei Tage (I 156); »Ein destruktiver, schrecklicher Kerl«, a. a. O.; Zu meinem Austritt, a. a. O.; H 301; vgl. auch Thomas Bernhard – Eine Begegnung. Gespräche mit Krista Fleischmann. Wien 1991, S. 226.
[46] Marquardt, Eva: Gegenrichtung: Entwicklungstendenzen in der Erzählprosa Thomas Bernhards. Tübingen 1990, S. 16.
[47] Über den Zorn, in: Fellinger, Raimund (Hg.): Thomas Bernhard. Ein Lesebuch. Frankfurt 1993, S. 20.
[48] Verfolgungswahn, in: Die Zeit, 11. 1. 1982.
[49] Z. B.: »GRAND HOTEL IMPERIAL – DUBROVNIK« (»Liebe, verehrte Doktor Spiel...«, in: Ver sacrum. Wien, München 1971, S. 47) oder »...nach einem Tee im Reids« (»Lieber Claus Peymann ...« [dat. 2. 12. 1986], in: Die Zeit, 24. 2. 1989).
[50] »Ich habe meinem deutschen Verleger ...«, in: Die Presse, 9. 11. 1984.
[51] »Ich weiß, es ist in Mitteleuropa einmalig ...«, a. a. O.
[52] »Sehr geehrter Herr Bundesminister ...«, a. a. O.
[53] In: profil, 14. 5. 1984. Bernhards Urheberschaft an diesem Brief wurde nachträglich durch den Gmundner Rechtsanwalt Dr. Erasmus Schneditz-Bolfras bestritten (vgl. Dittmar, a. a. O., S. 132).
[54] Vgl. Burgtheater Wien (Hg.): Heldenplatz. Eine Dokumentation. Wien 1989.
[55] Die Wiener Kulturstadträtin U. Pasterk etwa sah mit Grausen »die internationale Blamage voraus, der wir da entgegensteuern«; zit. n. Razumovsky, Andreas: Ausländische Infektion, in: FAZ, 15. 10. 1988, S. 27.
[56] Seinitz, Kurt: »Das Ausland ist empört«, in: Neue Kronen Zeitung, 15. 10. 1988, S. 4 (Hervorhebungen W. B.).
[57] »Sehr geehrter Herr Bundesminister ...«, a. a. O. Vgl. auch die Exemplifizierungen der Staats-Schmähungen in Sti 157f., 160.
[58] Schmidt-Dengler, a. a. O., S. 101.
[59] Vgl. ders.: Verschleierte Authentizität. Zu Thomas Bernhards Der Stimmenimitator. In: Der Übertreibungskünstler, a. a. O., S. 42–63.
[60] »Sehr geehrter Herr Ruiss ...«, a. a. O.
[61] Ein Brief an die ZEIT (»Seit vielen Jahren ...«), in: Die Zeit, 29. 6. 1979, S. 33.
[62] Vgl. Mein Glückliches Österreich, a. a. O.
[63] In »Auslöschung« wird auch dieser Kippeffekt entschlüsselt: »In Wahrheit und in Wirklichkeit gibt es nurmehr Schauspieler auf der Welt, die Arbeit spielen, keine Arbeiter.

Alles wird geschauspielert, nichts mehr wird wirklich getan.« (A 95) Vgl. auch »der Mensch ist Gespenst, mehr und mehr Gespenst ...« (U 11).

[64] Anders, Günther: Die Welt als Phantom und Matrize. In: Die Antiquiertheit des Menschen 1. Über die Seele im Zeitalter der zweiten industriellen Revolution. München 1987, S. 131.

[65] Ebda, S. 143.

[66] Der pensionierte Salonsozialist, a. a. O.

[67] Thomas Bernhard – Eine Begegnung, a. a. O., S. 151.

Übersetzungen: Die Partitur und die Instrumente

Miguel Sáenz

»Trastorno« versus »Verstörung«

Ein übersetztes Buch ist wie eine Leiche,
die von einem Auto bis zur Unkenntlichkeit
verstümmelt worden ist.
Thomas Bernhard[1]

Es ist bekannt, daß Thomas Bernhard von Übersetzungen nichts hielt ... und auch von Übersetzern nicht. Keinen Deut wich er von seiner Meinung ab, wenn das Gespräch auf dieses Thema kam: Übersetzungen seien eine Katastrophe und hätten bestenfalls rein gar nichts mit dem Original gemein. Es gibt wohl keinen Bernhard-Übersetzer, der nicht den vernichtenden Text aus dem *Weltverbesserer* kennt (St3 131f.):

Die Übersetzer entstellen die Originale
Das Übersetzte kommt immer nur als Verunstaltung auf den Markt
Es ist der Dilettantismus
und der Schmutz des Übersetzers
der eine Übersetzung so widerwärtig macht
Das Übersetzte ist immer ekelerregend ...

Aber wie immer bei Bernhards Übertreibungen gilt es auch hier, einen Korrekturfaktor zu berücksichtigen. Daß er in seiner Gmundener Wohnung in der Lerchenfeldgasse 11 (heute Thomas-Bernhard-Archiv) alle meine Übersetzungen aufbewahrte, mag lediglich für den Eifer oder die Beflissenheit der spanischen Verlage sprechen, aber daß er Ende 1988 mit mir spontan Verbindung aufnahm, um ein Gespräch in Torremolinos zu vereinbaren – er hatte angedeutet, seine Aussagen nicht mehr der österreichischen Presse anvertrauen zu wollen – bedeutet zumindest, daß er meinen Namen kannte. Gott sei's geklagt, der Tod vereitelte die Begegnung, und für immer werden sich meine persönlichen Beziehungen zu Thomas Bernhard auf ein in aller Höflichkeit geführtes Telephongespräch beschränken.

Mit Ausnahme der *Billigesser*, die Carlos Fortea übertragen hat[2], sind alle seine Werke, die in Spanien erschienen sind, von mir übersetzt worden. (Wenn ich mich recht erinnere, sind es inzwischen 21 Titel, Prosa, Theater und Lyrik zusammengerechnet.) Deshalb nimmt es nicht wunder, daß ich von manchen der recht zahlreichen Bernhard-Leser immer wieder zwei Dinge gefragt werde: Ist es nicht deprimierend, so *viel* Bernhard zu übersetzen? Und ist es nicht überhaupt wahnsinnig *schwer*, Bernhard zu übersetzen?

Auf die erste Frage pflege ich mit einem glatten Nein zu antworten. Der Grund dafür ist einfach. Denn abgesehen davon, ob die Bernhard-Lektüre deprimierend ist oder nicht (ich glaube, sie ist es nicht), scheint außer Zweifel zu stehen, daß eine eventuelle *Deprimation* des Bernhard-Fanatikers reichlich durch die häufig zitierte *Faszination* aufgewogen wird, die seine Prosa auf den Leser ausübt. Und wenn das Übersetzen – wie man gesagt hat – wirklich die aufmerksamste Art des Lesens ist, dann läßt sich beim Bernhard-Übersetzen diese Faszination in höchstem Maße erfahren. Ich muß gestehen, daß keiner der von mir übersetzten Autoren (weder Handke noch Grass noch Schnitzler, nicht einmal Döblin oder Brecht) mich so zutiefst befriedigt hat wie Thomas Bernhard.

Auf die zweite Frage, die Schwierigkeit der Übersetzung betreffend, pflege ich einzuräumen, daß es sicher nicht leicht ist, Bernhard zu übertragen. Diese allgemeine Behauptung bedarf aber der Nuancierung. Selbst wenn man die wesentliche Unmöglichkeit *jeglichen* Übersetzens (die von Bernhard ins Feld geführt wird) anerkennt: Ist es wirklich so schwierig, Bernhard in eine romanische Sprache, das heißt, in meinem Fall, ins Spanische zu übersetzen?

Zunächst muß man zwischen Lyrik, Theater und Prosa unterscheiden. Um die Wahrheit zu sagen: Der einzige von mir ins Spanische übersetzte Gedichtband von Bernhard, *Ave Vergil*, stellte kein unüberwindliches Hindernis dar. Am schwierigsten empfand ich die allererste Phase der Arbeit, die Entschlüsselung des Textes, und dabei war mir vor allem die Lektüre von Eliot und Pound hilfreich. Schon sehr bald wurde mir jedoch klar, daß für die spanische Fassung César Vallejo hätte Pate stehen müssen – nur er wäre überhaupt in der Lage gewesen, die Verse dichterisch adäquat ins Spanische zu übertragen.

Zu diesem Lyrikband gibt es eine Anekdote, die ich nicht unterschlagen will. Die erste spanische Übersetzung – sie stammt von mir – erschien 1988.[3] 1992 ließ eine südspanische Zeitschrift, wahrscheinlich ohne zu wissen, daß diese Fassung bereits existierte, die Sammlung erneut übertragen, allerdings und ohne jeden Zweifel aus dem Französischen, wie schon aus dem Titel ersichtlich: *Je te salue Virgile / Yo te saludo Virgilio.*[4] Der Übersetzer dürfte auch des Französischen kaum mächtig gewesen sein, was ihm zuweilen geradezu abgründige Ergebnisse bescherte. Ein schönes Beispiel ist dieses:

Bei Bernhard heißt es: »Oktober mähten die Wahrheit nieder, / den wilden *Weizen*, die schwarzen Städte« (AV 11). Und in der französischen Übersetzung[5]: »Octobre après octobre fauchèrent la Verité, / le *froment* sauvage, les cités de saturne«. Woraus die spanische Übersetzung folgendes macht: »Octubre tras octubre segaron la Verdad, / el *queso* salvaje, las ciudades de saturno« (Hervorhebungen M. S.). Diese Verwandlung von »wilden Weizen« in »wilden Käse« aufgrund der Verwechslung von »froment« und »fromage« verdient in jeder Anthologie von Übersetzer-Stilblüten einen Ehrenplatz.

Ganz anders als die Lyrik stellt sich Bernhards Theater dar. Er verzichtet in seinen dramatischen Texten praktisch auf jegliche Interpunktion, und die Sätze – beinahe Verse – der langen Tiraden seiner Figuren sind häufig von einer irreführenden Ambivalenz. Außer Zweifel steht seine Absicht, dem Schauspieler eine große Interpretationsfreiheit zuzugestehen ... eine Freiheit, die der Übersetzer unter Einsatz *seiner* Mittel respektieren muß. (Gerade diese Freiheit ist es ja, welche der Schauspieler – zumindest der große – so leidenschaftlich liebt.) Und wenn man bedenkt, daß sich Bernhards schwarzer Humor nie so ungeschminkt zeigt wie in seinem Theater, wird man verstehen, daß eine Übertragung seiner Theaterstücke alles andere als einfach ist.

In Spanien sind bisher nur drei seiner Werke in spanischer Fassung aufgeführt worden, *Die Macht der Gewohnheit, Immanuel Kant* und *Die Jagdgesellschaft;* keiner der »monstres sacrés« unter den Bühnenschauspielern hat es bisher gewagt oder sich nur versucht gefühlt, eine Bernhard-Rolle anzunehmen. Dennoch ist es für mich als Übersetzer eine Genugtuung, miterlebt zu haben, wie sich die spanischen Schauspieler nach einer kurzen Anpassungsphase (je älter der Schauspieler, desto länger dauerte die Anpassung) von ihren Texten faszinieren ließen und wie Raúl Fraire – in der Rolle des Zirkusdirektors Caribaldi – wahrscheinlich die Glanzleistung seiner Karriere erbracht hat.

Wie dem auch sei, und obgleich einige Theaterstücke spezielle Probleme aufwerfen – in *Der Ignorant und der Wahnsinnige* kann man auf die

Hilfe eines guten gerichtsmedizinischen Nachschlagewerks nicht verzichten, für *Immanuel Kant* müssen für die (nicht immer brillanten) Wortspiele des Originals ähnliche im Spanischen erfunden werden –, liegt die Hauptschwierigkeit bei der Übersetzung des Bernhardschen Theaters (wie auch der Romane) in der Wiedergabe der merkwürdigen Musikalität seiner Texte, ein Problem, das sich auf der Bühne schon deshalb stellt, weil der Text hier ganz besonders gut klingen muß.

Bernhards Prosa wird oft so kommentiert, als hätte sich sein Stil im Laufe der Jahre nie gewandelt... In Wirklichkeit – und das wissen seine Übersetzer ganz genau – ist der Unterschied zwischen den frühen und den späten Romanen abgrundtief. *In der Höhe* z. B. ist eine nahezu hermetische Prosa, ähnlich der von *Frost* und *Amras*, am engsten jedoch mit seiner Lyrik verwandt. *Das Kalkwerk* ist ein typisches Beispiel für den ganz spröden Bernhard, ein Alptraum für jeden Übersetzer, der kein ausgesprochenes Faible für den Autor hat. Einige Erzählungen wie *Gehen* sind fast rhetorische Übungen, Variationen, Tonleitern, Studien für Virtuosen ... bis zur erbarmungslosen Präzision einiger seiner unverhohlen autobiographischen Werke oder der großen, allgemeinen Rekapitulation von *Auslöschung*. Vereinfachend könnte man eine Trennlinie ziehen und von der Prosa vor und nach 1975 sprechen, denn mit *Korrektur* und *Die Ursache* beginnt Bernhard, eine mit den Jahren immer ausgeprägtere stilistische Klarheit zu verwirklichen.

Sein Wortschatz erschien mir, ehrlich gesagt, nie als besonders schwierig. Natürlich benutzt er häufig nur Österreichern geläufige Ausdrücke, so daß der Übersetzer, der mit dem Österreichischen nicht sehr gut vertraut ist, recherchieren muß, um den »Wetterfleck« oder die »Struxhosen« zu identifizieren und, wenn möglich, in Erfahrung zu bringen, wie man »wattet«. Aber dafür gibt es Wörterbücher oder willfährige österreichische Freunde. Sehr viel schwieriger wird es, wenn es um die genaue Verwendung bestimmter Wörter oder Begriffe (z. B. *Kopf* oder *existieren*) oder um gleichwertige Entsprechungen für tausendmal wiederholte, scheinbar belanglose Einschiebsel geht wie *naturgemäß*, praktisch sein Schneidersiegel (das ich nicht mit »naturalmente« sondern »como es natural« übersetze) oder für *immer wieder* (»una y otra vez« und nicht »cada vez de nuevo« oder »siempre«). Zudem ist es ein Gebot des Stils, sie immer gleich zu übersetzen, da ihre Wiederholung für Rhythmus und Harmonie des Textes von großer Bedeutung ist.

Was Neologismen und ungewohnte Orthographien anlangt, so lassen sie sich im Gegensatz zur gängigen Meinung in den romanischen Sprachen durchaus nachbilden.[6] Das Problem liegt lediglich in der Entscheidung, wie hoch der »Seltsamkeitsgrad« dieser Wendungen im Original ist, um in der Übersetzung nicht zu übertreiben. Nichts kann einen kühnen spanischen Übersetzer davon abhalten, für *Aufundabgehen* »iryvenir« zu schreiben oder systematisch für das immer wiederkehrende *sogenannt* das ganz wörtlich übersetzte »así llamado« zu wählen, statt der üblichen »pretendido«, »supuesto« oder einfach »llamado«. Dieses »así llamado« gilt heute als Markenzeichen des spanischen Bernhard oder seiner Nachahmer.

Eins steht fest, der Bernhard-Übersetzer wird die weiten semantischen Felder von Schrecken, Haß, Ekel und Niederträchtigkeit fleißig bestellen müssen, um Äquivalente für das Deutsche finden zu können. Zu ernstlichen Gewissensproblemen kann es beim Übersetzer allerdings dann kommen, wenn Bernhard sich damit vergnügt hat (oder nicht), Vorsilben oder Wortfragmente kursiv hervorzuheben; der Übersetzer steht vor der Unmöglichkeit, dieses Spiel in seiner Fassung nachzuvollziehen, es sei denn, er entschließt sich, die Bedeutung leicht zu verschieben ... Ich gestehe, in diesem Sinn gesündigt zu haben, zum Beispiel am Anfang von *Die Ursache*, wo es heißt: »[...] auf die schmerzhafte, eine jede Natur störende, mit der Zeit *ver*störende, und *zer*störende [...]« (Ur 7). In meiner Fassung steht jetzt endgültig: »[...] una forma que turba a cualquier naturaleza, con el tiempo la *dis*turba y *per*turba [...]«[7], nur dem Tanz der Vorsilben zuliebe, obgleich »perturbar« natürlich viel schwächer wirkt als »zerstören«.

Eine der größeren Schwierigkeiten des »harten« Bernhard, d. h. des Bernhard vor 1975, besteht jedoch in seinem grauenhaften Gebrauch des Konjunktiv II. In den Romanen taucht immer wieder jemand auf, der jemandem etwas erzählt oder schreibt, was jemand anderer jemandem anderen erzählt oder geschrieben hat, was wiederum von einem Dritten einem Vierten geschrieben oder erzählt worden war ... Im Spanischen hat der Konjunktiv andere Funktionen, deshalb muß ganz klar ausgedrückt werden, um welchen Sprecher es sich nun handelt. Das ist nur möglich durch wiederholtes Einschieben von »dijo«, »escribe«, »al parecer« etc. Ein auf diese Weise bernhardischer als Bernhard gewordener Text kann die Geduld auch des widerstandsfähigsten Bernhard-Lesers auf eine harte Probe stellen.

Eigens erwähnt werden muß die Interpunktion, vor allem, weil im Deutschen und Spanischen die Funktion des Kommas grundverschieden ist.

Bei Bernhard erhöht sich diese grundsätzliche Schwierigkeit dadurch, daß das Komma seitenweise manchmal das einzige Interpunktionszeichen ist: Wie oft gibt es weder Klammern noch Gedankenstriche noch andere Unterbrechungen! Seine Sätze verschränken sich zu endlosen Ketten, in denen einer oder mehrere Sätze andere, vorausgegangene erklären oder entwickeln und so ein beinahe unentwirrbares, festgezurrtes Gewebe bilden. Fällt jedoch die ganz normale deutsche Kommasetzung mit der von Bernhard über alles geliebten Schachtel-Syntax zusammen, entstehen manchmal geradezu groteske Gebilde, wie z. B. in *Midland in Stilfs*. Der Satz:

Er mag ja auch wie ich, wenn er denkt, denken, daß alles, das, woraus wir, Franz und ich, wie auch er, wie alle Existierenden, sind, Vergangenheit, tot ist. (E 131f.)

mag auf deutsch (relativ) klar sein, auf spanisch würde er sich, wollte man seine Struktur auch nur in ihren Grundzügen beibehalten, in bloßen Unsinn verwandeln. Dem Übersetzer bleibt nichts anderes übrig als zu glätten, zu rationalisieren, zu vereinfachen, um dann etwa folgendes hervorzubringen:

Es posible que, si se piensa, piense como yo que todo aquello de lo que Franz y yo estamos hechos, lo mismo que él, lo mismo que todos los que existen, no es más que el pasado, algo muerto.

Die Gefahren einer übertriebenen »Bereinigung« lauern bei Bernhard praktisch überall, und an anderer Stelle habe ich bereits eine Anekdote zum Thema erzählt.[8] Als mir vom spanischen Verlag die Druckfahnen von *Ja* zur Korrektur geschickt wurden, legte man mir gleichzeitig ans Herz, doch das eine oder andere Semikolon einzuschieben, um endlose Absätze aufzulockern und vor allem, um die Lesbarkeit des Textes zu verbessern. Der Vorschlag erschien mir keineswegs abwegig. Ich dachte, daß es dem Roman sicher keinen Abbruch täte, wenn man dem Leser das Leben erleichtert, und fügte dort, wo ein Gebot der Logik dazu zwang, das eine oder andere Semikolon ein. Bei einer zweiten Durchsicht durchfuhr mich jedoch ein Schrecken: Bernhards Stil war dabei, sich zu verflüchtigen. So daß mir nichts anderes übrig blieb, als meine erste Fassung sorgfältig wiederherzustellen.

Das wirkliche, vielleicht einzige gravierende Problem beim Bernhard-Übersetzen – ob nun Lyrik, Theater oder Prosa – ergibt sich aus seiner berühmten Musikalität; das heißt, daß diese *Sprachpartituren*, wie Jurgensen[9] sie nennt, mit anderen Instrumenten interpretiert werden müssen. Die Studien über Bernhards »Musik«, die mir zugänglich waren, fand ich nicht sehr überzeugend, dennoch steht außer Zweifel, daß diese Musik da ist und für jeden, der auch nur ein annehmbar gutes Ohr hat, zu erkennen ist. Elfriede Jelinek sah es so: »Und um den Schrecken nicht zuende denken zu müssen, hat der ausgebildete Musiker seine eigene Technik der Wiederholung entwickelt, aber in rhythmischer Gliederung, ähnlich einer ununterbrochenen Sinusschwingung, deren musikalischer Gesetzmäßigkeit sich niemand entziehen konnte, selbst wenn alles schon hundertmal gesagt war.«[10] Kann ein Übersetzer, sei er auch noch so gut, diesen Klang, diese Stimme getreu wiedergeben?

»Übersetzer sind ja was Furchtbares. Sind arme Leute, die nichts kriegen für ihre Übersetzung, niedrigstes Honorar, himmelschreiendes, wie es heißt, und machen auch eine furchtbare Arbeit, also gleicht es sich wieder aus«, sagt Bernhard.[11] Aber hier übersieht er eine ganz andere Belohnung wunderbarer Art. Und ich denke dabei nicht an den zerstreuten Beifall des Kritikers in zwei Zeilen irgendwo am Rande. Nein. Ich denke an jenes andere unfreiwillige, aber ungleich subtilere Lob, das uns zur Ehre gereicht und große Freude macht, wenn jemand, der Bernhard nur in der Übersetzung kennt, in *unserer* Übersetzung, in höchsten Tönen seinem Stile huldigt. Und ich denke auch an das unendliche Vergnügen, wenn wir bei zeitgenössischen Autoren unseres Landes deutliche Spuren seiner Prosa feststellen, und zwar nicht der Prosa Bernhards schlechthin, sondern der Prosa Bernhards in *unserer* Interpretation ... (Vorausgesetzt, es handelt sich wirklich um Einfluß, nicht um Imitation; denn wenn sich Bernhard auch mit Leichtigkeit parodieren[12] läßt, seine bloße Nachahmung führt notgedrungen zu verheerenden Ergebnissen. Ich weigere mich, Beispiele zu nennen.)

In *Der Stimmenimitator* steht ein kurzer Text mit dem Titel *Fast*, in dem Bernhard erzählt, wie einige Steinmetzgehilfen eines Nachts im Wirtshaus etwas *Merk*würdiges oder *Denk*würdiges aus ihrem Leben berichten. Eine der Geschichten ist besonders einprägsam, von einem, »der berichtet hat, daß er mit siebzehn Jahren, um eine mit einem Arbeitskollegen abgeschlossene Wette zu gewinnen, auf die bekanntlich sehr hohe Kirchturmspitze in Tamsweg gestiegen ist. *Fast* wäre ich tödlich abgestürzt, hat der Steinmetzgehilfe gesagt und er betonte darauf ausdrücklich, daß er dadurch *fast* in die Zeitung gekommen wäre« (Sti 27f.). Nun denn, im Januar 1986 in Madrid sagte Thomas Bernhard zu Krista Fleischmann im Zusammenhang mit meinen Übersetzungen ins Spanische: »Ich schau's gar nicht an. Mir gefällt nur der Titel halt, ›Trastorno‹ klingt ja sehr schön statt ›Verstörung‹. Aber für mein Ohr ist ›Verstörung‹ *fast* besser.«[13]

Dies war der Tag, an dem Thomas Bernhard mich *fast* gelobt hätte.

Anmerkungen

[1] Fleischmann, Krista (Hg.): »Die Ursache bin ich selbst«, Madrid 1986. In: Thomas Bernhard – Eine Erinnerung. Wien 1991, S. 210.

[2] Bernhard, Thomas: Los comebarato. Madrid: Cátedra 1989.

[3] Bernhard: Ave Virgilio. Barcelona: Ediciones Península/Edicions 62 1988.

[4] Barcarola (Murcia), April 1992, S. 113–132.

[5] Bernhard: Je te salue Virgile. Aus dem Deutschen von Kza Han und Herbert Holl, Paris: Gallimard 1981, S. 13.

[6] Vgl. Henniger-Weidmann, Brigitte: Worttransfusionen, Bedeutungsverschiebungen und Neologismen bei Thomas Bernhard. In: Fruchtblätter, Freundesgabe für Alfred Kelletat. Hg. v. Harald Hartung, Walter Heistermann und Peter M. Stephan. Berlin: Pädagogische Hochschule 1977, S. 217–224.

[7] Bernhard, Thomas: El origen, Madrid: Editorial Anagrama 1984, S. 13.

[8] Sáenz, Miguel: »Ni Schumann ni Schopenhauer«, Quimera, H. 11, Nr. 4/Dez. 1981, S. 66.

[9] Jurgensen, Manfred (Hg.): Die Sprachpartituren des Thomas Bernhard. In: Bernhard. Annäherungen. Bern 1981, S. 99–122.

[10] Jelinek, Elfriede: Der Einzige. Und wir, sein Eigentum. In: Dreissinger, Sepp (Hg.): Von einer Katastrophe in die andere (13 Gespräche mit Thomas Bernhard). Weitra 1992.

[11] Fleischmann, a. a. O.

[12] Vgl. Savater, Fernando: PNN (Estudio en escarlata universitario con el permiso de Thomas B. y Sara T.), El País Semanal, 20. 9. 1987, S. 1–8.

[13] Fleischmann, a. a. O.

Miklós Györffy

Partitur und Instrument

Thomas Bernhard ungarisch spielen

Meine erste Begegnung mit Thomas Bernhard verdankte ich dem Auftrag, die Erzählung *Die Mütze* für eine Anthologie zeitgenössischer Prosa zu übersetzen. Das war Ende der sechziger Jahre. Damals war ich angehender Übersetzer, und meine Kenntnisse auf dem Gebiet der deutschen und österreichischen Nachkriegsliteratur ließen noch viel zu wünschen übrig. Im Autor von *Die Mütze* sah ich einen, der anders schrieb, als ich es gewohnt war, aber damals hatte ich oft diesen Eindruck, wenn ich mir unbekannte Autoren las. Bernhard war einer von denen, die anders schrieben, als von den Befürwortern des Realismus erwartet, ja sogar gefordert wurde.

Einige Jahre später habe ich dann *Gehen* gelesen. Zu dieser Zeit war ich bereits Lektor im Európa Verlag und konnte deutschsprachige Werke für ungarische Übersetzungen empfehlen. Die Erzählung *Gehen* hat mich überwältigt. Der wirbelnde Strom ihrer magischen Sätze zog mich in seinen Bann. In der Dokumentation des Verlages lagen Mappen für alle Autoren auf, deren Werke in seinem Auftrag geprüft wurden. Die für Thomas Bernhard vorgesehene Mappe war, wie ich erstaunt feststellte, schon voll mit Gutachten der Lektoren. Unter ihnen waren angesehene Literaten, die zwar vorsichtig ihre ideologischen Bedenken äußerten, aber das große Talent Bernhards priesen und seine Übersetzung empfahlen. Ich erfuhr auch, daß die Übersetzung von *Frost* schon im Gange war.

Dann erschien *Frost* in der großartigen Übersetzung des neo-avantgardistischen Dichters Dezső Tandori, und seitdem bin ich ein leidenschaftlicher Verbraucher und Genießer von Thomas Bernhards Texten, sozusagen ein Bernhardomane. Als Redakteur sehe ich eine meiner Hauptaufgaben darin, mein möglichstes zu tun, damit die Werke von Bernhard in Ungarn erscheinen können. Leider habe ich darin wenig Erfolg gehabt – Bernhard war in den Augen der Verlagsleiter zu esoterisch, zu düster, zu schwer zu lesen und – später, als die Betrachtungsweise merkantiler wurde – zu schwer zu verkaufen. Ich tröstete mich damit, daß es dem Verlagsrivalen, Magvető Kiadó, 1979 schließlich doch gelungen ist, *Das Kalkwerk* herauszubringen, wieder in der kongenialen Übersetzung von Tandori. Mir gelang es erst 1982, die Erzählung *Gehen* in einer Anthologie publizieren zu lassen, in der außer Bernhard Autoren wie Gert Jonke, Wolfgang Bauer, Peter Rosei usw. mit längeren Erzählungen vertreten waren. 1987 erschien dann beim Európa Verlag ein Band Erzählungen *Az erdőhatáron* (*An der Baumgrenze*), in dem ich die wichtigsten Erzählungen des Suhrkamp-Sammelbandes aufgenommen habe, unter anderen *Ungenach, Watten* und *Ja.* Seit dieser Auswahl sind weitere Werke von Bernhard auf ungarisch veröffentlicht worden, und zwar *Wittgensteins Neffe, Der Untergeher* und *Ein Kind,* ich selbst habe aber nur Bühnenstücke übersetzt: *Der Theatermacher* und *Ritter, Dene, Voss.*

Bernhard zu übersetzen bedeutet für mich vor allem, einer sprachlichen Konstruktion gegenübergestellt zu sein, die selbst die literarische Botschaft darstellt. Man hat mit einem abstrakten sprachlichen Gebilde zu tun und kann sich nur sehr beschränkt auf Objekte und Inhalte berufen, die sozusagen außerhalb des literarischen Werkes lägen, eine konkrete Existenz hätten und im Text durch ihre Benennung oder Beschreibung präsent wären. Dieses sprachliche Gewebe, ein individuelles Zeichensystem, läßt sich mit Musik vergleichen. Oft und mit Recht ist auf den musikalischen Charakter der Werke von Bernhard hingewiesen worden. Diese Analogie gilt nicht nur für die musikalischen Merkmale des Redeflusses, sondern auch für die Abstraktheit des Textes.

Die Texte Bernhards sind Partituren und Musikinstrumente zugleich. Sie schreiben die Melodie und den Rhythmus vor, die beim Lesen »gespielt« werden müssen, und geben dem Spieler gleichzeitig auch das Instrument an die Hand, mit dem die Partitur zum Klingen gebracht werden kann. Die Musik ist ein literarischer Inhalt, dessen Bedeutung ebensosehr von der abstrakten Ebene der sprachlichen Symbole und Redemerkmale – darunter auch der akustisch-musikalischen Merkmale – »abzulesen« ist wie die »Bedeutung« der Musik von Notenzeichen, Tönen und Klängen.

Die Sprachmusik von Bernhard hat nicht nur akustische und rhythmische Eigenheiten, sondern auch grammatische und semantische. Die charakteristischen sprachlichen Mittel: Perioden, syntaktische Verschachtelung, besessene Wiederholungen, indirekte Rede, ausgefallene Komposita sowie stilistische Merkmale wie Übertreibungen und Superlative, Schimpfen und topische Argumentation usw. sind durchweg Bedeutungsträger. In Bernhards Werken wird alles zur Sprache, vor allem ihr zentraler Inhalt: das verzweifelte Bestreben der Helden, die Welt zu verstehen und zu erklären. »Sprachbewegungen als Gedankenbewegungen haben Interpreten mit Recht immer schon mehr beschäftigt als übergreifende strukturelle Textabläufe, ›Sprachverhalte‹ mehr als ›Sachverhalte‹, Bernhards ›Berichterstattung von Worten‹ mehr als die von Ereignissen.«[1]

Und die Hauptfiguren von Bernhard sind deswegen meistens Sonderlinge, Außenseiter, Narren, Wahnsinnige, weil ihr Versuch, die Welt zu verstehen und zu erklären, scheitert. Sie verlieren ihren Verstand – zumindest »vor unseren Augen« – während des Redeflusses über das Scheitern von Erklärung und Formulierung. Je eigensinniger und krampfhafter sie das Ziel zu erreichen suchen, um so mehr entfernen sie sich davon. Je enigmatischer sie den Hamen der Sprache flechten, um so mehr entgleiten ihnen Bedeutung und Inhalt.

Die Figuren von Bernhard leiden daran, daß Sprache unsicher und gefährdet ist. Sie sind daher bemüht, sie zu festigen, und zwar durch äußerste Ausnützung ihrer benennenden Fähigkeit. So entstehen die schreibsüchtigen Aufzeichnungen, die endlosen Monologe, die mit mehrfach wiederholten Begriffen vollgestopften, sich unendlich lang schlängelnden Sätze. Ihr Aufbau ist im Grunde einfach, klar gegliedert und übersichtlich; ihre Länge und Verschachtelung verdanken sie dem Zwang, alles immer wieder möglichst genau und eindeutig zu benennen und zu bestimmen. Manchmal scheinen sich sogar diese Sätze mit ihrem Aufbau, der wie ein Kartenhaus ausbalanciert ist, zu brüsten. Solange die Helden von Bernhard sich hinter den Schutzwällen der Grammatik und der formalen Logik verschanzen können, solange der Redefluß aus ihnen mechanisch, marionettistisch hervorströmt, haben sie die Chance, sich heil und unversehrt zu wähnen. Der Irrsinn bricht sich aber gerade durch diese wahnwitzige Häufung Bahn. Die manische Bekundung von Ordnung, Logik und Tradition ist bereits Zwangsvorstellung.

Der Übersetzer von Bernhard muß also vor allem diese Funktion der Sprache wiedergeben. Es fragt sich aber, ob diese Stilmittel in einer fremden Sprache wie dem Ungarischen vorhanden, möglich sind oder erst neu erschaffen werden müssen? Kann die Sprachmusik von Bernhard ungarisch gespielt werden? Die Partitur, der Bernhardsche Text, ist gegeben, aber eben auf deutsch, wenn auch in einem Deutsch, mit dem Bernhard ziemlich willkürlich und individuell umgeht. Der Übersetzer kann und muß am Instrument selbst herumbasteln, mit dem diese Partitur zum Klingen gebracht werden soll. In diesem Fall ist dieses Instrument ein Ungarisch, das an Bernhards Text so weit als möglich angeglichen wird.

Bei Bernhard ist aber nicht alles Sprache; es kommen auch bestimmte reale Sachverhalte, Ereignisse, Tatsachen, Eigennamen zu Wort, die außerliterarische Wirklichkeit spielt in seinen Texten eine komplizierte und wesentliche Rolle. Der Übersetzer muß daher auch in seiner Sprache Worte für jene Begriffe finden, die die österreichische Wirklichkeit »abbilden«. Die österreichische und ungarische Wirklichkeit und die auf sie bezogenen jeweiligen Sprachen sind, wie man denken könnte, doch nicht so weit voneinander entfernt, daß man für die meisten Wörter nicht ohne weiteres Entsprechendes in der anderen Sprache fände. Sprachkenntnisse und Wörterbücher müßten genügen.

Man stößt aber ständig auf das Problem der »kulturellen Unübersetzbarkeit«: Ich habe zum Beispiel Schwierigkeiten mit dem Wort »Watten« gehabt, das sowohl als Titel wie als immer wiederkehrendes und dadurch stilistisch betontes Sprachelement eine wichtige Rolle in der Erzählung *Watten* spielt. Dem Text ist nur zu entnehmen, daß »Watten« ein Kartenspiel ist. In den Wörterbüchern, die ich benutze, habe ich diesen Ausdruck unter den Wörtern »Watt«, »Watte«, »Wattenmeer« usw. nicht gefunden. Es ist mir auch nicht gelungen, ein ungarisches Gegenstück zu finden. Ich mußte also ein Kartenspiel ausfindig machen, das in Ungarn bekannt ist und zugleich auch in einem ländlichen Wirtshaus in Österreich ständig gespielt werden könnte. Außerdem mußte der Name dieses Spiels so klingen, daß er unzählige Male wiederholt werden konnte, ohne den Text zu belasten. Ich habe das Spiel »alsózás« gewählt; diese substantivische Form des Wortes steht für das Spiel selbst und wird auch im Titel benutzt. Im Deutschen fallen Substantiv und Infinitiv zusammen, im Ungarischen weichen die Verbalformen vom Substantiv ab, werden aber ebenfalls ausgiebig verwendet: »alsózni«, »alsózik«, »alsózom« usw. Das Spiel »alsózás« schien auch deswegen eine gute Wahl zu sein, weil es heute fast nicht mehr gespielt wird; früher, als es in der ungarischen Gesellschaft noch so ländlich zuging wie bei Bernhard, war dieses Spiel äußerst beliebt und galt als eine Art k. u. k. Merkmal. »Alsózik« bedeutet übrigens, dem Ungarisch-Deutschen Wörterbuch von Előd Halász zufolge: »Klabrias/Jas spielen«.[2] Wie es um dieses Spiel steht und ob es mit »Watten« etwas zu tun hat, konnte ich noch nicht klären.

Ein ähnliches Problem ergab sich beim Übersetzen von *Ritter, Dene,*

Voss mit dem Wort »Brandteigkrapfen«. Diese Lieblingsmehlspeise des Philosophen Voss/Ludwig löst beim Mittagessen fatale Folgen aus. Ihre mit Konsonantenhäufung ausgedrückte sprachliche Bezeichnung wird sozusagen zu Vossens Verhängnis. Durch seine endlos variierte Wiederholung erscheint das Wort bald als Inbegriff der lächerlichen und absurden Unfähigkeit der Sprache, ja sogar der Absurdität der Wirklichkeit schlechthin. Das wurde vom Schauspieler Gert Voss in der Aufführung des Akademietheaters prächtig ausgespielt. Beide Teile des Wortes, sowohl »Brandteig« als auch »Krapfen« haben ihre ungefähre Übersetzung im Ungarischen, ihre Zusammensetzung ergibt aber wenig Sinn. Ob es sich beim Brandteigkrapfen selbst um eine existierende und bekannte Wiener Spezialität oder eine Erfindung von Bernhard handelt, weiß ich, ehrlich gesagt, nicht, was aber auch egal ist, weil für die Übersetzung ohnehin ein neues Wort geprägt oder doch ein ungarischer Mehlspeisenname gefunden werden mußte, der ähnlich komisch klingt, nicht sehr gängig ist und mit jenen Gesten verschlungen werden kann, die wir von Gert Voss gesehen haben. Ich habe den Namen »kanonoklepény« gewählt, das Wort ist sogar um eine Silbe länger als das deutsche und klingt genügend bizarr: wortwörtlich ins Deutsche übersetzt bedeutet es »Domherrenfladen«.

Der Titel des Stückes hat natürlich auch Schwierigkeiten bereitet, aber der Übersetzer hatte schließlich keine andere Wahl, als den Originaltitel zu übernehmen, das Urheberrecht verpflichtete ihn dazu.

Fassen wir nun Bernhards seltsame Komposita ins Auge, die allein schon bezeichnend für seine Sprache sind. Zusammensetzungen wie »Geschichtswechselbetrüger«, »Schöpfungsintoleranz« (DE 189, 251), »Bildungsschwachsinn«, »Studentenunwichtigkeit« (DE 326) oder »Inkompetenzschmierer«, »Geschichtsstandpauke« (St4 19, 112) sind ziemlich schwer ins Ungarische zu übersetzen. Die Bedeutung dieser Ausdrücke läßt sich zwar leicht übertragen, aber selten in einem einzigen zusammengesetzten Wort. Die deutsche Sprache neigt allgemein dazu, verschiedene Begriffe zusammenzuziehen und aus dieser Verbindung neue Begriffe zu prägen. Das gilt besonders für die Koppelung von Substantiven mit dem Ziel, neue Abstraktionen zu bilden. Im Ungarischen ist dieses Verfahren zwar grundsätzlich möglich, aber nicht so frei wie im Deutschen. Die Ideenverbindungen, die gedanklichen Verdichtungen, die Begriffsverhältnisse, die diese Wortzusammensetzungen ausdrücken, werden im Ungarischen oft so gekennzeichnet, daß das logisch-grammatische Verhältnis von den Suffixen der einzelnen Glieder abzulesen ist; daher werden sie auch nicht zusammengeschrieben. Im strengen Sinne sind diese ungarischen Wortfügungen auch keine Komposita; am ehesten attributive Gefüge, und zwar entweder mit Suffixen des besitzanzeigenden Verhältnisses oder mit denen des Beiwortes, das aus einem Substantiv gebildet wurde. Neben diesen Fällen können beide Glieder einfach »zusammengeklebt« werden.

Das alles hat zur Folge, daß der ungarische Übersetzer immer erwägen muß, nach welcher dieser im Ungarischen gegebenen Möglichkeiten die deutschen Wortzusammensetzungen zu übertragen sind. Bei den extremen Zusammensetzungen von Bernhard wird dieses Problem noch dadurch erschwert, daß ein wesentliches Bernhardsches Merkmal eben ihre Zusammengesetztheit ist. Natürlich sind diese Zusammensetzungen auch im Deutschen ungewöhnliche, wahrscheinlich sogar willkürliche Wortbildungen, innerhalb des Bernhardschen Textes kommt ihnen aber die Funktion zu, eine Eigenheit und Möglichkeit der deutschen Sprache *ad absurdum* zu führen. Im Ungarischen bestehen aber nicht die gleichen Möglichkeiten wie im Deutschen, daher muß der Übersetzer mit diesen Wortbildungen behutsam umgehen.

»Geschichtswechselbetrüger« konnte er zum Beispiel sehr treffend in einem einzigen Wort – und zwar mit einem nicht unbedingt nötigen Bindestrich – ausdrücken: »történetváltó-hamisítók«. »Bildungsschwachsinn« mußte aber in eine attributive Konstruktion umgeschrieben werden, in der dem Glied »Bildung« das Attribut »geistig« und dem »Schwachsinn« ein unübersetzbares ungarisches Wort entspricht, das für »Stockdummheit« steht (»vom Kürbis geschlagen«, im Wörterbuch: »dumm wie Bohnenstroh«[3]). Aus »Inkompetenzschmierer« wurde »Schmierer der Inkompetenz« (»Az inkompetencia firkászai«), aus »Geschichtsstandpauke« »történelmi dörgedelem«, wobei »történelmi« »geschichtlich« bedeutet und »dörgedelem« (nach dem Wörterbuch): »Sermon, Strafpredigt, Pauke, Anschnauzer«. »Irrtümerexistenz« (St4 102) heißt »téves letezés« (irrtümliche Existenz), »Erdteilkühlschränke« (DE 194) heißen aber »földrészhütőszekrények«, wobei der einzige Unterschied zum Deutschen darin besteht, daß »földrész« (Erdteil) im Singular steht. Mehrzahl wäre hier unmöglich.

Ein wichtiger Bestandteil der Texte von Bernhard ist die im Konjunktiv vorgetragene indirekte Rede. In seinen Prosawerken gehört diese Form zu den wesentlichen Gestaltungsprinzipien. Im Ungarischen gibt es aber keinen Konjunktiv! Gelegentlich kann die indirekte Rede im Konditional oder mit Hilfe von ergänzenden Worten wie »angeblich« oder »es hieß« usw. ausgedrückt werden, der entsprechende grammatische Modus existiert aber nicht. Dennoch gibt es bei Bernhard-Übersetzungen in dieser Hinsicht kaum Probleme, da er das Indirekte in der Rede mit *inquit*-Formeln immer wieder andeutet (»sagte er«, »so Karrer«, »soll der Reisende gesagt haben«, »meinte der Fuhrmann« usw.). Die endlose Wiederholung dieser monotonen Einsprengsel trägt zur ironisch gemeinten, manisch-pedantischen Akribie des jeweiligen Berichtes bei. Sie lassen auch im Ungarischen keinen Zweifel daran, daß es sich um indirekte Rede handelt.

Damit sind wir auf der Ebene der Satzglieder und Sätze angelangt, deren Abfolge und Rhythmus entscheidende Komponenten der musikalischen Wirkung der Bernhardschen Texte sind. Ich erinnere mich noch, wie ich vom Wirbel und Sog jener Passage in *Gehen* mitgerissen wurde, in der der Besuch von Oehler und Karrer im Rustenschacherschen Laden »erzählt« wird. Obzwar Bernhard keine Symbole prägt, kann man in den Hosen mit den schütteren Stellen, in dieser »tschechoslowakischen Ausschußware« auch eine groteske Metapher der Sprache sehen. Wenn man sie gegen das Licht hält, erkennt man sofort, daß es sich um Ausschußware handelt: der Stoff ist nämlich nicht genügend dicht gewoben. Die Sprache hat auch schüttere Stellen, die das Nichts durchscheinen lassen. Solange Oehler und Karrer so tun können, als ob sie dieses Nichts nicht sähen und in peinlich präzisen und korrekten Sätzen miteinander reden, einander zitieren, Sachverhalte erläutern, dürfen sie hoffen, daß die Welt noch sicher ist. Sie unterziehen die Ausdrucks- und Variationsmöglichkeiten der Sprache mit jedem Satz einer Belastungsprobe, wollen sich Gewißheit darüber verschaffen, ob sie sich selbst und die Welt noch in ihrer Macht haben. Das ist aber nur Schein, denn es stellt sich bald heraus, daß ihre Rede nur eine Nachahmung einer vermeintlich menschlichen Funktion ist, ein Zitat von Mustern und Modellen, die einst gültig waren, heute aber keinen Sinn mehr haben.

Die Sprachmusik dieser Texte erinnert in ihrer Repetitivität an Minimalmusik. Der Grundsatz ihrer Gestaltung ist die Wiederholung in Variationen, die Variation der Monotonie. Die Variationsarten werden von der Partitur fest vorgeschrieben. Um das Instrument herzustellen, mit dessen Hilfe sie ungarisch gespielt werden können, muß man die Grundtöne und -motive, das heißt die Worte und Wortgefüge treffend auswählen und sie dann in einer Folge ordnen, die sowohl den Stilregeln der ungarischen Sprache wie dem Pulsieren des Originals entspricht. Eine »Sprachmusik« im engeren Sinne des Wortes ist hier irrelevant und daher unerwünscht. Der Text darf weder melodisch klingen, noch ist erforderlich, daß sein Klang dem des Originals entspricht. Es scheint, daß den ungarischen Übersetzern von Bernhard die Wiedergabe seiner profanen Litanei im allgemeinen gelungen ist. Die Struktur der Bernhardschen Perioden konnte ohne nennenswerte Verluste hinübergerettet werden. Bloß in der Reihenfolge der einzelnen Gliedsätze mußten manchmal kleinere Änderungen vorgenommen werden. Ich habe mehrere Passagen in beiden Sprachen verglichen und festgestellt, daß sie sogar in ihrer Länge übereinstimmen.

Eine Behauptung des bereits zitierten Karlheinz Rossbacher erscheint mir für den Bernhard-Übersetzer als besonders wichtig und ermutigend. Er meint, daß trotz der Sprach-Künstlichkeit Bernhards gewisse Textmerkmale auf einen alltagsrealen Ursprung verweisen.

> Formen gesprochener Sprache gehen in die unverwechselbar individuelle und künstliche Sprachwelt des Thomas Bernhard ein und verweisen von dort immer noch auf ihre Herkunft. Wir erkennen bei Bernhard nicht so sehr eine direkt gespiegelte Erfahrungswirklichkeit wieder, sondern Sprachweisen, mit denen wir uns in dieser Erfahrungswirklichkeit bewegen ... Mit Einschränkungen kann man sagen, daß Bernhards Prosa viele Regeln für schriftlichen Stil nicht passieren würde, aber gerade deshalb nahe an gesprochene Sprache heranreicht ...[4]

Diese Textmerkmale berechtigen den Übersetzer dazu, mit Augenmaß auch Sprechweisen und Formen anzuwenden, die an die Alltagswirklichkeit seiner Muttersprache erinnern. Man hat es hier mit einem sehr empfindlichen Gleichgewicht zu tun. Vor allem die Stücke mit ihren gedichtartig rhythmisierten und umbrochenen, durch Schriftzeichen nicht gegliederten Zeilen müssen als gesprochene Texte, als wirkliche Monologe und Dialoge verstanden und übersetzt werden. Was aber nicht bedeuten soll, die ineinanderfließenden, pulsierenden Sätze dieser stilisierten Mündlichkeit als »realistische« Sprache wiederzugeben. Die Personen der Stücke sprechen auch aus sich selbst heraus: was sie aussprechen, ist zum einen nach außen gekehrter innerer Monolog, zum anderen eine Art Selbstzitat. Das in diesem Sinne übersetzte Stück *Der Theatermacher* hat in Budapest derzeit großen Erfolg. László Sinkó, der Darsteller des Bruscon, erhielt in der vergangenen Saison für sein Spiel den Kritikerpreis.

Ich spiele leider kein Musikinstrument, habe aber oft das Gefühl gehabt, das Übersetzen sei eine Art Ersatz dafür. Die ungarische Sprache ist ein unerschöpflicher Vorrat, aus dem ich Instrumente für alle Übersetzungen zu bauen habe. Die Freude am Übersetzen ist mit der am Musizieren vergleichbar, ein Lustgefühl, das ich am intensivsten bei der Arbeit an Bernhard-Übersetzungen erlebt habe. Das mag in einem eigenartigen, vielleicht morbiden Widerspruch zur »Düsterkeit« seiner Werke stehen. Aber hat er nicht selbst eine tiefe und boshafte Genugtuung im Ausdruck seiner Verzweiflung über die Welt gefunden?

Anmerkungen

1 Rossbacher, Karlheinz: Thomas Bernhard: Das Kalkwerk (1970). In: Lützeler, Paul Michael: Deutsche Romane des 20. Jahrhunderts. Neue Interpretationen. Athenäum 1983, S. 378.

2 Előd, Halász: Magyar-német szótár I-II. Budapest: Akadémiai Kiadó 1957, I. Band, S. 69.

3 Ebda, II. Band, S. 993.

4 Rossbacher, a. a. O., S. 373 u. 379.

Eugenio Bernardi

Der Übersetzer im Stahlschrank

Befindet sich unter den nachgelassenen Schriften im Stahlschrank von Ohlsdorf – in jenem Schrank, den wir alle im Fernsehen gesehen haben – wirklich gar keine Spur einer Erzählung, die etwa *Der Übersetzer* heißen könnte oder *Der Spurenfolger* oder *Der Nachrenner*? Schade, daß der »Untergeher« als Bezeichnung bereits für Pianisten vergeben ist, denn eine Formulierung wie: »Der Übersetzer als Untergeher« mit all ihrem »Über« und »Unter« wäre eine ideale Lunte für eines jener Bernhard-typischen, furiosen Satzfeuerwerke gewesen.

Man weiß, daß Thomas Bernhard sich zuletzt mit dem Gedanken an ein weiteres Buch über seine Jugend trug, geplanter Titel: *Der Zweifel.* Wollte er darin auch über den Übersetzer sprechen? Ist denn Giorgio Soavi Glauben zu schenken, der in einem jüngst erschienenen Beitrag (*Il Giornale*, 27. 9. 1992) schreibt, einer seiner Freunde, ein Bernhard-Spezialist, habe ihm erzählt, er hätte im Verlauf einer organisierten Führung durch das Haus in Ohlsdorf (der sogenannten »kleinen Tour«) unter einem Stoß Pullover ein Heftchen entdeckt, in dem Bernhard in den gebieterischen Zügen seiner späten Handschrift einige Notizen über ein angebliches Gespräch mit Frau von Karajan im Salzburger »Goldenen Hirschen« aufgezeichnet habe, bei dem ihm die Dame gestanden hätte, sie hätte es satt gehabt, daß ihr bei öffentlichen Festmählern dauernd die Serviette vom Schoß gefallen sei, und eine, wie sie sagte, ganz einzigartige Art und Weise erfunden, das renitente Tüchlein festzuhalten? Jedenfalls auch hier vom Übersetzer keine Spur.

Glaubhafter ist wohl das Gerücht, ein Übersetzer sei die Hauptfigur in einem weiteren Manuskript mit dem Titel *Der Wald.* Diese Vermutung ist nicht von der Hand zu weisen: einerseits ist es geradezu unwahrscheinlich, daß Bernhard nie an ein solches Thema gedacht haben soll (wo er doch seine Stoffe aus alltäglichen Begegnungen zu schöpfen pflegte), andererseits bietet der Wald (ein dichter und bedrohlicher Wald wie jener in *Watten* zum Beispiel) eine hervorragende Metapher für die Arbeit des Übersetzers. Sicher, wer Dantes *Göttliche Komödie* übersetzt, stößt von Anfang an auf dieses Bild. Aber auch wer eines Tages, ohne sich groß

Gedanken darüber zu machen, einfach beschließt, einen Bernhard-Text anzugehen, und zwar direkt, nicht von oben herab und mit dem gebührenden Abstand wie etwa ein Kritiker oder Rezensent, sondern Schritt für Schritt, also Satz für Satz ihm völlig ausgeliefert und ihm in allem vertrauend, ohne sich auch nur ein Wort entgehen zu lassen, wie das ein Übersetzer eben tun muß, der hat bald den Eindruck, in einem dichten Wald gelandet zu sein: was wie ein halbwegs ordentlicher Pfad aussieht, kann sich unvermutet seitlich verzweigen und in äußerst behutsamen Windungen um etwas herumführen, was einem Hindernis (oder einem Tabu) ähnlich sieht; oder aber ein Weg, der schnurstracks aus dem Gestrüpp herauszuführen scheint, erweist sich keineswegs als Ausweg, sondern als herbe Enttäuschung einer solchen Illusion.

Es stimmt zwar, daß jeder Versuch einer Übersetzung auf dem naiven, aber festen Vertrauen beruht, daß es eine ganz tiefe Schicht gibt, in der die verschiedenen Sprachen einander letztlich treffen, ineinander übergehen und ihre jeweilige Fremdheit verlieren: jeder Versuch einer Übersetzung ist damit von vornherein zum Scheitern verurteilt, denn wie unermüdlich und verbissen man auch immer darum ringen mag, jenes erlösende Sprachamalgam zu finden: heraus kommt schließlich immer der Text, der eigentlich übersetzt und übertragen hätte werden sollen, und der – sofern man es mit einem anständigen Text zu tun hat – ganz im Gegenteil und mehr denn je wieder in seiner stolzen Unübersetzbarkeit erscheint. Aber bei Bernhard ist der ganze Prozeß noch um einiges gefährlicher, denn die List, die er gegen seinen Übersetzer einsetzt, ist geradezu perfide.

Seine Schreibweise, unverkennbar von Anfang bis zum Ende, zielt nämlich auf eine direkte Anteilnahme, sie verlangt Komplizenschaft und zählt dabei auf ihre verführerische Anziehungskraft. Von außen betrachtet, also vom Leser her, mag der Versuch, Bernhard zu übersetzen, als mutiges Unterfangen erscheinen; mag sein, daß man einem Bernhard-Übersetzer höhere Achtung zollt als dem Verantwortlichen anderer vergleichbarer Unterfangen; als ob der Leser des übertragenen Textes ahnen könnte, daß der Übersetzer in diesem Falle wirklich einiges riskiert hat.

Es ist ein Risiko, das etwa der Gefahr vergleichbar ist, sich mit dem Fürsten Saurau in ein Gespräch einzulassen, mit jenem Saurau, von dem es heißt: »Zu seinen ausgeprägten Fähigkeiten [...] gehört die Rücksichtslosigkeit, jeden [...] durch sein Gehirn zu führen, bis ihm übel wird, durch diesen Gehirnmechanismus.«

Wer weiß, ob auch ein Übersetzer von Céline oder Gadda hin und wieder Briefe bekommt, in denen Autor und Übersetzer gleichsam mit der Rolle des Verführers und des Verführten gleichgesetzt werden und letzterer folgerichtig davor gewarnt wird, derart mit dem Geist zu spielen. Wer weiß, ob auch ein Übersetzer von Gadda oder Céline von den Italienern bzw. Franzosen mit dem Vorbehalt betrachtet wird, den ein Deutscher und vor allem ein Österreicher einem italienischen Bernhard-Übersetzer entgegenbringt, und zwar in der sicheren Überzeugung, daß Bernhard absolut unübersetzbar sei, verlorene Mühe, und daß jeder Übersetzungsversuch also nur Mißverständnisse bewirken könne. Und diese Überzeugung wächst noch, wenn man einen wagemutigen Bernhard-Übersetzer in aller Unschuld sagen hört, daß er kein besonderes Kochrezept befolge, daß er seinem Gespür mehr vertraue als aller Theorie, daß er zwar ungefähr wisse, was »Wortfelder« und »Kohärenzindikatoren« seien, sich aber letztlich auf eine erneute Überarbeitung der Rohfassung nach ein paar Monaten verlasse sowie schlußendlich auf die Fähigkeiten eines tüchtigen Lektors baue, der die übersetzten Texte in geduldiger Kleinarbeit für den Druck vorbereitet.

Versteht man Bernhards Texte als ständigen Versuch zu verführen (und angesichts der Ergebnisse ist wohl oder übel von einer gelungenen Verführung zu sprechen), muß man auch zugeben, daß die eingesetzten Mittel (scheinbar) einfach und altbewährt sind. Wie bei den großen Rednern der Antike oder bei den Klassikern der Predigt liegt das Geheimnis im Gebrauch eines eher eingeschränkten und eingängigen Wortschatzes, unverwechselbar und voller Lokalkolorit, der aber in eine hochentwickelte Satzbautechnik eingebaut wird, mit einer Syntax, die sich endlos verzweigen läßt, ohne die manchmal geradezu paradox ausgedehnte Satzstruktur zu sprengen und ohne den Faden zu verlieren, wenn es auch oft Mühe macht, ihn im Auge zu behalten.

Abgesehen von der Frage nach dem Inhalt entsteht aus dieser Verkreuzung eigentlich widersprüchlicher Elemente die Illusion, es könne denn doch nicht so schwierig sein, einen Text von Bernhard zu übersetzen: weniger schwierig als z. B. der Versuch, die Prosa eines Jean Paul oder Robert Walser ins Italienische zu übertragen – zwei Autoren übrigens, die Thomas Bernhard durchaus vertraut waren. Bernhards Schreibweise steht nämlich keineswegs isoliert da, so eigenwillig und unverkennbar selbst in einem kurzen Zitat sie auch sein mag. Sie steht ganz im Gegenteil in einer langen Tradition von Autoren, die – angefangen bei Lawrence Sterne –

dem Erzählvorgang selbst absolute Priorität eingeräumt haben, d. h. dem kreativen Augenblick, dem plötzlichen Einfall des Schreibenden. Diese Absicht wird deutlich, wenn z. B. Konrads Frau in *Kalkwerk* ständig an einem Paar Fäustlingen herumstrickt, während sie redet – und viele weitere Hauptfiguren Bernhards verhalten sich ähnlich (sie ziehen sich z. B. ständig an und aus oder packen einen Koffer ständig ein und wieder aus), und das übrigens selbst dann, wenn man denken könnte, der Inhalt sollte derlei Formintentionen in den Hintergrund drängen. So bügelt in *Heldenplatz* Frau Zittel hingebungsvoll und unablässig ihre Hemden: zusammen mit der Anspielung auf die Musik von Paul de Sarasate ein deutlicher Hinweis darauf, daß auch hier das virtuos gehandhabte rhetorische Element niemals aus den Augen verloren werden darf (wenn man nicht selbst zum Komödianten werden will, was dem einen oder anderen prompt widerfahren ist, der diesen Text gar zu ernst genommen hat).

Zur Konkretheit einiger geradezu besessen wiederholter Substantive und zum emphatischen Diskurs kommt bei Bernhard noch ein Drittes: das durch und durch moderne Bewußtsein von der Unangemessenheit des Wortes dem Gegenstand gegenüber, von der unabdingbaren Präsenz der Lüge auch im erklärtest authentischen Text, wie es etwa eine Autobiographie ist. Dieses Bewußtsein, das vorwiegend innerhalb der österreichischen und der mitteleuropäischen Tradition geschärft wurde, erzeugt den bohrenden Rhythmus im Werk Bernhards, die Hartnäckigkeit, mit der ein einzelnes Wort oder ein Wortgebilde (oder gar ein zusammengesetztes Wort: für einen Übersetzer ins Italienische eine harte Nuß) um und um gedreht und gewälzt wird: und das von einem Autor, der sich nicht mehr auf das Vertrauen stützen kann, das Robert Walser noch zu sagen erlaubte, er experimentiere »in der Hoffnung, in der Sprache sei irgendwelche unbekannte Lebendigkeit vorhanden, die es eine Freude sei zu wecken«. Bernhard weiß, daß es nicht darum geht, die Wahrheit zu sagen, sondern lediglich darum, den »Willen zur Wahrheit« auszudrücken. Er verweist damit über das Wortwerk hinaus auf den Gestus des Autors, auf sein verbissenes Ringen mit einer Wahrheit, die vor dem Schreiben kommt und die sozusagen in seiner Körperlichkeit zu suchen ist, in seinem Da-Sein. Daraus ergibt sich ein merkwürdiges Phänomen: je mehr die Schreibweise sich in einen ständigen Werdeprozeß aufzulösen versucht und je mehr die Erzählebene sich in gefluchteten Perspektiven verliert (jemand erzählt von einem, der von einem erzählt, der von einem anderen erzählt ...), desto deutlicher erscheint im Vordergrund, jenseits aller Maskeraden, die stockkonkrete, auf Anhieb erkennbare Figur des Autors, die selbstredend wieder nicht authentisch ist, aber immerhin der authentische Ertrag narrativer Hartnäckigkeit und somit die Quelle seines Schreibens, das Ergebnis eines unermüdlichen Erzählvorganges, der in seinen einzelnen Abschnitten übrigens immer als Ereignis erscheint, flüchtig und ungreifbar, wie eben ein Ereignis ist.

Wie eng all das mit dem Begriff der Theatralität zusammenhängt, bedarf keiner weiteren Erklärung. Abgesehen von allen literaturhistorischen Verweisen, die einen deutschsprachigen Autor aufgrund von keineswegs vernachlässigbaren Zusammenhängen von vornherein für das Theater prädestinieren, und abgesehen von allen theoretischen Erwägungen, die den modernen Autor ohnehin schon zum Komödianten machen, versteht es sich quasi von selbst, daß sich die Prosa von Bernhard gerade wegen ihrer inhärenten Konkretheit und wegen ihrer emphatischen Diktion als Bühnensprache geradezu anbietet. Der Spieß ließe sich auch umdrehen: Man könnte auch behaupten, daß es gerade dieser innere Hang zur Theatralität, d. h. zur Darstellungsweise in konkreten Rollen und Gesten, also letztlich die Begabung zu sinnfälliger Veranschaulichung ist, die ihren Willen zur Verneinung und zur Vernichtung in paradoxer Weitschweifigkeit dartut.

Nicht nur der Übersetzer – glaube ich – ist versucht, Bernhards Prosa laut vor sich hin zu rezitieren und auf diese Weise jenen Kurzschluß in Szene zu setzen, den diese Prosa unweigerlich hervorruft und der im Schriftbild übrigens noch verstärkt erscheint, wenn ein kursiv geschriebenes Wort sich aus dem Erzählfluß gleichsam auszuklinken scheint, als eigenständiges Element, eigens zu betonen und eigens zu bewältigen.

Akzeptiert man nun das gesamte Werk Bernhards als Versuch, eine kontinuierliche Verführung zu inszenieren, und unterstellt man ihm damit die unzweideutige Absicht, nichts anderes als den eigenen Erfolg zu verfolgen, was vom Verführer implizit eine eindringliche Selbstdarstellung erfordert, eine unnachgiebige und zähe Werbung, dann landet man erst recht unweigerlich beim Theater: da wird die Figur des Lesers, den der Autor ständig umgarnen will, von der Figur des Schauspielers ersetzt, der – wie in *Ritter, Dene, Voss* gekonnt vorgeführt – der Umwerbung durch den Autor so vollständig erliegt, daß er – unter dem konkreten Namen der (wirklichen) Schauspieler Ritter, Dene, Voss – nunmehr selbst sozusagen zum Autor wird und dessen Geschichten forterzählen bzw. variieren kann.

Genau besehen, spricht Bernhard ohnehin weniger vom schöpferischen Künstler als vielmehr vom Künstler als Interpreten. Selbst seine Denker sind Nach-Denker der Gedanken anderer oder aber mißlungene (jedoch liebenswerte) Ausgaben genialer Verwandter. Mehr als Originalität gilt hier die Wahlverwandtschaft: also kein Text über Wittgenstein, sondern über Wittgensteins Neffen, keiner über Bach, sondern über einen genialen Bach-Interpreten, mit sparsamen Anspielungen auf Glenn Gould; kein Text über einen Maler, sondern über einen, der aufgehört hat, einer zu sein; keiner über ein Bild von Tintoretto, sondern ein Geplauder darüber aus dem Mund eines dubiosen Experten. Oder Texte über Künstler, deren akrobatische Bravour in der perfekten Ausführung eines Stückes besteht und deren Kunst folgerichtig in der beständigen Wiederholung liegt, oder schließlich Texte über Schauspieler, deren Größe im Geheimnis jeder vollendeten Interpretation zu suchen ist: in der Fähigkeit, die Textur eines anderen auszuführen und eben darin vollkommen eigenständig zu sein.

In dieser Sammlung von Künstlern als Interpreten ist also durchaus noch Platz für die merkwürdige Zwitterfigur des Übersetzers, d. h. für jene zwischen Interpretation und Nachahmung stehende Figur, wie sie George Steiner versteht, wenn er in seinem Essay *Von realer Gegenwart* den Perversitäten moderner Literaturkritik die Figur des »Interpreten« entgegenhält, den er dem Kritiker vorzieht, da ersterer mit seinem »verantwortlichen Verständnis« und mit seiner »aktiven Aneignung« noch selbst und direkt – wenn auch in absolut nachgeordnetem Rang – am schöpferischen Prozeß teilhat. Zweifel, Verzweiflung, Anteilnahme bis hin zu totaler Identifikation sind Erfahrungen des Übersetzers, nicht des Kritikers: Zweifel am genauen Verständnis des Textes, Verzweiflung über vermeintliches Versagen, dann der Wille, es wieder einmal zu versuchen, und schließlich das Gefühl, nach vollbrachter Tat verschwinden zu müssen, um sich den eventuellen Erfolg nicht anzumaßen, der allein dem Autor gebührt.

All das stärkt die Vermutung, daß im Stahlschrank von Ohlsdorf zumindest der Entwurf einer Erzählung liegen müßte, die sich um die Figur des Übersetzers rankt. Daß der Text den Titel *Der Wald* tragen könnte, ließe sich aus dem Wissen um die gewundenen Wege Bernhards folgern: seine Schreibweise vermeidet durchweg jeden geradlinigen Verlauf, dessen Absicht und Ziel man schnell durchschauen kann, und bevorzugt sozusagen ziellose Spaziergänge, d. h. die Möglichkeit zur ständigen Abschweifung vom bekannten und vorhersehbaren Gang der Geschichte, was den ständigen Versuch impliziert, die »entgegengesetzte Richtung« einzuschlagen und die eigene Reiseroute nach Belieben zu ändern, während man sie noch wählt. Wie alle Autoren, die sich dem »Spaziergang« verschrieben haben, strebt auch Bernhard nach jenem idealen Augenblick, in dem »Gehen und Denken ein einziger totaler Vorgang« sind, in dem also Gehen und Denken »in einem ununterbrochenen Vertrauensverhältnis« zueinander stehen. Es ist die Suche nach dieser unverwirklichbaren Konvergenz der Gedankengänge, die den Rhythmus der Bernhardschen Prosa erzeugt, und es ist eben wiederum eben dieser Rhythmus, der letztlich die funkelnde Verführungskraft dieser Prosa zuwege bringt. Durch den Rhythmus und den Sprachatem, der den Rhythmus trägt, gewinnt dieser Autor – vor und jenseits jeder anderen kulturbedingten Bezüglichkeit, innerhalb der diese Schreibweise steht – sein unverwechselbares Profil: darin konkretisiert sich die Herausforderung seiner »asiatischen Denk-Gänge«, in die er seinen Leser Zug um Zug hineinzieht, und zuvorderst jenen eigenartigen und unerbittlichen Leser, der als Übersetzer an den Text herantritt.

Abgesehen von allen Schwierigkeiten, die ein Text von Bernhard dem Übersetzer bereitet, der diese Wortgebilde in einer anderen Sprache einfangen will - und noch dazu in einer Sprache, deren eigene Struktur die exakte Umsetzung aller Textstellen nicht bewältigen kann –, abgesehen davon ist es eben dieser spezielle Atemrhythmus, dem eine Übersetzung verpflichtet sein muß: als Antwort auf die Anteilnahme, die der Text bietet und fordert.

(AUS DEM ITALIENISCHEN VON ULRIKE KINDL)

In der Bernhard-Nachfolge: Parodisten und Imitatoren

Heide Helwig

Falsche Vertraulichkeiten?
Parodien und Satiren zu Thomas Bernhard

I. Epigonen und Parasiten

Bei einer literarischen Gattung wie der Parodie, die unter dem Verdikt steht, eine bloß »sekundäre«[1] Textsorte zu sein, gerät die Legitimationsproblematik zur vordringlichen Angelegenheit. Gerade die Bindung an eine Vorlage und der – angebliche – Mangel an dichterischer Eigenleistung gehören traditionellerweise zu den Vorwürfen, mit denen sich das Genre konfrontiert sieht. Geringschätzung zieht sich, so Verweyen und Witting in ihrer systematischen Einführung, wie ein roter Faden durch die Geschichte seiner Bewertung.[2] Gegenläufige Tendenzen setzen einerseits bei dem Versuch an, die Parodie weniger als Gattung, sondern primär als »spezifische Form der Bezugnahme auf eine Vorlage«[3], als »antithematische Textverarbeitung«[4] zu bestimmen, andererseits bei einer Differenzierung innerhalb der Gattung: seriöse versus triviale Parodie[5]. Komik – wenn schon nicht konstitutiv, so doch eingestandenermaßen ein dominierendes Element der Parodie[6] – wird also ernsthaft auf ihre Qualität befragt: Trivial oder nicht? Inwieweit findet eine »kritisch negierende Auseinandersetzung«[7] mit dem Primärtext statt? Fragen dieser Art sind jedoch im konkreten Fall unter Umständen schwer zu beantworten, kritische Intention und Trivialität müssen einander nicht unbedingt ausschließen – ein Verdacht, den die von Jens Dittmar herausgegebene Sammlung *Der Bernhardiner. Ein wilder Hund* zum Teil bestätigt. Heterogenes – von Fälschungen bis Rezensionen – findet sich in diesem Band subsumiert unter dem gemeinsamen Nenner Thomas Bernhard und teilt den satirisch-parodistischen Bezug auf den Autor.

Auf die Entscheidung »Satire oder Parodie?« soll im weiteren für die einzelnen Texte verzichtet werden, da sie nicht ohne beträchtlichen gattungstheoretischen Aufwand gefällt werden kann und da auch von den Gattungsdefinitionen eine Annäherung der beiden Genres konstatiert wird, bei gleichzeitiger »Schwerpunktverlagerung zur Parodie hin«[8]. Tendenziell ist die Satire mehr auf Evozierung von Idealität ausgerichtet, die Parodie dagegen auf Destruktion von Normstrukturen.[9]

Das kritische Potential, mit dem die Parodie, verrufen als Betätigungsfeld für Epigonen und Parasiten[10], zu literarischer Daseinsberechtigung aufsteigt, ist selbst allerdings keine mit dem Text endgültig fixierte Größe, sondern fluktuierend, ein Produkt sich verändernder Rezeptionsbedingungen. Texte aus dem *Bernhardiner* veranschaulichen mit ihrer Publikationsgeschichte diesen Prozeß. Etwa so: was als literarisches Falschgeld auf dem Verlagsschreibtisch die dortigen Qualitätskontrollen und Echtheitszertifikate ihrerseits einer Prüfung unterzieht, mutiert, wenn man den Kontext entsprechend verändert, zur Huldigung an den plagiierten Autor. Eine Provokation ist eine Parodie ist eine Hommage.

II. Von der imitatio zum literarischen Kehraus

Faszination und Nachvollzug, dann Kontrafaktur mit ironischer und sich selbst ironisierender Distanznahme und schließlich Parodie der Parodie, d. h. Parodie, die sich zusätzlich auch die Rezeptionssituation zur Zielscheibe nimmt, markieren drei Etappen im Umgang mit einer Vorlage, wobei sich die Bewegung von rein textinternem Interesse zu Kommentar und Meta-Kommentar ausweitet. Die Beiträge von Hanns Dieter Hüsch und Alois Brandstetter im Sammelband *Der Bernhardiner* und die Satire/Parodie von Antonio Fian, *Bei Suhrkamp*[11], lassen sich diesen drei Etappen zuordnen: Stadien im Rezeptionsverlauf. Mit zunehmender Breitenwirkung formiert sich dabei der Primärtext zu Schlagwörtern: naturgemäß. Davon wird noch zu sprechen sein.

Als Hanns Dieter Hüsch mit dem Stück *Der Ignorant und der Wahnsinnige* Thomas Bernhard für sich entdeckt, wird Bernhard ab sofort zu dem Autor, der das ganze Lesen und Schreiben, Philosophieren, ja auch die Umgangsformen beeinflußt.[12] Aus der Sogwirkung musikalischer Sprache und ironischer Philosophie ergibt sich der Impetus zu einer eigenen Textserie:

Mein erstes Prosastück von Bernhard war *Gehen*, die wunderbare Geschichte mit dem Rustenschacherschen Laden und den Hosen als tschechoslowakische Ausschußware. [...] nur durch diese Stelle in *Gehen* sind meine Hagenbuch-Geschichten entstanden. Die konjunktivische Form, der Ablauf der drei Ebenen, sagt Oehler zu Scherrer, so Karrer, oder auch umgekehrt. Die Wahrheit musikalisch relativieren, den ständigen Einsatz des Wortes sogenannter oder sogenannte, das hat mich alles so berauscht [...].[13]

Neben den genannten Aspekten wird literarische Nachbarschaft noch durch weitere Korrespondenzen vermittelt, und zwar durch das sprachliche Einkreisen einer in ihren Details mehr oder weniger obskuren Episode, die sich aus immer neuen Ansätzen nuancierender, präzisierender Darstellung konstruiert und der damit – zweites wesentliches Kriterium – das Moment der Wiederholung[14] von vornherein eingeschrieben ist. In der Geschichte »Hagenbuch in Venedig« findet sich also ein Kleinst-Vorfall als Zellkern: an Hagenbuchs alten Mantel wird ein neuer Aufhänger genäht. Dieser Kleinst-Vorfall entwickelt sich aus der Banalität zu komplexen Dimensionen, die schließlich in letzter, absurder(?) Konsequenz in einer Bernhard-getreuen Lebensphilosophie kulminieren: die Routine des täglichen An- und Ausziehens gerät zur »Lebensfalle«[15], in ihr lauert »reiner Gewohnheitswahnsinn«[16], sie ist eine »Tragikomödie«[17] und »Auf die Dauer eine Gemütskrankheit«[18].

Weniger als direkter, bekenntnishafter Gefolgstext, sondern eher als mehrschichtig gebrochenes Nachspielen – insofern auch schon die öffentliche Kontroverse um den Autor augenzwinkernd miteinbezogen wird – präsentiert sich der Bezug zu Thomas Bernhard bei Alois Brandstetter in seinem Roman *Die Mühle*; der entsprechende Abschnitt findet sich im *Bernhardiner* unter dem Titel »Die Vlöhrersache«. Im Exkurs über Selbstmord und insbesondere über Selbstmörder, die ihr Leben im Mühlbach beenden, erscheint der Fall des berühmten melancholischen Dichters Vlöhrer zunächst einmal als deutliche Reminiszenz an den *Stimmenimitator*. Dies einerseits wegen der sensationswertigen Zentralfigur, dem »berühmten Selbstmörder«[19], andererseits wegen der an Indizien sich schrittweise fortarbeitenden Schilderung der Umstände, unter denen die Leiche gefunden und identifiziert wird. Auskünfte vom Status der Lokalnachrichten verbinden sich so mit landeskundlichen Informationen – »der überaus noble Salonsteirer. Der Anzug entsprach in Stoff und Schnitt der Erneuerten Oberösterreichischen Landestracht.«[20] –, wobei der Erzähler teils aus der Perspektive des »Herrn Onkels« berichtet, der Vlöhrer aus dem Wasser gezogen hat, teils seine eigenen Ansichten und Urteile einfließen läßt. Der Vlöhrer ist Autor »schwerblütiger und schwermütiger«[21] Bücher, die Schar seiner Leser spaltet sich in zwei Lager, wovon das eine die Ansicht vertritt, der Autor werde einmal »wie so viele seiner Romanfiguren und Helden durch Freitod enden«[22], während die Gegenpartei davon ausgeht,

> der Autor sei im Gegenteil ein Mensch, der persönlich von den Greueln seiner Literatur gänzlich oder doch weitgehend unberührt und unbetroffen sei, daß die Düsternis also nur eine veranstaltete Aufführung darstelle, [...] daß mit dem Entsetzen Spaß getrieben werde und vor allem jugendliche Leser, die Vlöhrers Bücher wie in einer Sucht verschlangen und den sinistren Spaß für Ernst nahmen, in die Negativität und in einen tödlichen Nihilismus getrieben würden und aus dieser Stimmung heraus nicht selten Selbstmord verübten. Diese Kritiker hielten somit Vlöhrer für einen selbst immunen und von der dargestellten verheerenden Melancholie nicht affizierten Unternehmer, für einen selbst nicht süchtigen Drogenhändler.[23]

Der Erzähler selbst spricht sich nachdrücklich für das »Positive« in der Literatur aus:

> Ich bin als ein Mensch, der sich sein Leben lang mit praktischen Dingen wie der Müllerei und der Technik beschäftigt hat, wenn aber mit Büchern, dann mit positiven und konstruktiven, in ihrer Wirkung als aufbauend und segensreich zu bezeichnenden, stets fassungs- und verständnislos vor der unheilvollen Faszination dieser Literatur gestanden.[24]

Mit der Polarisierung der Argumentation, der Forderung nach Aufbauendem, »Segensreichem« statt monochromer Schwarzmalerei – Vlöhrer wird als der »große Schwarzseher«[25] apostrophiert – fällt zugleich ein ironisches Licht auf die tatsächliche Diskussion um und über Bernhards Werk. Erwähnt sei hier nur etwa Franz Schuhs Polemik gegen den »Untergangshofer«, für den der Tod nichts anderes sei als ein »literarischer Trick [...], der den Werken jene weihevolle Aura verleiht, die ihnen der reaktionären Ästhetik gemäß zukommen soll.«[26] Bernhard seinerseits reagiert polemisch auf Canettis Rede »Der Beruf des Dichters«, u. a. wohl aus der Identifikation mit den »Abgesandten des Nichts, die in der Literatur immer zahlreicher werden«, denen es zu »widerstehen« gilt und die »mit anderen als ihren Mitteln«[27] bekämpft werden müssen. Entsprechend den Wirkungsmechanismen seiner eigenen Bücher entschlüsselt Bernhard also Anspielungen dadurch, daß er sie explizit auf seine Person bezieht und sich als konkreter Adressat hinter einer allgemeinen Zeiterscheinung quasi selbst denunziert.

Als weitere Etappe der Bernhard-Rezeption könnte nun der Übergang von einer mehr themenspezifischen, problemorientierten Diskussion/Polemik zu einer vorwiegend reproduzierend ausgerichteten Allgemeinpopularität gelten. Eben jenes Phänomen greift Antonio Fian mit seiner Satire/ Parodie *Bei Suhrkamp* auf, wo er literarische Kultbildung in zugespitzt-surrealer Weise zum Trauma des Dichters werden läßt. Nur als Vorspann, bzw. Illustration zu Antonio Fian sei jedoch zunächst der Text von Ernst Strouhal erwähnt, der aus der Sicht des Rezensenten eine Replik auf den *Untergeher* liefert. Der Rezensent, der sich von Bernhards Schreibradikalismus, »den unerbittlich erscheinenden Bernhardromanen«[28], unter nicht mehr zu bewältigenden Druck gestellt sieht, resigniert und verschenkt – in einer dem *Untergeher* genau nachinszenierten Episode – seine elektrische IBM-Schreibmaschine an eine neunjährige, allerdings ganz und gar talentlose Lehrerstochter aus Kritzendorf. Strouhal betitelt seine Rezension »Naturgemäß« und bestätigt bzw. verstärkt damit noch einmal den Signalwert jenes Wortes, das mit Bernhard schon geradezu identisch geworden ist. Bei Antonio Fian beklagt sich nun Bernhard gegenüber Peymann, Gefangener und Opfer seines eigenen Stils zu sein, so wie ihn Fian wortwörtlich als Gefangenen bei Suhrkamp enden läßt:

Mein Stil ist das Schlimmste, Peymann, meinem Stil kann ich mich nicht entziehen. Ich kann hingehen, wo ich will, überall begegne ich meinem Scheißstil. Ganz Österreich hat angefangen, in meinem Stil zu reden. Denken Sie nur an mein »naturgemäß«. Als ob es den Österreichern angeboren wäre, als ob ihr erstes Wort nicht »Mama« wäre oder »Auto«, sondern »naturgemäß«! Jeder Radiosprecher, jeder Fernsehansager scheißt es heraus, naturgemäß ist die Versorgungslage in Polen schlecht, sagt die Frau Coudenhove-Kalergi, naturgemäß hat Peymann meinen *Heldenplatz* großartig inszeniert, sagt der Herr Löbl, und der Herr Hickersberger sagt, naturgemäß verliert man, wenn man keine Tore schießt. Keine Flucht möglich, Peymann, allerorts stoße ich auf meine Scheißliteratur [...].[29]

Der Besuch auf dem Patentamt endet mit einer Abfuhr:

Ist Ihnen denn nicht aufgefallen, daß ganz Österreich Ihren Stil die längste Zeit schon SPRICHT? Denken Sie nur an Ihr »naturgemäß«, man hört ja heutzutage kaum noch einen Satz, der nicht mit »naturgemäß« anfängt, das muß Ihnen doch aufgefallen sein! [...] die Österreicher haben sich die Literatur anverwandelt. [...] Die Österreicher sind schließlich nicht Ihr Privatbesitz, Bernhard, finden Sie sich damit ab! Sie haben uns zwar entworfen, aber wir haben uns verwirklicht [...].[30]

Ein Schreib- und Denkmodus entläßt seinen Urheber. Nach Antonio Fian haftet dem flächendeckenden Erfolg jedoch vor allem auch der Verdacht des Inflationären an, die einstige Innovation flottiert als wahllos eingestreute Zutat im allgemeinen Sprachgebrauch. Bestenfalls handelt es sich dabei um eine Art Literatur-Spiel.

Trotzdem bleibt die Frage, warum gerade das Wort »naturgemäß« diese Karriere antreten konnte. Vielleicht folgendermaßen: Das sprachliche Zeichen »naturgemäß« verfügt insofern über günstige Ausgangsbedingungen, als es fast jedem Sachverhalt problemlos untergeschoben werden kann, außerdem aber auch in aller Kürze ein weltanschauliches Gesetz transportiert, und zwar so markant wie bis dahin ungenützt: eine Erwartungshaltung findet sich bestätigt, es hätte gar nicht anders sein können. Der Fatalismus, der hier zutage tritt, entlarvt sich freilich bei Thomas Bernhard unter Umständen als relativierendes Sprachspiel, etwa wenn sich die Natur selbst »naturgemäß« verhält:

Was uns *durch und durch* deprimieren muß, ist die Tatsache, daß wir durch dieses unverschämte Denken in die gegen dieses Denken naturgemäß völlig immunisierte Natur hinein nur immer noch in eine größere Deprimation hineinkommen, als die, in der wir schon sind. (G 10f.)

Letztendlich erscheint der Sonderfall »naturgemäß« als Symptom eines umfassenderen Phänomens, nämlich der Tatsache, daß Thomas Bernhards Texte und Interview-Äußerungen als Zitatmaterial offenbar besonders gut geeignet sind. Es stellt sich die Frage: Aufgrund welcher Eigenschaften werden Sätze für zitierenswert befunden – sofern es sich dabei um textinhärente Kriterien handelt? Eine Rolle spielt dabei sicherlich der Stellenwert apodiktisch-verabsolutierender Ist-Zuschreibungen – »Das Leben besteht aus einer Aneinanderreihung von Blödsinn«[31] –, die sich auch den Widerspruch – »Mir ist nichts gleichgültig, aber es muß mir alles gleichgültig sein, weil es sonst nicht weitergeht«[32] – oder die gedankliche Leerstelle – »Ich bin ja Sympathisant, nur ich weiß nicht, für was«[33] – mit gleicher lakonischer Autorität einverleiben. Das eklatant Anfechtbare tritt auf als das Endgültige. Präzise Konturen dieser Art laden dazu ein, Sätze als Zitat weiterzureichen, und sind gerade damit auch ein Anreiz für Parodie und Satire. Nicht einfach nur die etablierte literarische »Größe« fordert also zu subversiven literarischen Verfahrensweisen heraus, sondern dazu auch jene

Qualitätskategorie, die man als den »Zitatwert« von Texten bezeichnen könnte.

III. »Ich bin auch immer bestrebt, die Leute auszurauben und alles aus ihnen herauszuziehen, was drinnen ist.«[34]

Laut Gattungstheorie finden sich in der Parodie zwei wesentliche Darstellungsweisen kombiniert, die in unterschiedlicher Form auf den Primärtext reagieren: nachahmend und kopierend auf der Ebene des »Porträts«, selektiv und eigenmächtig umformend im sogenannten »Verzerren«. »Das Porträt dient der für die angemessene Rezeption notwendigen Assoziation des primären Bezugs, während die Verzerrung auf den Grad der sekundären Aneignung verweist.«[35] Die mit der Strategie des Verzerrens errichtete Diskrepanz zur Vorlage ist also der eigentliche Freiraum des Parodisten, wo er Einübung in Respektlosigkeit betreibt und seine eigene (kritische) Aussage entfaltet. Tatsächlich stellen sich jedoch die Zusammenhänge parodistisch-satirischer Produktion und Wirkung als eine noch etwas komplexere Angelegenheit dar. Diese Komplexität hat zu tun mit dem bereits erwähnten Faktor Kontext–Kontextverschiebung und der Metamorphose, die sich für einen Text allein durch das Verfahren der Wiederholung ergeben kann. Angefangen bei realen oder imaginären Anführungszeichen fällt schon durch die Inszenierung von Rahmenbedingungen ein neues Licht auf den Text, auch wenn er als solcher unangetastet bleibt – man denke etwa an Ernst Jandls Goethe-»Plagiat«: »ein gleiches«[36]. Die Komponente der »selbständigen poetischen Tätigkeit«[37] kann auf die Nullstufe zurückgeschraubt und eine Vorgabe ohne – oder fast ohne – Abweichung reproduziert werden, trotzdem muß das Resultat deswegen nicht automatisch unvereinbar mit dem Prinzip »antithematischer Textverarbeitung« oder einer »kritisch negierenden Auseinandersetzung« sein. Literarische Doppelgänger werfen zunächst einmal die Frage nach Originalität und geistigem Eigentum auf, darüber hinaus vermögen sie kontrastive Lesarten in Gang zu setzen. Ein Text wird dazu gebracht, sich selbst in seinen Beschränkungen/Beschränktheiten preiszugeben, ohne daß ein Parodist/Satiriker Eingriffe vornimmt und die wunden Punkte unters Mikroskop seiner bewußtseinsöffnenden Erziehungsarbeit legt. These: Jeder Text ist zugleich seine Parodie. Alles Ernstgemeinte kann sich bei Veränderung der Perspektive als komisch enthüllen. Wir nähern uns bereits Thomas Bernhard.

Wie stellt sich unter diesen Voraussetzungen die Arbeit für den orthodoxen Parodisten/Satiriker dar, der mit seinen gattungspezifischen Mitteln, also etwa mit Hilfe von »Verzerrung«, Deformation als Korrekturversuch[38] betreiben will? Bevor jedoch den Möglichkeiten und Schwierigkeiten einer Thomas-Bernhard-Deformation nachgegangen wird, ist zunächst einmal die Ebene des »Porträts« zu begutachten. Es gilt jene Bausteine zu ermitteln, die als Identifikationsmoment besonders funktionstüchtig sind, die in effizienter Weise Authentizität simulieren. Es beginnt mit dem Titel. Dieser wird entweder schlichtweg übernommen (Manfred Bieler: »Beton. Nach Thomas Bernhard«), als Situation in Anlehnung an das Vorbild abgewandelt (Joseph Berlinger: »Vor dem Auftritt«) oder ins Gegenteil verkehrt (Friedrich Ani: »Nein«). Auf semantisch-thematischer Ebene kann demnach mit Identität, Teilidentität oder Opposition gearbeitet werden. Ähnlich verhält es sich in den Bereichen Morphologie und Syntax. Bestimmter Artikel plus Substantiv (aus der Klasse: Personenqualifikation – »Berufsbezeichnung«) oder Infinitive werden als Modellstruktur weitergeführt (z. B. Moritz Dürr: »Der Aufhörer«, Antonio Fian: »Der Büchermacher«, Gerhard Amanshauser: »Lesen«). Signifikant und deshalb auch ergiebig ist aber vor allem die Kombination von Primärtitel und ergänzender Zusatzbestimmung, die sich in einem Verhältnis wechselseitiger Interpretation gegenüberstehen. Dieses Paradigma läßt sich dann folgendermaßen ausbauen: Gerhard Amanshauser: »Lesen. Eine Selbstbezichtigung«, Jürg Laederach: »Das Verlies. Eine Gradierung« oder Joe Berger: »Die Zunge. Eine Ursache«.

In den Texten selber läuft die imitierend-parodierende Aktion – ähnlich wie schon bei der Titelwahl – zumeist auf verschiedenen Ebenen gleichzeitig ab, so daß ein Amalgam mehr oder weniger dicht gestreuter Identifikationspunkte entsteht. Signalfunktion übernehmen dabei im Bereich der Lexik das schon erwähnte »naturgemäß«, die metakommunikativen Zusätze »sogenannt«[39] und »tatsächlich«[40], weiters Elemente, die auf Verabsolutierung und Totalzustand abzielen: »alle«, »immer«, »überall«, »nie«, »gar nichts«, »ganz und gar«, »kein« usw.[41] Totalzustand, Universalisierungstendenz verbinden sich bei Bernhard mit dem Evozieren qualitativer oder quantitiver Extreme, z. B. durch Superlativ und Elativ, von denen die Parodisten denn auch ausgiebig Gebrauch machen.[42] In ähnlicher Weise fungieren Motive wie folkloristische Kuriosa (Walkjanker, Lederhose)[43], Erörterungen über die Vor- und Nachteile bestimmter Textilien, Kulinarisches, Bildungsingredienzen und das wissenschaftliche Projekt, dessen Realisierung immer nur angestrebt, aber nie erreicht wird, als mehr oder weniger deutliche Fingerzeige. So etwa genügt, um einen Bezug zu *Holzfällen* herzustellen, die Erwähnung des »Ohrensessels«[44] oder auch, leicht variiert, die Wendung »denke ich auf meinem Vorlesungssessel«[45].

Was die Syntax betrifft, so wird stilistische Nähe zu Thomas Bernhard durch den Gebrauch von Konstruktionen mit Partizip Präsens[46] suggeriert, durch indirekte Rede[47], dann durch Einschübe von der Art »sagte ich zu«[48] und Wiederholungen, beides Mittel im Dienste der Textkohärenz, ein Merkmal, das bei Thomas Bernhard, wie Herbert Pütz für *Beton* feststellt, »höchstgradig vorhanden«[49] ist. Schließlich läßt sich die Komplexität des Satzbaus insofern auf die Spitze treiben, als der Text im Satz aufgeht. So praktiziert von Hans Weigel: »Furioso«, Karl Hoche: »Thomas Bernhard oder Ein Interview am Abgrund«, Herbert Lederer: »Die Hitze. Thomas Bernhard nachgeheizt«. Dies ist zugleich einer der wenigen Fälle, wo sich die mögliche »Verzerrung« – als graduelle Steigerung – quasi schon von selbst anbietet.

Daß bestimmte Stilmerkmale und Motive in der parodistisch-satirischen Adaption gewissermaßen zu Standard-Zitaten avancieren, läßt aber nicht unbedingt den Schluß zu, daß mit der Summe dieser Spezifika ein umfassend repräsentatives Spiegelbild der Thomas-Bernhard-Subsprache[50] geliefert wird. Das hängt sicher einmal damit zusammen, daß sich durch die Konzentration auf eine konkrete Vorlage auch für das »Porträt« automatisch eine bestimmte Selektion ergibt, bzw. damit, daß der Parodist/Satiriker ganz gezielt mit Reduktion und einem Minimal-Instrumentarium arbeitet (besonders deutlich etwa Hans Weigel: »Furioso«, Moritz Dürr: »Der Aufhörer« oder Joseph Berlinger: »Vor dem Auftritt«). Darüber hinaus könnten diese Präferenzen aber auch im Sinne einer Eigendynamik der Rezeption, einer sich selbst verstärkenden Rezeptionsspirale interpretiert werden. Dem »Porträt«, das der Parodist entwirft, liegt demnach seinerseits schon ein spezifisches »Bild« des Autors zugrunde, so wie rückwirkend eben dieses spezifische »Bild« durch die Parodie konserviert wird.

Das Nachspielen von Textmerkmalen im »Porträt« setzt also voraus, daß ein Inventar derartiger Merkmale einerseits aus der Sicht des Parodisten/Satirikers, andererseits aber auch im Bewußtsein des Rezipienten vorhanden ist. Das Interesse des »Porträts« liegt, so gesehen, nicht nur darin, die jeweilige Vorlage überhaupt kenntlich zu machen, sondern auch in der Detektivaufgabe, Verweisen nachzuspüren und ihre literarische Herkunft auszuforschen. Der Reiz des Wiedererkennens für den Rezipienten bedeutet zugleich Teilhabe an einem Code, als Fähigkeit, die vorgegebene Mischung aus Übernommenem, Variiertem und Angedeutetem zu dechiffrieren. Gerade unter diesem Aspekt findet das schon erwähnte Literatur-Spiel tatsächlich statt. Literatur-Spiel heißt aber auch, daß die Parodie auf das Moment des »Typischen« angewiesen ist, also jenes Moment, das unter dem Risiko der Vereinfachung dem Rezipienten die Arbeit erleichtert und einem Wiedererkennen, einem Identifizieren der Vorlage sozusagen auf halbem Weg entgegenkommt. Indem die Parodie eben das reproduziert, was den Stellenwert des »Typischen« erlangt hat, verstärkt sie gleichzeitig die Verbindlichkeit dieser Textelemente. Negativer Effekt der Parodie wäre demnach eine Verengung der Perspektive, wenn sie nämlich dahin tendiert, die Relevanz literarischer Werke auf eine begrenzte Zahl von Markenzeichen festzuschreiben. Resultat: Stagnation, die nur mit immer stärkerem Nachdruck auf der Stelle tritt.

Affiziert von der Gefahr einer einseitigen, zweckorientierten Vereinfachung erscheint vor allem das, was sich als Philosophie oder Weltanschauung Bernhards in Umlauf befindet. Dabei stellt sich die Ausgangslage für eine parodierend-satirische Verarbeitung zunächst günstig dar, insofern die fragliche Philosophie als in sich geschlossenes System aufgefaßt wird, dessen Radikalität eine Demontage, eine Überführung ins Lächerliche herausfordert. Denn gerade »dogmatisch und doktrinär verhärtete Sichtweisen, monistische Weltanschauungen«[51] provozieren Zerstörungslust. Und die Welt des »Unterganghofer« ist offenbar in monomanischer Weise bestimmt von Themen wie »Tod«, »Negation«, »Sinnlosigkeit des Daseins«, eine Philosophie, die sich in seiner vielzitierten Rede zur Verleihung des Österreichischen Staatspreises komprimiert findet: »[...] es ist alles lächerlich, wenn man an den *Tod* denkt.«[52] Dementsprechend diagnostiziert die Sekundärliteratur »Beschreibung einer sinnentleerten Welt«[53], »Negation von Geschichte und Gesellschaft«[54], einen »Zustand der Indifferenz«, der »endgültigen Hoffnungslosigkeit«[55], »universale Orientierungslosigkeit«[56]. Revidiert findet sich diese Richtung der Interpretation – und wie es scheint, mit zunehmender Stringenz – von zwei zunächst unterschiedlichen Positionen aus. Zum einen von einem sprachkritischen Ansatz, der Skepsis gegenüber den Versuchen anmeldet, Metaphysik aus Bernhards Rollenprosa zu destillieren[57] und auf der Inhaltsebene ein in sich stimmiges oder auch widersprüchliches »Weltbild« zu sondieren[58]. Vorbehalte gegenüber der These einer hermetischen Welt der Negativität ergeben sich zum anderen in jenen Arbeiten, die beim Begriff der Komik und der Komödie ansetzen.[59] Gemeinsam ist beiden Tendenzen die Berufung auf das Moment des Artifiziellen, die Betonung der Poetik gegenüber einer metaphysisch-existentialistischen oder zeitkritischen Botschaft.[60] In diesem Sinne betont Wendelin Schmidt-Dengler[61] die Unbelangbarkeit Bernhards durch »moralische« Interpretationen; Bernhards Werke, so Schmidt-Dengler, entsprechen dem Prinzip der »Umspringbilder«, d. h. sie sind sowohl unter dem Vorzeichen der Tragik wie der Komik zu lesen, die Entscheidung bleibt letztlich dem Rezipienten überlassen.

Die zwischen Extremen schwankenden Zuschreibungen in Bernhards Werken haben also im Grunde den Irritationspunkt gemeinsam, daß eine endgültige Entscheidung über Qualitäten nicht gefällt werden kann oder einfach verweigert wird: »Wir lieben unser Leben / und hassen es gleichzeitig« (St3 123). Für die Persistenz dieser Denkfigur bei Bernhard sprechen nicht zuletzt auch strukturelle Präferenzen, etwa Wendungen wie »einerseits andererseits«[62], »und umgekehrt«[63], »gleichzeitig«, die das beständige Spiel mit Oppositionen organisieren.

Texte von Thomas Bernhard fordern den Leser, so wurde behauptet, in besonderem Maß dazu heraus, sie zu Zitaten zu segmentieren, Einzelaussagen als griffige Devisen aus dem Kontext herauszulösen. Die Zitate lassen sich – im Sinne Bernhards? – zum Autoritätsgefecht gegenüberstellen: einerseits – andererseits. Den Satz »Es ist alles lächerlich, wenn man an den Tod denkt« könnte man demnach mit folgender Aussage konfrontieren:

> Es stimmt ja immer zugleich alles und nichts, so wie ja auch jede Sache gleichzeitig schön und schiach ist, tot und lebendig, geschmackvoll und geschmacklos. Es kommt nur darauf an, wofür man gerade am empfänglichsten ist. Einen großen Reiz hat praktisch alles. Mein Standpunkt ist die Gleichwertigkeit aller Dinge. Auch der Tod ist für mich nicht außergewöhnlich. Ich red' ja über den Tod wie ein anderer über a Semmel.[64]

Oder folgendermaßen: Thomas Bernhard: »Es ist eh alles positiv.«[65] Thomas Bernhard: »Alles ist grauslich«[66].

Will man nun den Standpunkt von der »Gleichwertigkeit aller Dinge« als These aufgreifen und ihm weiterreichende Verbindlichkeit zuerkennen, so sind neben der vielbesprochenen Negativität jene Manifestationen des Komischen zu ermitteln, die die theoretisch proklamierte Balance zwischen Tragik und Komik tatsächlich instand halten. Daran anschließend soll wieder auf den Bereich Parodie und Satire umgeschwenkt werden, mit der Frage, von welchem Deutungsansatz die vorliegenden Texte ausgehen und eine kritische Demaskierung (?) Bernhards betreiben.

Das Lächerliche, die Komödie, und zwar gerade in Form der Antithese Komödie–Tragödie, findet sich einmal als explizites »Programm« im Text angelegt, insofern sich Bernhards Figuren monologisierend, bzw. in Selbstgesprächen darauf beziehen.[67] Für die Figuren selbst lassen sich Merkmale der Charakterkomik geltend machen, wenn sie, wie Willi Huntemann unter Berufung auf Henri Bergson bemerkt[68], auf Gedankengänge fixiert sind, deren Ausschließlichkeit in Kontrast steht zu äußerlich-körperlichen Bedingtheiten. Das »Handikap« des Alltags durchbricht sozusagen in komisch-relativierender Form die Linie monomanisch verfolgter Ideen. Dieses Strukturprinzip impliziert im weiteren Situationskomik, nämlich eben als Kollision der in ihre Gedankengänge verstrickten Figur mit dem konkreten, obskur-banalen Alltagsdetail. Anders gesagt: Situationskomik entsteht aus der Unverhältnismäßigkeit von einer ins Absolute, Grundsätzliche zielenden Reflexion und dem Reflexionsanlaß. Hier sei nur an die Brandteigkrapfen-Episode aus *Ritter, Dene, Voss* erinnert oder an das Perückenverstecken in *Holzfällen*, das zu einem »auf geradezu infernalische Weise erzeugten Triumph« (H 36) des Auersberger über seine Schwiegermutter wird. Daneben findet sich Situationskomik aber auch als rein clowneske Einlage der mechanischen Wiederholung, etwa in *Die Macht der Gewohnheit*, wenn der Dompteur ununterbrochen Rettiche ißt und der Spaßmacher seine Haube über's Gesicht rutschen läßt.[69]

Eine Gegenbewegung zu Tragik und Negativität ist schließlich auch als sprachliches bzw. metasprachliches Phänomen festzumachen. Das zeigt sich u. a. gerade am Beispiel der mit dem Themenbezirk der Negativität eng verknüpften Bildung von Neologismen. Diese für Thomas Bernhard charakteristischen Ad-hoc-Komposita sind – so Anne Betten – Teil eines Sprachspiels mit »formalen Variations- und Kombinationsmöglichkeiten und semantischen Kontrast- und Verblüffungseffekten«[70]. Nicht so sehr extreme Befindlichkeiten stehen zur Debatte, vielmehr werden Extreme der sprachlichen Formulierung durchprobiert und »die Wucht der aufgetürmten Worte durch Kommentare ihres Schöpfers über sein Vergnügen an ihrem Gelingen konterkariert«[71]. Der »Innovationsreiz«[72] wird ausgekostet und die Freude an den Wortneubildungen vom Ich-Erzähler selbst thematisiert: »Aufeinmal und sozusagen über Nacht, war ich zum *Weltanschauungskünstler* geworden. Über diese meine augenblickliche Wortschöpfung mußte ich aus mir herauslachen.«[73]

Thomas Bernhard läßt seine Protagonisten über ihre Wortschöpfungen in Lachen ausbrechen, ein Lachen, in das der Rezipient möglicherweise einstimmt. Es bleibt also die Frage, welchen Standpunkt der Parodist/Satiriker einnehmen muß, um die Lacher auf seine Seite zu ziehen und außerdem die genannte »Deformation als Korrekturversuch« durchzuführen. Eine Korrektur, die bei der Verabsolutierung von Sinnlosigkeit und Tod, bei der Universalisierung des Negativen ansetzt, richtet sich gegen ein Angriffsziel, das in dieser Evidenz, wie gezeigt werden sollte, gar nicht existiert. Die simple Transposition vom Tragischen ins Komische, die sich auf den ersten Blick anbietet, kann die vom Primärtext gesetzten Grenzen nicht überschreiten, da das von Bernhard proklamierte Weltdesaster selbst schon in sich Brüche aufweist und seine Darstellung eben auch eine »komische« Lesart inkludiert.

Die vorliegenden Parodien/Satiren sparen nicht mit Beschimpfungstiraden und Formeln der Weltverachtung; Düsterkeits-Vokabular und metaphysische »Finsternis« gehören zur obligaten Zutat fast jeder Parodie. Die »Kloake«[74], das »infame Weltganze«[75], «schamlos«, »pervers«, »widerlich«, »abstoßend«, »scheußlich« oder eine »Malakofftortenkotzkindheit«[76], um nur einige Beispiele zu nennen, werden als Versatzstücke einer sprachlichen Bernhard-Simulation benützt. Doch scheint es, daß gerade im Bereich der »Zusammenballungswörter«[77] Parodie und Satire zu einem Wettlauf mit der Vorlage ansetzen, ohne deren sprachspielerische Spannung zu erreichen. Daraus resultiert die unfreiwillige Pointe, daß die einprägsamsten »Wortschöpfungen« der Parodien, sofern man sich auf Werturteile einlassen will, tendenziell von Bernhard selbst sind.

Das eigentliche Dilemma einer satirisch-parodistischen Bernhard-Verarbeitung hat aber im Grunde weniger mit literarischen Qualitäten als mit den Verfahrensweisen der Primärtexte zu tun. Kumulation, hyperbolische Übersteigerung als auch Bagatellisierung inhaltlicher Elemente werden zu den genuin parodistischen Strategien gezählt, die sowohl der Diminution wie der Augmentation der primären Aussage dienen[78] und damit die erforderliche Diskrepanz zur Vorlage, das Spielfeld des Nicht-Affirmativen herstellen. Kumulation, hyperbolische Übersteigerung verweisen darüber hinaus aber auf Techniken, die schon in Bernhards Texten selbst anzutreffen sind – wobei es im gegebenen Zusammenhang bei Hinweisen bleiben muß. Die Hyperbel, als steigernde Amplifikation, bewirkt Verfremdung über die Glaubwürdigkeit hinaus[79], die Funktion vertikaler Steigerung steht im Dienste der Parteilichkeit[80]. Die Totalisierungsformeln Bernhards, das Pathos der Bipolarität, die ohne Abstufungen zwischen den Extremen hin- und herfährt (»Wir lieben unser Leben / und hassen es gleichzeitig«), gehören sicherlich zu diesen Kunstgriffen der vertikalen Steigerung. Hyperbolische Negativität wird durch die mit der Hyperbel in Frage gestellte Glaubwürdigkeit als spezifische Sprachkonstruktion rezipierbar. Ähnliches gilt, wenn Bernhard mit dem Ziel einer möglichst präzisen Diffamierung, Verurteilung so lange Komposita anhäuft, bis sie schließlich in Wortwitz umkippen. Das bedeutet also, daß nicht nur eine Desavouierung des Tragischen, Ernstgemeinten als das gleichzeitig Lächerliche schon von Bernhard selbst geleistet wird, sondern auch parodistische Verfahrensweisen stilbestimmend sind. Damit verweigern sich Bernhards Texte einer allzu planen parodistischen Ausbeutung, das in ihnen angelegte Potential an Komik fungiert als Abwehrmechanismus, und der Lacheffekt, den die Adaption erzielt, bleibt an die Spielregeln des Primärtextes gebunden. Eine subversive, kritisch enthüllende Tätigkeit seitens Parodie/Satire müßte also noch einen Schritt weiter gehen, etwa auf dem Niveau der »Umspringbilder« ansetzen und – spekulativ gesagt – die Doppelwertigkeit der Texte zu ihrem Thema machen. Daß eben dies nicht geschieht, zeigt sich u. a. darin, daß die sprachlichen Indikatoren dieser Doppelwertigkeit («einerseits – andererseits« etc.) in der Parodie/Satire auffällig abwesend sind. Statt dessen beschränken sich die Texte weitgehend auf den variierenden Nachvollzug, der Bernhard zugleich – nach der weiter oben beschriebenen Spirale sich verstärkender Typisierung – auf bestimmte Klischees festlegt: egozentrisches Monologisieren, Wiederholung, Weltverachtung, Beschimpfungslitanei.

Die Auseinandersetzung mit der Vorlage bleibt demnach mehr oder weniger an der Oberfläche. In diesem Zusammenhang ist es gewiß kein Zufall, daß fast die Hälfte der im *Bernhardiner* versammelten Texte von vornherein auf andere, außerliterarische Phänomene umleiten und zu demselben Kniff literarischer Distanzierung greifen: Thomas Bernhard tritt als Protagonist seiner Texte selbst auf, womit sich das Ziel der parodistischen Attacke weg vom Text zur Polemik gegen Literaturbetrieb, Verlagswesen und gegen materielle Faktoren als eigentliche Triebkraft für Literaturproduktion verlagert. Schon das Personal, das sich hier der Figur Bernhards hinzugesellt, ist aufschlußreich: Peymann[81], Schaffler[82], Unseld[83], Reich-Ranicki[84]. In Bernd Webers Dramolett »Alles ist grauslich« finden sich Repräsentanten des Kulturbetriebs und Figuren aus Bernhard-Stücken zu einer bizarren, aber in jedem Fall zitierfreudigen Tafelrunde zusammen, wobei Bernhards Stimme vom Band als zusätzlicher Kommentar interveniert. Andres Mürys »Hommage à Bernhard« präsentiert den Autor im Stil seiner eigenen Figuren, indem er mit obskuren Anekdoten und – zum Teil authentischen – Episoden aus der Literaturszene aufwartet. Bei Karl Hoche wiederum sind Suhrkamp und ein Vorschuß ausschlaggebend dafür, daß die divergierenden Reflexionen des Autors zu einem Ende kommen und ein neuer Roman entsteht. Hier schwingt auch immer wieder die Absicht herein, literarische Produktivität – entsprechend der Unvereinbarkeit von Quantität und Qualität – zu diskreditieren (vgl. z. B. auch Gerald Schmickl: »Geripans Dramolett«). Das Interesse der Parodien entfernt sich, wie gesagt, mit dieser thematischen Schwerpunktverlagerung vom Werk Bernhards als solchem. Dadurch entfernen sich die Arbeiten aber gleichzeitig von einer gattungsspezifischen Orientierung, wie sie Verweyen hervorhebt: »Wenn der Gegenstand tatsächlich die Vorlage und diese Vorlage ein literarischer Text ist, dann kann auch die von der Parodie möglicherweise geleistete Kritik nur literarisch sein.«[85]

IV. »Alles Grausen kommt aus dem Applaus!«[86]

Die im *Bernhardiner* vorliegenden Parodien und Satiren sind laut Umschlagtext als »Hommage« gedacht und folglich mit allen Ambivalenzen behaftet, die derartigen Ehrungen inhärent sind. Bemerkenswert an dem Erscheinen des Buches – und damit ist es ein Symptom unter vielen – ist vor allem einmal die Fähigkeit Bernhards, Publikumsreaktionen zu provozieren, denen im gegebenen Fall die bewußte stilistische Assimilation an den »Auslösereiz« gemeinsam ist. Diese Gemeinsamkeit bewirkt freilich auch den Eindruck des Iterativen, da der Erfahrungswert der Texte bald in einem engen Radius festgeschrieben scheint. Bestätigen sich also erneut die tradierten Vorbehalte, die die literarische Gattung Parodie nicht aus dem Rechtfertigungszwang entlassen und denen zufolge jede Beschäftigung mit ihr um die schon bekannte Frage kreist: Trivial oder nicht? Verweyen gibt zu bedenken, daß parodistische Wirkung oder Wirksamkeit keinesfalls monokausal, sondern aus einem »Relations-Bündel« zu erklären ist, wobei insbesondere der sogenannte »pragmatische Kontext« eine entscheidende Rolle spielt.[87] Im konkreten Fall der Bernhard-Parodien/Satiren liegt die Hürde parodistischer Wirkung, das wurde versucht zu zeigen, nicht zuletzt auch in der Vorlage selbst und ihren latent parodistischen Elementen. Die eigentlichen Parodien, insofern sie die in der Vorlage bestehenden Tendenzen nur verdeutlichen bzw. vergröbern und nicht »antithematisch«, also gegen Verfahrensweisen und Sinnkonstitution[88], vorgehen, lachen bestenfalls im Windschatten des parodierten Autors. Der Skandal, und zwar nicht der von außen fabrizierte, sondern das in der Textqualität angelegte Skandalöse, degeneriert mit der inflationären Vervielfältigung zum Gag. Die Parodie als Klischee-Automat. Genausogut könnte man den vorliegenden Texten aber auch die Zugehörigkeit zur Gattung Parodie/Satire überhaupt absprechen: Keine Parodien/Satiren zu Thomas Bernhard, sondern »Exercices de style«, Etüden wie bei Hanns Dieter Hüsch, mit ironischen Aperçus zur Rezeptionssituation wie bei Alois Brandstetter. Oder aber die stilistische Imitation wird zum Vehikel für Attacken gegen den Literaturbetrieb und für satirische »Enthüllungen« über den Erfolgsschriftsteller. Schreiben über einen Autor schwankt hier zwischen Faszination und einem doppeldeutigen »Erledigen«. Schreiben über einen Autor auch als perfide Maßnahme, ihn auf ein handliches Maß zurechzustutzen, ihn mit harmlosboshaften oder schulterklopfenden Adaptionen in die Volkstümlichkeit zu befördern.

Entschärfung durch Beifall. Vielleicht liegt darin das Grausen, das aus dem Applaus kommt.

Anmerkungen

[1] Freund, Winfried: Die literarische Parodie. Stuttgart 1981, S. 14.
[2] Verweyen, Theodor; Witting, Gunther: Die Parodie in der neueren deutschen Literatur. Eine systematische Einführung. Darmstadt 1979, S. 42f.
[3] Ebda, S. 110.
[4] Ebda, S. 121ff.
[5] Freund, a. a. O., S. 14.
[6] Ebda, S. 15.
[7] Ebda, S. 14f.
[8] Ebda, S. 20.
[9] Ebda, S. 21.
[10] Als Synonym für Epigonalität wird die Parodie bei Nietzsche gehandelt. Vgl. Verweyen, a. a. O., S. 44ff. und S. 2.
[11] Fian, Antonio: Bei Suhrkamp. In: Freibeuter 44, S. 131–139.
[12] Hüsch, Hans Dieter: Du kommst auch drin vor. Gedankengänge eines fahrenden Poeten. München 1990, S. 300.
[13] Ebda, S. 301.
[14] Darauf weist Hüsch selbst hin: »Die Wiederholung als besonderes Element der Komödie.« Ebda, S. 300.
[15] Dittmar, Jens (Hg.): Der Bernhardiner. Ein wilder Hund. Tomaten, Satiren und Parodien über Thomas Bernhard. Wien 1990, S. 34.
[16] Ebda, S. 32.
[17] Ebda.
[18] Ebda, S. 33.
[19] Ebda, S. 72.
[20] Ebda.
[21] Ebda, S. 73.
[22] Ebda.
[23] Ebda, S. 74.
[24] Ebda.
[25] Ebda, S. 73.
[26] Schuh, Franz: Unterganghofer. Thomas Bernhard in Anekdote und Selbstzeugnis. In: Salz 1 (1975/76) H. 2, S. 8.
[27] Canetti, Elias: Der Beruf des Dichters. In: Canetti: Das Gewissen der Worte. Frankfurt/M. 1981, S. 290.
[28] Dittmar, a. a. O., S. 80.
[29] Fian, a. a. O., S. 134.
[30] Ebda, S.135f.
[31] Bernhard: »Alles ist grauslich«. In: Zeitmagazin Nr. 46 (11. November 1988), S. 41.
[32] Müller, André: Der Wald ist groß, die Finsternis auch. Ein Gespräch mit Thomas Bernhard. In: Die Zeit Nr. 27 (29. Juni 1979), S. 34.
[33] Ebda.

[34] Scheib, Asta: Von einer Katastrophe in die andere. Ansichten des Dichters Thomas Bernhard notiert von A. S. In: Süddeutsche Zeitung Nr. 13 (17./18. Januar 1987), S. 169.
[35] Freund, a. a. O., S. 14.
[36] Jandl, Ernst: der künstliche baum. Neuwied am Rhein/Berlin 1970, S. 124.
[37] Verweyen, a. a. O., S. 42.
[38] Rühmkorf, Peter: Über das Volksvermögen. Exkurse in den literarischen Untergrund. Reinbek bei Hamburg 1969, S. 117.
[39] Vgl. insbesondere: Gerhard Amanshauser: Lesen. Eine Selbstbezichtigung; Michael Stadler: Theatermachen und Fliegenfangen. Eine Erregung; Moritz Dürr: Der Aufhörer.
[40] Z. B. Joe Berger: Die Zunge. Eine Ursache; Herbert Vorbach: Abspeisung. Ein Erbrechen.
[41] Z. B. Ernst Strouhal: Naturgemäß: »im Grunde stets nur«, »immer schon«, »im Grunde freilich selbstverständlich niemals«, »in Wahrheit nichts anderes«, »niemals«, »niemals zu keiner Zeit«; Vitus Fux: Bernhard: »überall«, »unablässig«, »durch und durch«, »nirgends«. In: Dittmar, a. a. O., S. 80f. und S. 139ff.
[42] In konzentrierter Form etwa in folgender Passage von Karl Woisetschläger: Einkehr in einem Pinzgauer Dorfgasthof: »Meine Erfahrungen mit der Gastwirtewelt sind ja seit vielen Jahren die groteskesten, also nicht die besten, aber ich frage mich heute, warum es tatsächlich auf alle Fälle immer wieder die allerschlechtesten sein müssen.« In: Ebda, S. 61.
[43] Ebda, S. 78, 86, 122, 140, 161.
[44] Ebda, S. 90, 99, 101.
[45] Ebda, S. 83ff.
[46] Vgl. z. B. Karl Hoche: Thomas Bernhard oder Ein Interview am Abgrund; Jürg Laederach: Das Verlies. Eine Gradierung; Dieter Lenhardt: Briefe aus der Zukunft.
[47] Vgl. z. B. Hanns Dieter Hüsch: Hagenbuch in Venedig; Karl Woisetschläger: Einkehr in einem Pinzgauer Dorfgasthof; Christian Schacherreiter: Die Parallelaktion.
[48] Insbesondere bei Hans Weigel: Furioso.
[49] Pütz, Herbert: Einige textlinguistische Bemerkungen zu »Beton«.- In: Text und Kontext 14 (1986), H. 2, S. 219.
[50] Ebda, S. 212f.
[51] Freund, a. a. O., S. 15.
[52] Zit. nach: Botond, Anneliese (Hg.): Über Thomas Bernhard. Frankfurt/M. 1970, S. 7.
[53] Petersen, Jürgen H.: Beschreibung einer sinnentleerten Welt. Erzählthematik und Erzählverfahren in Thomas Bernhards Romanen. In: Jurgensen, Manfred (Hg.): Thomas Bernhard: Annäherungen. Bern 1981 S. 143–176.
[54] Höller, Hans: »Es darf nichts Ganzes geben« und »In meinen Büchern ist alles künstlich«. Eine Rekonstruktion des Gesellschaftsbildes von Thomas Bernhard aus der Form seiner Sprache. In: Ebda, S. 48.
[55] Bürger, Christa: Schreiben als Lebensnotwendigkeit. Zu den autobiographischen Fragmenten Thomas Bernhards. In: Bormann, Alexander von (Hg.): Sehnsuchtsangst. Zur österreichischen Literatur der Gegenwart. Amsterdam 1987, S. 55.
[56] Mittermayer, Manfred: Strauch im Winter. Thomas Bernhards »Frost« als Inszenierung eines Ichzerfalls. In: MAL 21 (1988), Nr. 3/4, S. 2.

[57] Glaser, Horst Albert: Die Krankheit zum Tode oder der Wille zum Leben – Überlegungen zu Thomas Bernhards Autobiographie. In: Bormann, a. a. O., S. 67.
[58] Klug, Christian: Simultane Widersprüche. Ein Interpretationsvorschlag zum Werk Thomas Bernhards, dargestellt am Beispiel der »Finsternis«-Metapher. In: LiLi 64 (1986), S. 133.
[59] Z. B. Rietra, Madeleine: Thomas Bernhards »Über allen Gipfeln ist Ruh« – eine fröhliche Literatursatire? In: Bormann, a. a. O., S. 75–92; Barthofer, Alfred: Vorliebe für die Komödie: Todesangst. Anmerkungen zum Komödienbegriff bei Thomas Bernhard. In: Vierteljahresschrift des Adalbert-Stifter-Instituts 31 (1982), Folge 1, S. 77–100.
[60] Z. B. Huntemann, Willi: Artistik und Rollenspiel. Das System Thomas Bernhard. Würzburg 1990.
[61] Schmidt-Dengler, Wendelin: Die Tragödien sind die Komödien oder: Über die Unbelangbarkeit Thomas Bernhards durch die Literaturwissenschaft. – Vortrag im Rahmen des Kolloquiums »Thomas Bernhard und die Öffentlichkeit«, Paris 23.–25. November 1991.
[62] Auf diese grammatische Figur verweist auch Christa Bürger; Bernhards Prosa erhalte dadurch eine »eigenartige Ausdrucklosigkeit«. In: Bürger, a. a. O., S. 60.
[63] »Wir entwickeln fortwährend / eine Tragödie / oder eine Komödie / wenn wir die Tragödie entwickeln / im Grunde doch nur eine Komödie / und umgekehrt«. Bernhard: Minetti. In: Stücke 2. Frankfurt/M. 1988, S. 215.
[64] Müller, a. a. O., S. 33.
[65] Kathrein, Karin: »Es ist eh alles positiv.« Thomas Bernhard über seine Bücher, seine Feinde und sich selbst. In: Die Presse (22./23. September 1984).
[66] Bernhard: »Alles ist grauslich«, a. a. O.
[67] Die in Anmerkung 63 zitierte Textstelle aus »Minetti« bringt die charakteristische Kreisbewegung dieser Zuschreibungen besonders klar zum Ausdruck.
[68] Huntemann, a. a. O., S. 200f.
[69] Bernhard: Die Salzburger Stücke. Frankfurt/M. 1975, S. 132, 138ff., 161, 169ff. – Die jeweilige Marotte wird freilich auch von den Figuren, d. h. von Caribaldi, thematisiert.
[70] Betten, Anne: Die Bedeutung der Ad-hoc-Komposita im Werk von Thomas Bernhard, anhand ausgewählter Beispiele aus »Holzfällen. Eine Erregung« und »Der Untergeher«. In: Neuere Forschungen zur Wortbildung und Historiographie der Linguistik. Festgabe für Herbert E. Brekle zum 50. Geburtstag. Tübingen 1987, S. 87.
[71] Ebda, S. 87.
[72] Ebda, S. 71.
[73] Zit. nach: Ebda, S. 71.
[74] Dittmar, a. a. O., S. 77.
[75] Ebda, S. 95.
[76] Fian, a. a. O., S. 132.
[77] Maier, Wolfgang: Die Abstraktion vor ihrem Hintergrund gesehen. In: Botond, a. a. O., S. 20.
[78] Freund, a a. O., S. 14.
[79] Lausberg, Heinrich: Elemente der literarischen Rhetorik. München [10]1990, S. 75.
[80] Ebda, S. 35.
[81] Dittmar, a. a. O., S. 115ff., 142, 144, 164ff.

[82] Ebda, S. 76, 110ff.
[83] Ebda, S. 23, 76.
[84] Ebda, S. 76, 117, 164ff.
[85] Verweyen, a. a. O., S. 96.
[86] Scheib, a. a. O., S. 169.
[87] Verweyen, a. a. O., S. 201.
[88] Ebda, S. 129.

Klaus Zeyringer

Der Vorschimpfer und sein Chor
Zur innerliterarischen Bernhard-Rezeption

Zwei Autoren

Die österreichische Literatur der letzten zehn, zwanzig Jahre wird von Kritikern und Kulturbeamten, von Literaturwissenschaftlern und verschiedenen Instanzen des Literaturbetriebes sowohl in Österreich selbst als auch im Ausland gerne und immer wieder vor allem auf zwei Autoren zugeschnitten, zugespitzt und eingeengt: auf Thomas Bernhard und Peter Handke.[1] Bei Tagungen über österreichische Gegenwartsliteratur konzentriert sich nicht selten ein großer Teil der Vorträge auf diese zwei Autoren.

Friedrich Bernhard Panzers 1984/85 mit österreichischen Journalisten geführte Gespräche belegen, daß »allenfalls zwei oder drei der bekanntesten Namen in deren ›Bewußtsein‹ verankert sind. Fast immer wurden hier Peter Handke und Thomas Bernhard herangezogen«.[2] Aus einer von Roswitha M. Riener 1987 durchgeführten stichprobenartigen Befragung in der Wiener Innenstadt ging hervor, »daß man außer über Handke und Bernhard nicht sehr informiert ist«[3]. In dem Buch *Zeit ohne Manifeste? Zur Literatur der siebziger Jahre in Österreich* (es geht um Literatur bis etwa 1984) behandeln 10 von 20 Aufsätzen Tendenzen, Motive österreichischer Literatur, und von diesen 10 beziehen sich zwei auf Handke, stützen sich drei fast ausschließlich auf Texte von Handke und Bernhard: knapp 50% der Darstellungen österreichischer Literatur gehen hier von den beiden Autoren aus.[4] Sie gelten als eine Art »pars pro toto« österreichischer Literatur. So schreibt schließlich auch Gerhard Melzer 1988 in *Streifzüge durchs tiefe Österreich*, einem Beitrag zu *Bestandsaufnahme Gegenwartsliteratur*, nach einleitenden Analysen: »Was es mit dieser widersprüchlichen ›Aneignung‹ Österreichs auf sich hat, läßt sich in exemplarischer Weise den Werken Thomas Bernhards und Peter Handkes ablesen«[5]. Nicht nur in diesem Beispiel verlaufen (sich) die Streifzüge als konzentrische Kreise und werden von Reduktionisten als der Weisheit letzte Zirkelschlüsse ausgegeben: Es werden zunächst jene Texte zum Kanon erhoben, aus denen dann die Essenz des Typischen gezogen werden soll.[6]

Bezeichnenderweise kommt auch in der Rezeption österreichischer Literatur im Ausland nach Bernhard und Handke lange nichts, wird die Bernhard-Rezeption im Ausland meist mit der Handke-Rezeption (und umgekehrt) verglichen.[7] »Vom Ausland aus betrachtet«, meinte Günther Kaindlstorfer 1991, sich noch immer am habsburgischen Mythos orientierend, stehe österreichische Literatur »im Zeichen des Doppeladlers: Auf dem linken Haupt trug dieser Vogel die Intellektuellen-Brille von Peter Handke, rechts stach der mächtige Zinken Thomas Bernhards ins Auge.«[8] Es haben also die Namen der beiden Autoren und (allerdings meist in geringerem Ausmaß) ihre Texte Signalwirkung. Ihr hoher »Reizwert« ruft besondere Aufmerksamkeit[9] und damit intensive Auseinandersetzung hervor.

Rezeptionsarten

Sowohl bei Handke als auch bei Bernhard erfolgt die Rezeption auf mindestens zwei Ebenen: auf der verschiedener Instanzen des Literaturbetriebes und des Lesepublikums im In- und Ausland (ich nenne sie *»außerliterarische Rezeption«*[10]) und auf der von literarischen Texten selbst (ich nenne sie *»innerliterarische Rezeption«*). Um derartige von einem »Hypotext« gänzlich oder teilweise abgeleitete »Hypertexte«, um Werke, die auf verschiedene Weise auf andere Bezug nehmen und/oder von anderen beeinflußt sind, soll es in der Folge gehen.

In seiner Analyse der Struktur der poetischen Botschaft vermerkt Umberto Eco:

> In dem Maß, wie es gelungen ist, wirkt ein Kunstwerk schulbildend und ruft es Nachahmer auf den Plan. Allerdings kann es auf zwei Weisen Schule machen – entweder dadurch, daß es sich als konkretes Beispiel einer Formbildungsweise anbietet, so daß ein anderer Künstler, der sich davon inspirieren läßt, durchaus eigenständige und originelle Verfahrensweisen entwickeln kann; oder dadurch, daß es Stilmittel zur Ausbeutung freigibt, die auch unabhängig von ihrem ursprünglichen Zusammenhang verwendbar sind und dennoch ihre Kraft bewahren [...].[11]

Demnach müßten Handkes und vor allem Bernhards Texte ausgesprochen gelungene Kunstwerke sein. Bezieht man Ecos Meinung auf die innerliterarische Bernhard-Rezeption, so stellt sich allerdings das Problem, daß die zweite angegebene Möglichkeit schwer zu realisieren und zum Scheitern verurteilt scheint, weil Bernhards »ursprünglicher Zusammenhang« in der von ihm erzeugten Totalität eben alles, ein Weltganzes ist. Es ist weiters zu bedenken, daß Eco wichtige Mechanismen des Literaturbetriebes und der Kulturindustrie unbeachtet läßt und somit »Kunstwerken« a priori eine Eigendynamik zugesteht, die sie *so* nicht besitzen – womit sich Eco einer grundlegenden Frage der Rezeptionsästhetik entzieht: Kunstwerke sind ja nicht *per se* solche, setzen sich nicht selbständig und jedenfalls durch. Sie sind Zeugnisse und Exempel von herrschenden ästhetischen Anschauungen und Schulen. Sie entsprechen also Normen, die aufgestellt und formuliert wurden und werden von Meinungsbildnern, Pförtnern und letztlich von einem in seiner Entstehung schwer rekonstruierbaren, in seiner genauen Konsistenz schwer beschreibbaren Konsens im sogenannten Kunstbetrieb (hier: Literaturbetrieb) einer bestimmten Gesellschaft und ihrer Ordnung (wobei freilich auch oft dem Kunstbetrieb mehr Freiheiten gelassen werden als anderen Unternehmungen). »Das Kunstwerk« kann nicht Nachahmer »auf den Plan rufen«, sondern muß zunächst derart verbreitet und rezipiert werden, daß Nachahmer auftreten können. Die außerliterarische Rezeption ist in den meisten Fällen Voraussetzung der innerliterarischen und beeinflußt sie. Die Autoren der Hypertexte sind zunächst Leser, zum Teil auch Instanzen des Literaturbetriebes, und können mit ihrem Hypertext zu einer solchen Instanz werden.

Im Falle Peter Handkes haben sich außer- und innerliterarische Rezeption Mitte der achtziger Jahre zu einem von einigen Kritikern so genannten »neudeutschen Literaturstreit«[12] zugespitzt. Die Kritik an der feierlichen Heilssuche Handkes wurde sowohl außer- als auch innerliterarisch vorgebracht. In Österreich erteilte Michael Scharang den Handkeschen Mythisierungen eine deutliche Absage und warf ihm vor, »dem gehobenen Publikum eine Sprache anheimelnder Metaphysik und schamlosen Tiefsinns vorzusprechen«[13]. Gernot Wolfgruber sah in Handkes Texten eine »Literatur der Ablenkungssätze«, die von »der umfassenden Lebenswirklichkeit des Menschen ablenken«[14]. Handkes Anhänger dagegen verwiesen auf allerdings nicht näher definierte ästhetische Qualitäten, meinten, daß er eben ein »Dichter« sei, der Sinn suche und stifte; andere Autoren seien eben nur »Schriftsteller«. Eine innerliterarische Kritik an Handke ist in einigen Texten zu finden, deutlich in Elfriede Jelineks *Oh Wildnis, oh*

Schutz vor ihr (1985), zuletzt in Ingomar von Kieseritzkys *Der Frauenplan* (1991). Und auch Nachahmer gibt es, z. B. Peter Rosei in *Unser Landschaftsbericht* (1988)[15].

Wirkung als eigene Qualität des Werkes

Während die außerliterarische Rezeption Handkes, zumindest quantitativ, etwa jener Bernhards entsprechen dürfte, im Ausland in den meisten Fällen wesentlich intensiver zu sein scheint[16], geht auffallenderweise die innerliterarische Rezeption Bernhards weit über die von Handke hinaus. So hat Jens Dittmar mehr als 70 verschiedene Hypertexte gesammelt, die er als »Tomaten, Satiren und Parodien über Thomas Bernhard«[17] bezeichnet – wobei er allerdings Ungleiches gleichsetzt und aus einem Schreibergärtlein ein Büschel von verschiedenen Textsorten, Gattungen und Rezeptionsarten zusammenstellt und als Tomatensalat auftischt.

Bernhards Werk »scheint [...] zur Reaktion zu verpflichten«[18]:

> Seit dem Erscheinen des Romans *Frost* (1963) ist dem Werk Thomas Bernhards dessen Wirkung als eigene Qualität zugewachsen und von diesem nicht mehr zu trennen. Die Ursache für diese Wirkung ist nicht das Ergebnis einer mehr oder weniger willkürlichen Steuerung durch Verlage und Literaturkritik, sondern ist vor allem im Werk selbst angelegt.[19]

Er verfolge die Strategie, »Entrüstung zu provozieren und sie in ihrer ganzen Fragwürdigkeit promenieren zu lassen«[20], Harmonie durch Irritation aufzuheben, Widersprüche nicht zu lösen, sondern zu verschärfen.

Das ganze Land wurde so von Bernhard in eine Inszenierung des Skandals und der Selbstentblößung einbezogen, bei der das österreichische Antlitz sogar in allerhöchster Gestalt auftrat und aus dem Munde Bundespräsident Waldheims kundtat, daß das *vom Stück* [!] *Heldenplatz* hervorgerufene schlechte Österreich-Image im Ausland zu verbessern sei.[21] Österreich als Bühne, auf der die Zynismen, Umkehrungen und Übertreibungen um die Wette laufen.

Bernhards Text ist also keineswegs »nur« Literatur, »nur« Kunst: Ihn in den Olymp der »Literarizität«, eines außergesellschaftlichen Erhabenen entrücken zu wollen, ist zumindest ein Irrtum. Sorg erläutert, daß eine Trennung von innen und außen, fiktional und expositorisch, ästhetisch und politisch bei Bernhard »unmöglich, ja falsch« sei.[22] Und Schmidt-Dengler meint, daß das, was leicht in »das Ghetto der innerästhetischen Diskussion« verbannt werde, sehr wohl auch seine gesellschaftliche Funktion habe und sehr viel über Österreich aussage: »So ist es auch notwendig, sich auf die Wirkung der Bücher Bernhards einzulassen, und zwar genau.«[23]

Stimmenimitatoren und andere

Ausgehend und abgeleitet von Thomas Bernhard, seinen Texten, ihrer Rezeption und Wirkung gibt es eine ungewöhnliche, in der Gegenwartsliteratur in deutscher Sprache meines Wissens einzigartige Vielzahl von Hypertexten, die nicht alle nur Imitationen des Stimmenimitators sind. Mit der Bezeichnung »Epigonen und Parasiten«, mit der Benennung durch die mancherorts – etwa bei Dittmar – synonym verwendeten Begriffe »Satire und Parodie« ist es nicht getan. Überlegungen zur Gattungsfrage sind hier (auch) Überlegungen zur Wirkungsfrage – wie dies Bernhard selbst in einigen seiner Titel und Untertitel ankündigt, indem er als Gattungsbezeichnung eine Rezeptions- und/oder Wirkungsart angibt (z. B. *Verstörung*; *Der Stimmenimitator*; *Ein Zerfall*; *Eine Erregung*).

Laut Dittmar ist die von ihm so genannte »Tomate« ein »satirischer, parodistischer oder auch imitatorischer Text, der sich in Form und/oder Inhalt auf Thomas Bernhard bezieht«[24]. Sein Band, so führt Dittmar weiter aus, enthalte »außer den genannten Tomaten alle *echten* Satiren und Parodien [...]«[25]. Was aber sind »falsche« Satiren und Parodien?

Die von Bernhard abgeleiteten Hypertexte stammen zwar von demselben Muster (Hypotext) ab, sind aber von großer Vielfalt, haben gewissermaßen einen gemeinsamen Nenner, aber einen anderen Zähler. Es handelt sich um Hypertexte mit verschiedenen Intentionen, um unterschiedliche Textsorten, verschiedene Gattungen, die unterschiedliche (Aus-)Wirkungen haben (können). Grundlegende Fragen sind: Was wird wie zu welchem Hypertext? Warum werden Hypertexte geschrieben, publiziert, rezipiert? Kurz: Wie verläuft und funktioniert die innerliterarische Rezeption?

Auslöser dieser Hypertexte sind jedenfalls leicht erkennbare Grundlagen und Komponenten des Bernhardschen Hypotextes und seiner Wirkung, also »Bausteine[n], die in effizienter Weise Authentizität *simulieren*« (so Heide

Helwig in diesem Band; Hervorhebung Zey.) Diese »Bausteine« sind in einfachster Signalwirkung Bernhards Name, der allein für sich Inhalte, Strukturen usw. repräsentiert, so eine Erwartungshaltung bestimmt sowie, in mehr oder weniger komplexen Verfahren, die sprachlichen und/oder inhaltlichen Strukturen seiner Texte, wobei jedenfalls immer von einem Erfahrungshorizont ausgegangen und eine Erwartungshaltung aufgebaut wird.

Da erscheint Bernhard als Figur auf dem Theater und in erzählenden Texten, ist er selbst Protagonist, liefert gewissermaßen Inhalt und Form. Da wird der Ton seines Rondos übernommen, imitiert, transponiert. Da wird ihm nachgeschimpft, wird er geschimpft. Da wird an seinem Text weitergeschrieben, entsteht u. a. in Auseinandersetzung mit ihm Neues. Da gibt es Leserbriefe in unmanierlicher Bernhard-Manier[26], die bezeugen, wie viele und heftige Reaktionen das Werk Bernhards hervorrief, andere Leserbriefe, die mit der Selbstentlarvung ihrer Schreiber Teil der Bernhardschen Inszenierung sind und mit den üblichen üblen Phrasen argumentieren: »Nestbeschmutzer«, »hochbezahlte Schreiberlinge«, »Steuergelder«, »totschweigen«, »Elimination«[27]. Da werden Rezensionen im Bernhard-Stil publiziert, in der falschen Annahme, damit den Text auf seinem eigenen Terrain zu treffen. Diese Leserbriefe und Kritiken kommen in doppelter Maske daher: Sie stecken sich Bernhards »Zinken« (vgl. Kaindlstorfer; Anm. 8) als sprachliche Faschingsnasen an und sind als Bernhard-Texte verkleidet; in und mit ihnen will außerliterarische Rezeption im Gewand der innerliterarischen auftreten. Ein bezeichnender Zustand der heutigen Kritik, meint Gustav Ernst: »Der Kritiker verbleibt mit seinem Gerede in einem innerliterarischen, innerliteraturhistorischen Verweisungs-, Interpretations- und Zitiergefuchtel.«[28]

Zu bedenken ist wie gesagt die Vielfalt der innerliterarischen Rezeption. Nun kann es hier nicht darum gehen, eine ausführliche Gattungsdiskussion zu führen; aber immerhin ist nach Unterschieden zu fragen. Helmut Arntzen weist darauf hin, daß literarische Gattungen als Intentionen zu verstehen sind, die sich geschichtlich realisieren.[29] Satire sei »nicht definitorisch festzuschreiben, sondern als ein sich geschichtlich veränderndes Verhältnis von Destruktion und Konstruktion zu beschreiben und zu verstehen«[30]. Genau darum geht es bei Bernhard und den Bernhard-Hypertexten: um »Bernhards systematische Destruktion anerkannter Voraussetzungen in ästhetischer und ethischer Hinsicht«[31] sowie um die Zerstörung der Zerstörung in einem sich geschichtlich verändernden Verhältnis. Laut gängiger Konvention im Irrgarten vielfältiger Definitionsversuche ist Satire eine Einstellung und Intention, eine Haltung zwischen heiterstem Spott und düsterster Desillusion, eine gattungsübergreifende Literaturform.

Der bedeutende Satiriker denkt in diesem Entrüstungspotential, und, indem er dessen Möglichkeiten realisiert, so daß sich wie bei allen wahrhaft sprachlichen Prozessen etwas zu etwas fügt, es einen Zusammenhang bildet, der an sich selbst etwas ist, wird aus Schimpf- und Tadelrede erst Satire als Literatur.[32]

So bei Bernhard: Schimpfrede wird zu Satire als Literatur. Arntzens Erklärung zufolge ist Satire »sprachästhetische Konstruktion von ›Verkehrtem‹ *als* Destruktion; kraft solcher Verbindung kann Satire auf eine (außerliterarische) Neukonstruktion zielen«[33]. In diesem Sinn haben Bernhards Texte und die meisten Hypertexte *satirische Funktion*, sind zu einem beträchtlichen Teil von einer *satirischen Intention* geprägt.

Auch der Begriff »Parodie« ist nicht eindeutig und allgemeingültig definiert, wird einmal als spielerische Deformation, dann wieder als burleske Transposition eines Textes oder als satirische Imitation eines Stiles verstanden.[34] Meist gilt Parodie als verzerrende, verspottende, übertreibende Nachahmung, als antithematische Textverarbeitung: Aus der Trennung der Form eines literarischen Werkes von seinem Inhalt und dessen Ersetzung durch einen unpassenden entsteht eine komische Diskrepanz.

Nun wird aber von den meisten Hypertexten zu Bernhard die Form nicht vom Inhalt getrennt, sondern es werden markante Bauteile aus beiden Ebenen übernommen und abgewandelt, was nach Genette eher einer »Charge« (=»pastiche satirique«), einer platten Persiflage also, entspricht: »die Manier des pastichierten Textes [wird] durch ein Verfahren der Übertreibung und stilistischen Überzeichnung ins Lächerliche gezogen«[35]. Allerdings – und das ist in diesem Fall das Besondere – ist Bernhard selbst schon ein »Übertreibungskünstler«, denn »nur in der Übertreibung wird sichtbar, wie notwendig es ist, die Welt zu entstellen, um sie kenntlich zu machen«[36]. Da also schon der Hypotext insofern sein Ziel erreicht, als er darüber hinausschießt, hat es der Hypertext als Persiflage schwer, noch weiter darüber hinauszuschießen. Wie kann man eine Übertreibungskunst übertreiben?

Da eine satirische Transformation schwer möglich ist und unter der

Hand zur Imitation gerät, verpufft meist der satirische Effekt. Was bleibt, ist ein Literatur-Spiel. Es gibt aber auch andere, weiter führende Texte.

ZugeHÖRIGKEIT und AuseinanderSETZUNG

Parodie ist nur dann möglich, wenn das Original dem Publikum bekannt ist. Je erfolgreicher ein Text ist, desto häufiger wird er Parodisten auf den Plan rufen. Die im Werk angelegte Wirkung ist eine erste Antwort auf die Frage, warum es so viele Hypertexte zu Bernhard gibt. Darin ist zum einen ein »Anhängen« an den Erfolg zu sehen, an Strukturen, die als »Mode« erscheinen mochten, und zum anderen eine »Auseinander-Setzung«. Wer auch so schreibt, zeigt, daß er »in« ist, also gleichzeitig im Literaturbetrieb und auch ein wenig drüber steht, stellt augenzwinkernd seine Mitwisserschaft und Zugehörigkeit (und Hörigkeit) unter Beweis. Wer auch so schreibt, versichert anderen, die dies ebenso augenzwinkernd verstehen, daß sie auch dazu gehören und gleichzeitig ein wenig darüber stehen, kräftigt also das Elitebewußtsein, ohne den Schein der Individualität zu verletzen, und erzeugt beim Rezipienten (und im Moment des Schreibens in sich selbst) den von Freud in seiner Komiktheorie beschriebenen Lustgewinn im (Wieder-)Erkennen. Und so wird ein Teil der Wirkung von Bernhards radikaler Individualiät zerstört, ist es nicht nur ein Literatur-Spiel vor literatursoziologischem Hintergrund, sondern auch eine versuchte Zerstörung der Zerstörung: »Die kritische Parodie«, heißt es im Reallexikon, »greift das Original an und will es zerstören«[37].

Bernhards Werk ist eine Herausforderung. In der Übertreibung, die selbst in einer automatischen Rezeptionsformel zum Signal wird, ist der Reizwert der Reizwörter sehr hoch. Es entstehen in und durch Bernhards Rondo-Form auffallende, also leicht als Markenzeichen zu verwendende Strukturen, die in einer Repetition der Repetition wiedergegeben werden. Bernhards einprägsamer Ton, sein Stil und seine Ausdrücke stechen nicht nur ins Auge, sondern machen auch den Stich. Der entschärfende Applaus fällt nicht schwer, es ist leicht und außerdem so schön in Mode, Bernhard nachzuschimpfen. So einfach ist es, sein Mit-Wissen und seine Zugehörigkeit zu beweisen: Es genügt, »naturgemäß« zu sagen.

Der lustige Loisl und der ungläubige Thomas

Bernhards Technik einer spiralenförmig weiterbohrenden Schwadronade, einer immer wieder neu und heftiger angesetzten langatmigen Klage über den miesen Zustand der Welt, vor allem Österreichs, hat auch Alois Brandstetter – freilich unter anderen Vorzeichen, mit anderer Intention und Wirkung – seit *Zu Lasten der Briefträger* (1974) des öfteren verwendet, etwa in seinen Romanen *Altenehrung* (1983) und *Die Burg* (1986).[38]

In *Zu Lasten der Briefträger* wurde vom Residenz-Verlag ein Ausschnitt gestrichen, der sich auf Thomas Bernhard bezog[39], und im Roman *Die Mühle* (1981) spielt Brandstetter mit der Figur des vom Müller-Onkel aus dem Wasser gezogenen Selbstmörders Vlöhrer auf Bernhard an. Beide Texte werden von Dittmar als »Tomaten« bezeichnet, unterscheiden sich aber als (relativ kurze) Teile einer längeren Prosa in Intention, Funktion und Wirkung von vielen anderen »echten Satiren und Parodien« in Dittmars Band. Unklar bleibt außerdem, warum bei Dittmar von Brandstetters Vlöhrer-Abschnitt etwa eine Seite fehlt, dafür aber ein Titel angeführt wird, der nicht im Original steht.[40] In beiden Texten setzt Brandstetter bei eindeutig auf Bernhard verweisenden Signalen, vor allem aber bei Grundlegendem an: Es werden weniger Formen und Inhalte imitiert oder parodiert, es geht vielmehr um den Wirkungsaspekt, das Image und den Zusammenhang zwischen Image und Wirkung. Im unterdrückten *Briefträger*-Text heißt es: »so schnell können die Kulturpreisverleiher gar nicht verleihen, oft ist unser ortsansässiger Dichter noch kaum vorgeschlagen, da schlägt er auch schon zurück«[41]. In *Die Mühle* wird Vlöhrer als »der berühmte melancholische Dichter« eingeführt, es wird von den »berühmt-berüchtigten pessimistischen Büchern des großen Schwarzsehers« berichtet, ein »Vlöhrerbund« pflegt des Dichters Andenken, es kommt zu »lächerlichsten Auswüchsen des Vlöhrerkultes«.[42]

In dem bei Dittmar nicht angegebenen kurzen Text »Theater am Bauernhof« erzählt Brandstetter von einem Besucher, der eigentlich zu Bernhard nach Ohlsdorf wollte, und bezeichnet seine und Bernhards Wirkung als Rolle im Literatur-Spiel, von der letztlich auch der Ton der Texte abhänge:

> Mit mir kann man alles machen. Ich spiele mit. [...] Und es war nicht zum erstenmal, daß ich mir gewünscht habe, ich dürfte auch einmal den ungläubigen Thomas oder den Fliegen-

den Holländer spielen und deutlich sagen, daß ich den Schwank, in dem wir mitzumachen gezwungen werden, oft recht albern und lächerlich finde, beim Zeus. Doch den Donnersohn glaubt mir keiner, heißt es. Ich muß wohl bei meiner dankbaren Rolle bleiben. Keiner kann aus seiner Haut heraus. Ich werde wohl weiter den lustigen Loisl darstellen müssen. Nichts für ungut.[43]

Damit macht Brandstetter deutlich, daß er nicht nur für das ihm zugewiesene Image stehen, nicht nur als konservativer Autor des »Positiven« gesehen werden will. Liest man – mit einiger Berechtigung – sein »Theater am Bauernhof« als autobiographische Prosa, so legt sie den Schluß nahe, daß Brandstetter Bernhards Rolle als die ehrlichere und eindeutigere empfindet. Der Text über die Wirkung Bernhards wird im Vergleich zur Reflexion über die eigene Position zur Standortbestimmung.

Alles dreht sich um i h n

Eine zentrale Rolle spielt Bernhard auch in dem Theaterstück in fünf Akten *Wittgenstein, Bernhard und andere* von Gerald Szyszkowitz.[44] Auf ihn wird gewartet wie auf Godot, immer wieder wird sein Kommen angekündigt. Aber er tritt nie auf – und trotzdem scheint sich alles um ihn zu drehen. Das Stück beschränkt sich beileibe nicht nur auf das Thema Thomas Bernhard, es geht um gesellschaftliche Konventionen und Beziehungen – immer wieder aber wird alles auf »i h n« bezogen. Er selbst ist nicht zu sehen, sichtbar wird seine Wirkung (wie auch hier die Wirkung seiner Texte als wichtige Intention und Qualität dargestellt wird). Im Stück hängen die vier Figuren freiwillig und gern an seinen Fäden, er aber zieht an anderen: Er schreibt und arbeitet an der Inszenierung des *Heldenplatz*-Skandals, der zwar nicht genannt, auf den aber schon im 1. Akt in aller Deutlichkeit angespielt wird:

Er schreibt ein Stück darüber, / wie / einer sich umbringt. / Aus irgendeinem Fenster / springt sein Held / auf einen Platz hinunter. / In der Innenstadt. / Aber er / will nicht nur, / daß / die besten Schauspieler des Landes / bei der Uraufführung mitspielen, / er will auch / alle Politiker / dabeihaben! (*SZ* I 18f.)

Szyszkowitz übernimmt die Form des Textes, über den er schreibt, nämlich

Bernhards Zeilenbruch (der z. B. auch in einem Dramolett von Antonio Fian als Bernhard-Signal funktioniert[45]). Im 5. Akt wird über das Ergebnis der Inszenierung berichtet, über die Reaktion des Bundespräsidenten, der Minister, Politiker und Journalisten, über die im Text und also schon im Schreiben (1. Akt) angelegte Wirkung: die totale Komödie! / [...] alle diese Leute entlarven sich / [...] diesmal / hat e r offenbar / richtig kalkuliert. / Jetzt / hat er sie erwischt! / Mit s e i n e n / Reizwörterlassos« (*SZ* V 69 f.). Österreich als Bühne der Entblößung (auch das – die Interpretation der Rezeption und der Wirkung – wird zur Chiffre): »Eine Staats- / operette! / Jetzt / hebt sich / der Vorhang / über dem / ganzen / Land« (*SZ* V 71). Eine innerliterarische Rezeption einer totalen außerliterarischen Rezeption.

Die »totale Komödie« wird bei Szyszkowitz ausgebaut, in Anlehnung an Karl Valentins Monolog vom »Theaterzwang« gelingt die Übertreibung der Übertreibung (aus konsequentem Weiterdenken einer Situation entstehe Komik, meint Dürrenmatt). Die Peymann-Figur Moritz will in der nächsten Spielzeit alle »s e i n e« Stücke an einem Abend durchspielen lassen: »Und keiner darf weggehen! / Kein Schauspieler / und kein Zuschauer!« (*SZ* IV 54). Zwangs-Vorstellungen.

Gerald Szyszkowitz arbeitet mit den typischen Methoden der Hypertexte, der innerliterarischen Rezeption: mit dem Spiel der Anspielungen. Bernhards Name steht im Titel, fällt aber im ganzen Stück nicht. Es ist dennoch und gerade deswegen völlig klar, wer »e r«, dessen Name so geheiligt wird, ist: *die* Instanz.

Zum Signal der Anspielungen (Freumbichler und Peymann, Auersberger und das Café Bräunerhof, Bernhard-Titel und anderes) treten die Signale der Charakterisierungen Bernhards und seiner Literatur mit den üblichen Ausdrücken, die als Formeln eben Signale geworden sind: »Übertreibungsfanatiker« (*SZ* III 40), »Beschimpfungsvirtuose« (*SZ* V 70), »Haßtiraden« (*SZ* I 12), »Ekellitaneien« (*SZ* III 44), »Obsessionen« (*SZ* II 21). Darüber hinaus werden auch feinere Töne angeschlagen, werden Bernhards Literatur und ihre Wirkung genauer bezeichnet. Seine Gegen-Authentizität, sein Erzählen »in die entgegengesetzte Richtung« etwa, das Michaelis als eine der wichtigen inneren Strukturen Bernhards ansieht, gehört nicht zu den landläufig und häufig zitierten Formeln. Michaelis geht von einem Satz in *Der Keller* aus (»Ich wollte *in die entgegengesetzte Richtung*«) und verweist in diesem Zusammenhang u. a. auf das Grundgesetz Bernhardscher

Bühnenstücke, das zur Weltformel ausgerufen werde: »Es ist eine Komödie / was eine Tragödie ist« (aus *Die Macht der Gewohnheit*).[46] Schmidt-Dengler führt den Titel von Bernhards Erzählung *Ist es eine Komödie? Ist es eine Tragödie?*[47] als Beispiel dafür an, daß polare Paare vom Autor mit seiner Sprache so eingekreist werden, »daß die darin enthaltene Möglichkeit des Gegensatzes aufgehoben wird«, wodurch die Unsicherheit des Lesers gefördert werde: »In dieses Prinzip des Widerrufs ist auch die sinnlich faßbare Welt in ihrer Totalität eingebaut«.[48] Im Stück von Gerald Szyszkowitz (das im Manuskript keine Gattungsbezeichnung trägt, aber aus einem »Tragikomödie« genannten Stück hervorgegangen ist) wird eben dieses »Erzählen in die entgegengesetzte Richtung« als Charakteristikum der Bernhard-Figur angegeben, wird das Prinzip des Gegen-Satzes konkretisiert: »Und er / geht auch nie dorthin, / wo alle hingehen. / Immer / in die entgegengesetzte Richtung« (*SZ* I 17).

Bemerkenswert ist zudem die Genese des Stückes von Gerald Szyszkowitz, das aus Bausteinen der Tragikomödie in fünf Akten *Grillparzer oder Die drei Schwestern* hervorgegangen ist. Das Fundament seiner innerliterarischen Bernhard-Rezeption ist für Szyszkowitz also sein Stück über Grillparzer, den anderen Raunzer, der als braver Diener seiner Herren den Schritt in die Öffentlichkeit scheute und seine Schimpfreden in sein Tagebuch verbannte. Zwar werden bestimmte Anspielungen in *Wittgenstein, Bernhard und andere* variiert, ist auch der Rahmen des *Heldenplatz*-Skandals neu und somit das Ende des Stückes ein anderes – aber bezeichnende Stellen stehen schon im *Grillparzer*, der (wie Bernhard) ein »Übertreibungsfanatiker« genannt wird. Dies ist der meines Wissens einzige Fall der innerliterarischen Rezeption, in dem als typische Bernhard-Aussagen rezipierte zunächst Grillparzer in den Mund gelegt wurden, wobei der zweite der folgenden Sätze sogar nur im Grillparzer-Stück vorkommt: »Diese Zerstörung und Verstörung, dieser Verfall und Zerfall, diese Auflösung und Auslöschung. [...] Das Land eine geist- und kulturlose Kloake, und dieser Staat der gemeingefährlichste aller europäischen Staaten. [...] Die Rotte, die uns regiert, ist von einer Schlechtigkeit, die höchstens in ihrer Dummheit noch eine Entschuldigung findet«.[49]

Grillparzer ein Bernhard des 19. Jahrhunderts? Bernhard ein Grillparzer unserer Zeit? Die Gleichsetzung hebt Bernhard auf das »Niveau« des »österreichischen Klassikers«, in den Himmel der österreichischen Literatur, wo er sitzet ... Sollen wir (Bernhards Bemerkung über Goethe und

Schopenhauer abgewandelt) »den Grillparzer oder gleich den Bernhard« lesen?

Sprachliche Faschingsnasen als philosophisches Vergnügen: Zerstörung der Zerstörung

Werner Kofler, von dem Dittmar nur einen Text in seiner Sammlung anführt, setzt sich vielfach und vielfältig mit Thomas Bernhard auseinander. Kofler, der sich selbst als eigenwilligen Prosaisten in der Bernhard-Nachfolge ehrt[50], bastelt in raffinierter Zitier- und Paraphrasierkunst mit Literaturbauteilen bunte Lego-Erzählungen:

> Der Maler Strauch? Der Maler Strauch, ja freilich, ich bitte sehr um Verzeihung, aber da mußte ich im Literaturmagazin, im Halbdunkel, *im Frost*, im Zwielicht dieses Magazins in ein fremdes Abteil, ins Kellerabteil eines Kollegen geraten sein.[51]

Kofler bedient sich der »sprachlichen Faschingsnasen«[52], der Persiflage von literarischen Techniken, etwa der Bernhardschen Aufhebung der Gegensätze im Paradoxon »Fortschrittsrückschritt«. Schmidt-Dengler meint, daß Kofler von allen österreichischen Autoren der Gegenwart »am sichersten in die Tasten der Orgel des Grimms« greife und unzählige Stimmen imitiere, wodurch sein Text zu einem guten Teil entlarvendes Zitat sei: »Die Postmoderne verwendet ja das auf Erkennbarkeit hin eingesetzte Zitat als vornehmstes Mittel zur Erzeugung des ihr eigenen Stallgeruchs, und eben mit diesem Mittel erledigt Kofler alles, was sich im postmodernen Styling anpreist«.[53] Das postmoderne »Zitiergefuchtel« trägt sicher auch zur Verstärkung der Hypertext-Mode bei. Kofler aber zerstört diese Zerstörung.

Immer wieder geht er auf Thomas Bernhard und dessen Texte ein, zitiert bekannte Sätze und Ausdrücke, arbeitet dann mit diesen Zitaten, verändert, verknüpft sie mit Assoziationen und löscht sie wieder aus: »([...] Alles kunstgemäß, alles lächerlich, Literatur, Gelächter, alles lächerlich im Angesicht des Todes.) Im Angesicht? *Im Tal des Todes* muß es heißen«.[54] In *Am Schreibtisch* wird mit vielen Bernhard-Bauteilen jongliert, ist Bernhard als »der größte private oberösterreichische Obsessionseigentümer« (*K* 65) ein Leitmotiv, tritt er als Figur auf, deren Authentizität aber nicht gesichert ist: Es könnte ja auch ein falscher Thomas sein (wie z. B. im Falle des von Dittmar angeführten Woisetschläger-Textes; vgl. *K* 13) – und tatsächlich erscheint Bernhard bald unter dem Namen Lampersberg (*K* 32). Es ist hier also genau das Signal nicht abgesichert, das die einfachste und umfassendste Chiffre für den Hypotext ist und in Hypertexten immer mitschwingt, Erfahrung und Erwartung auf den Punkt bringt. Der Name darf wohl mit einem Pseudonym, hinter dem er hervorlugt, belegt, nicht aber verwechselt werden.

Kofler spielt mit literarischen Moden: Ein Roman mit dem Arbeitstitel »Der Held des ersten Satzes« soll begonnen werden, Sätze werden ausprobiert und wieder verworfen, z. B.: »Mein, Franz Josef Murnaus Unglück begann damit, daß ich ein Buch von Thomas Bernhard kaufte. *Nein*« (*K* 105). Angesetzt wird also wiederum bei der Rezeption, auf deren Automatismen explizit hingewiesen wird. Kofler läßt literarische Figuren wie Schauspieler auftreten und über ihren Part sprechen:

> Haben Sie mich in Alte Meister gelesen? Gewiß haben sie mich in Alte Meister gelesen, eine Paraderolle, wie gesagt wird ... Den Stock zwischen die Knie geklemmt auf der Sitzbank des Bordone-Saals im Kunsthistorischen Museum, schon kann es losgehen mit der Vernichtungsrhetorik, mit der Poesie der Urteilstafeln, mit der Schimpfkanonade, auf los! geht's los! Ich brauche nur zu sagen: Dieses Land ist eine Senkgrube der Lächerlichkeit oder An jedem Morgen steigt uns die Schamröte ins Gesicht vor soviel Lächerlichkeit, und für die deutsche Literaturkritik, für den Zeitmichaelis oder diesen anderen Blödian von der Frankfurter Allgemeinen, ich habe seinen Namen vergessen, handelt es sich schon um eine Offenbarung, um eine literarische Weltverblüffung. (*K* 106 f.)

Poesie als Pose. Die vom Inhaltlichen ausgehende Wirkung ist vom Werk Bernhards wahrlich nicht mehr zu trennen: »Diese Worte gehören dem Kaspar aus Ohlsdorf, kein anderer kann sie einsetzen, ohne daß sie jenem als Eigentum wieder zuwüchsen, nichts zu machen« (*K* 44) – genau dies trifft auf einen großen Teil der innerliterarischen Bernhard-Rezeption zu. Werner Kofler aber ist auf ironische Zerstörung (nicht nur) des Bernhard-Nimbus aus: »*das wäre Kunst*, meinen sie nicht auch, die *Zerstörung der Zerstörung*, ein philosophisches Vergnügen ...« (*K* 157). Kofler bietet es. Und nach Meinung vieler Kritiker gelingt die Zerstörung als Weiterschreiben; ein neuer, neuartiger Text ist entstanden – von Kofler.

Gegen-Authentizität der Gegen-Authentizität: aus dem Höhlensystem der Welt auf's Dach gestiegen

»Steiermarkschelte« ist der Titel einer Rezension[55] der »Schicksalsnovellen« von Reinhard P. Gruber, *Vom Dach der Welt.* Es sind dies meist sehr kurze Texte (schon in der Gattungsbezeichnung des Untertitels beginnt das Prinzip des Widerrufs), von denen sich die ersten deutlich an den formal ähnlichen des Vorschimpfers, dessen Stimme sie imitieren, zu orientieren scheinen. Im *Stimmenimitator* liegt das Epizentrum des subterranen Höhlensystems, dem »die Kraft des Verschlingens zugesprochen« wird, in Bernhards Wohngegend;[56] jenes der »entgegengesetzten Richtung«[57], des Daches der in der Enge der Steiermark konzentrierten Welt, befindet sich in Grubers Wohngegend. Was allerdings zunächst wie die Bestätigung eines *Stimmenimitator*-Textes aussieht – in Bernhards *Ausgewandert* pendelt der Held immer zwischen der Steiermark und Australien hin und her, Grubers erster Text endet mit dem Ausruf »Daheim sind wir nie!«[58] –, verläßt bald das Höhlensystem. »Das Ende des Tunnels« heißt der zweite Text, der wie bei Bernhard einsetzt und den Ort fixiert (»In Venedigs Lagune«; vgl. »Pisa und Venedig« im *Stimmenimitator),* aber zu einer anderen Perspektive führt: »Am Ende des Tunnels lacht Vorarlberg« (*G* 6). Gruber bietet einen »Blick von oben« (*G* 11), den er auch als Ausdruck eines Herrschaftsverhältnisses und somit in seiner Zweideutigkeit zeigt (z. B. in »Brüderlichkeit«: »Wo es nur geht, reichen wir uns brüderlich die steirischen Hände. Leider gehören alle Finger dem steirischen Landeshauptmann«; *G* 15). Der Blick *Vom Dach der Welt* – das ist auch das herablassende Herunterschauen auf Fremdes, Anderes. Der Dachstein muß höher sein als der Großglockner (»Auf dem Großglockner«, so beginnt Bernhards Text »Schöne Aussicht«), da

> sich der Dachstein in der Steiermark erhebt, und zwar im höchsten Norden. Die Steirer konnten deshalb bis heute auf eine eigene Pasterze verzichten. Denn die Pasterze ist flach wie Holland. (*G* 56)

Alles liegt in der Perspektive!

Im Gegensatz zu Bernhards »Ausgewandert« bleiben Grubers Auswanderer im Ausland, bleiben aber vor allem doch steirisch. Im Text »Im Falle des Weltkriegs« geht ein junger Mann aus Straden nach Libyen, wo er nach altem Brauch die Kinder der VÖEST-Arbeiter in Deutsch unterrichtete, obwohl dort außer Kreisky niemand deutsch sprach.

Er lebt heute noch in Libyen, und die Kinder der VÖEST-Arbeiter auch. Sie sind inzwischen gläubige Moslems geworden und sprechen das bekannte Stradener Deutsch. Und das mitten in Libyen! (*G* 18)

Die Anekdoten im *Stimmenimitator* scheinen »die ganze Welt mit einem feinmaschigen Netz zu umfassen«[59] – bei Gruber scheint ein feinmaschiges Netz die Steiermark mit der Welt zu verbinden, versucht »ein Philosoph aus Graz [...] die Welt aus der Perspektive der Steiermark zu erklären« (*G* 52).

Von Bernhard übernimmt Gruber eine Perspektive, die er langsam umkehrt, Themen und Techniken (besonders auffallend in »Abhängig«; *G* 42), die er am Beginn des Bandes konzentrierter, später weniger und ab der Mitte kaum mehr einsetzt. Wie im *Stimmenimitator* wird eine verschleierte Authentizität geschaffen, werden Orte und berühmte Persönlichkeiten genannt (Ernst Jandl, *G* 10; Peter Rosegger und der Rennfahrer Dieter Quester, *G* 14; Bruno Kreisky, *G* 18; der Catcher Otto Wanz, *G* 20; Anton Benya und Christian Broda, *G* 53; Wolfgang Bauer, *G* 64 u. a.). Auch hier werden die Großen mit den kleinen Leuten konfrontiert (Napoleon und die Judenburger Großmütter; *G* 25), wird »durch diese polare Paarung wieder eine Perspektive erreicht, durch die eine gesellschaftliche Totale in den Blick kommen kann«[60]. Auch hier geht es um »Geschichtskorrektur«[61], wie ein Titel bei Gruber lautet:

Als Hitler nach Graz kam, war von der Stadt nichts mehr zu sehen. Alle Häuser und Plätze verschwanden hinter tausenden und abertausenden Hakenkreuzfahnen. Damals standen alle Wohnungen in Graz leer, weil die Grazer ausgezogen waren, um ihrem Führer zuzujubeln. Dafür verlieh der Führer das einmalige Prädikat »Stadt der Volkserhebung«.

Nach dem Krieg verwiesen die Grazer darauf, daß alles nur ein Irrtum gewesen sein könne: 1.) sei von der Stadt damals nichts zu sehen gewesen, betonten sie, und 2.) seien sie überhaupt nicht zu Hause gewesen. (*G* 118)

Hier stellt sich eine Basis der 2. Republik, die Opfertheorie, als »Geschichtskorrektur« dar: »Die Wahrheit, die wir kennen, ist logisch die Lüge, die, indem wir um sie nicht herumkommen, die Wahrheit ist«, so Bernhard (Ke 33), bei dem Geschichte als Fälschung erscheint. Gruber errichtet die Gegen-Authentizität in »Geschichtskorrektur« aber nicht mit Hilfe einer Anekdote (wie Bernhard im *Stimmenimitator*), sondern in der

Gegenüberstellung eines Ereignisses und der Phrasen, die das Ereignis verschleiern und verfälschen sollen. Der Kontrast zwischen ihnen suggeriert eine Korrektur der Korrektur.

Gruber korrigiert zusehends auch das *Stimmenimitator*-Programm. »Abgängig« erzählt nicht etwa, daß jemand in einem Höhlensystem verschwunden ist (wie jene Frau in Bernhards »In Lima«, die in den Tauern verschollen ist und von ihrem Mann in den Anden gesucht wird), sondern berichtet, ganz aus steirischer Perspektive, daß ein »fremdsprachiger Intellektueller« 1957 das Ennstal bereist – und dann wieder nach Hause fährt: »Seit damals ist er nicht mehr im Ennstal gesehen worden« (*G* 42), ist für die Steirer also »abgängig«. Und ein nach Bernhard-Manier beginnender Text mit dem Titel »Sennersterben« geht doch gut aus und endet mit der Verbindung von »naturgemäß« und dem »Dach der Welt«: »die Berge müßten bleiben, wo sie sind, das Ansteigen des Sennersterbens liegt im Plan der Natur selbst« (*G* 24).

Gruber arbeitet an seiner Gegen-Authentizität und steigt damit der Steiermark, in der sich die Welt spiegelt und konzentriert, aufs Dach.

Im Inland wie im Ausland auch

Die innerliterarische Bernhard-Rezeption beschränkt sich nicht auf Österreich (zuletzt z. B. Michael Scharang in *Auf nach Amerika*, 1992). Immer wieder wird in der Schweiz, in Deutschland (jüngst Gerhard Köpf in *Piranesis Traum*, 1992) und anderen Ländern auf ihn Bezug genommen. Es erschien z. B. 1989 in Paris das Buch *Lettre à l'Hermite autrichien*, das Gemma Salem mit »Mon cher Bernhard« beginnt und zu einem Text ihrer Bernhard-Obsession macht. Auf der zweiten Seite dieses langen literarischen Briefes wird ein Bernhard-Zitat angeführt, das einen Grund der innerliterarischen Rezeption angibt: »Wir wollen naturgemäß den praktischen Umgang mit den uns faszinierenden Gegenständen.«[62]

Frost (1963), das Werk, das nach Meinung vieler Bernhards Universum im Kern enthält, wurde von dem Schweizer E. Y. Meyer in dem Roman *In Trubschachen* (1973) in unzähligen Einzelheiten, in Form und Inhalt nach- und weitergeschrieben. Dittmar hört hier einen »Ton angeschlagen«, der an Bernhard erinnere[63] – es ist aber eine ganze Komposition, die zum Teil aus Bernhards Noten zusammengesetzt, allerdings in eine andere Tonart gesetzt ist. Wie in *Frost* wird die erzählte Zeit in der Zählung der Tage fixiert. Meyers Fiktion folgt der Bernhards per Zug in ein Bergdorf, dort ins Wirtshaus, auf Spaziergänge, in den Schnee, wieder an den Wirthaustisch zum Essen (das Menü ist, wie andere Details, eher schweizerisch gehalten), in Träume, Lektüren (»bis gegen ein Uhr in der Früh *Watten* von Thomas Bernhard lesen ...«[64]).

Die Erzählhaltung aber ist eine andere. An die Stelle des affirmativen Ich-Erzählers von *Frost* tritt ein über weite Strecken die Möglichkeitsform benützender Erzähler, der das Ich als »man« in scheinbare Allgemeingültigkeit kleidet, deutlich z. B. im Vergleich der »Reise nach oben«: »Ich bin mit dem ersten Zug gefahren, mit dem Halbfünfuhrzug. [...] Die Männer mit grauen Kappen, die Frauen mit roten Kopftüchern« (F 8), so die klare Erzählhaltung (»Ich bin«) am Beginn des 2. Tages von *Frost*; demgegenüber Meyer: »Nach dem Winterfahrplan [...] erreicht man Trubschachen [...] um siebzehn Uhr null sieben [...]. Die meisten würden [...] an ihrer althergebrachten bäuerlichen Sonntagsbekleidung zu erkennen sein: Männer [...] mit [...] schwarzen oder braunen Hüten [...], Frauen in langen faltigen Röcken [...], Kopftücher« (*M* 7, 9).

Leben und Tod werden als Möglichkeit erzählt, wie von jenem Hochschullehrer in der Vorlesung »Der Tod als philosophisches Problem«, der

> jedesmal, wenn er in einem Hotelzimmer übernachtete, daran denken müsse, daß er in dieser ihm völlig fremden, nichtssagenden – nichts über ihn aussagenden –, für einen nichtexistierenden Durchschnittsgeschmack eingerichteten, von soundso vielen Menschen – ohne daß sie auch nur eine einzige Spur ihrer persönlichen Anwesenheit hinterlassen *hätten* – vor ihm und von soundso vielen Menschen – ohne daß sie auch nur eine einzige Spur ihrer persönlichen Anwesenheit hinterlassen *würden* – nach ihm benutzten (nicht bewohnten) Umgebung, zu der er keinerlei, aber auch überhaupt keine Beziehung habe – und das sei ihm ein unerträglicher Gedanke – *sterben* könnte ... (*M* 19)

Dieser zweifellos von Bernhardschen Konstruktionsmustern abgekupferte Satz vehikuliert einen Inhalt, der am Beginn von *Frost* steht: ein Auftrag, der zwingt, sich mit »außerfleischlichen Tatsachen und Möglichkeiten auseinanderzusetzen. Etwas Unerforschliches zu erforschen. Es bis zu einem gewissen erstaunlichen Grad von Möglichkeiten aufzudecken.« (F 7)

Vor allem das mit Tod, Verwesung, Friedhof[65] verbundene Eis-Schnee-Motiv wird bei Meyer wie bei Bernhard leitmotivisch gesetzt[66], die Kälte als eine absolute, »uns allen bestimmte« (*M* 25f.) bezeichnet, die zu traumhaften Endzeit-Visionen führt. Die vertrauten Lebensverhältnissse ändern sich in der andern Welt »oben« (und hier kommt ein anderer Ort der Schweiz in den Sinn, Davos, wo in Thomas Manns Schwanengesang der alten bürgerlichen Welt, im *Zauberberg* [1924], alles im sommerlichen Schneegestöber durcheinander gerät). Bei E. Y. Meyer scheint letztlich auf den Schnee die Sonne (in *Frost* dagegen: »der Schnee war schwarz«; F 37), die, auch wenn sie dann untergeht, »im Westen immer noch ein breites Stück der Erdatmosphäre in einer außerordentlichen Helligkeit erscheinen« (*M* 196) läßt. Hier gibt es Hoffnung, hier wird in der Auseinandersetzung mit einer Bernhardschen Welt ein anderer Schluß gezogen: »man stehe in einer anderen, fernen, ruhevollen Welt [...]. *Zeit* müsse man sich für solche Höhenreisen allerdings nehmen« (*M* 39). Das ist vorsichtig ausgedrückt. Aber immerhin: die Möglichkeit besteht. Die Reise führt nicht in den Tod, sondern wieder ins Tal zurück und in ein erweitertes Wahrnehmungsvermögen.

Aufhebung der Gegen-Sätze

Die innerliterarische Bernhard-Rezeption beschränkt sich nicht nur auf Imitation, Repetition der Repetition, versuchte Übertreibung der Übertreibung. Es handelt sich auch um vielschichtige Auseinandersetzungen mit Bernhard, die an bestimmte Signale geknüpft sind. Sie setzen auffallend oft beim Wirkungsaspekt an und – dies gilt vor allem für die Hypertexte in Dittmars Band – wollen Bernhards systematische Destruktion umsetzen, indem sie seine Texte selbst als anerkannte Voraussetzungen zu zerstören versuchen und dann doch weiterführen. Sie wollen Bernhard schlagen, indem sie seine eigenen Mittel gegen ihn (um)kehren – werden sie aber nicht letztlich von ihm eingesetzt und geschlagen?

So bewegt sich die innerliterarische Rezeption in dem Feld zwischen Attacke und Riposte, zwischen Beifall und Gelächter, zwischen Imitation und Reflexion, zwischen Destruktion und Rekonstruktion, zwischen Fälschung und Gegen-Authentizität. Bernhard hoch zwei, auffallend geknüpft an hervortretende Signale, feiner verbunden mit tieferen Schichten, vordergründig erkennbar an den Reizwörtern (naturgemäß, sogenannt, tatsächlich usw.) und deren Verwendung, an Substantivzusammensetzungen und Superlativhäufungen, an Strukturen und Stilmitteln (Satzbau, Repetition etc.), an Inhalten, den großen (Tod und Schlechtigkeit der Welt) und den kleinen (Hosen und Kragenknöpferl), an Titeln und Zitaten und vor allem am Namen Thomas Bernhard als Chiffre für den ganzen Text. Der eigene Name wird an den Bernhards und dadurch teilweise an dessen Wirkung gekoppelt. Der Chor wird vom Scheinwerferlicht, das auf den Vorschimpfer gerichtet ist, gestreift. Und da ein heiliger Stuhl vakant ist (»Papst Thomas Bernhard«, schreibt Kofler und bezeichnet sich als zweiten des Namens; *K* 127), beginnt das Nachfolge-Spiel.[67]

Bernhard erreicht eine umfassende Rezeption, an der sich auch Instanzen und Personen beteiligen, die weder Lesepublikum noch Instanzen des Literaturbetriebes sind. Ist die Wirkung eine Qualität des Werkes, so ist die außerliterarische Rezeption jedenfalls ein Erfolg für Bernhard: Die angestrebte Erregung bleibt nicht aus, der Skandal tritt ein, die provozierte Selbstentblößung der Gesellschaft nimmt ihren Lauf. Und obwohl in der innerliterarischen Rezeption Bernhards radikale Individualität durch Nach-Schreiber aufgehoben wird, obwohl z. B. kritische Parodien das Werk zerstören wollen, obwohl in Hypertexten Bernhards »konsequente Praxis der Verweigerung«[68] gestört werden mag, weil er sich und seine Texte dieser Rezeption nicht verweigern kann, wird diese scheinbar unweigerliche »Niederlage« zu einer unweigerlich scheinbaren: Gegen das Spiel der Mächtigen inszenierte Bernhard seine Komödien und Beschimpfungen – diese Inszenierung wird vielfältig und verschiedenartig in Hypertexten übernommen und weitergeführt, auch gegen sein eigenes, Bernhards, Spiel der literarischen Macht. Es mag das Spiel verwässert, im Beifall entschärft sein. Die Bernhardsche Aufhebung der Gegensätze und sein »Prinzip des Widerrufs« werden auch nach ihm und ohne ihn (implizit aber immer mit ihm) weitergeführt, ja die innerliterarische Rezeption ist selbst ein Bei-Spiel der Aufhebung der Gegen-Sätze: Bernhards Werk, das den Keim der eigenen Vernichtung in sich trägt[69], wird gleichzeitig zerstört und abgewandelt und vervielfacht, denn der Chor verstärkt in hundertfachem Echo jedenfalls die Reden des Vorschimpfers.

Anmerkungen

[1] Thomas Bernhard in einem Spiegel-Interview auf die Frage, ob er Gemeinsamkeiten mit Handke sehe: »Gar keine Ähnlichkeit, Handke ist ein intelligenter Bursche, und ich möchte keines seiner Bücher geschrieben haben, aber alle meine.« In: Der Spiegel 26 (1980), S. 180.

[2] Panzer, Friedrich Bernhard: Gegenwartsliteratur und Journalismus in Österreich. Zum Verhältnis von literarischer und politischer Öffentlichkeit. Salzburg, Phil. Diss. (masch.) 1985, S. 267.

[3] Riener, Roswitha M.: Strukturelle Bedingungen und alternative Ansätze für die Kommunkation der modernen Öffentlichkeit als Problem österreichischer Gegenwartsliteratur. Wien, Diplomarbeit (masch.) 1987, S.83f.

[4] Vgl. Aspetsberger, F., Lengauer, H. (Hg.): Zeit ohne Manifeste? Zur Literatur der siebziger Jahre in Österreich. Wien 1987.

[5] Melzer, Gerhard: Heimkehr mit Hindernissen. Streifzüge durchs tiefe Österreich. In: Arnold, H. L. (Hg.): Bestandsaufnahme Gegenwartsliteratur. BRD – DDR – Österreich – Schweiz. München 1988, S. 296–311, hier: S. 302.

[6] Vgl. Zeyringer, Klaus: Innerlichkeit und Öffentlichkeit. Österreichische Literatur der achtziger Jahre. Tübingen 1992.

[7] Vgl. z. B. Literarisches Kolloquium Linz 1984: Thomas Bernhard. Hg. von Pittertschatscher, A., Lachinger, J., Linz 1985. Darin: Daviau, Donald G.: Bernhard in Amerika. S. 113–160. Le Rider, Jacques: Bernhard in Frankreich. S. 161-174.

[8] Kaindlstorfer, Günther: Begehrte Literaten. In: AZ (Wien), 17./18. 8. 1991, Beil., S. 32. Laut Tabelle auf S. 33 war Handke zu diesem Zeitpunkt in 24, Bernhard in 21 Sprachen übersetzt.

[9] Wobei immer zu bedenken ist, daß sich wahrscheinlich nicht viel mehr als 1% der österreichischen Bevölkerung für »Gegenwartsliteratur« interessiert. Vgl. Zeyringer, Innerlichkeit und Öffentlichkeit (Anm. 6), S. 37–39.

[10] Eine andere, auch »außerliterarische Rezeption« war z. B. in der »Heldenplatz«-Diskussion der Eingriff jener Politiker und Machthaber, die das Stück gar nicht gelesen hatten (der Titel und der Name des Autors waren schon ein – für sie – ausreichendes Signal) – sie waren in diesem Fall weder Lesepublikum noch Instanzen des Literaturbetriebes, sondern repräsentierten über diesen Instanzen stehende Instanzen, die in Österreich stärker als anderswo aus- und zuschlaggebend sein dürften, da hierorts der Kulturbetrieb im besonderen Maße von Subventionen abhängt und so zum Teil in Abhängigkeit gehalten wird. Entsprechend wird argumentiert: »Wohl haben wir eine Freiheit der Kunst, aber es handelt sich immerhin um Steuergelder«.

[11] Eco, Umberto: Die Struktur des schlechten Geschmacks. In: Eco, Umberto: Apokalyptiker und Integrierte. Zur kritischen Kritik der Massenkultur. Frankfurt/Main 1986, S. 75.

[12] Vgl. Lüdke, Martin: Der neudeutsche Literaturstreit. Beschreibung einer Misere. In: Literaturmagazin 17 (1986), S. 28–45.

[13] Scharang, Michael: Heilige Schriften. In: Lewin, M. (Hg.): Scharang Michael: Das Wunder Österreich oder Wie es in einem Land immer besser und dabei immer schlechter

wird. Essays. Polemiken. Glossen. Wien, Zürich 1989, S. 99 (zuerst in Konkret 10/1987).

[14] Wolfgruber, Gernot: Vielleicht blau oder violett oder überhaupt verboten. In: politicum, Graz 38a, 1988, S. 20.

[15] Vgl. Zeyringer, Innerlichkeit und Öffentlichkeit (Anm. 6), S. 235f.

[16] Vgl. Daviau und Le Rider (Anm. 7), bes. S. 138, 163.

[17] Dittmar, Jens (Hg.): Der Bernhardiner. Ein wilder Hund. Tomaten, Satiren und Parodien über Thomas Bernhard. Wien 1990.

[18] Schmidt-Dengler, Wendelin: Von der unbegründeten Angst, mit Thomas Bernhard verwechselt zu werden. In: Schmidt-Dengler, W., Huber, M. (Hg.): Statt Bernhard. Über Misanthropie im Werk Thomas Bernhards. Wien 1987, S. 9.

[19] Ders.: Elf Thesen zum Werk Thomas Bernhards. In: Schmidt-Dengler, W.: Der Übertreibungskünstler. Studien zu Thomas Bernhard. Wien 1986, S. 107. Im Rahmen dieser Arbeit kann ich mich nicht umfassend mit der Bernhard-Sekundärliteratur auseinandersetzen. Ich halte mich an Schmidt-Dengler, insbesondere an sein Elf-Thesen-Wunderteam.

[20] Ders.: Bernhards Scheltreden. Um- und Abwege der Bernhard-Rezeption. In: Schmidt-Dengler: Der Übertreibungskünstler, a. a. O., S. 98.

[21] Vgl. Weinzierl, Ulrich: Makellose Schreckensbilder. Das Grazer Literatursymposium über »Das Ende des Politischen« beim »steirischen herbst«. In: FAZ, 25. 10. 1988.

[22] Sorg, Bernhard: Kunst ja, Politik nein. Thomas Bernhard in Österreich. In: Grimm, G. E. (Hg.): Metamorphosen des Dichters. Das Selbstverständnis deutscher Schriftsteller von der Aufklärung bis zur Gegenwart. Frankfurt/Main 1992, S. 303–311, hier: S. 309.

[23] Schmidt-Dengler, Von der unbegründeten Angst ... (Anm. 18), S. 8.

[24] Dittmar, Jens: Was zum Teufel ist eine Tomate? In: Dittmar, J. (Hg.): Der Bernhardiner, a. a. O., S. 18.

[25] Ebda (Hervorhebung Zey).

[26] Vgl. Dittmar, Jens (Hg.): Sehr geschätzte Redaktion. Leserbriefe von und über Thomas Bernhard. Wien 1991. Einige dieser Leserbriefe sind als Hypertexte konzipiert, z. B. eine »Heldenplatz«-Kritik in der Form eines fiktiven Gespräches zwischen Peymann und Bernhard. Vgl. S. 199f.

[27] Vgl. die »Heldenplatz«-Leserbriefe in: Dittmar, Jens (Hg.): Leserbriefe, S. 189–198. Vgl. auch: Heldenplatz. Eine Dokumentation. Dramaturgie. Burgtheater Wien, 13. 1. 1989.

[28] Ernst, Gustav: Literatur und Leben. Zum (neueren) literarischen Realismus. In: Wespennest 74, 1989, S. 36.

[29] Vgl. Arntzen, Helmut: Satire in der deutschen Literatur. Geschichte und Theorie. Bd. 1: Vom 12. bis zum 17. Jahrhundert. Darmstadt 1989, S. 12.

[30] Ebda, S. X.

[31] Schmidt-Dengler, Elf Thesen (Anm. 19), S. 107.

[32] Arntzen, Satire (Anm. 29), S. 14.

[33] Ebda, S. 17.

[34] Vgl. Genette, Gérard: Palimpseste. Die Literatur auf zweiter Stufe. Aus dem Franz. von W. Bayer und D. Hornig. Frankfurt/Main 1993, S. 21f. Vgl. auch Verweyen, Theodor; Witting, Gunther: Die Parodie in der neueren deutschen Literatur. Eine systematische Einführung. Darmstadt 1979.

[35] Genette, a. a. O., S. 40. Vgl. auch Bergson, Henri: Le rire. Essai sur la signification du

comique. 333e édition. Paris, S. 95: »L'éxagération est comique quand elle est prolongée et surtout quand elle est systématique«. Ja, systematisch und anhaltend, das ist Bernhards Übertreibungskunst.

[36] Schmidt-Dengler, Bernhards Scheltreden (Anm. 20), S. 104.

[37] Kahlschmidt, W., Mohr, W. (Hg.): Reallexikon der deutschen Literaturgeschichte, 3. Bd. Berlin, New York 1977, S. 14.

[38] Eine vergleichende Analyse eines Ausschnitts aus »Alte Meister« und »Altenehrung« ist zu finden in: Zeyringer, Innerlichkeit und Öffentlichkeit (Anm. 6), S. 107–110.

[39] Erschienen unter dem Titel »Was Thomas Bernhard nicht lesen durfte« in: Kleine Zeitung, Klagenfurt, 23. 6. 1978. Vgl. Dittmar, Der Bernhardiner (Anm. 17), S. 16, 176.

[40] Vgl. Dittmar, Der Bernhardiner, a. a. O., S. 72–75, und Brandstetter, Alois: Die Mühle. Roman. Salzburg, Wien 1981, S. 41–45.

[41] Zit. nach Dittmar, Der Bernhardiner, a. a. O., S. 16.

[42] Brandstetter, Die Mühle, S. 41–43.

[43] Brandstetter, Alois: Theater im Bauernhof. In: Brandstetter, A.: Kleine Menschenkunde. Salzburg, Wien 1987, S. 21f.

[44] Szyszkowitz, Gerald: Wittgenstein, Bernhard und andere. (Uraufführung: Wien, Freie Bühne, 19. 2. 1992; Leseaufführung in französischer Übersetzung: Paris, 18. 11. 1991). In der Folge zitiert als »*SZ*« nach dem Manuskript, Fassung 29. 7. 1991 (unveröffentlicht; die Zahlen nach der Aktangabe beziehen sich auf die Ms.-Seiten).

[45] Vgl. Fian, Antonio: Gerhard Graßl begegnet auf dem Graben Thomas Bernhard und nimmt ihn in Schutz. In: Falter, Wien, 21. 10. 1988, S. 4. Hier tritt Bernhard zwar auf, sagt aber kein Wort.

[46] Vgl. Michaelis, Rolf: Himmelsturz, Höllenflug. In: Die Zeit, 4. 6. 1982 (über »Ein Kind«). Auf »Die Macht der Gewohnheit« spielt auch Szyszkowitz an (vgl. *SZ* IV 51).

[47] Vgl. Schmidt-Dengler, Elf Thesen (Anm. 19), S. 108f. Vgl. dazu F 189: »Ich habe Mitleid mit dieser Tragödie, ich habe kein Mitleid mit dieser Tragödie, Komödie«.

[48] Schmidt-Dengler, a. a. O.

[49] Szyszkowitz, Gerald: Grillparzer oder Die drei Schwestern. Tragikomödie in fünf Akten. In: Szyszkowitz, G.: Theater-Stücke. Wien, Stuttgart 1991, S. 21, S. 27, S. 43 (und *SZ* II 31, *SZ* V 67).

[50] Vgl. Kofler, Werner: Amok und Harmonie. Prosa. Berlin 1985. Zitiert nach Haas, Franz: Bücher aus dem Hinterhalt. Die literarischen Sabotageakte des österreichischen Schriftstellers Werner Kofler: eine Hommage. In: Frankfurter Rundschau, 4. 8. 1990. Kofler wird auch tatsächlich oft mit Bernhard verglichen, vgl. z. B. Schlodder, Holger: Genüßlicher Pessimismus. Prosaskizzen von Werner Kofler. In: Süddt. Zeitung, 8. 2. 1986. In dieser Rezension von »Amok und Harmonie« heißt es, die »misanthropischen Monologe« Bernhards seien »noch ein Stück unerbittlicher«.

[51] Kofler, Werner: Verdeckte Selbstbeobachtung. In: Kofler, W.: Hotel Mordschein. Drei Prosastücke. Reinbek bei Hamburg 1989, S. 130.

[52] Kofler, Werner: Am Schreibtisch. Alpensagen/Reisebilder/Racheakte. Reinbek bei Hamburg 1988, S. 127. In der Folge als »*K*« zitiert.

[53] Wendelin Schmidt-Dengler über »Hotel Mordschein« in der Rundfunksendung »Ex

libris«, Ö 1, 10. 9. 1989. Ms. in der Dokumentationsstelle für neuere österr. Literatur, Wien.

[54] Kofler, Hotel Mordschein (Anm. 51), S. 42.

[55] E(va) H(aldimann): Steiermarkschelte. Satirische Notate von Reinhard P. Gruber. In: Neue Zürcher Zeitung, 8./9. 3. 1987.

[56] Vgl. Schmidt-Dengler: Verschleierte Authentizität. Zu Thomas Bernhards »Stimmenimitator«. In: Der Übertreibungskünstler (Anm. 19), S. 42–63, hier: S. 50f.

[57] Vgl. Anm. 46. Und vgl. F 10: »Weng liegt hoch oben, aber noch immer wie tief unten in einer Schlucht«. In dieses Prinzip des Widerrufs sieht Schmidt-Dengler »auch die sinnlich faßbare Welt in ihrer Totalität eingebaut«. Schmidt-Dengler, Elf Thesen (Anm. 19), S. 109.

[58] Gruber, Reinhard P.: Vom Dach der Welt. Schicksalsnovellen. Wien, Graz 1987, S. 5. In der Folge zitiert als »*G*«.

[59] Schmidt-Dengler, Verschleierte Authentizität (Anm. 19), S. 51.

[60] Ebda, S. 53.

[61] Vgl. ebda, S. 51: »Korrektur an der Geschichte ist eine der Aufgaben der Anekdotenschreibung«.

[62] Salem, Gemma: Lettre à l'Hermite autrichien. Paris 1989, S. 8. Dt.: Brief an Thomas Bernhard. Aus dem Franz. v. Sybille Kurt. Wien 1991, S. 8. Es stimmt also J. Le Riders Meinung, daß es in Frankreich keine schöpferische Bernhard-Rezeption gebe, nicht mehr. Vgl. Le Rider (Anm. 7), S. 161.

[63] Vgl. Dittmar, Der Bernhardiner (Anm. 17), S. 10.

[64] Meyer, E. Y.: In Trubschachen. Roman. Frankfurt/Main 1979, S. 33. In der Folge zitiert als »*M*«.

[65] »Ist ihnen nicht aufgefallen, daß die Menschen Friedhöfe bewohnen? Daß Großstädte große Friedhöfe sind« (F 168) – ist übrigens Leitmotiv von Walter Gronds »Landnahme«, 1984, in dem die modernen Großstädte Nekropolen sind.

[66] Ebenso in Gerhard Roths »Winterreise« (1978), Werner Herzogs »Gehen im Eis« (1978), Max Frischs »Der Mensch erscheint im Holozän« (1979), Bernhard Hütteneggers »Reise über das Eis« (1979), die alle deutlich an »Frost« anknüpfen (Hüttenegger übernimmt z. B. den Klamm-Abschnitt); als Heilsmotiv dagegen in Peter Handkes »Langsame Heimkehr« (1979). Vgl. Zeyringer, Klaus: End-Eiszeit oder langsame Umkehr? Das Eis-Schnee-Motiv in der Prosa der späten siebziger Jahre. In: Österreich in Geschichte und Literatur 29 (1985) 2, S. 105–119.

[67] Vorgeschlagen wird z. B. Antonio Fian. Vgl. Ernst, Gustav: Ein Bernhard-Nachfolger. In: AZ, 7. 12. 1990.

[68] Schmidt-Dengler, Bernhards Scheltreden (Anm. 20), S. 94.

[69] Schmidt-Dengler, Elf Thesen (Anm. 19), S. 108f.

Willi Huntemann

Fan-Post ins Jenseits

Anmerkungen zur posthumen Bernhard(iner)-Literatur

Bernhardiner gelten als gute Spürhunde nach Lawinenunglücken. Eifrig auf den Spuren von Thomas Bernhard, haben einige von ihnen selbst eine kleine Lawine von Bernhard(iner)-Literatur ausgelöst, wenn sie ihn schon nicht mehr zum Leben erwecken können. Sie ist Anlaß und Gegenstand folgender Ausführungen.

Bereits zu Lebzeiten Bernhards hat das Interesse an seiner Person die Beschäftigung mit seinen Werken in zunehmendem Maße begleitet, ja oft überlagert. Das hat seinen Grund zum einen in der artistisch-artifiziellen Formsignatur dieses Œuvres, dem die Spannung von Dichtung und Wahrheit bereits eingeschrieben ist. Sie fordert geradezu dazu heraus, den Schleier zu lüften, um dem nichtartistischen Substrat auf die Spur zu kommen. Zum anderen spielen dabei die das Werk begleitende Selbstinszenierung des Autors und sein Auftreten in der Öffentlichkeit eine Rolle. Von Anbeginn an hat Bernhard sein Publikum polarisiert in Verehrer und Gegner, sei es durch seine Texte selbst – der Kritikerstreit in *Konkret* im Jahre 1971 zeigte dies bereits recht früh –, sei es durch seine skandalträchtigen Äußerungen vor allem in Form von Reden und Leserbriefen, welch letztere Jens Dittmar in einer, nach ihrem Erscheinen sogleich verbotenen, Sammlung[1] herausgegeben hat. (Es ist bezeichnend, wie es Bernhard durch seine testamentarische Verfügung des Publikationsverbotes gelungen ist, einen Auslieferungsstopp wie im Falle von *Holzfällen* über seinen Tod hinaus zu wiederholen.) Diese Polarisierung hat jedoch eine dritte Form der Reaktion, das parodistische Um- und Nachschreiben, das auch bereits sehr früh eingesetzt hat (wie die ebenfalls von Dittmar herausgegebene Sammlung von Bernhard-Parodien zeigt[2]), nicht ausgeschlossen. Als Einfühlung wie Distanzierung erfordernde Form vermittelt die Parodie gleichsam zwischen unkritischer Verehrung und vorbehaltloser Ablehnung. Auch sie ist eine für Bernhard symptomatische Rezeptionsform, scheint sie doch geradezu in seinem Stil- und Sprachgestus als Tendenz zur Selbstparodie angelegt zu sein – wohl über keinen anderen Gegenwartsautor ließe sich ein ganzer Band mit Parodien füllen. Hatten sich zu Lebzeiten des Autors vor allem Kritiker und Gegner, nicht zuletzt auch als von ihm Angegriffene oder sich angegriffen Fühlende, mehr oder weniger polemisch öffentlich zu Wort gemeldet, so zeigen jüngste Publikationen ein anderes, so noch nicht dagewesenes Bild: das einer, um es zugespitzt zu sagen, Devotionalienliteratur im Dienste posthumer Imagepflege. Sie ist in Anspruch und Darbietungsform breit gefächert und reicht über Interviewsammlungen[3], Fotobildbände, Erinnerungsbücher sogar mit zwei Videokassetten[4] über das Druckmedium hinaus. Erst damit wird eigentlich manifest, was nie ein Geheimnis war: daß Bernhard nicht nur wohlwollende Leser hatte, sondern eine Fangemeinde. Auf besondere Weise wird für sie – jetzt, wo die Originalquelle versiegt ist – das Gedenken an den Meister durch eine Reihe von Erinnerungsbüchern wachgehalten, auf die nunmehr einzugehen sein wird. Zum Teil wird dabei ein neues Bernhard-Bild aufgebaut: Bernhard erscheint nicht mehr als der unnahbare »Einsame in der Bergwelt« (R. Fueß), als der er sich selbst gern inszenierte, sondern aus nächster Nähe betrachteter Mitmensch, als Lebensbegleiter, so verletzbar und liebenswert wie nur irgendjemand sonst. Das Spektrum dieser Devotionalienliteratur reicht dabei von schwärmerischen oder eher demutsvollen Aufzeichnungen über protokollarisch-nüchterne, ja akribische Notizen bis hin zur dokumentarischen Materialsammlung.

Eine geradezu schwärmerische Bernhard-Idolisierung betreibt die türkische, in Paris lebende Romanautorin Gemma Salem mit ihrem *Brief an Thomas Bernhard*[5] (eigtl.: »den österreichischen Einsiedler«). Der »Roman« überschriebene Text ist sowohl das genaue Gegenstück zu Ria Endres' erbitterter essayistischer Abrechnung *Am Ende angekommen*[6] als auch dieser im Ausgangspunkt verwandt. Beide Autorinnen versuchen, ihrer Faszination durch Bernhards Texte auf den Grund zu kommen. »Der geheime Zugang zu dieser Arbeit ist meine Kindheit«, schreibt Endres zu Beginn ihres Essays[7] und motiviert ihre frühe Vorliebe für dunkle Autoren wie Bernhard mit der »Suche nach der Technik einer Bewältigung meiner Kindheit«[8], die in unehelicher Geburt und dörflicher Herkunft Ähnlichkeiten mit der Bernhards aufweist. Doch Endres hat sich von dieser Affinität mittlerweile emanzipiert und distanziert sich energisch davon, indem sie das Bernhardsche Werk in feministischer Perspektive als patriarchalen Diskurs dekonstruiert: »Meine Arbeit ist der Versuch einer Entmystifizierung. Ich werde nicht interpretieren, sondern die Zersetzung eines männlichen Diskurses betreiben, der so dunkel in Ästhetik verpackt ist«[9]. Gemma Salem hingegen wendet sich bei ihrer Bernhard-Bewältigung nicht den Texten, sondern der Person Bernhards zu, um »das beunruhigende Gefühl, nur noch durch Sie [Bernhard] zu leben«[10] zu verarbeiten. Auch sie will keinen »wissenschaftlichen Essay«[11] schreiben. Ihr »Roman« handelt von einer Reise zu ihrem – wie sie ihn nennt – »Vertrauten« nach Oberösterreich, wo sie um ihr Idol herumschleicht und es schließlich zu einer Begegnung kommt. Doch statt mit Bernhard, der letztlich unnahbar bleibt, freundet sie sich mit dessen Bruder an. Salem erklärt zum Schluß ihres *Briefes*, sich freigeschrieben zu haben: »Heute gewinne ich meine Unabhängigkeit zurück, selbst wenn Sie hier anwesend sind, in meinem Leben wie auch an den Wänden meines Zimmers, unter denen, die ich liebe, und Seite an Seite mit Ihrem geliebten Großvater, denn ich werde frei sein, wie Sie.«[12] Doch bleibt dies letztlich eine private Erfahrung ohne analytischen Erkenntniswert, da das Werk und sein Autor in dieser Auseinandersetzung nicht auseinandergehalten werden – ganz im Unterschied zu Endres' Bernhard-Essay, der für sie ebenfalls die Beschäftigung mit Bernhard abschließt, sich jedoch auf die Texte beschränkt. Während Salem im Brief eigene Lebensabschnitte rekapituliert, stilisiert sie sich ganz in eine Bernhard-Nachfolge hinein, indem sie biographische Einzelheiten aus ihrem und Bernhards Lebens parallelisiert: »Sie selbst haben ein erstes Mal mit acht Jahren Selbstmord begangen, ich mit zehn«; »Auch ich war von den Eltern und anderen Erziehern im Stich gelassen worden«; »Ich selbst bin mit siebzehn vor meiner Mutter geflohen, um *in die entgegengesetzte Richtung* zu gehen«[13] bis hin zu einzelnen Idiosynkrasien, wobei sie sich immer wieder Bernhard-Zitate bedient, wie er selbst es in seinen Romanen tut, und Werk und Autor damit konfundiert. Doch die ›Postfiguration‹ Bernhards reicht noch weiter: der ganze *Brief* – ob bewußt oder unbewußt – ist selber komponiert wie manche Bernhardschen Romane, als von Erinnerungseinschüben durchsetzter Bericht eines Ich-Erzählers über die Annäherung an den Protagonisten, der, wie in *Holzfällen* oder *Alte Meister*, erst zum Schluß auftritt. Bernhard rückt dabei in die Rolle des verehrten Lebensratgebers, den für ihn selbst sein Großvater verkörpert hatte, und seine Texte kondensieren für die Bernhard-Leserin Gemma Salem unter Absehung von ihrem Kunstcharakter zur exemplarischen Lebenslehre. Umgekehrt ist ihr *Brief an Thomas Bernhard* »Roman« überschrieben, was als Fiktionssignal eine Rollenprosa erwarten lassen sollte, doch gibt es weiter keine Anzeichen dafür, den Brief anders als autobiographisch zu lesen. (Eine Auseinandersetzung mit Bernhard in wirklich fiktionaler Form wäre womöglich reizvoller gewesen.) Weiterhin sind die äußere Brieffiktion wie die Tagebuchform des letzten Drittels ebenfalls Bernhardsche Darstellungsformen. All das ist symptomatisch, reproduziert doch auch Ria Endres in ihrem Versuch, sich vom Einfluß freizuschreiben, den Furor ihres Gegners und bleibt ihm damit verhaftet.[14] Auch die persönliche Verarbeitung der Bernhard-Lektüre scheint also polarisiert zu sein in totale Destruktion hier und totale Idolisierung dort, beides aber noch Verlängerungen Bernhardscher Attitüden. Nur dessen Selbstironie gehen dem Verriß wie der unkritischen Schwärmerei völlig ab; ein spielerischer Umgang mit Bernhard ist wohl nur in den Parodien und den Übernahmen seiner Stilelemente in Texten zeitgenössischer Autoren anzutreffen.

Den Auftakt zur eigentlichen Devotionalienliteratur aber bilden die Reiseerinnerungen von Gerda Maleta, einer langjährigen Freundin des Autors, die sich ebenfalls der Briefform bedient.[15] Hier spricht nicht eine Leserin, die über die Bücher zu ihrem Idol gefunden hat, sondern eine Lebensbegleiterin bedankt sich für die gemeinsam, besonders auf Reisen nach Sizilien, Spanien, Portugal oder zu Premieren, verbrachte Zeit mit ihren Aufzeichnungen. Die Aura des bedeutenden Schriftstellers wird dabei nicht noch als Faszinosum biographisch motiviert, sondern vorausgesetzt, weshalb Alltägliches nicht nur erzählenswert, sondern als Reliquie ausstellenswürdig wird. So enthält der Band außer einigen Urlaubsfotos vor allem von Bernhard auf Zetteln hingekritzelten Nonsens und persönliche Mitteilungen an die Schreiberin. Wir erfahren von seiner Schuhleidenschaft wie von seiner Vorliebe für das 17-und-4-Spiel und seiner Abneigung gegen das Wort »Sahne« (statt österr. »Obers«). Der Mensch Thomas Bernhard, in seinen fiktionalen Texten mehr oder weniger kaschiert, tritt uns dabei in seiner ganzen Menschlichkeit entgegen: »Habe mir nie ein Urteil über Dich als Dichter erlaubt, zumal ich mehr den Menschen in Dir suchte. Die Kraft und Musik Deiner Sprache erkannte ich und fühlte das unsagbare Leid, das Deine Worte durchdrang«[16], heißt es im Ton demütiger Verehrung, die den ganzen Brief durchzieht. Auch für Gerda Maleta ist Bernhard der Lebensratgeber, an dem man sich aufrichtet: »Du könntest mir, wie allen Deinen Freunden, viel menschliche Wärme geben, ungeahnten Humor verstreuen, einen durch Zuhörenkönnen aufbauen, einfache und klare Entscheidungen treffen. Du bist für mich immer der Stärkere von uns beiden gewesen [...]«.[17] Das Bernhard-Bild des mit seinen Schimpftiraden alles zunichtemachenden Misanthropen wird, wie auch bei Gemma Salem, ersetzt durch das eines Moralisten, der in seinem »Kampf gegen Intoleranz, Ungerechtigkeit, Ignoranz, Trägheit, Hochmut, Voreingenommenheit und zerstörerische Dummheit, sowie Besserwisserei« nur seine eigene Verletzlichkeit zu schützen sucht: »Meistens hat es Dir im Inneren selbst weh getan, wenn Du mit Deiner Attacke jemanden verletzt hast.«[18]

Vom selben Reiz, dem Publikum Einblick ins bisher nicht zugängliche Alltags- und Privatleben Bernhards zu geben, leben auch die im gleichen Verlag erschienenen Aufzeichnungen von Karl Ignaz Hennetmair[19], einem Grundstücksmakler aus Ohlsdorf, der mit dem Autor von 1964 bis 1975 eng befreundet war, ihm einige Häuser vermittelte wie auch in Alltagsdingen half und als Gesprächspartner zur Seite stand. Er hat sich als Eckermann Bernhards, als dessen »gewissenhafte[r] Chronist« (so Wieland Schmied in seinem Vorwort) betätigt und das Jahr 1972 in seinen Alltagsbegebenheiten minutiös protokolliert, wovon anderthalb Monate hiermit veröffentlicht worden sind. Ohne literarische Prätention und ohne besondere Gewichtung wird über gemeinsame Fahrten, Ankäufe von Häusern und Mobiliar, Mahlzeiten und Gespräche ebenso detailliert berichtet wie über Bernhards Korrespondenz mit Rundfunk und Verlag samt geschäftlichen Einzelheiten, was durch Fotos und abgedruckte Dokumente, wie im Maleta-Buch, ergänzt wird. Enthält sich Hennetmair auch aller persönlichen Kommentare und Wertungen, so verrät doch das Festhalten von alltäglichsten Kleinigkeiten in den Tagesabläufen das naive Bewußtsein ihrer Aura, ihrer potentiellen Bedeutsamkeit, ganz unabhängig davon, ob sie sich überhaupt zum Werk in Beziehung bringen lassen. Diese auratische Ausstrahlung läßt alles gleich wichtig erscheinen, nämlich als Reliquien; so sind in grotesker Nivellierung Kaufverträge und Briefe ebenso druckgetreu reproduziert wie eine Rechnung über einen von Bernhard erworbenen Lampenschirm und ein 17-und-4-Spielprotokoll. Eine gewisse Authentizität haben die Aufzeichnungen von Bernhards Eckermann dadurch, daß sie – so wird jedenfalls versichert – nicht nachträglich geändert worden sind, was als Authentizitätsstempel in den Titel »Aus dem versiegelten Tagebuch« eingegangen ist. Der an einen volksverbundenen Heimatdichter gemahnende Untertitel »Weihnacht mit Thomas Bernhard« verrät eine sentimentale Note und zugleich einen provozierenden Kontrast zum Bernhardschen Œuvre, in dem ja doch alles, für das das Weihnachtsfest steht, zutiefst in Frage gestellt wird. Er ist aber symptomatisch für die massive

Tendenz dieses wie anderer Erinnerungsbücher, den Autor als umgänglichen und häuslichen Gesellschafter und Familienmenschen zu zeichnen. Wann die sechs Stunden Tonbandaufzeichnungen mit Bernhard-Gesprächen, die in Hennetmairs Besitz sind[20], als Hör-Cassette auf den Markt kommen, ist sicher nur eine publikationsstrategische Frage.

Die (St.)-Bernhard-Huldigungsliteratur kulminiert in einem vom Fotografen Sepp Dreissinger herausgegebenen repräsentativen Bildband[21], der sich gegenüber den privaten Erinnerungsbüchern geradezu enzyklopädisch ausnimmt. Auf über 350 Seiten im Großformat passiert Bernhards Leben in vielen Privatfotos Revue, ergänzt durch Zeugnisse von Schriftstellern, Freunden und Bekannten – ein Buch-Monument vom Gewicht eines Grabsteins, den man dem in seiner Heimat ja keineswegs unumstrittenen Zeitgenossen gesetzt hat, und zugleich ein Hausalbum für die Familie der Bernhard-Fans (zu der man gehören muß, um sich am ebenso stattlichen Preis nicht zu stoßen). – Von geringem dokumentarischen Aufschlußwert dagegen ist der Fotoband von Augustin Baumgartner, mit dem der Suhrkamp Verlag in der Huldigungsliteratur nachgezogen hat.[22] Statt Einblick in das Leben des Autors zu eröffnen, bebildert er nur die topographischen Referenzen der Werke mit entsprechenden Aufnahmen, alles in »Verneigung vor Thomas Bernhard, seinem Genius, seinem literarischen Werk«, wie der Fotograf schreibt, der Bernhards Werk zu zeitloser Poesie von Leben und Tod verklärt und auf den pseudophilosophischen Nenner bringt: »Wir tragen den Tod in uns – das ist unser Leben.«[23]

Für das Verständnis des schriftstellerischen Ausgangspunktes Bernhards von weitaus größerem Wert sind die dokumentarisch angelegten Erinnerungen von Herbert Moritz[24], damals Mitarbeiter des Salzburger *Demokratischen Volksblattes*, bei dem Bernhard seine schriftstellerische Karriere begann. Moritz zeichnet dessen Arbeit in den verschiedenen Ressorts des Blattes nach, angefangen von der Gerichtssaal- und Lokalberichterstattung, über Kunst- und Literaturkritik bis hin zu den ersten eigenen dichterischen Arbeiten, wobei reichlich Arbeitsproben eingestreut werden. Es fällt auf, daß die Urteile des Literaturkritikers Bernhard in ihrer eher konservativen Wertorientierung den späteren Schriftsteller noch nicht ahnen lassen: Werke ausländischer Autoren werden meist gegenüber heimischer Dichtung abgewertet; das Bodenständige stellt für den jungen Bernhard noch einen positiven Wert dar, was sich in seinem Lob einzelner Heimatdichter zeigt. Von den apodiktischen Pauschalverdammungen, die später ein

Markenzeichen Bernhards geworden sind, ist hier noch nichts zu spüren. – Was jedoch den Erinnerungen von Moritz eine delikate Pointe als Rezeptionszeugnis verleiht, ist der Umstand, daß derselbe Moritz es war – inzwischen österreichischer Unterrichtsminister –, der sich noch 1985 anläßlich des Romans *Alte Meister* zu der ominösen Äußerung hinreißen ließ, der Autor werde »zunehmend zu einem Thema der Wissenschaft, wobei ich nicht allein die Literaturwissenschaft meine«[25], was sogleich eine Replik des Angegriffenen in der *Presse* und eine Flut von Leserbriefen entfesselte.[26] Moritz verschweigt diesen Streit in seinem Buch keineswegs, sondern stellt die Reaktionen auf seine damalige Bemerkung im ersten Kapitel als Mißverständnis hin.[27] – Wie erklärt man nun einen solchen Gesinnungswandel und überhaupt die ganze »Devotionalienliteratur« zu Bernhard?

Rezeptionspsychologisch lassen sich viele Huldigungen wie eine posthume Versöhnungsgeste, über ein allgemeines *de mortuis nil nisi bene* hinaus, lesen. Man nimmt den Autor Bernhard, den man zu Lebzeiten angefeindet hatte, von seiner menschlichen Seite und setzt ihm so ein Denkmal. In diesem Sinne wäre der *Brief an Thomas Bernhard* (schon die Form ist hier bezeichnend) der Leserin Gemma Salem eine Art Wiedergutmachungsversuch für die polemische Abrechnung der Leserin Ria Endres und viele andere Angriffe, nachdem die Provokation, die das Werk gerade auch für weibliche Leser dargestellt hat, mittlerweile abgeklungen ist. Tiefer zu greifen scheint mir jedoch eine Erklärung, die mit dem Werk selbst zusammenhängt. Um dem Vexierspiel, das der Autor in seinen Texten und außerliterarischen Äußerungen mit Fiktion und Wirklichkeit treibt – dazu gehören die Stilisierungen in der autobiographischen Pentalogie ebenso wie Verweise auf Authentisches in den Romanen und die Grenzen verwischende Tatsache, daß Bernhard außerhalb seines fiktionalen Werkes so redet wie seine Figuren –, zu entgehen, rekurriert man auf die vermeintlich ›authentische‹ Privatwelt als Fluchtpunkt für die vom Werk ausgehenden Irritationen. Das kann durchaus kurzschlüssig auf die Lektüre zurückwirken, wenn Bernhard – wie bei Maleta – jetzt zum Moralisten gemacht wird, wohingegen in der rhetorischen Textur der Werke mit moralistischen Attitüden *gespielt* wird. Doch wo der Leser sich mit den Texten auseinandersetzen muß, braucht der Fan diese nur als Spiegelungen der Autorpersönlichkeit, die für ihn im Zentrum steht, zu nehmen. Bernhard selbst hat dieser Tendenz mit seinem Autobiographienwerk Vorschub geleistet, das bereits zu Lebzeiten immer wieder als Schlüssel für die fiktionalen Texte gelesen wurde, denen damit ihr irritierender Stachel gezogen wurde, indem man sie in der Erfahrungswelt des Autors, wie transformiert auch immer, fundiert glaubte. Hinzu kommt, daß die Ausleuchtung der Privatsphäre kaum ein neues Licht auf die Werke wirft, sondern nur die Inkommensurabilität beider bestätigt, indem neue ›Widersprüche‹ zutage treten: Der so obsessiv von solipsistischen Außenseitern erzählt hatte, war selbst (auch) ein geselliger Familienmensch. Damit wären nur die alten, vor allem auch in Forschung und Feuilleton dominierenden Bernhard-Bilder durch eine neue Sicht abgelöst: vom Finsterling der frühen Prosa über den Komödianten und Humoristen, den man später entdeckte, schließlich zum »Menschen« als integrierendem Fluchtpunkt des lange Zeit irritierenden, sperrigen Werkes, dessen provokative Substanz sich doch wohl mehr dem Auftreten seines Autors und der Tagesaktualität verdankt, als man bisher angenommen hat. Jetzt, wo sich die Werke nicht mehr durch ihren vordergründigen Provokationswert im Gespräch halten, erklärt man sie endgültig zu Klassikern und hebt ihren Autor aufs Podest eines österreichischen Nationaldichters. Indem die nicht zufällig österreichische Huldigungsliteratur – programmatisch ist der Reihentitel »Bibliothek der Provinz« – den Menschen Bernhard in seiner Verwurzelung in der österreichischen Heimat vorführt, wird er damit letztlich doch wieder zum Heimatdichter mit allgemein-menschlichem Anliegen *malgré lui* gemacht, nur diesmal nicht mit negativem (wie in der frühen Rezeption), sondern versteckt positivem Vorzeichen. Es bedarf keiner großen satirischen Phantasie, um sich Publikationen wie »Mit Bernhard durch das Jahr«, Bernhard-Zitatenschätze oder Bernhard-Bauernkalender vorzustellen. Gerade dieser Aspekt der Vermarktung sollte bei der Beurteilung der Huldigungsliteratur nicht außer acht bleiben. Da laut testamentarischer Verfügung keine Texte aus dem Nachlaß veröffentlicht werden dürfen, bleibt, von Neuausgaben abgesehen, publikationsstrategisch nur (nichtakademische) Literatur *über* Bernhard, um ihn auf dem Buchmarkt präsent zu halten. So erklärt sich der Fotoband von Baumgartner als Reaktion des Suhrkamp Verlages auf den opulenten Bildband von Dreissinger in der »Bibliothek der Provinz«. – Ein weiterer Grund allgemeiner Art für die Bernhard-Verehrung dürfte zudem darin liegen, daß unsere literarische Kultur, trotz aller Diagnosen vom »Tod des Autors«, nach wie vor eine Kultur der Autoren, nicht der Texte ist. Das gilt auch für Werke, die ihrem ästhetischen Selbstverständnis nach höchst artifizielle Gebilde sind und nicht auf einem Erfahrungssubstrat oder einer vorliterarischen Intention ihres Autors beruhen. Je breiter das Publikum ist, dem sie präsent bleiben sollen, um so mehr muß auch die Person des Autors, medial inszeniert in Interviews, Biographien oder Fernsehporträts, im öffentlichen Gespräch bleiben, was um so leichter fällt, wenn der Autor als exzentrische und öffentlichkeitsscheue Persönlichkeit ohnehin das Publikumsinteresse auf sich lenkt. Daß das nicht für den Literaturbetrieb allein gilt, zeigt das derzeitige biographische Interesse an Einzelgängern wie Ludwig Wittgenstein und Glenn Gould (die beide, aus Gründen der Wahlverwandtschaft, ins Bernhardsche Werk eingegangen sind).

»Es ist widerwärtig / sich produzieren zu müssen / Aber wir brauchen das Echo / sonst verhungern wir«, läßt Bernhard seinen »Weltverbesserer« sagen (St3 131), der zähneknirschend die Ehrenkette der Stadt Frankfurt anlegt, die ihm die Honoratioren verliehen haben. Auch wer Ehrenketten verleiht, produziert sich selbst, um nicht zu verhungern. Ob sich Bernhard mit seinem Werk von der Ehrenkette der Huldigungen, an die ihn seine Verehrer gelegt haben, wird befreien können, wird die Zukunft zeigen.

Anmerkungen

[1] Dittmar, Jens (Hg.): Sehr geschätzte Redaktion. Leserbriefe von und über Thomas Bernhard. Wien 1991.

[2] Dittmar, Jens (Hg.): Der Bernhardiner. Ein wilder Hund. Tomaten, Satiren und Parodien über Thomas Bernhard. Wien 1990.

[3] Hofmann, Kurt: Aus Gesprächen mit Thomas Bernhard. Wien 1988 und München 1990; Fleischmann, Krista: Thomas Bernhard - Eine Begegnung. Gespräche mit Krista Fleischmann. Wien 1991; André Müller im Gespräch mit Thomas Bernhard. Mit Fotos von Joseph Gallus Rittenberg. Weitra 1992.

[4] Fleischmann, Krista: Thomas Bernhard - Eine Herausforderung. Monologe auf Mallorca, 1981. Wien 1991; dies.: Thomas Bernhard - Ein Widerspruch. ›Die Ursache bin ich selbst‹, Madrid 1986. Wien 1991.

[5] Salem, Gemma: Brief an Thomas Bernhard. Roman. Wien 1991 (frz.: Lettre à l'Hermite autrichien. Paris: Les Editions de la Table Ronde 1990).

[6] Endres, Ria: Am Ende angekommen. Dargestellt am wahnhaften Dunkel der Männerporträts des Thomas Bernhard. Frankfurt/M. 1980.

[7] Ebda, S. 7.

[8] Ebda, S. 8.

[9] Ebda, S. 10.

[10] Salem, a. a. O., S. 7.
[11] Ebda, S. 14.
[12] Ebda, S. 196.
[13] Ebda, S. 30f. und 51.
[14] Vgl. dazu Fueß, Renate: »Wo hab ich jemals einen Kontakt wollen?« Vom Mythos des »Einsamen in der Bergwelt« und seinem Ausverkauf. In: Literaturmagazin 14, 1981, S. 78–92.
[15] Maleta, Gerda: Seteais. Tage mit Thomas Bernhard. Weitra 1992.
[16] Ebda, S. 29.
[17] Ebda, S. 28f.
[18] Ebda, S. 29 und 81.
[19] Hennetmair, Karl Ignaz: Aus dem versiegelten Tagebuch. Weihnacht mit Thomas Bernhard. Weitra 1992.
[20] Schödel, Helmut: »Wenn ihr nicht brav seid, kommt der Bernhard«. Ohlsdorf nach dem Tod des Dichters. Eine Geisterstunde. In: Die Zeit Nr. 32 (4. 8. 1989), S. 35f., hier S. 35.
[21] Dreissinger, Sepp (Hg.): Thomas Bernhard. Porträts, Bilder und Texte. Weitra 1991.
[22] Baumgartner, Augustin: Auf den Spuren von Thomas Bernhard. Frankfurt/M. 1992.
[23] Ebda, S. 7 und 8.
[24] Moritz, Herbert: Lehrjahre. Thomas Bernhard. Vom Journalisten zum Dichter. Weitra 1992.
[25] Zit. nach Dittmar, Jens (Hg.): Sehr geschätzte Redaktion, a. a. O., S. 151.
[26] Vgl. ebda, S. 152ff.
[27] Moritz, a. a. O., S. 29f.

Udo Dickenberger

Anwenderapokalyptik und Vulgärbiographistik

Anmerkungen eines Liebhabers der Bernhard-Sekundärliteratur

ICH muß jetzt endlich einmal mit der Bernhard-Studie beginnen, die ich seit 22 Jahren vor mir herschiebe. Ich setze mich heute, am Volkstrauertag, dem 22. Sonntag nach Trinitatis hin, und hoffe, daß ich am Totensonntag, dem 22. November, die Studie fertiggestellt haben werde. Ich muß dieses Projekt nun endlich zum Abschluß bringen. Läßt man eine solche Arbeit zu lange liegen, bringt sie einen unweigerlich um, beginnt man endlich mit der Arbeit, tötet sie einen wahrscheinlich ebenfalls.

Ich habe mir jetzt aber die wichtigsten Bernhard-Bücher zusammengekauft, die Botond steht neben dem Tismar, Schmidt-Dengler und Fleischmann habe ich neben Endres und Höller plaziert, der Bugmann und der Klug liegen über dem alten Dittmar, Reich-Ranicki und Greiner tatsächlich unter Hofmann und Huber, Sorg und der neue Dittmar stehen Schulter an Schulter, den tauben Moritz habe ich, in den *Kurier* verpackt, einer illiteraten Muhme in Bad Hersfeld geschickt, und jetzt muß ich wirklich mit meiner Studie beginnen, das ist die Wahrheit. Meine Schwester, die elf Wochen über mir auf und ab gegangen ist, fuhr vorgestern endlich wieder weg. Jetzt ist der richtige Augenblick gekommen.

Zufluchtsorte für Bernhards Einzelgänger sind immer wieder ihre Bibliotheken. Meist haben sie große Büchersammlungen geerbt. Krass stehen sich in Bernhards Kosmos die Bibliotheksbenutzer und die Bibliotheksverächter gegenüber. Mobiler als die Bibliotheken sind die Ausgaben der Lieblingsdichter. Affektiert bekennen sich Bernhards Helden zu den von ihnen geschätzten Autoren, die sie aufdringlich mit dem Possessivpronomen versehen: immer lesen sie *ihren* Montaigne, *ihren* Pascal, *ihren* Novalis oder gleich *ihren* Schopenhauer.

Da Bernhards Helden mit ihrer Umgebung nicht zurecht kommen und sich auf sich selbst zurückziehen und keine Vertrauten haben, mit denen sich's reden läßt, allenfalls Untergebene, die sie mit ihren Monologen behelligen, lesen sie Zeitung, dabei ihre Entfremdung, freilich wiederum auf abstrakte und anonyme Weise, aufhebend. Und, natürlich, dabei immer neu bestätigend.

Strauchs einzige Abwechslung sind die Zeitungen (F 83). In jeder freien Minute trabt er zum Bahnhof, um neue Zeitungen zu holen. Sie sind für ihn das größte Weltwunder, halten das Universum in Gang (F 130). Den Höhepunkt in seiner schopenhauerischen Haßtirade gegen die Frauen bildet das Argument, daß die Frauen ihren Männern sogar das Zeitunglesen verbieten wollen (F 218). Das wäre, wenn es denn stimmte, tatsächlich allerhand.

Einerlei, zu welchem Thema Bernhards Paranoiker sich äußern: ihre überlebensgroße Ernsthaftigkeit schlägt stets in eine ebenso ungeheure Komik um. Je inständiger die Rede, desto greller das Gelächter. Mit äußerster Intensität hat der Fürst in der *Verstörung* gesprochen, so, wie es einem diesseits der Grenze gar nicht möglich ist, doch als der Sohn des Landarztes sich ganz am Ende des Romans an den Besuch erinnert, da fällt ihm ein, daß der Alte ihn zum Schluß darum bat, ihm beim nächsten Mal die *Times* vom 7. September mitzubringen. Höchstes Pathos und äußerste Banalität sind hier dicht beieinander.

Der Verrückte im Theaterstück *Immanuel Kant* steigert die Entfremdung kunstvoll, indem er nur alte Zeitungen liest (St1 268f.). Konzertkritiker Reger hat früher fanatisch die Zeitungen studiert (AM 242). Ob der alte Saurau womöglich grade wegen eines Regerschen Artikels die *Times* mitgebracht haben will, wurde bislang nicht eindeutig geklärt, darum hat sich die Forschung bislang nicht gekümmert, hier ist eine Lücke.

Bernhards Helden, die Geisteskranken und die Schwachsinnigen, ziehen über die Zeitungen her, aber sie können nicht auf sie verzichten und studieren sie fortgesetzt, andauernd, stets fasziniert. Grade weil die österreichischen Zeitungen die schlechtesten überhaupt sind, faßt der Burgschauspieler gegen Ende von *Holzfällen* zusammen, »grade deshalb sind sie vielleicht die besten« (H 285). Das ist weniger dialektisch als apokalyptisch gedacht. Die Gegensätze gehen ineinander über, die Schlamperei, auf die Spitze getrieben, ist dann wieder sehr, sehr gut. Die einzigen, die nicht nur die Zeitung lesen, sondern auch für sie schreiben, sind Reger in *Alte Meister* und Murau in *Auslöschung*. Sie sind überhaupt so ziemlich die einzigen in Bernhards Arbeitsverweigererwelt, denen irgendetwas gelingt. All die andern in diesem Lebensverweigererkosmos haben immer nur das Allergrößte vor, nörgeln und tun nichts, gar nichts, ganz und gar nichts. Bernhard hat eine Mythologie der Arbeitsstörungen und der gescheiterten Vorhaben in allen erdenklichen Spielarten geschrieben.

Rudolf in *Beton* redet sich unverzagt ein, daß seine Vorhaben von seiner Schwester zerstört werden. Natürlich täuscht er sich. Kaum ist die Schwester weg, wünscht er sie wieder herbei. Das eine ist schlecht, das andre auch, alles ist gleichermaßen miserabel. Gelänge dem tumben Rudolf aber tatsächlich einmal eine Arbeit, käme dies natürlich auch seinem Untergang gleich. Seine Aufgabe wäre gewesen, der armen Anna Härdtl zu helfen, und somit im konkreten menschlichen Bereich zu wirken, nicht aber im wissenschaftlichen, für den er überhaupt keine Voraussetzungen mitbringt. Versagen Bernhards Geistesarbeiter in ihren Studien kläglich, so können sie doch, wie andere Leute auch, Aufzeichnungen notieren und Briefe schreiben. Weshalb wir dann doch etwas erfahren. Die Novelle der Anna Härdtl ist kunstvoll in den Roman *Beton* eingelegt, in der Novelle spiegelt sich das Romangeschehen. Die Härdtl ist geschäftstüchtig wie die Schwester Rudolfs, der Mann der Härdtl ein unselbständiges, verzogenes Söhnchen, wie dieser, Rudolf, auch. Während das Geschwisterpaar des Romans unabhängig und wohlgeborgen dahinlebt, treibt die Härdtl in ihrer konfusen Betriebsamkeit den Mann und sich selbst in den Tod. Sie trifft Entscheidungen, doch sie machen alles nur immer schlimmer. Die geschichtsphilosophische Stunde, in der autonome Subjekte mit Entscheidungen noch etwas zum Guten richten konnten, ist vorbei, sie müssen unweigerlich zugrunde gehen, wie die andern Menschen auch. Jeder Schein einer Versöhnung in der Welt ist obsolet geworden, es bleibt nur die ästhetisch vermittelte Versöhnung, die im Kunstgebilde.

Bernhards Helden kommen im Versuch, ihre Geistesarbeiten zu realisieren, nicht sehr weit. Stets tragen sie eine Utopie des vollständigen Gelingens in sich, aber irgendetwas hat stets den Erfolg verhindert, ist dazwischengetreten, hat hämisch das so schöne Vorhaben zerstört.

Fragt sich, wessen Erfahrungen Bernhard bestätigt. Ist er der Dichter der Genies im akademischen Massenbetrieb, die ihre Projekte nie zuende bringen, aber um so mehr von ihnen reden? Mit Bernhards Salzburger Abschlußarbeit ist es ja auch so eine Sache. Feierte Bernhard deshalb seine großen Erfolge, weil er mit seinem Typus des verwirrten, ehrgeizigen, aber gänzlich unbegabten Wissenschaftlers all denen Identifikationsangebote, wie man heute sagt, bereitstellt, die stets mit großartigsten Doktorschriften und Habilitationsarbeiten befaßt sind, von denen man später dann nie wieder etwas hört? Das wäre doch gut möglich.

Im gewaltsamen Versuch, die Abstraktheit in ihrer verrückten Welt aufzuheben, gelangen Bernhards Helden immer wieder zu verkrampften Vermittlungen. Allerlei wird getauscht. Im Roman *Korrektur* wird das Vieh von Altensam nach Eferding gebracht und dort geschlachtet. Dann kommt das Fleisch nach Altensam herauf (K 306). In Bernhards Werken konstituiert sich ein Aberglaube des Vertauschens, der die Entfremdung beseitigen soll, sie aber zugleich prolongiert. Die Gutsbesitzer der Erzählung *Ungenach* lassen das Fleisch und die Milch aus der Stadt kommen (DE 221f.). Die Parschallener Mäster in der Erzählung *Die Mütze* verkaufen ihre Ferkel nach Burgau, die Burgauer Mäster hingegen ihre Ferkel nach Parschallen (DE 151). Die Konsumenten in Ungenach, Burgau, Parschallen sind zugleich auch Erzeuger, sie suchen ein vermitteltes Verhältnis zu dem, was sie essen: Waren sollen auf den Tisch, nicht Naturalien. In der Welt des Geistes verhält sich's, natürlich, ähnlich überkreuz: Reger gilt in England und in Amerika etwas, nicht aber, wie üblich, an seinem Wirkungsort, in Wien (AM 20).

Sonst wird bei Bernhard alles fortwährend, ununterbrochen, wiederholt, kombiniert, variiert. Die Namen der Krüppel im Theaterstück *Ein Fest für Boris* werden aus den sechs Namen August, Ernst, Hans, Karl, Ludwig, Viktor zusammenkombiniert. Bernhards Lieblingswörter sind mittlerweile selbst in der Folklore beliebt, ebenso seine idiosynkratischen Redefiguren, Gegenstände, Schmähobjekte. Was es wohl mit den vielen Essigwürsten und Speckwürsten in seinen Werken auf sich hat? Gibt es derlei denn überhaupt?

Die am häufigsten von Bernhard verwendete Zahl, seine Lieblingszahl, ist, ganz ohne Frage, die 22. Die 22! Was für eine Zahl! Zweimal nebeneinander die 2, jede das Doppelte der 1. Abstrakt und scheinbar unverbunden nebeneinander die gleichen Ziffern, jede jedoch, da auf einer eigenen Dezimalstelle, mit einer besonderen Zehnerpotenz zu multiplizieren. Zwei Ziffern und jede eine 2, jede 2 ist für sich, bezieht sich aber auch auf die ganze Zahl.

Die 22 ist eine autoreflexive Zahl. Das Gleiche scheint sich zu wiederholen, doch variiert die zweite 2 die erste, ist keinesfalls mit ihr identisch. Die 22 ist Chiffre für die strukturbildenden Elemente der Bernhardschen Poetik: Wiederholung, Kombination, Variation.

Es ist ganz unmöglich, hier jede 22 im Werk Bernhards und in seinen mündlichen Verlautbarungen aufzulisten. Vielleicht schreibt einmal jemand eine Doktorarbeit über das Thema. Die zweite 2 der 22 wiederholt die erste, doch anders, eine Dekade tiefer, so wie sich im jüngeren Bruder der ältere, doch anders, wiederholt. Die 22, gottverflucht, sodomitisch, ist die inzestuöse Zahl schlechthin.

Vielleicht spielen der Schriftsteller und die Generalin im Theaterstück *Die Jagdgesellschaft* ja deshalb Siebzehn und Vier, weil bei diesem Spiel derjenige auf jeden Fall schon gewonnen hat, der zwei Asse und damit den Wert 22 auf den Tisch legt? Wer weiß. Der Bassist im Stück *Die Berühmten* will mit 22 Jahren Toscanini kennengelernt haben (St2 128). Vera in *Vor dem Ruhestand* überprüft, welcher Prozeß am 22. ansteht (St3 45). Der Held in *Heldenplatz* besitzt 22 Anzüge (He 16). 22 Jäger nehmen im Stück *Die Jagdgesellschaft* an der Jagd teil (St1 231). Im zweiten Peymann-Dramolett bestätigt die eine Figur der andern, daß sie bis zum 40. Lebensjahr bei 22 Grad minus dünn bekleidet herumlief (CP 31). Der Vater Muraus ist mit 22 Jahren in seiner Entwicklung stehengeblieben (A 78). Und so weiter, und so fort. Hier ist, wie gesagt, eine Forschungslücke.

Übrigens: Im Text *Goethe schtirbt*, der am Tag vor Hölderlins 212. Geburtstag, am 19. März 1982, in der Wochenzeitung *Die Zeit* stand, weist der Erzähler darauf hin, daß Goethe »eben am zweiundzwanzigsten« starb. Bernhard schrieb für auf ihn eingestimmte Leser: oft muß er ein Wort nur nennen oder ein Thema nur anstimmen, und schon ist die Komik da. Die Königin der Nacht im Theaterstück *Der Ignorant und der Wahnsinnige* singt sogar zum zweihundertundzweiundzwanzigstenmal (St1 115). Schluß. Aus. Es reicht. Was Bernhard wahrscheinlich nicht gewußt hat: In der Reihe »Germanistische Texte und Studien« ist es 1984 ausgerechnet der Band 22, der sich, von Reinhard Tschapke verfaßt, unter dem Titel *Hölle und zurück* mit den Initiationsriten in seinen, Bernhards, Jugendwerken beschäftigt. Bernhards Helden scheitern, seine Werke und die seiner Interpreten gelingen, wenigstens teilweise.

Viele fühlen sich berufen, über Bernhard zu schreiben, ihn zu kritisieren und zu interpretieren, und sind ihm doch, denkerisch, poetologisch, sprachlich, überhaupt nicht gewachsen. Peter Laemmle erwägt in seiner womöglich ja auch weiter gar nicht ernst gemeinten Schrift »Stimmt die ›partielle Wahrheit‹ noch?«, ob Bernhard nicht tatsächlich das »mögliche Erkenntnispotential« seiner Prosaschriften dadurch eingeschränkt habe, daß er es vollständig an einen »engbegrenzten geographischen Raum« band.[1]

Laemmle läßt sich auf die Texte, um die es geht, nicht ein und widmet sich stattdessen der Biographie des Autors. Er erteilt Bernhard gute Ratschläge und wirft ihm den Erfolg vor. Bernhard sollte sinnlicher schreiben, andre können es ja auch. Der Tod sei ihm Ersatzreligion. Bernhard habe nie erfahren, was Heimat ist. Und was dergleichen Gemeinplätze mehr sind. Am Ende wird dem Autor sogar vorgeworfen, daß er als Skeptiker und Misanthrop so fleißig schreibt. Studien wie die Laemmles nutzen, indem sie keine neuen Aspekte ins Spiel bringen und lediglich sattsam bekannte Stehsätze wiederholen, keinem, vermutlich richten sie aber auch keinen allzu großen Schaden an.

Hans Höller betont in seinem Aufsatz »›Es darf nichts Ganzes geben‹ und ›In meinen Büchern ist alles künstlich‹« völlig zurecht, daß es in Bernhards Werken um die allgemeinen Verhältnisse geht, auch wenn die Schauplätze einsame Ortschaften sind.[2] Und August Obermayer zeigt in seiner Schrift »Der Locus terribilis in Thomas Bernhards Prosa«, wie Bernhard seine Schauplätze »zu Zeichen stilisiert, zu Zeichen der repressiven, ja absolut tödlichen Umwelt«[3]. Somit geht das, was in Bernhards Büchern passiert, jeden etwas an, doch keiner braucht sich beleidigt zu fühlen.

Marcel Reich-Ranicki, nicht selten reichlich überfordert, erklärt in seinem Artikel »Finstere Wollust aus Österreich«, Bernhards Psychopathen seien »unmittelbare Sprachrohre«[4]. Damit verzichtet er von vornherein darauf, irgendwie zu ergründen, warum die Figuren so reden, wie sie reden, und welche Funktion dieses Reden für das jeweilige Werk hat. Die Personen sind eben, simpel genug, und wie immer man sich das vorzustellen hat, »unmittelbare Sprachrohre«. Und durch die bläst der Autor heraus, was ihm grade so durch den Sinn geht. Unglaublich, mit welch biederen Vorstellungen von dem, was Literatur ist, sich einzelne Kritiker in der Bundesrepublik über die Jahrzehnte hin halten können.

Jean Améry schlüsselt in seiner Rezension »Morbus Austriacus. Bemerkungen zu Thomas Bernhards *Die Ursache* und *Korrektur*« auf: Hinter Roithamer stehe Wittgenstein.[5] Wie seicht. Als ob mit einem solchen Hinweis, wie er jedem Leser zuerst in den Sinn kommt, irgendwas gewonnen wäre. Dann flieht Améry, da ihm zur Sache selbst nichts einfällt, zu dem Begriff, der schon den Titel seiner Rezension ziert. Als ob ein Begriff da weiterhelfen könnte, wo der Kritiker kein Land mehr sieht. Unentwegt verwechselt Améry Kunstwelt und biographische Wirklichkeit. Wenn man schaut, was in den späten 70ern unseres Jahrhunderts so alles weggedruckt wurde, kann man's gar nicht begreifen. Auch die Zürcher existentialistischen Studien erweisen sich, wie mir scheint, immer und immer wieder und stets von neuem als, vorsichtig formuliert, reichlich unergiebig.

Vieles erscheint einem wunderlich, wenn man an die Bernhard-Rezeption denkt. Jahrelang wurden seine Texte weniger als literarische Werke gelesen, denn als Thesenromane oder Krankheitsberichte oder Lebenserinnerung, nur die allerwenigsten Interpreten schauen danach, wie die literarischen Texte als Kunstgebilde funktionieren, die anderen klauben Theoreme oder Schmähungen oder Statements aus ihnen heraus – erscheint dann aber ein amüsantes Theaterstück oder eine eingängige Erzählung oder eine leicht verständliche Kurzprosasammlung, da ist es den Interpreten, die sich die Bernhard-Auslegung zur lebenslänglichen Aufgabe gemacht haben, auch wieder nicht recht und sie vermissen den Tiefsinn, das Monomanische, die Anwenderapokalyptik, sie erwägen, was denn mit dem Bernhard los ist, und ob der nicht auch immer banaler werde, und sie sind jedenfalls auch wieder nicht mit ihrem Dichter zufrieden. Aber das ist das Kritiker-, Rezensenten- und Interpretenlos: der Autor, wenn er kein Manierist ist, ist ihnen immer eine Clownsnasenlänge voraus. Und der Kritiker tappt wieder hintendrein. Gäbe der Schöpfer unserem leidgeplagten Vaterland nur endlich einmal gescheitere Rezensenten!

Eine neue Rezeptionshaltung mit viel Verständnis für den komischen Bernhard setzte sich in den 80ern durch. Dazu dürfte maßgeblich die Ausstrahlung der *Monologe auf Mallorca* (1981) beigetragen haben. Aber auch die weitere Verbreitung der Theaterstücke. Selbst der dümmste Kritiker kann nicht bierernst daherkommen, wenn die Zuschauer immer wieder lauthals lachen.

Das Publikum ist immer neu, von den Kritikern angeführt, in die von Bernhard aufgestellten Fallen getappt. Die Reaktionen gehörten für Bernhard immer mit dazu. Unvorstellbar, daß er, auch wenn er dann am Ende selber manchmal überrascht wurde, nicht diese überzogenen Reaktionen antizipiert hätte. Seine Figuren müssen schimpfen, weil sie von ihrer Umgebung und der Dialektik der Kulturbewegung entfremdet dahinleben. Die Schmähobjekte aber sind austauschbar. Fast ausschließlich wird über Gebilde geschimpft, die in Bernhards Kunstwelt genauso heißen wie die bekannten Körperschaften in der äußeren Wirklichkeit: Österreich, Deutschland, Katholische Kirche, Burgtheater, Martin Heidegger, Freiburg,

Wien, Burgenland, und so weiter, und so fort. Irgendwann tobten Bernhards Figuren vielleicht bloß noch, weil das Publikum dies von ihnen erwartet hat, und weil Bernhard Hörerwünsche gern erfüllte. Und immer sind es dieselben Schmähobjekte. Auf deutschem Boden geht's mit Vorliebe gegen Mittelstädte, in denen große Philosophen und Poeten geboren sind: Trier, Augsburg, Lübeck. An die Metropole Frankfurt am Main, wo seine Bücher erscheinen, und ja auch ein bekannter Dichter geboren, ein namhafter Philosoph gestorben ist, hat sich Bernhard, bezeichnend genug, nicht getraut. Hier ist eine Leerstelle in seinem Injurienkosmos. Schade, daß er seine Deutschland-Beschimpfungen nicht weiter kultiviert hat. Man täte ihn womöglich auch in der Bundesrepublik noch fleißiger lesen. So liegt ein weites Feld noch weitgehend unbeackert da. Jedenfalls: Die Ortsnamen bei Bernhard sind belanglos, beliebig, austauschbar.[6]

Wer auf alles ununterbrochen schimpft, kann auf die einzelnen Inhalte keinen großen Wert legen. Er selbst nimmt seine Inhalte nicht ernst, er wird, irgendwann, von der Öffentlichkeit nicht mehr ernst genommen. Was ja das Schlimmste nicht ist. Daß unter'm Bernhardschen Geraunze alle seine Opfer, Stifter etwa, aber auch die Nazis, der Papst und Bruckner, gleich grau und braun erscheinen, ist seinen Interpreten über die Jahre hin immer wieder aufgefallen.[7] Durch das fortwährende Getobe verlieren die Elemente der Bernhardschen Schimpfwelt ihre klar abgegrenzten Konturen. Unergiebig ist die Frage, ob ihnen etwas in der Außenwelt entspricht. Sie sind Momente in der Kunstsphäre der literarischen Gebilde. Da es immer wieder die gleichen Schmähobjekte sind, konstituiert sich neben der äußeren Wirklichkeit eine neue, zweite, künstliche Wirklichkeit des immer weiter und immer hemmungsloser kultivierten Schimpfens. Bernhard hat Kunstgebilde geschaffen und kräftig die Verwechslungen der fiktionalen mit der äußeren Wirklichkeit, die dem Publikum unterliefen, geschürt.

Gegraust hat es dem Bernhard, wie es scheint, vor überhaupt nichts. Am 13. September 1985 druckte *Die Presse* seinen Text *Vranitzky. Eine Erwiderung* ab. Höchst merkwürdig, und aber auch irgendwie peinlich, wie Bernhard hier nun auf einmal die Rolle des unschuldig verfolgten Biedermannes spielt, der sich mit seinem Volk, der »österreichischen Bevölkerung«, nicht erst zu verbrüdern braucht, weil er sich mit ihr ja doch schon immer und seit eh und je bestens verstanden hat, mit ihr immer schon einig war. Jedenfalls, wenn es gegen den Staat geht.[8] Der dreckig lachende

Dritte, der ansonsten stets auf seine Kosten kommt, wird hier einmal enttäuscht. Bernhards Lieblingskunstfigur in der Schimpfsphäre, die österreichische Bevölkerung, kommt hier erstaunlich gut weg. Man würd's nicht glauben wollen, wenn's nicht so offensichtlich wahr sein täte. Dafür muß neben Vranitzky dann auch gleich noch der Moritz dran glauben, der's freilich auch nicht besser verdient hat. Wenn Bernhard erst einmal richtig in Fahrt war, dann war ihm auch gleich alles egal, dann kam es ihm auf »einen verbrecherischen« Politiker mehr oder weniger gar nicht an. Und das war selbstverständlich ja auch gut so.

Die verschiedenen Skandale um Bernhard wurden bereits in einigen gelungenen Aufsätzen und Materialsammlungen sauber dokumentiert: wiederholt von Wendelin Schmidt-Dengler, aber auch von Eva Schindlecker, und endlich sogar von einem Hauptbeteiligten selbst, nämlich der ersten Bühne der Welt, dem von uns allen bis zum Herzzerspringen geliebten Burgtheater. Es gab 1989 den großformatigen und ganz und gar grandiosen Band *Heldenplatz. Eine Dokumentation* heraus. Man kann auch heute nur mit der allergrößten Verwunderung, ja Verdatterung die hier zusammengestellten Materialien der Diffamierung und der Demagogie betrachten. Unglaublich, wie es da einigen entweder völlig unbedarften, oder aber durch und durch kriminellen Kolumnisten international berüchtigter Dreck- und Schundblätter gelang, heillos inkompetente Politiker und einen Teil der Bevölkerung, der auf Unfug aller Art nur zu warten schien, aufzuhetzen. Da meint auf einmal jeder Karussellkopf, grad er selbst sei berufen, darüber zu entscheiden, was da aufgeführt werden darf und was nicht. Und wer sich da alles höchstselbst angegriffen wähnt! Von einem Buch, das noch gar nicht in Umlauf ist. Und Sätzen, die von Kunstfiguren gesprochen werden und nicht etwa vom Dichter oder seinem Regisseur. Das alles ist ganz großartig. Was für ein trübes Gewäsch aus Gemeinheiten, Vorurteilen, bodenloser Dummheit! Damals ging's durchaus so zu, als würde der Ernstfall nicht nur geprobt, nein, als wäre er schon da, pochte ans Tor. Alle redeten über die Wirklichkeit, ihre Wirklichkeit, und dabei ging es doch um ein Theaterstück.

Da melden sich Leute zu Wort, die mitteilen, daß sie das Burgtheater seit hundert Jahren innigst lieben, sind dabei aber doch kaum ihrer Muttersprache mächtig. Was denen wohl im Theater so gefällt? Die bunten Kostüme? Die vielen Pferde beim *Wallenstein*? Weiß der Geier! Bewundernswert indes doch immerhin auch wieder die Geistesklarheit einiger weniger Politiker, die, wie man sagt, einen kühlen Kopf behielten und sich nicht aufhetzen ließen. Zwischendrin wieder hämmert tödlich ernst und doch wie völlig unbeirrt, aber auf alles gefaßt, die Theaterdirektion ihre in Kleistischer Diktion abgefaßten Erklärungen in die Welt. Österreich gebärdete sich damals, vor gut vier Jahren, für wenige Wochen tatsächlich wie ein Bernhardsches Gesamtkunstwerk. Und fast zur Idylle verklären sich die Ereignisse von 1988 im Lichte dessen, was sich 1993 mitten in Mitteleuropa abspielt. Wie herzlich und intim ging's damals zu, wie gut waren die Rollen vor fünf Jahren besetzt!

Und was ich auch gern einmal gründlich abhandeln würde: Wie oft und bei welchen Gelegenheiten und mit welchen Mitteln hat Bernhard versucht, einen Skandal zu provozieren, und es wurde nichts draus? Und warum nicht? Waren die auserkorenen Opfer zu gewitzt? Oder zu stumpfsinnig? Ein, wie mir scheint, ganz apartes Thema.

Die Bernhard-Forschung war lange Zeit die allerverbissenste. Bernhards Komik wurde nicht zur Kenntnis genommen. Immer wieder sollte das Frühwerk die späteren Produktionen erhellen helfen. Bei den späten Romanen verwundern einen die Schlüsse am meisten: die höchste Angst in *Beton*, der Spaziergang durch Wien in *Holzfällen*, der Burgtheaterbesuch in *Alte Meister*. Diese Schlüsse, die man zunächst für verzweifelte, forcierte Pointen halten mag, haben, indem sie Erwartungshaltungen enttäuschen, ihre Funktion: Sie zwingen den Leser, über die Komposition der Romane zu reflektieren, und diese nicht länger als amorphe Schimpfgebilde zu nehmen, sondern, wie es sich gehört, als Kunstwerke. Die drei Romane schließen mit Sensationen, die den Erzählerfiguren widerfahren, und die das Schreiben des Autors ausgelöst haben könnten, wenn der denn mit der jeweiligen Erzählerfigur identisch wäre. Äußere Wirklichkeit und fiktionale Romanhandlung werden vom Autor Bernhard auch hier sehr geschickt durcheinandergebracht. Der Autor erscheint als Fortsetzung der Erzählerfigur mit anderen, realitätsgerechten Mitteln.

Immer wieder zeigt es sich: Haben die Interpreten ihre Probleme mit der Ausdeutung der Bernhardschen Texte, dann sollen Äußerungen des Autors weiterhelfen. Wie bieder! Als ob das, was ein so raffiniertes Subjekt wie Bernhard äußert, unmittelbar, echt, unverstellte Natur wäre, was immer es, übrigens, mit diesen mir reichlich suspekt erscheinenden Schlagworten ansonsten auch auf sich haben mag. Was Bernhard, angeblich »in dem Zustande äußerster Irritation«, in *Drei Tage*[9] gesagt hat, hatte ungeheure Wirkungen, tauchte von da an immer wieder in den Interpretationen und Kritiken auf: Deutlichkeit in der Finsternis, Künstlichkeit, Aufbauen und Zusammenhauen, Geschichtenzerstörerei, Furchtbarkeit des Prosaschreibens, und so weiter, und so fort, man mag es bald nicht mehr hören.

Manchmal scheitern Interpreten an Bernhard, weil sie mit falschen Voraussetzungen an ihn herantreten. Und ihm denkerisch einfach nicht gewachsen sind. Oft soll da biographisches Material über den Wert von Kunstwerken entscheiden. Man traut seinen Ohren kaum. Daß, wer das Werk eines Dichters als Materialsammlung auffaßt, aus der man sich herausnehmen darf, was einem grade so in den Kram und ins Konzept paßt, sich den Zugang zu diesem Werk von vornherein verstellt, kommt vielen überhaupt nicht in den Blick. Andere Deuter klopfen Bernhards Werk scheint's ganz im Ernst auf seine Echtheit ab. Nun ist die Echtheit, aus dem Eigentlichkeitsjargon in die Zigarettenwerbung abgerutscht, aber gewiß keine ästhetische Kategorie. Was wissen wir denn von der Wahrhaftigkeit und der Lauterkeit eines Autors? Und was hat uns das zu interessieren? Es geht um die Kunstwerke. Und, hier einmal, um sonst nichts.

Hauptvertreter der biographistischen Bernhard-Forschung ist Alfred Barthofer. Was der schon alles herausgefunden hat! Barthofer weiß, wer allein als Vorbild für die Figur des Minetti in Bernhards Theaterstück *Minetti* in Frage kommt, natürlich ist es nicht Bernhard Minetti, und belegt dies mit zahlreichen angeblichen Übereinstimmungen zwischen der Stükkefigur und dem seinsollenden Vorbild. Als ob etwas damit gewonnen wäre, wenn es denn wenigstens stimmen täte! Höhepunkt der nicht beabsichtigten Komik in Barthofers einfühlsamer Studie: dem Lübeck in Bernhards Stück soll »in verschlüsselter Anspielung« Berlin entsprechen, wo das von Barthofer exhumierte Vorbild Triumphe feierte. »Nicht zufällig deckt sich die Buchstabenanzahl der beiden Städte.«[10] Nein, das kann wirklich kein Zufall sein! Gemeint ist übrigens die Buchstabenzahl der Städte*namen*, nicht der Städte. Denn wieviele Buchstaben es in Berlin gibt, das weiß ja kein Mensch. Allenfalls Barthofer. Und auch der nicht. Zu solch hochkarätigen Argumenten nimmt die Vulgärbiographistik aber am Ende stets ihre Zuflucht. Man spürt eifrig Vorbilder auf, Schauspieler, Philosophen, und auch wenn man recht hat: die Ergebnisse sind immer belanglos, Kuriositäten am Rande.

Eine andere Erscheinung unsrer Zeit wirft auch auf die Bernhard-Rezeption ihre Schatten: die Literatur- und Feuilletonchefs unserer großen Zeitungen wollen alle auch einmal ein richtiges Buch geschrieben haben. Da werden dann Kritiken, mit den großen, der Textsorte anhaftenden Vorzügen, aber auch den unübersehbaren Schwächen, zu einem Buch zusammengestoppelt: nun aber freilich nicht so, daß die Artikel verschiedener Autoren zu *Frost* oder *Korrektur* oder *Auslöschung* zusammengestellt werden, wogegen sich nichts sagen ließe, im Gegenteil, sondern so, daß ein Großkritiker dem Publikum mit seinen gesammelten Artikeln über Bernhard oder die österreichische Literatur aufwartet, alle Textchen mehr oder weniger zusammenhanglos in einen Band gepackt. Ulrich Greiner legte 1979 sein Bändchen *Der Tod des Nachsommers* vor, Marcel Reich-Ranicki 1990, als hätte er auf Bernhards Tod nur gewartet gehabt, das Bändchen *Thomas Bernhard. Aufsätze und Reden.* Natürlich wären beide Produktionen nicht unbedingt notwendig gewesen, es hätte sie durchaus nicht gebraucht, es wäre auch ohne sie weitergegangen. Aber man muß auch auf die Unterschiede achten. Je älter ich werde, desto klarer wird mir, daß, mit Handke zu reden, Greiner *noch* viel überflüssiger ist als Ranicki.

Die in diesen Bändchen versammelten Rezensionen treten mit einem Anspruch auf Bedeutung auf, den sie nicht erfüllen können. Nicht gescheiter als andere Kritiken, wirklich nicht, werden diese Texte, da sie einmal in Buchform vorliegen, nun immer wieder zitiert. Um die Schwächen dieser Anhäufungen von Ephemerem zu vertuschen, geben die Kulturindustriellen gerne vor, sie hätten ihre Artikel ja schon im Hinblick auf eine spätere Buchveröffentlichung geschrieben, alles sei somit sorgsam zusammenkomponiert, und so weiter, oder sie versehen ihre Sammlungen, Kollektionen der Belanglosigkeit, sogar mit einer Einleitung. Diese Machwerke der Eitelkeit versuchen, die Dialektik stillzustellen: es redet da über Jahrzehnte hin immer wieder derselbe Kritiker, als gäbe es nur ihn. Nicht die Sache steht im Vordergrund, sondern er, der Allerunwichtigste, der ehrgeizige Leiter der Redaktion.

Und natürlich schützt die Buchform letztlich doch vor Torheit nicht. Reich-Ranicki erklärte in seinem Artikel »Konfessionen eines Besessenen« von 1967 die *Verstörung*, verstockt genug, vielleicht auch, ohne das Werk eingehender studiert zu haben, für einen Thesenroman. Ausgerechnet der Fürst Saurau, so Reich-Ranicki wie üblich oberflächlich, sei vom »Makel des Konventionellen« kaum freizusprechen. Weiß Reich-Ranicki denn, von was er da redet? Saurau rede wirr, in einem »Ozean von Platitüden«. Und so fort. Eine alberne Kritik, die festsetzt, was der Autor erreichen wollte, und ihm dann sein Mißlingen vorwirft. Man ist's ja so gewohnt. Und wir dürfen das nun nachlesen. Denn, merkwürdig genug, der Verfasser dieser Kindereien scheint sich ihrer überhaupt nicht zu schämen, und veröffentlicht diesen Humbug 23 Jahre nach dem Erstabdruck neu. Begreif's, wer will.

Die Arbeiten über Bernhard werden seit einigen Jahren immer besser, aber auch immer umfangreicher. Da fragt sich oft, ob der Aufwand sich lohnt. Manch schmales Bändchen regt weit mehr an als all diese wahnhaft patriarchalisch wuchernden Schwarten und Dachziegel.

Austauschbar, davon war ich schon immer fest überzeugt, sind Bernhards Schimpfgegenstände; austauschbar, meine ich, ist bei einigen Bernhard-Forschern ihr Objekt, Bernhard, der Dichter. Was sie über ihn schreiben, könnten sie auch über andre Autoren schreiben, es geht ihnen weniger um den Dichter als um sie selbst, aber sie kommen, scheint es, nach den Jahren der Annäherung nicht mehr von ihm los, sie sind monoman auf ihn fixiert, er ist ihnen lang schon alles: Gefährte in finsterer Nacht, Arbeitsbeschaffer, Gegenstand der Verehrung, und, was weiß denn ich, vielleicht noch mehr.

Mußte es denn unbedingt Thomas Bernhards Buch *Korrektur* (1975) sein, das der ansonsten so verdienstvolle Jens Dittmar zersägt, zerhackt, bunt angemalt, zusammengesetzt, gefriergetrocknet, gebügelt, an die Wand geworfen und abfotographiert hat? Um die Bilder dann schonungslos der Öffentlichkeit zu präsentieren. Hätte es nicht genausogut ein beliebiges anderes Buch sein können? Aber nein, es mußte die *Korrektur* sein, als glaubte Dittmar im Ernst, er könne mit solchen Maßnahmen den Ruhm seines Autors noch weiter fördern. Was sind das nicht für Narrenpossen!

Das 1980 in Frankfurt verlegte Buch der Ria Endres über Thomas Bernhard - *Am Ende angekommen. Dargestellt am wahnhaften Dunkel der Männerporträts des Thomas Bernhard* - habe ich mit großem Interesse und gewaltigen Gewinn gelesen. Es ist so eindringlich geschrieben. Aber es hätte nicht unbedingt von Bernhard handeln müssen. Man erfährt in diesem Buch viel über Frau Endres und sehr wenig über Herrn Bernhard. Der läßt sich gewiß leichter zitieren als, z. B., Beckenbauer, Kardinal Ratzinger, Martin Bangemann oder Robert de Niro, aber sonst hätte Endres ihr Buch genausogut über einen von denen schreiben können. Einerseits hätte es nicht unbedingt Bernhard sein müssen, andrerseits geht es nicht mehr ohne ihn. Da sich Bernhard in seinem *Spiegel*-Interview vom 23. Juni 1980 über die Endres geäußert hat, setzte sie sich zwei Tage später hin und schrieb eine Erwiderung, die das norddeutsche Nachrichtenmagazin, in wahnhaftem Dunkel befangen, nicht abdrucken wollte. So nahm der Herausgeber Manfred Jurgensen die Erwiderung unter dem Titel »Das Dunkel ist nicht finster genug« in seinen 1981 in Bern und München erschienenen Band *Bernhard Annäherungen* auf. Konfus und sehr selbstverliebt kommentiert Endres da dann das, was ihr Idol im *Spiegel* über sie gesagt hat. »Beim Stichwort Publikum/Leser fällt ihm mein Name ein.« Endres spricht erneut unentwegt und wie aufgedreht vom Patriarchat. Ich finde, dieses alberne Nachspiel hätte es auch durchaus nicht gebraucht. Ihr Buch ist doch so gut! So, wie die Schwaben sagen, saumäßig gut!

Daß Bernhard die eigene Rezeption immer wieder durch Statements und Skandale gesteuert hat, läßt sich überhaupt nicht übersehen. Es sollte sich nun aber auch einmal einer hinsetzen und untersuchen, ob die Kritik an seinem Werk irgendwelche Auswirkungen auf Bernhards Schaffen, in stofflicher, inhaltlicher und formaler Hinsicht, hatte. Womöglich wollte der garstige Bernhard ganz zum Schluß, in der *Auslöschung*, noch einmal Frau Endres necken, indem er den Salzburger Erzbischof am offenen Grab nicht von der toten Mutter und vom toten Bruder Muraus sprechen läßt, wohl aber vom Vater, nur vom Vater, immer und immer vom toten Vater, »aber nicht mit Absicht, sondern aus Vergeßlichkeit, aus Überheblichkeit, aus männlicher Selbstsucht und aus männlicher Selbstüberschätzung« (A 641). Wer weiß. Zuzutrauen wär's ihm ja.

Ob der Gambetti in dieser *Auslöschung* seinen Namen dem Bernhard-Forscher Herbert Gamper verdankt? Die biographistische Bernhard-Forschung sollte das einmal zu klären versuchen.

Christoph Meister veröffentlichte 1989 in Bern, Frankfurt, New York und Paris unter dem Titel *Ein Roman und sein Schauplatz* eine Abhandlung über Thomas Bernhard. Auf den Roman *Alte Meister* geht der Autor nicht ein, auf die Figur des Moritz Meister im Theaterstück *Über allen Gipfeln ist Ruh* auch nicht, grad als müßte da irgendwas vertuscht werden. Thomas Bernhard hat bekanntlich den großen Schauspieler Bernhard Minetti sehr geschätzt, offenbar fühlen sich auch viele Interpreten aus Namensgründen zu Bernhard hingezogen. Was wäre Bernhard Sorg ohne Thomas Bernhard? Nichts, überhaupt nichts, rein gar nichts. Der Name

Jens Dittmar klingt im Sturm und säuselnd gesprochen akkurat wie Jens Tismar. Was das jetzt wieder zu bedeuten hat?

Johannes Höller schrieb am 31. Oktober 1970 in den *Salzburger Nachrichten* über Thomas Bernhard, Hans Höller veröffentlichte 1979 in Stuttgart unter dem Titel *Kritik einer literarischen Form* eine ausgezeichnete Bernhard-Studie, Rudolf Höller heißt der Gerichtspräsident und frühere SS-Offizier im Stück *Vor dem Ruhestand*, einen Höller hat es aber auch in den Romanen *Das Kalkwerk* und *Korrektur*. Der Name scheint dem Bernhard gefallen zu haben, real existierende Namensträger scheinen sich umgekehrt für Bernhard interessiert zu haben, fiktive und empirische Welt gehen durcheinander wie überall, wo Bernhard seine Finger im Spiel hat.

Äußerst subtile Betrachtungen ließen sich auch über die Namen Frölich und Moritz anstellen, aber ich will hier schweren Herzens darauf verzichten. Schmerzlich vermisse ich in Bernhards Werk Figuren mit den Namen Dittmar, Améry, Endres, Lindenmayr, Bugmann, Tismar, Botond. Mal sehen, was so alles ans Tageslicht kommt, wenn in 66 Jahren der Nachlaß der Öffentlichkeit zugänglich gemacht wird. Na, ich werd's nicht mehr erleben, ganz gewiß nicht. Ist ja auch vielleicht besser so.

Christa Strebel-Zeller aus Buttwil im Kanton Aargau, übrigens, formulierte in ihrer 1975 in Zürich unter dem Titel *Die Verpflichtung der Tiefe des eigenen Abgrunds* erschienenen Bernhard-Studie sehr treffend: »Aber der Schein trügt.« (S. 126) Thomas Bernhard hat dann bekanntlich, wie um seine Interpretin zu ehren, ein Theaterstück mit dem Titel ... Schluß, aus, es reicht, aufhören, genug von diesen sehr ernsten Scherzen.

Oft genug blitzt Komik bei Bernhard auf, und in seinen späten Werken sogar auch der große Dialektiker in der Literaturgeschichte, der vieles versöhnende Humor. Es ist ganz unbestritten das Verdienst des im außerakademischen Bereich wirkenden Schriftstellers und Sprachkundlers Eckhard Henscheid, zu einer Zeit, in der sich unsere Hochschulliterarhistorik noch ausschließlich mit zusammengebissenen Zähnen Bernhard näherte, auf die komischen Qualitäten dieses Autors hingewiesen zu haben. Die mitteleuropäischen Akademien siechen ja stets in einer gänzlichen Unfruchtbarkeit dahin, wenn sie nicht immer wieder von außen Anstöße erhalten, Winke, Hilfen. Heute hat sich das Verhältnis der Interpreten zu Bernhards Humor völlig gewandelt. Es werden mittlerweile so viele Arbeiten darüber geschrieben, daß dieser Aspekt alle andern zu verdrängen droht.

Henscheid, selbst einer der fünf oder sechs besten Schimpfer im deutschen Sprachraum, wies in seinem 1973 in der Zeitschrift *pardon* abgedruckten Aufsatz »Der Krypto-Komiker. Wie der österreichische Schriftsteller Thomas Bernhard seine Bewunderer, seine Kritiker und wahrscheinlich sich selber an der Nase rumführt« darauf hin, daß besagter Bernhard »hoffnungslos komische Prosa« schreibt. Komisch sei bei Bernhard das »haarscharfe Auseinanderklaffen von spontaner Überzeugungskraft und totaler Unausgewiesenheit solcher Sprüche«. Das ist gewiß ganz richtig, auch wenn man nicht recht einsieht, weshalb es denn unbedingt *haarscharf* klaffen muß und weshalb die Unverbindlichkeit *total* ist. Es bleibt auch unklar, wie denn völlig verschiedene Kategorien auseinanderklaffen können. Offenbar fehlt dem Autor hier das theoretische Rüstzeug, um mit Bernhard fertig zu werden, und er nimmt deshalb seine Zuflucht zu suggestiven Bildern wie dem vom Klaffen. Dann montiert er komische Passagen aus Bernhards Werk. Weitere Kennzeichen der Bernhardschen Komik seien: die Dichte der »Niedergangszustände«, die Verwirrung der »inhaltlichen Zusammenhänge«, die phantastische und doch einleuchtende »Kombination der Schlüsselbegriffe«. Klar, was gemeint ist. Henscheid listet Kennzeichen auf, die auch von der um Bernhard bemühten akademischen Literaturgeschichtsschreibung immer wieder genannt werden. Natürlich ist dies alles ganz richtig, und wir können sagen, daß wir in den letzten zwanzig Jahren in unserer Annäherung an Bernhard ein gutes Stück weiter gekommen sind.

Henscheid wirkte wie Bernhard zunächst als Journalist. Er hat wie Bernhard jahrelang fleißig polemisiert, Skandale inszeniert, Prozesse riskiert, freilich in weit bescheidenerem Rahmen. In Henscheids Werk spielt Bernhard eine wichtige Rolle. Man kann Henscheid, den Verfasser höchst unterhaltsamer Polemiken einerseits, brillanter, unterhaltsamer Romane andererseits, ohne den Bernhard überhaupt nicht begreifen. Man müßte diese Verhältnisse in einer sachlich geschriebenen Doktorarbeit einmal eingehend untersuchen. Ich will hier nur darauf hinweisen.

Henscheid erwähnt Bernhards Erzählung *Watten* in seinem Roman *Die Vollidioten* und lobt dort auch späterhin den Bernhard emphatisch.[11] Die Bernhard-Lektüre muß eins der ganz großen und folgenreichen Leseerlebnisse für den jungen Henscheid gewesen sein. In seinem zweiten Roman *Geht in Ordnung – sowieso — genau —*, stirbt der »alte Malermeister Strauch« so ganz nebenbei[12] und wie von ungefähr, womöglich ist das ja ein weitläufiger Verwandter des gleichnamigen Kunstmalers in Bernhards *Frost*. In diesem zweiten Roman Henscheids, aber auch in seinem dritten Roman, in *Die Mätresse des Bischofs*, tritt wiederholt der sehr schmierige Kerzenhändler Lattern auf, der dem Bischof »geweihte Körnlein« bringt.[13] Nun lese man nur den großen Auftritt des Erzbischofs in Bernhards spätem Roman *Auslöschung* nach, wo der geweihte Mann dem Papst im Bedarfsfalle oberösterreichische Heilkräutlein empfehlen will (A 557). Und betrachte dann wieder Henscheids heiligmäßigen Kerzenhändler. Welch wundersame Parallele!

Der späte Bernhard gestaltete Szenen, die ohne weiteres schon in der *Trilogie des laufenden Schwachsinns* hätten stehen können. Es würde mich nicht wundern, wenn einer käme und nachwiese, daß der eine Krachschläger den anderen gelesen hat, und umgekehrt. Wer weiß. Ein weites Feld. Das ist überhaupt keine Frage.

Ungeheuer groß ist in Bernhards Kunstwelt immer wieder die Differenz zwischen den Anstrengungen, die einer unternimmt, und dem, was dabei letztendlich herauskommt. Wie hat der Maler Strauch in *Frost* sich abgemüht, um tatsächlich ein Bild zustande zu bringen. Dann sieht er aber doch, »daß es nichts geworden ist« (F 131f.). Tritt bei Bernhard das Ideal in die Wirklichkeit, ist überhaupt einmal einer mit etwas Ernsthaftem befaßt, so nimmt das Bedeutende sofort groteske Züge an. Will einer von Bernhards verrückten Helden sich für eine Weile zurückziehen, dann muß er auch gleich ins Hochgebirge, in eine von dichtem Wald umgebene Jagdhütte, in deren Umgebung das Wild abgeknallt wird. Bernhards Figuren treiben, wo alle andern Kompromisse eingehen, ihre Wunschvorstellungsverwirklichungen auf die Spitze und schnappen über. Da lachen die normalen Leser natürlich hämisch auf. Bernhard beschreibt das Grauenhafte in so aberwitzigen Konstellationen, daß wir, um es nicht ernst nehmen zu müssen, laut herauslachen. Wenn man so will: er verharmlost, er sorgt dafür, daß uns unsere Verharmlosungen gelingen. Ein subversiver Autor ist er wirklich nicht, und durchaus ein staatstragender.

Komisch ist natürlich auch der Fürst Saurau in der *Verstörung*. Zuerst verdächtigt er sämtliche weiblichen Verwandten, daß sie sein Notizbuch an sich genommen haben, bis ihm dann einfällt, daß er es selbst liegen gelassen hat. Und diese skurrile Geschichte erzählt er selber. Er redet und redet und redet. Nachdem er 65 Seiten lang geredet hat, beklagt er dann, daß »die Kunst zuzuhören« schon »beinahe ausgestorben« ist. »An ihnen,

Doktor, beobachte ich diese Kunst aber noch« (V 143). Das ist, ohne Frage, kostbar. In der Gemütsapparatur des Fürsten fehlt eine Instanz, die Identität stiftet. Saurau weiß, daß es ganz unmöglich ist, stundenlang auf einen Besucher einzureden. Er weiß außerdem, daß er selbst schon sehr lange geredet hat. Er bringt es aber nicht fertig, eine praktische Schlußfolgerung aus den Gedanken zu ziehen und, etwa, zu sagen, er habe nun schon viel zu lange geredet, wolle nun auch seinen Besucher einmal zu Wort kommen lassen, und breche daher seine Ausführungen ab. Indem, ohne daß eine kontrollierende Instanz da unterdrückte und veränderte, munter die Assoziationen aus dem Hirn des Fürsten in die Luft über der Burgmauer verpuffen, können wir unbeteiligten Betrachter die Mechanik der menschlichen Denkapparatur studieren und dürfen, wie immer, wenn etwas in einer gradezu obszönen Nacktheit vor uns liegt, dem wir uns sonst erst mühsam, voyeuristisch annähern müssen, lauthals lachen.

Das Übermaß an aufeinandergehäuften Zusammenbrüchen und Katastrophen in Bernhards Kunstkosmos muß vom Leser ja irgendwie bewältigt werden: er lacht, so wie Kleist und seine Zuhörer Ludwig Wieland und Heinrich Zschokke im Winter von 1801 auf 1802 laut herauslachten, als Kleist mit der Lesung seines extrem düsteren und leichenreichen Stücks *Die Familie Schroffenstein* beim letzten Akt angelangt war. Während wir sehen, wie der Maler Strauch den arglosen Famulanten völlig vereinnahmt, lachen wir zu unserem Schutz: es soll uns nicht genauso gehen, wir brechen im Gelächter radikal den Besitzergreifungsprozeß ab, fliehen im letzten Moment aus den monomanen Systemen des Strauch und des Saurau. Deren inständige Sätze voller maßloser Verallgemeinerungen provozieren unsere Abwehr, lassen uns die Konflikte im Gelächter auflösen: der einzige nichtletale Ausweg.

Die Humortheorien erklären immer nur einzelne Phänomene schlüssig. Dabei gibt es viele Gründe, bei der Lektüre der Werke Bernhards zu lachen. Da kann eine ungeheure Diskrepanz zwischen der Intensität des Sprechens und der Belanglosigkeit des Mitgeteilten bestehen: wie inständig widmet sich der verrückte Arzt in *Watten* seinen Schuhschnallen und Brillengläsern! Grotesk kann die banale Empirie der erhabenen Kommentierung entgegenstehen: Als der Held von *Beton* sieht, daß seine Fenster dreckig sind, stellt er umständliche Reflexionen über Unvollkommenheit und Vollendung an, statt, meinetwegen, schlicht die Scheiben zu putzen, damit er wieder durchgucken kann (B 116). Oft ist der Redegestus apokalyptisch, der Inhalt aber läppisch; es erklärt etwa der Theaterdirektor im ersten Peymann-Dramolett: »Das ist ja das Unglück / daß wir immer wenigstens einen Schauspieler / wenigstens einen Dramaturgen brauchen« (CP 10). Keiner argumentiert, keiner will den andern von etwas überzeugen. Daß München eine Isarkloake ist und Kärnten dreckig, wird ohne weiteres als selbstverständlich und seit langem bekannt vorausgesetzt, dem Widerpart zugemutet, ihm apodiktisch um die Ohren gehauen. Wirklichkeitsaussagen verdichten sich fast zum Sprichwort: »Brennt erst ein Gebäude / vernichtet es die Feuerwehr zur Gänze« (*Der Theatermacher*; St4 17). Und grade in der sogenannten Monotonie sind die feinsten Differenzierungen möglich. Bernhard wiederholt und variiert, und die Zusammenballung von Beleidigungen, die dergestalt zustande kommt, wirkt überwältigend komisch. So charakterisiert die Figur Bernhard die Gäste von der Regierung und aus dem Pressewesen, während sie im zweiten Peymann-Dramolett mit dem Theaterdirektor im Restaurant sitzt. Der erste Gast ist »ein Nazi«, der zweite »ein alter Nazi«, der dritte wieder »ein Nazi« ... und so weiter, und so fort, man muß das selbst einmal nachlesen (CP 48).

Insbesondere in diesen späten Dramoletten geht es oft recht drastisch her; der Theaterdirektor im Bochum-Dramolett erwägt, daß er unbedingt ein »erstklassiges Solinger Messer« nach Wien mitnehmen muß, »zum Abstechen dieser österreichischen Schweine / die ich inzwischen kennengelernt habe« (CP 16). Oft reden Bernhards Helden nicht wie Menschen zu andern Menschen, sondern wie Personen, die sich selbst historisch geworden sind, zur Nachwelt, in kurzen, eingängigen, um ihre Zitierbarkeit bemühten Sprüchen, aufdringlich, beifallheischend, in Maximen und Merksätzchen. Komisch, wenn, wie im Stück *Immanuel Kant*, es ein Verrückter ist, der sich so gebärdet: »Ich bringe Amerika die Vernunft / Amerika gibt mir mein Augenlicht« (St2 335).

Bei Bernhards Schmähungen darf sich der Zuhörer dauernd sagen, daß es so schlimm ja doch nicht ist. Nachdem sich Bernhard als universaler Schimpfer einmal durchgesetzt hat, und wir seine Lieblingsraunzobjekte kennen, freuen wir uns bei der Lektüre seiner Werke oft schon, wenn ein seit langem erwarteter Gegenstand endlich vorkommt, abgehandelt wird, seinen Hieb wegkriegt.

In Bernhards spätem Roman *Auslöschung* wird gelacht wie in keinem früheren Werk. Bernhard hat erst mit der Zeit gemerkt, wie reizvoll es ist, zu übertreiben, Skandale zu provozieren, den Clown zu spielen. Den Karikaturisten hat der komische Bernhard eingeleuchtet; sie haben ihn zum Schluß nur noch mit einer Clownsnase porträtiert.

Die Kritiker und Rezensenten haben sehr lange gebraucht, bis sie den komischen Bernhard entdeckten. 1983 teilt Renate Fueß in ihrer zu Frankfurt am Main, Bern und New York erschienenen Schrift *Nicht fragen. Zum Double-bind in Interaktionsformen und Werkstruktur bei Thomas Bernhard* mit, daß sie eine größere Arbeit über die Komik bei Bernhard vermißt, und listet einige zaghafte Ansätze auf.

Der Überblick über die Titel der Rezensionen zu Werken Bernhards, die Jens Dittmar in der ersten Fassung seiner Sammlung *Thomas Bernhard Werkgeschichte* (1981) in einer Bibliographie der Sekundärliteratur aufgeführt hat, erweist: Bis dahin interessierten sich die Kritiker weit mehr für Bernhard als Abschilderer großartiger Katastrophen und pathologischer Seelenzustände, denn für den Komiker Bernhard; sehr häufig tauchten bis damals, 1981, die Begriffe Wahnsinn, Krankheit, Tod, Wahrheit, Existenz, Betroffenheit, Verstörung, Abgrund, Schmerz, Kälte, Katastrophe, Leiden, Vereinsamung in den Titeln der Rezensionen auf. Eine Kritik immerhin heißt »Meisterblödler« und gilt dem Film *Monologe auf Mallorca*, weitere komische Ausnahmen heißen: »Hohn als Waffe und als Gspaß« und »Gestapelte Verstörung ist komisch« und »Vom Spaß an den Wortsalven der Abscheulichkeit«. Häufig weisen Bernhards Kritiker auf Parallelen bei Beckett und Kafka hin, was durchaus berechtigt ist, sehr selten aber auf Entsprechungen bei Karl Valentin, mit dem man sich, meine ich, auch gar nicht gründlich genug auseinandersetzen kann.

In den letzten Jahren hat sich aber nun doch auch in humoristischer Hinsicht vieles zum Guten gewandt. Willi Huntemann hat sich in den Abschnitten »Charakterkomik«, »Sprachkomik«, »Übertreibungskunst« und »Die Komik der Selbstimitation« des Kapitels »Tragik und Komik« seiner 1990 in Würzburg erschienenen Abhandlung *Artistik und Rollenspiel. Das System Thomas Bernhard* sehr gründlich mit Bernhards Komik befaßt.

Die Beiträge zur Humorforschung werden seit einigen Jahren immer gescheiter. 1991 veröffentlichte Christian Klug in Stuttgart seine großangelegte Untersuchung *Thomas Bernhards Theaterstücke*. Leider ist das umfangreiche und gewichtige Werk so schlecht gebunden, daß es bereits nach mehreren Minuten der Lektüre auseinanderfällt. Wer Bernhards frühe Prosa kennt, wird seine Theaterstücke zunächst äußerst schwach, ja teilweise sogar kindisch finden. Da Klug beabsichtigt, *die* umfassende Monographie über diese Stücke zu schreiben, muß er ihre Eigenständigkeit betonen. In einem dem Gegenstand nicht adäquaten, völlig humorlosen Kapitel beschäftigt er sich mit dem Humor bei Kierkegaard und Bernhard.

Klug will, um hier nur eine Passage seines Vorworts aufzugreifen, existenzdialektische Sinnhorizonte von Begriffshorizonten aufhellen, ich gestehe, daß mir vor dieser Begriffsapparatur recht sehr graut, respektive grauen tut. Klugs Buch ist terminologisch heillos überfrachtet und dergestalt, in seinem ungeheuren Mißverhältnis zwischen dem methodologischen Aufwand und den Erträgen, den Ergebnissen, komisch; ohne all die albernen und ärgerlichen Umwege, in denen der Verfasser zeigen soll, will und muß, daß er ein fleißiger Mann ist, wäre es gewiß auch gegangen. Klug möchte »den Humor Bernhards als ausgezeichnete Haltung zu einem besonderen Kategorienpaar bestimmen, nämlich zum Komischen und Tragischen. Das Philosophieren in Bernhards Werken entzündet sich immer wieder an der Ununterscheidbarkeit von Komischem und Tragischem.« Das ist gewiß ganz richtig, aber doch seit langem bekannt. Klug unterscheidet rein komische Fakten, die ihre Komik aus der Perspektive des überlegenen Zuschauers beziehen, von den Ereignissen, die komisch und tragisch zugleich sind. »Komische Momente schlagen bei Bernhard immer wieder in tragische um und umgekehrt.« (S. 95ff.) Zweifellos, das stimmt.

Mit einer Kategorie Schopenhauers, sagt Klug, lassen sich zahlreiche komische Szenen bei Bernhard beschreiben: die singulären Fakten sind komisch, als Exempel des ganzen Lebens sind sie tragisch. Bernhard, so Klug, hat die »partielle Identität des Tragischen und Komischen als Kipp-Phänomen im praktischen Sich-zu-sich-Verhalten« aufgespürt und, so Klug, ist »zu einer maximalen Verdichtung beider Einstellungen« gelangt. (S. 100ff.) Klug geht in seiner seinerseits maximal verdichteten Arbeit ungeheuer verbissen an die Sache heran. Man merkt andauernd: da hat einer mit Gewalt ein Standardwerk schreiben wollen, aber doch nur wenig Neues zu sagen gehabt. Ist das nun tragisch? Oder doch eher komisch?

Mit der Schopenhauer-Aufnahme durch Bernhard befaßt sich Martin Huber in seiner 1992 in Wien erschienenen Schrift *Thomas Bernhards philosophisches Lachprogramm*. Er weist darauf hin, daß in Bernhards Büchern nicht ein einfacher Widerspruch »von Lachen und Leiden« gestaltet wird, sondern eine weit subtilere Struktur: »Lachen nicht als Gegenteil des Leidens, sondern als eine verzweifelt-listige Art, damit umzugehen.« (S.

59) Huber beschreibt einleuchtend das Lachen als befreiende Reaktion in einer geschichtsphilosophischen Konstellation, in der die alten metaphysischen Trostgründe mitsamt den vielverzweigten Systemen den Bach hinab sind, während gleichwohl die Fragen nach den letzten und vorletzten Dingen immer neu gestellt werden müssen. Hubers Studie ist ganz ausgezeichnet. Allerdings argumentiert er in seinem Kapitel über Schopenhauers Frauenfeindlichkeit leider völlig unsachlich. In mancherlei Hinsicht hatte Schopenhauer ja doch, was freilich bedauert werden muß, völlig recht. Huber wird's schon noch merken, wenn er erst einmal älter wird.

Das Problem: sich auf Bernhards Komik einzulassen, sie dabei aber nur als *ein* Moment im Zusammenspiel mit anderem zu begreifen. Wer in Bernhard *nur* den Spaßmacher sieht, verfehlt ihn genauso wie die existentiell betroffenen Rauner, die unbedarften Biographisten, die Psychiater.

Bernhard hat sich, soweit bekannt, nie über Friedrich Theodor Vischer geäußert. Vielleicht war der in seinen Augen kein ganz Großer. Es ist ja wahr: der Spaßphilosoph Vischer ist nicht naiv, sondern reflektiert verbissen. Was Vischer in seiner Ästhetik über Hund und Katz schreibt, hätte Bernhard bestimmt gefallen. Ich denke, daß es gelingen müßte, Bernhards Komik mit den Kategorien der Ästhetik Vischers gut in den Griff zu kriegen, und ich will dies demnächst womöglich einmal versuchen.

Wer die Sätze, die in den Romanen und Theaterstücken Bernhards stehen, für Aussagen des Autors über die empirische Wirklichkeit nimmt, der findet schnell einen Anlaß zum Skandal. Die genau gegensätzliche Position wird jedem, der nur ein paar Takte über die Sache nachdenkt, erheblich plausibler erscheinen: alles, was Bernhard schreibt oder sagt, hat Kunstcharakter. Bernhard hat auch die Gespräche, Reden, Leserbriefe als Kunstformen aufgefaßt. Irgendwelche unmittelbaren Lebensäußerungen, was immer das sein mag, die einen direkten Zugang zu seinem Werk gewähren, kann man auch aus seinen Statements nicht herausziehen.

Merkwürdig, wie sich Bernhards Gespräche unterscheiden: gegenüber Kurt Hofmann nörgelt und grantelt er grauslichst, im Gespräch mit Krista Fleischmann blödelt er und macht sich einen Spaß daraus, seine Partnerin in die Irre zu führen. Offenbar war Bernhard, wie andere Menschen auch, stark von seinem Gesprächspartner abhängig: der eine, der sich zudringlich vor die Tür stellte, fiel lästig, die andre, die ihn in Spanien besuchte, offenbar nicht.[14]

Wenn Bernhards Gesprächsäußerungen mit den Aussagen seiner Figuren übereinstimmen, dann nicht, weil die Figuren sagen, was er denkt, sondern deshalb, weil er im Gespräch seine eigenen Figuren spielt.

Im Gespräch mit Krista Fleischmann von 1981, den *Monologen auf Mallorca*, stellt er die komischen Qualitäten seiner Werke in den Vordergrund. Bernhard steuerte mit diesen Verlautbarungen die eigene Rezeption. Die Kritiker sind ihm gefolgt. Sie entdeckten nun den komischen Bernhard. Angeblich, so Bernhard zur Fleischmann, muß er über seine Bücher lachen. Sogar über *Frost*. (S. 43)

Bernd Seydl macht in seiner 1986 in Würzburg erschienenen Abhandlung *Die Vernunft der Winterkälte* darauf aufmerksam, daß Marie Luise Kaschnitz in ihrem Tagebuchband *Tage, Tage, Jahre* eine Bernhard-Lesung im Jahr 1966 erwähnt, bei der sich der Dichter darüber wunderte, daß man über seinen Text lachte, während er fünfzehn Jahre später, im Gespräch mit der Fleischmann, auf einmal die komischen Seiten seiner Werke hervorhebt. (S. 53)

Marie Luise Kaschnitz notiert in *Tage, Tage, Jahre. Aufzeichnungen* – das Buch beginnt übrigens mit einer Eintragung zu einem 22. Februar – zum 5. November, daß während der Lesung der Erzählung *Zwei Erzieher* eine Frau zunächst unterdrückt kicherte, dann hell herauslachte. Zum Schluß beglückwünschte sie den Dichter zu seinem Humor. »Der absurde Vorfall hat Bernhard während des ganzen Abends beschäftigt, er erzählte ihn immer wieder, lachend, konsterniert, höhnisch und auch wie im Traum.«[15] Bernhard scheint also damals noch, kokett oder nicht, verlangt zu haben, daß das Publikum seine Bücher mit dem größten Ernst aufnimmt. Damals fiel es auf, wenn einer über Bernhard lachte. Ob die Lacherin gemerkt hat, daß Bernhard sich in seiner Rolle als kurz vor dem Wahnsinn halt machender Dichter wohlig eingerichtet hatte? Ob sie ihn durchschaut hat? Und ihn affektiert fand? Wer weiß. Mir scheint, er sah sich, etwas peinlich berührt, beim Posieren ertappt. Freilich, freilich, das Publikum deutscher Dichterlesungen – ich besuche seit meinem 22. Lebensjahr solche Veranstaltungen nicht mehr – hat auch nichts anderes verdient als posierende Dichter, die dunkel im Eigentlichkeitsjargon raunen: da fühlt das Publikum sich eingeweiht und dankt.

Übrigens scheint es auch in Österreich bei Dichterlesungen gern einmal skurril zuzugehen. Oder die angereisten Damen erleben es doch so. Ria Endres berichtet, daß bei einer Lesung zur Festspielzeit in Salzburg plötzlich von einer Hofmannsthal-Aufführung her der Tod sein »Jedermann« in den Raum hineingrölte, was sie allein komisch gefunden haben will. Der Dichter, Bernhard, habe dann noch irgendwelchen Damen die Hände geküßt, aber, wenn ich's recht verstehe, in eklatant hundsgemeiner Weise nicht ihr, der Literaturwissenschaftlerin, der Endres, und auch nicht verschiedenen, gleichfalls präsenten Damen und Herren.[16]

Die Gespräche Bernhards mit Krista Fleischmann aber sind umwerfend komisch. Einmal hört er während des Gesprächs im Hotel Ritz zu Madrid, wie nebenan gebohrt wird, überlegt, und sagt dann, wie eine seiner munter Neologismen produzierenden Figuren: »Dübelbohrgeräusch«. Sonst redet er mit der Fleischmann wie Karl Valentin mit der Liesl Karlstadt. Die Fleischmann gibt ihm meist die richtigen Stichworte, und wenn einmal nicht, dann protestiert er. Merkwürdige Komposita gebraucht übrigens auch Karl Valentin gern, etwa »Lebkuchenfabrikationsgesellschaft« oder »Laubsägeholzlagerplatz«[17], aber das sind rein mechanische Zusammenstellungen, keine skurrilen, aberwitzigen, kunstvollen Neologismen wie bei Bernhard. Man müßte einmal eingehend Bernhards Fernsehinszenierungen und Karl Valentins Stücke miteinander vergleichen, eine solche Untersuchung gelangte gewiß zu den aufsehenerregendsten Ergebnissen, ich kann hier nur Andeutungen machen.

Indem Bernhard witzig mit der etymologischen Verwandtschaft zumeist gedankenlos gebrauchter Wörter spielt, schützt er sich vor Annäherungen. So antwortet er auf die Frage, ob er sein Leben rekapituliert: »Ich *kapituliere* ja nicht, also werd' ich auch nicht re-kapitulieren.« (S. 224) Auch Karl Valentin nimmt die Wörter wörtlich und erzielt dadurch Komik, zum Beispiel in dem bekannten Monolog *Das Aquarium*. Valentin wie Bernhard stellen immer wieder Aussagen, die bereits zutreffend sind, aber mißverstanden werden können, richtig, verbessern sie umständlich und strukturieren damit ihren Redefluß.

In Valentins Szene *Der Firmling* sagt der Kellner, der Bub freue sich halt, weil er so jung ist, und der besoffene Vater meint dazu, er selber sei auch einmal jung gewesen, »vielleicht jünger wie er«; in der Szene *Im Uhrmacherladen* schlägt der Vater dem Firmling vor, er möge sich eine Sprungdeckeluhr einmal kaufen, wenn er älter sei, und der Junge beteuert, daß er ja doch schon älter ist.[18] Krista Fleischmann war für den Bernhard, der Valentin spielen wollte, die genau richtige Gesprächspartnerin. Sie fragte ihn, wie das denn sei, wenn man älter werde. Der Dichter: »Irgendwie sind Sie ja auch einmal älter geworden, nicht, und bei jedem ist es natürlich anders.« (S. 131) Hier werden auch die Unterschiede deutlich: Valentin und Bernhard blödeln keineswegs zweckfrei, doch während der eine sein Publikum unterhält, versucht der andere sich zu schützen und wehrt witzig zudringliche Fragen ab.

Ich will jetzt endlich einmal nach Österreich fahren und schauen, ob es da wirklich so schlimm ist, wie man überall bei den Dichtern lesen kann. Mal sehen, ob die Realitätsfalle zuschnappt.

Anmerkungen

[1] In: Text und Kritik 43/1974, S. 45.

[2] In: Jurgensen, Manfred (Hg.): Bernhard, Annäherungen. Bern, München 1981, S. 56.

[3] Ebda, S. 217.

[4] In: Reich-Ranicki, Marcel: Thomas Bernhard. Aufsätze und Reden. Zürich 1990, S. 29.

[5] In: Merkur 30 (1976), S. 91–94.

[6] Vgl. dazu: Schmidt-Dengler, Wendelin: Von der Schwierigkeit, Bernhard beim Gehen zu begleiten. Zu »Gehen«. In: Der Übertreibungskünstler. Studien zu Thomas Bernhard. Wien 1986, S. 26–41.

[7] Vgl.: Tismar, Jens: Gestörte Idyllen. Eine Studie zur Problematik der idyllischen Wunschvorstellungen am Beispiel Jean Paul, Adalbert Stifter, Robert Walser und Thomas Bernhard. München 1973, S. 122; Schmidt-Dengler: Von der unbegründeten Angst, mit Thomas Bernhard verwechselt zu werden. In: Schmidt-Dengler und Martin Huber (Hg.): Statt Bernhard. Über Misanthropie im Werk Thomas Bernhards. Wien 1987, S. 8.

[8] Dittmar, Jens (Hg.): Thomas Bernhard. Werkgeschichte (aktualisierte Neuausgabe). Frankfurt/M. 1990, S. 295ff.

[9] In: Bernhard, Thomas: Der Italiener. Salzburg 1971, S. 144–163.

[10] Barthofer, Alfred: King Lear in Dinkelsbühl. Historisch-Biographisches zu Thomas Bernhards Theaterstück »Minetti«. In: Maske und Kothurn 23 (1977), S. 159–172.

[11] Henscheid, Eckhard: Die Vollidioten. Frankfurt/M. 1979, S. 18, S. 170.

[12] Henscheid: Geht in Ordnung – sowieso — genau ——. Frankfurt/M. 1979, S. 255.

[13] Henscheid: Die Mätresse des Bischofs. Frankfurt/M. 1979, S. 184, S. 410.

[14] Hofmann, Kurt: Aus Gesprächen mit Thomas Bernhard. München 1991; Fleischmann, Krista: Thomas Bernhard. Eine Begegnung. Wien 1991.

[15] Kaschnitz, Marie Luise: Tage, Tage, Jahre. Aufzeichnungen. Frankfurt/M. 1968, S. 162.

[16] Endres, Ria: Das Dunkel ist nicht finster genug. In: Jurgensen, a. a. O., S. 14.

[17] Valentin, Karl: Eine fidele Münchner Stadtratssitzung Anno dazumal. In: Schulte, Michael (Hg.): Alles von Karl Valentin. Frankfurt/M.–Wien–Zürich 1979, S. 518.

[18] Ebda, S. 331, S. 338.

Resonanzen: Die Kunst und die Wirklichkeit

Alfred J. Noll

»Holzfällen« vor dem Richter
Juristisches zu Bernhards Kunst und Lampersbergs Ehre

Bernhards Gesamtwerk, so entnehme ich einem jüngst erschienenen Personen-Lexikon, »entzieht sich allen wissenschaftlichen Versuchen einer literarischen und/oder philosophischen Zuordnung; es nimmt in der österr. Nachkriegsliteratur eine Sonderstellung ein«[1]. Mag sein – der Justiz und ihren Zuordnungen konnte es sich nicht entziehen.

Nachfolgend geht es um zweierlei: Zu erörtern, was die Justiz tut, wenn sie die (weitere) Verbreitung eines Kunstwerks unterbindet; und darzustellen, was dem Buch Holzfällen geschah, nachdem es über Strafantrag Lampersbergs ins Blickfeld eines österreichischen Strafrichters gerückt wurde.

Der Verdacht, dem meine exemplarische Skizze Ausdruck verleihen soll, ist zusammengefaßt der, daß die österreichische Rechtspraxis (vom simplen Strafrichter bis hin zum VfGH) einer diffusen und auffällig selten thematisierten Angst vor der Kunst erliegt und, getrieben von dieser Angst, die Kunst allenfalls noch als Rechtfertigungsgrund gelten läßt: um gnadenhalber dem beschuldigten Künstler gegenüber das Strafgesetz doch nicht zur Anwendung bringen zu müssen; die Freiheit der Kunst (bzw. die Verfassung) steht dann nur noch im Licht und im Schatten des Strafgesetzes.

Die Kunst auf der Waagschale

Ein explizites Grundrecht auf Kunstfreiheit kennen wir in Österreich erst seit Anfang der achtziger Jahre – ins österreichische Verfassungsrecht eingefügt durch eine Novelle zum Staatsgrundgesetz 1867; seitdem gewährt Art. 17a StGG eine auf den ersten Blick (also dem Wortlaut nach) zwar schrankenlose, aber durch die österreichische Justiz in der Praxis einfallsreich verkürzte Variante der Kunstfreiheit: »Das künstlerische Schaffen«, heißt es leistungsbetont, »die Vermittlung von Kunst sowie deren Lehre sind frei«. Was wollte uns der Gesetzgeber des Jahres 1982 damit sagen?[2]

Zunächst einmal – so der überraschend fast einhellige Kommentar der

Sachverständigen für Kunst und Recht –, daß er keinesfalls gemeint haben könne, was er gesagt hat: zwar sei von einer Schranke der Ausübung von Kunst im Art. 17a StGG keine Rede, man dürfe aber auch bei der Interpretation von Gesetzen nicht beim bloßen Wortlaut stehen bleiben; man müsse eben – wie es in einem Beitrag aus letzter Zeit heißt – »in Ausschöpfung der anerkannten Interpretationsmethoden und basierend auf dem objektiven Erklärungswert der sprachlichen Äußerung im gesamten Kontext jene Bedeutung der Norm, die dem Normsetzer als von ihm (objektiv) gewollt zuzusinnen ist, [ermitteln]«[3]. Dann ließen sich, so die herrschende Meinung, auch die der schrankenlos formulierten Kunstfreiheit immanenten Schranken finden. Wie macht man das?

Folgen wir der damit gelegten Spur. Der Verfassungsgerichtshof (VfGH) hat in drei bemerkenswerten Entscheidungen versucht, dem neuen Grundrecht gerecht zu werden: das »Kugelmugel«-Erkenntnis, die lärmerregende Klavierspielerin und vier ausländische Opernsänger.

Im ersten Fall ging es um die Frage, ob auch ein architektonisches Kunstwerk – man denke etwa an den Roithamerschen Kegel in *Korrektur* (1975) – einer Baubewilligung bedürfe[4], was der VfGH mit der Begründung bejahte, daß »eine dem geschützten Bereich vergleichsweise fernstehende Verhaltensnorm wie das Erfordernis der Einholung einer Bewilligung für die Errichtung von Bauwerken für sich allein ebensowenig als Beschränkung der Freiheit der Kunst zu werten [ist] wie das Verbot der Benützung fremden Eigentums oder der unnötigen Erregung störenden Lärms, die Pflicht zur Anzeige von Versammlungen oder zur Errichtung einer Abgabe für öffentliche Veranstaltungen«. Damit war klargestellt, daß sog. »allgemeine Gesetze«[5] eine Schranke für die Kunstausübung darstellen; die Bauordnung gilt – um im Beispiel zu bleiben – in jedem Fall. In den stets plastischen Ausdrücken Michael Graffs (ÖVP):

> Und so schön es auch war, diese Freiheit der Kunst ohne jede Einschränkung zu beschließen, wird es halt auch nicht gehen, eine noch so wunderbare Plastik mitten in einer verkehrsreichen Kreuzung aufzustellen, wo sich die Leute zerstoßen. Ich werde sie auch nicht als Mobile an einem öffentlichen Weg anbringen können, sodaß sie womöglich auf wen drauffallen kann. Und ich werde auch nicht in einem Gedicht ehrenrührige und unwahre Sachen über einen bestimmten Menschen verbreiten dürfen und dann, wenn sich der Betroffene beklagen will, sagen können: Schleckerpatzl, das ist ja das Künstlerische.[6]

Durchaus eingängig – aber durch die nachfolgende Judikatur überholt.

Denn: Im Gegensatz zur »Kugelmugel«-Entscheidung zwei Jahre zuvor wird plötzlich der Kunst Vorrang gegenüber anderen allgemeinen Rechtsgütern eingeräumt. In einem zweiten Fall zur Kunstfreiheit[7] wurde eine Konzertpianistin gem. Art VIII 2. Fall EGVG bestraft, weil sie durch mehrmaliges Klavierspielen am späten Vormittag »ungebührlich störenden Lärm erregt« hätte. Der VfGH zauberte nunmehr das Instrument der »Abwägung« zur Interpretation (und spezifischen Einschränkung) der als schrankenlos formulierten Kunstfreiheit hervor: Zwar sei die Verwaltungs-Strafnorm »intentional« nicht darauf gerichtet, die Freiheit der Kunst einzuschränken, doch könne ihre Anwendung »zu Auswirkungen führen, die einer Behinderung des künstlerischen Schaffens oder der Vermittlung von Kunst oder ihrer Lehre gleichkommt. Es erfordert daher die Anwendung dieser Bestimmung eine Abwägung zwischen der durch Art. 17a StGG geschützten künstlerischen Freiheit und jenen Rechtsgütern, zu deren Schutz sie besteht.« Da die strafende Behörde diesen Aspekt überhaupt nicht bedacht und nicht berücksichtigt hatte, war der Strafbescheid aufzuheben; die Polizei hätte sich zumindest damit auseinandersetzen müssen, ob das »nur« Lärm ist oder ob dieser Lärm vielleicht doch Kunst sein könnte. Der VfGH ersparte sich auf diese Weise zu beurteilen, was Ergebnis der von ihm geforderten Abwägung gewesen wäre. Noch einmal Michael Graff: »Unter Bedachtnahme auf die Freiheit der Kunst [...] aber was zu laut ist, ist zu laut.«[8] Kunst genießt also Vorrang, und jede Einschränkung ihrer Ausübung ist in Konfrontation mit dem Anspruch des Kunstwerkes selbst rechtzufertigen.

Das Problem: die den Verwaltungsorganen aufgetragene Abwägerei. Wie kommt die Kunst dazu, sich dem Räsonnement des diensthabenden Beamten unterwerfen zu müssen? »Das künstlerische Schaffen, die Vermittlung von Kunst sowie deren Lehre sind frei«, sagt Art. 17a StGG. Von Baupolizei, Lärmerregung und den sonstigen Umtrieben der Bürokratie steht dort nichts. Dennoch hat der VfGH den einmal beschrittenen Weg fortgesetzt.

In einem dritten Fall[9] – es ging um die Beschäftigungsbewilligung für vier Opernsänger – hielt es der VfGH einerseits für zulässig, daß für die Beschäftigung von Ausländern nur ganz enge Ausnahmen von der nach dem Ausländerbeschäftigungsgesetz festgesetzten Bewilligungspflicht für Künstler vorgesehen sind, hielt es im übrigen aber mit der Kunstfreiheit gem. Art. 17a StGG für unverträglich, daß das AuslBG den Verwaltungsorganen nicht gestatte, bei seiner Anwendung eine die grundrechtliche Festlegung der Kunstfreiheit entsprechend berücksichtigende Abwägung zwischen der durch Art. 17a StGG geschützten künstlerischen Freiheit und jenen Rechtsgütern vorzunehmen, zu deren Schutz sie bestehen: »Der Verfassungsgerichtshof verkennt nicht«, so die Selbstbeschreibung des Höchstgerichts im angeführten Erkenntnis vom 16. Juni 1988, »daß die [...] Umstände des Arbeitsmarktes für darstellende Künstler und Musiker auch Maßnahmen rechtfertigen könnten, die in ihren Auswirkungen die Kunstfreiheit beschränken. Diese Einschränkungen dürfen aber weder die Behörde ermächtigen, den Inhalt der künstlerischen Tätigkeit zu überprüfen, noch dürfen sie im Ergebnis so weit gehen, daß durch sie bestimmte künstlerische Betätigungen im Effekt überhaupt unmöglich gemacht werden.«[10]

Wir brauchen nicht weiter auf diese Entscheidungen einzugehen; wichtig ist hier das Ergebnis: Die Kunstfreiheit verschafft den Künstlern keinen Freibrief, sie bleiben in ihrem Schaffen an die »allgemeinen Gesetze« (deren Natur von der Rechtsprechung allerdings verkannt wird) gebunden; Eingriffe des Gesetzgebers in die Kunstfreiheit sind zulässig, wenn sie zum Schutz eines anderen Rechtsgutes erforderlich und verhältnismäßig sind; womit – so die uns hier interessierende und im zuletzt angeführten Erkenntnis des VfGH formulierte Crux der Sache – »eine Abwägung zwischen der Kunstfreiheit und dem durch den Eingriff geschützten Rechtsgut erforderlich wird«.

Ein durchaus ähnliches Bild ergibt sich beim Blick auf die Judikatur des Obersten Gerichtshofs; dieser fordert etwa eine »Güterabwägung« zwischen »der Kunstfreiheit und der privaten Ehre der mit dem Kunstwerk angegriffenen Person«[11]; es ist jeweils ein Interessenausgleich zwischen dem Recht der Ehre als Persönlichkeitsrecht im Sinne des § 16 ABGB[12] und dem Grundrecht der Kunstfreiheit notwendig. Im Wege der sog. »mittelbaren Drittwirkung«[13] über § 16 ABGB ist es dann möglich, auch den zivilrechtlichen Persönlichkeitsschutz als Schranke der Kunstfreiheit heranzuziehen. Es sind »die Grenzen der im gesellschaftlichen Leben erträglichen Äußerungsformen der Kunst [...] nur dadurch auslotbar, daß die in Widerspruch geratenen Rechtsgüter, vorliegend der Kunstfreiheit einerseits und der Ehre des einzelnen andererseits in ihrem jeweils konkreten Gewicht, ermittelt und diese Gewichte gegeneinander aufgewogen werden«[14]. Demnach gibt auch die Freiheit der Kunst – so der OGH an anderer Stelle[15] – dem Künstler nicht das Recht, »jemanden zu beleidigen oder über ihn Tatsachen zu verbreiten, die den Kredit, den Erwerb oder das Fortkommen eines anderen gefährden und deren Unwahrheit er kannte oder kennen mußte (§ 1330 ABGB). Das ändert aber nichts daran, daß bei der Beurteilung, ob dieser Tatbestand gegeben ist, insofern eine Abwägung vorzunehmen ist, als der grundsätzlichen Wahrung der künstlerischen Freiheit nicht unnötig Abbruch getan wird. Es hat ein Ausgleich zwischen den kollidierenden privaten Interessen und den Freiheitsansprüchen des Künstlers stattzufinden«.

Wie kommt es, daß sich das vorbehaltlose Grundrecht der Kunstfreiheit in die allgemeine Grundrechtsdogmatik einpassen lassen muß – und damit flugs der erfinderischen Konstruktion »immanenter Grundrechtsschranken« unterliegt? Die Ursache liegt in der lächerlichen und weithin ideologisch stimulierten Vorstellung von »grenzenloser Freiheit«. Genauso, wie es Derartiges nicht geben kann, gibt es auch kein in diesem Sinne »grenzenloses« Grundrecht. Das in der deutschen Lehre oft bemühte Beispiel: es könne doch nicht angehen, daß der Regisseur unter dem Titel der Kunstfreiheit und der unbedingt notwendigen dramaturgischen (ergo: künstlerischen) Wirkung wegen einen »wirklichen« Mord auf der Bühne vollziehen lasse, offenbart eine »Unbehilflichkeit des Freiheitstotalitarismus« (Ridder): Grundrechte sollen oftmals einen bestimmten Freiheitsraum organisieren; ihr »Inhalt« und ihre »Schranken« sind daher weitestgehend identisch. Auch die spätliberalen »negatorischen« Grundrechte (als Abwehr gegen den Staat ausgebildet) schlagen nur begrenzte Lichtungen der Freiheit aus dem Wald staatlicher Zwänge. Auch dort also, wo die Verfassung nicht selbst schon den von ihnen statuierten Grundrechten »Schranken« setzt (indem sie etwa normiert, daß ein Grundrecht durch das einfache Gesetz eingeschränkt werden darf), müssen ihr solche (von Lehre und Rechtsprechung) gesetzt werden; im letzteren Fall spricht man von »immanenten Grundrechtsschranken«. Diese werden zwar nicht in den luftleeren Raum hineinkonstruiert, aber vielfach schon mit Blick auf andere Grundrechte (bzw. spricht man dann gerne von »Rechtsgütern«), mit denen das textlich »unbeschrankte« Grundrecht zu »kollidieren« scheint.

Versuchen wir an dieser Stelle, das vom VfGH vorschnell abgebrochene Abwägen am Beispiel der schon oben erwähnten Klavierspielerin nachzuholen: Die Dame übt täglich mehrere Stunden, was ihr Nachbar wegen des damit notwendig verbundenen Geräusches als störend empfindet. Die Polizei eilt zu Hilfe. Nun beruft sich die Dame auf Art. 17a StGG, wonach die Kunst, also auch die ihre (hic et nunc) schrankenlos »frei« sei. Die durch einen noch zu veranstaltenden »Einführungskurs Grundrechte I« gebildeten Sicherheitswachebeamten belehren die Musikantin eines besseren: Sie, meine liebe Dame, hämmern in ihrer Wohnung und benutzen damit ihr Eigentum (auch die allfällige Benutzung einer Mietwohnung wäre »Eigentum« im Sinne des Art. 5 StGG); der Umfang der Befugnis, mit seinem Eigentum zu hantieren, bestimmt sich aber durch die Gesetze (Gesetzesvorbehalt). Und da lassen sich doch Gesetze, Verordnungen und Erlässe finden, die unsere Klavierspielerin – ganz verfassungsgemäß – in der Ausübung ihres Eigentumsrechtes beschränken. Besonders geschulte Beamten werden dann noch auf die zivilrechtliche Möglichkeit der Abwehr nachbarlicher Immissionen verweisen (§ 364a ABGB), um daraus ein aus der »Gesamtheit« der Rechtsordnung destilliertes besonderes Schutzbedürfnis des lärmgeplagten Nachbarn zu erschließen. Für ganz spitzfindige Beamte mit entsprechendem juristischen Geschmack (gebildet etwa durch den Umstand, daß der betreffende Beamte gerade im 2. Bildungsgange sich auf dem Weg zum Polizeijuristen befindet) ließe sich das »Abwägen« noch reizvoller gestalten, wenn auf die Eigentumsrechte des Nachbarn abgestellt wird.[16]

Als Vorbereitung auf die Darstellung der Beschlagnahme von *Holzfällen*: es ist wichtig zu verstehen, was vor sich geht, wenn die Justiz über die Kunst zu Gericht sitzt. Sie ist nicht einfach böse, nicht einfach »gegen« die Kunst – sie wägt ab. Und sobald nun machtvolle ökonomische Interessen oder ideologische Bastionen auf dem Spiel stehen, wirken diese wie Magnete auf die leichtbeweglichen Schalen der Waage der Gerechtigkeit.[17] Rechtstechnisch geschieht dies im wesentlichen dadurch, daß die einfachen, allgemeinen Gesetze mit all den hinter ihnen stehenden oder in sie hinein interpretierbaren »Werten« (das »Persönlichkeitsrecht« in der straf- und zivilrechtlichen Rechtsprechung des OGH, »Sicherheit«, »Ruhebedürfnis« und »Vollbeschäftigung« in den oben geschilderten Fällen vor dem VfGH) auf dieselbe Ebene wie das Grundrecht der »Freiheit der Kunst« katapultiert werden; sie werden damit »ranggleich« mit dem Grundrecht – das »Abwägen« kann beginnen.

Holzfällen *wird beschlagnahmt*

Holzfällen von Thomas Bernhard[18] wäre vermutlich als ein »normales« Stück des Autors in die Literaturgeschichte eingegangen, hätte nicht der Komponist Gerhard Lampersberg – der sich als »Auersberger« zu erkennen glaubte – gegen Thomas Bernhard Privatanklage wegen der Vergehen der üblen Nachrede und der Beleidigung nach den §§ 111 Abs. 1 und 2, 115 StGB erhoben; Lampersberg begründete dies bekanntlich damit, daß er in zahlreichen, von ihm in der Privatanklage einzeln angeführten Textstellen des Werkes in seiner Ehre beeinträchtigt worden sei; mit dieser Privatanklage verband er unter anderem den Antrag auf Einziehung und Beschlagnahme des Romans nach den §§ 33, 36 MedienG.[19]

Das von Lampersperg durch seinen Rechtsvertreter angerufene Landesgericht für Strafsachen Wien (Einzelrichterin: Dr. Klatt) ordnete mit Beschluß vom 29. August 1984 die Beschlagnahme des Buches *Holzfällen* an[20] – die Polizei in ganz Österreich wurde aktiv.

Das Gericht begründete seinen Beschluß im wesentlichen damit, daß Lampersberg in *Holzfällen* durch zahlreiche Textstellen in seiner Ehre auf eine nach den §§ 111 Abs. 1 und 2 und 115 StGB tatbildlichen Weise nachteilig betroffen sei: denn ein nicht unbeträchtlicher, über die Lebensumstände von Lampersberg hinreichend informierter Leserkreis vermöge in der Romanfigur »Auersberger« den realen Lampersberg wiederzuerkennen und beziehe so die ehrverletzenden Beschreibungen und Bewertungen des »Auersberger« auf Lampersberg. Da diesen schweren Beeinträchtigungen der Ehre des Gerhard Lampersberg »bloß wirtschaftliche Interessen« (sic!) Thomas Bernhards und des Verlages gegenüberstünden, spreche die nach § 36 Abs. 1 MedienG gebotene Interessensabwägung umso mehr für die Zulässigkeit der Beschlagnahme, als dem Rechtsschutzinteresse Gerhard Lampersbergs auch nicht durch die Veröffentlichung einer Mitteilung über das anhängige strafgerichtliche Verfahren Genüge getan werden könne; dies, weil dieses Institut nur in jenen Fällen zur Verfügung stehe – so das Strafgericht –, in welchen die Ehrverletzung Inhalt eines periodischen Mediums ist.[21]

Was hat das Strafgericht getan? – Es hat zunächst die natürliche Person »Gerhard Lampersberg« mit der fiktiven Romanfigur »Auersberger« gleichgesetzt; es hat dann die der Romanfigur geltenden Wertungen und Beschreibungen unmittelbar auf die lebende Person bezogen und schließlich »abgewogen«, daß die Folgen der Beschlagnahme des Romans im Verhältnis zum Rechtsschutzbedürfnis des in seiner Ehre verletzten Lampersberg geringer wiegen. – Der Reihe nach:

Das Gericht übersieht folgendes: der »Stoff« jeglichen Schreibens ist die Welt. Nur: der Unterschied zur Realität des Alltags ist der, daß Kunst im Gegensatz zu Aussagen, die sich im Alltag auf reale Personen beziehen mögen, aus singulären Ereignissen und spezifischen Sachverhalten allgemeine Charakteristika, aus Realitätssplittern universelle Gesetze ableitet. Die innerästhetische Bewertung einer Kunstfigur kann daher schon aus Gründen der Logik nicht die Bewertung einer realen Person sein, mag diese auch als Vorlage gedient haben:

Anders als Tatsachenbehauptungen, die dann wahr sind, wenn sie »objektiv« mit der Realität übereinstimmen, ist für ein Kunstwerk seine Authentizität entscheidend. Der Leser muß in ihm seine eigenen Erfahrungen wiedererkennen, dann »glaubt« er dem Stück, es ist »wahr«. Es handelt sich um eine »subjektive« Wahrheit, da ihr Kriterium in der Übereinstimmung mit den Erfahrungen und Meinungen des Publikums liegt. Zeitkritische Kunstwerke enthalten sowohl das Element der Realitätsbezuges als auch das Element der fiktiven Gestaltung. Die reine Fiktion ohne Realitätsbezug wäre nicht mehr zeitkritisch, die reine Verdoppelung der Realität ohne das fiktive Element keine Kunst.[22]

Das Dilemma ist offensichtlich: Je welthältiger die Kunstfiguren, desto eher wird sich jemand (ungeachtet der sogar vom Gericht selten geleugneten fiktional-gestalterischen Elemente des Kunstwerks) in ihm wiedererkennen können, sich betroffen, d. h. in seiner Ehre verletzt, beleidigt, in seinem Kredit und Fortkommen beeinträchtigt fühlen. Diese verzwickte Situation zwingt Künstler zu erklärenden Stellungnahmen. Klaus Mann hat 1936 in einem Leserbrief an das im Exil erscheinende *Pariser Tagblatt* folgendes geschrieben:

Ich bin genötigt, feierlich zu erklären: Mir lag nicht daran, die Geschichte eines bestimmten Menschen zu erzählen, als ich »Mephisto, Roman einer Karriere« schrieb. Mir lag daran: einen Typus darzustellen, und mit ihm die verschiedenen Milieus (mein Roman spielt keineswegs nur im braunen), die soziologischen und geistigen Voraussetzungen, die seinen Aufstieg erst möglich machten. – In ihrer Voranzeige steht bedauerlicher Weise, mein Mephisto trage »die Züge« eines bestimmten, heute in Deutschland erfolgreichen Schauspielers – ich will seinen Namen hier nicht wiederholen. Ja, diesen Schauspieler habe ich in der Tat gekannt. Aber was kann er heute für mich bedeuten? Vielleicht eine persönliche Enttäuschung; vielleicht nicht einmal das. [...] Bin ich so tief gesunken, Romane um Privatpersonen zu schreiben? Meine Entrüstung, mein Zorn, mein Schmerz – sind sie so ziellos, so privat, daß sie sich mit Individuen beschäftigen, denen ich dieses oder jenes übelnehme und an denen ich mich in Form eines Schlüsselromans räche? – Mein Schmerz, mein Zorn, meine Entrüstung haben größere Gegenstände, als ein bestimmter Schauspieler es sein könnte, und sei er selbst zum Intendanten aufgestiegen. Wenn ich die Erkenntnisse und die Gefühle, die drei bittere Jahre für uns mit sich brachten, in einer – übrigens, wie ich hoffe, nicht nur polemisch konzipierten, sondern auch episch geformten – Figur zusammenfasse, sie in einer Figur verdichte – so kann dies nur in einer dichterischen, repräsentativen –: nur in einer erfundenen Figur geschehen. – Nein, mein Mephisto ist nicht dieser oder jener. In ihm fließen vielerlei »Züge« zusammen. Hier handelt es sich um kein »Porträt«, sondern um einen symbolischen Typus – der Leser wird beurteilen, ob auch um einen lebensvollen, dichterisch geschauten und gestalteten Menschen.

Der tiefere Grund für die oben skizzierte Privilegierung der Kunst durch das Verfassungsrecht (schrankenlose Kunstfreiheit) kann daher nur darin liegen, daß – wie auch in *Holzfällen* deutlich wird – der jeweils spezifische Realitätsbezug des Kunstwerkes einem anderen Gegenstand und Wahrheitsanspruch der Darstellung gilt, wobei diese sich aus ihrer ästhetischen Formbestimmtheit ergibt. *Holzfällen* ist Medium der Konstitution eines ästhetischen Weltbildes – und keine bloße Beschreibung.

Der für das jeweilige Werk maßgebliche Gegenstand und Wahrheitsanspruch müssen daher herausgearbeitet und ernstgenommen, die Akte und Elemente ästhetischer Erkenntnis als Akte der Interpretation und Wertung von Wirklichkeit im Vollzug ihrer ästhetischen Darstellung begriffen werden. Vollkommen abwegig ist es, wenn die maßgebliche Rechtsprechung versucht, das Problem unter dem Rubrum »künstlerische Freiheit« zu lösen: »zur Freiheit der künstlerischen Gestaltung gehört auch in gewissem Maße ein großzügiger Umgang mit der Wahrheit, wenn es etwa [...] um eine Parabel geht. Dem Betroffenen ist dies bis zu einem gewissen Grad zuzumuten, weil auch derjenige, der ein künstlerisches Werk der Literatur oder der Dramatik liest, geneigt ist, die Inanspruchnahme künstlerischer Gestaltungsfreiheit zu unterstellen«[23]. Zu kurz greift auch noch folgende, ebenfalls durchaus wohlmeinende Ansicht: »Künstlerische Äußerungen sind interpretationsfähig und interpretationsbedürftig, ein unverzichtbares Element dieser Interpretation ist die Gesamtschau des Werks. Es verbietet sich daher, einzelne Teile eines Kunstwerks aus dessen Zusammenhang zu lösen und gesondert darauf zu untersuchen, ob sie als Straftat zu würdigen sind.«[24]

So wie die Wissenschaft vor allem objektorientiert ist[25], so ist die Kunst (und *Holzfällen* ganz offensichtlich: »... dachte ich auf meinem Ohrensessel«) subjektorientiert – eine Differenz also nicht nur der Gegenstände, sondern vor allem der Perspektiven. *Holzfällen* setzt Sichtweisen seiner Gegenstände fest, eröffnet Blickwinkel; es geht um Subjektivität, um die Rekonstruktion der Erfahrung einer künstlich-künstlerischen Figur (des immanenten Ich-Erzählers) in der Beobachtung anderer (immanenter)

Figuren; Kunst leistet diese Aneignung subjektiver Wirklichkeit umfassender als alle anderen Formen der Welterkenntnis.

Holzfällen als Kunst, als subjektive Aneignung der Wirklichkeit heißt: durch den Autor Thomas Bernhard ästhetisch verarbeitete, interpretierte und bewertete Wirklichkeit. Seine ästhetische Darstellung ist nie die bloße Transformation empirischer Wirklichkeit, sondern impliziert *per se* Interpretation und Wertung von Wirklichkeit im Akt ihrer ästhetischen Gestaltung. Daher gilt für die vom Strafgericht (und dann auch vom Rechtsmittelgericht[26]) umstandlos vollzogene Ineinssetzung von natürlicher Person (Lampersberg) und Romanfigur (Auersberger):

> Ob sich einzelne Ereignisse wirklich wie beschrieben abgespielt haben, ist vor den Kriterien der literarischen Fiktion, wie sie vor allem der personale Roman entwirft, von nur zweitrangiger Bedeutung. Auch die Frage, ob sich hinter den dargestellten Figuren real existierende Personen verbergen, ist im Kontext dieser epischen Form von nur sekundärer Bedeutung. Kriterium für die Wahrheit der personal erzählten epischen Darstellung ist allein zweierlei: 1. die Authentizität der persönlichen Erfahrung, 2. die Frage, ob die Situationen als typische zu erkennen sind, und typisch heißt, daß sich über die bloße persönliche Erfahrung hinaus eine allgemeine, d. h. auch von anderen Personen gemachte Erfahrung in solcher Form literarischer Darstellung spiegelt. Das bedeutet aber weiter, daß die Darstellung auch dann literarisch Gültigkeit haben kann, wenn es sich objektiv etwa nachweisen ließe, daß die Erfahrung von dem Subjekt, das erzählt, übertrieben wahrgenommen [... wurde].[27]

Es ist für das Funktionieren des Kunstwerkes *Holzfällen* also nicht entscheidend, ob einzelne der im Werk vorkommenden Personen oder Handlungsweisen oder Aussagen von Personen »wahr« im Sinne einer »Tatsachenbehauptung« sind oder nicht. Die Wirklichkeitselemente dienen der emotionalen Organisation des Lesers, und sie dürfen in dem Werk auch nur so weit vorkommen, wie sie diese ermöglichen oder zumindest nicht behindern. »Paradox formuliert könnte man sagen: Es ist die Wahrheit des Kunstwerks, daß es außerkünstlerische Wahrheit primär verwendet, um wahre Affekte zu organisieren; oder: dasjenige künstlerische Werk ist ein wirkliches Kunstwerk, daß die wirklichen Gefühle zu organisieren versteht, indem es die Elemente der außerkünstlerischen Wirklichkeit entstellt, unter Umständen in Allerunwirkliches verzerrt.«[28] Weil das so ist, darf dem Künstler Thomas Bernhard – wenn »Freiheit der Kunst« Sinn machen soll – auch die Entscheidungsfreiheit, wie er sein Kunstwerk *Holzfällen* gestalten will, nicht durch Strafgerichte beschränkt werden.

Die Ehre des Betroffenen

Beide in Wien mit *Holzfällen* befaßten Gerichte haben die der Romanfigur »Auersberger« geltenden Wertungen und Beschreibungen unmittelbar auf die lebende Person Lampersberg bezogen; das ist folgerichtig, wenn man von einer Identität »Auersberger« = »Lampersberg« ausgeht. Freilich hat schon das OLG Wien feststellen müssen:

> Für jeden Leser erkennbar stellt sich das vorliegende Werk als eine Auseinandersetzung des der Kunst absolut sich verpflichtet gebenden Autors [sic!] mit sich selbst und dem ihn umgebenden »künstlerischen Kreis« dar, in der er in gleicher Weise sowohl sich selbst als auch seiner Umgebung einen unüblich strengen, ja menschlich geradezu unerreichbaren Maßstab setzt, indem er nur solches Verhalten von negativen Umschreibungen verschont, welches diesen absoluten Anforderungen vollkommen gerecht wird, hingegen mit negativen Kraftausdrücken besetzt, was dahinter, wie es im Leben eben zu geschehen pflegt [sic!], auch nur ein wenig zurückbleibt. So ist ein Künstler, der in seinem Streben irgendwann der Versuchung der Bequemlichkeit, der Verwöhnung, der Eitelkeit oder sonstigen Verlockungen nachgibt und dadurch seine künstlerische Reifung und Entwicklung gefährdet, in den Augen des Autors [sic!] bereits verkommen und niederträchtig, und es wird ihm widerwärtig und lächerlich, wer derartige künstlerische Kompromisse im gesellschaftlichen Alltag auf die dort nicht unübliche Weise zu verdecken versucht. Dieser künstlerische Maßstab ist allein der des Autors [sic!] und weder im künstlerischen noch im allgemein menschlichen Bereich jener des mit den rechtlichen und künstlerischen Werten angemessen verbundenen Durchschnittslesers [sic!] dieses Werkes. Da beim Lesen des beschlagnahmten Buches schon nach wenigen Seiten deutlich wird, daß es sich der Lektüre desjenigen verschließt, der sich in die werkgegenständliche Auseinandersetzung nicht hineinziehen lassen will und den Anliegen des Autors [sic!] und dem Inhalt seines Werkes verständnislos gegenübertritt, und deshalb das Werk alsbald gelangweilt, überfordert oder aus Ablehnung beiseite legen wird, sind all die in der Umgangssprache teils als massiv beleidigend geltenden Worte allein in jener Bedeutung zu verstehen, in welcher der Autor [sic!] sie verwendet und der verständnisbereite Leser sie auch auffassen wird [...] – Schon von diesem Gesichtspunkt aus verlieren die zunächst schwer beleidigend erscheinenden Passagen weitgehend ihren beleidigenden Charakter [...].

Mehreres verwundert, ja empört an diesen Formulierungen: Zunächst die naive, die Kenntnisse eines jeden erstsemestrigen Literaturstudenten unterschreitende Identifizierung des Autors Thomas Bernhard mit dem immanenten Ich-Erzähler im Roman *Holzfällen*;[29] zum großen Teil gilt das oben bereits Gesagte: der fiktionale Charakter des Kunstwerkes verbietet eine derartige Gleichsetzung – auch wenn sich in *Holzfällen* zahlreiche Passagen finden, die die Verwendung autobiographischen Materials nahelegen mögen. Bedeutender als diese handwerkliche Unzulänglichkeit ist aber die Tatsache, daß beide Gerichte (das OLG Wien in elaborierterer Form als das seinen Beschluß weitgehend begründungslos fällende LG für Strafsachen) das »Kunstwerk« umstandslos ins Prokrustesbett strafrechtlicher Tatbestände zwängen – und die »Freiheit der Kunst« nur noch (und höchstens!) als Rechtfertigungsgrund »des der Kunst absolut sich verpflichtet gebenden Autors« gelten lassen wollen. »Das ist«, um nochmals mit Michael Graff zu sprechen[30], »eine Verdrehung der Werte. Es kommt zuerst einmal die Verfassung, und dann kommen die einfachen Gesetze, darunter auch das Strafgesetz«.

Begründungslos – und in jeder Hinsicht rechtswidrig (das zumindest hat der Beschluß des OLG Wien klargestellt) – folgte hingegen das Erstgericht der Ansicht des Rechtsvertreters von Lampersberg, Dr. Edwin Morent: »Das angerufene Gericht prüft bei Entscheidung über den Beschlagnahmeantrag nicht, ob das Medienwerk vielleicht auch ein Kunstwerk ist, von Bedeutung ist lediglich die Frage, ob in Rechte des Antragstellers (Privatanklägers) eingegriffen wurde oder nicht. § 36 MedienG sieht eine vom Gericht von amtswegen durchzuführende Interessenabwägung vor, doch auch diese bezieht sich nicht auf die Frage nach einem Kunstwerk, sondern nach den Interessen der am Strafverfahren Beteiligten.«[31]

Da die Gerichte keine zureichende Vorstellung vom Charakter der Kunst haben (können), stellen sie den vom Recht vorgegebenen Stufenbau (Verfassung oben, einfaches Gesetz darunter) kurzerhand auf den Kopf: von der abstrakten und als schrankenlos formulierten »Freiheit der Kunst« überfordert, blicken sie gebannt auf die ihnen bekannten und wohlvertrauten Tatbestände des Strafrechts – und vor dem Strafrichter mag sich dann die Kunst allenfalls auf ihre »Freiheit« berufen.

Die strafgerichtliche Wertung eines Textes (oder einer Textpassage) als »Üble Nachrede« (§ 111 StGB) oder als »Beleidigung« (§ 115 StGB) muß notgedrungen von dem komplizierten Prozeß der Wirklichkeitstransformation im Kunstwerk abstrahieren; die »unendliche Analyse«, derer es eigentlich bedürfte, muß abgebrochen, denn es muß entschieden werden. Das Gericht löst – ungeachtet gegenteiliger Beteuerungen (»Gesamtschau«) – eine abzählbare Menge an Wortwendungen aus *Holzfällen* heraus und vernichtet dadurch die dynamische Struktur des Werkes. Das Werk als ein bestimmtes, literarisch durchgestaltetes und verarbeitetes Wirklichkeitsverhältnis ist dann nicht mehr Teil eines komplexen Kommunikationsvorganges, sondern ruht (»eindeutig bewertbar«, d. h. den einzelnen strafrechtlichen Tatbeständen subsumierbar), wie der Platonismus der Richter es will, paradoxerweise wiederum »selig in sich selbst«. Die Beteuerungen, es sei auf die Wirkung des Romanes von Bernhard beim Publikum abzustellen, kranken daran, daß dieses Publikum – welches vermittels seiner Standpunkte und Perspektiven die spezifische Form der Deutung und Wertung von Wirklichkeit in der Kunst, also auch in *Holzfällen* (mit)bestimmt – durch das wirklichkeitsferne Konstrukt eines »mit den rechtlichen und künstlerischen Werten angemessen verbundenen Durchschnittslesers« (so das OLG Wien in seiner oben zitierten Begründung) substituiert wird.

Nochmals: was also hat das Gericht getan? – Es hat zunächst Kunstwerk und Wirklichkeit auf eine Ebene gestellt, indem es die Figur mit der Person gleichsetzte. Es hat dann zwecks strafrechtlicher Beurteilung das Kunstwerk seines Prozeßcharakters beraubt und die inkriminierten Äußerungen aufgelistet; und schließlich beteuert, es gehe ja um seine Wirkung beim Publikum; dieses aber gar nicht zu Wort kommen lassen, sondern rasch einen »Durchschnittsleser« bemüht. So entsteht das verfassungswidrige (weil entmündigende) Phantombild eines *Holzfällen*-Lesers,

- der Texte passiv und hilflos aufnimmt, d. h. über keine eigenen Voreinstellungen, Motive, Werte, Normen etc. verfügt, die Rezeption und Verarbeitung des Textes beeinflussen bzw. gegebenenfalls verändern können;
- der in allen Situationen und Lebenslagen gleich liest, für den also kaum (die Rezeption beeinflussende) intraindividuelle Differenzierungen angenommen werden;
- für den außerdem auch kaum interindividuelle Unterschiede zu anderen Lesern (bezüglich des Rezeptionsverhaltens) postuliert werden, d. h. ein Einfluß individueller Sozialisations- bzw. Lebensbedingungen weitgehend vernachlässigt wird;
- und für den schließlich weitgehend ohne Bedeutung bleibt, von wem, durch wen oder über wen er eine bestimmte Literatur erhält, warum er liest oder welche Intentionen er mit dem Lesen verbindet, da er sich auch selten mit irgend jemandem über diese Literatur verständigen will oder wird.[32]

Die von den Gerichten stillschweigend unterstellte Textwirkungshypothese, die auf den wirklichen Leser verzichten muß und davon ausgeht, daß die strafrechtlich relevante Bedeutung von Texten nur im Text selbst liege und dort vom Gericht festgemacht werden könne und daß solcherart bestimmte Textbedeutungen bei »den« Lesern zu bestimmten (diesfalls: ehrverletzenden und beleidigenden) Wirkungen führten, läßt sich unschwer als Versuch deuten, bestimmte Bedeutungszuweisungen von Zeichen/Symbolen (bzw. Texten) und damit eine bestimmte Realitätsdefinition per Machtausübung in allen sozialen Systemen durchzusetzen, um so Gesellschaft, so wie sie ist, zu stabilisieren. In diesem Sinne erweist sich die Justiz tatsächlich als »eine politische Justiz, keine unabhängige« wie es Bernhard in *Alte Meister* (1985; AM 217) Reger uns ausrichten läßt.

Die Interessenabwägung

In dieser juristischen Sicht kommt dem Kunstwerk *Holzfällen* kaum noch ein Wert zu. Die Vorstellung eines statischen, überprüfbaren Kunstwerkes (dessen Veröffentlichung – wie es im Beschlagnahme-Beschluß heißt – lediglich den »wirtschaftlichen Interessen des Beschuldigten und des Medieninhabers« geschuldet ist) führt quasi automatisch dazu, den Wert der »Persönlichkeit« höher als den des »Kunstwerkes« anzusetzen. Wenn das Strafgericht zum Zwecke der Subsumption eines Textes unter eine Strafnorm diesen Text aus dem realen Verweisungsbezug und dem jeweiligen Zusammenhang innerhalb des Kunstwerkes herausnimmt, bringt es den Text »eigentümlich in die Schwebe« (Frank). Damit wird das für literarische Texte essentielle Fluktuieren des Sinns durch gerichtlich sanktionierte Interpretation stillgelegt.[33]

Der Schutztatbestand der »Freiheit der Kunst« kann indes nur prozeßhaft verstanden werden; diese Freiheit resultiert aus dem prozessualen Charakter des künstlerischen Sinns – und deshalb verbietet das Verfassungsrecht dem Staat, Kunst zu definieren. Die »Freiheit der Kunst« besteht zwar nicht frei von den Verbindlichkeiten der »allgemeinen Gesetze« (verstanden als jene, am Kontinuum der Textidentität des Grundrechts »vorbeistreifenden«, einfach-gesetzlichen Regelungen), aber der soziale Charakter des Prozesses »Kunst« ist kommunikativ; die ästhetische Realität des Kunstwerks läßt sich nicht von der Wirkung scheiden. So läßt sich bei als »gesetzwidrig« beurteilter Wirkung (Verstoß etwa gegen §§ 111, 115 StGB [Üble Nachrede, Beleidigung]) auch nicht die vorher generös als Kunst zu bewertende soziale Handlung einfach exkommunizieren, indem sie beschlagnahmt, eingezogen oder verboten wird. Die so künstlich erzeugte Spannungslage zwischen allgemeinem Persönlichkeitsschutz und Freiheit der Kunst (der Bernhards *Holzfällen* zumindest in erster Instanz zum Opfer gefallen ist) produziert die »Freiheit der Kunst« als bloß individualistisches Rechtsgut; kein Wunder, daß bei der Abwägung des individuellen Persönlichkeitsrechts (ein Schutzgut, daß die Verfassung selbst gar nicht kennt, sondern erst im Umweg über einige Strecken in die Verfassung hineinzudeuten ist – aber was könnte wertvoller sein?) mit der individualistisch gedeuteten Kunstfreiheit, diese rasch erliegt; zumal vor Strafrichterinnen und Strafrichtern. Vor dem Hintergrund eines allem in allem konsensualen Klimas werden dabei stets jene Konfliktlösungen als »abgewogen« gedeutet, die dieses Konsensklima in Österreich möglichst wenig zu tangieren scheint.

Die vorbehaltlose »Freiheit der Kunst« in Art. 17a StGG verlangt aber dem Rechtsanwender ab, sich bei kunstspezifischen Konflikten aus der unmittelbaren Zeit- und Situationsgebundenheit zu lösen und der Gesellschaft (und somit auch deren Mitgliedern) zuzumuten, diese Konflikte auszuhalten und sie nicht justiziell verarbeiten zu lassen, sondern in freier Kommunikation selbst zu verarbeiten[34]; von den »Grenzen der im gesellschaftlichen Leben erträglichen Äußerungsformen der Kunst«[35] wird dann zwar auch noch die Rede sein, möglicherweise auch noch bei Juristen – aber »Im Namen der Republik!« wird eine solche Auseinandersetzung dann nicht mehr betitelt werden dürfen.

Eine derartige Gesellschaft, die sich ohne Vermittlung durch die Justiz mit der Kunst auseinandersetzt, bedarf zu ihrer Entstehung nichts nötiger als die Kunst. Diese wird sich ihre Freiheit nicht geben lassen, sie wird sie sich nehmen, – weil sie durch die Künstler als »Anführer gegen die festgesetzte Ordnung«[36] konstituiert ist; so wenig die Mitglieder der Justiz dies auch verstehen mögen, so sehr ahnen sie es. Bernhard hat in *Holzfällen* formuliert: »Wir glauben Rechte zu haben und haben keinerlei Recht, dachte ich. Die Welt, alles ist die Ungerechtigkeit, dachte ich. Die Menschen sind das Unrecht und das Unrecht ist alles, das ist die Wahrheit, dachte ich. Wir verfügen nur über das Unrecht, dachte ich.« (H 163f.) Das ist – zumal für Strafrichter und gerade dann, wenn sie sich das bisher noch nicht dachten – eine unerquickliche Einsicht. Angst und Abwehr sind adäquate Verhaltensweisen in dieser Situation – und aus dieser psychischen Befindlichkeit resultiert die Kunstfeindlichkeit der österreichischen Justiz.[37] Das Mißliche daran ist nicht die Tatsache selbst – damit könnte man umgehen. Unverzeihlich sind aber der falsche Gestus der Justizvertreter, musisch und menschlich, und der von ihnen verbreitete Anschein, aufgeklärt zu sein. Just dieser Gestus ist nämlich geeignet, die notwendige »Institutionalisierung der Lernfähigkeit des Staates gegenüber der Kunst« (Ladeur) zu verhindern.

Die Beschlagnahme von *Holzfällen* war nicht nur unrichtig in dem Sinne, daß Thomas Bernhard dadurch (von der Instanz zu korrigierendes) Unrecht widerfahren ist; sondern vor allem eines: verräterisches Symptom einer Justiz, die der Kunst und der allein durch sie möglichen Entdeckungen des Sehens von bisher Ungesehenem, des Beschreibens und Benennens der von anderen menschlichen Erkenntnismöglichkeiten nicht beschreibbaren Zustände und Vorgänge, der vollen Erfahrung der Aporie, den legitimen Platz in dieser Gesellschaft verwehren will. Dadurch erweist sich die nicht zu behebende und nicht zu verniedlichende Ungerechtigkeit der Justiz.[38]

Anmerkungen

[1] Ackerl, I., Weissensteiner, F.: Österreichisches Personen-Lexikon der Ersten und Zweiten Republik. Wien 1992, S. 42.

[2] Vgl. das Bundesverfassungsgesetz BGBl. Nr. 262/1982; einerlei, wie man die Motive des Zustandekommens auch einzuschätzen gewillt ist: »Mit Sicherheit läßt sich nur sagen, daß es um die Toleranz auch gegenüber lästigen Erscheinungen des Kunstlebens ging« (Spielbüchler, K.: Grundrechte und die Folgen. Am Beispiel der Freiheit der Kunst. In: Festschrift für W. Rosenzweig. Wien 1988, S. 525ff., hier S. 537). – Wichtige (und chronologisch gereihte) Literatur zur Kunstfreiheit gem. Art. 17a StGG: Ermacora, F.: Verfassungsgesetznovelle 1981 und Staatsgrundgesetznovelle 1982, JBl. 1982, S. 577ff.; Berka, W.: Die Freiheit der Kunst (Art. 17a StGG) und ihre Grenzen im System der Grundrechte, JBl. 1983, S. 281ff.; Neisser, H.: Die verfassungsrechtliche Garantie der Kunstfreiheit, ÖJZ 1983, S. 1ff.; Mayerhofer, Chr.: Die Freiheit der Kunst vor strafrechtlichen Eingriffen, ÖJZ 1984, S. 197ff.; Lebitsch, W.: Probleme präventiver Veranstaltungspolizei im Lichte der Kunstfreiheit, ÖJZ 1984, S. 477ff.; Öhlinger, Th.: »Das Gespenst« und die Freiheit der Kunst in Österreich, ZUM 1985, S. 190ff.; Mandler, N.: Probleme der Kunstfreiheitsgarantie des Art. 17a StGG, JBl. 1986, S. 21ff., S. 84ff.; Mayerhofer, Chr.: Die Freiheit der Kunst und die Schranken des Strafrechts, ÖJZ 1986, S. 577ff.; Tretter, H.: Die Kunst der Brandstifter, FORVM, Juli 1987, S. 45ff.; Berka, W.: Kunst im Konflikt mit dem Recht – mit rechtsdogmatischen Anmerkungen versehene Notizen zu einem spannungsreichen Verhältnis. In: Festschrift für F. Ermacora. Kehl u. a. 1988, S. 361ff.; Spielbüchler, a. a. O.; Holoubek, M.: Die Freiheit der Kunst aus grundrechtsdogmatischer Sicht und die Rechtsprechung des VfGH zu Art. 17a StGG, ZfV 1989, S. 1ff., S. 116ff.; Holoubek, M.: Kunst und Art. 10 EMRK, MuR 1989, S. 42ff.; Anzböck, N.: Die Kunstfreiheit des Art. 17a

StGG, Diss. Uni Wien 1989; Zanger, G.: Karikatur, Satire, Kabarett und Kunstfreiheit, ÖBl. 1990, S. 193ff.; Ruiss, G., Vyoral, J. (Hg.), Der Zeit ihre Kunst – Der Kunst ihre Freiheit: Der Freiheit ihre Grenzen? Wien 1990; Pollak, Chr.: Verhältnismäßigkeitsprinzip und Grundrechtsschutz in der Judikatur des Europäischen Gerichtshofs und des Österreichischen Verfassungsgerichtshofs. Baden-Baden 1991 (S. 113ff.); Holoubek, M., Neisser, H.: Die Freiheit der Kunst. In: Machacek, R., Pahr, W., Stadler, G. (Hg.): Grund- und Menschenrechte in Österreich, Bd. II: Wesen und Werte. Kehl u. a. 1992, S. 195ff.

[3] Holoubek, Neisser, a. a. O., S. 210.

[4] VfSlg. 10.401/1985; vgl. dazu Davy, B.: Entscheidungsbesprechung, EuGRZ 1985, S. 514ff.; Spielbüchler, a. a. O., S. 538ff.; Berka, Kunst im Konflikt, a. a. O., S. 373f.; Holoubek, Neisser, a. a. O., S. 213f.

[5] »Allgemeine« Gesetze sind offenbar das Gegenteil von »besonderen« Gesetzen; als »besondere« bezeichnet man diejenigen Gesetze, die gegen das Schutzgut des Grundrechtes »als solches« gerichtet sind. Ein Beispiel hierfür wäre ein Gesetz, das alle anderen künstlerischen Stilrichtungen als Barock unter Strafe stellt.

[6] Diskussionbeitrag. In: Ruiss, Vyoral, a. a. O., S. 13.

[7] VfSlg. 11.567/1987; vgl. dazu Öhlinger, Th.: Entscheidungsbesprechung, MuR 1988, S. 51f.; Spielbüchler, a. a. O., S. 545ff.; Berka, Kunst im Konflikt, a. a. O., S. 374f.; Holoubek, Neisser, a. a. O., S. 214f.

[8] Diskussionsbeitrag. In: Ruiss, Vyoral, a. a. O., S. 17.

[9] VfSlg. 11.737/1988; vgl. dazu Spielbüchler, a. a. O., S. 551ff.; Holoubek, Neisser, a. a. O., S. 215f.

[10] Zutreffend hat Spielbüchler, a. a. O., S. 552, angemerkt, daß dies wohl nur heißen könne, daß Künstler in weiterem Ausmaß als andere unselbständig Beschäftigte dem freien Spiel von Angebot und Nachfrage am Arbeitsmarkt auszusetzen sind: »Vereinfacht gesagt meint der Verfassungsgerichtshof, das Ziel der Vollbeschäftigung inländischer Arbeitnehmer könne der Kunstfreiheit nicht ungeprüft vorgehen. Die Freiheit der Kunst zwinge den Gesetzgeber, die Arbeitslosigkeit von Künstlern bis zu einem gewissen Grade hinzunehmen«.

[11] MuR 1992, S. 17ff., hier S. 19f.

[12] § 16 ABGB lautet: »Jeder Mensch hat angeborne, schon durch die Vernunft einleuchtende Rechte, und ist daher als eine Person zu betrachten. Sklaverei oder Leibeigenschaft, und die Ausübung einer darauf sich beziehenden Macht wird in diesen Ländern nicht gestattet.«

[13] Von »mittelbarer Drittwirkung« spricht die Verfassungslehre dann, wenn das spezifische Grundrecht nicht unmittelbare Anwendung im Verkehr von Privaten untereinander erfährt, sondern mediatisiert durch einfachgesetzliche Vorschriften; der Wertgehalt der Grundrechte geht durch die Regeln, Begriffe und Generalklauseln des Privatrechts in dieses ein.

[14] OLG Wien, MuR 1986, H. 1, S. 17ff., hier S. 18; MuR 1992, S. 17ff.

[15] SZ 61/210.

[16] Man mag schmunzeln ob solcher Phantasien – Tatsache bleibt, daß die Beamten durch die von der Verfassungsrechtsprechung an sie gestellten Anforderungen vermutlich überfordert sein werden; auch Öhlinger, Th.: Entscheidungsbesprechung, MuR 1988, S. 51f., hält die Verwaltungsbehörden für »heillos überfordert«, die geforderte Abwägung zu treffen.

[17] Es geht auch und gerade bei der »Freiheit der Kunst« darum, den »Normalbereich« des Grundrechtes zu ermitteln – dies geht allerdings nur, wenn Klarheit darüber besteht, welche Interessenstrukturen von den jeweiligen Grundrechten geschützt werden sollen.

[18] Auf den durch die Beschlagnahme von »Holzfällen« ausgelösten Skandal, das von Bernhard in weiterer Folge ausgesprochene Vertriebsverbot usw. usf. wird an dieser Stelle nicht weiter eingegangen; vgl. dazu die Zusammenstellungen bei Schindlecker, E.: »Holzfällen. Eine Erregung«. Dokumentation eines österreichischen Literaturskandals. In: Schmidt-Dengler, W., Huber, M. (Hg.), Statt Bernhard. Wien 1987, S. 13ff.; Dittmar, J.: Thomas Bernhard Werkgeschichte. Frankfurt [2]1990, S. 270–278 und 450–455 (Bibliographie); ders. (Hg.): Sehr geschätzte Redaktion. Leserbriefe von und über Thomas Bernhard. Wien 1991, S. 135–147.

[19] Für Nicht-Juristen muß erläutert werden: Gemäß § 36 Abs. 1 MedienG kann das angerufene Gericht die Beschlagnahme der zur Verbreitung bestimmten Stücke eines Medienwerkes anordnen, wenn anzunehmen ist, daß auf Einziehung nach § 33 MedienG erkannt werden wird und die nachteiligen Folgen der Beschlagnahme nicht unverhältnismäßig schwerer wiegen als das Rechtsschutzinteresse, dem die Beschlagnahme dienen soll. Voraussetzung der Einziehung ist, daß in einem Medienwerk der objektive Tatbestand eines sog. Medieninhaltsdelikts (Verleumdung, strafbare Handlung gegen die Ehre etc.) gesetzt wurde.

[20] GZ. 9c EVr 9945/84-3, Hv 6308/84 des LG für Strafsachen, Wien; en passant: »Kunstfreiheit« kommt in diesem Beschluß nicht vor!

[21] Die Rechtsansicht der Strafrichterin war falsch; die Möglichkeit einer Veröffentlichung gem. § 37 MedienG steht auch dann zur Verfügung, wenn das Medieninhaltsdelikt in einem nicht-periodischen Medium (etwa einem Buch) erfolgte. Vgl. dazu die unter der Rubrik »Thema ›Holzfällen‹ (Th. Bernhard)« veröffentlichte Kritik an der Entscheidung des LG für Strafsachen Wien von Korn, G.: Beschlagnahme von (nicht-periodischen) Druckwerken, MuR 1984, H. 6, S. 4–6.

[22] So zurecht Zechlin, L.: Gerichtliche Verbote zeitkritischer Kunst, KJ 1982, S. 248ff., hier S. 249 (von dort auch das nachstehende Zitat von Klaus Mann).

[23] SZ 61/210.

[24] BVerfG, EuGRZ 1984, S. 474ff., hier S. 478 (III). – In der Rechtsmittelentscheidung des OLG Wien vom 21. Dezember 1984 (GZ. 27 Bs 566/84; abgedruckt in MuR 1/85, Archiv 9), mit dem die Beschlagnahme des Buches »Holzfällen« aufgehoben wurde, heißt es ähnlich, »daß eine vom Wortlaut der inkriminierten Textstellen ausgehende Auslegung unter Vernachlässigung des Zusammenhanges derselben im Werk bei der Erfassung des Sinngehaltes völlig fehlgeht. – Allerdings bleibt auch bei dieser Betrachtungsweise der beleidigende Gehalt einzelner der inkriminierten Textstellen derart auffällig, daß dies keiner eingehenden Begründung bedarf.«

[25] Vgl. zur Problematik bloß Feyerabend, P.: Wissenschaft als Kunst. Frankfurt 1984.

[26] Das OLG Wien hielt in seinem Beschluß (Anm. 24) fest: »Im Sinne der vom Privatankläger dargestellten Verdachtslage ist davon auszugehen, daß die Bezüge seiner Person zur Romanfigur des ›Auersberger‹ dadurch hergestellt werden, daß beide Namen die Silbe ›berg‹ enthalten und sich dadurch phonetisch nähern und die im Roman verwendete Ortsbezeichnung ›Maria Zaal‹ eine Identität mit dem in Kärnten gelegenen Maria Saal

optisch und phonetisch geradezu suggeriert, zumal in Österreich bloß ein einziger in Kärnten gelegener Ort diesen Namen trägt. Die bloße Verlegung dieses Ortes von Kärnten in das benachbarte Bundesland Steiermark stellt daher keine Verfremdung dar und wirkt einer Assoziation der im Buch verwendeten Bezeichnung ›Maria Zaal‹ mit dem Kärtner Ort Maria Saal nicht im geringsten entgegen. – Eine gründliche, solche Assoziationen vermeidende Änderung von Namen und Handlungsorten hätte der Autor aber ohne jede Beeinträchtigung irgendeiner künstlerischen Kategorie vornehmen können. In einem solchen Fall kann er daher gegen den rechtlich geschützten Anspruch des Einzelnen auf Achtung seines Privatlebens (Artikel 8 MRK) und gegen den strafgerichtlichen Schutz des Einzelnen gegen Ehrverletzungen als Ausdruck des Persönlichkeitsschutzes nicht mit Erfolg sich auf das Grundrecht der Freiheit der Kunst berufen. Denn selbst wenn man das Verlangen auf entsprechende Verfremdung der Namen der handelnden Personen und der Orte als Eingriff in die Kunst werten sollte, würde dieser weit weniger schwer wiegen als der Eingriff in die oberwähnten Rechte des Einzelnen, der durch das Unterlassen solcher Verfremdung geschah. – Zu diesem Ergebnis gelangt man in gleicher Weise, ob man nun die Grenzen der Freiheit der Kunst im Sinne der erläuternden Bemerkungen des Verfassungsgesetzgebers in den diesem Grundrecht immanenten Schranken erblickt oder aus der Abwägung des Gewichtes widerstreitender Grundrechtsinteressen ableitet [...]. Denn die Betroffenheit des Privatanklägers als natürliche Person durch beleidigende Zitate des inkriminierten Buches ist für die künstlerische Qualität des verfahrensgegenständlichen Buches, dessen Auseinandersetzung mit der Kunstszene in Österreich, für die Frage der Korrumpierbarkeit des Künstlers durch äußere Einflüsse, für den Ersatz echter Kunst durch künstlerisches Getue und all die weiteren Anliegen dieses Buches ohne jede Ergiebigkeit, demgegenüber aber mit ins Gewicht fallenden Nachteilen für die Ehre des Privatanklägers behaftet. Eben deshalb können diese Beleidigungen nicht unter Berufung auf das Grundrecht der Freiheit der Kunst gerechtfertigt werden.« – Der als Sieg der Kunstfreiheit gefeierte Beschluß des OLG Wien (der ja tatsächlich die angeordnete Beschlagnahme beseitigte) unterscheidet sich daher meritorisch nicht vom Beschluß des LG für Strafsachen Wien; die Beschlagnahme wurde ausschließlich deshalb aufgehoben, weil es ein gelinderes Mittel gegeben hätte als die Beschlagnahme (die sog. § 37-Mitteilung). Die »Freiheit der Kunst« hat auch im Beschluß des OLG Wien gegen die Persönlichkeitsrechte Lampersbergs verloren, und Thomas Bernhard hat daher am 23. August 1985 in vollkommener Verkennung dieser Situation das Auslieferungsverbot an seinen Verleger aufgehoben; der für das Auslieferungsverbot maßgebliche Grund (vgl. Die Presse, 9. November 1984) blieb bestehen.

[27] Metscher, Th.: Unveröffentlichtes literaturwissenschaftliches Gutachten vom 16. März 1981 für die Verteidigung von H. P. de Lorent; zit. nach Zechling, a. a. O., S. 260.

[28] So Beutin, W.: »Organisation unseres Verhaltens auf die Zukunft hin?« – Überlegungen zum Literaturbegriff. In: Dankert, B., Zechlin, L. (Hg.): Literatur vor dem Richter. Baden-Baden 1988, S. 31ff., hier S. 60.

[29] Autor und Ich-Erzähler sind, eine Erkenntnis, die an Juristen offenkundig vorbeigegangen ist, gerade nicht gleichzusetzen.

[30] Diskussionsbemerkung. In: Ruiss, Vyoral, a. a. O., S. 34.

[31] Morent, E.: Stellungnahme, MuR 1984, H. 5, S. 6 (ebda, S. 7 auch der Abdruck des

Schreibens Dr. Siegfried Unselds an die österreichischen Buchhändler vom 5. September 1984).

[32] So das zusammenfassende Urteil von Groeben, N., Vorderer, P.: Empirische Literaturpsychologie. In: Langner, R. (Hg.): Psychologie der Literatur. Weinheim, München 1986, S. 105ff., hier S. 134f.

[33] Vgl. Ladeur, K.-H.: Kommentar zu Art. 5 Abs. 3 II GG. In: AK-GG. Neuwied 21989, S. 585ff., hier S. 602f. (Rz. 19).

[34] Ridder, H.: Verfassungsbeschwerde in Sachen »Laßt mich bloß in Frieden« – Rechtsgutachten. In: Dankert, Zechlin, a. a. O., S. 291ff., hier S. 316.

[35] OLG Wien, MuR 1986/1, S. 18.

[36] Read, H.: Kunst als zweite Welt, FORVM, November/Dezember 1967, S. 866, hier S. 870. – Vgl. auch Luhmann, N.: Zeichen der Freiheit – oder Freiheit der Zeichen? In: D. Charles u. a.: Zeichen der Freiheit. Wabern, Bern 1992, S. 55ff., hier S. 75: Die »Immunität der Kunst gegen Außensteuerung liegt kaum an der verfassungsmäßig garantierten 'Freiheit der Kunst'. Solche Normen dienen nur dazu, der Politik Torheiten auszureden. In Wirklichkeit schützt die Kunst sich selbst allein dadurch, daß sie schwierig ist.«

[37] Nachweise für diese These in dem von Ruiss, Vyoral, a. a. O., herausgegebenen Band sowie bei Öhlinger, Th.: »Das Gespenst«, a. a. O. Letztes Beispiel: OLG Innsbruck, JAP 1991/92, S. 53f.; dort ging es um die »Herabwürdigung religiöser Lehren« (§ 188 StGB) durch den Kinofilm »Das Liebeskonzil«; vgl. auch Holoubek, Neisser, a. a. O., S. 228, Anm. 164 und Berka, W.: Die Kommunikationsfreiheit. Informationsfreiheit, Freiheit der Meinungsäußerung, Pressefreiheit und Zensurverbot. In: Machacek, Pahr, Stadler, a. a. O., S. 393ff. (hier S. 442, Anm. 141).

[38] Lediglich insofern kann ich Jacques Derrida (Gesetzeskraft. Der »mystische Grund der Autorität«. Frankfurt 1991, S. 33f.) folgen: »Wann immer auch die Dinge einen geraden Verlauf nehmen und alles gut geht, wann immer auch man eine gute, brauchbare Regel auf einen besonderen Fall anwendet, auf ein Beispiel, das man richtig subsumiert hat, einem bestimmten Urteil gemäß, kann man davon überzeugt sein, daß vielleicht das Recht einen Vorteil davon hat, nicht aber die Gerechtigkeit. Das Recht ist nicht die Gerechtigkeit. Das Recht ist das Element der Berechnung; es ist nur (ge)recht, daß es ein Recht gibt, die Gerechtigkeit indes ist unberechenbar: sie erfordert, daß man mit dem Unberechenbaren rechnet. Die aporetischen Erfahrungen sind ebenso unwahrscheinliche wie notwendige Erfahrungen der Gerechtigkeit, das heißt jener Augenblicke, da die Entscheidung zwischen dem Gerechten und dem Ungerechten von keiner Regel verbürgt und abgesichert wird.« Hier ist auch der Ort der Kunst: Recht und Justiz sind daher nur fähig, Handwerk unter ihre Kriterien zu subsumieren, Kunst – so ist man durch Derrida verleitet zu sagen – haben sie hingegen der Gerechtigkeit zu überlassen.

Brigitte Felderer

Uns ist nichts zu heiß
Ein Theaterbrand in der »Neuen Kronen Zeitung«

»Ins Burgtheater geht sie nicht«
Heldenplatz, S. 25

Einleitung

Als im März des Jahres 1988 in Österreich die offiziellen Gedenkfeierlichkeiten zum März '88 begangen werden sollten, war es erklärtes Interesse der Veranstalter, diese »besinnlich« und »ganz im Eingedenken«, aber möglichst »waldheimlos« zu begehen. Die »unschuldigen Täter«[1] gingen also daran, würdig und feierlich Vergangenes zu bewältigen; obwohl viele, die sich am Heldenplatz zu einer Gegenveranstaltung getroffen hatten, diese Form von Besinnlichkeit offenbar nicht teilten, gingen diese Gedenkfeiern im zweiten Jahr der Waldheim-Affäre unerwartet friedlich vonstatten. Es hatte den Anschein, als hätten sich die Politiker ganz auf die Eigendynamik des politischen Rituals verlassen: Diskussionsveranstaltungen, politische Reden, die um gelungene Einleitungsfloskeln »dem Anlasse gemäß« bemüht waren, Dokumentationen »zum Thema« usw. usf. Alles schien sich beruhigt zu haben: der Präsident allein in der Hofburg, die Feierlichkeiten – ohne größeren Aufhebens – vorbei. Waldheim war plötzlich kein heißes Thema mehr.

Welche atmosphärische Tragweite die gesamte Waldheim-Affäre und vor allem die Berichterstattung in Wirklichkeit gehabt hatten, zeigte sich jedoch wenige Monate später, als – nach Claus Peymanns Ankündigung, Bernhards *Heldenplatz* für den Herbst inszenieren zu wollen – in *Basta* und *profil* erste, allerdings ungenaue Zitate aus dem Stück auftauchten.

Am 7. 10. 1988 sprechen sowohl *Wochenpresse* wie auch *Kronen Zeitung* von einem »Skandalstück« und bringen längere Auszüge.[2] Am 9. 10. 1988 fordert Alois Mock (damals Vizekanzler) die Absetzung des Stückes. FPÖ-Abgeordneter Krünes meint, es könne nicht Aufgabe eines Staatstheaters sein, bewußte Unwahrheiten über unser Land, wie sie Thomas Bernhard verbreite, auf der Bühne zu bieten.[3] Die *Neue Kronen Zeitung* spricht in Balkenlettern bereits von »Österreich-Besudelung«.[4] Am 10. 10. 1988 zitiert sie Altkanzler Bruno Kreisky, wieder in einer Schlagzeile: »Das darf man sich nicht gefallen lassen!«[5] Tags darauf, am 11. 10., lautet ein Titel bereits »Hinaus aus Wien mit dem Schuft«.[6]

Haider, der hier zitiert wurde, und auch Mock wollen Peymanns Vertrag gelöst wissen. Kulturstadträtin Ursula Pasterk hingegen befürchtet ein negatives Image Österreichs im Ausland, wenn sich herausstellen sollte, daß das Stück Österreichs Haltung gegenüber Emigranten behandelt.[7] Am 13. 10. ruft der damalige Kultursprecher und Parteiobmann der Wiener ÖVP, Erhard Busek, das Publikum zum Boykott auf und fordert den Rücktritt von Unterrichtsministerin Hilde Hawlicek.[8] Erich Fried, Barbara Frischmuth, Josef Haslinger, Elfriede Jelinek, Gerhard Roth, Michael Scharang, Peter Turrini und Gernot Wolfgruber unterzeichnen eine Solidaritätserklärung für Thomas Bernhard und Claus Peymann.[9] Am 18. 10. initiieren die *Vorarlberger Nachrichten* eine Meinungsumfrage zum Thema »Wie weit darf die Freiheit der Kunst gehen?« mit der Aufforderung: »Sie als Steuerzahler sind aufgerufen, uns Ihre Meinung zum Thema ›Heldenplatz und Freiheit der Kunst‹ auf dem untenstehenden Kupon zum Ausdruck zu bringen.« [10]

Zu gewinnen waren Buchpreise. 71,5% der Leser der *Vorarlberger Nachrichten* sprachen sich mehrheitlich gegen die Aufführung aus, von den über 50jährigen sind nur noch 6,5 bzw. 5% für das Stück.[11] Am 4. 11. 1988 wird schließlich vier Stunden vor der Premiere um 19 Uhr das Buch zum Stück ausgeliefert. Die *Neue Kronen Zeitung* veröffentlicht unter dem Slogan »Uns ist nicht zu heiß« eine ganzseitige Eigenwerbung, die ein brennendes Burgtheater zeigt.

Bereits diese Zusammenfassung des zeitlichen Ablaufs weist darauf hin, daß die gezielte Skandalisierung des Stückes nur möglich war, weil bestimmte Argumentationstrategien mit der Affäre Waldheim ins Standardrepertoire gewisser journalistischer Meinungsmacher in Österreich (wieder-) aufgenommen worden waren und so eine Art alt-neuen Kanon reaktionärer Kultur- und Innenpolitik im Österreich der späten achtziger Jahre schufen. Auf die Versatzstücke dieses Kanons konnte nun, bei gegebenem Anlaß, beliebig zurückgegriffen werden.

Hier soll im weiteren von der *Neuen Kronen Zeitung* die Rede sein und versucht werden, ein Setting, eine »Geschichte der Möglichkeiten« zu rekonstruieren, um zu zeigen, daß sich die Berichterstattung dieser Zeitung zu *Heldenplatz* weder nur aus journalistischen Einzelleistungen zusammensetzt, noch eine reine Widerspiegelung kleinbürgerlich elitärer Kunstauffassungen ist. Vielmehr handeln hier Journalisten als sozial prädisponierte Akteure, ihre Texte verdichten sich zu beobachtbaren Einheiten dessen, »was zu einem bestimmten Zeitpunkt machbar ist, gemacht wurde oder geacht wird«, also »ein[es] Imaginäre[n], das sich sozial konstituiert hat«[12].

Dieser Beitrag will keine Gesamtdarstellung abgeben, auch sollen nicht alle Berichte zum Thema untersucht werden. Die Absicht der Autorin war es – wenn man so will – ein »kulturgeschichtliches Atom« einer Medienhistorie zu isolieren, die mit Waldheim ihren expliziten Ausgang nahm. Aus einer diskurshistorischen Perspektive[13] betrachtet, kann man davon ausgehen, daß sich die Aktualität der Geschichte im Minimalen erweist, daß sich hier der historische Kontext anhand einzelner Texte verdichtet, daß ferner Texte nicht als Phänomene eines »here and now« – als subjektivistische Äußerungsformen – zu begreifen sind, sondern als Praxisformen und Repräsentationen, die nicht in sich selbst gründen. Im Unterschied zu einer rein konversationsanalytischen Untersuchung, die – gleichsam hermetisch – unmittelbar textkonstitutive Muster beschreiben würde[14], soll hier auf die Bedeutung einzelner diskursiver Einheiten auf inhaltlicher Ebene eingegangen werden. In einem bestimmbaren historischen Kontext zirkuliert nicht »die« Sprache, sondern Diskursformen, »die stilistisch zugleich von seiten der Produktion bestimmt sind, soweit sich nämlich jeder Sprecher einen Idiolekt mit der gemeinsamen Sprache schafft, als auch von seiten der Rezeption, soweit jeder Empfänger dazu beiträgt, die Mitteilung zu *erzeugen*, die er wahrnimmt und bewertet, indem er alles in sie hineinträgt, woraus seine Erfahrung individuell und kollektiv besteht«[15].

Bestimmte (klassenabhängige) Existenzbedingungen erzeugen Habitusformen – also Systeme dauerhafter Dispositionen –, die ihrerseits bestimmte Praxisformen hervorbringen.[16] Der französische Soziologe Pierre Bourdieu versteht dieses Habitusprinzip auch als einen »Zug, der seine eigenen Schienen mit sich führt«[17]. Das heißt, der Skandal um die Inszenierung und die Aufführung von *Heldenplatz* wird gleichsam zum »Resultat einer Konjunktur«[18], in der ideologische Dispositionen immer wieder mit einem objektiven Ereignis zusammentreffen können. In diesem Sinne entwirft sich uns auch aus der Analyse einiger ausgewählter Artikel der *Kronen Zeitung* ein Panorama habitueller Strategien.

Bernhard bedient sich dieser Perspektive der »Österreicher und kleinen Steuerzahler, die sich von niemandem dreinreden lassen, was sie zu tun haben; derjenigen, die wählen, wen sie wählen wollten und die durchaus allein beurteilen können, wo sich Freiheiten von Künstlern und anderen Privilegierten aufhören«, indem er diesem großen »Wirundunser« – nämlich den Lesern und Journalisten der *Kronen Zeitung* – keine psychologisch individualisierten Einzelfiguren, sondern typisierte Protagonisten einer politischen und geistigen Gesamtstimmung entgegensetzt; Feinde sind bei ihm nicht die sogenannten »Anderen« sondern »alle Österreicher zusammen« (He 99). Das heißt, Bernhard führt diese Überschaubarkeit eines Frontverlaufs, eines »Hüben und Drüben«, wie es die *Kronen Zeitung* exekutiert, vor, wenn er 1988 eine Beschimpfung Österreichs – noch dazu in diesem »Jubiläumsjahr« – der Figur des Professor Robert in den Mund legt.

Die folgende Analyse der Berichterstattung in der *Kronen Zeitung* über *Heldenplatz* soll deutlich machen, wie Thomas Bernhard in seinem Stück, das bis zur Premiere überhaupt nur in kleinen, unfertigen und fälschlich zitierten Auszügen bekannt war, den möglichen Skandal antizipiert hat und damit eine geistige wie politische Atmosphäre in Österreich im Herbst 1988 meisterhaft bediente: Die »Moralisten« der *Kronen Zeitung* fühlten sich schließlich dazu legitimiert, gegen die Unwahrheit (!) der Bernhardschen Behauptungen antreten zu müssen.

Das Wirundunser-Gefühl

Eines der wesentlichsten Kriterien für den sprachlichen Habitus der *Kronen Zeitung* ist die Erzeugung eines »Wirundunser-Gefühls«. Die Journalisten sprechen immer im Namen ihrer Leser, erheben sich damit zu deren Stellvertretern, erschaffen gleichsam als Wortführer eine Gruppe von Bernhard-Gegnern oder vielmehr -Feinden.[19] Ich gehe davon aus, daß eine solche Gruppe von »bewußten Österreichern«, die sich bereits seit und mit Waldheim wieder als existierend erweist, Öffentlichkeit erhalten und eine Stärkung ihres Selbstbewußtsein erfahren hat, wodurch sich wiederum die

Journalisten der *Kronen Zeitung* in ihrer Funktion als selbsternannte Delegation bestätigt fühlten – innerhalb dieses umfassenden Themenkomplexes »Vergangenheitsbewältigung«. Der »Sprecher« einer Gruppe verweist also auf die Gruppe bzw. auf ihre Existenz. Damit ist auch die *Kronen Zeitung* immer schon mehr als das, was gemeinhin mit dem Schlagwort »meinungsbildend« bezeichnet wird.

Solch ein Gruppensprecher, wie es ein Journalist sein kann, »verfügt über die Macht, die von ihm bedeutete Gruppe vermittels Mobilisierung zu sichtbarer Existenz aufzurufen«[20]. Er kann die Gruppe mobilisieren, »demonstrieren« und damit seine Repräsentativität anzeigen.[21]

Welche (sprachlichen) Strategien setzt ein Gruppensprecher nun ein, um auf seine Funktion, auf seine Rolle zu verweisen? Um sich mit der Gruppe zu identifizieren (»Ich bin die Gruppe«, »Ich bin, also ist die Gruppe«), muß ein Bevollmächtigter dokumentieren, daß er nur durch die Gruppe lebt. »Es gibt so etwas wie ein strukturelles schlechtes Gewissen des Bevollmächtigten, der, um sich die Autorität der Gruppe anzueignen, sich mit der Gruppe identifizieren, sich auf die ihm Autorität verleihende Gruppe reduzieren muß.«[22] Schon im ersten zitierten Beispiel, eine Schlagzeile zu Beginn des Skandals, wird eine Opposition zwischen »dem« ordentlichen österreichischen Steuerzahler und einem Theaterstück etabliert, das die *Kronen Zeitung* als »Besudelung« wahrnimmt. »Steuerzahler soll für Österreich-Besudelung auch noch bezahlen!«[23] »Der« Steuerzahler steht hier für den Typus des kleinen Mannes, der mit seinem hart verdienten Geld Beleidigungen gezwungenermaßen mitfinanzieren muß. Die Schlagzeile ist hier keine Kerninformation, sondern formuliert eine Sichtweise.[24] Zwei Tage später findet die Zeitung endlich zum Begriff: Kampagnen werden »gegen uns« unternommen. Die Frage ist nur: von wem? Die Belastungen für »uns« sind jedenfalls schon ins »Gigantische«, eigentlich Unzumutbare gesteigert: «Und diese Schmutzkampagnen gegen uns bezahlen wir auch noch durch gigantische Subventionen aus unseren Taschen. Wir sind wahrhaft ein Land, in dem die Sonne unterzugehen droht.«[25]

Doch Staberl weiß die Lösung. Jeder kann tun und lassen, was er möchte, aber eben nicht mit »unserem Geld«: »Zensur und sonstige obrigkeitliche Eingriffe: Nein! Freiheit der Kunst: Ja! Aber dann sollen sich die rüden Herren Peymann & Bernhard mit eigenem Geld ein Theater anschaffen und von dort aus Österreich und seine Bewohner beschimpfen.«[26]

Und was die *Kronen Zeitung*s-Journalisten nicht explizit ausgesprochen haben, ihre Leser verstehen es dennoch »richtig«: »Als bewußte Österreicherin kann ich es nicht mehr verstehen, daß die Protektoren dieser beiden Herren – noch dazu selbst diffamiert – bisher in unverständlich lauer Weise reagiert haben.«[27] Eine Leserbriefschreiberin sieht in Thomas Bernhard gar einen »Sozialschmarotzer«:

Im übrigen frage ich mich, wieso Herr Bernhard noch immer in diesem »fürchterlichsten aller Staaten«, zwischen »schwarzen und roten Schweinen«, in diesem »verluderten und verkommenen Land« leben mag und all die Errungenschaften genießt, die sich die Menschen dieses Landes geschaffen haben.[28]

Aus der Perspektive einer Wir-Gruppe ergibt sich immer auch eine Gruppe der »Anderen«, die entweder ausgegrenzt oder aber angegriffen wird. Solch eine Argumentationsstrategie ist deswegen als grundlegend anzusehen, weil sie die Voraussetzung für jene diskursiven Strategien abgibt, die eine (Wir-) Gruppe positiv (selbst-) darstellen und eine andere (Feind-) Gruppe mit negativen Wertungen besetzen. Auch in diesem Fall werden häufig Begriffe aus dem Wortfeld »Schmutz« herangezogen, zum Beispiel: Österreich werde dargestellt als »Kloake«[29], »Schmutzkampagnen«[30], »literarischer Dreckkübel«[31], »Österreich-Besudelung«[32], »Österreich-Besudler«[33], »Unrat«[34], »Scheußlichkeiten«[35], »nationale Selbstbesudelung«[36], »Jauche übelster Sorte«[37], »Ausfälligkeiten eines sich offenbar nur im eigenen geistigen Unrat wohlfühlenden ›Mitbürgers‹«[38], »Dreck ins Gesicht geworfen«[39], »Schmuddelliterat«[40] etc.

Daß sich die Journalisten nicht nur deswegen in diesem Bedeutungshof treffen, weil Bernhard selbst das Wort »Kloake« im Stück gebraucht, was mehrfach zitiert wurde, mag ein kurzer Rückblick auf die Waldheim-Affäre zeigen, wo von »Verleumdungs- und Schmutzkampagne« (Mock, 14. 4. 1986), »Sudelkampagne« (Graff, 25. 3. 1986) die Rede war; der Kandidat war »verschmutzt«, »beschmutzt«, »besudelt« worden (Mock, 14. 4. 1986).[41] Die Versatzstücke aus der Waldheim-Affäre konnten, wie man sieht, mühelos aktualisiert werden.

Besagte Journalisten machen sich damit zu Sprechern jener Gruppe, die immer auf der richtigen Seite steht, und die Zeitung selbst wird zu ihrem unverzichtbaren »Organ«.

Wenn wir Österreicher uns diese unflätigen Beleidigungen von Peymann und Bernhard gefallen lassen, dann brauchen wir nicht mehr weiter darüber zu diskutieren, ob wir der deutschen Nation zugehören oder eine eigene sind, denn dann haben wir uns selbst aufgegeben.[42]

Einzelne Journalisten – wie zum Beispiel Staberl alias Nimmerrichter – bewerten als »absolut gut«, was gut für sie respektive für ihn ist; er nennt seinen eigenen Willen »wir«, »uns«, »Bürger«, »Steuerzahler« und »Menschen in diesem Land«; z. B.:

Mit der Freiheit in unserer Republik mag es da und dort noch seine Schwierigkeiten haben; doch wer sich anderswo umsieht, erkennt immerhin, wie gut wir noch dran sind. Es ist daher unser gutes Recht, die Beschimpfung, wir lebten in einer der gemeingefährlichsten Kloaken der Welt, kategorisch zurückzuweisen.[43]

Mit diesem Anspruch, »*im Namen von* zu sprechen«[44] ändert sich jedoch auch der Modus des Gesagten als einer Kategorie, durch die eine subjektive Stellungnahme des Sprechers zu dem durch die Aussage bezeichneten Sachverhalt ausgedrückt wird. Der Übergang von der neutralen Kategorie des Indikativs zum Imperativ wird möglich. Diese aggressiven Appelle legitimieren sich durch ein »Wir«, das schließlich als ein Vakuum übrigbleibt, welches man mit beliebigen Werten auffüllen kann. So tritt »man« zum Beispiel massiv ein für:
- die kleinen Parteifunktionäre: «Und so mancher wird sich fragen, ob der ›Quereinsteiger‹ Vranitzky keinen Kontakt zur Basis hat, denn in den Parteilokalen von Ottakring, Floridsdorf oder Hernals wüßte man schon die richtige Antwort auf Peymann, Bernhard und Co.«[45]
- eine österreichische Hauptstadt ohne Schurken und Schriftsteller: »›Hinaus aus Wien mit dem Schuft‹«[46]
- und das immerwährende Recht, sich selbst positiv darzustellen: »Es ist daher unser sehr gutes Recht, die Beschimpfung, wir lebten in einer der gemeingefährlichsten Kloaken der Welt, kategorisch zurückzuweisen.«[47]

Eine exemplarische Sprachanalyse einzelner Artikel soll nun die ständigen Wechsel vom Ich zum Wir aufzeigen, »in denen die strukturelle ›Falschheit‹ der Wortführer zum Ausdruck kommt«[48], und damit die Strategien eines solchen Doppel-Ichs nachvollziehbar machen.

Dichand alias Cato, Nimmerrichter alias Staberl, Gnam, Kindermann, Seinitz usw. verkaufen ihre eigene Moral als beispielgebende Identifikation für die sogenannte unartikulierte Mehrheit der Bevölkerung, allerdings unter der Voraussetzung, daß sich ihre persönliche Gesinnung mit der mehrheitlichen Meinung deckt – damit kreieren und bestätigen sie ihre Feindbilder. Diese »Bevollmächtigten« und »Usurpatoren« entlarven sich aber deswegen nicht selbst, weil sie eben als jemand handeln, »der *sich* selbst in gutem Glauben für jemanden anderen *hält*, als er wirklich ist«[49].

Aus ihrem deiktischen Zentrum »hier« und »jetzt« – will sagen: »in unserem Burgtheater«, »wir«, »Österreicher«[50] – ergeben sich Verweisräume, in denen sich Feindgruppen und -bilder übersichtlich positionieren lassen. Die Journalisten der *Kronen Zeitung* schließen so an ein Repertoire von Feindbildern an, die in Österreich – vor allem nach Waldheim – ohnehin als etabliert angesehen werden müssen: »der« Ausländer, »der« avantgardistische Künstler, »der« Nestbeschmutzer, »die« in- und ausländischen Kreise etc. Ein weiterer Beleg dafür findet sich beispielsweise im Skandal um das Mahnmal für die Opfer des Zweiten Weltkrieges von Alfred Hrdlicka.

Als routinierter Leser österreichischer Tageszeitungen bedient sich Bernhard höchst gekonnt der Homologie zwischen Gruppe und Bevollmächtigten, dieser so scheinbaren Entsprechung zwischen Mandant und Mandatsträger. Er steigt in dieses Spiel der Journalisten ein, ist ihnen aber immer um einen Schritt voraus. So erklärt er der Zeitschrift *Basta* in einem Interview am 13. 10. 1988, daß er sein Stück noch verschärft hätte, wenige Tage nachdem die *Kronen Zeitung* folgende Schlagzeilen und Titel gebracht hatte:

– 09. 10. 1988: »Steuerzahler soll für Österreich-Besudelung auch noch bezahlen!

– 10. 10. 1988: »Das darf man sich nicht gefallen lassen!«

– 12. 10. 1988: »›Hinaus aus Wien mit dem Schuft‹«.

Wie man sieht, beansprucht die *Kronen Zeitung* – im Namen der Steuerzahler und deren »sauer verdienten Steuermillionen«[51] – das Burgtheater quasi als nationales Theater für sich, um es zugleich als elitäre Institution anzugreifen. Der Grund für ein derartiges Vorgehen wie für die – wenn auch negative – Wichtigkeit, die einem Theaterstück beigemessen wird, ist nichts, was erst die *Kronen Zeitung* als ein typisch österreichisches Medium hätte erfinden müssen. So schreibt Carl Schorske über das Wien zur Zeit der Jahrhundertwende, wie sehr die Kunst damals die Identität der Bürger und des Großbürgertums beeinflußt hat:

> Anderswo in Europa bedeutete l'art pour l'art den Rückzug ihrer Jünger aus der angestammten gesellschaftlichen Klasse. In Wien allein beanspruchte sie die Gefolgschaft fast einer ganzen Schicht, von welcher die Künstler ein Teil waren. Das Leben der Kunst wurde ein Surrogat für das Handeln. Und je mehr sich das politische Handeln als vergeblich erwies, desto stärker wurde die Kunst zu einer Religion, der Quelle des Sinns und der Nahrung der Seele.[52]

Die Wichtigkeit, die einem Theaterstück in der öffentlichen Meinung beigemessen wird, artikuliert sich seit dem Zweiten Weltkrieg nicht mehr als ein bürgerliches Interesse, sondern aus der Perspektive eines Kleinbürgertums, das sich durch Medien und die Macht der öffentlichen Meinung vertreten sieht.

Die *Neue Kronen Zeitung* übernimmt diese nahezu schon elitär zu nennende Perspektive des »kleinen Mannes«. Dieser Zwiespalt zwischen der »großen« bürgerlichen Tradition und einer selbstbewußten, wenn auch kleinbürgerlichen Elite findet sich dann in den einzelnen Artikeln wieder: dort wird das bürgerliche Grundrecht der Freiheit der Kunst zwar als ein für die meisten Leser abstraktes Lippenbekenntnis verteidigt, die Zitate aus dem Stück werden aber als persönliche Beleidigungen des entrechteten Stimmviehs gehandelt, als ginge es dabei um Aussagen eines österreichischen Innenpolitikers, auf die nun die zuständigen, weil gewählten Amtsträger »gefälligst« zu reagieren hätten: »Was diesem armen unmündigen Volk geblieben ist / ist nichts als das Theater« (He 89).

Textanalyse

Im folgenden soll nun anhand exemplarischer Texte der beschriebene Habitus in seinem sprachlichen Kontext erläutert werden: erstens, um nicht einzelne Zitate aus dem Zusammenhang zu isolieren, und zweitens, um darzustellen, welcher intertextuelle Zusammenhang[53] zwischen den Artikeln besteht; das heißt, wie sehr eine Rezeption des jeweiligen Einzeltextes auch davon abhängt, was ein Leser am Tag zuvor über das Thema bereits gelesen hat.

Am 9. 10. 1988 macht die *Kronen Zeitung* mit folgender Schlagzeile auf: »Steuerzahler soll für Österreich-Besudelung auch noch bezahlen!« Der Artikel versucht zunächst mit Textauszügen zu dokumentieren »mit welcher (fast pathologischen) Abneigung Bernhard unserem Land gegenübersteht«, um – optisch übergangslos (so wird der Wechsel von einer Textsorte, dem Zitat, in die andere, der Wiedergabe einzelner Politikerstellungnahmen, weder durch Satzzeichen oder ähnliches angezeigt) – einzelne Stellungnahmen zu referieren. Eine Glosse Dieter Kindermanns auf derselben Seite nimmt dann auf den Titel Bezug:

Pauschalurteil

Es ist eine der elementarsten Aufgaben des Theaters, Unrecht anzuprangern, Mißstände aufzudecken, Heuchelei zu entlarven, um Streitgespräche zu provozieren. Helmut Qualtinger hat etwa mit seinem »Herr Karl« die Doppelbödigkeit eines ganz bestimmten Wiener Typus aufgezeigt und Empörung bei denen ausgelöst, die sich betroffen fühlten. Thomas Bernhard fällt dagegen in seinem neuen Stück »Heldenplatz« ein Pauschalurteil über die Österreicher, die er als Massenmörder, Debile, unverbesserliche Nazis usw. bezeichnet. Wir bekennen uns zur Freiheit der Kunst auch um den Preis, daß damit aus sehr leicht durchschaubaren Motiven Mißbrauch betrieben werden kann. Aber muß ausgerechnet zum 100. Geburtstag des Burgtheaters, das mit sauer verdienten Steuermillionen subventioniert wird, eine völlig undifferenzierte Österreich-Beschimpfung aufgeführt werden? Es gibt genug gute, kritische Stücke über unser Land, die nicht allein um der Provokation willen geschrieben wurden, sondern vor allem, um zum Nachdenken anzuregen.[54]

Zunächst baut der Verfasser eine Form der Selbstdarstellung auf, die suggerieren soll, daß die *Kronen Zeitung* ein durchaus fortschrittliches und kritisches Verständnis von Theater im allgemeinen hat. Schon im nächsten Satz erwähnt er den »Herrn Karl« allerdings mit einer ersten wichtigen Einschränkung: Empörung habe Qualtinger nur bei denen ausgelöst, die »sich betroffen fühlten«. Kindermann wirft Bernhard demgegenüber vor, alle Österreicher aburteilen zu wollen. Die ganze atmosphärische Vorgeschichte dieser Glosse zeigt, welche Anspielungen mitverstanden werden können bzw. sollen: Einmal mehr stelle jemand die Österreicher als Nazis dar, als Unverbesserliche, als Täter, wo doch die gesamte Auseinandersetzung um Waldheim (zumindest aus der Sicht der *Kronen Zeitung*) letztlich bewiesen habe, daß dies zu Unrecht geschehen war.

Kindermann geht noch einen Schritt weiter. Die Freiheit der Kunst als ein bürgerlicher Wert solle auf jeden Fall erhalten bleiben. Nur, diese Freiheit der Kunst erfährt im nachfolgenden Nebensatz eine Bedeutungsveränderung: Denn inwieweit muß eine Freiheit wirklich verteidigt werden, wenn damit »Mißbrauch betrieben werden kann«? Die entsprechende Assoziation überläßt der Autor bereitwillig seinen Lesern. Schon der nächste Satz zeigt, daß sich der Autor dieses allgemein gehaltenen Appells an die Freiheit der Kunst – im Sinne einer »Ja-aber-Formel« – bedient, um zunächst lediglich den gesellschaftlich-traditionalistischen Normen gerecht zu werden.[55] Kindermann kommt dann zur eigentlichen Kernaussage. Die lange Einleitungsformel läßt massive Kritik erwarten. Auffallend an dieser Stelle ist auch die Verwendung von Adverbia und Adjektiva wie »ausgerechnet«, »sauer verdient« und »völlig undifferenziert«. Auf der Basis sogenannter Grundwerte wird eindeutig gegen die Aufführung des Stücks argumentiert. Anonymisierung führt durch den Gebrauch des Passivs dazu, daß der Leser sich nicht mehr einzeln Handelnden gegenübersieht, sondern »Subventionierern«, die über den Kopf der Steuerzahler hinweg agieren. Die rhetorische Frage gegen Ende der Glosse hat dabei lediglich die Funktion, eine negative Antwort vorwegzunehmen.

Im Schlußsatz wird schließlich die Empfehlung abgegeben, andere Stücke »über unser Land« zu zeigen, die weniger provokant sein mögen. Nachdenken ist – nach Kindermann – legitim, Provokation nicht. Weil man zu Aussagen provoziert würde, die ansonsten so nicht laut ausgesprochen werden (dürfen) und weil letztlich – nach einer viktimologischen Grundweisheit – immer der Provokateur dafür verantwortlich ist, wenn Reaktionen auf ihn selbst zurückfallen. Der Journalist garniert seine Ablehnung des Stücks mit dem 100. Geburtstag des Burgtheaters.

Am 10. 10. 1988 erscheint in der *Kronen Zeitung* folgende Schlagzeile: »Kreisky zur Besudelung Österreichs im Burgtheater durch Peymann und Bernhard: Das darf man sich nicht gefallen lassen!«[56] Im Blattinneren findet sich zunächst eine bemerkenswerte Karikatur von »mac«: ein aus dem *Heldenplatz*-Manuskript gerolltes Kanonenrohr, links und rechts getragen von einem Steuerschilling und Claus Peymann sowie Thomas Bernhard, die nach einem erfolgreichen Schuß einander beglückwünschen. Ziel des Schusses war Franz Vranitzky, der trotzdem nur milde lächelnd mit dem Zeigefinger droht. Munition war eine nicht näher bezeichnete Substanz, die Bruno Kreisky im Bildhintergrund allerdings dazu veranlaßt, sich nicht nur an die Nase, sondern – wohl angesichts der Reaktion Vranitzkys – überdies an den Kopf zu greifen.

In der Glosse von Peter Gnam noch vom selben Tag ist die Freiheit der Kunst bereits dem allgemeinen Verständnis entrückt und entspringt hier nur der »vornehmen Zurückhaltung« eines elitären Nadelstreifsozialisten. Im vorgeschützten Allgemeininteresse - gewissermaßen als Fürsprecher der

»Leute« und »›kleinen‹ Sozialisten« - kann der Journalist auch massiv gegen ein Theaterstück argumentieren:

Wäre er [Vranitzky] allerdings nur einmal in seinem Leben SPÖ-Kassier gewesen und von Tür zu Tür gegangen, dann wüßte er heute, was die Leute wirklich über die Besudelung ihres Landes durch sogenannte Künstler denken und was sie von jenen Politikern halten, die sich derartiges gefallen lassen.«[57]

Einen Tag später verschärft Cato schließlich die Argumentationslinie der Zeitung.[58] Der Autor spricht von »Ehrenbeleidigungen, Schmähungen und Verleumdungen am laufenden Band« und appelliert dabei ständig an das Wir-Gefühl (»wir Österreicher«, »in unserem Burgtheater«, »Schmutzkampagnen gegen uns«, »bezahlen wir auch noch durch gigantische Subventionen aus unseren Taschen«). Es scheint, als ob mit zunehmender Verschärfung der Gesamtargumentation auch die Appelle an das große Wirundunser notwendiger werden. Indirekt fordert Cato seine Leser (in Form eines Wenn-dann-Satzes) auf, sich nichts mehr gefallen zu lassen.

Und der Skandal radikalisiert sich in der *Kronen Zeitung* weiter: So wird einen Tag nach der Cato-Glosse ein Artikel von Dieter Kindermann[59] folgendermaßen übertitelt: »›Hinaus aus Wien mit dem Schuft‹«. Endlich scheint ausgesprochen, was bisher angedeutet blieb. Daß es sich dabei um ein von Jörg Haider unkorrekt übernommenes Zitat handelt, ist für die Zeitung nur ein probates Mittel, für derartig massive Aussagen keine Verantwortung übernehmen zu müssen (und Jörg Haiders kulturpolitische Kompetenz zu unterstreichen): Gesagt bleibt's doch! Im Artikel werden schließlich Stellungnahmen Haiders und Mocks referiert, die massiv gegen das Stück, seinen Autor und Claus Peymann auftreten. Der Verfasser des Artikels gibt sich mittels der Zitate den Anschein von Objektivität. Daß auch die Dramaturgie des Burgtheaters kurz Position beziehen darf, sollte diesen scheinpluralistischen Eindruck wohl noch verstärken. Die Stellungnahme der Dramaturgen wird zwar zunächst genauso (pseudo-) sachlich referiert wie zuvor die Positionen Haiders und Mocks, aber am Ende des Artikels in dem Sinn relativiert, daß die von der Dramaturgie erhobenen Vorwürfe doch immer auf sie selbst zurückfallen. Kultur und Politik werden also zueinander in Opposition gestellt.

Am selben Tag, auf derselben Seite, attestiert Peter Gnam dann in seiner Glosse Mock, Haider und Kreisky gar »Gspür«[60] für die Provokationen Bernhards. An die Stelle sachlicher Kompetenz oder politischer Positionen tritt hier ein eingefleischter Begriff österreichischer Gefühlskultur, unter dem sich schließlich Politiker aller Couleurs mit den Journalisten und Lesern der *Neuen Kronen Zeitung* zu einem unumstößlichen Gericht gegen Bernhard vereinen.

Nachdem die Skandalisierung derart auf die Spitze getrieben war, bricht in der Zeitung die Phase der »Reflexion« an. Das Thema wird sozusagen nachbereitet.

So erscheint am 13. 10. 1988 Staberls Glosse unter dem Titel: »Aber nicht auf unsere Kosten!«[61] Richard Nimmerrichter führt in seinem Text eigentlich dem Leser geradezu vor, wie man sich zum Sprecher einer schweigenden Mehrheit macht; wie man im Grunde »Nicht-Öffentliches« zu Gehör bringt, indem man das »Gerade-noch-nicht-Gesagte« antizipiert.

Man könnte auch fragen, was es nach dieser Spitze – Der Schuft muß raus! – in der Berichterstattung noch zu sagen gäbe? Es scheint, als hätten der ursprüngliche Anlaß (*Heldenplatz*) und der sich daraus ergebende Inhalt nichts mehr miteinander zu tun; das Argumentationsklavier spielt selbsttätig. Die Zeitung schließt an die »große Tradition« an, Österreich gegen das Ausland, gegen gewisse Kreise, linke Spießgesellen und gegen sonstige Provokationen verteidigen zu müssen, natürlich immer im »nationalen« Namen aller Österreicher.

Die Abfolge von Staberls Argumentation läßt erkennen, daß er zunächst die Linie der Peymann- und Bernhard-Gegner voll zu bestätigen scheint: »Verbieten! Ausweisen! Zusperren!« Er benennt jedoch die Urheberschaft dieser Aufforderungen nur vage, »So tönt es jetzt weithin durch die österreichischen Lande.« Ziel solcher Vagheiten allerdings ist es, Aussagen zu generalisieren. Der Journalist spricht nicht mehr vom Stück, sondern vom »Fall des Burgtheaterdirektors Peymann und seines Lieblingsautors Thomas Bernhard«. Welche Institution – Gericht da, Irrenhaus dort – Staberl für diesen »Fall« zuständig hält, läßt er offen. Im folgenden Absatz, der zirka ein Drittel der gesamten Glosse einnimmt, referiert er schließlich Passagen aus dem Stück, um damit Verständnis für die Reaktionen »der in so mieser Weise Beschimpften« zu heischen. Doch liest man in der Glosse weiter, wird schließlich ersichtlich, welche Funktion diese lange Einleitung erfüllen sollte: Staberl distanziert sich von dieser seiner Meinung, die er soeben noch vertreten hatte. Staberl ist kein Freund des Burgtheaters und trotzdem gegen Maßnahmen, die – so er – nur den Effekt hätten, daß

Thomas Bernhard Recht behalten könnte. Und schließlich folgt gegen Ende der Glosse das große Aber. Die Freiheit der Kunst sollte zwar gewahrt bleiben, die staatliche Obrigkeit sollte nicht über Kunst und Kultur befinden, das heißt – aus Staberls Sicht – die Freiheit der Kunst ist ohnehin etwas sehr Abstraktes, aber nicht der Staat sollte darüber bestimmen, sondern derjenige, der Steuern zahlt.

Am nächsten Tag erklärt Staberl seinen Leserinnen und Lesern, was genau unter diesem Freiheitsbegriff zu verstehen sei.[62] Diese Glosse zeigt deutlich, an welchen Fronten die *Kronen Zeitung* meint agieren zu müssen; so scheinen in Frage gestellt: die Freiheit der Kunst, die österreichische Institution Burgtheater, die »sauer verdienten« Steuergelder, ein »ausländischer« Theaterdirektor und ein österreichischer Dichter. Staberl verallgemeinert damit die Freiheit der Kunst zu einer Freiheit für den Menschen und wendet dieses Argument der Bernhard- und Peymann-Verteidiger gegen diese selbst, indem er behauptet, daß im Fall von *Heldenplatz* bereits strafrechtliche Delikte vorlägen. Er setzt schließlich, damit sich auch jeder unter der künstlerischen Freiheit wirklich etwas vorstellen kann, die »Freiheit der Kunst« mit der »Freiheit zu töten« gleich:

> Wenn die Freiheit der Kunst so aufgefaßt wird, daß es Künstlern von selbsternannten Gnaden im Verein mit wildgewordenen Regisseuren und präpotenten Theaterdirektoren jederzeit erlaubt sein müßte, das zu tun, was den gewöhnlichen freien Bürger sofort ins Kriminal bringen würde, dann müßte es ja nächstens wohl auch erlaubt sein, vielleicht auf offener Bühne einen Menschen umzubringen.

Staberl sieht hier die typisierte Einzelfigur »des« Bürgers offenbar einer existenzbedrohenden Flut von Künstlern ausgesetzt. »Freiheit der Kunst« wird zudem als eine von oben verordnete Straffreiheit für Künstler interpretiert, während der Normalbürger immer mit dem Schlimmsten rechnen muß. Also: »Freiheit der Kunst« bedeutet für Staberl eine Benachteiligung, ja Bedrohung aller »gewöhnlichen« und »freien« Nicht-Künstler.

Tags darauf[63] rückt auch Kurt Seinitz das Thema in den »Blickpunkt«, so der Name seiner Spalte: Hier schließt die Argumentation – intertextuell gesehen – direkt an Waldheim an und zeigt deutlich, wie sehr sich im Kontext des gleichnamigen Komplexes bestimmte argumentative Strukturen verfestigt haben: Es gebe »uns« und »bei uns« sozialistische Politiker, »den seltsamen Ausländer Claus Peymann« und sein »ruhrgermanisches Besatzungsregime«, im Gespann mit Bernhard ein »Katastrophenduo«, das eine »nationale Selbstbesudelung inszenieren« möchte; »gegen uns« wollten ausländische, aber auch inländische Kreise eine »neue Waldheim-Affäre« konstruieren.

In den folgenden Tagen bis zur Premiere am 4. 11. 1988 wird vor allem den Lesern das Wort erteilt. Was sich ziemlich durchgängig zeigt, ist, wie gerade in dem Gefühl angegriffen und beleidigt zu werden, ein österreichisches Nationalgefühl zu entstehen scheint.

Auffällig ist, daß die beleidigenden Inhalte immer mit dem Stück bzw. mit dessen Autor gleichgesetzt werden, ohne dabei zu berücksichtigen, wer bzw. welche Person im Stück diese Aussagen macht. Interessant an der gesamten Skandalisierung war, daß diese »Beleidigungen« durchweg als globaler Inhalt eines Theaterstücks, nie aber als Aussagen der Figur eines jüdischen Österreichers gesehen wurden bzw. werden wollten. So aber war für die »bewußten Österreicher«, die »ganz normalen Österreicher« (siehe Leserbriefe, *Neue Kronen Zeitung*, 16. 10. 1988, S. 16), mit einem Wort, für die »österreichischen Steuerzahler« (siehe Leserbrief, *Neue Kronen Zeitung*, 20. 10. 1988, S. 16) der Antisemitismus wieder einmal eine Erfindung der »anderen«.

Die Kriegs- und Nachkriegsgeneration hatte durch den Waldheim-Komplex eine Aufwertung erfahren und konnte im Verlauf des Wahlkampfes und auch noch später immer wieder zu jener Instanz – in der Rolle von Zeitzeugen – erhoben werden, die für »Normalität« und »gute Absichten« bürgt. Damit wird eine Witwe, die während der Nachkriegszeit drei Kinder allein aufziehen mußte und mit einem Leserbrief an die Zeitung dokumentiert, daß sie sich durch das Stück beleidigt fühlt, quasi zur Ikone eines Geschichtsbewußtseins, wie es die *Kronen Zeitung* seit Waldheim vorführt.

Thomas Bernhard ist es gelungen, das beschränkte Repertoire dieses »Wirundunser«-Weltbildes durch Zuspitzung zu entlarven, die Schimpfer als Schimpfer vorzuführen und dieses Vakuum eines Wir-Gefühls gleichsam mit einem großen Knall implodieren zu lassen. Bernhard »kochte« die beschriebene Argumentationssuppe ein und überhöhte sie mit ästhetischen Mitteln – für diejenigen, die sie führten, offenbar ins Unerträgliche.

Als ihn die Journalisten Erich Böhme und Hellmuth Karasek in einem Interview fragten, was in Österreich als Anlaß ausreichte, um derart beschimpft zu werden, antwortete er lakonisch: «Schreiben allein genügte.«[64]

Anmerkungen

[1] Hier wird angespielt auf einen Satz, der im Juni 1987 während der sogenannten Mahnwache fiel, die Mitglieder linker, linksliberaler und grüner Gruppen sowie ehemalige Widerstandskämpfer und Vertriebene am Wiener Stephansplatz rund um die Uhr abhielten: Wir sind alle unschuldige Täter. Eine diskurshistorische Untersuchung zum Nachkriegsantisemitismus übernahm dieses Zitat in den Titel. Vgl. Ruth Wodak, Peter Nowak, Johanna Pelikan, Helmut Gruber, Rudolf de Cillia, Richard Mitten: Wir sind alle unschuldige Täter. Diskurshistorische Studien zum Nachkriegsantisemitismus. Frankfurt/M. 1990.
[2] Neue Kronen Zeitung, 7. 10. 1988, S. 17; Wochenpresse (nunmehr Wirtschaftswoche), Nr. 40, 7. 10. 1988, S. 58–61.
[3] Neue Kronen Zeitung, 9. 10. 1988, S. 3.
[4] Neue Kronen Zeitung, 9. 10. 1988; der vollständige Aufmacher lautete: »Riesenwirbel um geplante Burgtheater-Aufführung • Kanzler gegen Zensur • Mock fordert Absetzung!« Schlagzeile, in Balkenlettern: »Steuerzahler soll für Österreich-Besudelung auch noch bezahlen!«
[5] Neue Kronen Zeitung, 10. 10. 1988; Aufmacher: »Kreisky zur Besudelung Österreichs im Burgtheater durch Peymann und Bernhard:« Schlagzeile: »Das darf man sich nicht gefallen lassen!«
[6] Neue Kronen Zeitung, 12. 10. 1988, S. 3.
[7] Neue Kronen Zeitung, 13. 10. 1988, S. 2.
[8] Die Presse, 13. 10. 1988, S. 1.
[9] Dittmar fixiert dafür den 16. 10. 1988. Vgl. Jens Dittmar (Hg.): Sehr gescherte Reaktion. Leserbrief-Schlachten von und über Thomas Bernhard, Wien 1993, S. 183.
[10] Vorarlberger Nachrichten, 18. 10. 1988, S. 4.
[11] Zit. nach Jens Dittmar, a. a. O., S. 184.
[12] Bourdieu, Pierre: Selbstbeziehung – Ein Interview mit Pierre Bourdieu von Isabelle Graw. In: Texte zur Kunst (2), Juni 1992, S. 115–129, S. 125.
[13] Zur Anwendung der diskurshistorischen Methodik vgl. Wodak u. a., a. a. O.
[14] Zur kritischen und ergänzenden Diskussion traditioneller Ansätze innerhalb der Soziolinguistik vgl. Wodak u. a., a. a. O., S. 41ff.
[15] Bourdieu, Pierre: Was heißt Sprechen? Die Ökonomie des sprachlichen Tausches. Wien 1990, S. 13.
[16] Vgl. Bourdieu, Pierre: Entwurf einer Theorie der Praxis. Frankfurt/M. 1979, S. 165.
[17] Ebda, S. 179.
[18] Ebda, S. 182.
[19] Vgl. Bourdieu, Pierre: Delegation und politischer Fetischismus. In: Ebbighausen, Rolf; Neckel, Sighard (Hg.): Anatomie des politischen Skandals. Frankfurt/M. 1989, S. 36.
[20] Ebda, S. 40.
[21] Bourdieu bezog sich mit seiner Beschreibung der Dynamik von Delegation exemplarisch auf kirchliche Strukturen und soziale Bewegungen z. B. der 60er Jahre.
[22] Ebda, S. 42.
[23] Neue Kronen Zeitung, 9. 10. 1988, S. 1 (Schlagzeile).

[24] Vgl. Bucher, in: Wodak u. a., a. a. O., S. 125.
[25] Neue Kronen Zeitung, 11. 10. 1988, S. 3, Cato.
[26] Neue Kronen Zeitung, 13. 10. 1988, S. 10, Staberl.
[27] Neue Kronen Zeitung, 16. 10. 1988, S. 16, Leserbrief Dr. Elisabeth Trautmann.
[28] Neue Kronen Zeitung, 18. 10. 1988, Leserbrief Elisabeth Urbanek in Staberls Glosse.
[29] Neue Kronen Zeitung, 12. 10. 1988, S. 3, Peter Gnam.
[30] Neue Kronen Zeitung, 11. 10. 1988, Cato.
[31] Neue Kronen Zeitung, 11. 10. 1988, S. 8, Leserbrief A. Berger.
[32] Neue Kronen Zeitung, 9. 10. 1988, S. 1.
[33] Neue Kronen Zeitung, 10. 10. 1988, S. 3, Peter Gnam.
[34] Neue Kronen Zeitung, 13. 10. 1988, S. 10, Staberl.
[35] Neue Kronen Zeitung, 14. 10. 1988, S. 2, Dieter Kindermann.
[36] Neue Kronen Zeitung, 15. 10. 1988, S. 4, Kurt Seinitz.
[37] Neue Kronen Zeitung, 16. 10. 1988, anonymer Leserbrief.
[38] Neue Kronen Zeitung, 18. 10. 1988, Leserbrief Bruno Moser in Staberls Glosse.
[39] Neue Kronen Zeitung, 18. 10. 1988, Leserbrief Andreas Stemberger.
[40] Neue Kronen Zeitung, 18. 10. 1988, Leserbrief.
[41] Vgl. Wodak u. a., a. a. O., S. 187.
[42] Neue Kronen Zeitung, 11. 10. 1988, Cato.
[43] Neue Kronen Zeitung, 14. 10. 1988, Staberl.
[44] Bourdieu, Pierre: Delegation und politischer Fetischismus. In: a. a. O., S. 45.
[45] Neue Kronen Zeitung, 10. 10. 1988, S. 3, Peter Gnam.
[46] Neue Kronen Zeitung, 12. 10. 1988, S. 3.
[47] Neue Kronen Zeitung, 14. 10. 1988, S. 6, Staberl.
[48] Bourdieu, Pierre: Delegation und politischer Fetischismus. In: a. a. O., S. 46.
[49] Ebda, S. 48.
[50] Neue Kronen Zeitung, 11. 10. 1988, S. 3, Cato.
[51] Neue Kronen Zeitung, 9. 10. 1988, S. 3, Dieter Kindermann.
[52] Schorske, Carl: Wien. Geist und Gesellschaft im Fin de Siècle. Frankfurt/M. 1982, S. 8.
[53] Beaugrande, Robert-Alain de, Dressler, Wolfgang Ulrich: Einführung in die Textlinguistik. Tübingen 1981, S. 188ff.
[54] Neue Kronen Zeitung, 9. 10. 1988, S. 3.
[55] Zur typischen (sprachlichen) Vorurteilstruktur vgl. vor allem die Arbeiten Teun Van Dijks.
[56] Zweiter Satz in Riesenlettern.
[57] Neue Kronen Zeitung, 10. 10. 1988, Peter Gnam: Der Kanzler und die Kunst (zitiert wurde im Text nur ein Ausschnitt der Glosse).
[58] Neue Kronen Zeitung, 11. 10. 1988, S. 3, Cato.
[59] Neue Kronen Zeitung, 12. 10. 1988, S. 3.
[60] Neue Kronen Zeitung, 12. 10. 1988, Peter Gnam: Kloake. »Beide [A. Mock, J. Haider] haben offensichtlich (wie übrigens auch Altkanzler Kreisky) ein Gspür dafür, daß hier unter dem Deckmantel ›Freiheit der Kunst‹ ganz Österreich als eine einzige Kloake dargestellt werden soll.«
[61] Neue Kronen Zeitung, 13. 10. 1988, S. 10, Staberl.

[62] Neue Kronen Zeitung, 14. 10. 1988, S. 6, Staberl.
[63] Neue Kronen Zeitung, 15. 10. 1988, S. 4, Kurt Seinitz.
[64] Dreissinger, Sepp (Hg.): Von einer Katastrophe in die andere. 13 Gespräche mit Thomas Bernhard. Weitra 1992, S. 69.

Renate Hörlezeder, Fritz Mühlbek, Andreas Nowak

Die Erregungskurven
Eine empirische Untersuchung zur Resonanz Bernhards in deutschsprachigen Printmedien 1963 bis 1992

Diese Studie, erstellt im Rahmen eines Lehrgangs für Werbung und Verkauf an der WU Wien, untersucht die Medienresonanz auf Thomas Bernhard in den deutschsprachigen Printmedien im Zeitraum von 1963 bis August 1992 nach dem Muster einer primären und quantitativen Bestimmung. Grundlage unserer Arbeit waren die im Literaturhaus Wien gesammelten Zeitungsausschnitte der Dokumentationsstelle für neuere österreichische Literatur, wobei allerdings nur der Zeitraum ab etwa 1970 als vollständig erfaßt gelten kann.

Es wurden insgesamt 7882 Berichte (Rezensionen, Theaterkritiken, Ankündigungen, Interviews etc.) über Leben und Werk des Autors ausgewertet. Dabei erfolgte keine Gewichtung hinsichtlich Inhalt, Länge, Plazierung oder Bebilderung. Diese Studie sieht also von den Texten Thomas Bernhards wie auch vom Inhalt der Rezensionen bewußt ab, eine methodische Zurückhaltung, die auch hinsichtlich möglicher Interpretationen ihrer Ergebnisse geübt wurde.

Die Zeitskala der »Erregungskurve« (vgl. Abb. 8) ist nach Monaten gegliedert. Die Anzahl der in einem Monat erschienenen Artikel wurde aufsummiert und in die Skala eingetragen. Darüber hinaus wurde jeweils das Monat der ersten Buchrezension bzw. Besprechung eines Stückes angeführt. Weitere, sich damit möglicherweise überschneidende Ereignisse werden in der Legende angegeben, sofern sie sich als für die Resonanz pertinent erwiesen haben.

Zur Bestimmung der Gesamtpräsenz ausgewählter Medien (vgl. Abb. 2) wurden die sieben auflagenstärksten, unabhängigen österreichischen Tageszeitungen (lt. Pressehandbuch, Stand 31. 1. 1992, sind dies: *Neue Kronen Zeitung, Kurier, Kleine Zeitung, Oberösterreichische Nachrichten, Salzburger Nachrichten, Tiroler Tageszeitung, Die Presse)* sowie zwei deutsche Tageszeitungen (*Frankfurter Allgemeine Zeitung* und *Die Süddeutsche*) erfaßt. Es konnten nur die Zeitschriften berücksichtigt werden, die während des gesamten Beobachtungszeitraumes erschienen sind. Alle nicht genannten Printmedien wurden unter dem Begriff »Sonstige« aufsummiert (wie z. B.: *Basler Zeitung, Basta, Burgenländische Freiheit, Burgenländische Volkszeitung, Extradienst, Falter, Die Furche, Die ganze Woche, Illustrierte Neue Welt, Kärntner Tageszeitung, Neue Vorarlberger Tageszeitung, Neue Zeit, Neues Volksblatt, Neue Zürcher Zeitung, Präsent, profil, Salto, Der Standard, Tages-Anzeiger, Tango, Tiroler Tageszeitung, Uhudla, Vorarlberger Nachrichten, Weltwoche, Wiener, Wiener Zeitung, Wochenpresse, Die Wochenzeitung, Die Zeit* u. v. m.). Aus dieser Tabelle wird u. a. die ausführliche Bernhard-Berichterstattung der *Presse* deutlich, die mit 5,0 Prozent Anteil an den Veröffentlichungen an der Spitze liegt. Interessant erscheint weiters, daß die *FAZ* nach dem *Kurier* bereits an dritter Stelle gereiht ist. Als auflagenstärkste Zeitung ist die *Neue Kronen Zeitung* hinsichtlich Medienresonanz zu Thomas Bernhard hingegen erst an sechster Stelle zu finden.

In den Detailbeobachtungen (vgl. Abb. 3–6) wurden bestimmte Abschnitte der »Erregungskurve« herausgegriffen, wodurch die unterschiedlich intensive Berichterstattung der sechs österreichischen Tageszeitungen mit den höchsten Gesamtresonanzwerten deutlich wird.

Die Erhebung der Medienresonanz in Zusammenhang mit der Veröffentlichung von *Ein Kind* (Jänner '82 bis Mai '82) zeigt etwa nur geringe Reaktion der beobachteten Zeitungen (vgl. Abb. 3). In völligem Gegensatz dazu steht die Resonanz auf *Holzfällen* (August '84 bis Dezember '84, vgl. Abb. 4). Ganz besonders auffällig sind hier die sehr intensive Berichterstattung der *Presse* in den Monaten November und Dezember '84 sowie die zurückhaltende Reaktion der *Kronen Zeitung* auf dieses Ereignis. Die Analyse der Medienberichterstattung rund um die Aufhebung des Verbotes von *Holzfällen* und den »Fall« Vranitzky-Moritz (Juli bis November '85, vgl. Abb. 5) weist eine ähnliche Charakteristik auf. Wieder ist die Resonanz der *Presse* deutlich höher als die anderer Tageszeitungen. Die *Kleine Zeitung* berichtet zu diesem Zeitpunkt übrigens wesentlich intensiver als über *Holzfällen.* Aus dem Diagramm zu *Heldenplatz* (1988, vgl. Abb. 6) läßt sich u. a. die kurze Lebensdauer von Skandalen unschwer ablesen. Im Dezember '88 waren die meisten Tageszeitungen bereits wieder zur Tagesordnung übergegangen, nur die *Kleine Zeitung* bildet hier eine Ausnahme.

Betrachtet man die Summe aller Berichte nach dem Tod von Thomas Bernhard (Februar '89 bis August '92, vgl. Abb. 7), so zeigt sich, daß der

Autor im *Kurier* am häufigsten und in der *Kronen Zeitung* am seltensten erwähnt wurde.

Die Graphik zur Gesamtresonanz pro Jahr (vgl. Abb. 1) zeigt die Gesamtzahl der veröffentlichten Zeitungsartikel aller im Literaturhaus aufliegenden Publikationen. Beobachtungszeitraum ist Jänner 1970 bis August 1992. In den Jahren 1970 bis 1976 ist ein kontinuierlicher Anstieg der Medienresonanz auf Thomas Bernhard festzustellen; sie fällt 1977 abrupt ab und nimmt bis 1983 nicht wieder zu. Erst *Holzfällen* und die damit verbundenen Ereignisse rücken Thomas Bernhard wieder stärker in den Mittelpunkt des öffentlichen Interesses. *Heldenplatz* (1988) löst die intensivste Berichterstattung im gesamten Beobachtungszeitraum aus. Nach dem Tod des Autors sinkt die Medienresonanz rasch ab (um, wie aus Abb. 8 ersichtlich, jeweils im Februar der Folgejahre kurz anzusteigen).

Resümee

Ein schlüssiger Beweis für eine bewußte, strategische und systematische »Öffentlichkeitsarbeit« Thomas Bernhards konnte durch die vorliegende Studie nicht erbracht werden. Dazu hätte ein typisches Ablaufmuster rund um eine Buchveröffentlichung oder Uraufführung gefunden werden müssen, aus dem hervorginge, daß der »Markt« schon lange vor Einführung des »Produktes« durch einen Medienrummel aufbereitet worden wäre. Es konnte insbesondere nicht die Hypothese erhärtet werden, Thomas Bernhard habe die Skandale rund um seine Person für die Verkaufsförderung seiner Bücher nutzbar gemacht: Zum einen ist weder eine zeitliche Übereinstimmung zwischen den Skandalen einerseits und den Neuerscheinungen bzw. Uraufführungen andererseits festzustellen, und zum anderen konnte Thomas Bernhard weder über den Anlaß noch über den Erscheinungszeitpunkt seiner skandalträchtigen Äußerungen frei verfügen. Sein Kreisky-Text erschien etwa erst 5 Wochen nach der Niederschrift (vgl. André Müller: André Müller im Gespräch mit Thomas Bernhard. Weitra: Bibliothek der Provinz 1992, S. 77f.).

Skandale, öffentliche Beschimpfungen und Provokationen lösen ungleich höhere Medienresonanzen aus als das bloße Erscheinen eines Buches oder eine Uraufführung. Am Beispiel *Holzfällen,* verglichen mit *Ein Kind*, ist dies eindeutig zu verifizieren. Weiters finden Theateraufführungen im allgemeinen ein weit höheres Echo in den Medien als Buchveröffentlichungen. Und während sich Rezensionen zu Neuerscheinungen, sofern diese keinen Skandal verursachen, auf einen Zeitraum von 5 Monaten bis über ein Jahr und noch länger verteilen, bewirken Theateraufführungen eine spontane und weitaus stärkere Reaktion der Medienberichterstatter. Aus der Detailbeobachtung *Heldenplatz* (Abb. 6) läßt sich darüber hinaus unschwer ablesen, wofür sich der Boulevard interessiert: Die *Kronen Zeitung*, die in der Thomas-Bernhard-Berichterstattung auf einem bescheidenen 6. Platz liegt, läßt bei *Heldenplatz* die anderen Blätter weit hinter sich; satte 12 Prozent ihrer gesamten Thomas-Bernhard-Berichterstattung beziehen sich auf den *Heldenplatz*-Skandal im Oktober '88.

Eingehendere Analysen des hier aufgearbeiteten Materials sollen Bernhard-Spezialisten aus Germanistik, Publizistik, Zeitgeschichte etc. überlassen bleiben.

Abbildung 1
Medienresonanz in deutschsprachigen Printmedien
1970 bis 1992

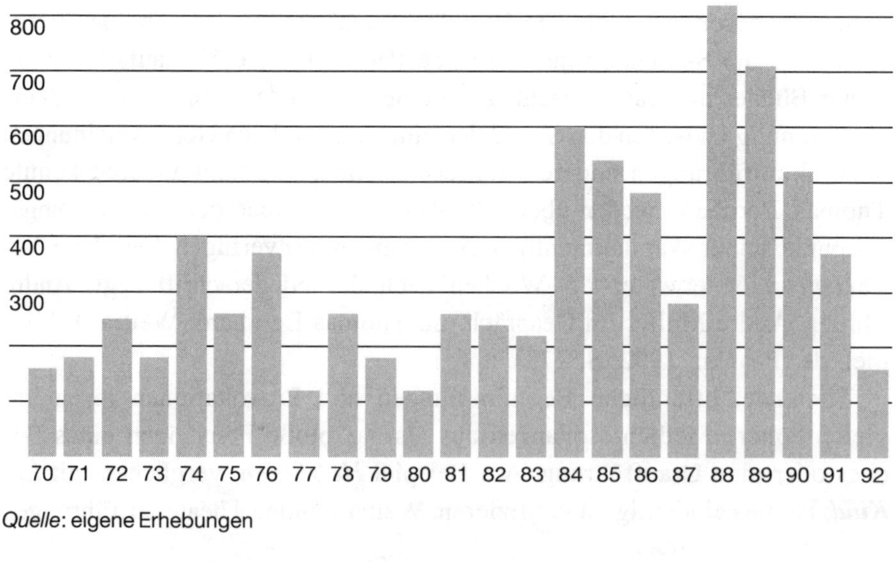

Quelle: eigene Erhebungen

Abbildung 2
Anzahl der veröffentlichten Artikel über Thomas Bernhard insgesamt
1963 bis August 1992

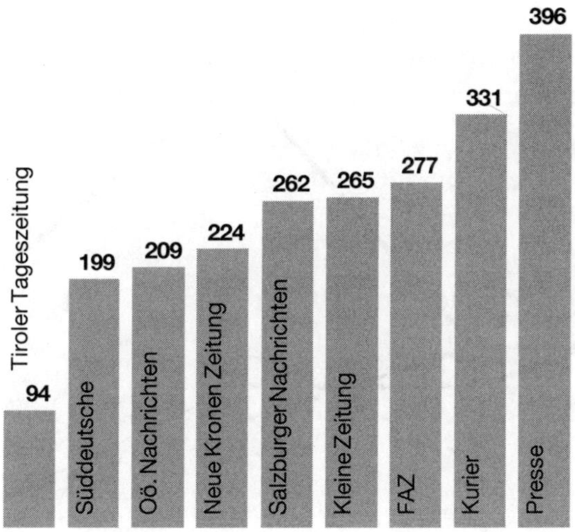

Anteil der dargestellten Medien an allen deutschsprachigen Medien

Tageszeitung	Anteil
Tiroler Tageszeitung	1,2%
Süddeutsche	2,5%
Oberösterr. Nachrichten	2,7%
Neue Kronen Zeitung	2,8%
Salzburger Nachrichten	3,3%
Kleine Zeitung	3,4%
FAZ	3,5%
Kurier	4,2%
Presse	5,0%
Andere Medien	71,4%
Gesamt (7882)	100,0%

Quelle: eigene Erhebungen

Abbildung 3
Ein Kind
Anzahl der Veröffentlichungen Jänner 1982 bis Mai 1982

	Jänner	Feber	März	April	Mai
Kleine Zeitung	–	–	–	1	–
Kurier	1	–	1	3	–
Neue Kronen Zeitung	–	–	2	–	–
Süddeutsche	–	–	–	–	–
Oberösterr. Nachrichten	–	–	1	–	–
Presse	2	–	1	2	–
Salzburger Nachrichten	–	–	1	–	1

Quelle: eigene Erhebungen

Abbildung 4
Holzfällen. Eine Erregung
Anzahl der Veröffentlichungen August 1984 bis Dezember 1984

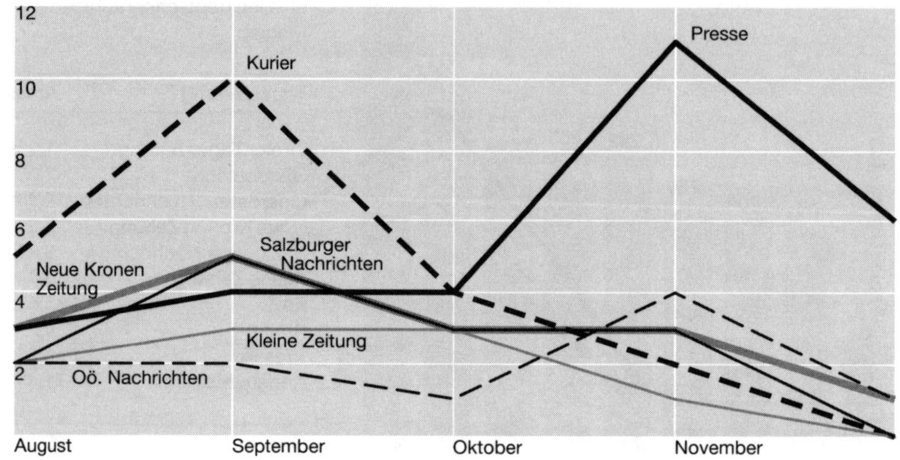

Quelle: eigene Erhebungen

Abbildung 5
Alte Meister. »Fall« Vranitzky-Moritz
Anzahl der Veröffentlichungen Juli 1985 bis November 1985

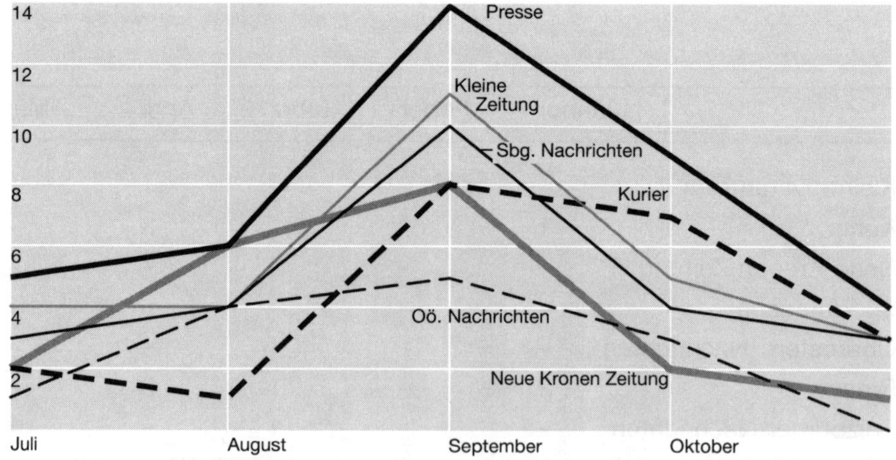

Quelle: eigene Erhebungen

Abbildung 6
Heldenplatz
Anzahl der Veröffentlichungen August 1988 bis Dezember 1988

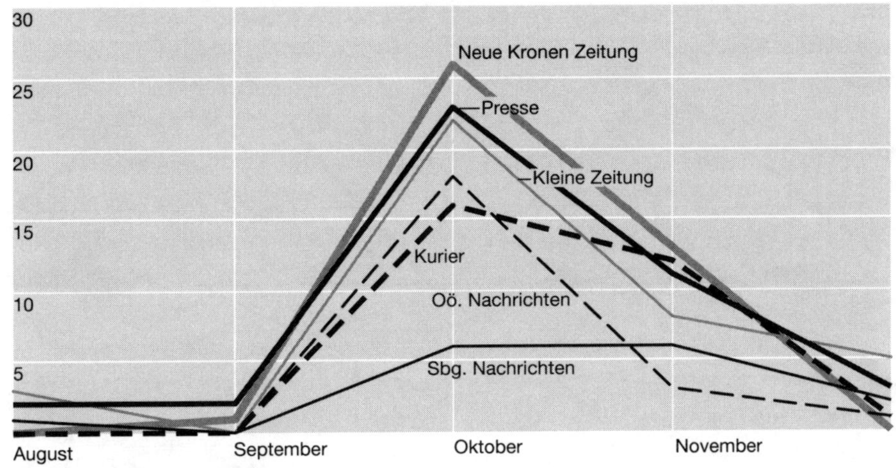

Quelle: eigene Erhebungen

Abbildung 7
Medienresonanz »Thomas Bernhard«
Februar 1989 bis August 1992

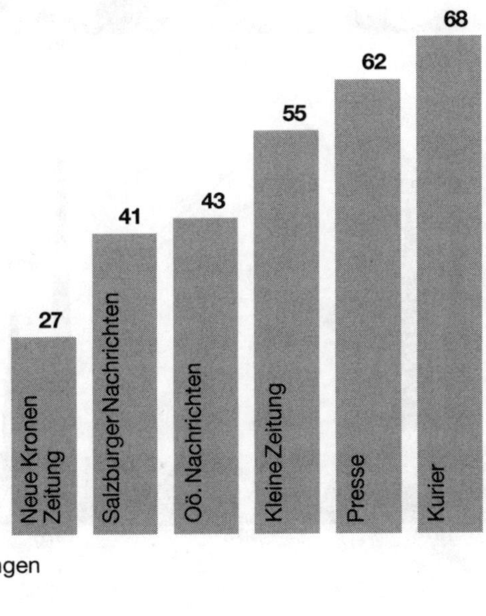

Quelle: eigene Erhebungen

Abbildung 8: **Die Erregungskurve** (vgl. S. 238)

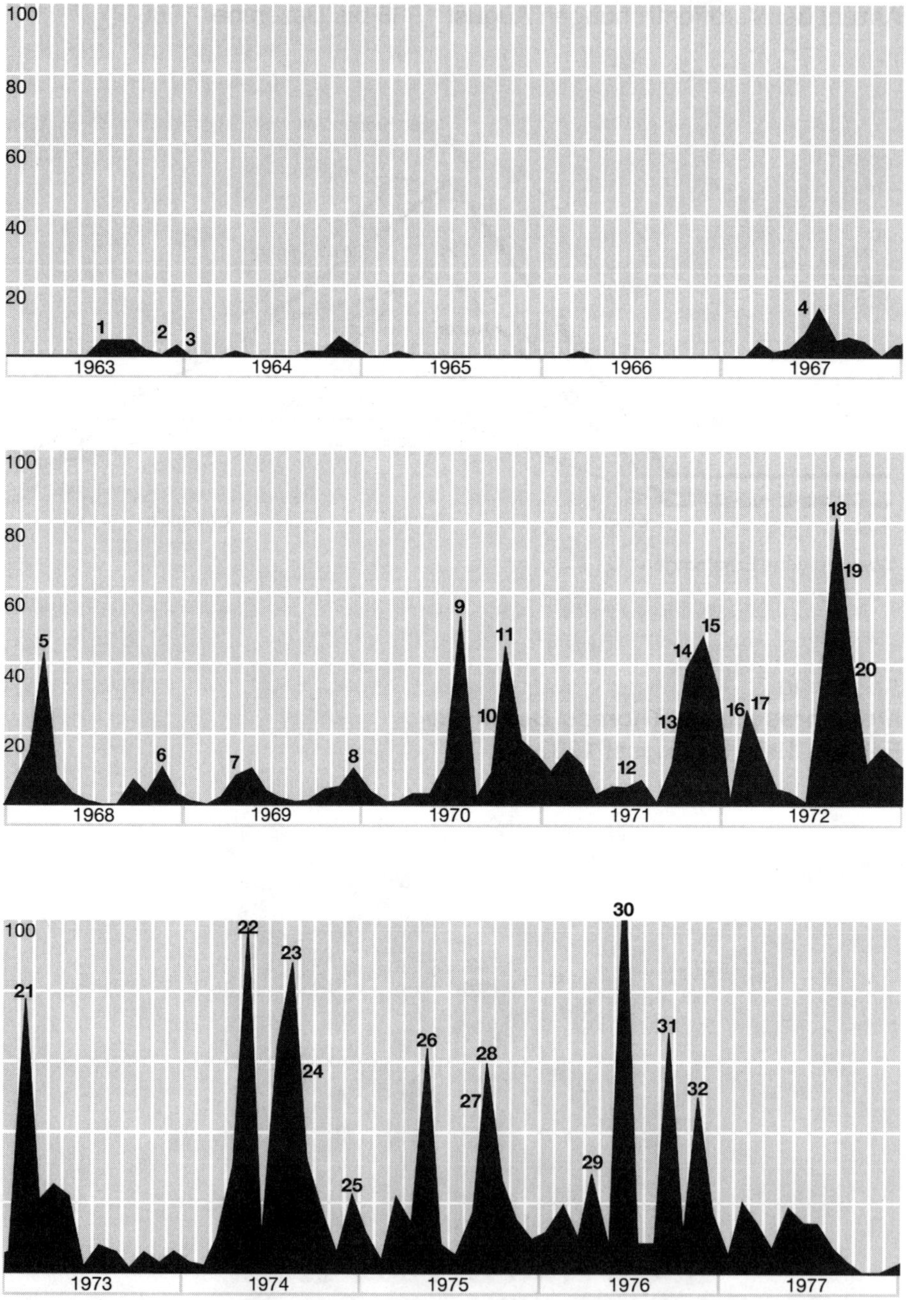

Abbildung 8: Fortsetzung

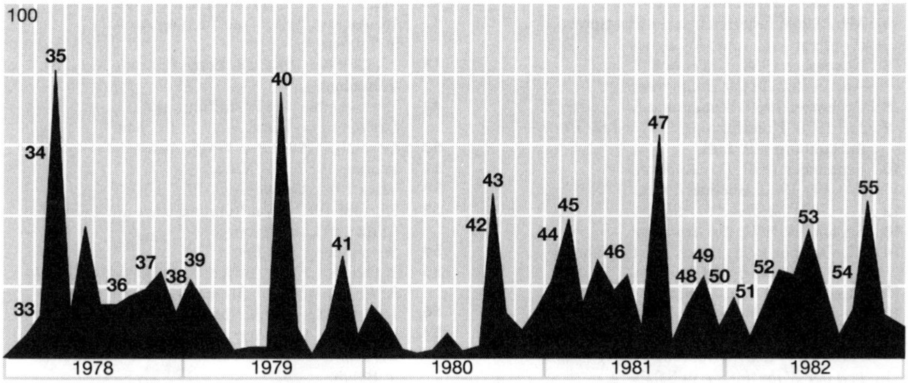

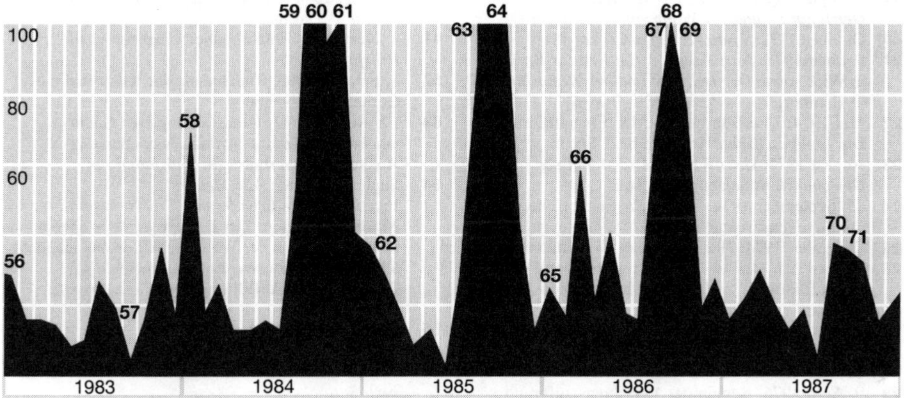

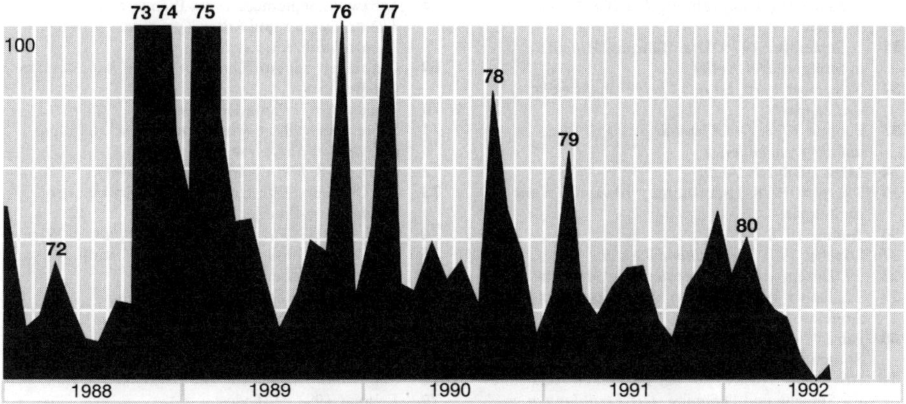

1 Juli 1963: *Frost*
2 November 1964: *Amras*
3 Jänner 1965: Bremer Literaturpreis
4 Juni 1967: *Prosa* und *Verstörung*
5 März 1968: Österreichischer Staatspreis (Förderpreis), Anton-Wildgans-Preis
6 November 1968: *Ungenach*
7 April 1969: *An der Baumgrenze*
8 Dezember 1969: *Watten* und *Ereignisse*
9 Juli 1970: Uraufführung *Ein Fest für Boris* in Hamburg (29. Juni)
10 September 1970: *Das Kalkwerk*
11 Oktober 1970: Büchner-Preis
12 Juni 1971: *Midland in Stilfs*
13 September 1971: *Der Italiener*
14 17. Oktober 1971: Österr. Erstaufführung *Ein Fest für Boris* in Graz
15 Dezember 1971: *Gehen*
16 Jänner 1972: Grillparzer-Preis
17 März 1972: Adolf-Grimme-Preis
18 August 1972: Uraufführung *Der Ignorant und der Wahnsinnige* in Salzburg. Skandal um Notbeleuchtung
19 6. September 1972: Dt. Erstaufführung *Der Ignorant und der Wahnsinnige* in Berlin
20 Oktober 1972: Franz-Theodor-Csokor-Preis
21 Februar 1973: Aufführungen *Ein Fest für Boris* in Wien sowie *Der Ignorant und der Wahnsinnige* in Hamburg
22 Mai 1974: Uraufführung und Dt. Erstaufführung *Die Jagdgesellschaft* in Wien bzw. Berlin
23 August 1974: Uraufführung *Die Macht der Gewohnheit* in Salzburg (27. Juli)
24 25. September 1974: Schweizer Erstaufführung *Die Jagdgesellschaft* in Basel
25 Dezember 1974: Hannoverscher Dramatikerpreis
26 17. bzw. 21. Mai 1975: Uraufführung und Dt. Erstaufführung *Der Präsident* in Wien bzw. Stuttgart
27 August 1975: *Die Berühmten* werden in Salzburg nicht wie geplant uraufgeführt
28 September 1975: *Die Ursache* und *Korrektur*
29 9. April 1976: Beginn des Verfahrens aufgrund einer Privatklage des Salzburger Stadtpfarrers Franz Wesenauer
30 8. Juni 1976: Uraufführung *Die Berühmten* in Wien
31 1. September 1976: Uraufführung *Minetti* in Stuttgart. *Der Keller*
32 November 1976: *Ist das Theater nicht mehr, was es war?*
33 Februar 1978: *Die Kleinbürger auf der Heuchelleiter*
34 März 1978: *Der Atem*
35 15. April 1978: Uraufführung *Immanuel Kant* in Stuttgart
36 August 1978: *Ja*
37 Oktober 1978: *Der Stimmenimitator*
38 29. Dezember 1978: *Der deutsche Mittagstisch*
39 22. Jänner 1979: Antwort auf Klagsdrohung von Annelore Lucan-Stood
40 Juli 1979: Uraufführung *Vor dem Ruhestand* in Stuttgart (29. Juni)
41 Nov. 1979: Austritt aus der Deutschen Akademie für Sprache und Dichtung, *Die Erzählungen*
42 August 1980: *Die Billigesser*
43 6. September 1980: Uraufführung *Der Weltverbesserer* in Bochum
44 Jänner 1981: *Der pensionierte Salonsozialist* und *Die Kälte*
45 9. Februar 1981: 50. Geburtstag
46 Mai 1981: *Über allen Gipfeln ist Ruh*
47 18. August 1981: Uraufführung *Am Ziel* in Salzburg
48 22. Oktober 1981: Dt. Erstaufführung *Am Ziel* in Bochum
49 7. November 1981: Aufführung *Der deutsche Mittagstisch* in Bochum
50 Dezember 1981: *Ave Vergil. Gedicht*
51 Februar 1982: *Ein Kind*
52 März 1982: *Goethe schtirbt*
53 25. Juni 1982: Uraufführung *Über allen Gipfeln ist Ruh* in Ludwigsburg
54 September 1982: *Beton*
55 1. Oktober 1982: Aufführung *Über allen Gipfeln ist Ruh* in Bochum. *Montaigne*
56 Jänner 1983: *Wittgensteins Neffe*
57 September 1983: *Der Untergeher*
58 21. Jänner 1984: Uraufführung *Der Schein trügt* in Bochum
59 August 1984: *Holzfällen.* Am 29. Beschlagnahme
60 Oktober 1984: Aufführung *Über allen Gipfeln ist Ruh* in Darmstadt
61 8. November 1984: Auslieferungsverbot für *Holzfällen*
62 8. Februar 1985: Rücknahme der Klage durch Gerhard Lampersberg
63 17. August 1985: Uraufführung *Der Theatermacher* in Salzburg. Am 23. Aufhebung des Auslieferungsverbotes für *Holzfällen*
64 September 1985: *Alte Meister. Vranitzky. Eine Erwiderung*. Unterrichtsminister Moritz konstatiert: Der Dichter werde »zunehmend zu einem Thema der Wissenschaft, wobei ich nicht allein die Literaturwissenschaft meine.« 21. September Aufführung *Der Theatermacher* in Bochum
65 28. Februar 1986: Uraufführung *Einfach kompliziert* in Berlin
66 9. Mai 1986: Uraufführung *Claus Peymann verläßt Bochum ...*
67 18. August 1986: Uraufführung *Ritter, Dene, Voss* in Salzburg
68 1. bzw. 4. September 1986: Premieren *Der Theatermacher* und *Ritter, Dene, Voss* in Wien. *Auslöschung. Ein Zerfall*
69 Oktober 1986: Aufführung *Vor dem Ruhestand* in Ost-Berlin
70 August 1987: Paula-Grogger-Preis
71 September 1987: *Claus Peymann und Hermann Beil auf der Sulzwiese*
72 März 1988: *Mein glückliches Österreich*
73 14. Oktober 1988: Ursprünglicher Termin der *Heldenplatz*-Premiere
74 4. Nov. 1988: Uraufführung *Heldenplatz* in Wien
75 12. Februar 1989: Thomas Bernhard stirbt in seiner Gmundner Wohnung. *In der Höhe. Rettungsversuch. Unsinn*
76 5. November 1989: Uraufführung *Elisabeth II* in Berlin
77 Februar 1990: 1. Todestag
78 Sep. 1990: Aufführung *Die Berühmten* in Linz
79 Februar 1991: 2. Todestag
80 Februar 1992: 3. Todestag

Europäische Rezeptionen und Spiegelungen

Claude Porcell

Die Verklärung des heiligen Bernhard
Zur Rezeption der Erzählprosa in Frankreich

Der in Frankreich lange Zeit unbekannte oder verkannte Thomas Bernhard hat bei uns seit einigen Jahren nahezu einhellige Anerkennung gefunden. Man ist überrascht, etwa in der katholischen Tageszeitung *La Croix* zu lesen: »Der ›einzelgängerische Wolf‹, in seiner Heimat erst spät mit Ehren überhäuft, [...] scheint bei uns am meisten Beachtung zu finden«[1]; ähnlich verblüffend die Feststellung des Großkritikers Michel Cournot, der Thomas Bernhard als den »wahrscheinlich einzigen lesbaren zeitgenössischen Autor seit Jahren«[2] bezeichnet. Die Zeiten, in denen von *Gel (Frost)* in den drei Jahren zwischen 1967 und 1970 nur 236 Exemplare verkauft wurden und Henri Ronse 1978 *L'ignorant et le fou (Der Ignorant und der Wahnsinnige)* vor etwa zwanzig Zuschauern pro Vorstellung auf die Bühne brachte, sind damit endgültig vorbei.

Aber besteht wirklich ein Zusammenhang zwischen diesen Lobeshymnen und dem tatsächlichen Publikumserfolg Bernhards? Ich möchte zunächst kurz die verschiedenen Etappen der quantitativen Entwicklung nachzeichnen und anschließend auf die allmähliche Veränderung des Bildes eingehen, das sich das französische Publikum oder vielmehr die »Multiplikatoren«, von denen die öffentliche Meinung sowohl widergespiegelt als auch geprägt wird, von Bernhard gemacht haben. Diese Entwicklung läßt die Tendenz einer Annäherung an die in Österreich und möglicherweise auch in Deutschland vorherrschende Rezeptionsweise erkennen, gleichzeitig und paradoxerweise aber auch Diskrepanzen, die die Frage nach den Ursachen der Bernhard-Begeisterung der späten achtziger Jahre aufwerfen.

Es kann hier lediglich ein Überblick über die Rezeption der Prosa in Frankreich geboten werden; der Aufnahme des Theaters ist die anschließende Untersuchung Jean-Marie Winklers gewidmet. Sein in der Zeitschrift *Austriaca*[3] erschienener Überblick über die Spielzeit 1988/89 und meine Darstellung des Zeitraums von 1978 bis 1986[4] enthalten bereits einige Hinweise. Ein vollständiges Bild der Rezeption der erzählenden Prosa läßt sich zweifellos nur gewinnen, wenn man ihre Wechselwirkung mit der Aufnahme des Theaters mitberücksichtigt. Da einige der in letzter

Zeit erschienenen Bücher und insbesondere die bei Seuil erschienene Monographie von Chantal Thomas[5] durchaus brauchbare Bibliographien zum Thema enthalten, darf hier auf umfängliche Aufzählungen der in Frankreich über Thomas Bernhard erschienenen Artikel und Aufsätze getrost verzichtet werden. Ich werde auch der von der unübersehbaren Menge der journalistischen Beiträge ausgehenden Versuchung widerstehen, Zitate litaneihaft aneinanderzureihen, und habe ebenfalls, da dies den Rahmen dieser Untersuchung sprengen würde, auf statistische Tabellen zu Anzahl und Umfang der Artikel, klassifiziert nach Werken oder Erscheinungszeiträumen, verzichtet. Um sich ein Bild von der jüngsten Entwicklung zu machen, genügt es, die unterschiedlichen Umfänge der vom Verlag Gallimard angelegten Pressemappen – immerhin auch empirisch! – zu ermitteln. Ich danke dem Verlag für die Möglichkeit der Einsichtnahme und die mir zur Verfügung gestellten Verkaufszahlen der Prosawerke.[6] Ein etwa fünf Zentimeter dicker Ordner enthält die Pressereaktionen der 14 Jahre zwischen 1964 und 1978, während für die drei Monate nach dem Erscheinen von *Extinction (Auslöschung)* 1990 ein eigens angelegter Ordner kaum ausreicht.

Zum Verständnis der eigentümlichen Phasenverschiebung zwischen den deutschsprachigen Ländern und Frankreich werden dennoch einige Zahlen erforderlich sein: Die verspätete Reaktion der französischen Medien ist zweifellos auf die bescheidenen Verkaufszahlen der ersten Jahre zurückzuführen. Verleger sind ja schließlich nicht immer wagemutige Entdecker oder Philanthropen, und Bernhard war für die Franzosen durchaus kein Fall von Liebe auf den ersten Blick.

Die verspätete Reaktion der französischen Medien

Trotz des geringen Erfolges von *Gel, Perturbation (Verstörung), La Plâtrière (Das Kalkwerk)* und sogar *Corrections (Korrektur)* – von den drei letzteren wurden im Erscheinungsjahr lediglich 917, 983 bzw. 721 Exemplare verkauft – behielt der Verlag Gallimard den Rhythmus der französischen Übersetzungen bei; sie erschienen jeweils etwa vier Jahre nach dem Originalwerk, was nicht gerade viel ist. Die zu Beginn der siebziger Jahre prompt übersetzten Dramen wurden hingegen mit sehr viel Verspätung, etwa ab 1983, auch gedruckt. Die Manuskripte lagen vor, gelangten aber trotz des großen Interesses der Theaterleute nicht in die Buchhandlungen.

Am meisten hinkt die Rezeption der Erzählungen nach (*Amras* um 23, *Ungenach, An der Baumgrenze* und *Watten* um 18 bzw. 19 Jahre); sie sind in Frankreich erst acht Jahre nach den *Erzählungen* (1979) erschienen. Am raschesten wurde *Le faiseur du théâtre (Der Theatermacher)* übersetzt, dessen französische Fassung im selben Jahr 1984 wie die deutsche erschien, während *Der Weltverbesserer* elf Jahre warten mußte, um zu *Le réformateur* (1990) zu werden. In den meisten Fällen beschränken sich diese Verspätungen auf zwei (*Oui* / *Ja*, 1978/1980) bis sieben Jahre (*La Cave* / *Der Keller*; 1976/1983); ab Mitte der achtziger Jahre betragen sie etwa drei Jahre (*Le Naufragé* / *Der Untergeher*; 1983/1986, und *Maîtres anciens* / *Alte Meister*; 1985/1988).

Dafür gibt es mehrere Gründe. Die Publikation von Theaterstücken bringt den Verlegern in Frankreich nicht viel ein: Sie warten, bis eine genügend starke, durch eine aufsehenerregende Inszenierung belebte Nachfrage entstanden ist. Aus diesem Grund überließ Gallimard die Option auf die Rechte dem Verlag L'Arche, dessen malthusianische Programmpolitik erst mit seiner Übernahme durch den deutschen Verleger Rudolf Rach 1986 ein Ende fand; er hatte zuvor bei Suhrkamp Thomas Bernhards Bühnenwerke betreut. Eine glückliche Fügung wollte, daß die Veröffentlichung der Autobiographie in französischer Übersetzung zur selben Zeit das Interesse an Bernhard erneut weckte; die Stücke erschienen von nun an regelmäßig in einem wieder dynamischen und aktiven Verlagshaus.

Manchen war dieses Nachhinken der Übersetzungen jedoch ein Dorn im Auge. Mit wachsender Ungeduld erwarteten sie in den letzten Jahren die Bücher Bernhards, die auf deutsch bereits erschienen waren; die Übersetzungen ließen auf sich warten. Um ihr Programm einhalten zu können, beschäftigten beide Verlage mehrere Übersetzer gleichzeitig, was von dem Kritiker Mathieu Lindon bedauert wurde: »Gibt es wirklich keinen guten Übersetzer aus dem Deutschen, der bereit wäre, Thomas Bernhard, und zwar den ganzen Thomas Bernhard, zu übersetzen?«[7] Wahrscheinlich bedürfte es der Genialität Bernhards, um mit seinem Publikationsrhythmus Schritt halten und – bei recht bescheidenen Honoraren – damit auch den eigenen Lebensunterhalt bestreiten zu können. Um trotz der nicht unproblematischen Arbeit einigermaßen vernünftige Termine einzuhalten, wurde auch häufig auf einen anderen Übersetzer zurückgegriffen, wenn der eine gerade ausgelastet war, so daß oft an mehreren Bernhard-Übersetzungen gleichzeitig gearbeitet wurde. So waren etwa Erika Tunner und ich bei der Vorbereitung des 1988 bei L'Arche erschienenen Bandes *Evénements* aufgrund der äußerst knappen Termine gezwungen, drei weitere Übersetzer zu Hilfe zu nehmen. Diese Verspätungen sind also auf die Zufälligkeiten des Verlagswesens zurückzuführen – aber auch auf Bernhards unglaubliche Produktivität. Seine Texte sind jedoch derart konsequent und homogen, daß die Übersetzungen – abgesehen von den frühen Werken, die zu einer Zeit übertragen wurden, als man mit seinem Stil noch nicht vertraut war – in ihren wesentlichen Charakteristika kaum voneinander abweichen.

Diese zeitlichen Verschiebungen führten freilich auch zu Mißverständnissen. Die Reihenfolge der deutschen Publikationen wurde im Unterschied zu den Theaterstücken bei der erzählenden Prosa im wesentlichen beibehalten, allerdings mit einer Ausnahme: Die kürzeren, auf deutsch zwischen 1964 und 1979 erschienenen Texte von *Amras et autres récits* wurden 1987 als Neuerscheinungen aufgenommen und zwischen *Le Naufragé* (1986; *Der Untergeher*) und *Des Arbres à abattre* (1987; *Holzfällen*) eingereiht. Zur selben Zeit wurden hier auch die Polemiken rund um *Alte Meister* sowie einige Rezensionen zu *Auslöschung* bekannt. Derartige Interferenzen dürften zu einer gewissen Unschärfe des Bernhard-Bildes beigetragen haben, das ja lange Zeit auf eine »Wiederholung bis zum Überdruß« reduziert und dessen kohärente Struktur erst sehr spät wahrgenommen wurde.

Obwohl die Zeiträume zwischen dem Erscheinen des Originals und der französischen Übersetzung allmählich kürzer wurden, kam der erste Band der Autobiographie (1975 bis 1982) in Frankreich erst sechs Jahre nach dem deutschen Original heraus (*L'Origine*; 1981) heraus; die übrigen Bände folgten innerhalb von nur drei Jahren (*Un Enfant*; 1984). Diese Jahre waren entscheidend, da sie das Bernhard-Bild genau zu der Zeit erneuerten und erweiterten, in der die ersten der damals noch wenig bekannten Stücke publiziert wurden. Der Durchbruch ließ nun nur mehr ein Jahr auf sich warten: 1985 erscheinen *Le Neveu de Wittgenstein* und *Béton*. Die Geschichte dieses Erfolges läßt mehrere, deutlich unterscheidbare Etappen erkennen.

Die Etappen des Ruhms

Nach der Durststrecke der siebziger Jahre verdreifachen sich die Verkaufszahlen mit *Oui* (2094 Exemplare 1980 gegenüber 721 von *Corrections* 1978) während das Theater noch unbeachtet bleibt. 1982 erfüllt *L'Imitateur (Der Stimmenimitator)* mit 1935 verkauften Exemplaren die in ihn gesetzten Erwartungen. Nach einem leichten und überraschenden Rückgang von *L'Origine* (1260 Exemplare im Jahr 1981, die Franzosen hatten in diesem Jahr wirklich andere Sorgen!) bewegen sich die Verkaufszahlen der autobiographischen Romane bis 1984 zwischen 1500 und 2800 Exemplaren. Interessanterweise läßt sich bei all diesen Büchern ein plötzliches Absinken der Zahlen im jeweils zweiten Jahr feststellen – was wohl auf die sakrosankte »Titelrotation« im Buchhandel zurückzuführen ist –, um daraufhin allmählich wieder bis zu den Spitzenwerten von 1989 (zwischen 500 und 1800 Exemplare jährlich) anzusteigen; Bernhard starb, kurz nachdem ihm Ende 1988 der Prix Médicis für ausländische Literatur zuerkannt wurde, am Ende der von ihm beherrschten Spielzeit 1988/89.

Mit *Le Neveu de Wittgenstein* setzt die zweite Etappe ein: die Verkaufszahlen (6242 Exemplare im ersten Jahr, 1053 im Jahr darauf) verdoppeln sich praktisch. Im selben Jahr geht *Béton* auf 3588 Exemplare zurück, und *Le Naufragé* (1986), die *Récits* (1987; *Erzählungen*) und *Des Arbres à abattre* (1987) bewegen sich trotz enthusiastischer Pressereaktionen zwischen je 3000 und 5500 Exemplaren.

Erst *Maîtres anciens* wird 1988 triumphal aufgenommen; Bernhard erhält den Prix Médicis für ausländische Literatur zugesprochen, für den er seit 1984 regelmäßig vorgeschlagen worden war: 16 190 Exemplare in den letzten vier Monaten von 1988 – 28 im Jahr darauf –, während die Taschenbuchausgabe von *Perturbation*, das lange Zeit unter 100 Exemplaren geblieben war, beinahe 10 000mal verkauft wird. Literaturpreise sind also doch nicht ganz ohne Einfluß auf die Leser und möglicherweise auch auf ihre Lektüre. (Der Thomas Bernhard, übrigens als erstem Preisträger, 1984 zugesprochene Prix Séguier hatte sich bei weitem nicht so positiv ausgewirkt.) Der Medienerfolg kam allerdings nur langsam zum Tragen: 1989 gehen weitere 708 Exemplare über den Ladentisch, während die 1990 erscheinende einbändige Neuausgabe der Autobiographie trotz des damit verbundenen Werbeeffekts und trotz des starken Pressechos auf Bernhards Tod auf etwa 7000 verkaufte Exemplare absinkt. *Extinction* wird im Herbst desselben Jahres zwar von vielen Kritikern als Jahrhundertwerk gefeiert, 1990 aber nur rund 12 000mal verkauft.

Ab Herbst 1988/89 stand Bernhard im Mittelpunkt einer außergewöhnlichen Konstellation, dem krassen Gegenteil der Situation, die 1981 zum Mißerfolg von *Le Président* beigetragen hatte. Er ist sowohl 1988/89 wie auch 1989/90 der »in Paris meistgespielte zeitgenössische Autor«, und *La Croix* äußert Besorgnis über diesen Anfall von »akuter Bernharditis«[8]; eine Veröffentlichung oder Inszenierung jagt die andere, aus Wien wird über die Polemiken kurz vor und nach seinem Tod im Februar 1989 berichtet, und die französische Presse legt ihm sozusagen ganze Doppelseiten voller Blumen aufs Grab. Und seit 1991 erscheinen Bernhards Werke bei Gallimard in Taschenbuchausgabe: das untrügliche Zeichen für seine Aufnahme ins Pantheon der Klassiker.

Diese Zahlen machen einige Erläuterungen nötig. Hinter dieser Entwicklung in mehreren Etappen läßt sich ein kontinuierlicher Anstieg erkennen, gekennzeichnet durch eine leichte zeitliche Verschiebung zwischen den außerordentlich positiven Kritiken ab *Wittgensteins Neffe* (1985) einerseits und der Entwicklung der Verkaufszahlen andrerseits. Dem Medienecho Bernhards kam auch seine Aufnahme in verschiedene »Sélections« – Leseempfehlungen der Woche, des Monats, für den Sommer – Prominenten-Lesetips und Bestsellerlisten zugute. Im *Nouvel Observateur* vom 29. März 1985 stand *Wittgensteins Neffe* schon die vierte Woche auf dem zehnten Platz, nach *L'Amant* von Marguerite Duras (5.) und *Adieu Volodia* von Simone Signoret (3.). Im *L'Express* vom 11. Oktober 1990 nahm *Extinction* in der ersten Woche zwischen *La Gloire de mon père* von Marcel Pagnol und *La Danse du diable* von Kirk Douglas den neunten Platz ein.

Der Anstieg der Verkaufszahlen stimmt in seiner Dynamik mit der qualitativen und quantitativen Entwicklung der Pressereaktionen im wesentlichen überein. Sie kommen aber, wie wir gesehen haben, über die magische Schwelle der 15 000 verkauften Exemplare[9] nicht so recht hinaus: Es besteht nach wie vor ein deutliches Gefälle zwischen dem Enthusiasmus der Kritiker, dem Presseerfolg einerseits und der Zahl der tatsächlichen Leser andrerseits; nur ein sehr begrenzter Teil des Publikums setzt sich ernsthaft mit den Texten auseinander. Bis heute stellt die französische »Bernhard-Gemeinde«, auch wenn die Zahl ihrer Jünger inzwischen stark gestiegen ist, ein weit kleineres Pariser Intellektuellenmilieu dar, als man angesichts der Lobeshymnen der Presse glauben könnte.

Mittlerweile ist dieser Rezeptionsverlauf von der Presse in einer Art und Weise rekonstruiert worden, die sie selbst in das rechte Licht rückt: Jacques Le Rider merkte in *Le Monde* vom 18. Februar 1989 in seinem Nachruf auf Bernhard an, daß er »erst in den letzten Jahren wirklich anerkannt war«. Das ist zweifellos richtig, es fällt aber auf, daß diese allgemeine Anerkennung schon 1980 festgestellt worden ist, mitunter auch mit einem Beiklang des Bedauerns (Pierre Combescot in *Nouvelles littéraires*, 9. 10. 1980; Jean-Louis de Rambures in *Le Monde*, 14. 11. 1980), vor allem aber ab *Le neveu de Wittgenstein* («Er ist in aller Munde«, *Les Echos*, 17. 1. 1986). François Weyergans in *Le Matin*, Jean-Maurice de Montrémy in *La Croix*, André Clavel in *L'Evénement du jeudi*, Jacques Pierre Amette in *Le Point* und Diane de Margerie in *La Quinzaine littéraire* hatten Thomas Bernhard bereits um die Mitte der achtziger Jahre den bedeutenden Schriftstellern des Jahrhunderts, der Jahrhunderthälfte oder der Gegenwart zugerechnet. Michel Nuridsany in *Le Figaro* vom 2. Juni 1986: »[Thomas Bernhard ist] in Frankreich trotz seines Ruhms nur wenig bekannt und wird auch noch wenig gelesen«: Die Presse, die schon in seinen Romanen und Erzählungen die Handschrift eines »Meisters«[10] erkannt hatte, möchte ihn endlich auch beim großen Publikum anerkannt sehen und versucht, die aus den siebziger Jahren stammende Verspätung mit dem Eifer des Frischbekehrten wieder aufzuholen, was ihr gewiß nicht zum Vorwurf gemacht werden soll.

Manche Kritiker schienen auch vergessen zu haben, daß die Entdeckung des Theaters im Vergleich zur Prosa lange auf sich warten ließ: »In Frankreich wurde er von den größten Regisseuren auserkoren«, schrieb Armelle Héliot in *Le Quotidien de Paris* vom 17. Februar 1989. Ja, aber unter welchen Schwierigkeiten und wie spät! Im Gegensatz dazu vertraten Nicole Zand (*Le Monde*, 5. 10. 1990), Viviane Forrester (*Magazine littéraire*, Januar 1991) und Michel Nuridsany (*Le Figaro*, 17. 6. 1991) die Auffassung, Bernhard verdanke den Ruhm, mit dem er in Frankreich überhäuft wurde, nicht dem Theater, sondern seinen Romanen und Erzählungen. Das ist, zumindest was die Chronologie betrifft, zweifellos richtig. Das Theater hat jedoch gerade in den letzten Jahren eine wichtige Rolle zu spielen begonnen.

Prosa und Theater: Gegensatz oder Wechselwirkung?

Die schon früh übersetzten Romane hatten nur bei Germanisten und einzelnen Journalisten bzw. Kritikern Beachtung gefunden: Jean-Pierre Abraham in *La Quinzaine littéraire* (15. 1. 1968) und Jean-Claude Schneider in *La Nouvelle Revue Française* (1. 5. 1968) berichteten über *Gel*, Michel Cournot (*Le Nouvel Observateur*, 31. 1. 1972), René Wintzen und Christoph Schwerin (*Le Monde*, 14. 4. 1972) über *Perturbation*. Der Kreis erweiterte sich mit *La Plâtrière*: Guy Le Clech in *Le Figaro littéraire* (16. 3. 1974), Lionel Richard in *Magazine littéraire* (Nr. 87, 1974), Jean-Louis de Rambures in *Le Monde* (22. 3. 1974), Diane de Margerie in *La Quinzaine* (16. 6. 1974), Nicole Casanova in *Esprit* (Nr. 4, April 1974) und anderen Artikeln.

Das Erscheinen der Autobiographie, die den Menschen hinter dem Schriftsteller zeigt, zu Beginn der achtziger Jahre machte die Öffentlichkeit erneut auf Bernhard aufmerksam. Die Stücke wurden, zunächst in kleinem Rahmen, zwar erst ab 1978 aufgeführt, die Mundpropaganda und zirkulierende Textbücher und Programmhefte hatten aber schon zuvor das Interesse von Darstellern und Regisseuren geweckt, die weniger mit dem Unverständnis des Publikums als mit Problemen der Geldbeschaffung und Rollenbesetzung zu kämpfen hatten: Die großen Schauspieler zögerten noch, ihr Image aufs Spiel zu setzen. Ich konnte persönlich beobachten, wie sich diese bescheidenen Anfänge allmählich auch in den Pressereaktionen niederschlugen. Obwohl Bernhard heute einem Teil des Publikums nur durch sein Theater bekannt ist, haben sich die Veröffentlichung der Stücke in den Jahren zwischen 1983 und 1987 und die Arbeit anerkannter Regisseure zweifellos positiv auf die Reichweite der Romane ausgewirkt. Dies gilt vor allem für die letzten Saisonen: Zum Erfolg von *Der Theatermacher* Ende 1988 und von *Heldenplatz* 1991 haben zweifellos nicht nur die Bernhardianer der ersten Stunde beigetragen.

Der Erfolg von *Der Theatermacher* setzte übrigens einen Kreislauf in Gang, der sich auf die Rezeption der Bühnenstücke äußerst positiv auswirkte: Wenn heute große Schauspieler oder Filmstars Bernhard spielen, dann wohl deshalb, weil sie sich davon viel versprechen. Damit fördern sie aber (mitunter um den Preis zusätzlicher Verzerrungen und Mißverständnisse) eben den Erfolg, den sich die immer zahlreicher und berühmter werdenden Regisseure durch die Besetzung von Bühnenstars sichern wollen – und so weiter. Die intensivierte Inszenierungstätigkeit läßt sich darüber hinaus auch durch die neue Politik des Verlags L'Arche erklären, der nun mit den Aufführungsgenehmigungen viel großzügiger umgeht und sie auch kleinen Provinztheatern erteilt. Damit wird die Realisierung von Projekten möglich, bei denen wirtschaftliche Überlegungen eine große Rolle spielen: Bernhard kann auch auf kleinen Bühnen mit nur wenig Hauptdarstellern aufgeführt werden ...

In der derzeitigen Situation finden die Bühnenwerke und die erzählende Prosa etwa gleich viel Beachtung. Möglicherweise kann man sogar von zwei verschiedenen Publikumsschichten sprechen, eine Situation, die durch die getrennte Kulturberichterstattung unserer Zeitungen begünstigt wird: Die Literatur- und die Theaterseiten sind voneinander sorgfältig abgeschottet, so daß die Theaterkritiker lange Zeit um das Verständnis eines ihnen ungewohnten Bühnenautors ringen mußten, auf den sie von den Literaturkritikern anscheinend nicht vorbereitet worden waren. In den achtziger Jahren wurde der engere Kreis der Vermittler und vor allem der Übersetzer als Gewährsleute von den Theaterkritikern – die sich damit wohl auch ersparen wollten, die Texte zu lesen – mit Fragen bestürmt.[11] Wer aber sind diese Gewährsleute?

Die Vermittlungsinstanzen

Es waren, wie erwähnt, vor allem die Germanisten gewesen, die sich für die frühen Romane und Erzählungen eingesetzt hatten. Dies ist keineswegs erstaunlich, stellt aber einen wesentlichen Unterschied zur Rezeption des Theaters dar. Die ersten Artikel zu Bernhard stammen von Personen, die mit dem österreichischen und deutschen Kontext vertraut waren; Bernhard war für sie, schon bevor er als Romancier bekannt wurde, ein Lyriker. Dies trifft etwa auf Jean-Claude Schneiders Artikel in der *Nouvelle Revue française* vom 1. Mai 1968 und auf René Wintzen und Christoph Schwerin zu, die in *Le Monde* vom 14. April 1972 ein Werk vorstellten, »mit dem man in Zukunft wird rechnen müssen«.

Den Fachzeitschriften kam trotz ihrer geringen Verbreitung insofern eine besondere Rolle zu, als aus ihren Reihen jene Vermittler und Gewährsleute hervorgingen, die später als Auskunftspersonen für andere dienen sollten. Hier ist an erster Stelle *Austriaca*, die Zeitschrift der

Universität Rouen, zu nennen, mit Beiträgen insbesondere von Erika Tunner, Gerald Stieg, Wendelin Schmidt-Dengler. Auch in *Documents – Revue des questions allemandes* erschienen schon sehr früh Artikel über Thomas Bernhard.[12] Für seine Verbreitung und Bekanntmachung hatten ursprünglich vor allem Verleger und Übersetzer gesorgt: François Erval und Alfred Kern bei Gallimard, aber auch Michel-François Demet, der als erster ein Stück Bernhards übertragen und sich lange für seine Anerkennung eingesetzt hat.

Nun traten auch einige »Liebhaber« mit literarischem Gespür für ihn ein, etwa Michel Cournot, dessen Enthusiasmus für Bernhard bis zu *Auslöschung* stetig gestiegen ist, oder der später von Michel Nuridsany abgelöste Guy Le Clec'h in *Le Figaro*. In Belgien widmete ihm Pierre Mertens für *Le Soir*, später für *La Libre Belgique*, bereits sehr früh ausführliche Artikel, und in der Schweiz vor allem Wilfred Schiltknecht im *Journal de Genève* und Jean Vuillemier in der *Tribune de Genève*. Ihre Beiträge lassen deutlich einen höheren Informationsstand über die österreichische und deutsche Aktualität erkennen. In Kanada beschäftigte sich vor allem die Zeitschrift *Liberté* mit Bernhard.

Er findet relativ rasch Eingang in die großen Literaturzeitschriften: die *Nouvelle Revue française*, die ja gewissermaßen sein Verleger ist und in der auch Gilles Quinsat schreibt, zugleich Herausgeber der *Encyclopaedie Universalis*, in der Bernhard mit einem ausführlichen Artikel vertreten ist und in deren den herausragenden Ereignissen des Jahres gewidmeten Zusatzband *Universalia* ab *Corrections* (1978) auch mehrere Einzelinterpretationen erschienen sind.[13] Nicole Casanova schrieb darüber hinaus für *Esprit*, *Quotidien de Paris* und *Nouvelles littéraires*. Chantal Thomas hatte vor ihrer Monographie Rezensionen für die Zeitschrift *Critique* verfaßt.

Die Bandbreite der Medienreaktionen erweiterte sich erstmals mit dem Erscheinen von *Oui, L'Imitateur* und der Autobiographie zu Beginn der achtziger Jahre. Immer mehr Tageszeitungen und Wochenblätter berichten nun über die Prosa (viel weniger über das Theater): von *L'Humanité* (Claude Prévost) und *Révolution* (die Zeitschrift der kommunistischen Intellektuellen) über *Le Pèlerin* und *La Croix* (katholische Zeitschriften) bis zu *VSD* und *L'Express* (rechtes Zentrum). Ab Mitte der achtziger Jahre ist auch *L'Unité*, das Organ der sozialistischen Partei, mit dabei.

Im Gegensatz zum Fernsehen, in dem die Neuerscheinungen lange Zeit nur auf Teletext angekündigt wurden und Bernhard erst spät Beachtung fand, beschäftigte sich das Radio oder vielmehr die französische Spezialität France-Culture schon sehr früh mit ihm. Das erste in Frankreich aufgeführte Stück überhaupt war ein Hörspiel in Lucien Attouns »Nouveau Répertoire Dramatique«. Bernhards Bücher wurden nun in den täglichen Sendungen *Un livre, des voix* und *Panorama culturel de la France* regelmäßig besprochen. Alain Veinstein widmete ihm mehrere Folgen seiner Sendereihe *Du jour au lendemain.* 1983 organisierte Roger Vrigny für *Lettres Ouvertes* ein Round-table-Gespräch anläßlich des Festival d'Avignon. Doch erst 1987 kam eine Reihe von fünf Sendungen zustande, zu denen Jean Daive Erika Tunner, Dieter Hornig, Gerald Stieg und Albert Kohn, den Übersetzer der Autobiographie, einlud.[14] Das Publikum von France-Culture ist zwar nicht besonders groß, diese Sendungen dürften aber das Milieu der Intellektuellen und Medienleute sensibiliert haben und spiegeln auch das wachsende Interesse des Publikums wider.

Das Fernsehen zieht erst nach dem Prix Médicis für *Alte Meister* mit. Der provisorische Kultursender La Sept strahlte einige Bernhard-Inszenierungen aus, die allerdings aus technischen Gründen keine große Verbreitung fanden; erst am 28. November 1988 widmet das dritte Programm eine Ausgabe der berühmten Sendung *Océaniques* den *Monologen auf Mallorca.* Sie führten zu Mißverständnissen, da viele meinten, es handle sich um »den letzten Fernsehauftritt«[15] Bernhards. Erst ein oder zwei Jahre später nahmen manche Kritiker die humoristischen und provokatorischen Aspekte dieses für uns neuen Bernhard-Bildes wahr.[16] Zum ersten Mal in Frankreich ist hier Bernhard in Aktion, d. h. sprechend zu sehen, und das sorgt für Verwirrung. Kurz zuvor hatte Michel Cournot das Buch in der Premiere einer neuen Literatursendung, *Ex-Libris*, am 26. Oktober 1988 empfohlen. Zu Bernard Pivots Sendung *Apostrophes*, einer von Schriftstellern äußerst begehrten Institution, wurde meines Wissens kein Übersetzer oder Verleger eingeladen, wie das immer der Fall war, wenn der Autor abwesend oder unerreichbar war. Michel Polac stellte hingegen Bernhards Bücher in seiner vielbeachteten Literatursendung *Droit de réponse* mehrmals vor.

Mehr als durch Radio oder Fernsehen wurde Bernhard durch einige ihm gewidmete Themenschwerpunkte in Zeitschriften und durch Sammelbände bekannt. Sie wurden zitiert, kommentiert und dienten den Journalisten als

Informationsquelle. Der erste und entscheidende dieser Themenschwerpunkte erschien am 1. September 1981 in Maurice Nadeaus *La Quinzaine littéraire* unter der Leitung von Jean-Yves Lartichaux. Damals wurde Bernhard noch vor fast leerem Haus gespielt, und es galt zu informieren, sein Bild klarer zu umreißen, falsche Vorstellungen und Mißverständnisse zurechtzurücken. Jean-Yves Lartichaux untersucht die Prosa und das Theater und präsentiert einige noch unübersetzte oder zumindest in Frankreich unzugängliche Texte. So entstand zum ersten Mal seit den frühen Artikeln der Germanisten ein informatives und umfassendes, dem damaligen Stand der bio-bibliographischen Information entsprechendes Bild des Autors, auf das sich die Kritiker in der Folge stützen konnten. Zu erwähnen ist noch ein weiterer Themenschwerpunkt, der, obwohl dem Theater gewidmet, von allgemeiner Bedeutung ist: Er erschien 1983 anläßlich der Erstinszenierungen von *Vor dem Ruhestand* und *Minetti* am Festival d'Avignon 1983 in der Zeitschrift des Theaters von Genevilliers, *Théâtre/Public*.[17]

Ähnliche Überlegungen führten einige Jahre darauf zur Publikation des Sammelbandes *Ténèbres*, der 1986 bei Maurice Nadeau erschien. Es ist ein hybrides Buch, das einerseits wichtige und strenggenommen nicht-literarische Primärtexte (Reden, Interviews, kleine autobiographische Texte) und andrerseits – für den nicht deutsch lesenden Teil des französischen Publikums bestimmt – den letzten Stand der bio-bibliographischen Information sowie mehrere wissenschaftliche Untersuchungen enthält. Die Beiträge waren aus einem von mir im Mai 1982 an der Sorbonne organisierten Kolloquium hervorgegangen, an dem außer den bereits erwähnten Germanisten auch Jacques Le Rider, Jean-Yves Lartichaux, Alfred Kern sowie einige in Paris lebende junge Österreicher wie Dieter Hornig, Wolfram Bayer und Peter Stockinger teilnahmen, die über die Aktualität Bernhards in ihrem Land sehr gut informiert waren. Der Band, in den leider nicht alle Beiträge des Kolloquiums aufgenommen werden konnten, wurde 2000mal verkauft und 1990 neu aufgelegt ... Das ist in Frankreich recht beachtlich für ein Buch, dem freilich auch die abgedruckten Originaltexte zugute gekommen sind.

Bald darauf, im Frühjahr 1987, erschien im Nantaiser Verlag Arcane 17 unter der Leitung von Werner Wögerbauer und Hervé Lenormand die Thomas Bernhard gewidmete Nummer eins der *Cahiers de l'Envers du Miroir*, die ebenfalls große Beachtung fand. Die darin enthaltene Bibliographie erfaßt auch Publikationen aus nicht französischsprachigen Ländern. Der sorgfältig und aufwendig gestaltete Band enthält neben einigen in Frankreich noch unveröffentlichten Bernhard-Texten (insbesondere Vorabdrucken aus den im selben Jahr erscheinenden Erzählungen) mehrere Einzelinterpretationen, Essays, Arbeitsberichte von Übersetzern, subjektive Stellungnahmen sowie ein Originalinterview mit Thomas Bernhard. Er erschien nach *Le Naufragé (Der Untergeher)* und kurz vor *Amras et autres récits,* kam also gerade recht, um das wachsende Informationsbedürfnis über Thomas Bernhard zu stillen.

Die Theaterzeitschrift *Théâtre en Europe* veröffentlichte im Herbst 1988, also während der ersten triumphalen Pariser Theatersaison Bernhards, Originalbeiträge bzw. Übersetzungen von Peymann, Minetti und Rolf Michaelis. Es fällt auf, daß die deutsche und österreichische Kritik hierzulande keine Verbreitung fand.

Die erste wirkliche Monographie, *Thomas Bernhard* von Chantal Thomas[18], erschien erst nach seinem Tod, etwa gleichzeitig mit *Extinction,* zu der Zeit also, als seine Stücke in Paris bereits begeistert gefeiert wurden. Trotz der Genauigkeit der aktualisierten biographischen und bibliographischen Angaben und der Fülle an Hinweisen, die dieses Buch enthält, stellt es eher einen Essay als eine Dokumentation dar: Bernhards Größe war nicht mehr zu beweisen, endlich war die Zeit der Interpretationen gekommen. Große Zeitschriften wie *Libération* oder *Humanité dimanche,* aber auch *Art Press* (Februar 1987) ziehen mit und veröffentlichen mehr oder weniger umfangreiche Dossiers. Es hat also etwa eines Jahrzehnts bedurft, um den schon lange anerkannten Thomas Bernhard bei uns auch bekannt zu machen.

Den Interviews kam insofern eine bedeutende Rolle zu, als sie es uns ermöglichten, ein auf den ersten Blick schwer zugängliches und düsteres Werk mit dem Gesicht und dem Sarkasmus seines Autors zu verbinden. Sie haben wesentlich zur Entwicklung des französischen Bernhard-Bildes beigetragen. Das erste, von Nicole Casanova geführte Interview war bereits 1978 in den *Nouvelles littéraires* erschienen.[19] In ihm stellt sich noch der Einsame und Verzweifelte dar, noch nicht der Nörgler und Komiker. Das ändert sich erst im Januar 1983, als das von Jean-Louis de Rambures für *Le Monde*[20] heldenhaft erkämpfte ausführliche Gespräch erscheint, und zwar mit Aufmacher auf Seite eins. Bereits der Titel, »Aveux et paradoxes de Thomas Bernhard« (Geständnisse und Paradoxe Thomas Bernhards), weist darauf hin, daß man ihn nun auch als Provokateur und Humoristen – vor allem zum Thema Frauen – wahrzunehmen beginnt. Im April 1983 veröffentlichte das *Magazine littéraire* die Übersetzung eines Interviews mit Rita Cirio, das 1982 in *L'Espresso* erschienen war. Jean-Louis de Rambures führte 1985 anläßlich des Wiener *Holzfällen*-Skandals ein weiteres telephonisches Interview mit Thomas Bernhard.[21] Am 17. April 1987 bringt *Libération* das Interview Asta Scheibs für die *Süddeutsche Zeitung*, dessen doch recht frauenfreundliche Töne als Sensation angekündigt werden. 1990 erscheint bei La Table Ronde schließlich die Übersetzung der Gespräche mit Kurt Hofmann. Und jedes Mal, wenn ein Gespräch erscheint, betont der Interviewer, daß Bernhard eigentlich nie Interviews gebe ... Eine Legende, die sich auch in Frankreich lange gehalten hat und mit dem sorgfältig aufrechterhaltenen Bild des Ohlsdorfer Einsiedlers, von dem noch zu sprechen sein wird, in Zusammenhang steht.

Die rasch wachsende »Nachfrage« an allem, was Bernhard betrifft, bewegte den Verlag Pierre Horay 1990 dazu, Carolin Markolins *Die Großväter sind die Lehrer* in überarbeiteter französischer Übersetzung[22] herauszubringen; das Buch fand großen Anklang bei der Presse.

Ende der achtziger Jahre erschienen die ersten größeren wissenschaftlichen Untersuchungen zu Thomas Bernhard: 1986 die psychokritisch verfahrende Habilitationsschrift von Marc Moser[23] und 1989 die Arbeit J.-M. Winklers[24] über das Theater. Weitere sind geplant. 1990 erschien *La phrase infinie de Thomas Bernhard*, die Übersetzung des Aufsatzes von Aldo Garganio, bei den Editions de l'Eclat; er wurde in vielen Zeitungen gemeinsam mit *Extinction* besprochen.

Ab diesem Zeitpunkt fällt aber vor allem die Vielfalt der Zeitungen und Zeitschriften auf, die es nun als ihre Pflicht ansehen, »den letzten Bernhard« zumindest anzukündigen oder auf die neueste Inszenierung hinzuweisen: von *Biba*, das schon 1985/86 über Bernhard berichtet hatte, über *Gai Pied*, das Wochenblatt der Homosexuellen, bis zu *Madame Figaro*. Bernhard tritt nun erstmals auch in Zeitgeistmagazinen wie *Actuel* und schicken Intellektuellenblättern wie *La Règle du Jeu* auf, die in ihrer dritten Nummer Chantal Thomas' Nachruf abdruckt. Und auch die sehr berühmten oder sehr beliebten Federn sind ihm jetzt geneigt: der Schriftsteller François Weyergans, schon seit langem ein bedingungsloser

Fürsprecher Bernhards, der Philosoph Jacques Bouveresse, der sich schon 1985 mit *Wittgensteins Neffe* beschäftigt hatte, aber auch die Journalistin und ehemalige Ministerin für Frauenrechte Françoise Giroud, die Bernhard den Lesern des *Journal du Dimanche* (18. 11. 1990) empfiehlt, oder Jean Clémentin, Chefredakteur des *Canard enchaîné,* der ihn einem breiten, potentiell gesellschaftskritischen und stets zu Scherz und Spott aufgelegten Publikum bekannt macht. Fachzeitschriften und Special-interest-Blätter verschiedenster Art lassen sich von bestimmten Aspekten des Werks zur Berichterstattung anregen, von der jüdischen Monatszeitschrift *Passages* bis zur *Revue des Infirmières*, in der auf den Realismus der autobiographischen Romane hingewiesen wird. Musikzeitschriften wie *Diapason, Le Monde de la Musique* oder *Opéra International* stürzen sich förmlich auf *Holzfällen* und *Der Untergeher*. Das Echo trägt nun bis in die letzten Winkel der Provinz: *Sud-Ouest* war schon 1990/91 durch die Aufführung von *Der Theatermacher* in Bordeaux auf Bernhard aufmerksam geworden; *Midi libre* (Montpellier), *Var-Matin* und *Nice-Matin* bleiben eher zurückhaltend, während das *Journal de Toulouse* eine Lanze für Bernhard bricht. Er wird in praktisch allen großen Provinzzeitungen, von *La Voix du Nord* bis *Berry républicain*, zum Teil eingehend kommentiert.

In den letzten zwei oder drei Jahren ist Bernhard in Frankreich zu einem Autor geworden, den man gelesen haben und zitieren können muß. Mehrere Artikel der vielbeachteten Seite »Idées« in *Le Monde* haben sich bereits auf ihn berufen und ihn damit in den Rang der großen – allerdings im Aussterben begriffenen – »Meisterdenker« erhoben. So flehte zum Beispiel Guy Scarpetta, der schon lange zuvor für ihn eingetreten war, am 16. Juni 1991 den Himmel um eine Reinkarnation Bernhards an, die das Recht auf Irrtum und Übertreibung in der Politik durchsetzen und den antiintellektuellen Populismus, die »Tyrannei des Konformismus«, wie es im Titel heißt, wirkungsvoll bekämpfen könnte.

Bernhard ist seitdem am französischen Buchmarkt außerordentlich präsent, und auch bei uns gibt es Stimmenimitatoren und Schriftsteller, die in seinen Bann geraten sind. In seinem skandalträchtigen Bestseller *Dem Freund, der mir das Leben nicht gerettet hat* – er enthält unter anderem Attacken gegen Michel Foucault – setzt Hervé Guibert die von Bernhard ausgehende Ansteckungsgefahr mit der des AIDS-Virus gleich.[25] Ein Jahr darauf entdeckte Maurice Nadeau einen jungen Autor, Nicolas Stakhovitch, dessen *Les Aphorismes de Gralph* ihm zunächst, wie er im Vorwort gesteht, als Mystifikation oder postumes Werk »von raten Sie mal wem« erschienen waren.[26] Es ist nicht einmal mehr notwendig, Bernhards Namen zu nennen.

Bereits 1987 und 1989 hatte Jacques Kraemer, der Regisseur von *Die Macht der Gewohnheit* an der Cartoucherie de Vincennes, in seinem Stück *Thomas B.* die von Bernhard ausgehende Ansteckungsgefahr thematisiert. Und Gemma Salem veröffentlichte bei La Table Ronde ihren *Lettre à l'hermite autrichien* (1989; dt.: *Brief an Thomas Bernhard.* Aus dem Französischen von Sibylle Kurt, Wien 1991) sowie *Thomas Bernhard et les siens* (1983). Beide Bücher wurden von der Presse empfohlen.

Vom Schriftsteller der Hoffnungslosigkeit zum humanistischen Nörgler

Diese quantitative und qualitative Entwicklung der Vermittlungsinstanzen brachte neben einem Medienecho, das mitunter in naive Schwärmerei ausartete, einen grundlegenden Wandel des französischen Bernhard-Bildes mit sich. Dieser Wandel ging natürlich mit der Entwicklung eines Werkes einher, dessen Perspektivewechsel in medialer Verkürzung pointiert und zugespitzt dargestellt wurden. Das französische Bernhard-Bild hat sich in gewisser Weise dem österreichischen und deutschen angenähert: innerhalb eines Jahrzehnts verwandelte er sich vom unzugänglichen Einsiedler, vom Schriftsteller der Hoffnungslosigkeit, in den Bernhard der Skandale und Provokationen. Aber auch hier sind Unterschiede und zeitliche Verschiebungen zu berücksichtigen. Zum einen steht er bei uns, im Gegensatz zu den Vermutungen mancher Kommentatoren, als Schriftsteller keineswegs im Schatten des Polemikers (die französische Literatur hat bedeutende Vertreter dieser Gattung vorzuweisen), und zum anderen muß sich die Beziehung zwischen der Aktualität seiner Polemiken und der Universalität seiner Literatur dem französischen Leser, dessen ruhmreiche Landsleute Montaigne, Pascal, Diderot und eben auch Voltaire in den Texten häufig genannt werden, anders darstellen als dem deutschen oder österreichischen Leser.

Bernhard hat bei uns sozusagen das Glück gehabt, Thomas Bernhard zu heißen. Sehr rasch hatten es sich die Journalisten zur Gewohnheit gemacht,

Wortspiele mit »Thomas« oder »Bernhard« als Titel ihrer Kommentare zu verwenden. Er wird zwar nicht mehr mit Sarah verwechselt (die Schreibweise Bernhard*t* ist mittlerweile seltener geworden), dafür aber unzählige Male bezeichnet als: Thomas, der Hochstapler (was aber nicht als Vorwurf zu verstehen ist), Thomas, der Unheilsprophet, Thomas, der Provokateur – und sogar, vertraulich, als »T. B.«. Und mit »Bernhard« konnte nur der Eremit oder der Heilige gemeint sein. Erstaunlich, wovon der Ruf eines Autors abhängen kann!

In dem Maß, in dem die frühen Stereotypen berichtigt wurden, traten neue an ihre Stelle. Der formale und musikalische Aspekt seiner Schreibweise war anfangs von den großen Medien völlig außer acht gelassen worden. Erst ab Mitte der achtziger Jahre wird er, unterstützt durch *Der Untergeher*, zu einem verbreiteten Topos der Bernhard-Kritik, ohne daß immer klar würde, was darunter zu verstehen sei. Ähnliches gilt auch für seinen Humor und seine groteske Komik, die schließlich nicht mehr zu übersehen waren. In diesem Punkt scheint sich die Rezeption der Prosa von der des Theaters nicht grundlegend zu unterscheiden.

Ab Mitte der achtziger Jahre war um Thomas Bernhard eine Legende entstanden, die in den erstaunlichsten Varianten Verbreitung fand. Zunächst kursierten Gerüchte über seine Herkunft. Man wird vor den Gefahren, die einem Autor und seinem Buch von dessen Umschlagtext drohen, nie eindringlich genug warnen können: Der Umschlagtext der ersten Übersetzung von *Verstörung (Perturbation*, 1971) stellte den damals noch fast unbekannten Bernhard als »Sohn eines österreichischen Landwirtes« vor. Auch nach Erscheinen der Autobiographie und einiger Dokumente zur Familiengeschichte wurde diese irreführende Herkunft am häufigsten angeführt.[27] Nur wenige geben wie Chantal Thomas den tatsächlichen Beruf des Tischlers Alois Zuckerstätter an, der selbst einer Bauernfamilie entstammte. Ein Sachverhalt, der sicher nicht ohne Einfluß auf die persönliche Mythologie Thomas Bernhards war, der in der Autobiographie den kleinbürgerlichen Mief Traunsteins der ländlichen Idylle am Hippinghof gegenüberstellt. Aber auf diese Weise kann man Bernhard, der unten angefangen hat, von ganz unten anfangen lassen.

Sein niederländischer Geburtsort verleitete viele dazu, ihn als Holländer darzustellen, der in Österreich seine Wahlheimat gefunden habe (!) – ein Irrtum, der Bernhard zufolge auch dem österreichischen Kunst- und

Kulturminister anläßlich der Verleihung des Kleinen Staatspreises unterlaufen sein soll –, oder gar als »Sohn eines österreichischen Bauern, der sich in Holland niedergelassen hat«[28]!

Zu dieser Mythologie gehört auch Bernhards Darstellung als »Eremit«, der sich in einer »ferme fortifiée«[29], einem »befestigten Bauernhof«, verbarrikadiert habe. Daß diese Wendung in den französischen Bernhard-Rezensionen ständig wiederkehrt, liegt vor allem an der Schwierigkeit, eine adäquate Übersetzung für das Wort »Vierkanthof« zu finden. Bernhards zahlreiche Auslandsreisen, seine Wohnungen, die Photos, die ihn in den Straßen und Kaffeehäusern Wiens zeigen, aber auch die von ihm selbst erklärte Unmöglichkeit, noch länger in Ohlsdorf zu bleiben, wo man ihn wie ein Fabelwesen besichtigt, all dies änderte nichts an der Legende vom einsam und zurückgezogen in seinem »befestigten Bauernhof« lebenden »Bauernsohn«. Diese Vorstellung trägt alle Züge einer Hagiographie. (Auch Bernadette Soubirous war ein Bauernkind, das nach seiner Erleuchtung bei Lourdes ins Kloster gegangen ist. Es wäre zu untersuchen, ob die hierzulande kolportierte Jungfräulichkeit Bernhards nicht auch diesem frommen Bild entspricht.)

Und noch ein weiteres Kuriosum: Um 1988 verbreitete sich das Gerücht, Bernhard habe das Pseudonym »Bernhard« gewählt, weil es »starker Bär« oder »stark wie ein Bär« bedeute – was hervorragend zu ihm passe.[30] Ein nicht uninteressanter Irrtum, wenn man bedenkt, daß Bernhards Schreiben um die Identitätsfrage kreist und daß sein – keineswegs angenommener – Familienname auf den ersten Mann seiner Großmutter mütterlicherseits zurückgeht.

Die Entwicklung des Bernhard-Bildes in Frankreich hat, grob gesprochen, vier Etappen durchlaufen: In den siebziger Jahren, als die ersten Romane und Theaterstücke erschienen, galt er als *Schriftsteller der Hoffnungslosigkeit*; in der ersten Hälfte der achtziger Jahre, nach der Übersetzung seiner Autobiographie, als *Humanist*, der auch liebenswürdig sein kann und durchaus positive Werte vertritt; zwischen 1985 und 1988, von *Le Neveu de Wittgenstein* bis *Maîtres anciens*, als »Nörgler« («dénigreur«, ein sehr häufig verwendeter Ausdruck); nach seinem Tod, nach *Extinction* und *Heldenplatz*, kam es, nicht zuletzt auch dank allmählich bekannt werdender Informationen aus Österreich[31], zu einer Art Synthese: *der Nörgler als Humanist*. Der politische und gesellschaftskritische Aspekt trat also auch bei uns in den Vordergrund; Bernhards Prosa hat aber bezeichnenderweise in Frankreich praktisch *keine Gegner*.

In der ersten Phase interessiert sich der noch kleine Kreis der Kommentatoren vor allem für den Schriftsteller. Die Person ist noch fast unbekannt. Er gilt als Schriftsteller der Hoffnungslosigkeit und wird von seinen Entdeckern mit Joyce, Kafka und Beckett verglichen. Seine Werke werden häufig gemeinsam mit denen Handkes besprochen, die bei uns, vor allem am Theater, leichter Fuß fassen konnten. Ein wesentlicher Unterschied zwischen der Rezeption der Prosa und der des Theaters besteht darin, daß die Repetitivität der Romane und Erzählungen – auch wenn in den Kritiken ständig von einer »Wiederholung bis zum Überdruß« die Rede ist – nicht als störend, sondern bereits als stilistisches Merkmal empfunden wird.

Seit der Publikation der Autobiographie (1981-1984) und *L'Imitateur* (1982) wird man auf den Humoristen und die Person hinter dem Schriftsteller aufmerksam. Gerühmt wird nun die unbestechliche Luzidität der Analyse eines herzbewegenden Stoffes, der »den Leser nicht in Hoffnungslosigkeit versinken läßt«[32], aber auch die Klarheit seiner » geschliffenen Schreibweise« (Daniel Rondeau über *La Cave* [*Der Keller*] in *Libération*, 13. 1. 1983), die mit einem »Skalpell« (*Art Press*, Nov. 1983, über *Le Souffle* [*Der Atem*]) verglichen wird. Er wird bereits in den Rang eines Klassikers erhoben (Pierre Mertens über *Un Enfant* [*Ein Kind*] in *Le Soir*, Brüssel, 18. 10. 1984). Der Menschenfeind hat sich zum Humanisten geläutert, denn hinter dem Haß verbergen sich, so etwa Claude Prévost in *L'Humanité* (27. 11. 1984, über *Un Enfant*), »unerschöpfliche Liebesreserven«. Er zeichne »die furchtbaren Auswirkungen des Unglücks bei einem Kind« nach, das unter dem Zeichen der großen Verfemten geboren wurde« (André Clavel in *L'Evénement du jeudi*, 8. 4. 1984). Der soziale Aspekt und die emotionalen Konnotationen der Autobiographie führen also zu einer Veränderung des Bernhard-Bildes; Nicole Casanova (*Le Quotidien de Paris*, 8. 11. 1983) zusammenfassend: »Das Menschliche und Konkrete dieser drei Bände [...] dürfte das Werk Thomas Bernhards [...], der sich uns hier als feinsinniger Humanist darstellt, auch dem breiten Publikum schmackhaft machen.«

Mit *Le Neveu de Wittgenstein*, *Béton* (1985), *Le Naufragé* (1986), *Des Arbres à abattre* (1987) und *Maîtres anciens* (1988) wird Bernhard zu »Thomas, dem Nörgler«, zum Übertreibungskünstler. Der zeitliche Abstand zwischen den deutschen und französischen Ersterscheinungen läßt seine »Diatriben« (ebenfalls ein häufig verwendetes Wort) noch kompromißloser und heftiger erscheinen. 1984 erscheint der letzte Band der Autobiographie genau zu dem Zeitpunkt, als in Wien die *Holzfällen*-Polemik ausbricht. Und gleichzeitig mit der Veröffentlichung von *Le Neveu de Wittgenstein* (1985) erfahren wir von den Auseinandersetzungen um *Alte Meister*, gefolgt von den Übersetzungen von *Holzfällen* (1987) und *Alte Meister* (1988), die unmittelbar vor dem *Heldenplatz*-Skandal erscheinen. Der »skandalumwitterte Bernhard«, wie es nun heißt, ist nun schon vier Spielzeiten hintereinander ein Kassenerfolg, und sein Tod im Februar 1989 erregt in Paris großes Aufsehen. »Er ist giftig, nörgelt [...] und haßt alles, was seinem Verstand unterkommt«, schreibt Philippe Roger in *Globe* (Mai/Juni 1986). Man beginnt nun auch, die »heitere Unerbittlichkeit« dieses »Wiener Schlachtfestes« (wie *Globe* im Dezember 1987 titelt) zu rühmen. Seine »köstlichen Irritationen« (Philippe Manière in *Le Quotidien de Paris,* 24. 11. 1987) finden um so mehr Gefallen, als seine »virulenten Persiflagen« auch gegen die Kunst und die Künstler gerichtet sind. Sein Beitrag zur Debatte um Heidegger findet allgemeine Anerkennung. »Thomas Bernhard verbrennen?« titelt Nicolas Elders in *La libre Belgique* vom 17. November 1988: Er beginnt, »Schwefelgeruch zu verbreiten«, was indes im Land Voltaires, Léon Bloys und Célines – ebenfalls häufig genannte Bezugspunkte – nicht unbedingt mißfällt.

Ungefähr zur selben Zeit setzte sich, bestätigt durch die Veröffentlichung und den wachsenden Erfolg des Theaters, die Erkenntnis durch, daß Bernhard nicht nur düster ist. In diesem Zusammenhang wird häufig und gerne auf Rabelais verwiesen. Bernhards »Komödiantentum« ist »erheiternd«, ja »zwerchfellerschütternd«, er ist »gerade in seiner Maßlosigkeit und in seinen Übertreibungen komisch und ulkig«[33]. Aber auch seine Schreibweise wird gewürdigt, jene »prächtige, überwältigende und tollkühne Fuge« (Thierry Guérin in *La République du Centre*, 29. 12. 1987), die *Holzfällen* zu einem »stolzen, kompromißlosen Meisterwerk« und zu einem »Monument unserer zeitgenössischen Literatur« (*Télérama*, 28. 8. 1987) macht.

Das Bild des »Skandalumwitterten« nähert sich somit allmählich dem an, das im deutschsprachigen Raum verbreitet ist, mit dem Unterschied freilich, daß die Bewertung bei uns positiver ausfällt, da seiner Kompromißlosigkeit in zum Beispiel *Alte Meister* jene Menschlichkeit oder jener Humanismus zugute gehalten werden, die man zuvor in der Autobiographie ausgemacht hatte. Wiederum Pierre Mertens in *Le Soir* (22. 11. 1988): »[Er ist] eine Rückversicherung gegen Vorurteile, intellektuelle Schwindeleien, Denkfaulheit. Bernhard, ein Nihilist? nicht im geringsten!« In *Le Monde* vom 23. September 1988 entdeckt Jean-Noël Pancrazi in *Alte Meister* »verstohlen angedeutete Geständnisse und die Gefühlsbewegungen verkrampfter Verwirrtheit und eiskalter Tränen«. Frédéric Berthet gibt einem Beitrag in *Le Quotidien* vom 2. November 1988 sogar den Titel: »Thomas Bernhard: Lob des Feingefühls«. Bernhards Zynismus stützt sich für die Franzosen auf positive Werte, auf eine »unendliche Großzügigkeit« (Michel Cournot, *Le Nouvel Observateur*, 25. 10. 1990). »Denn dieser ›auslöschende‹ Haß«, schreibt Claude Prévost in der kommunistischen *Humanité* vom 24. Oktober 1990 über *Auslöschung*, »dieser ›auslöschende‹ Haß, der in allen Tonarten zum Ausdruck kommt [...], beruht auf einem Wertesystem – und auf viel Liebe. Er, der nicht frei von Rachegelüsten war, verheimlicht uns nicht, daß er die Literatur [...], Rom, London und die Großstädte, die einfachen Leute [...], das Geistesleben und unbestechliches Denken aus ganzem Herzen liebt.« Alle, von den Katholiken bis zu den Kommunisten, entdecken nun die Kehrseite seiner Kompromißlosigkeit und Schwarzmalerei: das »römische« Licht. Er wird jetzt auch mit dem Péguy der *Cahiers de la Quinzaine* verglichen.

Hier ist ein deutlicher Unterschied zwischen der Rezeption der Prosa und der des Theaters zu erkennen. An der Prosa wurden die Repetitivität und das Komische viel früher als Stilmerkmal bzw. als eine der wesentlichen Konsequenzen der Bernhardschen Übertreibungskunst erkannt. Der von den Theaterkritikern häufig getadelte »Haß« und sein »Nihilismus« gingen hier in der Positivität jenes »Humanismus« auf, den man zuvor aus der Autobiographie abgelesen hatte, während die als »humaner« eingestuften Stücke die Kritiker überraschten, da sie in Frankreich erst *nach* den großen »politischen« Kriegsmaschinen bekannt wurden. Bernhards Aggressivität stößt, zumindest was die Prosa betrifft, keineswegs auf Ablehnung, im Gegenteil. Was wiederum beweist, daß die Kulturteile unserer Zeitungen voneinander abgeschottet und die Interessenschwerpunkte von Literatur- und Theaterkritikern grundverschieden sind.

Seit *Maîtres anciens*, vor allem aber seit seinem Tod, der Veröffentlichung von *Extinction* und der wachsenden Zahl an Inszenierungen feierte Bernhard Triumphe. Manche Germanisten hatten ihn schon in der ersten

Hälfte der achtziger Jahre als den »größten lebenden Schriftsteller deutscher Sprache« bezeichnet (Jacques-Pierre Amette in *Le Point*, 9. 12. 1985). Die Lobreden steigern sich nun zum Kult: auf sein Grab und auf die *Auslöschung* geht eine wahre Lawine von Superlativen nieder. Für Michel Cournot ist er »der größte zeitgenössische Schriftsteller überhaupt« (*Le Monde*, 18. 2. 1989), »der einzige lesbare« (*Le Nouvel Observateur*, 2. 3. 1989). Jacques Le Rider reiht ihn »unter die wichtigsten Autoren der zeitgenössischen westlichen Literatur« ein, wobei der dieser Beurteilung zugrundegelegte Zeitabschnitt zwischen der Jahrhunderthälfte (Nicole Zand, *Le Monde*, 5. 10. 1990) und der Gegenwart ganz allgemein schwankt. In den Augen Jean-Maurice de Montrémys hatte Bernhard »den Nobelpreis verdient« (*La Croix*, 18. 2. 1989). Sein Tod ist für Claude Prévost (*Humanité*, 17. 2. 1989) »eine Katastrophe für die Literatur«. Sein Werk sei »das tiefgründigste dieses zu Ende gehenden Jahrhunderts« (Claude Jannoud in *Sud-Ouest Dimanche*, 19. 2. 1989), und Michel Cournot spricht vom »überragenden Schriftsteller unserer Zeit« (*Le Nouvel Observateur*, 25. 10. 1990); der Kritiker weiter: »[...] in seinem Konzert der Abscheulichkeiten, in diesen Seiten einer unendlichen Großzügigkeit und einer himmlischen Schreibweise erwies sich Thomas Bernhard als loyaler Zeuge, wunderbarer Erzähler und Musiker reinster Prägung. Seine Bücher sind die einzigen, die man wirklich lieben, küssen und zerreißen kann.«

Die Lobreden waren damit an ihrem Höhepunkt angelangt. Eine wahre Apotheose. Himmlische Schreibweise, Bücher, die wie Reliquien geküßt werden: Kaum hatte sich das Bild des verfemten Dichters abgezeichnet, verwandelte es sich auch schon, was kaum überraschend ist, in das des Heiligen. Am 14. November 1988 titelte Michel Nuridsany in *Le Figaro littéraire*: »Die heitere Unerbittlichkeit des heiligen Bernhard«. Seit dem Tod des Heiligen Jean Genet vermißten wir einen großen Anachoreten, der sich dem Abgründigen stellt, um uns von unserem Schrecken zu erlösen. Dieses Leitmotiv der Kritik wird sowohl im gesellschaftskritischen als auch im religiösen Sinn moduliert. Claude Prévost zufolge (*Humanité*, 17. 2. 1989) glaube Bernhard zwar nicht an eine mögliche Verbesserung der Gesellschaft, doch schwinge bei ihm ständig »eine Zuneigung zu den einfachen, authentischen Leuten und zu jenen schöpferischen Menschen« mit, »die alles ihrer Leidenschaft für das Schöne und Wahre opfern«. In seinem Nachruf mit dem Titel »Der Schmerzensmann« (*La Croix*, 18. 2.

1989) weist Jean-Maurice de Montrémy auf Bernhards »bis zum Exzeß vorangetriebene Wahrheitsmystik« und sein »hartnäckiges Mitleid mit dem Unglück anderer« hin, das er mit dem »entsetzlichen Schweigen, das sich im 20. Jahrhundert eingenistet hat« in Verbindung bringt. Bernhard bringe sich durch seinen Versuch, die Leere zwischen Welt und Sprache schreibend zu überbrücken, selbst als Opfer dar. Damit sind wir wieder beim verfemten Dichter, beim Seelenheiler, beim Heiligen angelangt. Ein Topos der Kritik, der österreichische und deutsche Leser überraschen dürfte: Der heilige Bernhard bedarf in Frankreich keiner Kreuzzüge mehr.

Ein Ruhm mit mehreren Gesichtern

Es fand also eine Art Umkehrung des österreichischen Bernhard-Bildes statt, das Gegenteil einer Diabolisierung: Bernhard hat in Frankreich – dies gilt für die Prosa und die allgemeine Rezeption, nicht aber für die Stücke – praktisch keine Gegner. Nur selten wird Zurückhaltung geäußert, meist von subtilen Interpreten, die sich wie Dieter Hornig in *La Quinzaine littéraire* vom 16. Dezember 1988 auf ästhetische Argumente stützen: »Schließlich und paradoxerweise zahlen Bernhards letzte Romane und Stücke den Preis ihrer Virtuosität: Sie laufen sich mitunter zutode und geraten zunehmend in Gefahr, in Bravourstücke zu zerfallen.« Und Jean Blot stellt in *La Revue des deux Mondes* vom November 1990 und in der *Nouvelle Revue française* vom März 1991 die Frage, ob Bernhards Versuch einer musikalischen Schreibweise aufgrund der unterschiedlichen Verfahrensweisen von Literatur und Musik nicht grundsätzlich zum Scheitern verurteilt sei. Die überragende Bedeutung des Werks und die literarische Aufrichtigkeit seines Autors werden hingegen von keinem Kritiker bestritten.

Damit stellen sich zwei Fragenkomplexe, ein literarischer und ein kultureller, soziopolitischer. Kann das als Bernhards Werk gelten, was in Frankreich zu lesen oder im Theater zu sehen ist? Manche deutschsprachigen Journalisten haben jedenfalls beklagt, ihren Bernhard auf französischen Bühnen nicht mehr wiedererkannt zu haben. So etwa die *Neue Zürcher Zeitung* vom 21. Januar 1986: »[...] der Rhythmus der musikalisch aus Wörtern komponierten Komödie [*Die Macht der Gewohnheit*] ist in der französischen Fassung zerstört, und die andersartige Sprachmelodie bringt das Stück um ein Gutteil seiner Aggressivität«. Ähnlich urteilt Dagmar Sinz in der Zeitschrift *Documents* (Nr. 2, 1990): In Tragikomödien komme der Sprache, in der gespielt wird, besondere Bedeutung zu, da »die Entlarvung der Pseudomoral den Weg über die Zerstörung der Wörter nimmt«. Dasselbe Problem stellt sich natürlich auch bei der Prosa, was aber den Kritikern, die nur selten Deutsch lesen, kaum aufgefallen ist. Dies dürfte unter anderem auch der Grund dafür gewesen sein, daß die von verschiedenen Übersetzern stammenden Übertragungen der Romane und Erzählungen fast ausnahmslos gerühmt wurden.

Im Grunde stellt die französische Bernhard-Rezeption die Frage nach der Vermittlung der beiden guten alten Kategorien des »Inhalts« und der »Form«. Manche formalen Eigenschaften werden zwar durchaus erkannt, aber fast nie werden phonetische Muster als Motive bzw. Motive oder Figuren als Elemente einer Form, einer Konstruktion gesehen. Dies brachte häufig mit sich, daß die Rede der Figuren Bernhard selbst zugeschrieben wurde und die Figuren als seine unmittelbaren Sprachrohre mißverstanden wurden. Nicht wenige und nicht gerade die unbedeutendsten Kritiker haben *Der Untergeher* für bare Münze genommen, das Buch autobiographisch verstanden und »Gould« mit Gould und »ich« mit Bernhard gleichgesetzt.[34] Ein Mißverständnis, das kurz nach der Veröffentlichung des zweiten Bandes der Schriften Glenn Goulds durch Bruno Monsaigeon zu einer heftigen Polemik führen mußte.

Die französische Rezeption unterscheidet im allgemeinen streng zwischen den Themen und den Formen, die parallel untersucht werden, wobei das Hauptaugenmerk unverändert auf dem Inhalt liegt. Die Kritiken, die auf die Konstruktion eines Textes oder auf die Kohärenz des Gesamtwerks eingehen, lassen sich hingegen an einer Hand abzählen.[35]

Die Rezeptionsphänomene, die sich aus der zeitlichen Verschiebung den deutschprachigen Ländern gegenüber ergeben, sind nicht nur kultureller, sondern auch soziopolitischer Natur. Auch in Frankreich hat eine »Wende« stattgefunden: Die siebziger und der Beginn der achtziger Jahre waren sehr stark politisiert. Heute ist im Gegenteil eine Entpolitisierung oder vielmehr Ablehnung jeglicher Politik festzustellen, der Anstieg eines allgemeinen Skeptizismus, ein Rückzug ins Individuelle, der nicht ohne Einfluß auf Bernhards Erfolg sein dürfte.

Man ist jedenfalls von der Einmütigkeit überrascht, mit der Bernhard – wenn auch aus unterschiedlichen Gründen – von *L'Humanité, La Croix, Le*

Nouvel Observateur, Le Quotidien de Paris und selbst von *Le Figaro Magazine*, d. h. vom ganzen Pressespektrum empfohlen wird. Es ist trotz der redaktionellen Selbständigkeit der Kulturteile unserer Zeitungen erstaunlich, daß Bernhards heftige Attacken gegen alle Institutionen und insbesondere gegen die katholische Kirche sogar von den Zeitungen dieser Observanz problemlos akzeptiert werden. Bernhard wurde nicht nur, wie erwähnt, den Lesern von *La Croix* als »Schmerzensmann« vorgestellt, sondern auch als Schutzheiliger gegen die Dekadenz der heutigen Welt angerufen. Für *Rivarol*, eine Zeitschrift der extremen Rechten, »verdient er aus Gründen Aufmerksamkeit, die von der Perplexität bis zur Irritation reichen«, und häufig begegnet man Interpretationsansätzen wie dem Joseph Raguins in *La Voix du Nord* (13. 11. 1990): Bernhard habe »sich die Freiheit genommen, einen hysterischen, in den letzten Zuckungen liegenden Planeten mit Spott zu übergießen, und bietet uns ›die Literatur als Paradies ohne Ende‹ an«. Der Benediktiner Dom Claude Jean-Nesmy bedauert in *Esprit et Vie* vom 18. Mai 1989, daß »Bernhard von diesem so positiven Kunsterlebnis vor allem den Nihilismus seiner Jugendzeit beibehalten hat«. »Es ist unmöglich, diese Seiten zu lesen, ohne von ihrer Aktualität, aber auch von ihrer weltweiten Geltung verblüfft zu sein. Sollte sich die Morbidität Österreichs zu Beginn dieses Jahrhunderts mittlerweile über ganz Westeuropa ausgebreitet haben?« Nicolas Elders reiht Bernhard in *La Libre Belgique* vom 17. November 1988 unter jene ein, die wie Bernard-Henri Lévy, Alain Finkielkraut oder Allen Bloom die kulturelle Dekadenz anprangern. Ist es wirklich so einfach?

So scheint also jedermann bei Bernhard auf seine Rechnung zu kommen, der soziale Humanismus genauso wie religiöse Bußfertigkeit. Andrerseits werden seine Angriffe auf die Institutionen durchweg positiv aufgenommen, so daß ihre Virulenz verpufft. Frankreich ist eben nicht Österreich. Und an wen wendet sich Bernhard eigentlich? Ist er ein »universeller« Schriftsteller? Zweifellos, aber dennoch hat der überwältigende Erfolg von *Avant la retraite (Vor dem Ruhestand)* und *Heldenplatz* einen schalen Beigeschmack. Die Inszenierungen vermieden jede Anspielung auf die Affäre Faurisson oder den Front National, und beinahe alle, ausgenommen vielleicht die extreme Rechte des *Figaro-Magazine*, applaudierten den Diatriben gegen Waldheim und die österreichische Sozialdemokratie. Der Schriftsteller Fernando Arrabal rückte diese Problematik – unfreiwillig oder nicht – ins Blickfeld der Öffentlichkeit, als er bei der

Kostümprobe von *Heldenplatz* im Februar 1991 den Invektiven Professor Schusters gegen die »Sozialisten die keine Sozialisten sind« (He 98) usw. aus Leibeskräften applaudierte. Welche Sozialisten waren denn gemeint? Sicher ist nur, daß der Text in den öffentlichen Vorstellungen um einige Zusätze erweitert wurde: »die Wiener Sozialisten«, »in Wien«, »in Österreich« usw.

Hier treten also auch jene Schwierigkeiten zutage, die Frankreich im Umgang mit sich selbst immer schon gehabt hat: Dient die Identifizierung mit Bernhard zu einer Zeit, in der der Individualismus Triumphe feiert und alle Wertsysteme abgelehnt werden, den Franzosen als moralisches Feigenblatt? Heute ließe sich die in den siebziger Jahren geführte und von Martin Huber[36] beschriebene Debatte um Bernhard unschwer wiederaufgreifen: Wem nützt das Verbrechen Bernhard?

Manche Kommentatoren fragen übrigens nach der Funktion und der Aufrichtigkeit des Lobs, mit dem Bernhard bei uns überschüttet wird. Armelle Hériot schreibt in *Le Quotidien* vom 17. Oktober 1988: »In Frankreich fällt er weniger lästig ... im Gegenteil: in seinen Mantel aus Tinte und Revolte gehüllt, hat er alles, um uns zu verführen.« Und Sylvie Caster in *Le Canard enchaîné* vom 22. Februar 1989:

> Und dennoch stimmt etwas an der Beweihräucherung dieses Dichters nicht. Er wird zwar in den Himmel gehoben, zwischen den Zeilen ist aber zu vernehmen, daß man ihn ›alles in allem‹ nicht besonders liebt. [...] Zu Grabe getragen wird nicht der ›permanente Opponent‹, gefeiert wird nicht der ›Résistant‹ der Literatur, sondern der ›schwarze‹ Schriftsteller, eine Art Abziehbild des Schriftstellers der Hoffnungslosigkeit. [...] Damit stellt er sich als ein Besessener dar, der zwar recht hatte, sich aber durch seine Virulenz letztlich ins Unrecht setzte. [...] Sein Wüten riecht schließlich für viele nach Schwefel. Es werden nicht einfach Passagen aus seinen Diatriben zitiert, sondern die ›schwefligsten‹ Passagen (Libération).

Meiner Erfahrung als Übersetzer zufolge ist es leider wahrscheinlich nicht möglich, Bernhards Texte, und insbesondere seine »politischen« Stücke, für ein anderes Land zu adaptieren. Das »System Bernhard« ist, wie sich schon auf formaler Ebene zeigt, derart geschlossen, daß punktuelle Transpositionen ihre Konstruktion sprengen würden; man müßte daher alle Elemente durch andere ersetzen und erhielte einen völlig anderen, von einem anderen Autor stammenden Text.

Das französische Bernhard-Bild hat also etwa ein Jahrzehnt gebraucht, um schließlich die Wege einzuschlagen, die die deutschsprachige Rezeption gegangen war. Er steht jedoch hierzulande ganz im Zeichen des Positiven, eine Tatsache, die dem Außenstehenden befremdlich erscheinen mag. Angesichts der Pressereaktionen und der ihm gewidmeten wissenschaftlichen Arbeiten teile ich nicht die Auffassung Jean-Claude Lebruns (*Révolution*, 24. 2. 1989) oder Jacques Le Riders (*Le Monde*, 18. 2. 1989): Der Skandalautor, der »erquickende Unruhestifter« (Armelle Héliot in *Le Quotidien de Paris*, 17. 10. 1988), verstellt in Frankreich nicht den Blick auf den Schriftsteller. Man beginnt allmählich, die Kohärenz des Gesamtwerks zu erkennen und sich mit dessen Strukturen auseinanderzusetzen: Die Franzosen – oder zumindest jene etwa 20 000 Personen, denen er nicht nur dem Namen nach bekannt ist – haben Bernhard provisorisch ins Pantheon der »Klassiker« aufgenommen. Die zuletzt erschienenen Theaterkritiken bzw. Rezensionen zu *Dans les hauteurs (In der Höhe)* scheinen allerdings darauf hinzuweisen, daß er eine weitere, nun aber postume Durststrecke vor sich hat.

(AUS DEM FRANZÖSISCHEN VON WOLFRAM BAYER)

Anmerkungen

1 La Croix, 20. 10. 1988, Chantal Noëtzel-Aubry.

2 Le Nouvel Observateur, 2. 3. 1989.

3 Austriaca Nr. 28, Universität Haute Normandie, Juni 1989.

4 Positions et relations culturelles France-Autriche. Beiträge des Kolloquiums in Orléans, 12. und 13. Mai 1986. Universität Orléans, unter der Leitung von Dieter Hornig und Jacqueline Magnou.

5 Thomas, Chantal: Thomas Bernhard. Seuil (Les contemporains) 1990.

6 Mein besonderer Dank ergeht an Bernard Lortholary, Janine Blanchet, Pascale Richard und Laurence Bineau.

7 La machine obsessionelle de Thomas Bernhard. In: Libération, 6. 10. 1988.

8 La Croix, a. a. O.

9 Und nicht 22 000 für »Maîtres anciens«, die Le Monde vom 23. Juni 1989 angibt («Ce que les français ont lu cette année«; in diesem Artikel wird unter anderem vor »aufgerundeten oder aufgeblasenen Zahlen« gewarnt.)

10 Claude Prévost in L'Humanité vom 31. Oktober 1983: »Man kann es behaupten, ohne einen Irrtum zu riskieren: Thomas Bernhard ist ein Meister.«

[11] Michel Cournot, der sich als einer der ersten mit »Verstörung« befaßte und als Bernhard-Verehrer gilt, stand Bernhards Stücken hingegen lange Zeit ablehnend gegenüber. Vgl. meinen Aufsatz »Mal vu, mal entendu«, in: Positions et relations culturelles, a. a. O.
[12] Vgl. die Bibliographie in: Thomas, Chantal, a. a. O. und Thomas Bernhard: Ténèbres. Maurice Nadeau 1986.
[13] Corrections, 1979. Le Souffle, 1984. Autobiographische Romane, 1985. Thomas Bernhard, faiseur de théâtre, 1989. Extinction, 1991.
[14] 16. bis 20. Februar 1987 (von 8h 30 bis 9h 30!).
[15] J.-M. T.: Thomas Bernhard, l'honneur d'un pays. In: Globe, März 1989.
[16] Z. B. Peyret, Emmanuelle: Le Pape Thomas. In: Libération, 28. 11. 1988.
[17] Nr. 50, März/April 1983.
[18] Thomas, a. a. O.
[19] Je remplis le vide avec des mots, in: Nouvelles littéraires Nr. 2641, 22.–29. Juni 1978.
[20] Le Monde, 7. 1. 1983.
[21] Thomas Bernhard interdit la vente de toutes ses œuvres en Autriche, in: Le Monde, 2. 2. 1985.
[22] Thomas Bernhard et son grand-père. Les grand-pères sont nos maîtres. Übersetzt und redigiert von Denis-Armand Canal und Lili Braniste. Horay 1990.
[23] Moser, Marc: Etude psychocritique sur l'œuvre romanesque et théâtrale de Thomas Bernhard. Universität Lyon II, 1986. Vgl. auch die jüngste erschienene biographisch-psychoanalytische Studie von Louis Huguet: Thomas Bernhard ou Le Silence du Sphinx. Presses Universitaires de Perpignan 1992.
[24] Winkler, Jean-Marie: L'Attente et la Fête: Recherches sur le théâtre de Thomas Bernhard. Bern etc.: Peter Lang 1989.
[25] A l'Ami qui ne m'a pas sauvé la vie. Gallimard 1990, S. 162f. und 214–217. (Dt.: Dem Freund, der mir das Leben nicht gerettet hat. Deutsch von Hinrich Schmidt-Henkel, Reinbek 1993, S. 156f. und 205–208).
[26] Stakhovitch, Nicolas: Les Aphorismes de Gralph. Maurice Nadeau 1991.
[27] Vgl. z. B. Lu, 20. 1. 1986.
[28] Bosquet, Alain in: Le Magazine littéraire, Juni 1987.
[29] Z. B. Sud-Ouest Dimanche, 19. 2. 1989; Patrick Thévenon in: Le Nouvel Observateur, 3. 4. 1987.
[30] Le Berry Républicain, 22. 11. 1988; La République du Centre, 21. 2. 1989.
[31] Insbesondere über den Fall Reder (1985), die Vergangenheit Waldheims und den Fortbestand des Antisemitismus ...
[32] Maurel, J.-P., in: Le Pèlerin, 16. 10. 1983 (zu »Der Atem«).
[33] Faverger, Alain, in: La Liberté Dimanche (Schweiz), 11. 10. 1987.
[34] So etwa Jacques-Pierre Amette, in: Le Point, 9. 6. 1986.
[35] Z. B. Jean-Yves Lartichaux, Dieter Hornig und Agnès Vaquin in Quinzaine littéraire, Chantal Thomas und Jean Blot in der NRF, Philippe Boyer in Le Matin und Mathieu Lindon in Libération.
[36] Huber, Martin: Unterhaltung für Fortgeschrittene, in: Österreichische Moderne. Zeitschrift für studentische Forschung. Sonderband Literatur 1/86, Wien, Köln, Graz 1986, S. 147–168.

Jean-Marie Winkler

Todesengel, Nihilist und Prophet

Die Rezeption der Bühnenwerke in Frankreich 1986–1991

In Frankreich hat Thomas Bernhards Bekanntheit als Bühnenautor in den Jahren zwischen 1986 und 1991 ihren Höhepunkt erreicht. Die weitere Entwicklung wird zeigen, ob es sich dabei um eine kurzlebige Erscheinung oder um die Vorzeichen eines dauerhaften Erfolges handelt. Sicher ist jedenfalls, daß seine Stücke in diesen Jahren auf den französischen Bühnen und in den Spalten der Theaterkritiken ungewöhnlich viel Beachtung fanden. Vom Ausland und insbesondere von Österreich aus gesehen, mag dies überraschen: »Derzeit findet in und um Paris sozusagen ein Winterschlußverkauf an Thomas-Bernhard-Produktionen statt. Bernhard ist in dieser Saison der am häufigsten aufgeführte zeitgenössische Dramatiker.«[1] *Le Monde* griff Bernhards Gleichsetzung von Theater und Narrenhaus auf und fragte sich: »Möglicherweise sollten wir uns derzeit die Frage stellen, ob Paris (Vororte inbegriffen) nicht zur Welthauptstadt der Narren geworden ist, da Thomas Bernhards Stücke hier schon seit Monaten nacheinander, ja sogar gleichzeitig gespielt werden.«[2]

Der Weg zu diesem Erfolg war alles andere als geradlinig; erst das Festival d'Automne 1988 mit vor allem *Die Macht der Gewohnheit* (Théâtre de la Cartoucherie, Vincennes, Regie Jacques Kraemer), *Am Ziel* (Théâtre de Boulogne-Billancourt, Regie Paul-Emile Deiber), *Minetti* (MC 93 Bobigny, Regie Joël Jouanneau), *Einfach kompliziert* (Théâtre de l'Athénée, Regie Christian Colin) und *Der Theatermacher* (Théâtre de la Ville, Regie Jean-Pierre Vincent; Erstinszenierung des TNP Villeurbanne) brachte den durchschlagenden Erfolg.[3] Nach einigen Monaten, in denen es um seine Stücke vorübergehend etwas stiller geworden war, standen sie in der Spielzeit 1990/91 wieder im Mittelpunkt des Interesses. Die von *Libération*[4] angeführten rund zwanzig in Frankreich gespielten Stücke gehen sogar über die Zahl der von Bernhard verfaßten Bühnenwerke hinaus; dabei wurden allerdings auch Stücke mitgezählt, die von verschiedenen Theatern, manchmal innerhalb kurzer Zeit, mehrmals inszeniert worden sind, sowie dramatisierte Erzählungen, die von Publikum und Presse als Theaterstücke aufgenommen wurden. Schon aus diesem Grund können die

Aufführungen nicht vollständig aufgelistet werden; die wichtigsten waren: *Die Jagdgesellschaft* (Théâtre des deux Rives, Rouen, Regie Henri Ronse – Nouveau Théâtre de Belgique bzw. Théâtre de l'Atelier, Regie Jean-Louis Thamin – Erstinszenierung des Théâtre du Port de la Lune, Bordeaux), *Vor dem Ruhestand* (Théâtre National de la Colline, Regie Claudia Stavisky), *Der Schein trügt* (Théâtre de l'Athénée, Regie Dominique Féret), *Wittgensteins Neffe* (Maison des Arts de Créteil, Regie Patrick Guinand), *Der Weltverbesserer* (MC 93 Bobigny, Regie André Engel) und schließlich *Heldenplatz* (Théâtre National de la Colline, Regie Jorge Lavelli). Anfang 1991 wurde *Der Weltverbesserer* sogar in zwei verschiedenen Inszenierungen gleichzeitig gespielt: in Bobigny und in Marseille (Théâtre Toursky, Regie Bernard Vezat, mit Richard Martin in der Hauptrolle). Die große Zahl dieser Aufführungen veranlaßte Agence France Presse zu einer Meldung über »die Thomas-Bernhard-Welle, die seit Anfang 1991 über die französischen Bühnen hinwegrollt«[5].

Ein Pariser Autor?

Als erstes Charakteristikum dieses Rezeptionsbildes fällt die herausragende Bedeutung von Paris (sowohl *intra muros* als auch Vorstädte) ins Auge, was aber weniger auf die Stücke selbst als auf das zentralistisch geprägte französische Theaterleben zurückzuführen sein dürfte. Die Zeiten, als Bernhard fast ausschließlich in der Hauptstadt aufgeführt wurde, sind freilich schon vorbei. Vor allem Gastspielreisen (*Vor dem Ruhestand, Wittgensteins Neffe, Der Weltverbesserer, Heldenplatz*) machten ihn auch dem Provinzpublikum bekannt. Paris ist und bleibt jedoch eine unerläßliche Zwischenetappe dieser Stücke, die häufig in der Provinz erstinszeniert wurden und daraufhin mitsamt den eingeheimsten Erfolgen in die Hauptstadt gingen. Es ist in diesem Zusammenhang daran zu erinnern, daß J.-P. Vincents *Theatermacher* am TNP Villeurbanne erstinszeniert wurde und J.-L. Thamins *Jagdgesellschaft* in Bordeaux entstanden ist. Die steigende Zahl der Coproduktionen, die sich unter anderem durch finanzielle Faktoren erklären läßt, trägt zu dieser geographischen Ausbreitung bei. Von Provinztheatern ausgehende Impulse dürften somit einen wesentlichen Beitrag zum »phénomène Thomas Bernhard« geleistet haben. Die Erstinszenierung der *Jagdgesellschaft* von Henri Ronse in Rouen kennzeichnet diese Dezentralisierungstendenz am treffendsten; das Stück wurde in Paris gar nicht aufgeführt und ging nach den Vorstellungen in der Normandie direkt nach Brüssel ans Nouveau Théâtre de Belgique.

Hinter dieser scheinbar einhelligen Begeisterung der französischen Bühnen verbirgt sich eine Vielfalt von Herangehensweisen, die von einem Zusammenspiel recht unterschiedlicher Faktoren bestimmt wird. Die erwähnten Regisseure sind sich zwar in ihrer Liebe zum modernen Theater einig, darin erschöpfen sich aber auch schon ihre Gemeinsamkeiten. Manche von ihnen haben bereits mehrere Stücke inszeniert (Henri Ronse, der 1978 mit *Der Ignorant und der Wahnsinnige* das erste Bernhard-Stück in französischer Fassung auf die Bühne gebracht hatte, trägt sich übrigens mit dem Gedanken an eine Inszenierung des Gesamtwerks), was aber nicht durchweg der Fall ist: Die meisten Regisseure begnügten sich mit einem Stück, unabhängig von dessen Erfolg beim Publikum und den Kritikern. Weder Jean-Pierre Vincent noch Jorge Lavelli zum Beispiel haben bisher angekündigt, sich erneut mit Thomas Bernhard befassen zu wollen. An den Theatern selbst stellte sich die Situation sehr unterschiedlich dar: Manche Bühnen (L'Athénée, La Colline, MC 93 Bobigny) boten ihrem Publikum regelmäßig ein Bernhard-Stück an, wodurch bevorzugte Spielorte entstanden sind, meist, jedoch nicht ausschließlich in Paris. Auch ließ sich die Tendenz ausmachen, daß Bernhards Stücke jungen Schauspielern und Regisseuren die Gelegenheit zu ersten Bewährungsproben boten, wie etwa Claudia Staviskys erste Regiearbeit. Aber auch hier ist Vorsicht geboten, warnt *Libération*:

> Diese Stücke sehen durchaus machbar aus, sind nicht so intellektuell wie Müller; es wird geschimpft und gelästert wie bei Coluche, räsonniert wie in der Kneipe um die Ecke. Aber weit gefehlt. Nichts ist halsbrecherischer als ein Stück von Thomas Bernhard, denn nichts ist präziser. Viele beißen sich daran die Zähne aus. Selbst die Schauspieler kommen nie heil davon. Denn was dieser Mann schreibt, ist ein Abgrund.[6]

Hinter den Masken des Erfolges zeichnet sich die Grundfrage der Rezeption ab: Wie hat das französische Publikum die in den letzten Jahren aufgeführten Bernhard-Stücke wirklich aufgenommen? Längst vergessen sind die Worte, mit denen Pierre Marcabru, der Theaterkritiker von *Le Figaro*, die Premiere von *Der Ignorant und der Wahnsinnige* am Pariser Théâtre Oblique gewürdigt hat: »Es dürfte in Paris wohl noch einige tausend Neugierige geben, die für diese Spiele des Todes und der Agonie

Interesse aufbringen können. Die anderen werden getrost darauf verzichten.«[7] Die Schauspieler bestätigen, daß die Begeisterung für Thomas Bernhard mit einem radikalen Umschwenken des französischen Publikums zusammenfiel, das sich bis zu Beginn der achtziger Jahre recht zurückhaltend, ja sogar ablehnend gezeigt hatte. So berichtet Eleonore Hirt von ihren ersten, mehr als schwierigen Anfängen: »Ich beschäftige mich schon seit langem mit Thomas Bernhard, zu Beginn mit *Am Ziel*, für den Rundfunk [...]. Später dann, 1981, spielte ich an der Michodière unter der Leitung Roger Blins in der französischen Uraufführung von *Der Präsident*. Sie wurde vom Publikum zwiespältig aufgenommen, um nicht zu sagen abgelehnt. Die Zuseher kamen mit dem nicht-linearen, nicht-logischen Text einfach nicht zurecht.«[8] Der Kritiker Didier Méreuze findet zu deutlicheren Worten, wenn er sagt, daß dieses, »kurz bevor der österreichische Dramatiker in Mode kam, inszenierte Stück [...] glatt durchfiel«[9]. Beruht dieser Erfolg also nicht auf einem gigantischen Irrtum, auf jenem »Mißverständnis«[10], das von Claude Porcell schon 1986, als sich der Erfolg Thomas Bernhards auf den französischen Bühnen noch kaum abgezeichnet hatte, vermutet worden war? Beschäftigt man sich mit der Presse, mit dem imposanten Material der diesen Stücken (genauer: diesen Inszenierungen) gewidmeten Artikel, Kritiken und Rezensionen, so zeichnen sich einige grundlegende, allerdings oft fragmentarische und widersprüchliche Interpretationslinien ab.

Ein »engagierter« Autor

Neu an der derzeitigen Aufnahme der Stücke Thomas Bernhards in Frankreich ist vor allem die Tatsache, daß ihnen eine explizit politische Position zugeschrieben wird, die in ihrer Bezugnahme auf Österreich und die Nazi-Vergangenheit im allgemeinen zum Ausdruck komme. Die Wahl der aufgeführten Stücke fiel angesichts dieses vermeintlich »engagierten« Autors wohl nicht zufällig auf *Vor dem Ruhestand* und natürlich *Heldenplatz*. Obwohl die Problematik des Künstlers und Schauspielers (der verkannte »Minetti«, der »Staatsschauspieler« Bruscon oder der anonyme Künstler von *Der Schein* ...) den eigentlichen thematischen Schwerpunkt des Festival d'Automne 1988 bildete, war die politische Komponente in Jean-Pierre Vincents *Theatermacher* allgegenwärtig. Ein Aspekt, der erst in jüngster Zeit auch in die Theaterkritiken Eingang gefunden hat. In *Vor dem Ruhestand* habe Thomas Bernhard einen »Befund des gegenwärtigen Deutschland« erhoben, »das sich auch weiterhin im Nazidreck wälzt«[11], einen Befund, »der die Sehnsucht nach der Vergangenheit und die Faszination für jene ›Bestie‹ anprangert, die in Deutschland wie auch anderswo, und zuallererst in Frankreich, erneut loszubrechen droht«[12]. Dieser politischen Botschaft entspreche das Engagement des Theaters im gegenwärtigen politischen Kontext: »Es handelt sich um eine gnadenlose Fabel über die Nazi-Mentalität, die, wie allgemein bekannt, jetzt wieder hochzukommen droht.«[13] Oder: »Das von wirklichen, kaum verhüllten Tatsachen ausgehende Stück attackiert insbesondere die Überreste und Risiken einer Wiederkehr des Nazismus.«[14] Der österreichische Schriftsteller wird von den französischen Medien also als Apostel eines neuen Kreuzzugs gegen Antisemitismus und Nazismus wahrgenommen:

> Daher ist es auch 1990 von großer Bedeutung, wie Thomas Bernhard – und auch auf die Gefahr hin sich zu wiederholen – alle Welt wissen zu lassen, daß die Antisemiten und Nazijünger jeglicher Observanz in den germanischen, englischen, französischen und anderen Wäldern nach wie vor am Werk sind, beseelt von mehr als einer unschuldigen Sehnsucht nach Stärke, Gewalt, kitschigen Uniformen und Eisernen Kreuzen.[15]

Diese politische Interpretation bestätigt, ja verstärkt sich anläßlich *Heldenplatz*. Hier nimmt sie zusätzlich eine spezifisch anti-österreichische Färbung an; die Anprangerung des Antisemitismus wird in einen Zusammenhang mit der Auseinandersetzung um Waldheim und mit Bernhards »Austrophobie« gestellt. Hier einige repräsentative Beispiele: »Wir müssen uns wohl eingestehen, daß der Autor Österreich, und vor allem die Jahre des Anschlusses, zutiefst verabscheut. Thomas Bernhard begleicht seine offene Rechnung mit einem Land, das in den Antisemitismus abgeglitten ist. Eine Verurteilung des Landes und der Österreicher.«[16] Oder: »Bernhard hat an seiner Heimat und seinen verbürgerlichten und vor allem als Nazis bezeichneten Landsleuten einiges auszusetzen und läßt durch das ganze Stück hindurch kein gutes Haar an ihnen.«[17] Der Autor »geißelt Österreich, den Österreicher, die Wiener Gesellschaft mit einem monomanen, blinden und stets von neuem ausbrechenden Furor, der manchmal an Céline erinnert«[18]. Ja, es war sogar die Rede von »der großen schwarzen Messe für Waldheims Österreich«[19]. Die französische Presse gab dem Skandal, den das Stück in Österreich ausgelöst hatte, breiten Raum: »Im übrigen dürften sich jene Wiener, die am Eingang des Burgtheaters, wo Claus Peymann vor zwei Jahren das Stück inszeniert hatte, eine Fuhre Mist abluden, nicht geirrt haben.«[20] In diesem Zusammenhang stellt sich die Frage, ob der österreichische Skandal hier in Paris nicht auch dazu diente, die politische Tragweite des Stückes, sofern dies überhaupt nötig war, in Erinnerung zu rufen. Die linke Presse machte sich jedenfalls zum Sprachrohr dieser Botschaft und dieses Engagements: »*Heldenplatz* [...] war seine letzte, vernichtende Kritik an seinen Landsleuten, sein dramatisches und politisches Vermächtnis. Denn bei Thomas Bernhard ist das eine ohne das andere nicht möglich, vor allem seit 1979, als er in seinem Stück *Vor dem Ruhestand* Nazis mit Allerweltsgesichtern auf die Bühne brachte.«[21] Der hier explizit angestellte Vergleich der beiden Stücke, die zudem am selben Pariser Theater aufgeführt wurden, liegt seinem Image als engagierten Autor zugrunde, der »das Genrebild eines wohlgenährten, aber seelenlosen Österreich«[22] an den Pranger stelle. Oder: »In seinem letzten dramatischen Werk, das uns Thomas Bernhard hinterlassen hat, als handle es sich um sein Vermächtnis, zieht er ganz ohne Zweifel gegen diese Rückkehr der Mörder zu Felde.«[23] »Jorge Lavelli strukturiert seine Inszenierung [...] im Rhythmus einer obsessiven Erinnerung an diese Jahrhunderthälfte, die von den Gespenstern eines unverändert tatendurstigen Antisemitismus heimgesucht wurde.«[24] Und, pathetischer: »Ein Denken als Provokation: das Großmaul fordert ein allerletztes Mal die schleimige Hydra der österreichischen Demokratie heraus.«[25]

Ganz in der Linie dieser Überlegungen wird die Familienstruktur häufig als Modell der gesellschaftlichen, ja sogar der politischen Ordnung interpretiert, die als genauso entfremdend verstanden wird: »Das Stück ist von einem herrlich galligen Humor, und dies um so mehr, als Claudia Stavisky sich zurecht dafür entschieden hat, alles auf die Karte der ›bösen Familie‹ als Abbild der Gesellschaftsordnung zu setzen.«[26] Und, knapper und zugleich treffender: »›Österreich, ich hasse dich, Familien, ich verabscheue euch‹: so könnte Thomas Bernhards Schlachtruf lauten.«[27] Einige Analysen gehen sogar so weit, in der Struktur der bürgerlichen Familie den Keim des Totalitarismus auszumachen; die Gouvernante, Frau Zittel, wird so zum »despotischen Kapo des Hauses«[28].

Welche »Botschaft« für das französische Publikum?

Diese politische »Botschaft« ist zwar allgegenwärtig, aber keineswegs eindeutig. Die erste Frage, die sich in diesem Zusammenhang stellt, betrifft die Übertragbarkeit der Bernhardschen Schelten auf französische Bühnen: Wie werden Anschuldigungen, die, zumindest in den beiden explizit politischen Stücken *Vor dem Ruhestand* und *Heldenplatz*, gegen Deutsche oder Österreicher gerichtet sind, von den französischen Zuschauern aufgenommen? Leider wurden die Texte bei der Übersetzung nicht auch dem jeweiligen Aufführungsort entsprechend bearbeitet (man hätte die Ortsnamen adaptieren, z. B. Wien durch Paris ersetzen können). Darunter leidet das kritische Potential des Textes, wenn es nicht überhaupt ganz verpufft. Oder wie Agence France Press schrieb: »Das Publikum hat keinen Grund, die gnadenlosen Attacken des Dramatikers in die falsche Kehle zu bekommen; sie sind durchweg auf seine Landsleute gemünzt, und vor allem auf die Wiener, die er in Grund und Boden kritisiert und des Antisemitismus und erneuter faschistischer Bestrebungen bezichtigt.«[29] Der französische Theaterbesucher bleibt diesen »hochpolitischen« (oder zu sehr politisierten?) Stücken gegenüber im besten Fall indifferent oder muß sich geschlagen geben: »Er [der Regisseur J. Lavelli] kann nicht verhindern, daß uns all das nur wenig betrifft. [...] Man gewinnt den Eindruck, einem Match Österreicher gegen Österreicher zuzusehen, einem Regionalligaspiel also, wo man uns doch den Weltcup versprochen hatte.«[30] Die Provokation geht offenbar ins Leere, sobald das Stück die Alpen überquert hat: »Das Stück ist nur mehr halb so bissig, dramatisch nur mehr halb so interessant, sobald es aus seinem österreichischen Kontext (die Affäre Waldheim) herausgelöst wird. Was wissen wir Franzosen schon von der Mitschuld der Österreicher?«[31]

Diese Sicht eines austrophoben und anti-österreichischen Theaters, gewissermaßen die französisierte Variante des »Nestbeschmutzers«, hat hierzulande und vor allem in jüngster Zeit so großen Anklang gefunden, daß sie schließlich auch auf Stücke übertragen wurde, die sich dafür sicher nicht eignen. So wurde etwa *Vor dem Ruhestand* – ein Stück, das sich bekanntlich an die Affäre Filbinger anlehnt, die Deutschland und vor allem Baden-Württemberg in den siebziger Jahren bewegt hatte – als Angriff auf Österreich mißverstanden: »Über diese niederträchtigen Figuren hinaus warnt Bernhard vor einem drohenden Wiederaufleben des Nazismus. Mit der von ihm gewohnten Genauigkeit und Vehemenz seziert er die kleine, lächerliche Welt Österreichs, seiner Heimat, die er aus ganzem Herzen haßt.«[32] Die in den Stücken ausgetragenen Auseinandersetzungen werden auf Erlebnisspuren zurückgeführt, die, so als ob sich dies von selbst verstünde, in Bausch und Bogen auf Österreich bezogen werden: »Vergessen wir nicht, daß Thomas Bernhard [...] Österreicher war und in einem Land lebte, in dem der Antisemitismus auch weiterhin eine latente Bedrohung darstellt.«[33] Und sogar *Le Monde* scheint alles durcheinanderzubringen, wenn es im Vorspann eines Artikels aus der Feder Colette Godards heißt: »In seinem Stück *Vor dem Ruhestand* prangert Thomas Bernhard das Fortbestehen der faschistischen Ideologie in Österreich an.«[34] Auch wenn sich die im Stück erhobenen Anschuldigungen im wesentlichen gegen Deutsche richten, werden sie von der Kritikerin schließlich auf die Österreicher »umgeleitet«; sie schreibt, daß »Thomas Bernhard die Menschheit im allgemeinen, und seine Landsleute im besonderen haßt – von ihnen ist vor allem die Rede, auch wenn die ›Helden‹ von *Vor dem Ruhestand* Deutsche sind«[35]. Das »Modell Heldenplatz« diente offenbar den französischen Kritikern – und möglicherweise auch den Zuschauern – als Interpretationsmodell, als Maßstab, der daraufhin an die Wirkung der Stücke Thomas Bernhards in Frankreich angelegt wird. Man ist etwa überrascht zu lesen, daß »*Die Jagdgesellschaft* den Widerstand gegen Unterdrückung im allgemeinen und gegen den Nazismus im besonderen symbolisiert«[36]. Andere Besprechungen lassen das Stück unbekümmert in Österreich spielen, was aus dem Text, der aus der Zeit vor den explizit »politischen« Stücken stammt, keineswegs hervorgeht. Wen kümmert's, wovon sollte er sonst handeln? »Das im Atelier aufgeführte Stück von Thomas Bernhard schlägt die österreichische Gesellschaft kurz und klein. Eine exemplarische Hinrichtung.«[37] Allem Anschein nach wird der Dramatiker Thomas Bernhard fortan in diesem Licht gelesen werden: als Österreicher, der Österreich, das klassische Land der Nazis, zutiefst verabscheute ... All dies ist weit entfernt und betrifft uns nicht, versteht sich.

Andere Stimmen wenden sich gegen diese Vereinfachungen und versuchen, diese »Botschaft« zu repolitisieren, indem sie auf ihren provokatorischen Impetus und ihre Aktualität verweisen. Dies geschieht häufig in Gestalt der Paralipse, wobei die mögliche Bedeutung, die Thomas Bernhards politische Stücke – sofern man sie als solche anerkennen will –, für das französische Publikum haben könnten, zwar angedeutet, aber offen gelassen wird. Auch hier scheint dem Publikumserfolg also ein Mißverständnis zugrundezuliegen. Ein Mißverständnis mehr ... Claude Porcell machte auf eben diese Ambivalenz eines Autors aufmerksam, der auf französischen Bühnen kein Ärgernis mehr ist: »Wenn hier bei uns der deutsche oder österreichische Nazismus attackiert wird, braucht sich niemand angegriffen zu fühlen. Das würde sich vermutlich rasch ändern, wenn etwa von Faurisson die Rede wäre [...].«[38] Bereits 1988 hatte *Le Canard enchaîné* die Heuchelei eines französischen Publikums verurteilt, das dem Akademismus und jenen Modeerscheinungen huldigt, die das kritische Potential des Textes unterschlagen: »Da Thomas Bernhard mittlerweile zum Kultobjekt geworden ist und abgöttisch verehrt wird, erbebten an diesem Abend feinsinnige Ästheten in hellen Scharen aus Freude über Narrenpossen, über die sie anderswo angeekelt Grimassen geschnitten hätten.«[39] Irène Sadowska-Guillon greift die sportliche Metapher des Fußballmatches auf und widerspricht der behaupteten mangelnden Betroffenheit des Zuschauers: »Man irrt sich aber, wenn man glaubt, man könne anderswo seinen Stücken wie einem Match zusehen, als bloße Zuschauer, als unbestechliche Schiedsrichter einer Auseinandersetzung zwischen Bernhard und seinem Heimatland. Bernhards Zorn macht an Österreichs Grenzen keineswegs halt, seine Wut ist universell. Es wäre sinnlos, versuchen zu wollen, unser Unbehagen an seinen Anklagen zu unterdrükken.«[40] Ähnlich auch Jean-Pierre Vincent, der das Problem auf den Punkt bringt: »Wenn man sich dieses Stück ansieht, darf man nicht denken: ›diese blöden Österreicher‹, sondern: ›Wir sind alle Europäer, und nicht wenige der Fehler dieses Mannes und dieser Gesellschaft, gegen die er sich wendet, sind unsere eigenen.‹«[41] Die Faszination, die dieser Autor (und seine ausdrücklich anti-österreichischen Stücke) auf das französische Publikum ausübt, sei somit einer Verblendung zu verdanken: »In Frankreich falle er [Thomas Bernhard] weniger lästig [...] im Gegenteil: in seinen Mantel aus Tinte und Revolte gehüllt, hat er vielmehr alles, um uns zu verführen.«[42]

Manche der am rechten oder äußersten rechten Rand des politischen Spektrums angesiedelte Zeitschriften gehen auf Fragen, die auch die derzeitige französische Situation betreffen könnten, zwar ein, bestreiten aber ihre politische Tragweite, indem sie die Anklagen gegen den Autor wenden. So verdächtigt etwa *National Hebdo* den Autor von *Heldenplatz* des Rassismus: »Ich habe nur Ausschnitte im Fernsehen gesehen, möchte mir aber erlauben, die Damen und Herren der LICRA und der Staatsanwaltschaft auf dieses Stück hinzuweisen. In ihm wimmelt es meines Erachtens von Diffamierungen, Provokationen und Aufwiegelungsversuchen.«[43] Auch hier wird auf die Ambivalenz der politischen Botschaft, ja sogar auf die Heuchelei des französischen Publikums verwiesen: »Freilich sind es hier die Österreicher, denen hart zugesetzt wird, was unser gutes Gewissen und unsere Sensibilität weniger verletzt.«[44] *Le Figaro* stößt in dasselbe Horn: »Nachts sind alle Katzen braun. Es handelt sich im Grunde um ein rassistisches Machwerk. Daran scheint sich niemand zu stoßen. [...] Man fragt sich, ob Thomas Bernhard nicht, ohne es selbst zu wissen, genauso antisemitisch wie anti-österreichisch eingestellt war [...].«[45] Von anderen wird die politische Botschaft schlichtweg geleugnet: »Wahrscheinlich sind die meisten Zuschauer in ihrer Gutgläubigkeit der Überzeugung, ein Stück gegen die Nazis gesehen zu haben. Ich kann mich aber nur daran erinnern, daß ich drei Stunden lang den dummen und abstoßenden Äußerungen von Personen zugehört habe, von denen eine unsympathischer ist als die andere. Ekel und Langeweile halten einander die Waage.«[46] Derartige Mißklänge sind selten, aber in der Kritik immer wieder vernehmbar.

Eine nuanciertere Attacke gegen die vermeintlich politische Botschaft Thomas Bernhards fußt auf der globalen Verurteilung aller Werte, die der Demokratie inbegriffen: »Thomas Bernhards Diskurs zeichnet sich durch eine verwirrende Mehrdeutigkeit aus. Hier hören wir jenen Österreicher, der Wien haßte, aber einräumte, es lieben zu müssen, er, der seine Landsleute als ›fast nur Nationalsozialisten‹ und als ›katholisches Gesindel‹ bezeichnet hatte, im Kostüm des Antifaschisten gegen die Demokratie, den Sozialismus, die chemische Industrie, das korrupte Amerika, die universelle Fäulnis wettern.«[47] Und Pierre Marcabru macht für *L'Aurore* in *Vor dem Ruhestand* das Paradebeispiel der von Hannah Arendt (die er zu zitieren vergißt) erkannten »Banalität des Bösen« aus: »In der Bestie, im Folterknecht lebt der Durchschnittsmensch in einer brüderlichen Personalunion weiter, die, und das ist der eigentliche Skandal, in jedem Menschen entstehen kann.«[48] Das Stück sei daher keineswegs als Anklage zu verstehen, sondern böte eine Rechtfertigung all der Himmlers und Goebbels in Pantoffeln und Morgenrock an. Dieser verwirrende Aspekt scheint der französischen Kritik und sogar dem Regisseur großteils entgangen zu sein, wie Pierre Marcabru andeutet, der sich argwöhnisch fragt, »was denn Claudia Stavisky dazu bewogen haben mag, dieses Stück Thomas Bernhards so fulminant zu inszenieren, [...] dessen Exemplarität viel zweifelhafter und fragwürdiger ist, als sie zu glauben scheint«[49].

Der heilige Thomas, ein politischer Prophet?

Einer anderen Interpretationslinie zufolge gilt die vermutete Botschaft nicht nur Frankreich und den mitteleuropäischen Ländern, sondern dem ganzen Planeten: eine Art prophetische Rede als entsakralisierte Variante des Messianismus in einer Epoche politischer Apokalypsen. Manche Rezensenten stellen hier einen Zusammenhang zu den Geschehnissen in Osteuropa her:

Es ist erwiesen, daß grundlegende Einstellungen und Verhaltensweisen eines Großteils der Bevölkerung Zentraleuropas noch immer (oder schon wieder) antisemitisch geprägt sind. Die Wahl des notorischen und eingefleischten Nazis Waldheim zum österreichischen Bundespräsidenten und der von der katholischen Kirche aus Vorsicht und Taktik stillschweigend gutgeheißene traditionelle und tief verwurzelte Antisemitismus der Polen sind anschauliche Beispiele für all das Abscheuliche, das bei diesen Völkern des Ostens, die so oft schon von menschlichem Wahn heimgesucht worden sind, Wiederauferstehung feiert.[50]

Andere Analysen, die sich vor allem auf *Heldenplatz* als Darstellung der überlebenden österreichischen Juden berufen, gehen auf ihre Assimilationsgeschichte ein:

Dies ist für Bernhard das Dilemma der österreichischen Juden. Diese Juden, Opfer des Nazismus ihrer Mitbürger, waren derart assimiliert, derart österreichisch, daß sich ihre Sprache, ihre Ansichten, Reaktionen und Mentalitäten in diesen fünfzig Jahren nicht verändert haben. Österreich, das gelobte Land des Autoritarismus und Faschismus, hat seine Juden (oder zumindest manche von ihnen) so stark geprägt, daß sie an einem Punkt angelangt sind, an dem ihr fluchbeladenes Dasein keinen anderen Ausweg als den Tod kennt.[51]

Der Verfasser des Artikels begründet die Aktualität dieser Diagnose einer historisch ererbten Situation mit der Präsenz Präsident Waldheims und mit gewissen Äußerungen des Papstes: »Das Stück, eines der kompromißlosesten des Autors, ist von schillernder Aktualität: Die Kehrtwendungen Waldheims und des derzeitigen Papstes sind zwar jüngeren Datums, liegen aber durchaus in der Kontinuität des Textes.«[52] Eine andere politische Zielscheibe ergibt sich aus der Verallgemeinerung der politischen Botschaft, aus ihrer Ausweitung auf jede vergangene oder gegenwärtige, nahe oder ferne Form von Diktatur: »Die Relevanz dieses Stücks [*Vor dem Ruhestand*] geht über seine unmittelbare Problematik, die Gespaltenheit des österreichischen Bewußtseins, weit hinaus und bezieht sich auf alle Totalitarismen; die Handlung könnte heute genausogut in Chile, Südafrika oder Moskau spielen.«[53] Ein heiliger Bernhard, der gegen den Totalitarismus in die Schlacht zieht?

Andere Analysen gehen weniger weit und gestehen den Stücken eine unmittelbare, im weitesten Sinn politische Wirkung auf das Publikum zu: »Die Bernhardschen Großbürger würden Gefahr laufen, auf der Bühne exotisch zu wirken, schienen sie nicht direkt aus jener Menge im Zuschauerraum zu kommen, die ihrem eigenen Untergang fasziniert zusieht.«[54] Auch hier scheint der Publikumserfolg auf einem Mißverständnis oder vielmehr einem geheimen Einverständnis zu beruhen, zu dem sich niemand bekennen will. Oder: »Eine Thomas-Bernhard-Vorstellung, vor allem eine gelungene, verläßt man immer zerebral, ja sogar physisch beeinträchtigt.«[55] Diese Wirkung beschränkt sich keineswegs auf die explizit politischen Stücke, sondern geht auch von anderen aus, wie etwa der *Jagdgesellschaft*: »Jean-Louis Thamin betont: ›Es ist unerheblich, ob Thomas Bernhard sein eigenes Land angreift oder nicht. Er spricht vom Abendland, das heißt von uns!‹«[56] Obwohl man nicht von einer politischen Botschaft im Sinne Brechts sprechen könne, seien Thomas Bernhards Stücke insofern politisch, als sie zu einer Veränderung, einer Umkehr aufrufen (auch wenn sie nicht angeben, wie diese zu erreichen wäre). Jorge Lavelli zum Beispiel deutet sie als »endgültige, testamentarische Antwort auf die Frage, wie Leben und Gesellschaft zu verändern seien«[57]. Diese Veränderung kann auch auf der individuellen Ebene des einzelnen Zuschauers eintreten, der auf sein eigenes Bild zurückverwiesen wird. Jean-Louis Thamin weiter: »Er [Thomas Bernhard] zieht einen Spiegel aus der Tasche und hält ihn uns vor. ›Oh Gott, so sehe ich aus? Das ist ja gräßlich!‹ Jawohl, genauso sehen wir aus. Nichts ist gräßlich, wenn man es wagt, sich selbst erkennen zu wollen.«[58] Trotz des Fehlens einer expliziten Botschaft bestätigt sich damit von neuem die kathartische Wirkung des Theaters. Obwohl Thomas Bernhards Theaterstücke die Brechtsche Funktion eines Exempels nicht erfüllen, werden sie als appellative Struktur einer Ermahnung wahrgenommen, die eher Frage als Beweisführung ist. Die offen eingestandene Aporie dieser Kunst ordnet sie der Dramaturgie der nach-Brechtschen Modernität zu.

Nihilismus, Absurdität der Existenz

Die Lesarten des im weitesten Sinn existentialistischen Typs beruhen auf dem Vorverständnis eines mimetischen Theaters und deuten Thomas Bernhards Bühnenwerke als Darstellung einer absurden *conditio humana*, mit der das französische Publikum seit den Stücken Becketts und anderer vertraut ist. So ließ es sich ein Kritiker nicht entgehen, sie kurzerhand als »Beckett in Teutonensauce«[59] zu bezeichnen. Der Vergleich mit Beckett kehrt häufig wieder, es werden aber auch Unterschiede festgestellt:

> Man darf sich aber nicht täuschen lassen: *Heldenplatz* ist viel mehr als ein scharfzüngiges politisches Werk, und Thomas Bernhards Stücke sind viel mehr als eine Skandaltribüne, die dazu bestimmt wäre, die Gesellschaft zu revolutionieren. Die Abscheu vor dem Vaterland geht zweifellos mit einem absoluten Nihilismus einher, mit einem Haß auf die ganze Welt und die in die beiden Lager der Henker und Opfer zerfallene Menschheit, mit einer selbstmörderischen und entschlossenen Faszination für ein Nichts, das als einziges Heil bezeichnet wird. Im Gegensatz zu Beckett, dessen Theater gegen Ende der fünfziger Jahre in den Sog der Obsessionen des Schweigens und der Leere geraten war, rückt uns Bernhard mit einer Sintflut von Worten, mit seinen Übertreibungen auf den Leib, rüttelt uns wach und wirft uns rücksichtslos in die Welt zurück.[60]

Diese Analyse, die die Spuren des Pessimismus und Nihilismus verfolgt, ist beileibe nicht neu; es handelt sich vielmehr um das verbreitetste Klischee über das Werk Thomas Bernhards. »Keine Ausflüchte, kein Ausweg: Diesmal wird die ganze Absurdität des Daseins sozusagen am hellichten Tag, vor den Augen seiner Helden offenbar.«[61] Diese Interpretation wird häufig dann der politischen Analyse aufgesetzt, wenn der Kritiker sich des Fehlens einer Botschaft und konkreter Alternativen bewußt wird: »Diese Abscheu vor der Welt, in der er lebt und die ihm Unbehagen bereitet, diese aufbrausende Anklage wäre nichts als eine für den ausschließlichen Gebrauch der Österreicher bestimmte, regionalistische Brandrede, ließe sich nicht dahinter eine Hoffnungslosigkeit, eine Faszination für Asche und Tod erahnen, die an Allgemeingültiges heranreicht.«[62] Man gewinnt den Eindruck, daß der Kritiker zwar von der politischen Relevanz nicht überzeugt ist, diesem der *conditio humana* verpflichteten Nihilismus aber literarische Qualitäten zuspricht. Sogar *Le Monde* und *Le Figaro* waren sich ausnahmsweise einig, als es galt, den Nihilismus von *Heldenplatz* zu feiern. Die durch den Tod des Autors entstandene Distanz dürfte dieses

Urteil beeinflußt haben: »Thomas Bernhards Nihilismus kommt hier noch stärker zur Geltung als gewöhnlich, da dieses Stück sein letztes ist und der nahende Tod die Panik, den Zorn und die Machtlosigkeit des Menschen, dem keine Zeit mehr bleibt, auf die Spitze treibt [...].«[63] Aber genau dies wurde dem Autor auch zum Vorwurf gemacht: »Dies sind die Grübeleien eines verbitterten, eher manisch-depressiven als misanthropischen Propheten, eines systematischen, obsessionellen und schwatzhaften Nihilismus.«[64] Andere Kritiker heften sich auf die Spuren einer umfassenden ontologischen Auseinandersetzung, einer Sinnsuche in einer Welt, der das Absolute abhanden gekommen ist: »Diese quälende Unausweichlichkeit des Scheiterns gehört zur Identität des Menschen, der das entbehren muß, was von Gott kommt, nämlich seine Vergebung und seine Gnade einer Hoffnung gegen alles und trotz allem.«[65] Die Ursprünge dieser Hoffnungslosigkeit können aber auch mehr philosophisch als christlich gefärbt sein:

Für Thomas Bernhard gab es keine schrecklichere Wahrheit als die, ein Leben in einer sinnleeren und absurden Welt und Existenz bewußt zu bejahen, ein Leben, das dem Menschen, der diese Bezeichnung verdient, keine andere befriedigende Lösung bietet, als sich luzide und nüchtern dem Fehlen jeglicher Zuflucht und der absoluten Sinnlosigkeit des Lebens zu stellen. Thomas Bernhard glaubt weder an die Menschheit noch an den Fortschritt, und seine Angriffe auf jegliches System, wie immer es auch geartet sein mag, bieten weder Lösungsvorschläge noch ideologische Alternativen an. Das Übel ist absolut. Und genau darin ist seine Revolte zugleich metaphysisch und nihilistisch.[66]

Oder, einfacher gesagt: Seine Stücke sind ein Theater »ohne jegliche Hoffnung und Transzendenz«[67]. Das in dieser Sicht in der letzten Zeit am eingehendsten analysierte Stück ist *Die Jagdgesellschaft*, obwohl die in Paris und Rouen gezeigten Inszenierungen stark voneinander abwichen.

Die ästhetische Gediegenheit des [...] Bühnenbildes und die sorgfältig herausgearbeitete Tiefenwirkung der Charaktere, die ihre Vielschichtigkeit zum Ausdruck bringt, lassen in diesem Schauspiel eine ontologische Fragestellung zutage treten.[68]

Als philosophischer Diskurs, als Blick auf die heutige Menschheit, als Mikrokosmos der Welt, ist dieses Stück so gefühllos und grausam wie der Befund eines Chirurgen, der zu einer Notoperation gerufen wird. Nichts zu machen: Der Wald stirbt, der General begeht Selbstmord, und der Gesellschaft bleibt nichts mehr zu hoffen oder zu sagen. Tiefes, absolutes Schwarz.[69]

Diese Finsternis – ein weiteres Schlüsselwort der Rezeption Thomas Bernhards in Frankreich – symbolisiere die politische und philosophische Aporie angesichts der Allgegenwärtigkeit des Todes. Der Untertitel desselben Artikels in *Paris-Normandie* spielt ebenfalls auf diese Deutung an: »Thomas Bernhard, das Nichts und Henri Ronse [...]«[70] Ähnlich auch *Télérama*, in dem Bernhard (hier bedauerlicherweise immer noch »Bernhardt« geschrieben) als »Todesengel« bezeichnet wird und die makabren Aspekte seines Werks als *Memento mori* verstanden werden: »[Der Schauspieler] Luchini, Thomas Bernhardts [sic] Sprachrohr: ›in einem jeden ist eine Todeskrankheit‹«.[71] Alle Medien, ganz gleich welcher politischen Ausrichtung, sind sich also über diese »morbide Weltanschauung«[72] einig; der Regisseur der *Jagdgesellschaft*, Jean-Louis Thamin, wurde vom *Figaro* gar zum »Obertotengräber«[73] ernannt. Diese nihilistische Interpretation wird auf die unterschiedlichsten Stücke angewandt: *Der Weltverbesserer* wird etwa als »faszinierende Sterbeanstalt, als heiterer Hymnus an den Tod«[74] verstanden, und *Der Schein trügt* führe einen Kampf der Wörter gegen den Tod vor: »Die Wörter wollen nicht verstummen, da sonst der Tod eintreten würde.«[75] Auch die Erzählungen und großen Romane werden in diese Deutung, die dem vertrauten Modell Beckett allerdings gerechter wird, einbezogen. Vielleicht ist in dieser Einmütigkeit eine Folge von Bernhards Ruhm als Prosaschriftsteller zu sehen. Der Erfolg von *Wittgensteins Neffe* in Créteil zeigt die wechselseitige Durchdringung zweier Bereiche des Werkes, deren doch sehr unterschiedliche Obertöne von der französischen Presse nur unzureichend wahrgenommen wurden.

Künstlichkeit, Musikalität

Wenn es einen Bereich gibt, in dem die französische Rezeption von Thomas Bernhards Bühnenwerk differenzierter geworden ist, dann ist es der der Künstlichkeit und Musikalität. Seine Dramaturgie, die anfänglich irritiert hatte, wird nun in den Analysen immer häufiger mit der Thematik der Kunst und Künstlichkeit in Verbindung gebracht. Das Festival d'Automne 1988 hat zu diesem Umschwung zweifellos beigetragen, da die drei aufgeführten Stücke, durch die Thomas Bernhard einem größeren Publikum bekannt wurde, eine Künstlerpersönlichkeit zum Mittelpunkt haben. Die einhellige Entscheidung der Regisseure für diese Stücke wurde auch in der

Presse kommentiert: »Ein Stück von Thomas Bernhard. Schon wieder!, werden Sie sagen und bereits beim Titel hinzufügen: immer dasselbe, immer diese Komödiantengeschichten!«[76] Dies erklärt auch das Image Bernhards als eines intellektuellen Autors für Intellektuelle, das sich in Frankreich durchgesetzt hat, wie Jean-Pierre Vincent mit dem von ihm gewohnten Humor bestätigt: »Natürlich lachen die Intellektuellen im Zuschauerraum mehr als die Versicherungsvertreter.«[77] Als das französische Publikum allmählich die Künstlichkeit der Figuren wahrzunehmen begann (wenn auch in vielen Artikeln nach wie vor der Versuch unternommen wird, sie psychologisch zu deuten), wurde es auch empfänglicher für die Musikalität eines Textes, der als souverän orchestrierte Wortpartitur vor dem Hintergrund des universellen Chaos verstanden wird. Heute stimmen die Kritiker in der Anerkennung der »für Bernhard so charakteristischen Musikalität«[78] überein. Hier wird einmal mehr die Einheit des Werkes festgemacht: »Diese Schreibweise ist musikalisch. Sie wurzelt in einem Rhythmus, in der Wiederholung von Wörtern und Sätzen, in einer inneren Bewegung.«[79] Die Musikalität wurde so zum Grundprinzip vieler Inszenierungen; Regisseur und Schauspieler von *Wittgensteins Neffe* gaben einhellig ihrer Bewunderung für Bernhard Ausdruck. Jean-Marc Bory: »Ich habe wie Bernhard eine musikalische Ausbildung genossen. [...] Mir sind diese Sätze im Grunde leicht gefallen, wegen meiner Deutschkenntnisse, vor allem aber wegen ihrer Musikalität.«[80] Patrick Guinand bezog eine ähnliche Legitimation aus der Biographie des Autors: »Dazu kam noch seine beeindruckende musikalische Bildung, die er in eine wahre Kunst der verbalen Fuge umzusetzen wußte.«[81] Diese ästhetisierende Sicht geht übrigens auf die 1988 aufgeführte Bühnenbearbeitung einer anderen Erzählung, *Der Untergeher*, zurück; der berühmte Konzertsaal Gaveau und die Persönlichkeit Glenn Goulds scheinen diese Sicht der Problematik des Künstlers, und insbesondere des Musikers, ein für allemal festgeschrieben zu haben. »Im Grunde beruht [*Heldenplatz*] auf der Wiederholung (wie in der Musik)«[82], schrieb selbst die *Humanité*, obwohl sie die ideologische Botschaft in den Vordergrund rückte. »Die Schreibweise eines Musikers«, betonte auch die Schauspielerin Eleonore Hirt.[83] Und sogar die, die Thomas Bernhard ablehnen, gestehen ihm Virtuosität, ästhetische Schönheit und Eindringlichkeit des Wortes zu: »Das alles ergibt ein frenetisches Tempo, in dem selbst langweiliges Geschwätz beinahe [!] harmonisch wirkt und die streng durchstrukturierte Sprache uns aufrüttelt.«[84] Manche ziehen sogar die Form allem übrigen vor: »Wenn uns Thomas Bernhards Botschaft zu beeindrucken vermag, dann weniger durch ihren Inhalt als durch ihre inkantatorische Musikalität.«[85] Nur der Schauspieler Fabrice Luchini fügte dem Konzert der Lobreden auf die formalen Qualitäten des Vorschimpfers einen überraschenden Mißklang hinzu, indem er sie dem Autor kurzerhand absprach: »Bernhard ist jemand, der sozusagen ungeniert rülpst, an einer Charakterstörung leidet. Céline ist nicht charaktergestört, sondern ein Stilkünstler, und ich finde nicht, daß Thomas Bernhard ein großer Stilkünstler ist.«[86]

Diese ästhetisierende Sicht verführte die französische Kritik dazu, das Spiel der Darsteller, denen das Stück eine Chance zur eigenen Profilierung bot, in den Vordergrund zu rücken. Möglicherweise ist auch dies eine der Folgen des Festival d'Automne 1988; die Tendenz hat sich seitdem jedenfalls verstärkt. Thomas Bernhards Theater stellt sich uns vor allem als Schauspielertheater dar. Die offizielle Anerkennung durch die »Molière« findet häufig mehr Beachtung als die Qualität des Stückes selbst. In Frankreich haben die Schauspieler zum Erfolg der Stücke bekanntlich genausoviel beigetragen wie die Regisseure. Doch gilt es auch hier zu differenzieren: Einige Schauspieler wie Denise Gence oder Guy Tréjan, deren Namen seit einigen Jahren mit den Stücken Bernhards verbunden sind, fanden 1990 und 1991 mit den »Molières« für die beste Darstellung offizielle (wenn auch etwas verspätete?) Anerkennung. Und Eléonore Hirt, die bereits 1981 neben Guy Tréjan auf der Besetzungsliste von *Der Präsident* und später von *Am Ziel* in Boulogne-Billancourt gestanden hatte, spielte gemeinsam mit Denise Gence in der ersten Fassung von *Vor dem Ruhestand* im Théâtre de la Colline. Ähnlich dazu war der belgische Schauspieler René Hainaux, der in Rouen den General in *Vor dem Ruhestand* spielte, bereits in *Der Präsident* und *Der Schein trügt* aufgetreten. Zu diesen, wie man sagen könnte, »Stammschauspielern« kamen allmählich Bühnenpersönlichkeiten hinzu, die Bernhards Texte als ihrem Format angemessene Partituren betrachteten. So wurden viele Aufführungen rund um den Hauptdarsteller konstruiert: Jean-Paul Roussillon im Théâtre de l'Athénée, David Warrilow und Serge Merlin in Bobigny, Jean-Marc Bory in Créteil. Als jüngste Entwicklung zeichnet sich eine Tendenz zu zunehmender Mediatisierung der Darsteller ab, die manchmal vom Film kommen: Das Spiel von Annie Girardot in *Heldenplatz* bzw. von Fabrice Luchini in *Die Jagdgesellschaft* verschaffte Thomas Bernhards Theater auf indirektem Weg viel Beachtung bei den Medien. Ein weiteres Beispiel ist der Schauspieler Philippe Morier-Genoud, der unmittelbar nach Rappenaus *Cyrano* und Louis Malles *Au revoir les enfants* in *Der Schein trügt* auftrat. Eine Ausnahme bildet der Schauspieler Bernard Freyd, der einen wesentlichen Beitrag zum Erfolg des *Theatermachers* leistete, ohne daß seine Popularität diesen Erfolg von vornherein garantiert hätte. In diesem Fall scheint eine Bernhard-Rolle einem bereits anerkannten Darsteller die Möglichkeit geboten zu haben, auch außerhalb seines gewohnten Arbeitsgebietes bekannt zu werden. Ein Schauspielertheater? Zweifellos. Die Regisseure bestätigen dies; André Engel etwa spricht von einer »großartigen Theatermaschine für außergewöhnliche Bühnenpersönlichkeiten«[87].

Das Beispiel *Heldenplatz* beweist, daß politische Botschaft und ästhetische Aspekte einander paradoxerweise nicht ausschließen. Anstatt wie in Wien übereinander herzufallen, zeichnen die Franzosen den besten Darsteller aus und verleihen Louis Bercut den »Molière« des besten Bühnenbildes für seine einem dekadenten Ästhetizismus verpflichtete Ausstattung. Nimmt man hierzulande Schönheit anders wahr, oder handelt es sich um einen Irrtum, eine Flucht in die Kunst, um sich der Konfrontation mit der Realität des Stückes zu entziehen? Die Frage muß offen bleiben. *Vor dem Ruhestand* wurde jedenfalls vor allem als Begegnung zweier Schauspielerinnen gefeiert, die in einem Bernhard-Text zum ersten Mal gemeinsam auf der Bühne standen; ein Aufmacher von *France Soir*: »Denise [Gence] und Eléonore [Hirt], vereint im Théâtre de la Colline«.[88] Auffällig ist, daß das Lob der Darsteller häufig den negativen Kritiken entgegengehalten wird, als ob die Interpreten und Kommentatoren verzweifelt nach etwas Positivem, Lobenswertem suchten, das im allgemeinen Zusammenbruch Bestand haben könnte. So gesehen, könnte es sich um ein weiteres Mißverständnis handeln, um den Versuch, sich vor einem gnadenlosen Schauspiel in Sicherheit zu bringen.

Die Mißklänge

In diesem Konzert der Lobreden und in dieser umfassenden postumen Kanonisierung (es stellt sich die Frage, ob Thomas Bernhard seit seinem Tod weniger »verstörend« wirkt als zu Lebzeiten ...) wurden auch einige mißtönende Stimmen laut. Sie bildeten anfänglich, etwa bis 1980, die

Mehrheit und kamen um 1985 allmählich zum Verstummen. Die große Wende in der Rezeption trat erst 1988 mit dem (unvorhersehbaren?) Erfolg des *Theatermachers* ein, dem Höhepunkt der Popularität Bernhards. Es erhoben sich erstmals kritische Stimmen, denen zufolge diese Ansammlung von Stücken keinerlei Übereinstimmungen erkennen lasse. Der Vorwurf richtete sich gegen die hohe Zahl der Aufführungen, als wollte man Thomas Bernhard für seinen Erfolg büßen lassen. Dafür gibt es zahlreiche Beispiele: »Bernhard irritiert tatsächlich. Er ist allzu präsent.«[89] »Es ist vielleicht schon zuviel. Ja, es ist ganz ohne Zweifel viel zuviel.«[90] Die Kritiker zeigen sich irritiert – und gelangweilt: »Geht man in diesen Tagen ins Theater, stößt man unweigerlich auf Thomas Bernhard. Die Mode will es so. Diese Allgegenwärtigkeit läuft Gefahr, Bernhard als jemanden erscheinen zu lassen, der er nicht ist: als unverbesserlichen Langweiler. Wer wäre schon bereit, Abend für Abend einen Unheilspropheten, einen Unglücksboten, einen redseligen Nörgler zu sich nach Hause einzuladen?«[91] Nun wird auch die Bernhard-Mode angeprangert: »Seitdem die französischen Regisseure Thomas Bernhard zu einem Modeautor gemacht haben, ist der Andrang gewaltig.«[92] »Ein nicht immer berechtigter Erfolg [...]. Die Thomas-Bernhard-Welle hat Frankreich erfaßt. [...] ein echtes Syndrom.«[93] Unter der polemischen Überschrift »Der heilige Bernhard – ein vorschnell heiliggesprochener Österreicher« bläst *Le nouveau Politis* zum Angriff: »Unsere Theaterleute haben keine Parole ausgegeben, haben es nicht absichtlich, nicht vorsätzlich getan. Aber sie führen alle Thomas Bernhard auf, als wäre der österreichische Schriftsteller zur Zeit der absolute Gott, der heilige Georg des Theaters, der die bösen Drachen auf der Bühne niederstreckt, oder ein heiliger Bernhard, dem man sich nur kniend nähern dürfte.«[94] Den Regisseuren wird häufig ihr »Herdentrieb« zum Vorwurf gemacht:

> Die Regisseure verhalten sich wie die Schafe einer Herde. Sobald nur einer von ihnen mit einem Autor Erfolg hat, stürzen sie sich blindlings auf seine übrigen Werke. Daher haben sie es jetzt so eilig, Thomas Bernhard auf die Bühne zu bringen. Jean-Louis Thamin hat kein Glück, sein Stück ist in dieser Spielzeit schon etwas spät dran, es hat schon ein rundes Dutzend Bernhard-Stücke vor ihm gegeben, und selbst die glühendsten Verehrer des österreichischen Dramatikers beginnen allmählich Ermüdungserscheinungen zu zeigen. Sie sind ja völlig erschöpft, die Armen![95]

Dasselbe Lied bei *Der Schein trügt*:

Schon wieder Bernhard, noch immer Bernhard, als würde niemand sonst auf der Welt für das Theater schreiben. Einzigartig, unentbehrlich und endgültig. So will es der Herdentrieb unseres Jahrhunderts, der gleichsam pathologische Wunsch, das zu tun, was die anderen tun, sein Steinchen mit auf den Haufen zu werfen, sich nur durch seine Ähnlichkeit zu unterscheiden. Doch sprechen wir von etwas anderem [...].[96]

Ein weiterer Vorwurf, der den Stücken sehr häufig gemacht wird, betrifft ihre Machart: Neben ihrer Handlungsarmut (den Kritikern war mit der Zeit dann doch aufgegangen, daß es nichts zu sehen gibt; einzige Ausnahme, auch hier, Jacques Nerson: »Im ersten Akt ist der General noch nicht angekommen, und seine Gattin spielt mit einem befreundeten Schriftsteller Karten. Im zweiten Akt verleiht der General seiner Abscheu vor dem Theater Ausdruck. Man ist versucht, ihm aus vollem Herzen beizupflichten. Im dritten Akt begeht er Selbstmord, und man bedauert, daß er so lange gezögert hat.«[97]) wird ihnen mehr oder weniger direkt ihre Repetitivität vorgeworfen. Auch potentielle Bewunderer bekommen allmählich genug: »Bei den Erbstreitigkeiten zieht der Bruder des Opfers mächtig über die Nazis her. Perfekt! Wenn aber der Nagel schon ins Holz getrieben ist, warum muß er dann zwei Stunden lang weiter mit Hammerschlägen malträtiert werden?«[98] »Repetitiv. Obwohl das Stück bei der Uraufführung einen Skandal ausgelöst hat, stellt sich bei all diesem Haß irgendwann Überdruß ein.«[99] Die Kritik gilt auch der Variation immer derselben Themen: »Aber wie oft haben wir Bernhard schon seinen Ekel und seinen Zorn angesichts der menschlichen und blutigen Komödie herausschreien gehört?«[100] Ein Angriffspunkt, der noch zugespitzt wird, wenn es sich um einen von vornherein ablehnenden Kritiker handelt: »Ich finde in diesem Stück genau das wieder, was mir in den anderen mißfallen hat.«[101] Die hohe Zahl der Aufführungen bürgt also keineswegs für ein besseres Verständnis des Autors beim Publikum. Pierre Marcabru faßt die geäußerten Kritikpunkte zusammen:

Möglicherweise hatten wir in dieser Spielzeit zu häufigen Umgang mit Thomas Bernhard, bis zur Übersättigung, bis zum Ekel, und möglicherweise kommt dieses bereits 1974 verfaßte Stück [*Die Jagdgesellschaft* von Jean-Louis Thamin] zu spät. Als Zuschauer gewinnen wir den Eindruck, daß alles schon gesagt wurde, daß wir nichts Neues mehr erfahren werden, daß der Autor wie ein Hamster im Laufrad auf der Stelle tritt und sich unablässig wiederholt. Thomas Bernhard erinnert an jene lästigen Schwätzer, die uns am Westenkragen packen und ihre Empörung, ihre Wut, ihren Kummer und ihren Haß endlos ins Gesicht spucken. Man versucht vergeblich sich freizumachen, konsterniert, verzweifelt, Opfer eines Wortschwalls, der sich klebrig um einen ausbreitet und einen erstickt. [...] Wir suchen nach Hinweisen und gehen dabei im Kreis. Thomas Bernhard hat sich von uns entfernt.[102]

Ein anderes Argument, mit dem die Ablehnung häufig begründet wird, betrifft die Weltsicht des Autors: Sein Nihilismus und sein Haß sind ganz und gar nicht nach dem Geschmack der französischen Kritiker: »Es genügt nicht zu behaupten, die Welt wäre abscheulich, da machen Sie es sich zu leicht, junger Mann, das müßten Sie noch ein wenig ausarbeiten.«[103] Diese Ablehnung kommt auch in bezeichnenden Wortspielen zum Ausdruck: Die Krone in dieser Disziplin gebührt zweifellos Jacques Nerson für sein auf Sarah Bernhardt anspielendes »ça rase, Bernhard« [Sie langweilen, Bernhard]; im selben Artikel wirft er den Stücken vor, langweilig zu sein: »Er ist trotz allem ein merkwürdiger Komiker, dem kein einziger Lacherfolg im Zuschauerraum gelingt. Sollten sich die Franzosen von dem österreichisch-öden Komiker [comique autrichiant] abgewandt haben?«[104] Als Beispiel für ein noch unfreundlicheres, ja nahezu ehrenrühriges Urteil läßt sich Pierre Marcabru anführen (immer wieder er, bestimmt kein Verehrer von Thomas Bernhard), der vom »tollwütigen Österreicher« [autrichien enragé][104] spricht ... Diese spöttischen Bezeichnungen treten nun neben die liebenswürdigeren Wortspiele, an die wir bereits gewöhnt sind: »Bernard-l'ermite«, Bernhard, der Einsiedlerkrebs (von *Libération* erfunden und seitdem häufig wiederholt), oder, religiöser gefärbt, der »heilige Thomas aller Verweigerungen«[106].

Frankreich zeigt sich der Bernhardschen Düsternis vor allem dann unzugänglich, wenn sie mit Haß und Unmenschlichkeit in Verbindung gebracht wird. Diese beiden Aspekte finden in Frankreich nur wenig Anklang. Vielleicht deshalb, weil dem Modell Beckett, mit dem Bernhard immer wieder verglichen wird, die Radikalität dieser Übertreibungskunst fremd ist: »Bernhard kennt kein Mitleid, man hat das Gefühl, er hasse die ganze Welt. Jede seiner Figuren ist mittelmäßig, boshaft. Das ist streckenweise unerträglich.«[107] Zweifellos sind jedenfalls die von der französischen Kritik am begeistertsten gefeierten Stücke auch die »menschlichsten« und damit am wenigsten »bernhardischen«.

So hat *Der Schein trügt* sogar bei Pierre Marcabru Gnade gefunden, weil der Autor »ein wenig Menschlichkeit zeigt, seine phantasmatischen Schimpforgien sparsamer einsetzt und manchmal sogar Interesse an seinen Figuren aufzubringen scheint. Er zeigt sich dem Leben gegenüber achtsam.«[108] Der gleiche Kritiker lobt auch den *Weltverbesserer*, in dessen »hilfloser Verzweiflung, die uns fast berühren könnte [...]«, er »so etwas wie Menschlichkeit«[109] erkennt. Pathos und Mitleid mit den Menschen scheinen also eher der Erwartung des französischen Zuschauers zu entsprechen, der der gnadenlosen Vernichtungswut Thomas Bernhards nichts abgewinnen kann. Daß sich etwa André Engel gerade für den *Weltverbesserer* entschieden hat, deutet in dieselbe Richtung. Nach Ansicht des Regisseurs handelt es sich »um ein Stück für sich. Während die Liebe sonst die große Abwesende im Theater Thomas Bernhards ist, lassen sich in diesem Stück, in der Beziehung des Kranken zu seiner Frau und Sklavin, Spuren von Zuneigung erkennen.«[110] Handelt es sich hier um ein weiteres Mißverständnis, hervorgerufen durch die Verständnislosigkeit, mit der das französische Publikum Bernhards Verwünschungen und Schimpforgien begegnet? Oder nehmen wir, eben weil sich diese Sintflut an Invektiven (wenigstens unmittelbar) nicht über uns ergießt, eine andere Melodie wahr, die Stille hinter dem Toben, die enttäuschte Hoffnung hinter der zur Schau getragenen Hoffnungslosigkeit?

Ein anderer, wesentlicher Unterschied zwischen den französischen und deutschen oder österreichischen Inszenierungen betrifft die Komik. Bis heute hat sich Bernhard in Frankreich als komischer Autor oder zumindest als Verfasser grotesker Farcen nicht durchsetzen können. Lacherfolge waren selten. Hier sind nur Jacques Kraemers *Macht der Gewohnheit* von 1988, das als Zirkusspektakel an der Grenze zur Clownerie inszeniert wurde, und natürlich Jean-Pierre Vincents *Theatermacher* anzuführen, der streckenweise an Kabarett erinnerte. Abgesehen von diesen beiden Stücken läßt sich nicht gerade behaupten, daß Bernhard das französische Publikum in unbändiges Lachen ausbrechen ließe, auch wenn der Aspekt des Grotesken von den Regisseuren stark betont wird. Es war übrigens ein deutscher Journalist, der uns daran erinnert hat, daß Bernhard auch komisch sein kann. Die Besprechung in der *FAZ* ist nicht sehr konkret, gibt aber die Meinung all derer wieder, die die deutschen und österreichischen Aufführungen gesehen haben: »Die Aufgabe des Regisseurs von Bernhard-Stücken sei es nicht, den Zuschauer zum Lachen zu bringen, sondern ihn daran zu hindern, meint André Engel. Das ist in beiden Aufführungen reichlich gelungen.«[111] Hier gäbe es also noch viel zu tun. Dies könnte die Gelegenheit für einen Neuanfang sein.

Ein Erklärungsversuch: Hypothesen

Die Gründe für diesen spektakulären Erfolg sind zweifellos vielfältig. Die erstaunliche »Thomas-Bernhard-Welle«, die über die französischen Bühnen hinweggerollt ist (und sich vielleicht fortsetzen wird), läßt sich wahrscheinlich durch das Zusammentreffen mehrerer verschiedener, synergistisch wirkender Faktoren erklären. Zur Chronologie ist zu vermuten, daß der aufsehenerregende Erfolg von Jean-Pierre Vincents *Theatermacher* in der öffentlichen Meinung als Auslöser gewirkt hat. Er brachte mit sich, daß andere und nicht gerade unbekannte Regisseure auf Thomas Bernhard aufmerksam wurden: André Engel erwähnt, daß er ihn bei dieser Gelegenheit entdeckt hat.[112] Es ist, ohne daß gleich von einem »Herdentrieb« gesprochen werden muß, durchaus verständlich, daß der spektakuläre Durchbruch eines bisher mehr für seine Romane als für seine Theaterstücke bekannten Autors ein fast unbegrenztes Feld von Möglichkeiten eröffnet. In jüngster Zeit wurde Bernhard seinem potentiellen Publikum auch dadurch bekannt, daß er an Bühnen aufgeführt wurde, die wie Jorge Lavellis Théâtre National de la Colline dem zeitgenössischen Theater verpflichtet sind. Das traurige Beispiel der Michodière 1981, als Bernhards Text in einem Saal aufgeführt wurde, in dem gewöhnlich Boulevardtheater gespielt wird (man stelle sich die Überraschung der Abonnenten vor!), beweist *a contrario*, daß Bühnen gefunden werden müssen, an denen die Erwartungshaltung des Publikums den Anforderungen des Textes einigermaßen entspricht.

Was die Texte selbst betrifft, so bürgen die vom Verlag L'Arche in den letzten Jahren verfolgte Politik und das Erscheinen sämtlicher Texte in französischer Sprache für ihre weitere Verfügbarkeit in Frankreich; sie sind nun auch denen zugänglich, die nicht auf deutsche Sprachkenntnisse zurückgreifen können. Die Tatsache, daß Jean-Pierre Vincent, wie er einmal erwähnt hat, den *Theatermacher* zufällig auf den Regalen einer Theaterbuchhandlung entdeckt hat, zeigt die große Bedeutung der verlegerischen Komponente für den Erfolg des Autors. Die Qualität der

Übersetzungen, denen die Musikalität des Textes auch auf französischen Bühnen zu verdanken ist, stellt einen zusätzlichen Faktor dar. Die Arbeit der Übersetzer, die sich mit oft unlösbaren Schwierigkeiten herumschlagen müssen, kann nicht genug Anerkennung finden.

Neben diesen direkten Faktoren können auch tiefergehende Ursachen vermutet werden, ohne die der Erfolg nicht dieses Ausmaß angenommen hätte. Man kann hier mehrere Hypothesen vorbringen, die sich auf die Rolle des Intellektuellen (und Schriftstellers) in unserer modernen Gesellschaft und besonders in Frankreich beziehen. Der Bankrott der Ideen und Systeme verleitet zu einer Flucht in die Subjektivität oder in den Pessimismus, und Thomas Bernhards Werk bedient eben diese beiden Haltungen. Zur Erklärung der überschäumenden Begeisterung des hiesigen Publikums läßt sich ein weiteres, spezifisch französisches Phänomen anführen: »L'après-1981«, die Befindlichkeit des Landes nach der Machtübernahme durch die Sozialisten. Claude Porcell stellt folgende Hypothese auf, die eine allgemeine ideologische Entwicklung in Deutschland und Frankreich mit einer genuin französischen Komponente verknüpft: »In den siebziger und achtziger Jahren waren in Deutschland eine Abkehr vom Politischen und ein Wiederaufleben des Nihilismus zu beobachten, zwei Faktoren, die man auch im Werk Bernhards wiederfindet. Als die Linke an die Macht kam, durchlebte Frankreich eine sehr politisierte Periode. Heute, nachdem die Illusionen zerstört sind und das Politische generell verworfen wird, greift man wieder mehr auf subjektivere Wertvorstellungen zurück, und Bernhard ist ein extrem subjektiver Autor.«[113] Die unmittelbare Aktualität des Golfkriegs, mit der das »Phänomen Bernhard« wenigstens teilweise in Zusammenhang steht, schien manche Regisseure von einem Autor überzeugt zu haben, der das Scheitern des von der Aufklärung ererbten Fortschrittsdenkens verkündet. So merkte etwa André Engel zum *Weltverbesserer* an: »Man spitzt Bernhards Ansichten zu, wenn man das Stück im 18. Jahrhundert spielen läßt. Das legt heute, wo uns dieser Fortschrittsgedanke in Gestalt explodierender Scuds auf den Kopf fällt, die Annahme nahe, daß die rationalistische Philosophie schon von Geburt an dem Tod geweiht war.«[114] Die Aporien, in die die Philosophien geraten sind, dienen als Erklärung für das Auftreten jener »Sendboten des Nichts«, zu denen E. Canetti Bernhard bekanntlich gezählt hat.

Es wurde aber auch die gegenteilige Meinung vertreten und Bernhards Theater als Antwort auf diese Krise der Ideen und des Politischen gedeutet. Daß diese Antwort eine politische sei, beruht zweifellos auf einem Mißverständnis; unbestreitbar ist die Zustimmung, die sie in Frankreich gefunden hat. Vor dem Hintergrund des Golfkrieges (eine weitere Bankrotterklärung der Intellektuellen?) pries die *Humanité* »die wohltuende Wirkung der Galligkeit« in folgenden Worten: »Unnötig zu erwähnen, daß in einer Zeit der rückgratlosen Marionetten, der Ideen, die keine sind, des ungeheuerlichen Einverständnisses mit dem Blutbad und der von Generalen im kotzfarbenen Kampfanzug polternd verkündeten Kommuniqués Bernhards kosmischer Haß als Beweis einer beneidenswerten Gesundheit gelten kann.«[115] Es wagen, das Gegenteil zu sagen oder überhaupt sich zu äußern: das wäre die eigentliche politische Botschaft, sofern von einer solchen die Rede sein kann. Angesichts des Bankrotts der Intelligenz und des ideologisch-pragmatischen Konsenses wagt es ein Bühnenautor, seine Stimme zu erheben: In diesem Sinn wurden Thomas Bernhards politischere Stücke (zurecht oder zu Unrecht) von vielen verstanden. Die Frage, ob es in Frankreich einen anderen Bühnenautor gibt, der diese Funktion ebensogut wahrnehmen könnte, muß offen bleiben.

Nach all dem von Thomas Bernhard geäußerten und von der französischen Kritik bereitwillig übernommenen Österreich-Haß ist es nur gerecht, das Schlußwort einem Österreicher zu überlassen. Die Berichterstattung des *Standard* über die französische *Heldenplatz*-Inszenierung hält uns ein Spiegelbild vor, das uns, ehrlich gestanden, keine Freude macht. Der österreichische Journalist, dem die französischen Aufführungen nicht gefallen haben, reagierte mit einer schlagfertigen Retourkutsche und erklärte den Erfolg Thomas Bernhards in Frankreich mit dem Immobilismus des französischen Kulturlebens: »Die französische Presse lobt dennoch beide Inszenierungen in hohen Tönen. Den sehr autoritätsbedürftigen Franzosen, die Institutionen ungern in Frage stellen und Skandale möglichst vermeiden, erscheint der *Heldenplatz* [...] als direkt aus dem kuriosen österreichischen Pamphlet-Schatz entsprungen. Ein derartiges Ausmaß an Meinungsfreiheit, an Aufzeigen von vorhandenen Mißständen, wäre in Frankreich total undenkbar.«[116]

(AUS DEM FRANZÖSISCHEN VON WOLFRAM BAYER)

Anmerkungen

[1] Der Standard, 11. 2. 1991.
[2] Le Monde, 18. 4. 1991.
[3] Vgl. dazu J.-M. Winkler: Un autrichien à Paris. Thomas Bernhard au Festival d'Automne 1988. In: Austriaca Nr. 28, Rouen, Juni 1989.
[4] Libération, 23. 4. 1991, S. 41: »In den letzten zwölf Monaten wurden etwa zwanzig Stücke von T. B. aufgeführt. Derzeit proben fünf Theatergruppen ›Die Macht der Gewohnheit‹«.
[5] Meldung der Agence France Press vom 4. 2. 1991.
[6] Libération, ebda. Coluche (eigentl. Michel Colucci): der französische, 1986 verstorbene Variétékünstler, Schauspieler und Satiriker überzog die Stereotypen der französischen Gesellschaft mit ätzendem Humor.
[7] Le Figaro, 1. 3. 1978.
[8] Libération, ebda.
[9] La Croix, 3. 2. 1991.
[10] Vgl. dazu Claude Porcell: Mal vu, mal entendu. Le théâtre de Thomas Bernhard dans la presse française. In: France-Autriche 1970-1986. Positions et relations culturelles, actes du colloque tenu à Orléans (12./13. 5. 1986), S. 123-145.
[11] La Croix, 24. 1. 1991.
[12] Témoignage chrétien, 29. 1. 1991.
[13] L'écho du centre, 1. 2. 1991.
[14] L'ami du XXème, Februar 1990.
[15] Réforme, 3. 3. 1990.
[16] L'Aurore, 2. 2. 1991.
[17] Les Echos, 12. 2. 1991.
[18] Le Figaro, 12. 2. 1991. Es überrascht, in diesem politischen Kontext Céline erwähnt zu finden. Pierre Marcabru bezieht sich jedoch auf einen anderen Aspekt.
[19] Le nouveau Politis, 21. 2. 1991.
[20] La Croix, 13. 2. 1991.
[21] L'Humanité dimanche, 1. 3. 1991.
[22] Ebda.
[23] Réforme, 2. 3. 1991.
[24] Révolution, 22. 3. 1991.
[25] Nord matin, 11. 4. 1991.
[26] L'écho du centre, 1. 2. 1990.
[27] Le Monde, 12. 2. 1991.
[28] L'Humanité dimanche, 1. 3. 1991.
[29] Agence France Presse, 4. 2. 1991.
[30] Le Figaro, 12. 2. 1991.
[31] Nord Matin, 11. 4. 1991.
[32] Panorama du médecin, 4. 6. 1991.
[33] La Vie, 26. 1. 1990.

[34] Le Monde, 26. 1. 1990.
[35] Ebda.
[36] Spécial dernière, Mai 1991. Hier ist allerdings zu berücksichtigen, daß es sich um keine Literaturzeitschrift handelt und daß der Tod des laut diesem Artikel »vor einigen Wochen verstorbenen« Thomas Bernhard damals schon zwei Jahre zurücklag ...
[37] Impact médecin, April 1991.
[38] Sud-Ouest dimanche, 24. 3. 1991. Der Universitätslehrer Faurisson, ein Vertreter des französischen »Revisionismus«, leugnet die Existenz der Gaskammern und KZs.
[39] Le canard enchaîné, 16. 11. 1988.
[40] Auteurs Nr. 88/89, März-April 1991.
[41] L'Express, 4. 11. 1988.
[42] Le Quotidien de Paris, 17. 10. 1988.
[43] National Hebdo, 14. 3. 1991. LICRA: die 1927 gegründete »Liga gegen Rassismus und Antisemitismus«.
[44] Ebda.
[45] Le Figaro Magazine, 23. 2. 1991.
[46] Ebda.
[47] La Revue des deux mondes, 1990. Chronik von Philippe Sénart.
[48] L'Aurore, 20. 1. 1991.
[49] Ebda.
[50] Réforme, 2. 3. 1991.
[51] L'Arche, März 1991.
[52] Ebda.
[53] Auteurs Nr. 88/89, März-April 1991.
[54] L'Express, 14. 3. 1991.
[55] La Croix, 24. 1. 1990.
[56] L'Express, 14. 3. 1991.
[57] Le Quotidien de Paris, 22. 1. 1991.
[58] L'Express, 14. 3. 1991.
[59] Le canard enchaîné, 16. 11. 1988.
[60] La Vie judiciaire, 4. 3. 1991.
[61] Paname magazine, 16. 3. 1991.
[62] Le Figaro, 12. 2. 1991.
[63] Le Monde, 12. 2. 1991.
[64] Le Figaro magazine, 23. 2. 1991.
[65] Réforme, 2. 3. 1991.
[66] Auteurs Nr. 88/89, März-April 1991.
[67] Nord Matin, 11. 4. 1991.
[68] L'Affiche Nr. 137, November 1990.
[69] Paris Normandie, 18. 10. 1990.
[70] Ebda.
[71] Télérama, 27. 3. 1991.
[72] Figaroscope, 17.-23. 4. 1991 und Le Figaro, 19. 4. 1991.
[73] Ebda.

[74] Le Monde, 6. 2. 1991.
[75] Le Monde, 3. 4. 1991.
[76] Le Quotidien de Paris, 17. 10. 1988.
[77] L'Express, 4. 11. 1988.
[78] Ebda.
[79] Magazine littéraire, Mai 1989.
[80] Libération, 23. 4. 1991.
[81] Ebda.
[82] L'Humanité, 11. 2. 1991.
[83] La Croix, 3. 2. 1991.
[84] Le Figaro, 12. 2. 1991.
[85] L'Express Paris, 21. 4. 1991.
[86] Sud-Ouest dimanche, 17. 3. 1991.
[87] L'Express, 14. 3. 1991.
[88] France Soir, 30. 1. 1990.
[89] Le Figaroscope, 29. 5. 1991.
[90] Les Echos, 12. 2. 1991.
[91] Le Figaro, 12. 2. 1991.
[92] Le Figaro magazine, 23. 2. 1991.
[93] Globe, März 1991.
[94] Le nouveau Politis, 21. 2. 1991.
[95] Le Figaro magazine, 11. 5. 1991.
[96] Le Figaro, 22. 3. 1991.
[97] Le Figaro magazine, 11. 5. 1991.
[98] Le nouveau Politis, 21. 2. 1991.
[99] Meldung ACP-Telpresse vom 20. 3. 1991.
[100] Le Figaro, 26. 4. 1991.
[101] Le Figaro magazine, 11. 5. 1991.
[102] Le Figaro, 26. 3. 1991.
[103] Le Figaro magazine, 11. 5. 1991.
[104] Ebda.
[105] Le Figaro magazine, 23. 2. 1991.
[106] L'Express, 14. 1. 1991.
[107] Le Quotidien du médecin, 20. 2. 1991.
[108] Le Figaro, 22. 3. 1991.
[109] Le Figaro, 19. 2. 1991.
[110] Libération, 5. 2. 1991.
[111] Frankfurter Allgemeine Zeitung, 23. 2. 1991.
[112] »Den ersten Anstoß erhielt ich vor rund drei Jahren, als ich Jean-Pierre Vincents Inszenierung des ›Theatermachers‹ sah.« Libération, 5. 2. 1991.
[113] Sud-Ouest Dimanche, 24. 3. 1991.
[114] Libération, 5. 2. 1991.
[115] L'Humanité, 11. 2. 1991.
[116] Der Standard, 11. 2. 1991.

Luigi Reitani

Wenn die Metaphysik zur Politik wird
Zur Bernhard-Rezeption in Italien

Schon lange bevor die systematische Übersetzung seiner Bücher ihren Anfang genommen und sein Werk mit zunehmender Intensität eine breitere Leserschaft erreicht hatte, war Thomas Bernhard in der Literaturszene Italiens ein Begriff: als Geheimtip für Kenner, als Forschungsobjekt für Germanisten, als Risiko bzw. möglicher Renner für die Verleger, als verzweifelte und zur Verzweiflung bringende Herausforderung für die Übersetzer. Selten läßt sich so deutlich das Phänomen einer Rezeption beobachten, bei der die literaturwissenschaftliche und literaturkritische Auseinandersetzung eine bahnbrechende Funktion übernimmt, indem sie dem Literaturmarkt den Weg bereitet. Die beachtliche Verspätung, mit der das Werk Bernhards in Italien übersetzt wurde – es waren immerhin 18 Jahre seit der Veröffentlichung des Romans *Frost* vergangen, als 1981 zuerst der Erzählband *L'Italiano* (*An der Baumgrenze*) und kurz darauf *Perturbamento* (*Verstörung*) herauskamen (zum Vergleich: die erste französische Übersetzung[1] erschien bereits 1967!) –, wirkte in dieser Hinsicht als längere Inkubationszeit, nach deren Ende der »Fall Bernhard« mit umso heftigerer Virulenz ausbrach. Sicher ist jedenfalls, daß die (verglichen mit den Verlagen) promptere Aufnahmebereitschaft der italienischen Germanistik (oder zumindest eines Teils von ihr) in höchstem Maße die spätere Rezeption in der Öffentlichkeit bestimmte. Dabei trat eine Kunstauffassung in den Vordergrund, die allmählich den innenliterarischen Diskurs prägte. So zeigt sich am Beispiel Bernhards eine Neuorientierung des literarischen Geschmacks, die von einem anfänglich elitären Standpunkt aus gelenkt wurde. Diese Veränderung des ästhetischen Erwartungshorizonts in bezug auf die italienische Rezeption Bernhards wird in den folgenden Betrachtungen noch zu erörtern sein.[2]

Elitär war zweifellos die erste italienische Publikation, die in Italien eine Schrift Bernhards enthielt. *Adelphiana* hieß dieses Buch, das 1971 vom Verlag Adelphi in Mailand als unverkäuflicher Sonderband herausgegeben wurde. Neben Auszügen aus Werken vieler Verlagsautoren (u. a. Ingeborg

Bachmanns) konnte man darin in der Übersetzung Vittoria Rivelli Ruberls eines der schönsten Prosastücke Thomas Bernhards lesen: *Ist es eine Komödie? Ist es eine Tragödie?*[3] Daß damit Bernhard als »Adelphianer« vorgestellt wurde, ist nicht ohne Bedeutung. 1962 entstanden, hatte sich dieses Verlagshaus mit einem ausgewählten Literaturprogramm behauptet, das sehr stark auf kulturkritische Strömungen setzte. Ein wesentlicher Teil dieses Programms war die neue kritische Ausgabe der Werke Nietzsches, die Giorgio Colli und Mazzino Montinari eben für Adelphi und gleichzeitig für De Gruyter in Berlin vorbereiteten. Keine mindere Rolle spielte dabei die »Wiederentdeckung« der Wiener und Prager Kultur der Jahrhundertwende. Nicht von ungefähr startete die wichtigste Reihe des Verlags mit der *Anderen Seite* Kubins. Dank dem raschen Erfolg dieser Strategie wurden Autoren wie Joseph Roth und Arthur Schnitzler in Italien zum Schlager.[4] In kürzester Zeit verstand man unter dem Namen Adelphi nicht weniger als den Inbegriff einer – wie auch immer gemeinten – »mitteleuropäischen Kultur«. Dabei nahm aber die zeitgenössische deutschsprachige Literatur im Verlagsprogramm nur einen bescheidenen Platz ein. Eine Ausnahme bildete hier Ingeborg Bachmann, deren Roman *Malina* schon 1973 übersetzt wurde. Persönliche Kontakte Bachmanns zum Schriftsteller und Verlagschef Roberto Calasso dürften in diesem Fall ausschlaggebend gewesen sein, und es ist nicht auszuschließen, daß selbst die Veröffentlichung der Erzählung Bernhards auf Bachmanns Anregung erfolgte.

Ein Jahr nach diesem in Wahrheit kaum zur Kenntnis genommenen literarischen Debüt verfaßte Isabella Berthier Verondini einen umfangreichen Aufsatz über Bernhards Romane *Frost*, *Verstörung* und *Das Kalkwerk*, die die früh verstorbene italienische Germanistin als organische »Intellektuellentrilogie« auffaßte.[5] Es zeichnet sich hier zum ersten Mal eine Tendenz ab, das Werk Bernhards als homogenen Korpus zu betrachten, der sich in seiner Gesamtheit ohne Rücksicht auf seine Entwicklung beschreiben läßt. Statt einer analytischen Untersuchung der Romane wird ein Gesamtbild des Autors entworfen, das sich auf Parallelen und thematische Konstanten in den drei Büchern stützt. Weder die Lyrik noch die Prosa vor *Frost* werden unter dieser Voraussetzung berücksichtigt. Großen Wert wird hingegen auf Bernhards Reden gelegt. Dabei entbehrt der gut dokumentierte Aufsatz Isabella Berthier Verondinis nicht sehr feiner Beobachtungen über die Erzählweise Bernhards.[6] Entscheidend ist aber für die italienische Germanistin die Inhaltsebene, die ihrer Meinung nach die österreichische Problematik »des großen Erben« zum Ausdruck bringt, und zwar sowohl in politischer als auch kulturgeschichtlicher Hinsicht. Die Bernhardschen Figuren seien nämlich Erben einer Tradition – nicht nur des Habsburgerreichs, sondern auch des wissenschaftlichen Positivismus und des europäischen Anthropozentrismus –, die plötzlich als Märchen dargestellt wird. Ihre Tragik liege in einer Entwurzelung aus der Tradition: »Da der Erbe in der Gegenwart nicht mehr jene Werte wiederfindet, die er traditionsgemäß vertritt, ist er unfähig, sich einer von Grund auf veränderten Gesellschaft anzupassen. Nach eigener Definition konservativ, wird er aus Notwendigkeit revolutionär.«[7]

Bei ihren Argumentationen knüpfte Isabella Berthier Verondini an die bekannten Thesen Claudio Magris' über den habsburgischen Mythos an. In einem Aufsatz[8] für die Zeitschrift *Literatur und Kritik* hatte bereits 1968 der Triestiner Germanist aus seinem erfolgreichen Buch[9] Konsequenzen für die zeitgenössische Literatur Österreichs abgeleitet. »Das habsburgische ›Erbe‹«, schrieb damals Magris, »stellt in jeder Hinsicht ein hochaktuelles und tiefempfundenes Problem für die jungen Generationen dar.«[10] Mit dieser Formulierung bezog sich Magris vor allem auf Herbert Eisenreich, aber auch auf die »Erzählkunst von vielen Autoren wie Peter Marginter, Thomas Bernhard, Andreas Okopenko und Gerhard Fritsch«[11]. Für Magris besaß der habsburgische Mythos noch in den sechziger Jahren eine poetische Kraft, auf die er mehrmals hinwies. Und am Rande sei bemerkt, daß in diesem Zusammenhang der Name Bernhards zum ersten Mal in einem Aufsatz eines italienischen Germanisten aufscheint.

Das Rezeptionsschema, das hier bereitliegt, enthält schon viele Ingredienzen, mit denen die italienische Germanistik später ihr exquisites Bernhard-Gericht zubereiten sollte. Von der Sprachskepsis eines Hugo von Hofmannsthal bis zur Philosophie Ludwig Wittgensteins und zur sprachlichen Akrobatik der Wiener Gruppe schafft Isabella Berthier Verondini – allerdings nicht ganz zu unrecht – jenes Zitatmaterial herbei, das Bernhard in der Tradition der Austrizität fest verankern soll. Daß damit die scharfen Angriffe des Autors gegen den österreichischen Staat ausgeklammert oder mißverstanden werden, erscheint unvermeidlich, wie auch die Tatsache, daß diese Lektüre Bernhards außerstande ist, den schwarzen Humor des Autors wahrzunehmen. Nachdrücklich wird auf die Kompaktheit der Bernhardschen Figuren hingewiesen, emphatisch ihre »überwältigende, halluzinatorische Pathologie« ernstgenommen.[12]

Mit großem Scharfsinn und essayistischer Virtuosität setzte Claudio Magris 1973 diesen interpretatorischen Ansatz fort.[13] Noch *vor* dem Aufsatz Isabella Berthier Verondinis veröffentlicht, als Beitrag für eine Festschrift zum 70. Geburtstag des italienischen Germanisten Ladislao Mittner entstanden – ein Band, der für ein breiteres Publikum gedacht war und knappe Einführungen zu bedeutenden deutschsprachigen Romanen unseres Jahrhunderts enthält –, übte die Studie Magris' einen prägenden Einfluß auf die spätere italienische Bernhard-Rezeption aus. Im Zentrum des Aufsatzes steht der Roman *Verstörung*, der aber als Paradigma für die ganze Produktion des Autors betrachtet wird. »Kohärent bis zur Manie«, sei nämlich Bernhard in seinem »durchaus homogenen« Werk, das »immer ein Thema variiert«.[14] Bei seiner Untersuchung, die die deutschsprachige Forschung bis dato übersichtlich zusammenfaßt und verwendet, unterstreicht Magris vor allem die verzweifelte Suche nach einer verlorenen und nicht mehr existierenden Totalität als Stigma der Bernhardschen Figuren.[15] Der symmetrische und hierarchische Protokollstil des Autors bedeutet nach Magris eine Umkehrung des »totalen Romans«.[16] Betont wird die Negativität der Bernhardschen Natur. Betont wird auch die Rolle der Sprache, denn »alles spielt sich [in *Verstörung*] nicht in der Wirklichkeit, sondern in der Sprache«[17] ab.

Sicherlich ist die Art, wie Magris sein »kultiviertes Leseerlebnis«[18] vermittelt, faszinierend. Bernhard, schreibt Magris, sei »ein unerbittlicher Rezensent des Chaos«, ein »Mathematiker, der jeder Rechnung und Funktion, der er je begegnet, immer ein negatives Zeichen voranstellt«.[19] In den »schlagwortartigen Bezeichnungen«[20] des italienischen Germanisten gipfelt eine essayistische Prosa, die die Kunst der impressionistischen Nacherzählung in höchstem Maße beherrscht. Hier sei aber insbesondere vermerkt, daß Magris bei seiner Lektüre auf der Suche nach einer *politischen* Legitimation ist. Bernhards Pessimismus habe nämlich, Magris zufolge, auch ohne es zu beabsichtigen, revolutionäre Aspekte, denn seine Bedeutung »liegt in seiner absoluten Negativität, die Voraussetzung und Grundlage jedes neuen Weltentwurfes ist«[21]. Verblüffend ist hier die vollkommene Übereinstimmung mit den Gedanken Isabella Berthier Verondinis, die sich zum Abschluß ihres Aufsatzes auch bemüht hatte, eine unbeabsichtigte Konvergenz Bernhards mit der »marxistischen Kunsttheorie«[22] zu unterstreichen, einer Theorie nämlich, die die kritische Wirkungsrolle der Kunst verfechte.

Diese Stellungnahmen lassen sich besser verstehen, wenn man sich die ideologische Konstellation vor Augen hält, die in Italien die Germanistik und die Literaturkritik in den siebziger Jahren prägte. Kennzeichnend ist z. B., daß Ladislao Mittner – dessen außerordentliche Verdienste völlig außer Zweifel stehen – 1971 seine monumentale *Geschichte der deutschen Literatur* abschließen konnte, indem er als bedeutendstes Werk der letzten Jahre Peter Weiss' *Verfolgung und Ermordung Jean Paul Marats* pries.[23] Daß eine solche Kunstauffassung, die zum großen Teil im Zeichen Lukács' stand, die innovative Bedeutung Bernhards innerhalb der deutschsprachigen Literatur nicht wahrzunehmen vermochte, versteht sich von selbst. Eugenio Bernardi hat darauf hingewiesen, daß Mittner trotz seiner sensiblen Aufmerksamkeit für die Strömungen der Neo-Avantgarde den Namen Bernhard nie erwähnt hat.[24]

Daß die italienische Bernhard-Rezeption am Anfang der siebziger Jahre durchaus von Bedeutung gewesen ist, beweist aber der Aufsatz eines anderen Germanisten aus der Generation Mittners, in dem ebenfalls *Verstörung* im Mittelpunkt steht. Es handelt sich um eine Machiavelli-Studie Mario Pensas[25], die in origineller Weise von Bernhards Roman und dessen Interpretation durch den Hamburger Autor Hans-Jürgen Fröhlich[26] ausgeht. Hier zeigt Pensa eine profunde Kenntnis des »jungen österreichischen Autors«, wobei einmal mehr die Verbindung zum habsburgischen Mythos hergestellt wird.[27]

Freilich deutete Pensa – wie übrigens auch Magris in einer diskreteren und Isabella Berthier Verondini in einer dramatischeren Form – eine autobiographische Komponente der Weltanschauung Bernhards an. Man kann aber nicht behaupten, daß diese Perspektive in der früheren italienischen Bernhard-Rezeption – zu einem Zeitpunkt übrigens, als die ersten Bände der Autobiographie noch nicht erschienen waren – dominiert hätte. Vielmehr bemüht sich die italienische Germanistik, Bernhards Pessimismus *brauchbar* zu machen, indem seine kulturpolitischen Konsequenzen oder seine Anregungen für kulturpolitische Theorien (wie bei Pensas Studie über Machiavelli) *weiter*gedacht werden. Dazu dient das Schema des habsburgischen Mythos, das eine optimale Grundlage (Krise der Totalität und der Ideologien, Vorrang des analytischen Denkens usw.) dafür abgibt.

Auch ein kurzer Aufsatz Mario Molin-Pradels[28] entfernt sich nicht von dieser interpretatorischen Linie. Molin-Pradel betrachtet *Gehen* als vorläufig radikalen Endpunkt einer Schrifstellerkarriere, bei der sich »sehr wenig in der Substanz, fast nichts im Stil ändert«[29]. Molin-Pradel spricht (als erster in Italien) von »Irritation« bei der Lektüre Bernhards, weist auf »grobe Verallgemeinerungen« sowie »an Nörgelei und Raunzerei erinnernde Stellen«[30] hin, stellt Bernhard als großen (österreichischen) Pessimisten *über* die Geschichte und macht zum Abschluß noch eine Art germanistische Prophezeiung:

> Bernhard ist kein moderner Schriftsteller im herkömmlichen Sinne des Wortes, dazu ist er zu sehr Österreicher. Er wird sein Thema weiterverfolgen, er wird seine Rollen anderen Sprachrohren anvertrauen, die das Stück etwas anders spielen werden, er wird also ein Erbe fortführen, das tief in der österreichischen Tradition wurzelt, die doch den Pessimismus in all seinen Erscheinungsformen seit Jahrhunderten durchexerziert und mit allen nur denkbaren Lebensauffassungen kombiniert hat, ohne Rezepte zu verschreiben.[31]

Das Interesse der italienischen Germanistik für einen Autor, dessen Werke in Italien noch nicht übersetzt worden waren, zeigte sich in eklatanter Weise anläßlich eines Bernhard-Symposiums in Triest, das 1977 in Anwesenheit des Schriftstellers stattfand. »Thomas Bernhard kam, las, machte bei einem Büffet-Dinner des österreichischen Generalkonsuls freundlich Konversation«[32], schrieb halb ironisch, halb perplex der Journalist Hans Haider, der seine Betroffenheit beim Symposium nicht zu verbergen vermochte. Warum nämlich, so Haider, »gerade Bernhard, und noch dazu im Ausland, ein Symposion gewidmet wurde?« Und in allerhöchster journalistischer Bestürzung: »Die Italiener erwiesen sich durchaus als profunde Kenner des Werkes Bernhards.« Tatsächlich war die Riege der Teilnehmer beachtlich. Neben Herbert Gamper, Hilde Spiel, Sigurd Paul Scheichl, Alfred Focke, Otto Lederer und Wendelin Schmidt-Dengler nahmen am Symposium noch die Italiener Claudio Magris, Luciano Zagari, Giorgio Cusatelli, Eugenio Bernardi und Renato Saviane teil.[33] Nur letzterer hegte Zweifel an der Bedeutung Bernhards, dessen Prosa er als »Heimatromane für Südtiroler Bergbauern«[34] bezeichnete. Sonst waren sich die Italiener über die überregionale Dimension des Autors einig. Pointiert formulierte Luciano Zagari die Frage, ob die Romane Bernhards nicht ein »allerletzter Versuch« seien, die Wirklichkeit darzustellen.[35]

In dieser italienischen Debatte über Bernhard wurde klar, daß die Position des Autors den ästhetischen Horizont der Kritik schlichtweg sprengt. »Bernhards Texte«, schrieb Wendelin Schmidt-Dengler, »führen wie nur wenige andere nahe heran an die Frage nach der Möglichkeit, moderne Literatur überhaupt zu interpretieren«[36]. In dieser Hinsicht ist die Ablehnung Savianes nicht weniger symptomatisch als das hermeneutische Modell Zagaris. Noch 1977 erschien ein zweiter Aufsatz Isabella Berthier Verondinis, in dem sie ihre Untersuchungen auf *Korrektur* ausdehnte.[37] Zum Abschluß hob die Germanistin die Rolle des Lesers bei Bernhard hervor.

In den Kontext der deutschsprachigen Literatur der sechziger und siebziger Jahre ließ sich Bernhard allerdings nur schwer einordnen. Das Schema, das die italienische Literaturgeschichtschreibung hier parat hielt, betonte den »Realismus« der neuen deutschen Literatur sowie ihre Ablehnung jeglicher »Metaphysik«; die Namen Böll, Grass, Martin Walser, Weiss und Johnson wurden dabei als Kronzeugen angeführt. In diesem Zusammenhang wird verständlich, warum ein Buch wie Innerhofers *Schöne Tage*[38] viel rascher ins Italienische übersetzt wurde als Bernhards Werke. Andererseits stellte man sich als Gegentendenz zum Realismus eine experimentelle Literatur vor, die der italienischen Neo-Avantgarde entgegenkam. Die Reaktion der italienischen Öffentlichkeit auf den jüngeren Peter Handke bildete sozusagen die Hintergrundfolie zur verfälschten Wahrnehmung Bernhards.[39]

Auf die Diskrepanz zwischen dem literaturgeschichtlichen Deutungsmodell und dem Werk Bernhards wies Alberto Bevilacqua[40] hin, indem er versuchte, einen Beitrag zur Kenntnis des Autors außerhalb des germanistischen Diskurses zu leisten. Dieser kurze, aber dichte Beitrag nimmt in der Geschichte der italienischen Bernhard-Rezeption insofern eine Sonderstellung ein, als der italienische Germanist versuchte, ein dynamisches Porträt des Autors zu skizzieren. Als erster in Italien berichtete nämlich Bevilacqua über Bernhards Lyrik und machte auf die Veränderung seines Stils im Laufe der Jahre aufmerksam, wobei den italienischen Verlagen der Rat gegeben wurde, zunächst die letzten Bücher Bernhards zu übersetzen, die eine »Eroberung der Nüchternheit« darstellten. Im Mittelpunkt des Artikels steht jedoch *Frost*, dessen landschaftliche und räumliche Metaphorik untersucht wird. Auch ist die Rede von einer »Anti-Idylle«, die die Topik der touristischen Provinz auf den Kopf stellt. Auf der Suche nach literarischen Modellen, mit denen Bernhard verglichen werden könnte, führt Bevilacqua Céline an. Ferner wird auf Pascal und auf die religiöse Problematik bei Bernhard hingewiesen.

Kaum zwei Jahre nach dem Triester Treffen stand Bernhard im Mittelpunkt einer literaturwissenschaftlichen Tagung in Parma, die das moderne und zeitgenössische Theater Österreichs betraf.[41] Noch 1979 erschienen in den *Studi Tedeschi*, dem Organ der italienischen Gemanistik, drei Aufsätze über Bernhard.[42] Im selben Jahr widmete die Zeitschrift *Nuova Corrente* dem Thema »L'Austria. La fine e dopo« ein Doppelheft. Zwei der Beiträge ließen sich auf eine Untersuchung Bernhards ein, wobei das Interesse in erster Linie der Autobiographie galt. In einem dieser Aufsätze geht Luigi Forte vom »Wirbel der Sprache« bei Bernhard aus.[43] Bemerkenswert erscheint mir aber vor allem die Auslegung der Autobiographie als endgültige Unmöglichkeit des Bildungsromans. »Der Wille«, schreibt Forte, »behauptet sich nicht mehr in seiner Auseinandersetzung mit der Totalität, sondern in deren Ablehnung.«[44] Bildung werde hier als unmöglich dargestellt, es sei ein Prozeß der Isolation zu beobachten, bei dem die Unversöhnlichkeit des Individuums mit den Regeln der Gesellschaft deutlich werde.

Dieser »Heroismus des Willens« und der Vernunft wird auch von Maria Pia Crisanaz Palin in ihrem Aufsatz (dem zweiten in dieser Zeitschrift, der Bernhard gewidmet ist) hervorgehoben.[45] So liest die italienische Germanistin auch *Verstörung* als eine *éducation rationnelle* des Ich-Erzählers, dessen Bedeutung für die Romanstruktur hervorgehoben wird. In dieser Hinsicht werden Parallelen mit der Philosophie Nietzsches gezogen.

Für Luigi Forte steht Bernhard trotzdem nicht im Zeichen des Vitalismus; die Abgeschlossenheit der Romanfiguren bedeute nur eine schmerzliche Feststellung der Verhältnisse und ihrer Unveränderbarkeit. Nur in der fortwährenden *Verzögerung*, die sie zuläßt, finde für Bernhard die Literatur ihren Sinn *gegen* das Leben.

Es ist kennzeichnend, daß sich Forte in seinem Aufsatz einerseits auf Foucault, andererseits auf Adorno bezieht. Lukács liefert der italienischen Germanistik keine Interpretationsschlüssel zum Werk Bernhards mehr: Die Auseinandersetzung mit dem habsburgischen Mythos und seinen Folgen ist längst ein Keil geworden, der die ideologischen Positionen der italienischen Germanistik gespalten hat.[46]

Zu diesem Zeitpunkt war Thomas Bernhard für die italienischen Verlage schon kein »Namenloser« mehr. Schon 1978 soll Italo Calvino gesagt haben, er halte Bernhard für den bedeutendsten Schriftsteller der Welt.[47] Dementsprechend soll Calvino für eine Veröffentlichung Bernhards beim

Verlag Einaudi, allerdings vergeblich, plädiert haben. Dieselbe Erfahrung machte der Germanist Giorgio Zampa mit den Verlagen De Donato und Mondadori.[48] Auch der Schriftsteller und Kulturinitiator Raffaele Crovi bemühte sich, für den Verlag Rusconi die Übersetzungsrechte des österreichischen Autors *en bloc* zu erwerben.[49] Namhafte Übersetzer und Literaturkritiker wie Italo Alighiero Chiusano verfaßten dazu Expertisen und gaben Ratschläge. Es schien, als zeigten mehrere Verlage lebhaftes Interesse an Bernhard, auch wenn es keiner von ihnen wagte, ihn tatsächlich zu veröffentlichen. Viele Jahre soll Adelphi gewartet haben, bevor die bei Suhrkamp eingekauften Titel auf den Markt kamen.

Diese hinderliche Konstellation löste sich endlich 1981 auf, als innerhalb weniger Wochen die Übersetzungen von *An der Baumgrenze* und *Verstörung* erschienen. Dürfte noch die Wahl der drei kleinen Erzählungen auf Bedenken bezüglich der Übersetzbarkeit der Bernhardschen Prosa sowie bezüglich der Aufnahmebereitschaft der italienischen Leserschaft schließen lassen, so ist die Übersetzung des zweiten Romans Bernhards als logische Folge einer Rezeption zu betrachten, die *Verstörung* als Paradigma für das Gesamtwerk betrachtet hatte.

L'Italiano (An der Baumgrenze) – der Titel wurde dem gleichnamigen Prosastück entnommen – erschien in der Übersetzung von Enza Gini beim Verlag Guanda als achter Band einer von Franco Cordelli herausgegebenen Reihe »zeitgenössischer Prosa«, die auch Perec, Handke, Mishima und Isherwood vorgestellt hatte. Die Umschlagillustration stammte von Niklaus Stöcklin und stellte eine menschenleere Gasse in einem nördlichen Land dar. Der Germanist Giorgio Cusatelli schrieb einen dichten Klappentext, in dem er den Begriff der »säkularisierten Eschatologie« verwendete.[50] Natürlich wurde erwähnt, daß der Autor aus dem Land Musils und Freuds kommt. Österreich steht hier einmal mehr als bloße Metapher für eine bestimmte Kulturströmung.

Perturbamento erschien nach langjähriger Redaktionsarbeit bei Adelphi. Akribisch wurde das Buch von Renata Colorni lektoriert, die auch späterhin als »Supervisor« die außerordentliche Qualität der bei Adelphi erschienenen Bernhard-Übersetzungen gewährleistete. Verfasser der hervorragenden und vielbeachteten Übersetzung war Eugenio Bernardi, der auch ein Nachwort schrieb.[51] Hier gelingt es Bernardi, die entscheidenden Ergebnisse der italienischen Bernhard-Kritik prägnant zusammenzufassen und in einer neuen Perspektive darzulegen. Zurecht macht Bernardi auf die Beziehung Bernhards zur Romantik und zu Stifter aufmerksam. Die Ambivalenz eines solchen Verhältnisses zur Tradition wird hier überzeugend untersucht. Abschließend hebt der italienische Germanist die spielerische, musikalische Komponente von Bernhards Stil hervor.

Diese doppelte »Premiere« wurde von der italienischen Presse einstimmig freundlich begrüßt, ja sogar gerühmt.[52] Nur die Schwierigkeit der Aufgabe – so entschuldigte sich der Germanist und Literaturkritiker Cesare Cases[53] – habe die italienischen Verlage so lange von der Übersetzung Bernhards abgehalten. Der Wert seiner Bücher sei aber unumstritten. Thomas Bernhard, betonte der damals junge Regisseur Cesare Lievi[54], stelle nämlich »neben Peter Handke die bedeutendste Stimme der zeitgenössischen Literatur Österreichs« dar. Und der Untertitel wies auf die »Entdekkung« von »Mitteleuropa« hin, die der Verlag Adelphi mit dieser Veröffentlichung vorangetrieben habe. Auch der damals noch unbekannte Schriftsteller Daniele Del Giudice feierte in einer Rezension[55] Bernhard als einen »noch zu entdeckenden Autor«, wobei er jedoch gerade den Zusammenhang mit der österreichischen Kultur in Frage stellte. Etwas habe Bernhard mit Handke immerhin gemeinsam, und zwar »eine besondere Krankheit, die die Wortbedeutung befallen hat; das Schreiben ist paradoxerweise zugleich ihr Symptom und ihre Therapie«. Auf diesen Punkt insistierte auch die Germanistin Laura Mancinelli[56], die wieder einmal den Vergleich mit Handke und der Wiener Gruppe zog. Jedenfalls habe man es mit einem (wie der Untertitel andeutete) »literarischen Fall« zu tun. Eine Meinung, die auch Italo Alighiero Chiusano[57] teilte, der Bernhard eine persönliche und großartige »musikalische Feder« zugesteht, wenn auch die von ihm behandelten Themen ekelhaft erscheinen mögen. »Unvergeßlich« seien jedenfalls die Personen des Romans nach dem Urteil des Musil-Spezialisten Enrico De Angelis[58], der *Verstörung* weit über die drei kleinen Erzählungen stellte. Und Luigi Golino[59] behauptete peremptorisch, daß *Verstörung* »eines der Meisterwerke der Erzählprosa dieses Jahrhunderts« sei. Auch die offizielle Zeitung der KPI, *L'Unità*, stimmte mit zwei Artikeln von Maurizio Cucchi und Luigi Forte[60], die die Negativität der Bernhardschen Welt unterstrichen, in die Lobreden ein. Diese Negativität, so Forte im Sinn seiner bereits erwähnten Interpretation, sei aber keine Hoffnunglosigkeit. Claudio Magris prägte dem Reigen der Besprechungen das Siegel seiner Autorität auf, indem er nicht nur dem »Meister« alle Ehre erwies, sondern auch zum ersten Mal in Italien präziser über den »Menschen« berichtete.[61] Bernhard lebe »allein und zurückgezogen«, sei aber ein »feiner, humorvoller Mensch« und ein »Freund, mit dem man sehr gern zusammensitzt«.

Innerhalb weniger Monate war Bernhard damit endlich jener Durchbruch gelungen, der ihm in der italienischen Öffentlichkeit so lange verwehrt geblieben war. In jeder Hinsicht stellte das Jahr 1982 einen Wendepunkt in der Geschichte der italienischen Bernhard-Rezeption dar. Im September wurde Bernhard (in seiner Abwesenheit) der Premio Prato verliehen (ein Jahr darauf der Premio Mondello). Im selben Monat fand in Sesto Fiorentino ein Symposium über Bernhards Theater statt, an dem Eugenio Bernardi, Luigi Forte, Umberto Gandini, Rolf Michaelis, Elisabeth Wiesmayr, Wendelin Schmidt-Dengler, Giorgio Cusatelli, Enza Gini, Marco Vozza und Hermann Dorowin teilnahmen.[62] Anlaß der Veranstaltung war die italienische Erstaufführung von *Die Macht der Gewohnheit,* die das Theaterensemble Il gruppo della Rocca in der Inszenierung von Dino Desiata und in der Übersetzung von Umberto Gandini auf die Bühne brachte. Im November veröffentlichte die weitverbreitete Wochenzeitschrift *L'Espresso* ein längeres Interview mit Bernhard, das die Kulturredakteurin Rita Cirio sachlich und brillant geführt hatte.[63] Dazu erschien eine informative Glosse Eugenio Bernardis, der zum ersten Mal die Distanz Bernhards zum habsburgischen Mythos explizit klarzumachen versuchte. Noch vor Jahresende kamen die Übersetzungen von *Ja*[64], *Die Ursache*[65] sowie ein Band mit den Theaterstücken *Ein Fest für Boris, Die Macht der Gewohnheit, Der Weltverbesserer*[66] heraus. Zu Recht konnte die literarische Beilage der Turiner Zeitung *La Stampa* von Bernhard als »dem literarischen Fall des Jahres«[67] sprechen. »Die Italiener«, schrieb andernorts Italo Alighiero Chiusano, »haben wahrgenommen, daß Bernhard ›niemandem gleicht‹, wie Calvino behauptet hat. [...] Mögen sie sich also in diese österreichische Welt versenken, wobei sie aber nicht nur das Wien Strauß', sondern auch das Musils vergessen sollten.«[68]

Unter den »führenden Federn« der italienischen Literaturkritik gab es nur wenige, die die Gelegenheit versäumten, sich an der »Entdeckung« eines Autors zu beteiligen, der schon seit zwei Jahrzehnten im deutschsprachigen Raum eine vorrangige Stellung einnahm. Von seinem Thron auf der Kulturseite von *Il Corriere della sera* herab segnete Pietro Citati[69] »den großen österreichischen Schriftsteller« Thomas Bernhard. In einem längeren Artikel breitete sich der italienische Literaturpapst über

Frost, *Verstörung* und *Kalkwerk* aus, die er als »herrlich lyrische Monologe«, als ein »Solo für Stimme, philosophische Dichtungen, Wahnzustände und Visionen« bezeichnete. Mit verschwenderischer essayistischer Eleganz berichtete Citati emphatisch von der Faszination, die die Lektüre Bernhards auf ihn ausgeübt hatte. »Diese düstere und halluzinatorische Einbildungskraft«, schloß der Kritiker, »ist eine der wenigen, großartigen Geschenke, die die Literatur uns in den letzten Jahren gemacht hat.«

Es ist aber kennzeichnend, daß sich die Begeisterung Citatis auf die ersten Romane Bernhards beschränkt. *Korrektur* läßt der Kritiker ästhetisch nicht gelten, und mit der Autobiographie geht er noch schärfer ins Gericht (»mittelmäßig und langweilig bis zur Unerträglichkeit«). Es scheint, als sei das Bild des Autors, das die italienische Kritik entworfen hatte, keiner Korrektur mehr fähig. Bernhard wird mit seiner vermeintlichen Neurose identifiziert. Immer wieder arbeitet diese Kritik mit den Bildern und Chiffren der frühen Romane, aus denen eine pessimistische Philosophie destilliert wird, über deren Sinn die Kritiker gerne spekulieren.

Viel differenzierter erweisen sich dagegen die schon erwähnten Beiträge zum Symposium in Sesto Fiorentino. Es ist insbesondere ein Verdienst Luigi Fortes und Eugenio Bernardis, auf die Strukturen der Bernhardschen Theaterstücke hingewiesen zu haben.[70] Unterstreichen möchte ich aber vor allem den brillanten Interpretationsversuch Umberto Gandinis[71], der von der Übersetzungsproblematik ausgeht und somit analytisch und sachlich über die Bernhardsche Textkonstitution berichtet. Gerade diese Art der Beschäftigung mit dem Text zeigt überzeugend, wie sehr sich die Sprache Bernhards im Laufe der Jahre differenziert hat. Wichtige Facetten Bernhards, die sonst in der italienischen Rezeption kaum beachtet wurden, werden hier umfassend untersucht: so etwa das Groteske (und seine Poetik) und die musikalische Konstruktion der Sätze.[72]

Die Welle der italienischen Bernhard-Übersetzungen ist ab 1983 nicht mehr zu stoppen.[73] Obwohl diese Bücher nicht in die Bestseller-Liste aufgenommen wurden (kein Werk Bernhards ist bisher in Taschenbuchausgabe erschienen[74]), erreichten sie dennoch eine bedeutende Leserschaft. Gleichzeitig wurde Bernhard (wenn auch noch selten) auf die italienischen Bühnen gebracht. 1987 wurde *Minetti* sogar vom italienischen Fernsehen ausgestrahlt.[75] Die im Vergleich zur Chronologie der Erstausgaben verwirrende Reihenfolge der italienischen Erscheinungen trug allerdings nicht zu einem besseren Verständnis des Autors bei. So erschien z. B. *Frost* erst

1986. Zu diesem Zeitpunkt waren bei der italienischen Kritik bereits erste Anzeichen einer Bernhard-Müdigkeit festzustellen. Es wurde auch der im deutschsprachigen Raum erhobene Vorwurf laut, Bernhard wiederhole sich oder sei nicht mehr imstande, seine Neurose ästhetisch zu sublimieren. Seine Prosa wirke manieriert und künstlich, schrieb zur Übersetzung von *Der Untergeher* (1985) Italo Alighiero Chiusano[76] – wenn auch noch durchaus positiv gemeint –, während Cesare Cases[77] zu diesem Anlaß das Geständnis ablegte, er habe schon seit Jahren das Interesse an diesem Autor verloren. Vor der Kunst des *Untergehers* ließ aber der Kritiker all seine Bewunderung gelten. Und es ist nicht uninteressant, daß sich ausgerechnet dieses Buch in Italien nach wie vor am besten verkauft.

1984 erschien die erste italienische Monographie über Thomas Bernhard.[78] Verfasser dieser Arbeit war Ugo Rubini, der das erzählerische Werk Bernhards im Spiegel seiner Interpretationen zu beschreiben versucht, wenn auch die Kriterien, die zur Auswahl der besprochenen Sekundärliteratur geführt haben mögen, ziemlich willkürlich erscheinen. Der Autor berücksichtigt zwar Hunderte Zeitungsartikel, läßt aber bedeutende Beiträge zum Verständnis Bernhards außer acht.[79] Jedenfalls kann Rubini nicht umhin, auf das Thema »Österreichbeschimpfung« einzugehen, das in Italien bis dahin beiseitegelassen worden war. Dabei vermeidet der italienische Germanist allerdings jeden Hinweis auf die konkrete Situation Österreichs. Rasch kommt er zum Schluß, daß Österreich im Werk Bernhards nur ein ästhetisch »verstehbares Symbol für Verkommenheit und Krankheit«[80] sei. Das ganze Buch Rubinis liest sich wie ein germanistisches Plädoyer für eine allgemeine pessimistische Weltanschauung, die am Beispiel Bernhard vorgetragen wird. Das Werk des österreichischen Schriftstellers sei nämlich Ausdruck der Entfremdung, die die menschlichen Verhältnisse präge. Es ist für diese Interpretation kennzeichnend, daß Bernhard als isolierte Figur ohne Bezug zur zeitgenössischen Literatur dargestellt wird. Rubini verzichtet auf das bequeme Modell des habsburgischen Mythos und stellt Parallelen zum Werk Kafkas, Becketts und Büchners an. Wieder einmal wird *Verstörung* eine zentrale Bedeutung zugeschrieben; Saurau, schreibt Rubini, sei das Urbild jeder Bernhard-Figur. Und er geht so weit, *Verstörung* als ersten Roman Bernhards auszugeben! (*Frost* wird hingegen auf 1980 datiert.)

Stand das Buch des Germanisten Rubini im Zeichen einer existentialistischen Philosophie, so widmete der Philosoph Aldo Gargani Bernhard eine umfangreiche Untersuchung vom Gesichtspunkt der Sprachphilosophie Wittgensteins aus.[81] Gargani geht von der vielzitierten Sprachskepsis aus, die ein »spezifisches Merkmal der zeitgenössischen Literatur Österreichs« von Wittgenstein und Musil bis zu Ingeborg Bachmann und Thomas Bernhard sei. Gargani konzentriert sich auf die Prosa Bernhards bis zum *Untergeher*, wobei die Autobiographie ausgeklammert wird. Zitate aus Musil, Wittgenstein und Kafka werden bei der Beweisführung oft herangezogen. Bernhards Werk – so die Haupthese Garganis – sei keine *imago mundi* mehr. Die Welt lasse sich nicht mehr beschreiben, die Wahrheit nicht mehr fassen, und es sei Aufgabe des schöpferischen Schreibaktes, das Existierende einer Kritik zu unterziehen. Gargani weiter: »Das Schreiben ist für Bernhard grundsätzlich Durchführung einer kritischen Analyse, die jenes Schreiben dekonstruiert, welches sich als wahre Beschreibung von etwas behaupten möchte.«[82] Die Literatur stelle sich damit »gegen die Tatsachen«, und biete die Möglichkeit, die Sachverhalte immer anders zu sehen, das Gegenteil zu beweisen. Selbst das Ich werde als Begriff in Frage gestellt. Die Form der Berichterstattung entspreche der notwendigen Distanz zu den Romanpersonen. Die Fakten seien nur als Zitate erzählbar. Bernhards Figuren seien gezwungen, ihren Ort zu bestimmen, der als Fluchtort und Kerker erscheine. Ihre »Denkexerzitien« seien tödlich, ein Kafkasches Urteil, dem sie nicht entgehen können. »Zentrales Thema bei Bernhard ist die Darstellung eines Denkens, das in seiner Konzentration und äußersten Angespanntheit selbst zu Natur wird, da es als ein riesiger Haufen isolierter, zerrissener und zerbrochener Bestandteile erscheint, genauso, wie die Natur eine ungeheuerliche Sammlung loser, zersplitterter, und unzusammenhängender Wirklichkeiten ist.«[83] Die Literatur biete aber, indem sie diese menschliche Tragödie darzustellen vermag, eine Möglichkeit der Errettung. Der verborgene Sinn von Bernhards Werk sei demnach ein »Lob der Literatur«[84].

Mögen die Ergebnisse dieser philosophischen Forschung in Hinblick auf Struktur und Bedeutung der besprochenen Texte auch fragwürdig, wenn nicht enttäuschend erscheinen, so zeigt die Arbeit Garganis, welch wichtigen Platz Bernhard in der italienischen Kultur inzwischen eingenommen hat. Am Beispiel des österreichischen Schriftstellers wagt Gargani nichts weniger als den Versuch einer neuen Ästhetik, die die Kunst aus dem aristotelischen Zwang, die Welt darzustellen, befreit und gleichzeitig ihre Wurzel in der »Anxiety of origins« – um Harold Bloom zu zitieren[85]

– erkennt. Bernhards Texte werden hier als einheitlicher Block betrachtet, einzelne Sätze aus ihrem Kontext herausgerissen und in einen sinnstiftenden Horizont gezwungen, philosophische Fragestellungen künstlich aufgeworfen. Thema von *Gehen* sei z. B. »der radikale Gegensatz zwischen *Gehen* und *Denken*«[86].

Bei Interpretationen dieses Typs stellt sich natürlich die Frage, inwiefern eine philosophische Wirkung schon im Werk Bernhards angelegt ist. Die Tendenz, anhand seiner Texte komplette kulturkritische Modelle zu entwerfen, ist in Italien jedenfalls beachtlich gewesen. Daß dabei jede Auseinandersetzung mit der österreichischen Wirklichkeit (und indirekt mit den gesellschaftlichen Strukturen und Problemen Europas nach dem Zweiten Weltkrieg) peinlich vermieden wurde, liegt im Interpretationsmodell selbst begründet. Die Aggressivität der Polemik Bernhards wurde übersehen oder einfach nicht zur Kenntnis genommen.[87] Dies hing vielleicht auch mit dem durchaus positiven Bild zusammen, das die italienische Öffentlichkeit von Österreich als sozial fortschrittlichem und ökonomisch stabilem Land während der Kreisky-Ära hatte.[88] Aber auch nach Waldheims Wahl zum Bundespräsidenten kamen die Angriffe Bernhards nicht zur Sprache. Keine italienische Zeitung berichtete z. B. über die Ereignisse um die *Heldenplatz*-Premiere im November 1988.[89]

Erst nach dem Tod des Autors änderte sich diese Betrachtungsweise. Plötzlich wurde die Aufmerksamkeit auf die »österreichischen Zustände« gelenkt. Die Turiner Zeitung *La Stampa* berichtete z. B. auf der ersten Seite über Bernhards Testament.[90] Symptomatisch titelte eine Zeitschrift über Bernhard: »Wenn die Metaphysik zur Politik wird«[91]. Die Übersetzung von *Heldenplatz*, 1992 erschienen, gab nochmals Gelegenheit, das Thema aufzugreifen. »Nichts ist Bernhard recht in Österreich, was aber nicht heißt, daß ihm andere Länder recht seien; gerade die Homogenität der westlichen Welt läßt ihn jenes Land angreifen, das er am besten kennt«, schrieb Cesare Cases, der auch unterstreicht, daß Bernhard als erster seit Karl Kraus imstande gewesen sei, die »Wiener geistige Trägheit wachzurütteln«[92]. Diese Fähigkeiten Bernhards, so Cases abschließend, »vermissen wir sehr«. Nicht alle gaben sich jedoch mit den Bernhardschen »Übertreibungen« zufrieden. Claudio Magris z. B. achtete in seiner Rezension sorgfältig darauf, sich vom Inhalt des Stückes zu distanzieren, obwohl »die Dichter das Recht haben zu übertreiben«[93]. Da er sich aber mit den österreichischen Zuständen (vor allem mit dem Antisemitismus) irgendwie auseinandersetzen muß, bemüht er sich um ein gesellschaftsbezogenes Verständnis der »ikonoklastischen Literatur Österreichs«. Gerade die Besonderheiten des österreichischen Machtsystems (die Sozialpartnerschaft) ermöglichten eine scharfe und manchmal »apokalyptische« Polemik seitens der Intellektuellen. Deshalb sei Österreich »noch immer ein Paradies für die rabiate Linke«.

Nach dem 12. 2. 1989 kam es zu einer Intensivierung der Übersetzungstätigkeit.[94] Das Interesse der italienischen Öffentlichkeit kam in zahlreichen Interviews mit Bernhard zum Ausdruck, die von der deutschen oder französischen Presse übernommen wurden.[95] Ferner schien die Zeit endlich für eine weniger episodische Inszenierung Bernhards auf italienischen Bühnen reif geworden zu sein.[96] Und es ist schier unmöglich, auch nur annähernd über die vielen Kulturveranstaltungen zu berichten, bei denen Bernhard im Mittelpunkt stand und immer noch steht. Die italienische Rezeption Bernhards ist »extensiv« geworden, läßt sich kaum mehr überblicken.

Bernhard hat mittlerweile auch italienische Autoren beeinflußt. War er noch für Del Giudice lediglich ein »Pendant« zum intensiver rezipierten Handke, ließ sich die junge Autorin Sandra Petrignani auf eine sensible Besprechung seiner Bücher ein.[97] Verblüfft war ich, als ich ein Manuskript eines jungen Schriftstellers zugesandt bekam, das im Erzählstil Bernhards eine Reise nach Ohlsdorf beschreibt.[98] Und schließlich war in einer italienischen Zeitung eine Phantasie Giorgio Soavis zu lesen, die einige aufgefundene Notizen Bernhards zum Thema hatte.[99]

In diesem neuen Klima tendiert die italienische Germanistik gegenwärtig eher zu Einzeluntersuchungen.[100] Die Zeit der Gesamtdarstellungen scheint endgültig vorbei zu sein. Auch die Lyrik Bernhards stößt allmählich auf ein adäquates Interesse.[101]

Kaum ein Land gleicht dem von Bernhard in düsteren Farben geschilderten Österreich mehr als das von zahllosen Skandalen tief erschütterte Italien der letzten Monate. Die Übertragbarkeit der Situation scheint vollkommen. Eine Lesung aus einem Buch Bernhards kann in Italien so einschneidend wirken wie in Österreich. Auch wenn Italien kein »Paradies für die rabiate Linke« ist, bleibt die Forderung nach einer Literatur, die in jeder Hinsicht widerstandsfähig ist, aufrecht. Vielleicht auch aus diesem Grund ist Bernhard in Italien, wenn schon nicht zu einem populären, so doch zu einem

Autor für viele geworden. Seine Leserschaft beschränkt sich nicht mehr auf eine kleine Elite. Seine Texte werden gelesen, aufgeführt, interpretiert und diskutiert. Sie beweisen die Virulenz einer modernen Literatur, die über ihre sprachlichen und kulturellen Grenzen hinaus eine ihrer wichtigsten Funktion bewahren konnte: die einer auf kein bequemes Schema reduzierbaren Provokation.

Anmerkungen

[1] Bernhard, Thomas: Gel (Übersetzung: Boris Simon und Josée Turk-Meyer). Paris 1967.

[2] Bei meiner Untersuchung konnte ich mich auf folgende hilfreiche Arbeiten beziehen: Bernardi, Eugenio: Bernhard in Italien. In: Pittertschatscher, Alfred (Hg.): Literarisches Kolloquium, Linz 1984. Thomas Bernhard. Materialien. Linz 1985, S. 175–186; Quattrocchi, Luigi: Thomas Bernhard in Italia. In: Cultura e Scuola 26 (1987), S. 46–58. Vgl. auch Blasl, Claudia: Die Rezeption Thomas Bernhards in Italien (1993).
Vgl. ferner: Reininger, Anton: Die Rezeption der neueren österreichischen Literatur in Italien. In: Strutz, Johann; Zima, Peter V. (Hg.): Komparatistik als Dialog. Literatur und interkulturelle Beziehungen in der Alpen-Adria-Region und in der Schweiz. Frankfurt am Main/Berlin/New York 1991, S. 36–49.

[3] Bernhard, Thomas: È una tragedia? È una commedia? (Übersetzung: Vittoria Rivelli Ruberl). In: Adelphiana. Milano 1971.

[4] Vgl. Polt-Heinzl, Evelyne: Zur Rezeption deutschsprachiger Literatur in Italien. In: Zibaldone 7 (Mai 1989), S. 99-115.

[5] Berthier Verondini, Isabella: Trilogia dell'intellettuale. Frost, Verstörung, Das Kalkwerk di Thomas Bernhard. In: Studi Germanici 1974, S. 69–97.

[6] Ebda, vgl. S. 80 (zur metaphorischen Funktion der Orte), S. 84 (zum Stock des Malers Strauch) und S. 85 (zum Bild des Kastanienbaums in »Verstörung«).

[7] Ebda, S. 73f. (Alle folgenden Zitate wurden vom Verfasser ins Deutsche übertragen.)

[8] Magris, Claudio: Aktuelle Perspektiven der mitteleuropäischen Literatur. In: Literatur und Kritik Nr. 27–28 (1968), S. 321–337.

[9] Magris: Il mito absburgico nella letteratura austriaca moderna. Torino 1963. (Der habsburgische Mythos in der österreichischen Literatur. Salzburg 1966.)

[10] Magris: Aktuelle Perspektiven der mitteleuropäischen Literatur, a. a. O., S. 337.

[11] Ebda, S. 336.

[12] Berthier Verondini, a. a. O., S. 75.

[13] Magris: Thomas Bernhard: »Perturbazione«. In: Baioni, Giuliano u. a. (Hg.): Il romanzo tedesco del Novecento. Dai »Buddenbrook« alle nuove forme sperimentali. Torino 1973, S. 553–565. In einer erweiterten Fassung erschien der Aufsatz mit dem Titel: Thomas Bernhard: la geometria della tenebra, in: Il Veltro 1977, S. 679–693. (Geometrie und Finsternis. Zu Thomas Bernhards »Verstörung«. In: Etudes Germaniques 33 (1978), S. 282–297.)

[14] Ebda, S. 553f.
[15] Ebda, S. 556f.
[16] Ebda, S. 562.
[17] Ebda, S. 555.
[18] Vgl. Iser, Wolfang: Die Appellstruktur der Texte. In: Warning, Rainer (Hg.): Rezeptionsästhetik, München 1975, S. 229.
[19] Magris: Thomas Bernhard: Perturbazione, a. a. O., S. 553, 560.
[20] Vgl. Bernardi, a. a. O., S. 180.
[21] Magris: Thomas Bernhard: Perturbazione, a. a. O., S. 562.
[22] Berthier Verondini, a. a. O., S. 97.
[23] Mittner, Ladislao: Storia della letteratura tedesca. Bd. III/2: Dal fine secolo alla sperimentazione (1890–1970), Turin 1971, S. 1863.
[24] Vgl. Bernardi, a. a. O., S. 179.
[25] Pensa, Mario: Bernhard nella critica di Fröhlich: un nuovo Machiavelli? In: Alemann, Beda u. a. (Hg.): Teilnahme und Spiegelung. Festschrift für Horst Rüdiger. Berlin/New York 1975, S. 570–592.
[26] Fröhlich, Hans Jürgen: Verstörung unten und oben - Der Fürst in Thomas Bernhards zweitem Roman und ein Seitenblick auf Machiavellis »Il principe« (Eine metaliterarische Marginalie). In: Neues Forvm 15 (1968), S. 351–356.
[27] Pensa, a. a. O., S. 573.
[28] Molin-Pradel, Mario: Streiflichter aus Bernhards Prosawerk. In: Annali della Facoltà di Lingue e Letterature straniere di Cà Foscari 1974, S. 51–63.
[29] Ebda, S. 53.
[30] Ebda, S. 63.
[31] Ebda.
[32] Haider, Hans: Betroffenheit beim Reden über einen Betroffenen. In: Die Presse vom 1. 2. 1977.
[33] Die Beiträge zu diesem Symposium wurden leider nie veröffentlicht. Einige von ihnen sind aber verstreut erschienen.
[34] Vgl. Haider, a. a. O.; Bernardi, a. a. O., S. 179.
[35] Vgl. Haider, a. a. O.
[36] Schmidt-Dengler, Wendelin: Der Übertreibungskünstler. Studien zu Thomas Bernhard. Wien 1986, S. 110.
[37] Berthier Verondini: »Korrektur« di Thomas Bernhard. In: Studi Tedeschi 1977, S. 155–163.
[38] Innerhofer, Franz: Bei tempi (Übersetzung: Gabriella Napoli Rovagnati). Milano 1978. Der Roman fand allerdings kein Echo.
[39] Zur Rezeption Handkes in Italien vgl. Anton Reininger, a. a. O., S. 41–45.
[40] Bevilacqua, Giuseppe: Uno scrittore austriaco da conoscere: Thomas Bernhard. In: L'approdo letterario 23 (1977), S. 312–314.
[41] Am 22. und 23. November 1979. Beiträge von Hilde Haider-Pregler (Theaterrollen und Rollentheater im österreichischen Drama), Hans Höller (Thomas Bernhards Theaterstück »Minetti« – Eine Untersuchung zur Sprachform, Rezeptionsstruktur und Tradition) und Erminio Morenghi (Thomas Bernhard: »Watten«, teatro della scrittura). Die Beiträge

wurden in: Annali dell'Istituto di Lingue e Letterature Germaniche della Facoltà di Magistero dell'Università di Parma 1978/79, veröffentlicht.

[42] Eder, Alois: Perseveration als Stilmittel moderner Prosa. Thomas Bernhard und seine Nachfolge in der österreichischen Literatur, S. 65–99; Scheichl, Sigurd Paul: Nicht Kritik, sondern Provokation. Vier Thesen über Thomas Bernhard und die Gesellschaft, S. 101–119; Palin, Maria Pia Crisanaz: A proposito di un libro su Thomas Bernhard, S. 121–130.

[43] Forte, Luigi: La trilogia dei commiati (Ipotesi sul »privato« in Thomas Bernhard). In: Nuova Corrente 1979, Nr. 79–80, S. 501–515. In einer leicht veränderten Form jetzt in: Forte: Le forme del dissenso. Milano 1987, S. 158–169.

[44] Ebda, S. 514.

[45] Palin: Thomas Bernhard dal »mondo come rappresentazione« al »mondo come volontà«. In: Nuova Corrente 1979, Nr. 79–80, S. 516–534.

[46] Vgl. Huter, M.: Erinnerung an das Unbekannte. Zur Konjunktur der österreichischen Moderne. In: Sprachkunst 21 (1989), S. 271-303.

[47] Vgl. Chiusano, Italo Alighiero: Thomas Bernhard, finalmente. In: Ders.: Literatur. Milano 1984, S. 615–619 (hier S. 615).

[48] Ich danke Italo Alighiero Chiusano, Roberto Cazzola und Giorgio Zampa für diese Auskünfte.

[49] Crovi, Raffaele: Caccia allo scrittore: un mestiere difficile. In: Il Giorno vom 14. 9. 1982.

[50] Vgl. auch: Cusatelli, Giorgio: Al confine. In: La perfidia dell'arte. Firenze: Gruppo della rocca Edizioni 1982, S. 75–80. (Dieser später geschriebene Aufsatz nimmt diese These wieder auf.)

[51] Bernardi: Prima dell'ultimo spettacolo. In: Bernhard, Thomas: Perturbamento. Milano: Adelphi 1981, S. 223–239.

[52] Ich danke dem Verlag Adelphi für seine Bereitschaft, mir bei der Zusammenstellung des Materials zu helfen.

[53] Cases, Cesare: Solo, più solo, solissimo. In: L'Espresso vom 6. 12. 1981.

[54] Lievi, Cesare: Figure in liquidazione con un castagno in fiore. In: Bergamo oggi vom 13. 12. 1981.

[55] Del Giudice, Daniele: I perturbamenti di Thomas Bernhard autore da scoprire. In: Paese sera vom 4. 1. 1982.

[56] Mancinelli, Laura: In equilibrio sul mondo diviso a metà. In: La Stampa vom 9. 1. 1982.

[57] Chiusano: Il principe con gli occhiali neri. In: La Repubblica vom 14. 1. 1982.

[58] De Angelis, Enrico: Dall'Austria con vigore. In: L'Europeo vom 19. 2. 1982.

[59] Golino, Luigi: L'altra faccia della solitudine. In: Il Messagero vom 20. 1. 1982.

[60] Cucchi, Maurizio: L'esistenza avvolta dal nulla; Forte: Ma è proprio senza speranza? In: L'Unità vom 11. 2. 1982.

[61] Magris: Bernhard: L'unica vera scienza è la tenebra. In: Il corriere della sera vom 14. 3. 1982.

[62] Die Beiträge dieses Syposiums wurden veröffentlicht in: La perfidia dell'arte, a. a. O.

[63] Cirio, Rita: Austriaco infelix (Interview mit Thomas Bernhard). In: L'Espresso vom 7. 11. 1982.

[64] Bernhard: Ja (Übersetzung: Claudio Groff). Milano: Guanda 1983.

[65] Bernhard: L'origine. Un accenno (Übersetzung: Umberto Gandini). Milano: Adelphi 1982.

[66] Bernhard: Teatro I. Una festa per Boris; Il riformatore del mondo (Übersetzung: Roberto Menin); La forza dell'abitudine (Übersetzung: Umberto Gandini). Milano, Ubulibri 1982. Im Anhang wird ein Gespräch Bernhards mit André Müller veröffentlicht.

[67] Del Buono, Oreste: Thomas Bernhard: lo scrittore austriaco. Caso dell'anno in Italia: tre libri e uno spettacolo. In: La Stampa vom 18. 12. 1982.

[68] Chiusano: Thomas Bernhard, finalmente, a. a. O., S. 617f.

[69] Citati, Pietro: Un mondo come carcere di ghiaccio. In: Corriere della sera vom 5. 12. 1982.

[70] Bernardi: Congiure, riti e ossessioni nel teatro di Thomas Bernhard. In: La perfidia dell'arte, a. a. O., S. 15–25 (in erweiterter Form unter dem Titel: Artisti e dilettanti nel teatro di Thomas Bernhard. In: Annali Cà Foscari 17 [1984], S. 51–68); Forte: Thomas Bernhard ovvero la forza della dilazione. Note sui suoi primi lavori teatrali. In: La perfidia dell'arte, a. a. O., S. 27–34 (in leicht veränderter Form in: Forte: Le forme del dissenso, a. a. O., S. 170–180).

[71] Gandini, Umberto: Thomas Bernhard: Problemi di traduzione. In: La perfidia dell'arte, a. a. O., S. 35–47.

[72] Schon Maria Pia Crisanaz Palin hatte darauf hingewiesen (vgl. Anm. 45).

[73] Sie erschienen in folgender Reihenfolge (bis Februar 1989): La partita a carte (Watten – Übersetzung: Magda Olivetti). Torino: Einaudi 1983; La Fornace (Das Kalkwerk – Übersetzung: Magda Olivetti). Torino: Einaudi 1984; La Cantina (Der Keller – Übersetzung: Eugenio Bernardi). Milano: Adelphi 1984; Teatro II (La brigata dei cacciatori [Die Jagdgesellschaft – Übersetzung: Italo Alighiero Chiusano]; Minetti: ritratto di un artista da vecchio [Minetti: Ein Porträt des Künstlers als alter Mann – Übersetzung: Umberto Gandini]; Alla meta [Am Ziel – Übersetzung: Bernardi]; mit einem Vorwort [La verità della menzogna] von Bernardi). Milano: Ubulibri 1984; Il soccombente (Der Untergeher – Übersetzung: Renata Colorni). Milano: Adelphi 1985; Gelo (Frost – Übersetzung: Olivetti). Torino: Einaudi 1986; L'imitatore di voci (Der Stimmenimitator – Übersetzung: Bernardi). Milano: Adelphi 1987; Il Loden (Der Wetterfleck – Übersetzung und Vorwort: Giulia Ferro Milone). Roma/Napoli: Theoria 1988; Il Respiro (Der Atem – Übersetzung: Anna Ruchat). Milano: Adelphi 1989.

[74] Kurz vor dem Erscheinen dieses Beitrags ist »Beton« in der populären Reihe »Oscar« von Mondadori veröffentlicht worden.

[75] In der Inszenierung Marco Bernardis.

[76] Chiusano: Ma Bernhard vince sempre. In: La Repubblica vom 28. 3. 1986.

[77] Cases, Cesare: Pianoforte Assassino. In: L'Espresso vom 20. 4. 1986.

[78] Rubini, Ugo: Thomas Bernhard o il mosaico della coscienza. Un itinerario bibliografico. Bari/Wien 1984 (Adriatica – Dokumentationsstelle für neuere österreichische Literatur).

[79] Vgl. auch die Anmerkungen bei: Quattrocchi, a. a. O., S. 57.

[80] Rubini, a. a. O., S. 63.

[81] Gargani, Aldo: La frase infinita di Thomas Bernhard. Bari 1990. Diese Arbeit wurde im Dezember 1988 als Beitrag zum Symposium »Austria 1918 – 1938 – 1988« in Neapel vor-

getragen. In Buchform ist sie 1990 in Bari beim Verlag Laterza erschienen. Sie wird nach der Erstveröffentlichung in der Zeitschrift Studi Tedeschi 33 (1990), S. 199–241, zitiert, die auch die anderen Beiträge des Symposiums enthält. Vgl. u. a. den Aufsatz von Eugenio Bernardi: Thomas Bernhard. Trauma e teatralità, S. 243–256.

[82] Ebda, S. 204.

[83] Ebda, S. 232f.

[84] Ebda, S. 238.

[85] Ebda, S. 202.

[86] Ebda, S. 210

[87] Marianelli, Marianello: I terribili austriaci di Thomas Bernhard. In: La Nazione vom 20. 8. 1985. Dieser Artikel, der auch über den Skandal um »Holzfällen« berichtete, bildete eine (vielleicht die einzige) Ausnahme.

[88] Vgl. dazu: Cirio, a. a. O.

[89] Marianelli: Bernhard profeta di un fallimento. In: La Nazione vom 29. 12. 1988. Diese Besprechung des Stückes war die einzige Ausnahme.

[90] »Austria, non mi leggerai«. In: La Stampa vom 18. 2. 1992.

[91] Menin, Roberto: Quando la metafisica si fa politica. Cinque titoli di Thomas Bernhard. In: Linea d'ombra 5 (1990), S. 30f.

[92] Cases: Al fuoco. In: L'Indice dei libri del mese 9/3 (März 1992), S. 4.

[93] Magris: Beata la piazza che non ha bisogno di eroi. In: Il corriere della sera vom 16. 2. 1992.

[94] Hofmann, Kurt: Conversazioni con Thomas Bernhard (Übersetzung: Elisabetta Niccolini). Parma: Guanda 1989; Fleischmann, Krista: Thomas Bernhard. Un incontro (Übersetzung: Alessandra Rovagnati). Milano: SE 1993;

Bernhard: Eventi (Ereignisse – Übersetzung: Luigi Reitani). Milano: SE 1989; Il nipote di Wittgenstein (Wittgensteins Neffe – Übersetzung: Renata Colorni). Milano: Adelphi 1989; Amras (Übersetzung: Magda Olivetti). Torino: Einaudi 1989; Claus Peymann compra un paio di pantaloni e viene a mangiare con me. E altri dramoletti (Übersetzung: Elisabetta Niccolini). Milano: Ubulibri 1990; In alto (In der Höhe – Übersetzung: Giovanna Acabio). Parma: Guanda 1990; Cemento (Beton – Übersetzung: Claudio Groff, mit einem Nachwort von Luigi Reitani). Milano: SE 1990; A colpi d'ascia (Holzfällen - Übersetzung: Agnese Grieco und Renata Colorni). Milano: Adelphi 1990; Teatro III (L'apparenza inganna [Der Schein trügt – Übersetzung: Roberto Menin]; Ritter Dene Voss [Übersetzung: Eugenio Bernardi]; Semplicemente complicato [Einfach kompliziert – Übersetzung: Umberto Gandini]; mit einem Nachwort von Bernardi). Milano: Ubulibri 1991; Ave Virgilio (Übersetzung und Vorwort: Anna Maria Carpi). Parma: Guanda 1991; Il freddo (Die Kälte – Übersetzung: Ruchat). Milano: Adelphi 1991; Piazza degli Eroi (Heldenplatz – Übersetzung: Rolando Zorzi). Milano: Garzanti 1992; Antichi maestri (Alte Meister – Übersetzung: Ruchat). Milano: Adelphi 1992; Ungenach (Übersetzung: Bernardi). Torino: Einaudi 1993.

[95] Vgl. Wögerbauer, Werner: Horror Austriae: Thomas Bernhard. In: Leggere 14 (August/-September 1989), S. 16–27 (mit einer informativen Glosse von Giorgio Maragliano).

[96] Unter anderem wurden »Ritter Dene Voss« und die Dramolette aus »Claus Peymann kauft sich eine Hose ...« von Carlo Cecchi inszeniert, während Umberto Orsini »Wittgen-

steins Neffe« in der Bearbeitung Patrick Guinands auf die Bühne brachte. Vgl. dazu die kritische Rezension von Angelo Pizzuto in: Sipazio, Nr. 524-525, S. 47f.

[97] Petrignani, Sandra: Che successo, è un pessimista. In: Panorama vom 8. 10. 1989.

[98] Abbate, Gianni: Doppio ritratto. Unveröffentlichtes Manuskript.

[99] Soavi, Giorgio: Il tovagliolo di Thomas Bernhard. In: Il Giornale vom 27. 9. 1992.

[100] So die Referate von Cesare Lievi, Hans Kitzmüller, Eugenio Bernardi u. a. in Venedig anläßlich des ersten Todestags des Autors. Vgl. ferner: Scarpati, Giuseppina: Dimensioni dell'ebraismo nella letteratura degli anni '80 in Austria. In: Freschi, Marino (Hg.): Ebraismo e modelli di romanzo. Napoli 1989 (Istituto Universitario Orientale), S. 175–213. Giacomoni, Lorenzo: La scrittura come »estinzione« e »complesso dell'origine« in »Auslöschung« di Thomas Bernhard. In: Culture. Annali dell'Istituto di Lingue della Facoltà di Scienze Politiche dell'Università degli Studi di Milano, 1989, S. 81-97.
An dieser Stelle sei auch auf meine eigenen Beiträge verwiesen: Reitani, Luigi: Lo sguardo della medusa. In: Bernhard: Eventi, a. a. O., S. 93–108; Autoritratto dello scrittore come uomo che invecchia. In: Bernhard: Cemento, a. a. O., S. 115–132. Vgl. auch meine Besprechung: Wendelin Schmidt-Denglers Studien über Bernhard. In: Studi Tedeschi 30 (1987), S. 403–406.

[101] Nachdem Anna Maria Carpi »Ave Vergil« übersetzt hat, bereitet Eugenio Bernardi einen Band mit einer Auswahl aus dem übrigen lyrischen Werk für den Verlag Einaudi vor.

Carlos Fortea

Der beste Schriftsteller des spanischen Realismus
Thomas Bernhard in Spanien

Es ist schon viele Jahre her, daß das Werk eines unbekannten Schriftstellers eines Tages Spanien erreichte. Niemand kannte ihn, so daß sich der Leser mit dem Text vorurteilslos, ohne vorgefertigte Meinungen auseinandersetzen konnte.

Das Leseerlebnis war niederschmetternd. Dieser Mann schrieb eisige Sätze, Monologe eines Besessenen, verbreitete auf seinen Seiten eine grausame, beunruhigende Kälte, sprach von Neurosen und der Unerträglichkeit des Lebens, und in seinen Texten wimmelte es von Figuren, die in der einen oder anderen Form entstellt und verkrüppelt waren. Die Leser spalteten sich sofort in zwei Lager: die einen waren entsetzt und verzichteten darauf, jemals wieder einen Text dieses Autors zu lesen, den sie abscheulich fanden; andere verschlangen ihn förmlich und erwarteten begierig den nächsten Text mit der Vorfreude derer, die spüren, eine große Entdeckung gemacht zu haben.

Auf diese wenig originelle Weise begann die Rezeption von Thomas Bernhard in Spanien. Man schrieb das Jahr 1978, und die vereinten Anstrengungen von Javier Marías – damals Berater des bedeutenden Madrider Verlages Ediciones Alfaguara – und Miguel Sáenz[1] konnten den Verlag davon überzeugen, *Verstörung* (*Trastorno*) als erstes Werk Bernhards von Miguel Sáenz[2] übersetzen zu lassen und zu veröffentlichen. Trotz seiner guten Aufnahme durch die Kritik sowohl in den Fachzeitschriften für Literatur als auch in den angesehensten Pressemedien des Landes[3] wurde *Verstörung* vom Publikum nicht gerade begeistert aufgenommen. Dieser Umstand trat zu den anfänglichen Schwierigkeiten hinzu, diesem Schriftsteller den spanischen Markt überhaupt zu öffnen. Es sollten weitere drei Jahre vergehen, bis die wenigen Leser, die zu dem – damals – ungewohnten Autor gefunden hatten, ein neues Werk von ihm in Händen halten konnten.

1981 war es der Verlag Anagrama – er zählt wie Alfaguara zu den bedeutendsten Verlagen im spanischen Literaturpanorama –, der, wiederum in der Übersetzung von Miguel Sáenz, einen Text von Bernhard publizierte. Es handelte sich um *Ja* (*Sí*) mit einem Vorwort von Luis Goytisolo, dem anerkannten Schriftsteller, dessen Mitarbeit zweifellos das Ziel verfolgte, dem Werk den Zugang zu Kritik und Publikum zu erleichtern.[4]

Obwohl auch *Ja* auf kein großes Interesse stieß (worauf noch einzugehen sein wird), hinderte diese Tatsache den Verlag Alianza Editorial nicht daran, sich in die Liste der großen Verlagshäuser einzureihen, die sich an die Übersetzung von Bernhards Werken wagten. Die Wahl fiel auf *Korrektur* (*Corrección*)[5]. Und mit *Korrektur* geschah das Wunder. Die Kritik beschäftigte sich mit diesem Werk intensiver und auch geographisch besser verteilt.[6] 1984 werden gleich drei Werke unseres Autors übersetzt, wobei Anagrama sich auch an das Abenteuer der Veröffentlichung der autobiographischen Pentalogie wagt, die in Spanien den größten Erfolg bei Kritik und Publikum haben wird.[7]

Ab 1984 ist Bernhard ein in Spanien etablierter Schriftsteller. 1985 erscheinen zwei Bände der Autobiographie sowie drei weitere Titel[8], und Bernhard wird mit zweien seiner Texte von Josep Murgades Barceló ins Katalanische und damit in eine weitere Sprache Spaniens übersetzt[9]. Die bedeutendsten Literaturkritiker Spaniens werden mit Besprechungen seiner Werke beauftragt, und die Leserschaft begleitet ihr Erscheinen mit wachsender Begeisterung, so daß 1986 *Korrektur* und die autobiographische Pentalogie wiederaufgelegt werden müssen, da sie bereits kurz nach Erscheinen vergriffen waren. Inzwischen hat ein Großteil der veröffentlichten Werke bereits Neuauflagen erfahren; *Verstörung* hat mittlerweile die 5. und *Ja* die 3. Auflage erreicht: Bernhard hat in Spanien eine wachsende und zugleich beständige Leserschaft gefunden.

Miguel Sáenz intensiviert 1987 seine Anstrengungen zur Verbreitung des Werkes von Bernhard, indem er die Bandbreite seiner Aktivitäten erweitert: Zunächst wird die Herausgabe der Autobiographie abgeschlossen, es erscheint ein Band mit Erzählungen, und die spanischen Leser können Bernhard erstmals als Autor von Theaterstücken kennenlernen, als Ediciones Alfaguara den Band *Teatro* (*Theater*)[10] veröffentlicht. Im Jahr darauf erscheint *Ave, Virgilio* (*Ave Vergil*), und die spanischen Leser haben nun auch Zugang zu einem lyrischen Werk von Bernhard in einer zweisprachigen Ausgabe. Miguel Sáenz besorgte auch hier die Übersetzung, und der Verlag Península-Edicions 62[11] gab den Gedichtband heraus.

1987 wird außerdem der Versuch unternommen, Bernhards Stücke aufzuführen. Auf dieses Thema soll näher eingegangen werden, da die Rezeption des Bernhardschen Theaters in Spanien völlig andere Wege ging als die Rezeption seiner Prosatexte. Am 5. Mai 1987 findet im Teatro Español in Madrid die spanische Premiere von *Die Macht der Gewohnheit* statt. Diese Premiere hat eine kuriose Vorgeschichte[12]: Ein Ehepaar hatte die spanische Fassung von *Ja* gelesen und war davon so begeistert, daß es sich über ins Französische übersetzte Texte mit den Bühnenwerken zu beschäftigen begann. Sofort entstand bei ihnen der Wunsch, eines der gelesenen Werke auch zur Aufführung zu bringen. Zu diesem Zweck nahmen sie Kontakt mit Miguel Sáenz auf und baten ihn um die Übersetzung des Textes. Nachdem mit dem argentinischen Theaterregisseur Roberto Villanueva die Leitung der Inszenierung abgesprochen war, wurde die Gruppe »Producciones Divinas« gegründet. Als die Frage der Finanzierung durch direkte Zuwendungen der Promotoren sowie Subventionen von offiziellen Stellen geklärt und eine Gruppe junger Schauspieler unter Vertrag genommen war (es war nicht einfach, erprobte und bekannte Schauspieler für die Arbeit mit einem »neuen« Autor und einer eigens dafür gegründeten Produktionsgesellschaft zu gewinnen), konnte das Werk schließlich aufgeführt werden. Der Empfang, der ihm bereitet wurde, ist mit der begeisterten Aufnahme der Erzählprosa nicht vergleichbar: Es gab zwar Applaus für die unternommenen Anstrengungen, doch hat das Publikum den Text nicht angenommen. Die Kritiken waren mit wenigen Ausnahmen nicht positiv.

In anderer Hinsicht brachte 1987 jedoch eine weitere wichtige Neuigkeit: Da sich die spanischen akademischen Kreise an dem bereits bekannten Autor auch weiterhin uninteressiert zeigten, suchte der Verlag Gedisa aus Barcelona in Frankreich nach zusätzlichen Informationen über Bernhard. In der Folge wird der von Claude Porcell herausgegebene Sammelband mit Studien, Texten und Interviews unter dem Titel *Tinieblas* (Finsternis)[13] von Margarita Mizraji ins Spanische übersetzt.

1988 erscheinen *Tala* (*Holzfällen*) und *El sobrino de Wittgenstein* (*Wittgensteins Neffe*)[14], und Bernhard beginnt die Pressemedien nun auch als außerliterarisches Phänomen zu beschäftigen. Hatten bereits seine rechtlichen Streitigkeiten in Österreich aus Anlaß der Veröffentlichung von *Holzfällen* Erwähnung gefunden, zog nun die skandalumwitterte Premiere von *Heldenplatz* die Aufmerksamkeit der spanischen Korrespondenten in Österreich auf sich. Zwischen Oktober und November werden mehrere Artikel zu diesem Thema veröffentlicht. Diese »Einmischung« des österreichischen Kontextes in die Bewertung des Werkes von Bernhard hatte zur Folge, daß sich die Rezeption ab nun auch mit außerliterarischen Phänomenen zu beschäftigen hatte: Der Autor wurde umgekehrt zum Helden seines eigenen Stückes.

1989 werden *Hormigón* (*Beton*)[15] und *Los comebarato* (*Die Billigesser*) übersetzt. Letzteres Werk stellt in gewisser Hinsicht einen Markstein in der Bernhard-Rezeption dar, da es sich um die erste kritische Ausgabe des Schriftstellers in Spanien und das zu diesem Zeitpunkt einzige nicht von Miguel Sáenz übertragene Werk handelt, eine Ehre, die dem Autor dieser Zeilen zukam.[16] In katalanischer Sprache erscheint *Minetti: un retrat de l'artista vell* (Minetti: Porträt eines alten Künstlers)[17] in der Übersetzung von Josep Murgades Barceló. Die Tatsache, daß der Text vom Provinzialrat von Barcelona und nicht von einer kommerziellen Verlagsanstalt verlegt wurde, zeigt deutlich, mit welchen Schwierigkeiten die Stücke in Spanien zu kämpfen hatten und haben.

Während der Fertigstellung dieser Werke starb Thomas Bernhard. Die Wirkung seines Todes auf die spanische Kulturwelt war enorm. Am Tag des Bekanntwerdens der Nachricht (17. Februar 1989) widmen die wichtigsten Tageszeitungen mehrere Seiten dem Ableben des Autors, und einige der angesehensten Kritiker schreiben mit fliegender Feder die ersten Würdigungen seines Gesamtwerkes. In den darauffolgenden Tagen melden sich auch spanische Schriftsteller zu Wort und bringen ihre Anteilnahme am Tod einer wichtigen Persönlichkeit der europäischen und der Weltliteratur zum Ausdruck.

Am 18. Februar ist Bernhard endgültig zur Person seines Lebensstückes geworden. Die unglaublich harten Formulierungen seines Testaments, in dem er jegliche Publikation aus seinem Nachlaß in Österreich verbietet, gehen über die literarische Nachricht hinaus und rufen ein breiteres gesellschaftliches Echo hervor. Personen, die niemals zuvor ein Buch von Bernhard gelesen hatten, kamen in jenen Tagen auf uns, die wir in einer gewissen Beziehung zu seinem Werk standen, zu und fragten befremdet: »Ist denn das möglich?« In jenen 14 Tagen im Februar fand Bernhard mit dieser letzten, perfekt vorbereiteten Inszenierung eine neue Leserschaft.

Der Tod des Schriftstellers stellt in Spanien zweifellos einen Einschnitt in der Rezeption seines Werkes dar, und das nicht nur, weil noch einige seiner Werke der Übersetzung und Veröffentlichung harrten. Die Haltung von Leserschaft und Kritik hat sich schon deswegen geändert, weil der Tod das Werk unwiederholbar, endgültig macht und auch die radikalsten

Künstler in etwas verwandelt, das sie zeit ihres Lebens am meisten gehaßt hätten: Sie werden zu Klassikern. Dieser Einschnitt offenbart sich in den Kommentaren zu den Werken, die in den folgenden Jahren erscheinen: 1990 *Maestros antiguos* (*Alte Meister*)[18], 1991 *Immanuel Kant*[19] und ein weiterer Sekundärtext: *Conversaciones con Thomas Bernhard* (*Aus Gesprächen mit Thomas Bernhard*) von Kurt Hofmann[20]; 1992 folgen *En las alturas* (*In der Höhe*) und *Extinción* (*Auslöschung*).[21] Es fällt auf, daß dasselbe Publikum, das die Prosa von Bernhard angenommen hatte, auf die Theaterinszenierung von *Immanuel Kant* weiterhin kühl reagiert. Die Rezeption in Spanien unterscheidet deutlich zwischen dem Prosa- und dem Theaterautor, als ob es sich um zwei verschiedene Schriftsteller handle. Darauf soll in der Folge detailliert eingegangen werden.

Das Publikum und die Kritik

Von Anfang an stand die kritische Rezeption der Bernhardschen Texte unter dem Zeichen der Meinungsverschiedenheit, ja, der Spaltung der Leserschaft, was meines Erachtens den ästhetischen Intentionen des Autors durchaus entspricht: Ein Teil der Kritik nimmt das Werk mit absoluter Begeisterung und überschwenglichen Worten an, während der andere Teil – ohne jedoch den Wert des Schriftstellers grundsätzlich in Frage zu stellen – eher jene Aspekte hervorhebt, die dem Leser zu schaffen machen: etwa die allgemein als »schwierig« bezeichnete Lektüre und das totale Fehlen von Glaubhaftigkeit der Figuren im klassischen Sinn. Von Anfang an war ebenfalls festzustellen, daß diese beiden Haltungen mit der Spaltung im Lager der Rezensenten fast völlig übereinstimmen: Schriftsteller, die auch als Kritiker arbeiten, reagieren im allgemeinen begeistert, während sich die professionellen Literaturkritiker weniger überschwenglich zeigen; zwei Beispiele: dem begeisterten Kommentar des Schriftstellers Félix de Azúa (»[...] und wenn man trotzdem letztendlich in Lachen ausbricht, so zeigt das, daß Bernhard ein Genie ist«[22]) steht die Gereiztheit des Kritikers Ramón Buenaventura (»Da ich nicht weiß, warum mir das erzählt wird, was man mir erzählt, verstehe ich es noch weniger«[23]) gegenüber.

Auch wenn diese extremen Positionen oft sehr nuanciert vorgebracht werden, spiegeln sie die gegensätzlichen Meinungen der übrigen Leser von Bernhard wider, bei denen Verehrung und Ablehnung miteinander konkurrieren, was offenbar auch auf akademische Kreise zutrifft: Es ist in dieser Hinsicht bezeichnend, daß in den ersten zehn Jahren der Bernhard-Rezeption in Spanien keinerlei Diplom- oder Doktorarbeiten über sein Werk erschienen sind.[24]

Mit der Leserschaft wuchs auch die Rezeption durch die Kritik. *Verstörung* war Gegenstand von insgesamt sechs Rezensionen[25], wobei zwei von Personen stammten, die mit der Veröffentlichung des Textes zu tun hatten (Javier Marías und Miguel Sáenz). In diesen frühen kritischen Auseinandersetzungen, die sich noch nicht mit den Gründen befaßten, die Bernhard zu einem vielgelesenen Autor machten, wird vielmehr der Schock der Leseerfahrung dokumentiert, die durch den Text verursachte Entfremdung, das Gefühl, etwas vollkommen Neuem gegenüberzustehen. Es wird nach Kategorien gesucht, um den Autor einzuordnen. Häufig werden Kafka, Nietzsche, Musil und Canetti erwähnt, um – erfolglos – dem großen Unbekannten einen Platz innerhalb des Bekannten zuzuweisen. Und immer wieder wird Bernhard auch in Spanien eine formelle und strukturelle Beziehung seiner Sprache zur Musik bescheinigt. Diese Konstanten wiederholen sich vereinzelt in den Kritiken von *Ja* und dominieren bereits in den Rezensionen von *Korrektur*.

Wie bereits erwähnt, stellten die frühen achtziger Jahre eine Art Wendepunkt dar, an dem Bernhard der Durchbruch zum sogenannten breiten Publikum gelang. An anderer Stelle[26] habe ich versucht, diesen Durchbruch aus den soziopolitischen Gegebenheiten Spaniens zu erklären. Denn erst mit *Korrektur*, das gewiß nicht »leichter« zu lesen ist als die zuvor veröffentlichten Werke, kam die Bernhard-Rezeption richtig in Gang. Das Buch entfesselte ein wahres Bernhard-Publikationsfieber.

Zum Zeitpunkt des Erscheinens von *Verstörung* lebte das Land in einer Atmosphäre der Exaltation. Der politische Wandel schien ungeahnte Aussichten zu eröffnen, und das Land erlebte eine Zeit wenn nicht des Optimismus, so doch der Hoffnung. In diesem Klima konnten die »neurotischen« und negativen Überlegungen von Thomas Bernhard nicht objektiv aufgenommen werden, sondern wurden – wie Fernando Savater später formulierte – als *Requisitorias del aguafiestas* (Steckbrief des Spielverderbers)[27] empfunden. Zu einem Zeitpunkt, wo das Land voller Hoffnung war, stellte der zornige, tödlich kalte Österreicher mit seiner absoluten Negation ein Ärgernis dar, das vom spanischen Leser instinktiv zurückgewiesen wurde.

1983 hatte sich die Befindlichkeit des Landes geändert. Die anfängliche Euphorie war dem sogenannten *desencanto,* der Ernüchterung also, gewichen, einer diffusen kollektiven Perzeption, die aus einer Mischung von enttäuschten Erwartungen, Anpassung an die Härte der wirtschaftlichen Realität und des Sich-Einrichtens in jener neuen Normalität bestand, die mitsamt der dieser Normalität eigenen Langweiligkeit den aufregenden Jahren des Übergangs zur Demokratie folgte. Auf diesem neuen Nährboden fand der zornige Österreicher das Echo, das ihm anfangs versagt geblieben war. Die Leser lebten nun selbst in einem Klima der tiefen Unzufriedenheit, das die kalte Wut des Salzburgers zur Gärung bringen konnte. Kurz gesagt, es vollzog sich endlich die *Identifikation.*

In keiner Weise erklärt wird damit jedoch die Reichweite seiner Wirkung. Zu ihrer Erklärung muß auf die autobiographische Reflexion von Thomas Bernhard eingegangen werden, die im darauffolgenden Jahr Spanien erreichte. 1984 erschienen *Die Ursache* und *Der Keller,* für viele Leser der erste Kontakt mit dem Werk Bernhards, für andere eine Wende in ihrer bisherigen Einschätzung des Autors. In den fünf Bänden der Autobiographie werden Ereignisse nicht bloß geschildert. Bernhard konzentriert sich vielmehr auf die *Substanz* des eigentlichen, *a priori* eingeschätzten, beurteilten und eingeordneten Lebens, um es in Abhängigkeit von der Schlußbewertung zu *interpretieren.* Das gesamte Erinnerungsmaterial dient dem Vorhaben, uns ein bestimmtes Leben auf eine bestimmte Weise zu zeigen. Die autobiographischen Texte könnten als superlativisch interpretierte Erinnerung bezeichnet werden. Darüber hinaus unterscheiden sie sich in zwei Punkten vom übrigen Werk Bernhards, die unweigerlich auch die Lektüre beeinflussen: das Setzen auf die Moral und die Wahrhaftigkeit.

Zum ersten Mal spricht sich Bernhard explizit für die Benachteiligten, die Hoffnungslosen, die zum Leben und damit zur Mißhandlung Verdammten aus. Mehrere Kritiker und auch der Übersetzer[28] stimmen darin überein, daß sich Bernhard in der autobiographischen Pentalogie als Moralist offenbart und daß in den fünf Bänden der *vita bernhardiana* eine größere Nähe zum Menschen zum Ausdruck kommt. Der Leser folgt relativ mühelos dem roten Faden der Erzählung, den er im übrigen Werk vermißt. Die intellektuelle Anstrengung, zu der die Texte Bernhards zwingen, ist in diesen Büchern nicht mehr erforderlich.

Der andere wesentliche Faktor, der der Bernhard-Rezeption in Spanien zugute kam, ist die Wahrhaftigkeit, die aus den autobiographischen Erzählungen spricht. Oft wurde gesagt, daß die Helden Bernhards nicht aus Fleisch und Blut seien, sondern Puppen oder Aquariumfischen ähnelten, denen es an Glaubhaftigkeit und »Lebensnähe« mangle. *Die Ursache*, *Der Keller*, *Der Atem*, *Die Kälte*, *Ein Kind* räumten diese Zweifel jedoch aus. Sie sind glaubhaft, und zwar nicht, weil wir gesagt bekommen, es sei das Leben des Autors, das uns erzählt wird, nicht, weil wir einen räumlichen und zeitlichen Rahmen haben, in dem wir die Handlung ansiedeln können, sondern weil aus jedem Wort, jedem Adjektiv, jedem sorgfältig geschmiedeten Satz Schmerz und Angst herausschreien. Diese Bücher sind kein Museum, falls jemand dieser Meinung war, sondern das Leben selbst. Und deshalb legitimieren und erklären sie vor den Augen des skeptischen Lesers das übrige Werk Bernhards. Sie gelten als Schlüssel zum Verständnis der fiktiven Texte. Deshalb kann man von einem Davor und Danach der Publikation, aber auch der Rezeption sprechen.

In Spanien tritt allerdings noch ein zusätzlicher Faktor hinzu, der über eine Art Erfahrungsgemeinschaft die Verbindung zwischen Autor und Leser herstellt: Die »nationalsozialistisch-katholische« Erziehung, die Bernhard in Österreich in den Jahren vor und während des Krieges sowie in der Nachkriegszeit kennenlernte, hat viel mit der Erziehung gemein, die in Spanien der Generation der sogenannten *niños de la guerra* (Kriegskinder) nach Beendigung des spanischen Bürgerkrieges üblich war. Aus dieser Generation sind viele wichtige Vertreter der spanischen Literatur hervorgegangen. Auch die beiden darauffolgenden Generationen erhielten eine Erziehung, die sich kaum von der der vierziger Jahre unterschied. Es sei daran erinnert, daß die Franco-Diktatur das einzige faschistoide Regime war, das in Europa den Zusammenbruch des rechtsradikalen Totalitarismus überlebte. So erhielten die Nachkriegsgenerationen eine vor allem katholisch orientierte Ausbildung. In der spanischen Literatur, die durchaus als das geschichtliche Gedächtnis des Landes bezeichnet werden kann, spielt die Figur des unterrichtenden Geistlichen mit dem Rohrstock in der Hand und dem Spruch »Gute Zucht, gute Frucht« auf den Lippen eine wichtige Rolle. Für viele Leser stellte das barbarische Verhalten der Lehrer in *Die Ursache* daher nicht die geringste Überraschung dar. Niemand hat es als Übertreibung empfunden. Ebenso wie Österreich war Spanien als Land des gegenreformerischen Katholizismus dem barocken Ausdruck des religiösen Gefühls zugetan. Über Jahrzehnte hinweg war der Gott der spanischen

Katholiken – und all derer, die nach der katholischen Erziehung ihrer Jugend zum Agnostizismus übergingen – ein strafender Gott, ein Unterdrücker-Gott, der viel mehr mit dem Konzil von Trient als mit dem 2. Vatikanischen Konzil zu tun hatte. Die Erfahrungen Bernhards mit der Religion deckten sich mit denen der Spanier dieser Generationen.

Zudem ähnelte die Zeit nach dem Zweiten Weltkrieg aus offensichtlichen Gründen in vieler Hinsicht den vierziger Jahren in Spanien. Mangel an allem, Krankheiten und Entbehrung sind eine gemeinsame Erfahrung der Menschen beider Länder, die heute 45 bis 60 Jahre alt sind und im Falle der Spanier 35 bis 50 Jahre alt waren, als Bernhard in ihre Hände gelangte. Einer seiner treuesten und am wenigsten orthodoxen Kritiker, Félix de Azúa, bezeichnete ihn 1986 durchaus folgerichtig als »den besten Schriftsteller des spanischen Realismus«; er sei »der Schriftsteller, der am besten die gegenwärtige Lage in Spanien beschreibe«.[29] Eine zwar zugespitzte, aber meiner Meinung nach dennoch bezeichnende Aussage.

Ab 1984 werden schon nicht mehr die Bücher, sondern der Autor besprochen: Man bezieht sich auf andere Werke, sucht nach Informationen über die Rezeption im Ausland und bemüht sich weiterhin, den Autor in die Strömungen des europäischen Denkens einzuordnen. Die Rede ist nun vom »Phänomen Bernhard« und vom »Bernhard-Fieber«. Besonders betont wird dabei ein Umstand, der im Spanien dieser Zeit besonders irritieren mußte: die unmögliche politische Einordnung Bernhards. Er transzendiert alle Ideologien in einer Aussage, die, obwohl anklagend, keine Anklage ist, die, obwohl sie fordert, keine Forderungen aufstellt, die zwar beurteilt, aber kein Urteil ist. Bernhard stellt sich wirklich gegen alle, und das bedeutet unweigerlich, daß er sich auf niemandes Seite stellt. Diese konsequent apolitische Haltung wurde von der Kritik aufmerksam registriert.

Abgesehen von den fünf Bänden der Autobiographie bleibt die Meinung der Kritik zu den übrigen, schrittweise erscheinenden Werken auch weiterhin geteilt. *Das Kalkwerk* wird als höchst kompliziert eingeschätzt und erhält sogar negative Kritiken. Gleiches ist von *Frost* zu sagen, das vom Kritiker Pere Amorós als »langweiliger Roman mit unverständlichen Passagen«[30] bezeichnet wird. Die 1987 erschienene Auswahl von Erzählungen wird von der Kritik kaum beachtet, während die Zahl der Artikel zunimmt, die sich mit dem Autor und nicht mit seinen Büchern beschäftigen.

Nach dem Erscheinen von *Holzfällen* 1988 beschäftigt sich die Kritik mehr mit der Beschreibung der Handlung des Buches als seiner literarischen Eigenschaften. Grund dafür waren die Nachrichten über die rechtlichen Auseinandersetzungen, die der Veröffentlichung des Werkes in Österreich folgten. Auf großes Interesse stieß hingegen das Erscheinen von *Ave Vergil*. An dieser Stelle sei nochmals auf die gewichtige Rolle hingewiesen, die Miguel Sáenz bei der Bernhard-Rezeption in Spanien spielte. Neben seiner Arbeit als Vermittler des Werkes – die Übersetzung oblag fast ausschließlich ihm, und von ihm ging auch die Initiative zur Veröffentlichung vieler Bücher aus – hat Sáenz zur Verbreitung und Erklärung der Bernhardschen Texte einen entscheidenden kritischen und philologischen Beitrag geleistet. Sáenz hat neben den Begleittexten zur Autobiographie und den erläuternden Vorworten zu den lyrischen und dramatischen Werken auch fast zwanzig Artikel über den Autor in der spanischen Presse veröffentlicht. Bei vielen Gelegenheiten hatte er nicht nur erste Interpretationen, sondern auch die ersten Fakten über den Autor zur Hand und übte damit einen bemerkenswerten persönlichen Einfluß auf andere Germanisten aus. Im Fall von *Ave Vergil* wird in der zweisprachigen Ausgabe des Werkes die philologische Absicht des Übersetzers deutlich, der dem Leser eine weitere Dimension des österreichischen Autors anbieten will.

Bernhard starb wenige Monate, nachdem er in Zusammenhang mit der skandalumwitterten Premiere von *Heldenplatz* Schlagzeilen gemacht hatte. Auch in Spanien brach eine wahre Lawine an Nachrufen los. Die Bedeutung, die Bernhard mittlerweile erlangt hatte, wird in der Behandlung seines Todes durch die Presse deutlich. Die Tageszeitung *El País* veröffentlichte die Nachricht auf der ersten Seite, und in der ersten Woche nach seinem Ableben erschienen in allen wichtigen spanischen Tageszeitungen (*El País*, *ABC*, *La Vanguardia*, *El Independiente*, *Diario 16* ...), unabhängig von ihrer politischen Tendenz, insgesamt 14 Nachrufe. Die Umstände seines Todes, das Testament usw. trugen zu einem wachsenden und über die Person des Autors hinausgehenden Interesse bei. Die Tageszeitung *El País* publizierte *Mi »Feliz Austria«* (*Mein Glückliches Österreich*)[31], jenen offenen Brief also, der am 11. März 1988 in der Wochenzeitung *Die Zeit* erschienen war und in Spanien als exemplarische Erscheinung eines generellen Konfliktes verstanden wurde. Als Peter Handke im März 1989 seine Absicht äußert, Österreich für immer zu verlassen, veröffentlicht *El País* einen Artikel von Vivianne Schnitzer[32], in dem die Beziehungen zwischen den Künstlern und dem österreichischen

Staat – von Stefan Zweig über Turrini bis Peter Handke – untersucht wird. Anstoß dazu gab einzig und allein das Testament von Thomas Bernhard.

Nach dem Tod des Autors wird die Kritik allmählich grundsätzlicher, reflexiver. Es wird unterstrichen, daß aus den Romanen der achtziger Jahre schrittweise auch die wenigen noch verbliebenen Reste von Struktur verschwinden, um sich mit einer minimalen Handlung und minimaler Präsenz von Figuren einzig auf die verdichtete Botschaft zu konzentrieren. José Antonio Ugalde[33] schreibt im Zusammenhang mit *Alte Meister*, daß Bernhard »sich keine Mühe mehr gibt, sein Desinteresse für den Aufbau oder den Abbau der Romanstruktur zu verbergen. Er hat keine Zeit für diese überflüssigen akademischen Kommentare und ästhetischen Bagatellen, da sein einziges Interesse der Übermittlung gilt, der Ansteckung in möglichst direkter Form [...]«.

Aufführung und Veröffentlichung von *Immanuel Kant* im Jahre 1991, welche ohne relevante Wirkung blieben, werfen die Frage auf, warum das Bernhardsche Theater in Spanien so wenig Erfolg hat. Die Argumente in den Rezensionen zur Prosa ähneln denen, die anläßlich der Stücke vorgebracht werden, doch werden diese im allgemeinen nicht positiv bewertet. Deutlich ist außerdem, daß das Publikum seine dramatischen Werke nicht unterstützt. Warum nicht? Argumente wie das eines gemeinsamen Erfahrungshintergrundes, der in den Romanen, aber nicht in den Stücken gegeben ist, sind zweifellos richtig, aber nicht ausreichend. Der Unterschied ist zu groß, um nur darauf reduziert werden zu können.

Meiner Meinung nach sollte die Ursache dieses Phänomens in der allgemeinen Situation der spanischen Bühnen gesucht werden: Das Theater in Spanien hat sich in einem Klima entwickelt, das vor allem dann von Verzögerungen und Aufführungsschwierigkeiten gekennzeichnet war, wenn die Werke avantgardistischen Charakter hatten. Autoren neuartiger dramatischer Werke wie Ramón María del Valle-Inclán, den ich in einem anderen Aufsatz mit Bernhard verglich[34], haben einige ihrer wichtigsten Werke zu Lebzeiten nicht aufgeführt gesehen. Zur allgemeinen Anerkennung als Vorreiter kam es immer erst, nachdem das Werk, das ursprünglich die künftigen Wege des Theaters vorgezeichnet hatte, bereits einer allgemeinen Strömung zugeordnet werden konnte. Daran hat sich in Spanien bis auf den heutigen Tag nichts geändert; experimentelles Theater wird nur abseits der kommerziellen Bühnen aufgeführt, ohne wie in anderen europäischen Ländern auf das sogenannte breite Publikum überzugreifen. In diesem

Zusammenhang *mußte* das Theater von Bernhard auf Widerstände stoßen, und so war es auch.

1991 wird *Aus Gesprächen mit Thomas Bernhard* veröffentlicht, und 1992 erschien *In der Höhe*. Beide Werke werden von der Kritik jeweils als Bücher zur Erklärung einer bereits bekannten Laufbahn interpretiert. Ersteres wird als eine einen Spaltbreit geöffnete Tür dargestellt, durch die Bernhard Einblick in einige Kategorien zum Verständnis seines Werkes gewährt und vor allem auch Details seiner persönlichen Lebensführung mitteilt. Aus meiner Sicht möchte ich anfügen, daß ich bei diesem nach seinem Tod gelesenen Text zum ersten Mal das Gefühl hatte, daß keine Kälte von ihm ausging. Man hatte den Eindruck, daß sich hier die Türen zu einem notwendigen menschlichen Kontakt zu öffnen schienen (»man kann nicht allein sein, man kann es tatsächlich nicht«). Und was das Frühwerk *In der Höhe* anbetrifft, so wurde hervorgehoben, daß es bereits im Kern all das resümiert, was das Werk Bernhards ausmachen sollte.

Dieser kurze Abriß der kritischen Rezeption des Bernhardschen Werkes soll beendet werden, indem die Rolle der Schriftsteller hervorgehoben wird, die seine ersten Kritiker waren. In diesem Zusammenhang wollen wir die Worte eines Schriftstellers zitieren, der sich auch der Literaturkritik widmete: José María Guelbenzu. Am 3. Oktober 1992 erschien in *El País* seine kritische Betrachtung der knapp zuvor publizierten *Auslöschung*.[35] Der Kritiker gestattete sich bei dieser Gelegenheit keine Exkurse. Er spricht weder von den vorangegangenen Werken Bernhards, noch vom Autor selbst, sondern analysiert bis ins letzte Detail Inhalt und Struktur des Textes. Nur am Schluß erlaubt er sich eine durchaus treffende Abrundung:

> Ich werde nicht auf die Einschätzung einiger Personen eingehen, die meinen, dies wäre der beste Roman von Bernhard [...], glaube jedoch, daß in ihm der ganze Bernhard enthalten ist.
>
> Es handelt sich aus möglicherweise vorhergeahnten chronologischen Umständen um den Abschied Thomas Bernhards von der Erzählung. Ein mächtiger und unausweichlicher Abschied. Ein unvergeßlicher Abschied.

Der Einfluß auf andere Autoren

Ein Schriftsteller wie Bernhard mußte zwangsläufig andere, junge oder bereits etablierte Autoren beeinflussen, und verständlicherweise wird dieser Einfluß vor allem bei jenen Schriftstellern deutlich, die als erste die Qualitäten seines Werkes erkannt und darüber hinaus auch dessen Rezeption gefördert hatten. Um sich nicht der Gefahr ungerechtfertigter Zuschreibungen auszuliefern, darf man nicht vergessen, daß das Innovatorische am Bernhardschen Stil weniger technischer Natur ist, als vielmehr in der Behandlung der narrativen Substanz besteht. Bernhards distanzierte und unbarmherzige Art des Erzählens stellt eine eher inhaltliche als formale Entdekkung dar. Dieser Erzählmodus läßt sich meiner Ansicht nach vor allem bei zwei Autoren ausmachen: Javier García Sánchez und Félix de Azúa.

Javier García Sánchez (Barcelona, 1955), Germanist und Verfasser einer kritischen Biographie über Hölderlin[36], ist ein bemerkenswerter Autor der jüngsten Generation spanischer Erzähler. Als Schriftsteller, der verschiedenste Register beherrscht, ist er in der Lage, vom preziösen Stil der Romane wie *Ultima carta de amor de Caroline von Günderode a Bettina Brentano* (Letzter Liebesbrief von Caroline von Günderode an Bettina Brentano) oder *Los amores secretos* (Geheime Liebschaften) zur kalten und breit angelegten Analyse von *El mecanógrafo* (Der Maschinenschreiber) überzugehen. Als erfolgreichem Literaten wurde ihm der angesehene Literaturpreis Premio Herralde für den Roman *La historia más triste* (Die traurigste Geschichte) verliehen. Darüber hinaus arbeitet er oft als Kritiker oder Publizist mit Literaturmedien zusammen.

Uns soll hier ein Buch interessieren, das unter dem Titel *La dama del viento sur* (Die Dame des Südwindes)[37] veröffentlicht wurde. Es handelt sich dabei um einen Monolog über 200 Seiten, und der Text verrät eine nicht zu übersehende Verwandtschaft mit den Büchern Bernhards. Ein beklemmender Diskurs, Kreisförmigkeit, ganze Passagen umfassende Wortwiederholungen, Rückbezüge ... In einem Interview mit der Zeitung *El Independiente*[38] bekannte sich García Sánchez offen zu diesem Einfluß.

Das Buch wurde ein großer Erfolg und erlebte mehrere Nachauflagen, die letzte davon 1993 im Verlag Anagrama. Daniela Warmuth schreibt in ihrer Diplomarbeit den Erfolg des Romans einer »Imitation« Bernhards zu und läuft damit Gefahr, die deutlich erkennbaren Unterschiede zwischen dem Werk García Sánchez' und den Werken Bernhards außer acht zu lassen. Allein die Tatsache, daß *La dama del viento sur* die Geschichte eines Mannes ist, der aufgrund einer fanatischen Liebe den Verstand verliert, entfernt uns Lichtjahre von Bernhard. García Sánchez unternimmt in seinen Büchern den Versuch, menschliche Handlungen zu erklären und in gewisser Weise zu rechtfertigen, was ebenfalls in völligem Gegensatz zur totalen Negation Bernhards steht. In dem von Warmuth zitierten Interview bringt García Sánchez seine Beziehung zu Bernhard auf eine bündige Formel: »Er ist viel eisiger«.

Auch ein anderes Werk von García Sánchez, *El mecanógrafo*[39], läßt einen Bernhardschen Einfluß erkennen: Während hier jedoch die Technik der unablässigen Wiederholung nicht angewandt wird, fällt ein über die fast 900 (!) Seiten durchgehaltener kalter Ton auf, der an Bernhard erinnert. Es besteht aber noch eine weitere Ähnlichkeit; gezeigt wird ein Mensch, der durch die Gesellschaft sprichwörtlich zugrunde gerichtet wurde. Durch den gesamten Roman hindurch ist der Held einem Bombardement mit Informationen aus der Presse ausgesetzt – er arbeitet als Wachmann in einer Fabrik und nebenbei beharrlich als Berichterstatter einer Tageszeitung, um sich das Leben zu erklären –, die ihn schließlich aus dem Gleichgewicht bringen. Gleichzeitig wird der Leser dadurch irritiert, daß er angesichts der banalen Kommentare des Maschinenschreibers die Nerven verliert, ohne sich der Tatsache bewußt zu sein, daß diese Kommentare in Wirklichkeit seine eigenen Äußerungen sein könnten, die er tagtäglich im Büro oder im Familienkreis von sich gibt. Hier erinnert also viel an Bernhard, obwohl es sich, wie bereits erwähnt, um einen Einfluß handelt, der nie die eigene, durch ein umfangreiches Werk gut definierte Stimme des Schriftstellers verdeckt.

Bei Félix de Azúa (Barcelona, 1944) handelt es sich um eine weitere etablierte Stimme im spanischen Literaturpanorama. Er ist Professor für Ästhetik an der Universität Barcelona, Autor von verschiedenen Gedichtbänden, einem halben Dutzend Romanen sowie zahlreichen Essays und schreibt regelmäßig in der spanischen Presse. Wiederum haben wir es mit einem sehr vielseitigen Erzähler zu tun. Sein Roman *Cambio de bandera* (Fahnenwechsel) läßt sich nicht mit dem *Diario de un hombre humillado* (Tagebuch eines erniedrigten Mannes) – für letzteres erhielt der Autor ebenfalls den Premio Herralde – oder mit dem Buch vergleichen, auf das hier eingegangen werden soll: *Historia de un idiota contada por él mismo* (Geschichte eines Idioten, von ihm selbst erzählt)[40].

Daß die beiden Autoren, die ganz offensichtlich Bernhard rezipierten, in ihrer Arbeit über vielfältige Register verfügen, ist nicht zufällig. Allem Anschein nach sind die Schriftsteller mit einer absolut definierten Stimme, die in allen Werken wiedererkannt werden kann, weniger aufnahmefähig für fremde Einflüsse als die, die mit verschiedenen Modulationen experimentieren.

Ist bei García Sánchez eine eingestandene und bewußte Beeinflussung festzustellen, ließe sich im Fall von Azúa – ich sage das mit allem Vorbehalt – von einer unfreiwilligen Beeinflussung sprechen. *Historia de un idiota contada por él mismo,* Untertitel *El contenido de la felicidad* (Der Inhalt des Glücks), ist als Autobiographie angelegt. Bereits der erste Absatz ist bezeichnend:

> Wenn ich auf alte Fotos aus meiner Kindheit stoße, was schon seit langem nicht mehr vorgekommen ist, überrascht und stört mich immer der gleiche, zwanghafte Zug. Auf allen [...] erscheine ich mit dem gleichen, unerträglichen Grinsen. Es ist immer gleich, identisch, als ob es sich um eine Maske handle und von meiner tatsächlichen Stimmung unabhängig sei. Dieses untrügliche Zeichen von Gemeinheit hat mein Leben bestimmt, eines der unglücklichsten, von denen ich Kenntnis habe, und immer in der gleichen Richtung; seit meinen ersten Eingebungen wußte ich, daß ich immer gezwungen sein würde, eine ständige Glückseligkeit zu simulieren, und daß dieser Zug mir das Überleben gestatten würde; die einzige Festung, in der ich mich vor den unzähligen Angriffen gegen mich in Sicherheit fühlen konnte.[41]

Meiner Ansicht nach hallt *Die Ursache* in diesen Worten wider. Dieselbe Negativität, dieselbe Situation des Helden abseits der ihn verfolgenden Welt, derselbe Typus eines Protagonisten, der sich vor jener Realität verschanzt, die der Leser in ihrer Fürchterlichkeit intuitiv erfaßt. Dieser Widerhall kommt einige Seiten danach noch deutlicher zum Ausdruck:

> [...] die Erziehung, die, ich wiederhole, Erziehung, die ich in der Schule erhielt, in einem dieser protzigen Mastodonten, welche von den religiösen Orden in der Absicht gebaut worden waren, ihren korruptesten Instinkten freien Lauf lassen zu können. Es war eine teure, ordinäre Schule, die von seelisch und körperlich Verkrüppelten geleitet wurde [...]. Ich glaube behaupten zu können, daß mich nach dieser Initiation kein Kinderparadies oder kein institutionelles Kinderglück mehr beunruhigen konnte; ich war auf ewig dagegen immunisiert.[42]

In dem Roman sind mehrere ähnliche Passagen zu finden. Die Vermutung, daß der Einfluß in diesem Fall eher unfreiwillig war, kann sich auf die Tatsache berufen, daß diese Anklänge an Berhard nur in bestimmten Passagen zu finden sind; das Buch als Ganzes ist in keiner Weise bernhardisch geprägt. Sein Humor ist zwar parodistisch, ja satirisch, seine Verbalkonstruktionen sind jedoch übersichtlich, die Thematik bewegt sich innerhalb der Grenzen einer ideologischen Kritik, die in einem sehr konkreten historischen Abschnitt angesiedelt und mit der totalen Negation Bernhards nicht vergleichbar ist.

In Spanien gibt es sicherlich noch mehr Autoren, die sich mit Bernhard aktiv auseinandergesetzt haben. Ein Teil von ihnen wäre wohl eher als epigonal zu bezeichnen. In anderen Fällen ist die Herkunft des Einflusses strittig. Wie dem auch sei, die erwähnten Autoren beweisen, daß sich eine aktive Rezeption auch auf literarischer Ebene vollzogen hat.

Schlußfolgerungen

Die Präsenz Bernhards in der spanischen Kulturwelt ist heute unbestritten. Seine Werke werden wiederaufgelegt, und ihre Leserschaft vergrößert sich ständig. Aufgrund mangelnder Vertrautheit mit der deutschsprachigen Literatur – mit Ausnahme einiger Klassiker haben viele große Autoren kaum Anklang gefunden, obwohl sie bereits seit langer Zeit übersetzt sind und wichtige Verlagshäuser in den letzten Jahren große Anstrengungen unternommen haben, um den jahrzehntelangen Rückstand aufzuholen – ergibt sich sogar die Situation, daß viele Leser Thomas Bernhard als den Gipfel der deutschsprachigen Literatur betrachten. Ich habe nicht die Absicht, ein Werturteil über diese Meinung abzugeben, sondern möchte nur die sehr eingeschränkte Vergleichsgrundlage hervorheben. Zudem verleitete dieselbe Unkenntnis viele dazu, den negativen Diskurs von Bernhard als Ausnahme zu betrachten, obwohl er, im Zusammenhang gesehen, als Zuspitzung einer Haltung gelten kann, die andere österreichische Autoren mit ihm teilen.

Ein wichtiger Gradmesser für die weitere Entwicklung der Rezeption wird die Aufnahme der Werke sein, die bei uns noch unbekannt sind: Ein Großteil seiner Theaterstücke bleibt noch zu übersetzen und aufzuführen. Ähnliches gilt auch für die – in Spanien bisher ausgebliebene – akademische Rezeption in Form von Doktorarbeiten, neuen kommentierten Ausgaben, Biographien, Übersetzungen und Sammelbänden wie denen von Schmidt-Dengler, Hofmann und Porcell.

Bis dahin bleibt der Vorhang erhoben, und die Vorstellung erntet weiterhin Applaus.

(AUS DEM SPANISCHEN VON RITA JANDA)

Anmerkungen

1 Marías las den Text in einer französischen Ausgabe. Sein ursprünglicher Vorschlag, diesen zu veröffentlichen, wurde vom Verlag abgelehnt; Marías bestand darauf, diesen Text einem Sachverständigen für deutschsprachige Literatur zur Begutachtung zu überlassen. Dieser Sachverständige war Miguel Sáenz. Vgl. Warmuth, Daniela: Die Rezeption von Thomas Bernhard in Spanien (1978–1989), Diplomarbeit zur Erlangung des Magistergrades der Philosophie an der Geisteswissenschaftlichen Fakultät der Universität Wien, 1992, S. 19f. Vorliegender Beitrag bezieht sich in vielen Punkten auf die interessante Arbeit D. Warmuths.

2 Trastorno (Verstörung), übersetzt von Miguel Sáenz, Madrid: Alfaguara 1978.

3 Die Kritiken zu »Verstörung« erschienen in El País, der seit Mitte der siebziger Jahre bis zum heutigen Tag zweifellos einflußreichsten Tageszeitung Spaniens, sowie in Cambio 16 und Triunfo, die damals noch den Zeitschriftenmarkt beherrschten.

4 Sí (Ja), übersetzt von Miguel Sáenz, Barcelona: Anagrama 1981.

5 Corrección (Korrektur), übersetzt von Miguel Sáenz, Madrid: Alianza Editorial 1983.

6 Neben der Presse in Madrid und Barcelona nahmen nun auch einige Zeitungen aus der Provinz von Bernhard Notiz. In den frühen achtziger Jahren wurde in Spanien versucht, im Gegensatz zu den alten, noch unter dem Bann des Frankismus stehenden Lokalzeitungen eine moderne und offene Presse nach dem Vorbild der Madrider Tageszeitung El País aufzubauen. Diese neue Lokalpresse setzte hohe Maßstäbe in allen Bereichen. So verwundert es nicht, daß die Literaturkritiker ihre Aufmerksamkeit neuen Autoren wie Bernhard zuwandten und damit seine Rezeption auch in Kreisen außerhalb der großen Kulturindustriezentren förderten.

7 Bei den 1984 veröffentlichten Büchern handelt es sich um: El origen (Die Ursache), übersetzt von Miguel Sáenz, Barcelona: Anagrama 1984. El sótano (Der Keller), übersetzt von Miguel Sáenz, Barcelona: Anagrama 1984. La calera (Das Kalkwerk), übersetzt von Miguel Sáenz, Madrid: Alianza Editorial 1984.

8 El aliento (Der Atem), übersetzt von Miguel Sáenz, Barcelona: Anagrama 1985. El frio (Die Kälte), übersetzt von Miguel Sáenz, Barcelona: Anagrama 1985. Helada (Frost), übersetzt von Miguel Sáenz, Madrid: Alianza, 1985. El malogrado (Der Untergeher), übersetzt von Miguel Sáenz, Madrid: Alfaguara 1985. El imitador de voces (Der Stimmenimitator), übersetzt von Miguel Sáenz, Madrid: Alfaguara 1985.

[9] El nebot de Wittgenstein (Wittgensteins Neffe), übersetzt von Josep Murgades Barceló, Barcelona: Empuries 1985. Historietes inexemplars. L'imitador de veus (Unexemplarische Geschichten. Der Stimmenimitator), übersetzt von Josep Murgades Barceló, Barcelona: Empuries 1985.
[10] Un niño (Ein Kind), übersetzt von Miguel Sáenz, Barcelona: Anagrama 1987. Teatro (Theater), übersetzt von Miguel Sáenz, Madrid: Alfaguara 1987. Der Band enthält die Werke El ignorante y el demente (Der Ignorant und der Wahnsinnige), La partida de caza (Die Jagdgesellschaft) und La fuerza de la costumbre (Die Macht der Gewohnheit).
[11] Ave, Virgilio (Ave Vergil), übersetzt von Miguel Sáenz, Barcelona: Península-Edicions 62 1988.
[12] Vgl. Warmuth, a. a. O., S. 77–79.
[13] Porcell, C.: Tinieblas (Düsternis), übersetzt von Margarita Mizraji, Barcelona: Gedisa 1987.
[14] Tala (Holzfällen), übersetzt von Miguel Sáenz, Madrid: Alianza Editorial, 1988. El sobrino de Wittgenstein (Wittgensteins Neffe), übersetzt von Miguel Sáenz, Barcelona: Anagrama 1988.
[15] Hormigón (Beton), übersetzt von Miguel Sáenz, Madrid: Alfaguara 1989.
[16] Los comebarato (Die Billigesser), herausgegeben und übersetzt von Carlos Fortea, Madrid: Cátedra 1989.
[17] Minetti: un retrat de l'artista vell (Porträt eines alten Künstlers), übersetzt von Josep Murgades Barceló, Barcelona: Diputación Provincial de Barcelona 1989.
[18] Maestros antiguos. Comedia (Alte Meister. Komödie), übersetzt von Miguel Sáenz, Madrid: Alianza Editorial 1990.
[19] Immanuel Kant (Immanuel Kant), übersetzt von Miguel Sáenz, Madrid: Publicaciones del Centro Dramático Nacional 1991.
[20] Hofmann, K.: Conversaciones con Thomas Bernhard (Aus Gesprächen mit Thomas Bernhard), übersetzt von Miguel Sáenz, Madrid: Alianza Editorial 1990.
[21] En las alturas (In der Höhe), übersetzt von Miguel Sáenz, Barcelona: Anagrama 1992. Extinción (Auslöschung), übersetzt von Miguel Sáenz, Madrid: Alfaguara 1992.
[22] de Azúa, Félix: Música para tullidos (Musik für Krüppel). In: Triunfo, 6. 5. 1978. Zit. n. Warmuth, a. a. O., S. 69.
[23] Buenaventura, Ramón: Una nueva versión indirecta de la palabra hablada (Eine neue indirekte Version des gesprochenen Wortes). In: La Gaceta del Libro, 1. 10. 1984. Zit. n. Warmuth, a. a. O., S. 56.
[24] Warmuth, a. a. O., S. 18, bezogen auf Madrid. Soweit ich nachprüfen konnte, scheint diese Behauptung allgemeine Gültigkeit für Spanien zu haben.
[25] Vgl. Warmuth, a. a. O., S. 22.
[26] Vgl. meine Einführung zu Die Billigesser, S. 43 (vgl. Anm. 16).
[27] Savater, F.: A decir verdad (Um die Wahrheit zu sagen), Madrid: Fondo de Cultura Económica 1987.
[28] Vorwort zu El origen (Die Ursache), Barcelona: Anagrama 1984.
[29] de Azúa, Félix: Cinco novelas del invierno humano (Fünf Romane über den Menschenwinter), Untertitel: La fiebre Bernhard, en España (Das Bernhard-Fieber in Spanien). El País, 31. 1. 1986.

[30] Amorós, Pere: Thomas Bernhard, el pensamiento desatado (Thomas Bernhard – das entfesselte Denken). La Vanguardia, 23. 1. 1986.

[31] Bernhard, Thomas: Mi »Feliz Austria«, übersetzt von Genoveva Dieterich, El País, 19. 2. 1989.

[32] Schnitzer, Vivianne: La dramática relación artista-Estado en Austria (Die dramatische Beziehung zwischen Künstler und Staat in Österreich). El País, 13. 3. 1989.

[33] Ugalde, José A.: Ultimo Bernhard (Der letzte Bernhard). El País, 16. 12. 1990.

[34] Ramón María del Valle-Inclán (1866–1936), einer der wichtigsten Romanschriftsteller und Dramatiker Spaniens in der ersten Hälfte dieses Jahrhunderts, entwickelte ab 1920 ein Theater mit deutlichen Bezügen zum Expressionismus. Parodie, Anleihen beim Film und radikale Inhalte waren Elemente, die das spanische Theater zu dieser Zeit nicht zu schätzen wußte. Als öffentliche Persönlichkeit ähnelte Valle-Inclán Bernhard oder manchen seiner Figuren. Er war ein neuerungsfreudiger, stets zu Polemiken geneigter Schriftsteller. In der kulturellen Szene seiner Zeit war er berühmt für seinen Drang zur Provokation. Um das Bild abzurunden wäre vielleicht zu sagen, daß er infolge einer Schlägerei, also auf die »allerdümmste Weise«, wie Bernhard sagen würde, einen Arm verlor.

[35] Guelbenzu, José María: Un adiós inolvidable. Thomas Bernhard y la radicalidad de sus obsesiones en su última novela (Ein unvergeßlicher Abschied. Thomas Bernhard und die Radikalität seiner Obsessionen in seinem letzten Roman). El País, 3. 10. 1992.

[36] García Sánchez, Javier: Hölderlin. Barcelona: Barcanova 1982.

[37] García Sánchez, Javier: La dama del viento sur. Barcelona: Montesinos 1985.

[38] Sueiro, Emma: J. García Sánchez: »Escribir es arriesgar, sacarse las tripas« (»Schreiben bedeutet, ein Risiko einzugehen, sein Innerstes nach außen zu kehren«). El Independiente, 19. 3. 1988. Zit. n. Warmuth, a. a. O., S. 67.

[39] García Sánchez, Javier: El mecanógrafo. Barcelona: Montesinos 1989.

[40] de Azúa, Félix: Historia de un idiota contada por él mismo. Barcelona: Anagrama 1986.

[41] Ebda, S. 9.

[42] Ebda, S. 13–16.

Andreas Herzog

Zeit, Gesellschaft und Geschichte
Bernhard in der DDR

Seit den fünfziger Jahren war in der DDR eine kulturpolitische Konzeption wirksam, die mit Hilfe der Kategorien »kulturelles Erbe« und »progressives bürgerliches Gegenwartsschaffen« »nicht-sozialistische« literarische Werke zur herrschenden Ideologie in Beziehung zu setzen versuchte.[1] Die von der Partei gesetzten Begrifflichkeiten entschieden nicht nur über die Veröffentlichung der Texte eines Schriftstellers, sondern beeinflußten auch ihre institutionelle Interpretation und Bewertung. Voraussetzung für das literarische Eintrittsbillet eines zeitgenössischen »bürgerlichen« Autors war, sich zumindest partiell als »Kritiker des Kapitalismus« ausgewiesen zu haben. Die nicht konkretisierten Vorgaben wurden ab Anfang der achtziger Jahre zwar deutlich weiter als früher gefaßt, dafür setzte die chronische Devisenknappheit des Landes der Veröffentlichung westlicher Autoren weiterhin erhebliche Grenzen.

Mit den Denk- und Deutungsmustern marxistischer Ideologie schienen der Rezeption von Literatur von vornherein enge Grenzen vorgegeben zu sein. Die Realität war vielfältiger, widersprüchlich und oft nicht so einfach zu durchschauen: Welche Bücher wann, mit welchen Klappentexten publiziert wurden und was für Kritiken ihnen folgten, kann jeder überblicken. Welche Auseinandersetzungen dem vorangegangen waren und inwieweit bestimmte Sichtweisen Taktik waren, um eine Veröffentlichung überhaupt zu ermöglichen, konnte im konkreten Fall nur Eingeweihten bekannt sein.

Wer sich über eine Bernhard-Rezeption besonderer Art ein differenziertes Urteil bilden will, sollte in Rechnung stellen, daß sich »staatliche Zwänge« und »eigenverantwortliches Verhalten« auch hier wechselseitig bestimmten. In einem abgeriegelten System mußte es unmöglich sein, von diesem unabhängig Bücher zu publizieren. Sie geistig unabhängig zu rezipieren war zumindest schwer. Auch die Literaturverhältnisse konnten andererseits nur so liberal sein, wie sie durchgesetzt wurden. Im »schwierigen Lavieren zwischen Opportunismus und verdecktem Widerstand«[2] versuchten Lektoren und Kritiker den vorgegebenen Handlungsspielraum mehr oder weniger konsequent auszuschreiten. Um den Lesern der DDR die Rezeption der literarischen Werke zu ermöglichen, die den mit ihnen befaßten Germanisten oft persönlich wichtig waren, *mußten* sie sich nicht nur, sie *wollten* sich meist auch auf die sozialistischen Grundlagen der DDR beziehen.[3]

Der folgende Überblick ist chronologisch angelegt und umfaßt Rezeptionsformen sehr unterschiedlichen Charakters. Er reicht von der Edition der ersten Arbeiten Bernhards Ende der siebziger Jahre über die Literaturkritik und die Rezeption DDR-eigener Inszenierungen bis zu einer Habilitation, die mit der »Wende« Ende 1989 abgeschlossen wurde.

Edition

In der Anthologie *Österreich heute. Ein Lesebuch* wurde Thomas Bernhard dem DDR-Leser mit der Erzählung *Jauregg* 1978 erstmals bekannt gemacht.[4] Im gleichen Jahr beantragte Volk und Welt als Verlag für internationale Literatur die Druckgenehmigung für die autobiographische Erzählung *Der Atem*, die zwei Jahre später erscheinen konnte.[5] Parallel dazu stellte der für deutschsprachige Gegenwartsliteratur zuständige Lektoratschef Roland Links in einer Anthologie österreichischer Lyrik zwei Gedichte[6] Bernhards vor.

Nimmt man andere europäische Länder zum Maßstab, setzte die Edition Bernhards zweifellos mit mindestens einem Jahrzehnt Verspätung ein. Bereits an der Wende zu den siebziger Jahren waren einzelne Werke des Büchner-Preisträgers ins Englische und ins Französische übersetzt. Daß 1978 einige sogar schon im Serbokroatischen, Ungarischen und Polnischen vorlagen, machte das Desideratum nur noch deutlicher.

Zieht man den Editionsstand vergleichbarer Autoren heran, läßt sich sagen, daß dies nicht auf besondere Schwierigkeiten mit diesem Autor zurückgeführt werden muß. Von den Österreichern wurden Michael Scharang, Barbara Frischmuth, Franz Innerhofer und Elfriede Jelinek nur wenige Jahre vor ihm erstmals veröffentlicht. – Von der Publikation eines einigermaßen repräsentativen Querschnitts neuester österreichischer und westdeutscher Literatur konnte in der DDR bis in die achtziger Jahre nicht einmal im Ansatz die Rede sein. Lange Zeit wurden den Lesern lediglich *ausgewählte* Werke *ausgewählter* Autoren bekannt gemacht, deren Kreis eng begrenzt war.[7] Namhafte Österreicher vergangener Generationen wie Musil, Broch und Kraus erschienen mit wichtigen Einzelveröffentlichungen ebenfalls erst Mitte der siebziger Jahre.[8] Ilse Aichinger wurde mit einem eigenen Band erst 1979, Jandl und Handke (nach Bernhard) zu Beginn der achtziger Jahre vorgestellt. Auswahl und Reihenfolge der Editionen mögen dem Betrachter ein durchaus politisches Herangehen an Literatur verraten, viel mehr aber hätte kein anderer Lektor erreichen können.

Die Beantwortung der Frage, inwieweit ein bürgerlicher Schriftsteller zur »progressiven Gegenwartskultur« gerechnet werden kann, mußte bei Bernhard freilich weit spannender ausfallen als bei Scharang oder Innerhofer. Angesichts sonstiger Editionsdefizite und vor dem Hintergrund der damaligen politischen Atmosphäre war an seine Bücher bis in die Mitte der siebziger Jahre tatsächlich nicht zu denken. Im Vergleich zu anderen mußte er als »nihilistisch« und »elitär« gelten.[9] Daß niemand auch nur den Vorschlag zu einer Veröffentlichung gemacht hat, dürfte jedoch auch auf einen weiteren Umstand zurückzuführen sein: Das Wenige, was in den siebziger Jahren in der DDR zu Bernhard gesagt wurde, konnte nicht gerade als eine Editionsempfehlung erscheinen.

Den Versuch einer ersten publizistischen Auseinandersetzung hatte Anfang der siebziger Jahre Hinstorff-Verlagsleiter Kurt Batt unternommen. Im Rahmen einer Betrachtung neuester österreichischer Erzählprosa kam er auch auf *Das Kalkwerk* zu sprechen. Batt eröffnete mit der Feststellung, daß Bernhards Arbeiten »in der Folge der verzweifelnd das eigene Ich ausmessenden Bemühungen eine vorerst letzte Stufe« bilden, »bevor der spätbürgerliche Literaturprozeß in affirmativen Jokus oder subjektlose Deskription umspringt – oder in Schweigen verfällt«[10]. Es seien »figurale Zustände und Prozesse des Bewußtseins«, die in dem Roman aus dem Jahre 1970 vor allem vorgeführt würden. In der »besessenen, computerhaft ablaufenden, aufs höchste subjektivierten« Forschungstätigkeit Konrads würde ein »gesellschaftlich nicht vermitteltes, leeres, um sich selbst kreisendes Subjekt zum Objekt«.

Besonders die Rede vom »inhumanen Wesen« der Geistestätigkeit Konrads und von der »thematischen Destruktion des Humanen« ließ sich als versteckter Hinweis verstehen, von diesem Autor lieber die Finger zu lassen. Zwar vermochte Batt Bernhards Schreibweise aus seiner so anderen gesellschaftlichen Wirklichkeit zu erklären, dennoch mußte erwähnt sein, daß sich bei ihm keinerlei Perspektive auftue:

Da die durchgängig kapitalistisch funktionalisierte Gesellschaft den Schriftsteller wie alle anderen Produzenten als Spezialisten behandelt und (ihm) umfassende Praxis versagt, sieht er sich auf sein Selbst zurückgeworfen. Da dieses Selbst aber gesellschaftlich unvermittelt bleibt, ist es im dialektischen Sinne abstrakt ... Hieraus erklärt sich, daß ein zunehmend überbetontes Ich am Ende nichts mehr als seine Kapitulation mitzuteilen hat.[11]

Lektor Chris Hirte, der bei Volk und Welt seit Anfang der achtziger Jahre Bernhards Veröffentlichung befördert hat, ging im Rahmen von »Anmerkungen zur österreichischen Literatur« 1981 kurz auf ihn ein: »Düstere Stimmung, Todessehnsucht und der dick aufgetragene Pessimismus« erschienen ihm »theatralisch und ritualisiert«. Die »zwanghaften und selbstzerstörerischen Verrichtungen seiner Helden« wirkten »bei aller erbitterten Ernsthaftigkeit [...] ausgesprochen komisch«[12].

Werke wie *Watten* oder *Gehen*, für die dies besonders zutreffend erscheinen mag, wurden vom Verlag danach jedoch nicht präsentiert. Die verlegerischen Aktivitäten entfalteten sich eher in entgegengesetzter Richtung, was zeigen mag, daß Hirte seiner Sicht nicht genügend DDR-spezifische Überzeugungskraft zutraute: Statt des stark stilisierten *Gehen* kamen 1983 vier autobiographische Erzählungen, die Volk und Welt in einem Band zusammenfaßte.[13] Noch im gleichen Jahr stellte der neue Lektoratsleiter Dietrich Simon ausgewählte Kurzprosa aus dem *Stimmenimitator* im Rahmen einer Anthologie österreichischer Erzähler vor.[14]

Die Argumentation des Lektorats gegenüber der von Klaus Höpcke geleiteten »Hauptverwaltung Verlage« »fußte« nach Aussagen Hirtes »stets auf der Feststellung, daß der Autor aus der Perspektive des isolierten Künstlers im Kapitalismus eine negative Weltsicht entwickeln mußte und daß sich diese Perspektive nicht nur in Anschauungen, sondern auch im Stil, in der Rollenprosa des ›Geistesmenschen‹, entäußerte«. Für den Verlag wurde der »Nihilismus« damit »zu einem beklagenswerten und nachvollziehbaren Resultat menschlicher Entfremdung im Kapitalismus. Da Bernhard selbst seine Erzählhaltung in diesem Sinne transparent gemacht hat, war diese Argumentation zwar zweckgerichtet und auf Kapitalismuskritik vereinseitigt, aber nicht an den Haaren herbeigezogen.«[15] – Die Diskrepanz zwischen literaturpolitisch intendierter Argumentation und persönlicher Wertschätzung wird deutlich, wenn man den Nachruf Hirtes auf

Bernhard vom März 1989 dagegenhält: Statt als Kritiker des Kapitalismus wird der Autor als notwendiger Provokateur, »Infragesteller« und Individualist in der Tradition Montaignes, Pascals, Schopenhauers und Kafkas gewürdigt.[16]

Schon 1982 hatte der Dramatik-Spezialist Christoph Trilse den Theaterautor Bernhard vorgestellt. Mit *Die Macht der Gewohnheit* und *Vor dem Ruhestand* beinhaltete eine Anthologie österreichischer Dramatiker gleich zwei seiner Stücke. Das Nachwort stellt ihn in eine Tradition »zwischen Shakespeare, Beckett und Boulevard«[17], im Unterschied zu Batt ist bei Trilse von »Widerstand gegen die Dehumanisierung« die Rede, seinen Figuren lege Bernhard vor allem die eigene Totalkritik in den Mund. Die Tragik des Autors sei, daß er in und von der Welt leben muß und sich ihm weder eine Alternative noch eine Perspektive böte.

Daß Bernhard für Trilse »seit der Krüppelwelt des ›Boris‹« Ende der sechziger Jahre einen beträchtlichen Weg in Richtung gesellschaftlicher Konkretheit und zur »Verstärkung des Humanums« zurückgelegt habe, macht die Entscheidung des Herausgebers für das vermeintlich so politische Stück *Vor dem Ruhestand* leicht einsehbar. Inwiefern das auf einem Irrtum beruhte, wird im Zusammenhang mit der Inszenierung des Stückes zu betrachten sein.

Die Rationierung des Druckpapiers und der Devisenmangel der DDR wurde in den achtziger Jahren zum Haupthemmnis auch der Edition[18] Bernhards. Stets waren Titel anvisiert, doch gab es wiederholt Verschiebungen und Veränderungen, die letztlich auch vom Wunsch geleitet waren, möglichst aktuelle Texte vorzustellen. Statt wie ursprünglich geplant *Beton*, *Wittgensteins Neffe* und *Alte Meister* kamen mit *Holzfällen. Eine Erregung*, *Der Untergeher* und *Auslöschung. Ein Zerfall*[19] drei umfangreiche Prosawerke. Von den ideologischen »Aufpassern« aber wurde Bernhard ignoriert, weil er in »vordergründig politischer Hinsicht nicht provokativ auf sie wirkte«[20].

Nachdem 1988 mit *Der Weltverbesserer* in einer Anthologie internationaler Dramen ein drittes Stück vorgestellt worden war[21], plante Volk und Welt eine zweibändige Werkausgabe von achthundert Seiten Prosa, die durch einen Band Dramen ergänzt werden sollte.

Entwicklung und Spannweite Bernhardschen Erzählens wollte ein Lesebuch des Reclam-Verlages Leipzig deutlich machen, das Werke von *Der*

Schweinehüter bis *Wittgensteins Neffe* enthalten sollte. Auch zu einem Inselband mit Kurzprosa aus *Ereignisse* und *Der Stimmenimitator* ist es nicht mehr gekommen: Das Ende des eigenen Buchmarktes kam schneller, als die Projekte realisiert werden konnten.

Beurteilt man die Bernhard-Edition zusammenfassend, ist als größtes Defizit festzustellen, daß mit *Frost*, *Verstörung* oder dem Bändchen *Prosa* der Bernhard der sechziger Jahre dem Lesepublikum in der DDR völlig unbekannt geblieben ist.

Literaturkritik

Die autobiographischen Erzählungen

Die erste Erzählung *Der Atem* wurde von den Rezensenten durchweg positiv aufgenommen. Dabei ist berücksichtigen, daß die Kritik des Landes besonders bei einem Debüt generell dazu tendierte, die Veröffentlichung zu würdigen und dem Leser die Intentionen ihres Autors zu vermitteln.

Offensichtliches Kalkül des Verlages war, sich Bernhard über seine »Autobiographie« selbst erklären zu lassen. Da selbige dies jedoch nur sehr eingeschränkt vermag, wurde die DDR-Kritik zunächst eher auf eine falsche Fährte gesetzt. Im Blick auf die poetische Eigenart Bernhards kann vor allem *Der Atem* nur wenig aufschlußreich sein.

Der ersten, mit »Protest und Leidenschaft« betitelten Rezension ist die Betroffenheit angesichts der »Hilf- und Machtlosigkeit« des schwerkranken Erzählers anzumerken.[22] »Grausames Ausgesetztsein« und »rücksichtlose Abschiebung« ließen den sehnsüchtigen Wunsch des Jugendlichen nach Geborgenheit beim Großvater wachsen. Der schon Abgeschriebene triumphiere mit seinem Überleben auch über das inhumane Krankenhauspersonal.

Die erste Kritik schon versucht, zu einem übergreifenden poetologischen Verständnis zu gelangen: Hier sei einer schockiert und wolle »durch seine unerbittliche, bohrende Sprache« wieder schockieren. Als »anstößiger, also notwendiger Schriftsteller« wird Bernhard begriffen. Nicht von »Humanismus« schlechthin ist die Rede, versteckt wollte der Rezensent die Erzählung auch auf die DDR beziehen: »Thomas Bernhard will Widerstand mobilisieren, gerade im Bereich medizinischer Versorgung [...]. Nicht zuletzt wegen seines zutiefst humanen Motivs ist ›Der Atem‹ auch für uns ein wichtiges Buch.«

Die nachfolgenden Kritiken sehen die negativen Erfahrungen des Erzählers dagegen vor allem an dessen kapitalistische Welt gebunden. Kann sich die Rede von der »Klassengesellschaft, die auch im Krankenhaus funktioniert«[23], auf den Text selbst stützen, erfüllt ein anderer Beitrag, was mancher bei DDR-eigener Bernhard-Rezeption vermuten mag: »Die Krankenhauswelt stellt sich dem Leser als verkleinertes Modell der kapitalistischen Gesellschaft dar [...]. Was im Großen unscharf, verwischt erscheint, hier wird es überdeutlich: Wer nicht mehr leistungsfähig ist, hat möglichst schnell aus der Welt der Lebenden zu verschwinden.« Ein »erschreckendes Manko an menschlichem Mitgefühl« offenbare sich, »wenn eine Gesellschaft Humanismus nur als ein Wort, nicht aber als unentbehrliche und unverzichtbare *Richtschnur menschlichen Denkens und Handelns in allen gesellschaftlichen Bereichen* begreift«[24].

Daß *Der Atem* »nur einen ersten, und wie sich nun herausstellte, unvollständigen Eindruck« von Bernhard gab, mußte nach der Veröffentlichung aller vier autobiographischen Erzählungen festgestellt werden. Für die Zeitschrift des Kulturbundes, *Sonntag* – ein nicht unwichtiges literaturkritisches Organ der DDR –, hatte ein Rezensent *den* »autobiographischen *Bericht*« - wie er schrieb - »durchgeackert«. »Das Wort Lektüre« schien ihm »über weite Passagen nur schwer anwendbar«[25]. Bernhards schrecklichen Jugenderfahrungen kann der Kritiker zwar Mitgefühl entgegenbringen, seine »ahumanen nihilistischen Auffassungen« aber müssen ihm als »falsche Schlüsse« angestrichen werden. Die Welt sei »leider« zwar »*noch* unzureichend beschaffen«, »entschiedener Einspruch« gebühre jedoch der bei Bernhard waltenden »Ansicht«, »was eine humanistische Literatur« bewirken (bzw. nicht bewirken) solle. Dreimal wird der Satz wiederholt, mit dem der Schriftsteller partiell »richtige Erfahrungen und Erkenntnisse« auf schlimme Weise »denunziere« und »diffamiere«: »Die Welt ist eine Kloake«.

Die Kindheits- und Jugenderzählungen wurden letztlich von allen Rezensenten als authentische Erfahrungsberichte aus den Krankenhäusern und Internaten des bürgerlich-kapitalistischen Nachkriegsösterreich gelesen und ob ihres Kritikpotentials entsprechend gelobt; ihren »nihilistischen« Verallgemeinerungen aber mußte widersprochen werden.

Mancher Außenstehende mag von der DDR nichts anderes erwartet haben. Genau deshalb aber muß gesagt werden, daß sich diese Rezeption zwar bezüglich ihrer Inhalte, nicht aber ob ihrer Vernachlässigung der ästhetischen Form von der Kritik Österreichs oder Westdeutschlands unterschied. Wie unmittelbar autobiographisch, d. h. auf den Wahrhaftigkeitsanspruch des Erzählten fixiert, *Die Ursache. Eine Andeutung* vor allem in Bernhards Heimat gelesen wurde, belegt ein Rezeptionsbericht Martin Hubers.[26] Statt mit den typisch Bernhardschen Stilisierungen, die auch hier wirksam sind, setzte man sich vor allem mit dem Ehrenbeleidigungsprozeß auseinander, der auf der Behauptung gründete, daß eine real lebende Person (d. i.: die Realität) in einer Romanfigur lügenhaft dargestellt sei. Weite Teile der Kritik im deutschsprachigen Sprachraum lasen die Erzählungen als »Berichte« über Erlittenes, als gequälten Aufschrei oder gar als Beitrag zur Vergangenheitsbewältigung. Wie in der DDR sah man sich danach veranlaßt, die Angemessenheit und Richtigkeit ihrer Urteile zu bemängeln. Die »wild herausgeschleuderte Anklage« kritisierte *Zeit*-Kritiker Greiner als überzogen: »die Prosa mißrät [...] zum rüden Wutanfall, der seine Wirkung verfehlen muß«[27]. Unmittelbare Entsprechungen zur dogmatischen Apodiktik eines Gerd Dardas lassen sich im von österreichischen Kritikern mehrfach erhobenen Vorwurf der Blasphemie finden.

Nur von wenigen Rezensenten in Österreich, der Bundesrepublik oder der Schweiz wurde die vermeintlich so authentische Vergangenheitsschilderung problematisiert. Über ihre typischen Stil- und Strukturprinzipien wollte sich die Künstlichkeit dieser Prosa für nur wenige vor allem ihren fiktiven Charakter sichern.[28] Günther Blöcker bezweifelte, daß »kategoriale Unterscheidungen« zwischen »poetischer Verschlüsselung« und »autobiographischer Unmittelbarkeit« hier noch etwas einbrächten.[29] Genauere Ausführungen aber brachten erst literaturwissenschaftliche Arbeiten zu Beginn der achtziger Jahre.[30]

Die DDR-Kritik aber mußte schon deshalb hinter diesen Einsichten zurückbleiben, weil ihr die sogenannten »fiktiven Erzählungen« Bernhards noch gar nicht bekannt waren. Folgerungen aus der subjektivierenden Stilisierung konnten weder mit Hilfe des Vergleiches gezogen werden, noch gab es das Rätsel übersteigerter »Düsternis und Negativität« Bernhards für die DDR überhaupt. Die Erzählungen konnten folglich nicht einmal als Schlüssel zum Gesamtschaffen gelesen werden, sie wurden aufs unmittelbarste und ausschließlichste als autobiographischer Erlebnisbericht betrachtet.

»Holzfällen. Eine Erregung« und »Der Untergeher«

Nach der Lizenzveröffentlichung gleich zweier umfangreicherer Einzelwerke wurde erst 1987 zum Jahr einer ersten differenzierteren literaturkritischen Bernhard-Rezeption.

In diesem Zusammenhang möchte ich zunächst auf zwei eigene Beiträge verweisen.[31] Mit einem Zitat aus Bernhards Büchner-Preisrede – »Nie und mit nichts fertig« – wollte ich die ins Unendliche reichende Unabgeschlossenheit Bernhardscher Bemühungen akzentuieren.[32] Dem entspricht der Verweis auf den Wiederholungs- und Variationscharakter seines umfangreichen Gesamtwerkes. Der seine Erzählungen umklammernde stilisierte Gedankenmonolog wird als musikalisch-philosophischer gekennzeichnet; in seinem widersprüchlich-kontrastiven wie grotesk-theatralischen Charakter wird zuvörderst eine Selbstdistanzierungsstrategie gesehen, die inhaltliche Aussagen offenhalten will. Der Bernhardsche Ernst balanciert stets auf der Kippe zum Komischen. Die unerbittliche Abrechnung der Monologfiguren beziehe die eigene Person mit ein, sie entpuppe sich als versteckte Selbstkritik der Erzähler: »Die Verdammungsurteile werden auf der Gedankenwaage genauer abgewogen. [...] Er ließ die Selbstmörderin Joana ebenso im Stich wie alle anderen.«[33]

Im Zusammenhang mit der in *Holzfällen* expliziten Authentizität der Figuren schien mir erwähnenswert, daß sich der Erzähler im Ohrensessel zwar über die Vergabe von Literaturpreisen mokiert, der hinter ihm verborgene Autor diese aber mehrfach dankend in Empfang nahm.[34] Jeweils am Schluß wird auf die Rezeptionsherausforderung verwiesen, die diese Werke sein wollen: »Vor dem Leser steht die Schwierigkeit, aus dem widersprüchlichen Monolog eines Störenfrieds einen Dialog aufzubauen.« »Bleibt zu hoffen, daß der Leser dieser Bücher nicht so schnell damit fertig wird.«[35]

Für eine wichtige Literaturzeitschrift der DDR, die im Aufbau Verlag erscheinende »Neue deutsche Literatur« (NDL), beschäftigte sich Jürgen Engler mit Bernhard.[36] Bereits zu Beginn läßt der Lyrikspezialist und im Lande namhafte Kritiker durchblicken, daß ihn weder Bernhards Attacken noch sein Lebensüberdruß einzunehmen vermögen. Er bemerkt, daß seine Bücher mit Begriffen wie »Kultur- und Gesellschaftskritik« nur unzureichend erfaßt sind. Auffällig ist, daß Engler jedoch nicht im Ansatz den Versuch unternimmt, dessen düsteres Weltbild mit Hilfe der »absterbenden bürgerlichen Gesellschaft« zu erklären. Engler sieht »raffiniertes erzählerisches Kalkül« am Werk und nähert sich der »Eigenart Bernhardscher Prosa« über die Beschreibung seiner narrativen Technik. Auf engem Raum erscheinen wesentliche Charakteristika und Funktionsmechanismen seiner Schreibweise.

Auch Engler hebt die Selbstbezichtigung und Selbstdemaskierung des Erzählers im Ohrensessel hervor. Er beobachtet ein Wechselspiel von Identifikation und Distanzierung, ein »merkwürdiges Amalgam von Authentizität und höchster Künstlichkeit« und sieht Übertreibung und Provokation am Werk. Die »Erregung« sei schon deshalb eine künstliche, weil sie nachträglich schriftlich rekapituliert wird: »So ist durch Bernhards referierendes Erzählen in die befremdende Schimpfkanonade und Litanei ein verfremdendes Moment eingelassen.« Als Englers Fazit kann gelesen werden, daß Bernhard »radikal im Auflösen des Erzählerischen«, im Vergleich mit Barockliteratur, Jahrhundertwende und Karl Kraus jedoch geradezu »traditionalistisch im Gehalt« erscheine.

Eine gewisse Reserviertheit gegenüber einem Monolog – zu dem sich in Beziehung zu setzen auch er dem Leser überlassen will – ist Engler auch noch nach der Wende, bei der Besprechung der *Auslöschung* anzumerken.[37] 1987 empfiehlt er Bernhards autobiographische Prosa: »große Erzählkunst«, die »bei aller *das* Leben betreffender rücksichtsloser Verallgemeinerung« »humanistischer und realistischer« sei »als das fiktive Werk«. Dabei vergißt er nicht zu betonen, daß dieses Urteil zwar dem eigenen, keinesfalls aber dem Wertsystem des Autors entsprechen muß.

Ein neunseitiges Bernhard-Porträt war von Jürgen Grambow, dem langjährigen Lektor des Hinstorff-Verlages, für *Sinn und Form* schon Mitte der achtziger Jahre verfaßt worden. Es wurde jedoch erst aus Anlaß der Ausgaben von 1987 gedruckt.[38] Grambow wollte den Bernhard–Horizont im Lande erweitern, indem er weitere Bücher vorstellte und einiges über ihren Autor berichtete.

Bernhards Generalthema sei die »Krankheit zum Tode«; nicht über das Berichtete, über den »Berichtston« und den »Topos der Sätze« wollte der

Publizist »einer ganz bestimmten Mentalität und ihren gesellschaftlichen Hintergründen auf die Spur [...] kommen.« Dieser Schriftsteller habe »immer nur von sich geschrieben«, die innere Biographie aber überlagere die äußeren Lebensumstände. In den autobiographischen Erzählungen erscheine »der auf dem Papier zur Rede stehende Bernhard als stilisierte Kunstfigur«. Wo er wie in *Vor dem Ruhestand* reale Stoffe zur Vorlage nehme, mache er »Eigenständiges« und »Eigenwilliges« daraus.[39]

Auffällig ist, daß der Lektor (u. a. Erich Arendts) Bernhards Prosa wiederholt als »unsinnlich« bezeichnet und daß er in ihr statt etwas Musikalischem etwas quälend Schroffes, Ungefüges und eher Mathematisches entdeckt.[40] Literarische Parallelen werden vor allem zu Kafka, in einem gehörigen Maß an Parodistischem und einem Ton gesehen, der beteuert und gleichzeitig relativiert.

Durch den bis dahin umfangreichsten essayistischen Versuch wird deutlich, daß sich mit Batt, Links, Simon, Hirte und schließlich Grambow lange Zeit vor allem Lektoren um Bernhard bemühten. Die DDR-Literaturwissenschaft ignorierte Bernhard dagegen weit länger als die Verlage.[41] Gestandene Germanisten der älteren Generation haben sich sogar bis zuletzt wissenschaftlich überhaupt nicht mit ihm auseinandergesetzt.

In allen Beiträgen des Jahres läßt sich die Tendenz beobachten, daß an den beiden Erzählungen die Figurenmuster, die spezifisch sprachlichen Formen und die Funktion ihrer Erzählstrukturen hervorgehoben werden, die in ihnen behandelten Themen dagegen vergleichsweise unbeachtet bleiben. Offensichtlich wurde nicht nur der Anlaß genutzt, die Schreibweise des Autors vorzustellen, man war auch der Ansicht, daß Bernhard vor allem auf diese Weise beizukommen sei.

Fehlende Kenntnisse über die Wiener Kulturszene schienen sich dagegen im Fall von *Holzfällen* eher als Vorteil erwiesen zu haben. Der Irrtum, daß es sich hier um einen »Schlüsselroman« handele, blieb der DDR-Kritik ebenso erspart wie die vor Gericht verhandelte Frage, ob die Freiheit der Kunst bis zur Ehrverletzung realer Persönlichkeiten führen dürfe.[42]

Das österreichische Feuilleton, das dem Kunstcharakter der Arbeit gerecht werden wollte, vermochte in der Sache zu keinem anderen Urteil als später auch die DDR-Kritik zu kommen. Das hohe Maß an provokatorischem Wirklichkeitsbezug, das der Stilisierung entgegenlief, konnte sich der DDR dagegen nicht erschließen. Erst in seiner Wiener Konkretheit, den für Eingeweihte erkennbaren realen »menschlichen Beziehungen, mit Verstrickungen, Liebe, Ausbeutung, Verrat, Haß« entfaltet diese Bernhardsche »Erregung« ihren ganzen Reiz: »Die heillose Verstrickung, daß ›diese Menschen, die ich immer gehaßt habe [...], doch die besten Menschen sind, daß ich sie hasse, aber daß sie rührend sind, daß ich Wien hasse und daß es doch rührend ist, daß ich diese Menschen verfluche und doch lieben muß und daß ich dieses Wien hasse und doch lieben muß‹«.[43]

»Auslöschung. Ein Zerfall«

Vier Monate nach dem Tod Thomas Bernhards erschien seine umfangreichste erzählerische Arbeit auch in der DDR. Daß *Auslöschung* von allen Büchern hier die besten Kritiken erhielt, die Urteile ihres Erzählers andererseits mit großer Distanz aufgenommen wurden, erklärt sich nicht nur aus der inzwischen gewachsenen Erfahrung mit dem Autor.[44] Niemals zuvor war dem Monolog einer Bernhardschen Figur die Selbstrelativierung so deutlich eingeschrieben wie dem Franz-Josef Muraus.

»Meisterschaft in Übertreibungskunst« wurde eine Kritik überschrieben, deren Verfasser sich durch die über Satzmonstren »vermittelten« maßlosen Übertreibungen zum Lachen gereizt fühlte.[45] Daß der Autor sich über seinen Erzähler immer wieder selbst in die kritischen Betrachtungen einschloß, zeigte dem Kritiker, daß »ein wichtiger Ansatzpunkt für das Überwinden überlebter Verhältnisse bei jedem einzelnen selbst zu suchen ist«. Angesichts der DDR-Tendenz, vor allem Strukturen für gesellschaftliche Mißstände verantwortlich zu machen, wurde hiermit durchaus keine Binsenweisheit verkündet.

Für die *National-Zeitung*[46] wußte Murau, daß er Teil der gesellschaftlichen Sphäre geblieben ist, gegen die er radikal zu Felde zieht. Seine römische Existenz beruhe auf den Privilegien »ewig Gestrige[r]«, die aus einem feudalen Milieu stammen, aber »alle kapitalistischen Vorteile« genießen. Als »unerläßlich« wird die Kritik an den »ins Maßlose vorgetriebene[n] Allgemeinplätze[n]« und an der Rücksichtslosigkeit wie monomanischen Einseitigkeit des Erzählers angesehen. – Da ansonsten Bernhards antifaschistische Haltung hervorgehoben wird, scheint sich darin eher Kritik am Autor denn Einsicht in seine Selbstdistanzierungsstrategie zu offenbaren.

In einer weiteren Rezension wurde im haßerfüllten Kritiker Murau der Nutznießer der Gesellschaft unterstrichen. Statt als Antifaschist wird Bernhard hier jedoch als »Sprachmagier« gefeiert, »der in seiner Ausdrucksweise die suggestive Sprachgewalt Brochs, die Präzision Musils und den ätzenden Hohn von Kraus miteinander verband«[47].

Ich selbst[48] habe die Last des historischen Erbes betont, die mit dem Tod seiner Eltern auf Murau fällt. Der subjektive, in seinen Urteilen betont willkürliche Monolog erklärt sich vor dem Hintergrund des geschichtlichen Verfalls, der am Beispiel Wolfseggs demonstriert werden will.[49] Mit Bezug darauf habe ich das Werk als »Tragikomödie des europäischen Idealismus« und als »Bolero des Untergangs der Moderne« apostrophiert. Da kaum einer anderen Prosa die kritische Selbstauseinandersetzung so eingeschrieben sei wie dieser, bliebe »dem Leser Raum zu reichlicher Distanz«. »Sieht er genau hin, entdeckt er in Murau einen grandiosen Theatermacher, der hinter effektvollen Auf- und Abtritten eine tiefe Unsicherheit und Verstörung verbirgt.« Gambetti fungiert als Vermittlungsinstanz, die laut auflachend die grotesken Übertreibungen Muraus bewußt macht, was diesen um so nachdrücklicher auf seiner Sichtweise bestehen lassen muß.

Inszenierung und Theaterkritik

»Vor dem Ruhestand«

Ein halbes Jahr nach der deutschen Einheit meinte der Theaterkritiker des *Neuen Deutschland*, Gerhard Ebert, daß Bernhard für ostdeutsche Theater noch zu entdecken sei.[50] – Die DDR hatte zwar zwei seiner Stücke inszeniert erlebt, bei Ebert selbst wird jedoch ahnbar, warum diese zumindest den Kritikern nichts Wesentliches zu offenbaren vermochten.

1991 sah Ebert Bernhards Werk als »Informationshilfe für ungelernte neue Bundesbürger«, um sich »in der gewonnenen schönen Freiheit einer leider kriegsprofitablen Gesellschaft« »zurechtzufinden«. Viereinhalb Jahre zuvor hatte er die Stücke als »Sinnbilder für die physische Verkümmerung und psychische Aushöhlung des Menschen in der Monopolgesellschaft« interpretiert. Damals stellte er eine Inszenierung von *Vor dem Ruhestand* in eine Theater-Programmlinie, die »bewußt machen will«, »daß es eine aktuelle Aufgabe im Friedenskampf bleibt, wachsam zu sein und den

Faschismus in allen seinen Erscheinungsformen zu entlarven«[51]. Westliche Kritiker bemerkten, wie »fern« das vermeintlich so politische Stück der DDR bei seiner Erstinszenierung am Deutschen Theater »lag«. Die Figur des KZ-Lagerkommandanten Rudolf Höller erschien als »Fossil« aus der Welt des sterbenden und faulenden Kapitalismus, das hiesige Zuschauer nichts anging.[52]

Die von Friedo Solter und Michael Jurgons im September 1986 besorgte Aufführung aber war weit interessanter, als ihre theaterkritische Resonanz in Ost und West glauben machte.[53] Bot Eberts damalige Kritik vor allem kulturpolitische Postulate, ließen sich westliche KritikerInnen wie Esther Slevogt[54] davon provozieren und polemisierten in erster Linie gegen die Wahl gerade dieses Stückes, statt einen genauen Blick auf die Inszenierung zu werfen.

Neben Ebert drängte es zwei weitere Rezensenten, *Vor dem Ruhestand* politische Noten zu erteilen: Nicht nur für das SED-Zentralorgan, auch für *National-Zeitung* und *Berliner Zeitung* wären die Einsichten von Kipphardts *Bruder Eichmann* weit »erhellender« gewesen.[55] Einer kreidete den Regisseuren sogar an, daß sie den »für sozialistisches Theater notwendigen Zugang zum Stück versäumt« hätten.

Durch die Wahl des politischsten Bernhard-Stückes als Debüt war man geradewegs in eine Falle des Autors gegangen, denn damit hatte man sich auch auf sein kompliziertestes eingelassen. Ohne Einwände wußte letztlich keiner von zwölf Rezensenten[56] die Aufführung zu bewerten. Wo sich erfahrene Kritiker vorurteilsfrei mit dem Kommunikationsangebot der Bühne auseinandersetzten, zeigte sich »alles und nichts« und trat ein gehöriges Maß an Unverständnis zutage:

> Der Fall des alt- und neofaschistischen Blutjuristen könnte authentisch sein, aber Bernhard schreibt kein Dokumentarstück. Die Psychogramme der Geschwister könnten grausige Seelenschau bedeuten, aber der Autor individualisiert seine Figuren wenig – sie bleiben agitatorisches Signal. So makaber ihr Verhalten auch ist, sie rücken weder konsequent in die Groteske ab, noch bleiben sie im gefährlichen Rahmen des Einsehbaren. [...] Weder entlarvender, psychologischer Milieurealismus noch ästhetische Zuspitzung zur Karikatur: Da wird das doppelbödige Stück schwer spielbar. Die »Komödie von deutscher Seele« – so der Untertitel – bleibt ein halbherzig-haßerfülltes Trauerspiel. Sein Thema ist nach wie vor aktuell. Allein die künstlerische Verdichtung teilt dem Publikum nur längst Bekanntes mit [...]. Die Regisseure Friedo Solter und Michael Jurgons überlassen das der Kunst der Darsteller, und die demonstrieren großartiges Handwerk.[57]

Nicht politische Besserwisserei, mit der einige Rezensenten das Stück zu erledigen, andere, ihm aufzuhelfen versuchten, war aber das eigentlich Interessante an der Rezeption von *Vor dem Ruhestand*. Aufschlußreicher sind die grundlegenden Parallelen zu den Mißverständnissen in der Bundesrepublik. Westdeutsche Bernhard-Kenner vermochten »sein kompliziertestes und unheimlichstes Stück« zwar einst als »ganz typischen Bernhard« zu erkennen[58], das Stück wirkungsvoll umzusetzen, war – wenn man der Kritik Glauben schenken darf – nicht einmal in der Uraufführung Peymanns gelungen. Mit jedem neuen Versuch des meistgespieltesten Stücks des Autors mußte festgestellt werden, daß die Inszenierung ins Leere lief, die Zuschauer sich unter den Pauschalverurteilungen der Bernhardschen Räsonierfiguren nur allzu leicht wegducken konnten: »die Betroffenheit des Publikums ließ zu wünschen übrig«[59].

Wenn sich in der Hauptstadt der DDR auch nur kleine Teile des Publikums über das im Untertitel als »Komödie von deutscher Seele« ausgewiesene Stück zu amüsieren wußten[60]: an den westdeutschen Aufführungen gemessen, konnte die Inszenierung des Deutschen Theaters durchaus als geglückt bezeichnet werden. Solters und Jurgons stellten sich einem zwischen künstlicher Distanz und unheimlicher Authentizität gespannten Spiel. In den schnell wechselnden Zuständen wurden vielschichtige und widersprüchliche Strukturen deutlich, traten Ernst und Komik, faschistische Verblendung und erhellende Einsicht, Kriegsverbrechertum und häusliche Despotie wechselweise zutage. Das Publikum war damit allerdings überfordert, eine produktive Irritation verfestigter Denkmuster und Weltbilder blieb aus. Allerdings sperrte sich der Text andererseits auch gegen die einseitige ideologische Vereinnahmung durch die DDR.

Bernhard selbst hatte betont, daß er auch in diesem Stück nichts außerhalb seiner selbst darstellen wollte: »Also mißverstehen Sie mich nicht. Ich habe das Gefühl, daß ich und alle anderen mit allen verwandt sind. Daß auch ein Filbinger in mir ist wie in allen anderen.«[61]

Das schwer zu bewältigende Rezeptionsproblem lag darin zu begreifen, daß Höller weder als »Bilderbuch-Faschist«, noch als »Vertreter einer absterbenden Klasse«[62] zu verstehen ist. Auch er ist eine Variation des bei Bernhard immer wiederkehrenden, fundamental vereinsamten, zutiefst verunsicherten Individuums, das sich im »Theater der Welt« verzweifelt zu behaupten versucht und dabei zugrunde geht. Faschismus und Krieg stehen bei Bernhard stets als äußerste Verschärfungen eines allgemeinen, epochalen Dilemmas: Der da im überdimensionierten Großbürgerzimmer die Welt aburteilt, ist nicht nur ein Massenmörder im Dienste einer politischen Klasse. Als Schauspieler seiner selbst, in inszenierten Auf- und Abtritten versucht er seine tiefe Verunsicherung und Angst zu überspielen. Der fundamentale Sinnverlust, die allgemeine Beziehungslosigkeit und das vollständige Fehlen gültiger Wertmaßstäbe liegen dem rücksichtlos-radikalen Ego zugrunde, das sich in der faschistischen Ideologie Höllers ausspricht.

Die schauspielerischen Leistungen Klaus Pionteks als Rudolf, Christine Schorns als Clara und vor allem Inge Kellers als Vera vermochten die Inszenierung für die Kritiker trotz ihres Unverständnisses noch zu retten.

In einem zweiten Versuch knapp drei Wochen später am Leipziger Kellertheater löste Regisseur Peter Rothin die Thematik fortlebender faschistischer Vergangenheit aus seinem stilisierten und widersprüchlichen Rahmen.[63] Durch Streichung wesentlicher Textteile verbannte er das ambivalente Monologtheater des Autors, in dem der »Faschismus« »aufgeführt« wird, weitgehend von der Bühne. Seiner Widersprüche beraubt, bot sich ein ausgesprochen flaches Stück. Indem es wirklich nur Szenen aus einer anderen Welt lieferte, bestätigte es genau das, was Bernhard drei Jahre »vor dem Ruhestand der DDR« hätte aufbrechen können: »aber ich habe kein schlechtes Gewissen / da müßten alle anderen zuerst ein schlechtes Gewissen haben [...] Ich habe mir nichts vorzuwerfen.«[64]

»Der Theatermacher«

Die Rezeption des *Theatermachers*, den Peter Schroth und Peter Kleinert im Frühjahr 1989 auf die Bühne der Kammerspiele des Deutschen Theaters brachten, verlief in ganz anderer Richtung. Gesellschaftsbezug schien in diesem Stück nicht gegeben, jenseits aller Ideologie und an traditionsreicher Spielstätte konnte Theater selbst thematisiert werden. Hier unterschieden sich die Mühen eines Theatermachers in West und Ost kaum, was dem einem der Staatsschauspieler Traugott Buhre, war dem anderen Staatsschauspieler Kurt Böwe.

Den Regisseuren aber ging es weder um's Schauspielen noch um Theater als Institution. Auf die erste Seite des Programmheftes hatten sie einen Text Max Reinhardts aus dem Jahre 1943 gerückt: »Die ganze Welt ist eine Bühne«. – Sich auf das Stück einzulassen bedeutete, es auch auf den Aufführungsort Ostberlin zu beziehen. Die dramaturgische Konzeption, im Sommer 1989 in der *Deutschen Bühne* veröffentlicht, war deutlich genug: »Nur die Fabel handelt vom Theater, das Thema ist die Welt«, »Utzbach – der elende, verkommene Ort – [ist] nirgends und überall«, »Österreich meint natürlich unsere Welt«.

»Schein und Sein also Theater und Welt« waren Schroth/Kleinert im Stück »durch Sarkasmus und Verzweiflung untrennbar verwoben. Das Tragische und das Grotesk-Absurde (Komödische) gehen eine Einheit ein«. Handelt das Stück von einer Theatergruppe, ist damit »die suchende, gequälte, selbstzerstörerische Menschheit schlechthin« gemeint.[65]

Der Protagonist Bruscon besteht aus einer »Fülle von sich total widersprechenden Handlungen, Haltungen, Regungen, Äußerungen, Absurditäten«. Er ist »Unterdrücker und Empörer zugleich«. Die Schwierigkeit der theatralischen Realisation war, die Balance zwischen Schrecklichem und Komischem, Härte und Ironie zu halten und die harten Wechsel genau herauszuarbeiten. Hauptdarsteller Kurt Böwe sah sich zur Rolle Bruscons überhaupt nur in der Lage, weil er – wie er meinte – dessen Widersprüche in sich wiederfand. Die für alle Beteiligten wichtigste Erfahrung der Produktion war, daß sein Monolog ein reagierendes Publikum brauchte.[66] In den Proben war er noch ins Leere gelaufen.

Die Inszenierung wurde letztlich auch deshalb ein großer Erfolg, weil die Zuschauer das Stück durchaus auf die eigene Realität zu beziehen wußten. Das »Endspiel« einer gescheiterten Aufführung des »Rades der Geschichte« ließ sich als Abgesang auf die lange verzweifelt erhoffte erzieherische Wirkung von Theater, Kunst und Literatur im Sozialismus verstehen. Böwe provozierte das Publikum darüber hinaus, indem sich sein Bruscon immer wieder direkt auf die in Agonie liegende DDR bezog. Es begann mit: »Was, in dieser muffigen Atmosphäre soll ich mein Rad der Geschichte spielen?« und führte zum oft zitierten Diktum: »Seitdem die Proletarier die Welt beherrschen / geht es mit der Welt bergab / bergauf hatten sie versprochen / aber in Wahrheit geht es bergab / dazu braucht es keinerlei Beweise / nur einen klaren Verstand / sozusagen ein offenes Auge / Jetzt präsentiert uns der sogenannte Sozialismus / die Rechnung / die Kassen sind leer.« – Wo, wenn nicht in der DDR des Jahres 1989 hätte man dem stärker zustimmen müssen?[67]

Auffälligerweise aber ist die vom Publikum sichtlich immer wieder assoziierte DDR-Aktualität ausschließlich von westlichen Rezensenten festgestellt worden.[68] Die DDR-Rezensenten bemühten sich umgekehrt, den kritischen Bezug auf die Verhältnisse in Österreich anzumahnen. In die mehrfach als zu sehr aufs »Theatralische« gesetzte[69], zu »mimisch-gestische«[70] oder »allzu gefällige«[71] Inszenierung sollte mit dem Hinweis auf das Bösartige, Pessimistische und Zornige des Autors dessen radikale Österreich-Kritik hereingetragen werden. Die Rezensenten wollten im Unterschied zum Publikum Utzbach vor allem als real existierenden Ort in der Alpenrepublik verstanden wissen.

Vor allem die *National-Zeitung* und die *Junge Welt* versuchten, Bruscon einer ideologischen Kritik zu unterwerfen. Seine Widersprüchlichkeit wurde dabei auf die Gültigkeit bzw. Ungültigkeit seiner »Ein- und Ansichten«[72] verengt: »Sentenzen scharfer, wohlbegründeter Kritik an gesellschaftlichen Umständen im eigenen Land legt ihm der Autor zwar auch in den Mund, um im nächsten Moment aber wieder sein ganzes hohltönendes Räsonieren bloßzustellen.«[73]

Für die Theaterzeitschrift der DDR, *Theater der Zeit*, versuchte Jochen Gleiß die Wirkung der Inszenierung sogar auf den Kopf zu stellen. Böwes Part sieht er, »seinen ursprünglichen Verhältnissen enthoben, hierzulande leerlaufen« – »Aktuelle Assoziationen liegen da fern.«[74]

Interessanterweise machte Gerhard Ebert diesmal genaue Beobachtungen. Er war von der komödiantischen Lust Böwes ausgesprochen eingenommen und beließ es beim Hinweis, daß die »theatrale Donquichotterie des Bruscon gleichsam als ein Endspiel, als possierlich-makaberer Abgesang auf einen [...] geistig verkümmerten Hofnarren bürgerlicher Sozietät« zu verstehen sei.[75] Statt wie drei Jahre zuvor Bernhards begrenzten politischen Horizont zu monieren, darf er als »bissiger Witzbold« und »Kauz« mit »charmant-dubioser Lebensphilosophie« gelten. Mit der Verabschiedung parteilicher Theaterkritik scheint sich das bevorstehende Ende der DDR unmittelbar anzukündigen.

Wissenschaftliche Rezeption

Nach einem schwer zugänglichen Aufsatz Peter Görlichs, der Bernhards Frühwerk die »Zerstörung des Individuums in der spätbürgerlichen Gesellschaft« zeigen und die »totale Isolation als Ausweg propagier[en]« sieht[76], stellte ein 1986 abgeschlossenes Autorenporträt Helga Schmidt-Thiemes[77] den ersten literaturwissenschaftlichen Beitrag dar. Mit Schwerpunktsetzung auf *Frost, Verstörung* und *Minetti* wird das Gesamtschaffen in geraffter Form auf fünfzehn Druckseiten überblickt.

Als offensichtliche Bewertungsmaßstäbe fungieren die aufgezeigten Möglichkeiten menschlichen Handelns und die Qualität Bernhardscher Gesellschaftsanalyse. - Das Urteil muß da zwangsläufig negativ ausfallen. Schmidt-Thieme sieht Kontinuität vor allem im Befund des Scheiterns, wiederholt muß sie die »Unsinnigkeit jeglichen Handelns« wie die »Absurdität aller Existenz« konstatieren. Bernhards Schaffen erscheint ihr immer wieder als Sinnbild der (anderen) Gesellschaft, als Modell ihrer Erstarrung und Deformation.[78] Würdigt die Verfasserin darin gleichzeitig seine Bedeutung, sieht sie sich veranlaßt, seinen Globalurteilen entgegenzutreten:

> Da verdammt der Autor Gott und die Welt, den Staat und die Kirche, die Monarchie und den Kommunismus. Seine Angriffe sind nicht differenziert auf Erscheinungen des bürgerlichen Systems gerichtet, sondern auf die Welt überhaupt. Er sucht die Ursachen für den Zustand der Welt, wie er sie sieht, nicht in sozialökonomischen Zusammenhängen, sondern immer im Innersten der Individuen.[79]

Eine spezifische Bedeutung wird dem Stück *Minetti* zugesprochen. Es zeige den »unvereinbaren Widerspruch zwischen künstlerisch-humanistischen Idealen« und »dem Verlangen des Publikums nach Kunststücken«. In der »Unmöglichkeit einer befruchtenden Kommunikation zwischen Künstler und Gesellschaft« offenbare sich die »Kunstsituation der spätbürgerlichen Epoche«.[80]

Zwar habe *Vor dem Ruhestand* aufgrund seines brisanten Themas eine »stärkere politisch-gesellschaftliche Relevanz«[81], im Unterschied zu Jürgen Engler unterließ es Schmidt-Thieme jedoch, die autobiographischen Erzählungen als »realistischer« zu bewerten als das sogenannte »fiktive Werk«: Die Entdeckung durchgängiger Literarisierung mag die Germanistin davor bewahrt haben, in die Falle eines unmittelbaren Realitätsbezuges zu gehen. Mit jeder näheren Betrachtung der Jugenderzählungen wich sie ihrer genaueren Kennzeichnung allerdings überhaupt ganz aus. Angesichts der Tatsache, daß diese in der DDR zumindest publiziert waren, muß dies als besonderes Manko bezeichnet werden.

Bernhards Figuren werden abschließend als bis zu »antihumanen« und

»faschistoiden Verhaltensweisen« (!) deformiert charakterisiert. Statt zu Identifikation gebe es wenigstens »ansatzweise die Möglichkeit produktiven Widerspruchs«.[82]

Der Rückzug in die Welt des Schreibens stellt Bernhard für Schmidt-Thieme in die »handlungsverweigernde Tradition« Grillparzers und Stifters. Da die Ost-Berliner Germanistin bemerkt, daß die einzelgängerische Abkapselung als Alternative bei ihm jedoch eher widerlegt wird, sieht sie den Autor gebrochen und spannungsvoll zu seinen Vorgängern stehen.[83] Das Verzweifeln und Scheitern der Figuren sei auf mangelnde menschliche Bindung und fehlende sozial-sinnvolle Aufgaben zurückzuführen.

Die einzige in der DDR über Bernhard verfaßte Dissertation habe ich im Mai 1989 abgeschlossen.[84] In ihr ging es weniger um eine DDR-spezifische, marxistisch intendierte Interpretation des Autors, sondern darum, die Spannweite und Dimensionen des DDR-Germanisten nur fragmentarisch bekannten Werkes in Verbindung mit der fortgeschrittenen Forschungslage vorzuführen.

Die grundrißartige Darstellung zeigt das Gesamtwerk in wesentlichen Entwicklungslinien, der vorgeschriebene Umfang zwang dabei zu starker Akzentuierung. Das sich ergebende methodische Problem habe ich mit Hilfe zweier Einzelanalysen – zu *Frost* (1963) und *Auslöschung* (1986) – zu lösen versucht. Auf ihnen aufbauend erfolgt die gattungs – und genreübergreifende Skizzierung von Bernhards literarischer Entwicklung in einem dritten und letzten Teil.

Die während der sechziger Jahre feststellbare Verschiebung in der Erzählkonstruktion Bernhards erwies sich für das Verständnis seiner Poetologie als prinzipiell aufschlußreich: In *Frost* wird durch einen beobachtenden, berichtenden Studenten erzählt, der in der Wiedergabe des Monologs des Malers Strauch eine phantastisch-krankhafte Innenwelt und mit der Beschreibung der eisig-düsteren Wirklichkeit Wengs eine damit verbundene Außenwelt zu beschreiben versucht. Der um wissenschaftliche Distanz bemühte Famulant wird vom Wahnsinnsmonolog Strauchs und den beklemmenden Verhältnisse Wengs mehr und mehr affiziert. Im Muster eines Erziehungsromanes versucht der Bernhard des Frühwerkes, einen Weltzustand des Frostes zu objektivieren.

Nach 1968 hat sich die Erzählweise in einen absatzlosen, widersprüchlichen, theatralischen und regelmäßig strukturierten Monolog gewandelt. Sie wirkt selbstironisch-distanzierend und korrespondiert mit den zunehmenden provokativ-öffentlichen Äußerungsformen wie Reden, Interviews und Leserbriefen: »Die aussichtslos negative *Welt*, die mit dem Muster des Erziehungsromanes als objektiv reale postuliert wurde, ist der (Sprach- und) *Kopfwelt* einer Figur gewichen, die der Leser in doppeltem Sinne (nachvollziehend wie auch distanziert) für ›bedenklich‹ halten kann.«[85]

Der um Selbstbehauptung bemühte Erzähler der *Auslöschung*, Franz-Josef Murau, konnte sich von seinem Herkunftsort Wolfsegg nicht wirklich freimachen. Er stellt sich als Außenseiter dar, der in die egoistische und theatralische Praxis seiner Umwelt verstrickt ist. Mit seiner Radikalabrechnung muß er sich auch selbst in Frage stellen.

Von *Der Italiener* (1963) bis *Auslöschung* (1986) kann die Klammer gezogen werden, die die geschichtliche Entwicklung Österreichs als historischen Hintergrund für die auf sich selbst verwiesenen, in sich gefangenen Subjekte deutlich macht. Mit den persönlichen Erfahrungen, die den Hintergrund seiner Figuren bilden, weiß der Autor seit den siebziger Jahren vor allem in den autobiographischen Erzählungen zu provozieren.

Die widersprüchlichen, vereinsamten Subjekte werden vor dem Hintergrund des Verlustes historisch-universeller Ganzheit und der versunkenen Utopien poetischen und natürlichen Daseins erklärbar. Mit einer solchen Akzentuierung lehnt sich meine Dissertation vornehmlich an die Arbeiten Höllers, Königs, Gampers und Reinhardts[86] an.

Die Bernhard-Interpretation des Potsdamers Peter Görlich deutete sich in einer Rezension zu *Holzfällen* für die *Weimarer Beiträge* des Jahrgangs 1988 an. Die ästhetische Eigenart des Autors ist hier allerdings noch nicht so differenziert erfaßt wie in der im Jahr darauf abgeschlossenen Habilitationsschrift des Germanisten.

Holzfällen. Eine Erregung wird nicht als provokativ-authentisches Werk über den Wiener Kulturbetrieb gelesen, sondern als »modellhafte Analyse des Verhältnisses von Künstlerindividuum und Gesellschaft«, die »im starken Maße subjektiviert« sei, aufgefaßt:

> Nicht fehlendes Talent des einzelnen Künstlers ist für den Erzähler in seinem Ohrensessel der Grund dafür, daß Anspruch und Wirklichkeit in ein nichtadäquates Verhältnis geraten, sondern die Ursachen sind in der Wirkungsweise des österreichischen Kulturbetriebes zu suchen, vornehmlich in der Unmöglichkeit des Ausbruchs aus dem festgefügten, durch Abhängigkeit funktionierenden Rahmen.[87]

Auch Görlich betont die radikale Kritik des Erzählers an den eigenen Handlungen bzw. Unterlassungen, auch er hebt die komischen Selbstironisierungen hervor. Darüber hinaus entdeckt er, daß den Figuren trotz allem weit mehr Gerechtigkeit widerfährt als in früheren Werken; vor allem Frauenschicksale seien nunmehr mit äußerster Anteilnahme und Sympathie gestaltet.[88]

In seiner Habilitation stellt Görlich den vermeintlichen literarischen »Außenseiter« in den Kontext österreichischer Gegenwartsliteratur. Zu deren ästhetischer und weltanschaulicher Charakteristik will er mit ihr zuvörderst einen Beitrag leisten.[89] Bernhard dient als exemplarischer Fall für die seiner Meinung nach signifikanten Problemfelder von (1.) »Thematisierung und Problematisierung der Sprache, die [...] in Österreich zu einer der dominierenden Möglichkeiten der ästhetischen Aneignung von Wirklichkeit avanciert ist« und von (2.) für »das ganz eigenartig ambivalent-gebrochene Verhältnis der Schriftsteller zu ihrem Land und seiner Kultur«.[90]

Peter Görlich will die in literaturgeschichtlichen Arbeiten von Weiss und Žmegač (konkret von Bartsch und Melzer) aufgezeigten Linien unverwechselbar österreichischer Tradition bis in die unmittelbare Gegenwart ziehen. Die Kritik an Magris' »habsburgischem Mythos« und an Greiners *Tod des Nachsommers* (d. h. dem undifferenzierten Befund von »Wirklichkeitsflucht« und »Handlungsunfähigkeit«) vereint ihn mit der österreichischen Literaturwissenschaft. Ansonsten leistet seine Habilitation vor allem zur Wittgenstein-Rezeption und zum Spektrum der Sprachthematisierung bei einer Reihe von Gegenwartsautoren Wesentliches.

Seine Ausführungen zu Bernhard können gleichwohl nicht weniger Gültigkeit beanspruchen. Görlich versucht die spezifische Art und Weise zu bestimmen, in der sich dieser mit gesellschaftlicher Wirklichkeit auseinandersetzt. Mit »Künstlichkeit«, »Überlebenskunst« und »Kontemplation« will er drei für den Autor konstitutive poetologische Prinzipien herausgearbeitet wissen: Künstlichkeit, auch in Gestalt von Übertreibung und Verfinsterung, unterstreiche »den Kunstcharakter der so oft als unmittelbare Autorenhaltung apostrophierten Aussagen im Werk«. Sie komme aber auch im Gewande »verstärkt konturierender Modellhaftigkeit«, in »verkünstlichter Sprachwelt« und als »eigenständige, autarke Kunstwelt«, als Fluchtorte der Figuren daher.[91]

Dem poetologischen Prinzip »Kunst als Überlebenskunst« entsprechend sieht Görlich Bernhard so lange nicht todesverfallen, wie dieser weiterschreibt: »Schreiben ist Gegenwelt zum letzten Fluchtraum Tod«. Mit dem dritten Prinzip – »Kunst als Signum der Verweigerung vor dem natürlichen Sterben und dem Suizid«[92] – interpretiert er die seine Figuren kennzeichnende hypertrophierte und stilisierte Beobachtung als »Bestandteil des individuellen Widerstandspotentials gegen die stete Vereinnahmung des einzelnen durch die gesellschaftlichen Zwänge«. Thematisierung und Kritik der Sprache sind für Görlich Möglichkeiten, sich vor der Gesellschaft nicht nur zu bewahren, sondern sich zu ihr auch in ein produktiv-kritisches Verhältnis zu setzen.

Die bei Schmidt-Thieme so fatalen Befunde erspart sich Görlich aufgrund seines viel weiteren Ansatzes. *Korrektur* interpretiert er als »stete Denunziation der terminologischen Aura bürgerlicher Aufklärungsideologie«, als Entharmonisierung bürgerlichen Denkens wie der spätbürgerlichen Welt überhaupt.[93]

Das Österreich der Werke Bernhards ist für den Potsdamer historisch konkret fixierbar, symbolisiert jedoch gleichzeitig die gesamte bürgerliche Welt: Die »autarken Kopfwelten« seiner Prosa bilden wie die sie umgebende Außenwelt »unabhängige und starre Systeme, die nur noch mechanisch, das heißt als Kopfmaschine funktionieren«. Bei Bernhard avanciere das »Sprachbild zum Weltbild«, der »Zustand der Wirklichkeit« werde »am Zustand der Sprache dargestellt«.[94]

Indem das Attribut »bürgerlich« zur Einordnung gewählt wird, Görlich es jedoch unterläßt, dessen geschichtlichen Horizont als begrenzt und nur partiell gültig zu kennzeichnen, hat er sich auf die in der DDR verbindliche Epocheninterpretation bezogen, ohne sich von ihr beherrschen zu lassen. »Die Divergenz zwischen Sprachbedeutung und gesellschaftlicher Wirklichkeit fungiert [...] als [...] Beweis [...] für das Krisenstadium bürgerlicher Werte.« Die mit dem Untergang der alten DDR abgeschlossene Arbeit muß Bernhards »Kritik eines optimistischen Geschichtsbegriffs«[95] anerkennen, ohne sie auch nur im Ansatz relativieren zu können.

Obwohl das Material der germanistischen Rezeption in der DDR angesichts der über fünfzig wissenschaftlichen Einzelveröffentlichungen aus der Bundesrepublik, Österreich und der Schweiz sicher nur eine schmale Vergleichsbasis liefert, scheinen sich abschließend dennoch spezifische Merkmale feststellen zu lassen. Die DDR-Studien verzichteten auf ausführlichere, akribische Untersuchungen zu bestimmten Themen, Motiven,

Topoi, Strukturen oder zum »System Bernhard«. Sie bezogen das Werk über die ihm eingeschriebene Identitätsproblematik, seine Sprach- und Denkbewegungen wie Utopie –und Traditionsbezüge vornehmlich auf Zeit, Gesellschaft und Geschichte. Am ehesten verbindet sie dies mit der Herangehensweise der österreichischen Germanistik.[96]

Eine unmittelbar-anschauliche Überprüfung der Realitätshaltigkeit des Bernhardschen Werkes wie Recherchen zum Leben des Autors, nach denen die Art und Weise literarischer Vermittlung von Wirklichkeit zu differenzieren wäre, konnten erst nach dem Fall der Mauer erfolgen. Mit dem Versuch, das wenige, ungesichert Bekannte über die Vita des Autors zu ergänzen und zu korrigieren[97], die Masken und Widersprüche der Person Bernhard mit den Masken und Widersprüchen seiner Figuren zu vergleichen und seine Provokationen im Kontext österreichischer Öffentlichkeit zu betrachten[98], habe ich Interpretationsansätze weiterzuführen versucht. Danach ergab sich die Möglichkeit, nicht nur den Filmmonolog *Drei Tage* und Bernhards Preisreden, sondern auch seine Leserbriefe und (Film-) Interviews als kommunikativ herausfordernde Handlungsspiele, mithin als originäre Teile seines »Werkes« zu verstehen. Die Einsichten, die von Rezeptionsformen wie den von Jens Dittmar herausgegebenen Parodien, den Fotobänden Dreissingers und Baumgartners vermittelt werden, lassen darauf schließen, daß die Grenzen herkömmlicher Literaturbetrachtung auch bei Thomas Bernhard zu überschreiten sind.[99]

In Fortsetzung meiner Dissertation habe ich versucht, die für Bernhard charakteristische Sprachform komplex poetologisch zu erklären.[100] Die Bedeutung seiner prosaischen Sprach-Musik sehe ich darin, daß die subjektive, um Selbstbehauptung bemühte Form die begrenzten Voraussetzungen ihrer eigenen Geltung in ihre Radikalkritik einbegreift.

Zu ähnlichen Ergebnissen kam ein Leipziger Germanistikstudent, als er den »Polemiker Bernhard« vor dem Hintergrund einer obsolet gewordenen klassischen Subjektivität zu begreifen suchte. Wie häufig in der Moderne flüchte ein »in sich selbst isoliertes Subjekt in die Ästhetisierung des Widerspruchs, den zwecklosen Dynamismus, die reine Bewegung«, diesmal aber stelle sich das nihilistische Pathos selbst in Frage. »Über das beharrliche Sprechen« halte Bernhard »die bis zum Zerreißen gespannten Beziehungen von Ich und Welt aufrecht.«[101]

Thomas Bernhards Werke waren in der Deutschen Bücherei Leipzig jedermann frei zugänglich. Vom Zoll wurden sie noch 1985 mit der Begründung beschlagnahmt, nicht den Interessen der DDR zu entsprechen.[102] Seit 1980 waren sie gleichzeitig im Lande verlegt und erfuhren, an hiesigen Bedingungen gemessen, durchaus positive Aufmerksamkeit. Die Auflagen von 15.000 bis 20.000 Stück waren jeweils relativ schnell vergriffen.

In der DDR war auch in Sachen Bernhard manches und manches Widersprüchliche möglich. Konnte der Autor in den achtziger Jahren politisch ungehindert verlegt werden, ließen sich zu ihm auch unterschiedliche Meinungen vertreten. Der vormundschaftliche Staat DDR bestand bis zum Oktober 1989, kein Kritiker, Theatermann oder Germanist aber mußte sich, zumal in den achtziger Jahren, von ihm so einengen lassen, daß er seine Sicht gänzlich hätte verleugnen müssen. Weil sich die DDR in ihrem letzten Jahrzehnt mehr und mehr von ihren selbstgesetzten Grundlagen entfernte, gab es hierfür genügend freie geistige Räume. Ein bescheidener Teil des Spektrums europaweiter Bernhard-Auseinandersetzung konnte sich somit auch in der DDR entfalten. Über den wirklichen Wert ihrer Resultate sollten Unabhängige besser befinden können.

Anmerkungen

[1] Vgl. z. B.: Der Fall von Peter Huchel und »Sinn und Form« – Dokumente. In: Sinn und Form 1992, H. 5, S. 739–822.

[2] Vgl. Hirte, Chris: Wende oder Ende? Die DDR-Verlagslandschaft von innen betrachtet. In: Lesezirkel. Literaturmagazin Wiener Zeitung 1990, Nr. 44, S. 8–10.

[3] Das Bemühen, zur Liberalisierung einer sozialistischen DDR beizutragen, hatten viele Germanisten nicht nur mit den Schriftstellern gemeinsam, die 1990 als »Staatsdichter« disqualifiziert werden sollten. Auch der größte Teil der Dissidenten, die wirklichen Widerstand geleistet haben, blieb lange auf eine Alternative zur Bundesrepublik fixiert. – Vgl. Andreas Herzog: Staatsdichter oder Staatsfeinde. Das Dilemma des kritischen Engagements von DDR-AutorInnen. In: BVÖ Bücherei Perspektiven, Wien 1991, H. 2, S. 5–16.

[4] Bernhard, Thomas: Jauregg. In: Österreich. Ein Lesebuch, hg. v. Georgina Baum, Roland Links, Dietrich Simon. Berlin 1978, S. 49–59.

[5] Bernhard: Der Atem. Eine Entscheidung. Berlin 1980. – Ein Genehmigungsverfahren war sehr zeitaufwendig: Ein Lektor beantragte; sofern die Verlagsleitung befürwortete, konnte ein Außengutachten in Auftrag gegeben werden. War auch dieses positiv, wurde ein Antrag an die »Hauptverwaltung Verlage und Buchhandel beim Ministerium für Kultur« gestellt. Sobald diesem stattgegeben war, durfte der Druck in Auftrag gegeben werden. Bis das Buch endgültig vorlag, dauerte es allerdings oft nochmals ein Jahr. – Daß der Umgang der

Verlage mit der übergeordneten Dienststelle »einvernehmlich«, unter gegenseitiger Vermeidung möglicher Konflikte erfolgte, macht die Auseinandersetzung mit DDR-Verlagspolitik nicht einfacher. – »Heiße Eisen« mußten bei einem solchen Verfahrensweg verständlicherweise liegen bleiben.

6 Beschreibung einer Familie, Zwei Bierflaschen und der Eisstock. In: Verlassener Horizont. Österreichische Lyrik aus vier Jahrzehnten, hg. v. Hugo Huppert und Roland Links. Berlin 1980.

7 Heinrich Böll seit Ende der fünfziger Jahre, Dürrenmatt, Frisch, Walser (Stücke), Weiss und Bachmann seit Mitte der sechziger Jahre. – Neben der frühen Veröffentlichung der Schweizer Diggelmann und Loetscher ist Leberts »Wolfshaut« (1962) und die parallele Veröffentlichung Peter Weiss' (1968) als auffällig hervorzuheben. – Gegenbeispiel war Grass' »Blechtrommel«, die erst 1986 erschien.

8 Erste Texte von Musil und Broch waren allerdings schon in einer zweibändigen Anthologie: Österreichische Erzähler aus sechs Jahrzehnten, hrsg. v. Gerhard Schneider. Berlin 1967, erschienen. Sie enthält u. a. Texte von Drach, Saiko, Eisenreich, von Tramin und Gerhard Fritsch. – Canettis »Blendung« ist in der DDR erstmalig 1969 erschienen.

9 Hirte: Brief v. 13. 10. 1992.

10 Batt, Kurt: Die Exekution des Erzählers. Westdeutsche Romane um 1970. In: Sinn und Form 1972, H. 6, S. 1254.

11 Ebda, S. 1257.

12 Hirte, Chris: Anmerkungen zur österreichischen Literatur. In: Weimarer Beiträge 1981, H. 6, S. 142f.

13 Bernhard: Die Ursache. Eine Andeutung, Der Keller. Eine Entziehung, Der Atem. Eine Entscheidung, Die Kälte. Eine Isolation. Berlin 1983. – »Ein Kind« erschien dafür zu spät. Wegen der Episode im Saalfelder Kinderheim, in der der Erzähler Vergleiche zwischen der Nazizeit und der DDR anstellt, wäre es hier auch nicht zu veröffentlichen gewesen.

14 Bernhard: Der Stimmenimitator, Angst, Umgekehrt, Zuviel, Moosbruggers Irrtum, Ein berühmter Tänzer, Anfrage im Landtag, Unmöglich, In Rom. In: Erkundungen. 41 österreichische Erzähler, hg. v. Dietrich Simon. Berlin 1983.

15 Hirte: Brief v. 13. 10. 1992.

16 Hirte: Gedenken. Thomas Bernhard, 10. 2. 1931 – 12. 2. 1989. In: Sonntag 1989, Nr. 10, S. 12.

17 Trilse, Christoph (Hg.): Österreichische Dramen, mit einem Nachwort »Theaterstücke aus Österreich – Österreichische Theaterstücke« des Herausgebers. Berlin 1982, S. 607.

18 Den Lektoraten wurde jeweils nur eine bestimmte Zahl von Titeln zugewiesen.

19 Bernhard: Der Untergeher. Berlin 1986; Holzfällen. Eine Erregung. Berlin 1986; Auslöschung. Ein Zerfall. Berlin 1989.

20 Hirte: Brief v. 13. 10. 1992.

21 Bernhard: Der Weltverbesserer. In: Lehmann, Reinhard (Hg.): Stücke International. Berlin 1988, S. 305–377.

22 Mischke, Roland: Protest und Leidenschaft: »Der Atem« von Thomas Bernhard bei Volk und Welt. In: Neue Zeit, 23. 11. 1981.

23 Diersch, Stanislawa: Erinnerungen warnen vor Ignoranz und Vergessen. In: Neues Deutschland 7./8. 1. 1984.

[24] Hinze, Michael: Blick ins Sterbezimmer als Bekenntnis zum Leben. In: Tribüne, 16. 4. 1982. (Hervorhebung A. H.)
[25] Dardas, Gerd: Falsche Schlüsse. In: Sonntag 1984, Nr. 50. (Hervorhebung A. H.)
[26] Huber, Martin: »Romanfigur klagt den Autor«. Zur Rezeption von Thomas Bernhards Die Ursache. Eine Andeutung. In: Schmidt-Dengler, Huber (Hg.): Statt Bernhard. Über Misanthropie im Werk Thomas Berhards. Wien 1987, S. 59–110.
[27] Zit. n. ebda, S. 75.
[28] Als einem der ersten gebührte dieses Verdienst Ernst Wendt (Die Zeit); vgl. ebda., S. 68.
[29] Zit. n. ebda, S. 73.
[30] Johann Strutz hob hervor, daß »Erlebnis- und Erfahrungskerne« »hypertroph ausgebreitet« werden, »Erinnerungssegmente und Erfahrungen« selektiert und Episoden in den Mittelpunkt geschoben werden. Das »Geschehene« werde aus der Perspektive der dominanten Kommentarebene der siebziger Jahre erzählt. Vgl. Strutz, Johann: »Wir, das bin ich.« Folgerungen zum Autobiographiewerk von Thomas Bernhard. In: Bartsch, Goltschnigg, Melzer: In Sachen Thomas Bernhard. Königstein/Ts. 1983, S. 181–183.
Der Erzähler selbst betont, daß er »die« erwartete »Wahrheit« nicht bieten kann: »Die Wahrheit ist immer ein Irrtum, obwohl sie hundertprozentig die Wahrheit ist, jeder Irrtum ist nichts als die Wahrheit« (Bernhard: Die Kälte, S. 69; siehe Anm. 13). »Die Wahrheit« kann nur subjektiv sein, sie läßt sich weder mitteilen noch vor einem Gericht verteidigen. Hans Joachim Piechotta führte aus, daß klassische Strukturen der Autobiographie wie die »Zentrierung von Weltlauf auf ein kompetentes Ich hin [...] [bei Bernhard] außer Kraft gesetzt« seien. Vgl. Piechotta, Hans Joachim: »Naturgemäß«. Thomas Bernhards autobiographische Bücher. In: Text & Kritik. Hg. v. H. L. Arnold, Bd. 43, 2. erw. Aufl., München 1982, S. 11.
[31] Herzog, Andreas: Widersprüchlicher Monolog eines Störenfrieds. In: Leipziger Volkszeitung 24./25. 1. 1987; Nie und mit nichts fertig. In: Sonntag 1987, Nr. 30.
[32] Herzog, Nie und mit nichts fertig, a. a. O.
[33] Ebda.
[34] Herzog, Widersprüchlicher Monolog eines Störenfrieds, a. a. O.
[35] Ebda.
[36] Engler, Jürgen: Der böse Blick aus dem Ohrensessel. In: Neue Deutsche Literatur 1987, H. 9, S. 177–181.
[37] Engler: Die Kunst der Übertreibung. In: Weltbühne 1990, Nr. 8, S. 240–242. – Engler hat seine Sicht nach den Ereignissen des Herbstes 1989 weder ändern müssen noch ändern wollen.
[38] Grambow, Jürgen: Perfektion und Künstlichkeit. In: Sinn und Form 1987, H. 6, S. 1315–1324.
[39] Ebda, S. 1319.
[40] Ebda, S. 1321, 1323.
[41] »Das war aber nichts Außergewöhnliches. Die wichtigsten Editionen (Kraus, Musil, Broch, Freud usw.) sind ohne jede Rückendeckung durch die DDR-Germanistik erschienen und waren bis Ende der 70er Jahre für die beteiligten Herausgeber entsprechend riskant« (Hirte, Brief vom 13. 10. 1992). – Wesentliches wurde v. a. von Dietrich Simon geleistet.
[42] Das Urteil des Wiener Gerichtes zu »Holzfällen« mag für alle Werke Bernhards auf-

schlußreich sein: »Für jeden Leser erkennbar stellt sich das vorliegende Werk als eine Auseinandersetzung des der Kunst absolut sich verpflichtet gebenden Autors mit sich selbst und dem ihn umgebenden ›künstlerischen Kreis‹ dar, in der er in gleicher Weise sowohl sich selbst als auch seiner Umgebung einen unüblich strengen, ja menschlich geradezu unerreichbaren Maßstab setzt [...]. So erweist sich die inkriminierte Textstelle für den Leser als nichts anderes als eine nur aus der gefühlsmäßigen Zwiespältigkeit des Schildernden verständliche, allein subjektive und damit für niemand anderen verbindliche Wertung.« – Zur juristisch entscheidend gewordenen Spannung zwischen Authentizität und Fiktionalität wird salomonisch bemerkt, daß einerseits »vom Autor nicht verlangt werden [kann], daß er bei der künstlerischen Gestaltung sein Augenmerk darauf verwendet, jeden Bezug zur Wirklichkeit unter allen Umständen derart zu vermeiden, daß kein Leser Beziehungen zwischen Figuren des Romanes und lebenden Personen herstellen kann«, daß der Autor andererseits aber »eine gründliche, [...] Assoziationen [zu real lebenden Personen] vermeidende Änderung von Namen und Handlungsorten [...] ohne jede Beeinträchtigung irgendeiner künstlerischen Kategorie [hätte] vornehmen können.« Gerichtsurteil des Oberlandesgerichts Wien v. 21. 12. 1984. In: Medien und Recht 1985, H. 1, Archiv 10–11.

[43] Kathrein, Karin: Eine Erregung – für Wien? In: Die Presse, 29. 8. 1984.

[44] Wichtig waren die Fernsehübertragungen von Inszenierungen und Filmporträts wie »Monologe auf Mallorca«, die das Bild des allein von den Leiden seiner Jugend geprägten Autors relativieren konnten. Auch eine Minetti-Lesung bei den XXXII. (Ost-)Berliner Festtagen 1988 mag Einfluß gehabt haben: Der Schauspieler las »Ein Kind« mit jener »Mischung aus Trockenheit und Emotionalität, Ironie und Pathos, Distanz und Einfühlungsvermögen«, die die Texte Bernhards kennzeichnet. Vgl. Gasch, Reinhart: Symbiose »Thomas Bernhard Minetti«. In: Berliner Zeitung, 5. 10. 1988.

[45] Eberle, Steffen: Meisterschaft in Übertreibungskunst. In: Neue Zeit, 17. 4. 1989.

[46] Fetter, Erich: Haßerfüllte Monologe beim Anblick ewig Gestriger. In: National-Zeitung, 2. 1. 1990.

[47] Hinz, Thorsten: Radikale Skepsis gegen falsche Hoffnung. In: Leipziger Volkszeitung 12./13. 8. 1989.

[48] Herzog: Bolero des Untergangs. In: Sonntag 1989, Nr. 23. – Der eingereichte Titel lautete »Grandioser Abgang eines Individualisten«.

[49] Peter Görlich stellt die besondere Form dieser Abrechnung ***neben*** das ihr zugrundeliegende Geschichtsbild. Das betreffende Kapitel seiner Habilitation ist mit »Die ›Auslöschung‹ der Vergangenheit – Endpunkt oder ironisches Meisterstück?« überschrieben. Vgl. Görlich, Peter: Im Spannungsfeld von Sprache und Heimat: Aspekte der ästhetischen und weltanschaulichen Spezifik österreichischer Gegenwartsliteratur unter besonderer Berücksichtigung des epischen Werkes von Thomas Bernhard. Habil. (masch.), Potsdam 1990, S. 178–185.

[50] Ebert, Gerhard: Ausweglosigkeit in sarkastischer Komik. In: Neues Deutschland, 9./10. 2. 1991.

[51] Ebert: Ein Fossil in das grelle Licht der Bühne gerückt. In: Neues Deutschland, 30. 9. 1986.

[52] Köhler, Ingeborg: So fern lag das alles ... In: Wiener Zeitung, 22. 10. 1986; Beckelmann, Jürgen: Für die DDR ein Fossil. In: Frankfurter Rundschau, 7. 10. 1986.

[53] Eine ausführlichere Darstellung zu Inszenierungen, Stück und Rezeption wurde an anderer Stelle versucht. Herzog: Vor dem Ruhestand der DDR: Mißverständnisse um das komplizierteste Stück Thomas Bernhards. In: Forum Modernes Theater 1992, H. 1, Tübingen 1992, S. 18–35.

[54] Slevogt, Esther: Humor der Selbstgerechten. In: Theater heute 1986, Nr. 12, S. 16f.

[55] Krebs, Dieter: Ewiggestrige in Seelenqualen. In: Berliner Zeitung, 1. 10. 1986; Eichler, Rolf-Dieter: Makabrer Geburtstag in schwarzer Uniform. In: National Zeitung, 1. 10. 1986.

[56] Außer den Beiträgen von Ebert, Krebs, Eichler und Scheller (vgl. Anm. 57) liegen weitere Kritiken vor: Billerbeck, Liane v.: Verschwörung im Wohnzimmer. In: NBI (Neue Berliner Illustrierte) 1986, Nr. 41, S. 6–9; Braun, Anne: Schein und Sein menschlicher Würde. In: Wochenpost 1989, Nr. 15; Cwojdrak, Günter: Berliner Theaterauftakt. In: Die Weltbühne 1986, Nr. 40, S. 1261; Funke, Christoph: Sektgelage zum Mördergeburtstag. In: Der Morgen, 30. 9. 1986; Gersch, Wolfgang: Ein Totentanz, der nicht betroffen macht. In: Tribüne, 2. 10. 1986; John, Hans-Rainer: Der Schoß ist fruchtbar noch. In: Theater der Zeit 1986, Nr. 12, S. 29f.; Ullrich, Helmut: Komödie mit Wirklichkeitsbezug. In: Neue Zeit, 1. 10. 1986.

[57] Scheller, Bernhard: »Vor dem Ruhestand« von Thomas Bernhard. In: Sonntag 1986, Nr. 42.

[58] Henrichs, Benjamin: Herr Bernhard und die Deutschen. In: Die Zeit, 6. 7. 1979.

[59] Karasek, Hellmuth: Aus glücklichen SS-Tagen. In: Der Spiegel, 2. 7. 1979. – Überblick über die Rezeption in der Bundesrepublik: vgl. Anm. 53.

[60] Vgl. Anm. 53. – Die Beschreibung der DDR-Inszenierungen geht auf einen Vortrag »Ein Autor und zwei Inszenierungen. Zu den Aufführungen von Thomas Bernhards ›Vor dem Ruhestand‹ in Berlin und Leipzig« zurück, den der Verf. am 30. 9. 1988 in Güstrow gehalten hat.

[61] Bernhard: Spiegel-Gespräch. In: Der Spiegel, 23. 6. 1980, S. 178.

[62] Vgl. Trilse, a. a. O., S. 607.

[63] Genauere Ausführungen vgl. Anm. 53.

[64] Bernhard: Vor dem Ruhestand, zit. n.: Trilse, a. a. O., S. 151.

[65] Schroth, Peter; Kleinert, Peter: Das Thema ist die Welt. Notate zum Theatermacher. In: Die Deutsche Bühne 1989, H. 7, S. 26f.

[66] Brandt, Ellen: Der Fallensteller als Opfer. Kurt Böwe spielt Thomas Bernhard. In: Die Deutsche Bühne 1989, H. 7, S. 29.

[67] Durch einen überraschenden Besuch der Uraufführung hat Chef-Ideologe Hager Böwe zunächst stark irritiert. Er äußerte sich anschließend sehr kritisch über den »unreflektierten« Umgang mit Bernhards Text (Brief von Peter Schroth, 16. 11. 1992). – Für die weiteren Aufführungen hatte dies interessanterweise keine Konsequenzen.

[68] Besonders: Brandt: Einmischung ins Leben. »Theatermacher« in DDR. In: Neue Zeit, Graz 15. 3. 1989. – Hier erscheint die Problematik einer Rezeptionsforschung, die sich auf institutionelle Zeugnisse stützen muß. Lektor Chris Hirte etwa hält die Rezeption durch »die Leser« der DDR für viel spannender (Brief vom 14. 11. 1992). Trotz des Gegenbeispiels »Theatermacher« glaube ich nicht, daß es zwischen offizieller Kritik und dem privaten Lesepublikum signifikante Rezeptionsunterschiede gegeben hat. Das Lese-Volk für mündiger zu halten als die »Staats-Kritiker« hieße, sich Illusionen zu machen.

[69] Gleiß, Jürgen: Schauspielertheater. In: Theater der Zeit 1989, H. 5, S. 2.
[70] Funke, Christoph: Die gierige, schöpferische Eitelkeit. In: Der Morgen, 8. 3. 1989.
[71] Schumacher, Ernst: Allzu gefälliger Theatermacher. In: Berliner Zeitung, 8. 3. 1989.
[72] Claus, Peter: Komödie eines lächerlichen Mannes. In: Junge Welt, 8. 3. 1989.
[73] Eichler: Ein Striese war nicht gemeint. In: National Zeitung, 7. 3. 1989.
[74] Gleiß, a. a. O.
[75] Ebert: Kauziger »Theatermacher« – der Abend für einen großen Darsteller. In: Neues Deutschland, 8. 3. 1989.
[76] Görlich: Endstationen menschlicher Existenz – Thomas Bernhards frühe Erzählungen »Amras« und »Ungenach«. In: Wissenschaftliche Zeitschrift der Pädagogischen Hochschule »Karl Liebknecht«, Potsdam 1986, Nr. 2, S. 247.
[77] Schmidt-Thieme, Helga: Thomas Bernhard. In: Österreichische Literatur des 20. Jahrhunderts. Einzeldarstellungen. Autorenkollektiv unter H. Haase und A. Madl. Berlin 1988, S. 678–693.
[78] Ebda, S. 680, 682–684, 686, 691f.
[79] Ebda, S. 682.
[80] Ebda, S. 689.
[81] Ebda, S. 691.
[82] Ebda. – Vgl. Arbeiten aus der BRD und aus Österreich: Rath, Hannelore: Blaue Blume und Revolver. Faschistoide Tendenzen im Werk des Büchnerpreisträgers. In: Deutsche Volkszeitung, 8. 7. 1971; Schuh, Franz: Ist Thomas Bernhard ein Faschist? In: Protokolle 1981, Bd. 4, S. 19–22.
[83] Ebda, S. 680.
[84] Herzog: Von »Frost« zu »Auslöschung«. Grundzüge des literarischen Schaffens Thomas Bernhards. Diss. (masch.) Leipzig 1989. – Vgl. auch: Herzog: Über Thomas Bernhard. In: Zeitschrift für Germanistik 1989, H. 2, Leipzig 1989, S. 209–215.
[85] Ebda, S. 93.
[86] Höller, Hans: Kritik einer literarischen Form. Versuch über Thomas Bernhard. Stuttgart 1979; König, Josef: »Nichts als ein Totenmaskenball«. Studien zum Verständnis der ästhetischen Intentionen im Werk Thomas Bernhards. Frankfurt/M. 1983; Reinhardt, Hartmut: Das kranke Subjekt. Überlegungen zur monologischen Reduktion bei Thomas Bernhard. In: Germanisch-Romanische Monatsschrift 1976, H. 3/4, S. 334–356; Gamper, Herbert: Die Utopie des Gestern, Zur neueren Prosa von Thomas Bernhard. In: Die Weltwoche, 9. 1. 1970, S. 21.
[87] Görlich: Thomas Bernhard: Holzfällen. Eine Erregung. In: Weimarer Beiträge 1988, H. 8, S. 1330 bzw. 1331.
[88] Ebda, S. 1333.
[89] Görlich, Im Spannungsfeld ..., siehe Anm. 49.
[90] Ebda, S. 2.
[91] Ebda, S. 5.
[92] Ebda, S. 6.
[93] Ebda, S. 18.
[94] Ebda, S. 14f.
[95] Ebda, S. 18f.

[96] Z. B.: Höller, Hans: Kritik einer literarischen Form. Versuch über Thomas Bernhard. Stuttgart 1979; Donnenberg, Josef: Thomas Bernhard und Österreich. Dokumentation und Kommentar. In: Österreich in Geschichte und Literatur 1970, S. 237–251; Schmidt-Dengler: Die antagonistische Natur. Zum Konzept der Anti-Idylle in der neueren österreichischen Prosa. In: Literatur und Kritik 1969, H. 40, S. 577–585; ders.: Der Übertreibungskünstler. Wien 1986.

[97] Herzog: Thomas Bernhard Vita & Werk. In: Thomas Bernhard Portraits. Bilder & Texte. Hg. v. Sepp Dreissinger. Weitra 1991. S. 341–352. (Die Vita verdankt sich maßgeblichen Hinweisen Wieland Schmieds und Auskünften der Familie.) In diesem Zusammenhang ist u. a. auf die Rowohlt Monographie Hans Höllers zu verweisen, die Leben und Werk erstmals im Zusammenhang darstellt.

[98] Vgl. Herzog: »Das Unsterbliche bleibt natürlich«. Heute wäre Thomas Bernhard sechzig Jahre alt geworden. In: Leipziger Volkszeitung, 9. 2. 1991. – Wesentliche Anregungen verdanke ich den Arbeiten Schmidt-Denglers (siehe Anm. 26 und 96).

[99] Herzog: Verlegerische Kämpfe um Thomas Bernhard. (Zu den Bernhard-Publikationen der Jahre 1991/92) In: Neue Deutsche Literatur 1992, H. 8, S. 123–130.

[100] Herzog: Thomas Bernhards Poetik der prosaischen Musik. Beitrag auf der Konferenz »Sein und Schein – Traum und Wirklichkeit. Zur Poetik österreichischer Schriftsteller im 20. Jahrhundert«. Leipzig 22.–24. 10. 1991. Erscheint in: Zeitschrift für Germanistik 1994, H. 1.

[101] Debüser, André: Der Polemiker Thomas Bernhard. In: Weimarer Beiträge 1992, H. 2, S. 293.

[102] Siehe Anm. 53, S. 34.

DDR-Edition in zeitlicher Abfolge

Jauregg. In: Österreich. Ein Lesebuch, hg. v. Georgina Baum, Roland Links, Dietrich Simon, Berlin 1978, S. 49–59.
Beschreibung einer Familie, Zwei Bierflaschen und der Eisstock (Gedichte). In: Verlassener Horizont. Österreichische Lyrik aus vier Jahrzehnten, hg. v. Hugo Huppert und Roland Links, Berlin 1980.
Der Atem. Berlin: Volk und Welt Spektrum 1980.
Die Macht der Gewohnheit. In: Österreichische Dramen, hg. mit einem Nachwort »Theaterstücke aus Österreich – Österreichische Theaterstücke« v. Christoph Trilse, Berlin 1982, S. 5–98.
Vor dem Ruhestand. In: Ebda, S. 99–203.
Die Ursache. Eine Andeutung, Der Keller. Eine Entziehung, Der Atem. Eine Entscheidung, Die Kälte. Eine Isolation, Berlin 1983.
Der Stimmenimitator, Angst, Umgekehrt, Zuviel, Moosbruggers Irrtum, Ein berühmter Tänzer, Anfrage im Landtag, Unmöglich, In Rom (Kurzprosa). In: Erkundungen. 41 österreichische Erzähler, hg. v. Dietrich Simon, Berlin 1983.
Der Untergeher. Berlin 1986.
Holzfällen. Eine Erregung. Berlin 1986.
Der Weltverbesserer. In: Stücke International, hg. v. Reinhard Lehmann, Berlin 1988, S. 305–377.
Auslöschung. Ein Zerfall. Berlin 1989.
(Alle Titel sind, sofern nicht anders angegeben, bei Volk und Welt erschienen.)

Edmund Licher

Eine durchweg positive Aufnahme
Die Rezeption der Prosa in den Niederlanden

Quantitativer Teil

Die Verbreitung der Prosawerke

Die Frage, welche Prosawerke Thomas Bernhards in welchem Ausmaß das niederländische Leserpublikum erreicht haben, läßt sich nur unvollständig beantworten. Deutschsprachige Bücher kaufen die niederländischen Leser nicht nur im eigenen Land, sondern auch bei Versandbuchhandlungen in Deutschland, was erheblich billiger ist. Weder die Verleger noch die deutschen und niederländischen Vertriebe verfügen über zuverlässige Zahlen, aus denen man ein auch nur annähernd genaues Bild von der Verbreitung der Werke Bernhards gewinnen könnte. Die Zahl der deutschsprachigen Bücher, welche von Niederländern in deutschen Buchhandlungen gekauft werden, ist statistisch nicht erfaßbar. Und die Wege, die vom deutschen Verleger zu den einzelnen Käufern führen sowie die Menge der Bücher, welche sich darauf bewegen, sind – wie man leider feststellen muß – unerforschlich.

Anders als man angesichts der relativ zahlreichen positiven Rezensionen in verschiedenen niederländischen Zeitungen erwarten könnte, läßt sich aus mündlichen Mitteilungen von deutschen Vertriebsleuten und niederländischen Importeuren und Buchhändlern ableiten, daß es sich bei dem Absatz von Bernhards Prosawerken um verhältnismäßig kleine Zahlen handeln muß. Das gelte – so meinen sie – für die zeitgenössische deutschsprachige Literatur im allgemeinen, aber ganz besonders für Bernhard. Es handelt sich, mit anderen Worten, wahrscheinlich um weniger als hundert Käufer pro Jahr: ein Seminar über Bernhard an irgendeiner niederländischen Universität kann unter Umständen den Absatz eines Buches verdoppeln.

Bücher braucht man aber nicht unbedingt zu kaufen, um sie lesen zu können, und es könnte durchaus sein, daß Bernhard in deutschsprachigen Ausgaben fleißig von Besuchern der Leihbibliotheken gelesen wird. Eine kleine Untersuchung in der Öffentlichen Bibliothek in Groningen, einer

Universitätsstadt im Norden der Niederlande, die in kultureller Hinsicht für die mittelgroßen Städte des Landes repräsentativ sein dürfte, lehrt, daß *Frost*, 1963 in die Sammlung aufgenommen, seit der Einführung des elektronischen Datenverarbeitungssystems im Jahre 1987 insgesamt zweimal ausgeliehen wurde und seit 1989 überhaupt nicht mehr. Zum Vergleich: Grass' *Blechtrommel* wurde in derselben Periode fünfmal und Handkes *Der kurze Brief zum langen Abschied* elfmal ausgeliehen. Das läßt weder absolut noch relativ auf eine große Popularität der Bernhardschen Prosa schließen.

»Wie steht es aber um die Übersetzungen?«, wird man fragen. Außer Übersetzungen von Erzählungen in Zeitschriften (u. a. in *De Revisor*, August 1976 und – *Ereignisse* – in *Raster* 20, 1982) erschienen als Buchpublikation:

1977: De kalkfabriek (De Arbeiderspers; 2000 Exemplare[?])
1977: De oorzaak (De Arbeiderspers; 2000 Exemplare[?])
1978: De stemmenimitator (De Arbeiderspers; 2000 Exemplare[?])
1982: Vorst (De Arbeiderspers; 2500 Exemplare)
1984: Een kind (De Arbeiderspers; 2750 Exemplare)
1986: Amras (De Arbeiderspers; 2000 Exemplare)
1991: Oude meesters (De Arbeiderspers; 2000 Exemplare)
1991: De vertellingen (Bert Bakker; 2600 Exemplare)
1991: Op de hoogte (De Prom; 2000 Exemplare)
1992: De neef van Wittgenstein (De Prom; 2000 Exemplare)[1]

Wie aus diesen Angaben ersichtlich, haben die niederländischen Übersetzer beziehungsweise Verleger sich verhältnismäßig spät für Bernhards Prosa zu interessieren begonnen; die Auswahl der Titel erscheint willkürlich und die Zahl der Übersetzungen angesichts der großen Produktion des Autors relativ klein. Die Auflagen sind bescheiden, und es ist, obwohl die Verleger darüber selbstverständlich keine Auskunft geben, anzunehmen, daß ein Teil der Auflagen den direkten Weg zum Publikum am Ende über das Antiquariat gesucht und vielleicht auch gefunden hat. Einige Kritiker verweisen ihre Leser für andere als die von ihnen rezensierten Übersetzungen hilfsbereit auf den jedem niederländischen Leser bekannten Antiquar und Verkäufer von Restauflagen *De Slegte*. Keine von diesen Übersetzungen brachte es denn auch zu einer zweiten Auflage.

Zur Abrundung des Gesamtbildes nun ein Blick auf die Daten der

Öffentlichen Bibliothek Groningen. Die Übersetzungen *Vorst, De blikken trommel* und *De korte brief bij het lange afscheid* wurden seit 1985 jeweils 20-, 46- und 57mal ausgeliehen. Obwohl die Leser bei der Auswahl ihrer Lektüre von sehr unterschiedlichen Motiven geleitet werden können, auch von solchen, die mit literarischem Geschmack nicht viel zu tun haben – z. B. Schul- oder Seminaraufgaben, der Umfang des Buches oder die Tatsache, daß es verfilmt wurde –, und man allein aus diesen Zahlen nicht auf den relativen Stellenwert der genannten Autoren schließen kann, läßt sich aus ihnen jedenfalls eine eher bescheidene Popularität Bernhards ableiten. Die Angaben von Bibliotheken in kleineren Städten und Dörfern bestätigen diese Vermutung. So wurde *Vorst* in der Öffentlichen Bibliothek des Dorfes Zuidhorn (unweit von Groningen, 7000 Einwohner, relativ hoher Prozentsatz Akademiker) in der Periode 1982–1988 15mal ausgeliehen. Seitdem blieb es im Schrank. Die Übersetzung des Romans *Alte Meister* wurde in einem Jahr nur ein einziges Mal ausgeliehen.

Man muß wohl zu dem Ergebnis kommen, daß Bernhards Prosa in den Niederlanden weder in deutschsprachigen Ausgaben noch in niederländischen Übersetzungen als populär zu bezeichnen ist. Das gilt vor allem für das fiktionale Werk. Die autobiographischen Werke, namentlich die Übersetzungen *De oorzaak, Een kind* und *De neef van Wittgenstein,* haben ein etwas größeres Publikum. *Een kind* erreichte durch die Groninger Bibliothek seit 1987 55 Leser, nur zwei weniger als Handkes *Korte brief.* Das mag am relativ geringen Umfang und an dem durch die Rezensionen verbreiteten Ruf der leichteren Zugänglichkeit dieser Werke liegen. Aber erst wenn man bedenkt, daß der Roman *De aanslag* des niederländischen Autors Harry Mulisch in derselben Periode in dieser Bibliothek mehr als tausendmal ausgeliehen wurde, sieht man die Verhältnisse im richtigen Licht.

Die Prosawerke in der niederländischen Literaturkritik

Die folgenden Tabellen zeigen den Verlauf der Rezeptionsgeschichte von Bernhards Prosa und die relative »Popularität« der einzelnen Werke in der niederländischen Kritik. Die Anmerkungen enthalten eine Übersicht der wichtigsten kritischen Besprechungen in niederländischen Tages- und Wochenzeitungen in der Periode 1964–1992.[2]

Rezensionen in den Jahren 1964–1992

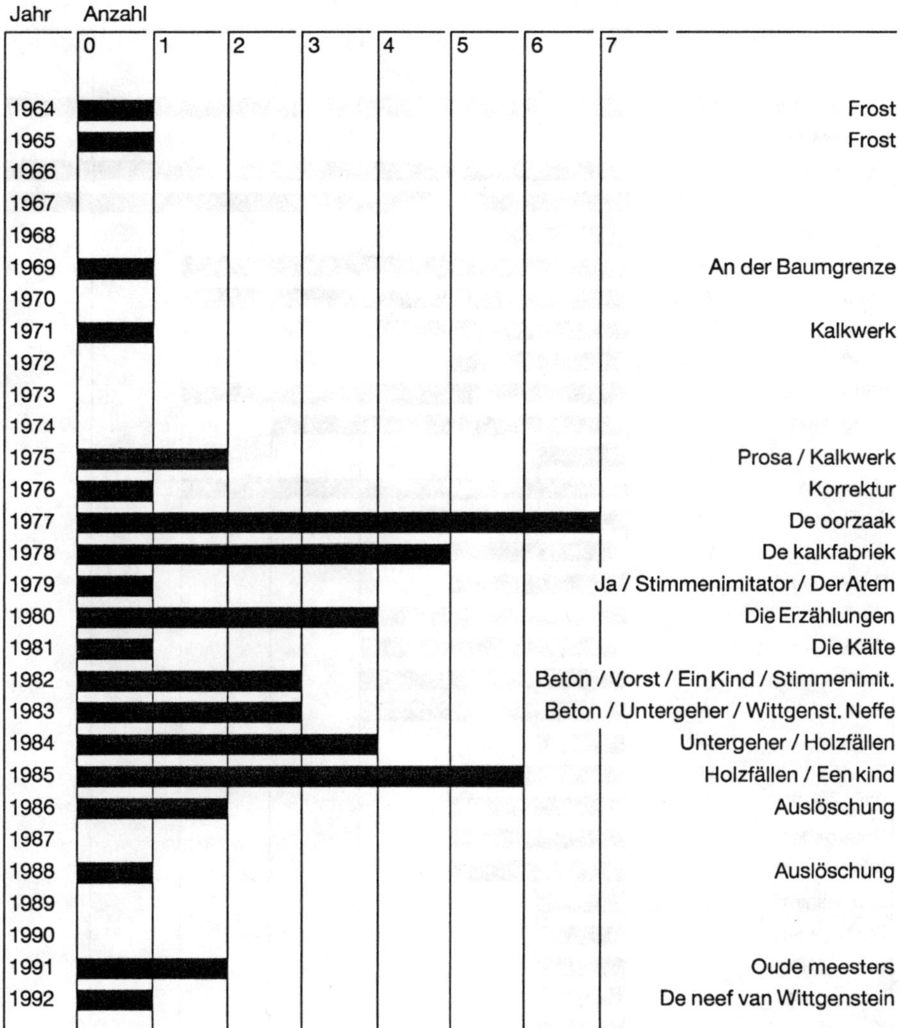

Rezensionen der Werke bzw. Übersetzungen

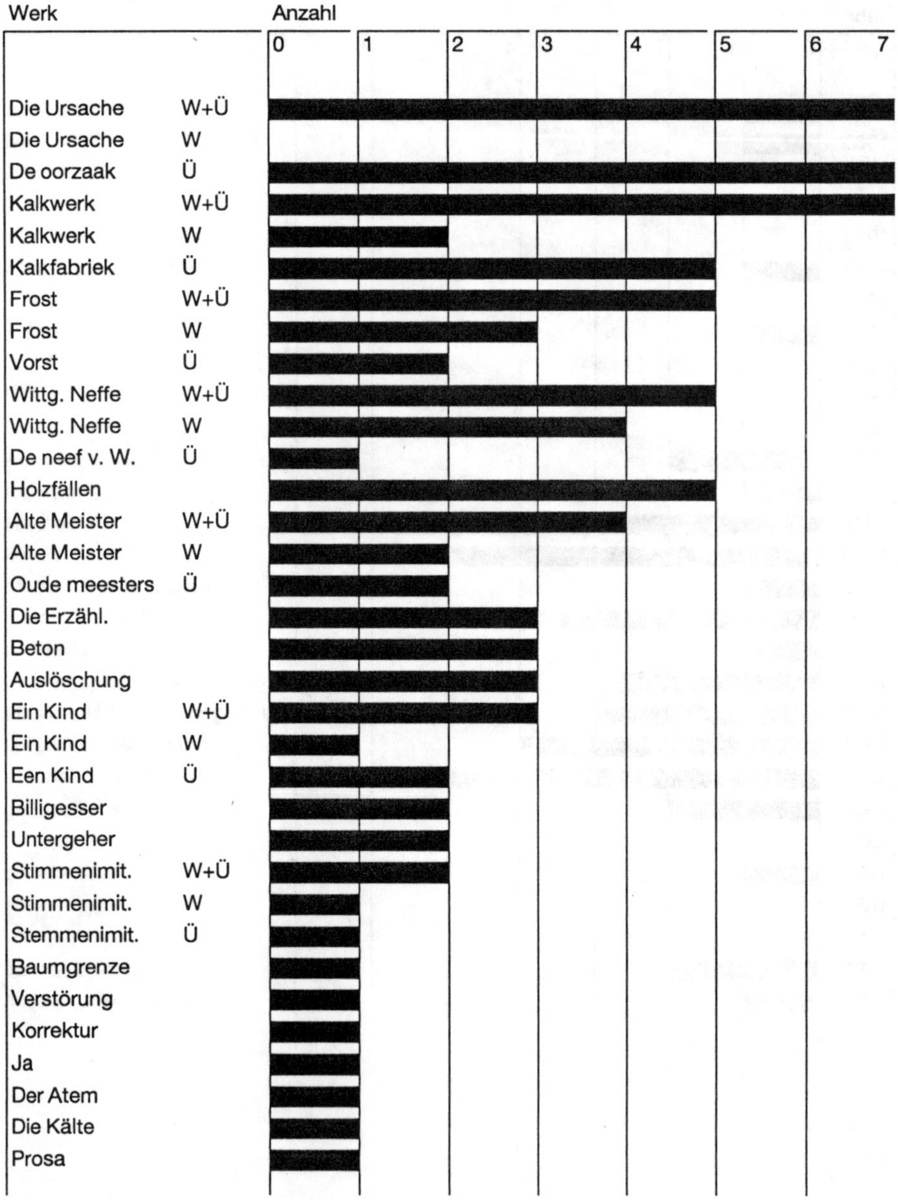

Bernhards Prosa in der niederländischen Germanistik

Kurzbesprechungen in niederländischen Fachzeitschriften

Jahr	Zeitschrift	Werk	Autor
1971	Het Duitse Boek 4, 120–122	Das Kalkwerk	K. J. Hupperetz
1972	Het Duitse Boek 2, 43	Midland in Stilfs, Gehen	K. J. Hupperetz
1981	Deutsche Bücher 3, 196–197	Die Kälte	F. van Ingen
1983	Deutsche Bücher 1, 20–21	Ein Kind	F. van Ingen
1983	Deutsche Bücher 3, 234–238	Krit. Bespr. Lit.	F. van Ingen
1987	Deutsche Bücher 2, 98–100	Auslöschung	F. van Ingen

Aufsätze in niederländischen und internationalen Zeitschriften bzw. in Sammelwerken

Jahr	Zeitschrift/Sammelband	Thema	Autor
1976	Psyche. Festschrift H. Meyer	Ereignisse. Psychoanalytische Interpretation	Walter Schönau[3]
1980	Duitse Kroniek	Autobiographie und Dichtung	Julius Röntgen[4]
1982	Amsterdamer Beiträge	»Denk-Übungen«	F. van Ingen[5]
1986	Akten IGK '85 Approaching Postmodernism	Modernismus/Postmodernismus	Elrud Ibsch[6]
1989	Die österreichische Literatur	Der »einsame Ort«	F. van Ingen[7]
1993	Feit en Fictie	Ein Kind. Intermediäre Funktion des autobiographischen Erzählens	Edmund Licher[8]

Qualitativer Teil

Wie wird Bernhards Prosa von den niederländischen Lesern rezipiert?

Die Frage, wieviele Niederländer Bernhards Prosa lesen und um welche Werke es sich dabei handelt, läßt sich, wie am Anfang dieses Aufsatzes gezeigt wurde, nicht beantworten. Er gehört – soviel ist sicher – zu den wenig gelesenen zeitgenössischen deutschsprachigen Autoren. Dabei ist die autobiographische Prosa *relativ* gefragt. Die Frage, *wie* Niederländer Bernhards Prosa lesen und ob ihre Leseerfahrungen sich signifikant von denen anderer Europäer unterscheiden, ließe sich nur in vergleichenden empirischen Untersuchungen beantworten. Empirische Rezeptionsforschung aus einer kontrastiven kulturellen Perspektive ist durchaus sinnvoll und hat in den Niederlanden in anderen Fällen, unter anderem mit literaturdidaktischen Fragestellungen, auch schon zu bemerkenswerten Resultaten geführt.[9] Die Rezeption Bernhards in den Niederlanden ist bisher in diesem Sinn noch nicht empirisch untersucht worden.

Wie wurde Bernhards Prosa von der niederländischen Kritik rezipiert?

Wie in obenstehenden Übersichten gezeigt wurde, hat die niederländische Kritik Bernhards Prosa erst verhältnismäßig spät wahrgenommen. Mit Ausnahme von einigen vereinzelten Kritiken in den sechziger und frühen siebziger Jahren wurde sie erst in der zweiten Hälfte der siebziger Jahre in größerem Umfang rezensiert. Ein Meilenstein in der Rezeptionsgeschichte der Prosa war das Erscheinen der Übersetzungen von *Die Ursache* und *Das Kalkwerk* von Hans W. Bakx im Jahre 1977. Seitdem interessieren sich die Zeitungen für die wichtigen Neuerscheinungen und widmen, manchmal in denselben Besprechungen, dabei auch der älteren Prosa ihre Aufmerksamkeit. Nach 1986 wird es dann um den Erzähler Bernhard wieder stiller; nach seinem Tode sind nur noch allgemeine Nachrufe und einige Rezensionen zu den Übersetzungen *Oude meesters* und *De neef van Wittgenstein* sowie eine kurze Inhaltsangabe von *Op de hoogte (In der Höhe)* erschienen. Die Tatsache, daß Übersetzungen in der niederländischen Rezeption der Bernhardschen Prosa eine so wichtige Rolle spielen, mag ihre Erklärung unter anderem darin finden, daß niederländische Verleger für die Promotion ihrer Bücher über bessere Kanäle zu den Zeitungsredaktionen verfügen als deutsche.

Kritik und Wertung

Auffallend in der niederländischen Kritik seit 1964 ist die fast durchweg positive Wertung der Prosa Bernhards. Nur sehr wenige Kritiker kommen zu einem negativen Urteil. Pauschalurteile wie »maßlos überschätzter österreichischer Spaghettidreher«[10] sind selten. Sie beziehen sich hauptsächlich auf das Weltbild und den – so die betreffenden Kritiker – stereotypen Inhalt und Aufbau der Bücher. Auch die Charakterisierung der in den Erzählungen auftretenden Personen sei stereotyp und monoman. Der Stil sei aufgrund der vielen Wiederholungen und Schachtelsätze häßlich.

Dies sind aber genau die Kriterien, welche vorsichtig-distanzierte Kritiker wie Rouleaux (1983) zu dem Urteil bewegen, daß der Stil zwar häßlich sein mag, ihm aber ein hohes Maß an Effektivität nicht abgesprochen werden kann.

Die überwiegende Mehrheit der Rezensenten beurteilt Bernhards Prosa, manchmal ohne dies explizit auszusprechen, durchaus positiv und bezeichnet ihn als einen der bedeutendsten, wenn nicht den bedeutendsten deutschsprachigen Autor unserer Zeit. Die einzelnen Kritiker haben dafür jeweils sehr unterschiedliche Argumente. Es fällt aber auf, daß die Beurteilungskriterien der zwischen 1964 und 1992 erschienenen Rezensionen einige Konstanten aufweisen.

Inhalt oder Form?

Unter den Kritikern der Prosa Bernhards gibt es keinen, der versucht hätte, inhaltliche und formale Beurteilungskriterien voneinander zu trennen. Tieges[11] stellt mit Günther Blöcker fest, daß der Inhalt der Geschichte (*Das Kalkwerk*) Form, d. h. Sprache ist. Er relativiert aber sofort diese Aussage, indem er darauf hinweist, daß es schon längst keine Seltenheit mehr ist, wenn die Romanform der adäquate Ausdruck des Romaninhalts ist, namentlich dann nicht, wenn es sich um die romanhafte Darstellung eines Prozesses geistigen Verfalls handelt. Es sei also falsch, den Roman vor allem als Sprach- und Strukturexperiment, als erzähltechnische Übung zu betrachten. Es gehe vielmehr auch um die ganze Situation, die als solche für das Verbrechen der Hauptperson verantwortlich ist. Und diese »Situation« werde von Bernhard mit einem Land gleichgesetzt: Österreich.

Österreich

Obwohl die Relation zwischen der Werkwelt und der realen Welt, auf die die Werkwelt sich beziehen solle – nämlich auf »das in jeder Hinsicht kranke und krankmachende Land Österreich« – in mehreren Kritiken zur Sprache kommt und die relativ hohe Zahl der Rezensionen zu *Holzfällen* wohl vor allem durch den leicht herstellbaren Wirklichkeitsbezug und den dadurch ausgelösten Skandal erklärt werden kann, distanzieren sich die meisten Kritiker doch von dieser allzu leichten Einstiegsmöglichkeit in eine im allgemeinen als schwierig empfundene Lektüre. Entweder schenken sie dem Umstand, daß die erzählten Geschichten in Österreich spielen, keine große Aufmerksamkeit oder fragen sich, welche Folgen für die niederländische Literatur zu erwarten gewesen wären, wenn Bernhards Mutter sich dafür entschieden hätte, sich nach der Geburt ihres Sohnes endgültig in den Niederlanden niederzulassen.

Chris van Esterik[12] versucht sich bei einem derartigen Gedankenexperiment sogar nicht ohne Erfolg in der Bernhardschen Kunst der Vaterlandsbeschimpfung, angewandt allerdings auf die niederländische Situation. In diesem Zusammenhang sei darauf hingewiesen, daß die niederländische Literatur des 20. Jahrhunderts in der Verhöhnung der vaterländischen Politiker und Kulturträger auf eine verhältnismäßig reiche Tradition zurückblicken kann. Slauerhoff, Hermans und Brandt-Corstius sind nur einige Namen, die hier zu nennen wären. Trotzdem glaubt van Esterik, daß keiner von ihnen Bernhard auf diesem Feld der Literatur das Wasser reichen könne und ist auch davon überzeugt, daß eine endgültige Entscheidung der Mutter Bernhards für die Niederlande ein Gewinn für die Literatur unseres Landes bedeutet hätte. Er ist nicht der einzige Rezensent, der mit diesem Gedanken spielt. Es ist denn auch nicht zufällig, daß Bernhards Geburtsort Heerlen immer wieder in den Kritiken erwähnt wird.

Zusammenfassend und ergänzend: die niederländische Kritik nimmt im allgemeinen die geographische und kulturelle Situierung der Geschichten Bernhards zwar zur Kenntnis, neigt aber dazu, den Inhalt davon zu abstrahieren. Das gilt übrigens viel weniger für *Holzfällen* und ein autobiographisches Werk wie *Die Ursache*. Der Inhalt wird in viel allgemeineren Begriffen umschrieben: Krankheit, Wahnsinn, Tod, Verfall, Verlogenheit usw. Die Mehrzahl der Kritiker läßt sich durch die Beschreibung der Landschaft und der in ihr wohnenden Menschen nicht dazu verführen, die Konkretisierungen dieser Begriffe nur in Österreich zu suchen. Die formalästhetische Qualität der Prosa Bernhards besteht nach der Auffassung der meisten Rezensenten in dem Zusammenfallen von Inhalt und Form, von erzählten Handlungen und Ereignissen einerseits und dem Erzählen selbst andererseits. In diesem Zusammenhang wird oftmals auf den Gebrauch der hierarchisch geschichteten indirekten Rede in Bernhards Prosa hingewiesen und auf die an musikalische Formen erinnernde Kunst der Wiederholung und Variation. In einigen Kritiken[13] werden auch die humoristische Seite Bernhards und seine Selbstironie hervorgehoben.

»The Austrian Mind« oder: »Ist Bernhards Prosa Weltliteratur?«

Daß es sich in Bernhards Prosawerk um mehr und auch anderes als nur um die politische und kulturelle Wirklichkeit Österreichs handelt, war der niederländischen Kritik von Anfang an bewußt. Die Frage, ob es zur Weltliteratur gehört, wird manchmal gestellt und natürlich nur zögernd beantwortet. Gelobt werden die philosophische Reichhaltigkeit[14] seines Werkes, die extreme Konsequenz seiner Kunstauffassung und seine Innovationslust[15]. Die meisten Kritiker betrachten ihn als einen der interessantesten, wenn nicht als den interessantesten deutschsprachigen Dichter unserer Zeit, und einige stellen ihn neben Musil, Canetti, Frisch und Grass.

Wenn er als österreichischer Dichter für die Welt interessant ist, so meint Rouleaux, dann nicht, weil er eine österreichische Welt beschreibt, sondern weil er ein Musterbeispiel ist für den von William M. Johnston als typisch für einige der wichtigsten österreichischen Philosophen (Mauthner, Mach, Wittgenstein) und Autoren (Stifter, Kraus, Schnitzler) beanspruchten »therapeutischen Nihilismus«[16]. Johnston diagnostiziert – so referiert Rouleaux – bei vielen österreichischen Philosophen und Dichtern eine merkwürdige Art von Nihilismus. Einen Nihilismus, der nicht einseitig negativ gedeutet werden sollte, sondern eben als notwendige Voraussetzung für einen Neuanfang: erst wenn man radikal mit dem Alten gebrochen habe, sei Raum für das Neue geschaffen. In dieser Tradition stehe Bernhard, und eben das – muß der Leser der Kritik wohl schließen – mache ihn für die Leser der ganzen Welt interessant.

Thomas Bernhards Prosa in der niederländischen Literaturwissenschaft: Themen und Fragestellungen

Wenn am Schluß dieses Aufsatzes kurz über das literaturwissenschaftliche Interesse niederländischer Germanisten an Bernhards Prosa berichtet wird, soll weder der Eindruck erweckt werden, daß es in den Niederlanden eine eigenständige Bernhard-Forschung gäbe, noch, daß eine Verbindung zwischen diesen Forschungsaktivitäten und der niederländischen Literaturkritik, geschweige denn der Rezeption durch das niederländische Lesepublikum bestünde. Abgesehen von den regelmäßigen Rezensionen in dem Referatenorgan deutschsprachiger Neuerscheinungen in *Het Duitse Boek / Deutsche Bücher*, in denen die Germanisten Hupperetz und van Ingen die

Fachkollegen mit wichtigen Prosawerken Bernhards und Literatur über Bernhard bekannt machten, erschienen über seine Prosa nur einige vereinzelte, thematisch sehr unterschiedliche Aufsätze in nicht weniger unterschiedlichen Zeitschriften und Sammelwerken. Es kann nicht die Aufgabe dieses Beitrags sein, die Ergebnisse dieser Arbeiten kritisch darzustellen. Dies könnte nur in den jeweiligen wissenschaftlichen Kontexten, in denen sie funktionieren, sinnvoll geschehen. Die Publikationen, welche hier in einigen kurzen charakteristischen Zitaten oder zusammenfassenden Sätzen vorgestellt werden, lassen sich aber sehr wohl nach ihren Fragestellungen und somit nach ihrem Erkenntnisinteresse unterscheiden:

Autobiographie und Fiktion
Röntgen (1980) findet in der – bis 1980 – dreiteiligen Autobiographie einen Themenkomplex, der auch deutlich im fiktionalen Werk präsent ist: Selbstmord, Krankheit und Verkrüppelung, der einsame Intellektuelle, die Existenzfrage, die Musik und das Problem der Objektivität. Anhand einer näheren Bestimmung dieses Themenkomplexes[17] versucht er zu beweisen, daß Bernhards fiktionales Werk autobiographische Züge enthält und daß der Autor zu dem Schriftstellertyp gehört, der, dem niederländischen Prosaerzähler Maarten 't Hart zufolge, »schreibt, um das eigene Ich besser zu verstehen, dem Autorentyp, der sich selbst untersucht und subjektiviert«[18].

Licher (1993)[19] behandelt die intermediäre Funktion autobiographischen Erzählens anhand einer Analyse von Bernhards *Ein Kind.* Die Autobiographie stellt seiner Ansicht nach bei Bernhard eine ästhetische und narrative Vermittlung zwischen dem realen Leben des Autors und dem Leben seiner fiktiven Gestalten her. Sie vermittelt darüber hinaus zwischen Autor und Leser und vereinbart für diesen die publizistische und personale Identität des Autors.

Interpretation aus psychoanalytischer Sicht
Schönau (1976) »verbindet« – so die dem Aufsatz in der Zeitschrift *Psyche* vorangestellte Zusammenfassung – »Rezeptionstheorie und Psychoanalyse in der Deutung dreier Kurzgeschichten *(Ereignisse)* von Thomas Bernhard. Indem er den Inhalt der kleinen Erzählungen als grauenvoll-lustvollen Appel an unbewußte Wünsche der Leser und ihre Form als Abwehr-Analogon auffaßt, kann er zeigen, wie an den rätselhaften ›Leerstellen‹ der Texte die Rezeptionsarbeit der Leser eingreift«[20]. In diesem Artikel demonstriert

der Verfasser an den Texten *Der Kassierer*, *Der Großgrundbesitzer* und *Der Streckenarbeiter*, daß eine psychoanalytisch orientierte Rezeptionsforschung sich sehr sinnvoll für eine Interpretation der Prosawerke Bernhards einsetzen läßt.

Bernhards Prosawerke als Denkoperationen

Van Ingen (1982) versucht in seinem Beitrag zu einem Sammelband der *Amsterdamer Beiträge* über die österreichische Erzählliteratur der Gegenwart »die Eigenart der Bernhardschen Denkoperationen in ihren Bestandteilen zu analysieren und in ihrer Eigenbewegung zu bestimmen«[21]. »Es handelt sich bei Bernhards Denkenden«, so meint van Ingen, »um Denkexperimente, die bis an die Grenze des Wahnsinns führen (gelegentlich auch darüber hinaus) und jäh abgebrochen werden müssen, um Geistesarbeiten, die infolge ihrer absurden und tödlichen Konsequenzen nicht zu Ende geschrieben werden können oder durch ständige Korrekturen ihren Sinn verloren haben bzw. ihren endgültigen Sinn erst dann erhalten, wenn das denkende Subjekt sich selber korrigiert, d. h. umgebracht hat.«[22]

Der Prosaist Bernhard: Modernist oder Postmodernist?

In ihrem Vortrag vor dem Internationalen Germanisten-Kongreß 1985 stellte Elrud Ibsch die Frage, ob die Gegenüberstellung von Modernismus und Postmodernismus einem Verhältnis von Kontinuität oder von Diskontinuität entspricht. Sie entscheidet sich aufgrund der kompatiblen erkenntnistheoretischen Positionen für ein kontinuierliches Verhältnis und versucht diese Entscheidung in einer Gegenüberstellung von Musils *Mann ohne Eigenschaften* und Bernhards *Korrektur* in der Ausarbeitung folgender Thesen plausibel zu machen:

Im Roman *Korrektur* tritt in der Konfrontation mit *Der Mann ohne Eigenschaften* die radikalisierte epistemologische Position, die typisch für den Postmodernismus wird, auf folgende Weise in Erscheinung.
1. Im Übergang von der *Hypothese* zur *Widerlegung*. [...]
2. Im Übergang von Begründungs*zusammenhängen* zu Begründungs*fragmenten*. [...]
3. Im Übergang vom großangelegten sozialen Diskurs, bei dem eine Vielzahl von Perspektiven sichtbar wird, zur monologischen Erzählweise und Monoperspektive.
4. Im Übergang von der Mitreflexion der Grenzen des Erkennbaren zur Aussparung dieser Dimension.[23]

Das Problem des Wirklichkeitsbezugs von Bernhards Österreichbild

Einen interessanten Beitrag zur Diskussion über Wirklichkeitsbezug und Österreichbild in Bernhards Prosawerk stellt van Ingens Untersuchung (1989) der Funktion seiner Schauplätze dar. Der Aufsatz »basiert auf der Voraussetzung, daß den Schauplätzen in Bernhards Werk eine eminente Bedeutung als Kunstmittel zukommt und zweitens, daß ihr Realitätscharakter außerhalb der fiktionalen Welt ein scheinbarer ist, so daß der Bezug zur gelebten Realität nicht unvermittelt erfolgen kann«[24]. »Der einsame Ort, der *locus desolatus*, ist in allen Fällen bei Bernhard ein Denk-Ort, ein *locus meditationis*, der unabhängig von seiner tatsächlichen geographischen Lage die Komponenten aufweist, die Landschaft und Ort der Meditation von altersher ihr typisches Gepräge geben. Deshalb [...] ist der Handlungsraum in Bernhards Prosawerken nicht in erster Linie als negativer Ausdruck real-gesellschaftlicher Erfahrungen zu bestimmen, sondern vor dem Hintergrund der *solitudo*-Motivik zu betrachten.«[25]

Am Schluß seines Beitrags reagiert van Ingen unter anderem auf Ibsch (1986): »Folgt man dem Modernismuskonzept mit dem streng perspektivierten, intellektualistischen Hypotheseverfahren, so ist Bernhards Werk dessen extreme Radikalisierung; aus anderer Optik mag sich der Postmodernismus als literaturhistorischer Referenzrahmen anbieten. Übergänge zwischen Kontinuität und Diskontinuität sind auch für Bernhards Prosawerk charakteristisch; es ist eine originäre Fortführung des österreichischen Romans seit Robert Musils *Der Mann ohne Eigenschaften*, dessen Diskussion erkenntnistheoretischer Positionen den Höhepunkt des modernistischen Romans in Österreich auf charakteristische Weise eingefärbt hat.«[26]

So wird in den Niederlanden dem leider noch zu wenig gelesenen Erzähler Thomas Bernhard wenigstens von einem Kritiker und zwei Literaturwissenschaftlern der ihm gebührende Platz in der großen Tradition der österreichischen Moderne und ihrer Fortführungen zugewiesen. Ob er von dieser Position aus in Zukunft eine größere Zahl von niederländischen Lesern erreichen wird, bleibt abzuwarten.

Anmerkungen

[1] Die Übersetzer sind: Hans W. Bakx (De kalkfabriek, De oorzaak), Gerrit Bussink (De neef van Wittgenstein, Op de hoogte), Thomas Graftdijk/Hans W. Bakx (De stemmenimitator), Thomas Graftdijk (Amras, Oude meesters, Vorst), Jacob Groot (De vertellingen), P. D. J. Klinkenberg (Een kind).

[2] Ohne Vollständigkeit beanspruchen zu wollen, zeigt folgende Übersicht die wichtigsten kritischen Besprechungen (in Summe: 48) einzelner Prosawerke Thomas Bernhards in niederländischen Wochen- und Tageszeitungen und Informationsblättern der öffentlichen Bibliotheken:

Zahl	Jahr	Datum	Zeitung	Rezensent	Werke
1	1964	02. Mai	De Tijd	J. Maassen	Frost
1	1965	31. Juli	De Tijd	J. Maassen	Frost
0	1966–1968				
1	1969	05. Juni	Vereniging Openbare Bibliotheken	W. J. Caljouw	An der Baumgrenze
0	1970				
1	1971	17. April	De Groene Amsterdammer	W. D. Tieges	Kalkwerk
1	1972	Jan./Febr.	Student	T. Zijlstra	Prosawerke Übersicht 1963–1972
0	1973–1974				
2	1975	13. Juni	NRC Handelsblad	H. W. Bakx	Frost, Verstörung, Kalkwerk
		11. Okt.	Het Vaderland	A. Mathijsse	Prosawerke
1	1976	02. April	NRC Handelsblad	H. W. Bakx	Korrektur*
7	1977		Ver. Op. Bibl.	G. Weyers	De oorzaak
		07. Mai	Het Vrije Volk	B. Maandag	De oorzaak
		21. Mai	Vrij Nederland	N. Matsier	De oorzaak
		28. Mai	Trouw	J. van Doorne	De oorzaak
		22. Juni	De Groene Amsterdammer	J. F. Vogelaar	De oorzaak
		25. Juni	Het Vaderland	A. Matthijsse	De oorzaak
		05. Aug.	De Tijd	W. de Moor	De oorzaak
5	1978	07. Jan.	Trouw	J. van Doorne	Kalkfabriek
		10. Febr.	Het Vaderland	A. Matthijsse	Kalkfabriek
		29. März	De Groene Amsterdammer	J. F. Vogelaar	Kalkfabriek
		01. April	Het Parool	M. Mooij	Kalkfabriek
		06. Mai	Haarlems Dagblad	H. van Vlijmen	Kalkfabriek
1	1979	12. Jan.	NRC Handelsblad	W. Hansen	Ja, Stimmenimitator, Atem
4	1980	07. März	NRC Handelsblad	W. Hansen	Die Erzählungen
			Het Parool	M. Mooij	Die Erzählungen
		12. April	Het Vaderland	A. Matthijsse	Die Erzählungen
		12. Sept.	NRC Handelsblad	W. Hansen	Billigesser
1	1981	10. April	NRC Handelsblad	W. Hansen	Die Kälte

Zahl	Jahr	Datum	Zeitung	Rezensent	Werke
3	1982	18. Juni	De Tijd	A. Matthijsse	Vorst
		02. Juli	De Volkskrant	A. H. den Boef	Stemmenimitator, Vorst, Ein Kind
		03. Sept.	De Volkskrant	A. H. den Boef	Beton
3	1983	29. Jan.	Elsevier	J-L. de Rambures/ W. Zaal	Beton, Wittgensteins Neffe
		29. April	De Volkskrant	L. Tuinderman	Wittgensteins Neffe
		24. Dez.	Vrij Nederland	W. Rouleaux	Untergeher, Beton, Wittgensteins Neffe
4	1984	20. Jan.	NRC Handelsblad	C. O. Jellema	Untergeher
		22. Sept.	Vrij Nederland	W. Rouleaux	Holzfällen
		03. Okt.	NRC Handelsblad	L. Swennen	Holzfällen
		05. Okt.	De Volkskrant	A. H. den Boef	Holzfällen
6	1985	19. Jan.	Hervormd Nederland	P. de Moor	Holzfällen
		08. Febr.	NRC Handelsblad	K. Freriks	Holzfällen, Een kind
		15. Febr.	Haagsche Courant	W. Bruring	Een kind
		23. Aug.	NRC Handelsblad	K. Freriks	Alte Meister
		12. Sept.	NRC Handelsblad	W. Hansen	Billigesser
		09. Nov.	Vrij Nederland	W. Rouleaux	Alte Meister
2	1986	08. Nov.	Vrij Nederland	W. Rouleaux	Auslöschung
		13. Dez.	Hervormd Nederland	P. de Moor	Auslöschung
0	1987				
1	1988	09. Nov.	De Groene Amsterdammer	A. H. den Boef	Auslöschung
0	1989–1990				
2	1991	01. März	Nieuwsblad van het Noorden	P. Blom	Oude meesters
		12. April	De Volkskrant	O. van Weerdenburg	Oude meesters
1	1992	27. März	De Volkskrant	O. van Weerdenberg	De neef van W.

* Am 31. Januar 1976 veröffentlichte Hans Bakx in »Vrij Nederland« auch ein Interview mit Thomas Bernhard, in dem der Autor unter anderem ziemlich ausführlich auf seine Fragen zu »Korrektur« eingeht.

[3] Schönau, Walter: Thomas Bernhards »Ereignisse« oder die Wiederkehr des Verdrängten. Eine psychoanalytische Interpretation. In: Psyche 3, 1976, S. 254–267. Auch in: Bormann, Alexander von (Hg.): Wissen aus Erfahrung. Werkbegriff und Interpretation heute. Fs. für Herman Meyer zum 65. Geburtstag. Tübingen 1976, S. 829–844.

[4] Röntgen, Julius: Autobiographie und Dichtung. Ihr Wechselspiel bei Thomas Bernhard. In: Duitse Kroniek 1980, S. 14–34.

[5] Van Ingen, Ferdinand: Denk-Übungen. Zum Prosawerk Thomas Bernhards. In: Amsterdamer Beiträge zur neueren Germanistik, Band 14, 1982, S. 37–86.

[6] Ibsch, Elrud: Von Hypothese zu Korrektur. Die Widerlegung als Denk- und Gestaltungsprinzip in Thomas Bernhards »Korrektur«. In: Schöne, Albrecht (Hg.): Kontroversen, alte und neue. Akten des VII. Internationalen Germanisten-Kongresses Göttingen 1985. Band 10, Tübingen 1986, S. 186–191.

[7] Van Ingen: Der »einsame Ort« in Thomas Bernhards Prosawerk. In: Zeman, Herbert (Hg.): Die österreichische Literatur. Ihr Profil von der Jahrhundertwende bis zur Gegenwart (1880–1980). Teil 2, Graz 1989, S. 1141–1166.

[8] Licher, Edmund: Het kind van Thomas Bernhard. De integriteit van een autobiografisch verteller. In: Feit en Fictie 3, 1993, S. 103–120.

[9] Vgl. u. a. Tuk, Cees: »Ik ben niet van plan om van ›Heimweh‹ te sterven«. Receptie van Duitse gedichten in de bovenbouw van het voortgezet onderwijs. In: Andringa, Els, Schram, Dick (Hg.): Literatuur in functie. Empirische literatuurwetenschap in didactisch perspectief. Houten 1990, S. 154–174. Zur empirischen Untersuchung der Rezeption deutscher literarischer Texte bei niederländischen Lesern vgl. auch Licher: Fotogrammen van Bertolt Brecht, bekeken na vijftig jaar. In: Andringa, Schram (Hg.): Literatuur in functie. Empirische literatuurwetenschap in didactisch perspectief. Houten 1990, S.111–153.

[10] Tieges, Wouter in: Vrij Nederland, boekenbijlage 1980, zitiert nach Rouleaux, Wil: Een monomaan die zich af en toe met het leven verzoent. De nieuwe ontwikkeling in het werk van Thomas Bernhard. In: Vrij Nederland, 24. 12. 1983. Tieges, der schon am 17. 4. 71 »Das Kalkwerk« rezensiert hatte, schreibt übrigens an dieser und anderer Stelle sehr viel nuancierter über Bernhard. Negative Urteile geben auch J. W. Otten und Ethel Portnoy in Vrij Nederland ab. Der Rezensent der protestantischen Tageszeitung Trouw (7. 1. 1978), J. van Doorne, wirft dem Autor des Buches »Das Kalkwerk« vor allem wegen der seiner Ansicht nach mangelhaften Konstruktion der Geschichte Unglaubwürdigkeit vor. Er betrachtet das Werk als zur Gänze mißlungen (De Kalkfabriek. Een integraal mislukt boek). Auch »Die Ursache« liest er, wenn auch mit mehr Vergnügen, mit großer Reserve (Scheldkanonnade op Salzburg. In: Trouw, 28. 05. 1977).

[11] Vgl. Tieges: Thomas Bernhard: »Das Kalkwerk«. De noodzakelijke aftakeling van een bezeten kluizenaar. In: De Groene Amsterdammer, 17. 4. 1971. In Dittmar, Jens (Hg.): Thomas Bernhard. Werkgeschichte. Frankfurt/M. 1981, S. 267, erscheint der Artikel unter dem wohl unbeabsichtigt-komisch falschen Titel »De noodzakelijke aftakeling van een beze*k*en kluize*nar*« (Hervorhebungen von E. L.).

[12] Vgl. Van Esterik, Chris: Gesprekken met Thomas Bernhard. Een ontwapenende mensenhater. In: NRC Handelsblad, 16. 12. 1988. Rezension Hofmann, Kurt (1988): Aus Gesprächen mit Thomas Bernhard.

[13] Vgl. u. a. Rouleaux, Wil: Een zwartkijker met zelfspot. In: Vrij Nederland, 8. 11. 1986.

[14] Vgl. Bakx, Hans W.: Het gekwelde denken. In: NRC Handelsblad, 2. 4. 1976.

[15] Vgl. Hansen, W.: Het absolute pessimisme van Thomas Bernhard. Wandelen en eindeloos praten. In: NRC Handelsblad, 12. 1. 1979.

[16] Johnston, William M.: The Austrian Mind, Berkeley 1972.

[17] Röntgen (1980), 22f.

[18] 't Hart (1978), S. 35f. 't Hart, Maarten: De som van misverstanden. Het lezen van boeken. Amsterdam: Synopsis/De Arbeiderspers 1978, S. 35f.

[19] Licher, Het kind ..., a. a. O.

[20] Schönau (Psyche, 1976), S. 252.

[21] Van Ingen (1982), S. 43.

[22] Ebda, 44f.

[23] Ibsch (1986), S. 187f.

[24] Van Ingen (1989), S. 1143.

[25] Ebda, S. 1158.

[26] Ebda, S. 1166.

Karel J. Hupperetz

Ein kleines, aber aufgeschlossenes Publikum
Die Rezeption der Stücke in den Niederlanden

Das Bild von der Rezeption der Werke Thomas Bernhards in den Niederlanden bleibt beschränkt und unvollständig, solange man nur die Rezeption der Prosatexte untersucht. Die m. E. wichtigste Form der Rezeption seines Werkes verlief nämlich hierzulande über das Theater. Fast alle Theaterstücke, mit nur wenigen Ausnahmen[1], wurden in einer oder mehreren Inszenierungen aufgeführt. Obwohl die Theaterkritik großes Interesse an diesen Inszenierungen zeigte, beschränkte sich die Rezeption auf die Theaterpraxis: Es gibt und gab in den Niederlanden kaum eine theoretische oder theaterwissenschaftliche Reflexion der Stücke oder Inszenierungen.

In diesem Aufsatz sollen die wichtigsten Inszenierungen (mit einigen kleinen Abweichungen) in der Reihenfolge ihrer Entstehung bzw. der Uraufführungen besprochen werden.

Dabei ergeben sich zwar geringfügige Verschiebungen im Vergleich zur deutschsprachigen Aufführungspraxis, aber so kann man in einer ersten Runde am ehesten ein Bild der Rezeption der Theaterstücke Thomas Bernhards vermitteln. Bei mehreren Inszenierungen desselben Bühnenwerkes soll kurz auf die unterschiedlichen Akzente der verschiedenen Aufführungen eingegangen werden.

Der Auftakt

Der Ignorant und der Wahnsinnige

Die erste Inszenierung eines Textes von Thomas Bernhard in den Niederlanden fand im Jahre 1973 statt. Gerardjan Rijnders brachte als Abschlußprojekt der Regieausbildung an der Theaterschule Amsterdam im Mickery-Theater eine Inszenierung von *De ignorant en de waanzinnige* (1973). Die Theaterkritik reagierte damals noch völlig verständnislos.[2] Rezensenten nannten es ein dummes, dünnes Stück, eine leere, undramatische Konstruktion, in der kaum ein Zusammenhang festzustellen sei. Man kannte ja zu diesem Zeitpunkt Bernhards Werk noch kaum, und daher war die

Ratlosigkeit der meisten Kritiker wohl verständlich. Die Inszenierung fußte auf äußeren Kontrasten, Stilisierung und Übertreibung. Bildhafte Details waren offenbar wichtiger als der Text selber.

Im September 1984 spielte Rijnders, mittlerweile Leiter der Gruppe Globe (Eindhoven), das Stück noch einmal unter dem Titel *De domkop en de gek*. Themen wie die Kultur als Misthaufen, Theater und Oper als Hölle wurden in dieser perfekt gespielten Aufführung mit großer Präzision dargestellt.[3]

Die Macht der Gewohnheit

In einer kleinen Abweichung von der oben erwähnten Reihenfolge gehe ich zunächst auf die *Macht der Gewohnheit* ein. Auf Einladung der damaligen Leiterin des Stadstoneel Rotterdam, Josephine van Gasteren (1916-1989), inszenierte Ernst Wendt Anfang 1976 *De macht der gewoonte*. Es ist, soweit ich weiß, übrigens das einzige Mal gewesen, daß Thomas Bernhard die Niederlande besucht hat. Zufälligerweise spielte sich dieser Besuch in Rotterdam ab, in der Stadt also, in der er als kleines Kind einige Zeit verbracht hat, wie man in *Ein Kind* nachlesen kann (Ki 59ff.).

Nach der gelungenen Aufführung fand ein damals vielbesprochener Empfang statt, organisiert von Frau van Gasteren, dem österreichischen Konsulat und dem Goethe-Institut. Bernhard soll, wie Gerardjan Rijnders berichtete, bei dieser Gelegenheit gesagt haben: »Mit dieser Frau halte ich es kaum eine Stunde aus.« Tatsache ist, daß Bernhard in *Minetti* (1975/76) noch einmal auf diese Gelegenheit zurückgriff, indem er Minetti sagen läßt:

> Ein Zufall
> Eine Gastspielbesprechung
> Eine Dame aus Rotterdam
> mit einem fürchterlichen Schnupfen
> mit welcher ich meinen Auftritt
> in Rotterdam besprochen habe
> als Lear ... (St2 213)

Wichtiger als dieser kuriose Umstand ist die Rezension, die Gerardjan Rijnders damals in der niederländischen Theaterzeitschrift *Toneel Teatraal*[4] veröffentlichte. In ihr wurde anläßlich dieser stilisiert-realistischen Inszenierung zum ersten Mal auf die Bedeutung von Bernhards Stücken eingegangen. Bernhard sei derzeit der einzig wichtige Theaterautor, weil er in einer radikalen Form seine persönlichsten Erfahrungen ausdrücke. Seine Stücke seien Varianten auf ein Thema: den wahnsinnigen Versuch zu überleben. Rijnders verwies auf Kleists Aufsatz *Über das Marionettentheater*: Der Mensch könne den paradiesischen Zustand nur zurückerobern, indem er sein Bewußtsein vollkommen beherrscht, sein Denken perfektioniert. Bernhards Werk führe den Zwang zu jener mechanischen Perfektion vor, die man nur in der Kunst erreichen könne (vgl. die Rachearie, das Forellenquintett). Seine Figuren befinden sich in einer paranoiden Situation, in der der Einzelne gegen die Umwelt um Ruhe und Stille kämpft, das Denken als Lebensform dargestellt wird. Die sorgfältig konstruierten Metaphern der *Macht der Gewohnheit* erfordern vom Schauspieler eine fast unmenschliche Konzentration, eine utopische Marionettenexistenz im Sinne Kleists. Diese beiden Inszenierungen bildeten jedoch nur den Auftakt einer Rezeption, die erst in den achtziger Jahren wirklich in Gang kam.

De macht der gewoonte wurde in den achtziger Jahren noch zweimal gespielt. Ende 1982 von der belgischen Gruppe De mannen van de Dam[5], und März 1986 durch De Voorziening (Groningen), in der Regie von Lidwien Roothaan. Es war bisher der einzige Versuch von Lidwien Roothaan mit Thomas Bernhard; sie verstand ihn als Herausforderung, die künstliche Sprache dieser Komödie glaubwürdig zu spielen. Die Aufführung versuchte die Partitur des Textes in aller Klarheit, teils realistisch, teils stilisiert, zwischen Ernst und Humor balancierend auf die Bühne zu bringen.[6]

Die Jagdgesellschaft

Die Theatertruppe Baal spielte in der Theatersaison 1980/81 gleich drei Stücke von Bernhard: am 8. November 1980 *Het Jachtgezelschap* (Regie Lodewijk de Boer), am 12. Dezember 1980 *De Wereldverbeteraar* (Regie Leonard Frank) und am 2. Mai 1981 *Voor het pensioen* (Regie Leonard Frank). Diese 1973 gegründete Truppe, die die Niederländer mit mehreren deutschsprachigen Autoren wie Bert Brecht, Arnolt Bronnen, Peter Handke, Botho Strauß und Ernst Jandl bekanntmachte, hatte auf die Bernhard-Rezeption einen nachhaltigen Einfluß. Die Stücke wurden in ihrem – damals provisorischen – Theater, dem Y-Tunnel-Theater in der Nähe des Waterlooplein, inszeniert; aufgrund von Heizungsproblemen wurde etwas von der eisigen Kälte der *Jagdgesellschaft* auch physisch spürbar.

Het Jachtgezelschap bildete den Auftakt zu dieser Bernhard-Saison. Man spielte nicht nur den Text, sondern untersuchte auch den Raum, schuf eigens ein Environment für dieses Stück, in dem das Publikum auf drei verschiedene Bereiche verteilt wurde. Auch damals gab es noch einzelne Rezensenten, die Bernhards Pessimismus, seine Stücke ohne Handlung oder Intrige, die Kontaktlosigkeit der monologisierenden Figuren nicht verstanden und vorhersagten, daß wir in einigen Jahren seinen Namen völlig vergessen haben würden.[7]

Gerardjan Rijnders, mittlerweile künstlerischer Leiter der Theatergruppe Amsterdam, inszenierte im Februar 1991 die *Jagdgesellschaft* in einer sehr persönlichen Interpretation. Die Schauspieler trugen Masken, die an Francis Bacon erinnerten, und spielten wie Marionetten kunst- und bewegungslos den eisigen Text. Auffällig bei dieser Inszenierung war vor allem auch das Bühnenbild von Paul Gallis, das dem Spiel zwischen Außenwelt und Innenwelt einen zusätzlichen Akzent verlieh.[8]

Der Weltverbesserer

De Wereldverbeteraar (12. 12. 1980) war die erste Bernhard-Regie von Leonard Frank, der dann im Lauf der Jahre mit weiteren Bernhard-Inszenierungen hervorgetreten ist. Ein junger Schauspieler spielte auf einem Thron sitzend die Rolle des Weltverbesserers. Er stellte ihn als einen Querulanten dar, der sich selber, die Umgebung und das Publikum zum Narren hält.[9]

Im November 1981 führte die flämische Theatergruppe Arca-Theater Gent in der Regie von Walter Tillemans ebenfalls den *Weltverbesserer* auf. In einer nicht-realistischen Szenographie entstand eine humorvolle Interpretation des Textes, in dem Bernhard vor allem als Philosoph hervortritt, der Einsichten und Erkenntnisse vermittelt. Logik und Gesetzmäßigkeit korrespondierten mit der musikalischen Struktur des Textes und des Spiels.[10] Eine weitere sehr persönlich interpretierte Aufführung dieses Stücks fand im Juni 1990 in der Regie von Harrie Hageman (Stichting Wereldpremieres) statt. Es handelte sich um eine Komposition mit den Mitteln der Sprache, der Bewegung und bildhafter Elemente. Vier Darsteller des Weltverbesserers teilten sich die langen Monologe im Rhythmus der Worte auf.[11]

Vor dem Ruhestand
Als letzte der drei Bernhard-Inszenierungen durch die Gruppe Baal wurde *Voor het pensioen* gespielt, ein Stück, das in den Niederlanden auf besonderes Interesse stieß: die Psychopathologie des Nationalsozialismus, das Problem der unbewältigten Vergangenheit. In dieser Inszenierung wurde ein eindrucksvolles Bild der Familie Höller – Rudolf, Vera und Clara – vorgeführt. Der Theaterraum war so eingerichtet, daß das Publikum sich dem furchterregenden Ritual nicht entziehen konnte. Die Zuschauer saßen direkt an der Spielfläche, die sich in der Längsachse durch den Raum zog.[12]

Im Juni 1981 gastierte die Bochumer Claus-Peymann-Inszenierung von *Vor dem Ruhestand* in den Niederlanden, genau in der Zeit also, in der Peymann Stuttgart verlassen hatte; natürlich bot diese Inszenierung die Möglichkeit eines Vergleichs beider Aufführungen.[13] Im März 1982 folgte eine weitere Aufführung dieses Stücks durch Toneelgroep Theater in der Regie von Ger Thijs – eine Inszenierung, die die Zuschauer durch ihre sorgfältige Regie beeindruckte.[14]

Von dieser Saison (1980/81) an war Thomas Bernhard kein Geheimtip, kein Autor für Eingeweihte mehr; seine Theaterstücke erreichten nun ein größeres Publikum. Dies beweist auch die Tatsache, daß nach den drei von der Gruppe Baal inszenierten Stücken mehrere weitere Aufführungen folgten. Fast in direktem Anschluß daran folgte in Den Haag im Februar 1982 eine Thomas-Bernhard-Woche im HOT-Theater. Neben den Bochumer Inszenierungen waren während dieser Woche auch niederländische und flämische Theatergruppen vertreten. Arca, Gent, spielte den *Weltverbesserer*, Malpertuis, Tielt, *Minetti* und das Onafhankelijk Toneel *Am Ziel* (*Wederom*).[15]

Weitere Aufführungen
Wir kehren nun wieder zur Reihenfolge der Entstehung von Bernhards Stücken zurück. *Der Präsident* (1975) wurde in den Niederlanden 1985 als Abschiedsvorstellung der Gruppe De Nieuwe Komedie gespielt, die 1955 in Den Haag gegründet worden war. Ton Lutz führte Regie und spielte zur gleichen Zeit eine Rolle in *Der Schein trügt* (im Publiekstheater). Es war eine bissig-aggressive Inszenierung, und zwar nicht nur auf der Bühne zwischen den Figuren, sondern auch in ihrer Ausrichtung auf die Zuschau-

er. Die langen Monologe wurden abwechselnd ruhig und outriert, resigniert und aggressiv präsentiert, so daß die virtuose Sprache mit all ihren Nuancen zur Geltung kam.[16]

Henri van Zanten, der mehrere Aufführungen von Bernhards Texten leitete, brachte den *Präsidenten* im Februar 1991 ein weiteres Mal auf die Bühne.[17]

Minetti (1975) wurde zum ersten Mal im HOT-Theater (Den Haag) während der Thomas-Bernhard-Woche im Februar 1982 aufgeführt. Jo Gevers, ein Mitglied der belgischen Gruppe Malpertuis, spielte die schwierige Titelrolle. Für die Flamen war wohl durch den Spielort des Stückes, Oostende, eine besondere Beziehung zu diesem Text gegeben.[18]

Im April 1988 wurde *Minetti* von der Truppe HO-HO in der Regie von Christophe van der Lee und im Mai 1989 von einer anderen kleinen Gruppe, Theatergroep Den Haag, in der Regie von Arda Brokmann aufgeführt. Im September 1990 folgte die Inszenierung Leon van der Sandens bei Het Vervolg, Maastricht. Es war eher die Angst als die Wut dieses monomanen Schauspielers, die hier hervorgehoben wurde. Das Stück wurde realistisch aufgefaßt, und die Beziehungen zwischen Minetti und Lear bzw. der Dame und dem Mädchen wurden mit einer gewissen Distanz zur Rolle gespielt.[19]

Über allen Gipfeln ist Ruh, Bernhards Beitrag zum Goethe-Jahr, war in den Niederlanden als Eröffnungsvorstellung des kleinen Saals in der Schouwburg in Amsterdam geplant. Weil die Bochumer Uraufführung auf Juni/Juli 1982 verschoben wurde, kam die Inszenierung allerdings erst in der Saison 1982/83 zustande. Het Publiekstheater spielte das Stück in der Regie von Karst Woudstra, auf einer dreieckigen Spielfläche mit einer Tür, die nicht benutzt wurde.[20]

Neue Wege der Bernhard-Rezeption

Eine zweite Theatergruppe, die sich um die Bernhard-Rezeption verdient gemacht hat, ist Het Onafhankelijk Toneel (Rotterdam) und die aus ihr hervorgegangene Gruppe Maatschappij Discordia (Amsterdam). Im Januar 1982 spielten die drei Hauptdarsteller dieser Gruppe, Jan Joris Lamers, Titus Muizelaar und Matthias de Koning *Am Ziel* (*Wederom*). Das Stück, dessen Handlung zum größten Teil in den Niederlanden, in der Stadt

Katwijk am Meer, spielt, ist in den Niederlanden mehrfach inszeniert worden.

Die Theatergruppe Discordia hat im Gegensatz zu den bisherigen, eher realistisch-stilisierten Inszenierungen aufgrund ihrer spezifischen Arbeitsweise die formalen Möglichkeiten der Bernhard-Texte aufgedeckt: Spiel im Spiel, Rollentausch (J. J. Lamers spielte in *Am Ziel* die Tochter, Titus Muizelaar die Mutter), Doppeldeutigkeit, Verfremdung, Abstraktion und Statik sind charakteristische Merkmale der Arbeiten dieser Truppe. Die von Bernhards Texten vorgegebene Faszination für Kunst und Theater tritt als immanentes Thema hinzu. Bernhards Eigenanalyse in den Texten wird hier in eine Selbstanalyse umgesetzt, die durch das Spiel nachvollzogen wird.[21] Fast in direktem Anschluß an diese erste Inszenierung spielte das Bochumer Ensemble in Peymanns Regie *Am Ziel* im Februar 1982 in den Niederlanden. Diese Inszenierung fand im Rahmen der schon erwähnten Bernhard-Woche in Den Haag statt. Die Bochumer führten dort auch einige der Minidramen (Dramolette) auf.[22]

Am Ziel wurde im Oktober 1989 unter dem Titel *De Plaats van Bestemming* in der Regie von Mark Timmer (Theatergruppe De Appel, Den Haag) noch einmal inszeniert. Hier handelte es sich eher um ästhetisches Zimmertheater, eine für diese Gruppe ganz ungewöhnliche Inszenierung.[23]

Übrigens wurde im September 1983 in einer niederländischen Zeitung berichtet, Thomas Bernhard habe vor, eigens für Discordia ein Stück zu schreiben, das am Holland Festival 1984 uraufgeführt werden sollte.

Der Schein trügt wurde 1984 gleichzeitig in Bochum und von Maatschappij Discordia inszeniert. Es ist eines der seltenen Stücke von Bernhard, in dem die Hauptfiguren einander die Waage halten, obwohl beide, Karl und Robert, Monologkünstler sind. Der Zirkusartist und der Schauspieler treten hier im Rahmen eines komischen Konversationsstücks auf, in dem sie einander einen subtilen Machtkampf liefern. Bernhards »minimal-art theatre« wurde bei dieser Aufführung in Formen des »minimal acting« umgesetzt.[24] Discordia brachte 1989 übrigens eine Neuinszenierung dieses Textes.

1985 spielte das Publiekstheater *Schijn bedriegt* in der Regie von Ger Thijs. Im Gegensatz zu Discordia und seinen jungen Schauspielern wurden die Rollen der Brüder Karl und Robert hier von zwei niederländischen »alten Meistern«, Ton Lutz und John Kraaykamp, gespielt, mit einem milden, an großes Schauspielertheater erinnernden Humor.

Im selben Jahr wurde *Schijn bedriegt* in der Regie von Alfons Goris auch im Arca-Theater, Gent, aufgeführt.[25]

Der Theatermacher (*De Toneelmaker*) war in den Niederlanden bisher gleich viermal zu sehen. Die erste Inszenierung fand bei Globe (Eindhoven) im Jahre 1985 statt. Der Regisseur, Theu Boermans, war durch die Krankheit eines Schauspielers (Gerard Thoolen) gezwungen, die Titelrolle selber zu spielen, was ihm große Anerkennung einbrachte.[26]

Im August 1987 veröffentlichte Thomas Bernhard seinen berühmten Brief an Claus Peymann, in dem er ihn auffordert, auf eine Aufführung des *Theatermachers* bei den Europalia 1987 in Brüssel zu verzichten. Er hatte ursprünglich geglaubt, daß die Organisation dieser großen Kulturveranstaltung ausschließlich in belgischen Händen liege, bis sich herausstellte, daß der österreichische Staat Mitveranstalter war. Der Brief mit seiner Theatermacher-ähnlichen Schimpftirade wurde in einer niederländischen Zeitung ausführlich zitiert.[27] Auf diesem Festival trat dann nur Bernhard Minetti mit *Einfach kompliziert* auf; das Stück wurde im März 1988 im Rahmen einer Karl-Kraus-Veranstaltung von einer Amateurgruppe, der Handke-Weiss-gezelschap, in der Regie von Klemens Wannenmacher sowie, ab September 1991, von der Theatergroep Den Haag (Nirav Christophe und Jacques Peeters) aufgeführt.

1988 spielte die belgische Gruppe Malpertuis *De Theatermaker* in der Regie von Karst Woudstra. Nach sechs Aufführungen war die Inszenierung durchgefallen und konnte erst nach langer Unterbrechung wieder ins Repertoire aufgenommen werden.[28]

Im Juni 1991 spielte Discordia als ihre bisher letzte Bernhard-Inszenierung den *Theatermacher* (*Het Rad van de geschiedenis*). Bruscons Komödie gab dieser Aufführung den Titel, und Jan Joris Lamers spielte wieder einmal eine brillante Rolle als Theatermacher, wobei er mit unterschiedlichen Spielweisen experimentierte: aus dem Textbuch nüchtern vorlesend bis zur Verve eines Schauspielers der Comédie Française.[29]

Als merkwürdigste Bernhard-Inszenierung ist wohl die Initiative des Theaterkollektivs ELS (Amsterdam) zu bezeichnen. Ab 4. Februar 1992 führte Thijs Bayens mit etwa 100 Gastschauspielern für die Nebenrollen den *Theatermacher* in einer ständig wechselnden Inszenierung auf. Unter der Regie von Mart-Jan Zegers sollten etwa 40 verschiedene Versionen des Textes entstehen. Dieses Ziel wurde zwar nicht ganz erreicht, das Stück war aber zwischen Februar und Juni allwöchentlich am Theater de Balie zu sehen.[30]

Bernhards Spätwerk

1986 spielte Discordia *Ritter, Dene, Voss* in einer Inszenierung, in der wieder einmal die spezifische Spiel- und Arbeitsweise dieser Theatergruppe deutlich wurde. Erneut wurde ein Text von Bernhard benutzt, um über das Schauspielen selbst nachzudenken. Text und Handlung, Dialog und Mise-en-scène wurden entkoppelt. Jan Joris Lamers las Texte, die am Boden lagen, so daß eine probenähnliche Atmosphäre entstand. Diese Inszenierung wurde übrigens beim ersten niederländischen Theatertreffen mit einem Preis gekrönt.[31]

Im Dezember 1987 wurden *De Worringers* von Henri van Zanten am Krochttheater inszeniert, und im März 1991 wurde eine weitere Version geboten, bei der es sich eher um eine Bearbeitung handelte; höchstens 30 Prozent des Textes wurden gespielt.[32]

Im April 1988 inszenierte Karst Woudstra mit der flämischen Gruppe De Korrekelder (Brügge) *Ritter, Dene, Voss* in einem streng realistisch-psychologischen Stil. Text und Handlung verschmolzen hier im großen Gegensatz zu Discordia zu einer monumentalen Einheit. Woudstra, der niederländische Norén-Spezialist, stellte Bernhard in die schwedische Strindberg-Tradition einer intensivierten Form der Realität.[33]

Ende 1988 gab es noch eine weitere Inszenierung am Nationaal Toneel (Den Haag) in der Regie von Leonard Frank, der nach langer Zeit wieder eine Bernhard-Aufführung begleitete. In seiner riesigen Szenographie vermißten aber viele trotz ihrer Perfektion das Eindringliche der früheren Aufführungen.[34]

Für das Holland-Festival 1990 waren übrigens *Die Berühmten* geplant, die Aufführung kam aber nicht zustande. Also las Bernhard Minetti, genau wie 1988 in Brüssel bei den Europalia, noch einmal *Einfach kompliziert.* Dieses Stück, das Minetti als Geschenk zum 80. Geburtstag gewidmet ist, wurde hier als szenische Lesung präsentiert.[35]

Heldenplatz wurde in den Niederlanden zum ersten Mal in einer Bearbeitung von Henri van Zanten im Juni 1990 in Rotterdam aufgeführt.[36] Die große Aufführung fand September 1991 am Nationaal Toneel in der Regie von Leonard Frank statt. Sie wurde von der Presse als eine eindrucksvolle, monumentale Inszenierung gewürdigt.[37]

Einige Umwege der Rezeption

Die Bernhard-Rezeption in den Niederlanden ging jedoch über diese Theaterinszenierungen hinaus. Um 1980 gerieten drei Freunde, René Seegers, Leon de Winter und Jean van de Velde, in Bernhards Bann. Sie lasen seine Texte und kamen zur Überzeugung, daß sie sich dem Autor nur in einem Gespräch nähern könnten. So reisten sie eines Tages nach Ohlsdorf, um Bernhard um ein Interview zu bitten, was allerdings mißlang. Dieser erfolglose Versuch erbrachte immerhin einen Film und einen ausführlichen Bericht. Der Film wurde am 21. 12. 1980 vom niederländischen Fernsehsender VPRO ausgestrahlt, und der Bericht erschien in der Zeitung.[38] Die projizierte Einheit von Leben und Werk ließ sich also nicht herstellen, obwohl der Film aufgrund der autobiographischen Fakten und des Gesprächs mit Minetti noch immer ein interessantes Rezeptionsdokument darstellt.

Im September 1982 wurde in der Regie von Dea Koert, die 1973, bei der ersten Bernhard-Inszenierung die Rolle der Sängerin gespielt hatte, der Text »De Omweg« (Der Umweg) von Frouke Fokkema aufgeführt.[39] Dieser Text war das literarische Debüt von Frouke Fokkema. Er dokumentiert eine Begegnung mit Thomas Bernhard und analysiert zugleich Bernhards Werk aus einer spezifischen Sicht. Die Hauptfigur hat in Israel in einem Kibbuz gelebt und hütete später in den Pyrenäen ihre Ziegen. In dieser einsamen Situation las sie Bernhards *Weltverbesserer* und *Minetti* und vermeinte, ihren eigenen Vater zu hören. Sie entschließt sich, ihm zu schreiben und den von ihr bewunderten Autor aufzusuchen.

In einer komplizierten Struktur, die verschiedene Bedeutungsniveaus, Flash-backs und Monologe enthält, steht die nervöse Hauptfigur dem zynisch-schweigenden Autor gegenüber. Bewunderung und Enttäuschung, Liebe und Haßliebe wechseln einander ab, bis deutlich wird, daß der Mensch in seiner einzelgängerischen Isolation nur als ein in sich geschlossenes Wesen existieren kann.

Bernhards erster Roman *Frost* (1963) war in den Niederlanden erst 1982 bei De Arbeiderspers in der Übersetzung von Thomas Graftdijk erschienen. Kurz nach Bernhards Tod führte die Gruppe De Maatschap (Tilburg) nach einem Skript von Piet Jan Dusee in der Regie von Rene Jagers ein Stück mit dem Titel *Vorst* auf, bei dem es sich eher um eine Bild-Performance, eine autonome Interpretation des Textes handelte. In einer bildhaften Inszenierung mit langsam sich bewegenden Glasplatten dreht der Maler Strauch immer kleinere Runden, und es kommt zur Konfrontation mit einer Jura-Studentin.

Im Dezember 1986 wurde in einer niederländischen Zeitung über *Claus Peymann kauft sich eine Hose* berichtet. Peymann war gerade zum Burgtheaterdirektor ernannt worden. Auch dieser Text wurde in den Niederlanden gespielt, zum ersten Mal bei einer Thomas-Bernhard-Hommage in der Koninklijke Schouwburg in Den Haag.[40]

Im Mai 1989 führte Toneelgroep Amsterdam, die Truppe von Gerardjan Rijnders, diesen Text in der Regie von Kees Jan Hundling auf. Trotz der Besetzung mit Pierre Bokma als Peymann und Rik van Uffelen als Bernhard wurde das Dramolett als nicht gerade spannend empfunden. Wichtig ist der Text nur als Vorwegnahme von *Heldenplatz*, das zu diesem Zeitpunkt in den Niederlanden noch nicht aufgeführt worden war. Sogar Kuriosa wie Helmut Schödels Artikel »Wenn ihr nicht brav seid, kommt der Bernhard. Ohlsdorf nach dem Tod des Dichters. Eine Geisterstunde«[41] wurden ins Niederländische übersetzt und auch sofort veröffentlicht.[42]

Unmittelbar nach seinem Tod schien sich das Interesse an Bernhard auf sein Privatleben zu verlagern. Chris van Esterik veröffentlichte einen ganzseitigen Artikel über Bernhards tägliches Leben, über Dorfbewohner wie Ennsberger und Hennetmaier, den Gasthof Brandlhof der Familie Morth und Peter Fabjan.[43]

Im Juni 1990 wurde im Garten einer psychiatrischen Klinik in Utrecht *Drei Tage* in der Regie von Jan Zoet aufgeführt. Diese Inszenierung griff auf das dreitägige Kameragespräch in einem Park in Hamburg (1970) zurück. Zentrale Figur war Rik van Uffelen; es traten weibliche Wächter mit Bouviers auf, und ein Schlagzeuger sorgte für rhythmische Effekte.

Die eigenwillige Theatertruppe Alex d'Electrique brachte im November

1990 die Dramolette (*Der deutsche Mittagstisch*) in der Regie von Henri van Zanten, einem jüngeren Regisseur, der sich Thomas Bernhard verschrieben hat. Diese kurzen Texte waren bereits 1982 vom Bochumer Ensemble während der Bernhard-Woche in Den Haag aufgeführt worden.[44] Der Zusammenhang dieser zynischen Texte aus der Zeit zwischen 1978/1981 mit *Vor dem Ruhestand* liegt auf der Hand. Der alltägliche Faschismus, die Tölpelhaftigkeit vieler Menschen wurden in dieser Inszenierung messerscharf und skrupellos auf die Bühne gebracht.[45]

Als bisher letzter Beitrag zur niederländischen Bernhard-Rezeption erschien Anfang 1992 ein ganzseitiger Artikel von André Spoor.[46] Bernhard wird in ihm als »der größte Autor Österreichs nach dem Zweiten Weltkrieg« bezeichnet. Mit seinem Tod am 12. 2. 1989 sei eine Stimme verstummt, die häufig bitter klang, in ihrem Humor aber immer Doppelbödigkeit und Relativismus suggerierte. In diesem Aufsatz wurden darüber hinaus die Arbeiten von Krista Fleischmann und Maria Fialik sowie das Photobuch von Sepp Dreissinger kurz vorgestellt.

Versuch einer Auswertung

Ein auffälliges Merkmal der niederländischen Theater-Rezeption ist die Tatsache, daß sich sowohl bestimmte Theatergruppen wie Baal, Onafhankelijk Toneel/Discordia, Publiekstheater als auch bestimmte Regisseure wie Gerardjan Rijnders, Leonard Frank, Ger Thijs, Karst Woudstra, Henri van Zanten usw. besonders intensiv mit Bernhards Werk auseinandergesetzt haben. Obwohl dadurch eine erstaunlich hohe Anzahl von Inszenierungen zustande kam, muß man gleichzeitig bedenken, daß manche dieser Theatergruppen eine eher marginale Rolle im etablierten Theatersystem spielen. Weitaus die meisten Inszenierungen erreichten daher eher ein kleines, dem Neuen gegenüber aufgeschlossenes Publikum als die große Masse der »normalen« Theaterbesucher. Ebenso steht zu vermuten, daß die Regisseure, die in unserer sehr kleinen Theaterlandschaft persönlich gut bekannt sind, sich auch gegenseitig dazu angeregt haben, die Stücke von Thomas Bernhard aufzuführen.

Andererseits kann man feststellen, daß man sich in den Niederlanden, soweit mir bekannt ist, nie hinter Bernhards Anti-Österreich-Syndrom versteckt, sondern immer versucht hat, die Allgemeingültigkeit seiner Kritik und seiner Invektiven herauszuarbeiten. Dies dürfte unter anderem dazu geführt haben, daß viele Regisseure wesentlich freier, offener mit den Texten umgingen als es in deutschen oder österreichischen Inszenierungen üblich ist; in manchen Fällen wurde mit Bernhards Textmaterial richtiggehend experimentiert. Nicht nur Text und Inhalt, sondern auch der Theaterraum als solcher, die Bühnenausstattung und die Spielweise sind für viele Inszenierungen mitbestimmend gewesen. So wurden etwa die drei Bernhard-Aufführungen der Theatergruppe Baal (Saison 1980/81) ausdrücklich auf ihren damaligen Raum, das IJ-tunnel-theater, bezogen. Ähnliches gilt für Discordia; die Truppe ist in den Niederlanden dafür bekannt, daß in fast allen Inszenierungen, also auch bei den Stücken von Thomas Bernhard, das Theaterspielen selbst mitreflektiert wird. Das ergibt eine sehr eigenwillige Spielweise, ein probenähnliches, distanziertes Theater, mit Rollenwechseln und einer sehr bildhaften Arbeitsweise.[47]

Thomas Bernhard nimmt übrigens mit diesem Rezeptionsverlauf in den Niederlanden keineswegs eine Sonderstellung ein. In derselben Periode wurden in den Niederlanden Werke deutschsprachiger Autoren wie Achternbusch, Handke, Kroetz oder Strauß genauso intensiv gespielt, obwohl sich natürlich keine empirisch nachprüfbaren Besucherzahlen feststellen lassen. Zwar wissen wir in einigen Fällen, wie oft ein Stück von Bernhard in den Niederlanden aufgeführt wurde (z. B. *De domkop en de gek* [1984], wurde 41mal gespielt, *De toneelmaker* [1985] erlebte 44 Aufführungen), aber über die genauen Besucherzahlen der meisten Bernhard-Inszenierungen sind wir nicht informiert.

Im Vergleich zu z. B. den USA, wo das erste Bernhard-Stück 1981 aufgeführt wurde (Liviu Ciulei, Minneapolis, *Vor dem Ruhestand*), hatten die Niederlande also einen kleinen Vorsprung (erste Bernhard-Inszenierung 1973). Andererseits wurde er in Ländern wie Italien wesentlich vielseitiger und tiefgreifender rezipiert. Doch wurden hierzulande wesentlich mehr Texte übersetzt, und es läßt sich jetzt schon absehen, daß sein Werk bei uns einen nachhaltigen Einfluß ausüben wird.[48]

Die theaterwissenschaftliche Rezeption

Ein niederländischer Kritiker stellte 1982 fest, daß Thomas Bernhard in Anbetracht der hohen Anzahl der Inszenierungen wohl ein sehr beliebter Autor sein müsse.[49] Das gilt, wie wir gesehen haben, für die Theaterpraxis, nicht aber für die Theaterwissenschaft. Abgesehen von den erwähnten Beiträgen liegt nur ganz wenig Material vor. Auch die Zeitschrift *Toneel Teatraal* beschränkte sich, abgesehen von einigen Aufsätzen, auf Rezensionen und Analysen der Aufführungen anläßlich der Bernhard-Woche.[50] Dort wurde auch ein Auszug aus dem Text von Frouke Fokkema (*De omweg*) veröffentlicht. 1983 erschien eine Rezension zu *Die Macht der Gewohnheit* (Mannen van de Dam) und *Über allen Gipfeln ist Ruh* (Publiekstheater) von André Rutten.[51] Seitdem ist es auch in dieser Zeitschrift um Thomas Bernhard stiller geworden. In Belgien veröffentlichte der Theaterwissenschaftler Carlos Tindemans 1986/87 einen Aufsatz über Thomas Bernhard.[52] Erst nach Bernhards Tod erschienen einige weitere wichtige Aufsätze und Nachrufe. So skizzierten Kester Freriks und Jac Heÿer einen Überblick über die Aufführungen seiner Stücke anhand von Gesprächen mit an den Inszenierungen beteiligten Schauspielern[53], eine wichtige Ergänzung dieses Beitrages. Etwas Ähnliches bietet der Aufsatz in *Toneel Teatraal* von Kester Freriks.[54] In ihm untersucht er ebenfalls eine Reihe von Inszenierungen und analysiert wichtige Themen des Werkes. Auch die flämische Zeitschrift *Etcetera* veröffentlichte aus Anlaß des Todes von Thomas Bernhard einen kleinen Aufsatz von Carlos Tindemans[55], der einige Elemente seiner früheren Arbeit in Streven aufgreift. Darüber hinaus wäre nur noch das Programmheft des *Theatermacher*-Marathons von 1992 zu erwähnen, das einige brauchbare Aufsätze und Anmerkungen enthält.[56]

Anmerkungen

[1] Nicht gespielt wurden Ein Fest für Boris (1970), Immanuel Kant und Die Berühmten, weil diese beiden Texte wohl Kenntnisse der deutschen Tradition voraussetzen. Elisabeth II. (1987, 1989 Uraufführung) erlebte seine niederländische Premiere im Februar 1994 bei Toneel-Groep Amsterdam.

[2] De ignorant en de waanzinnige (Mai 1973): NRC, 9. 5. 73, W. Boswinkel; Parool, 9. 5. 73, Hans van den Bergh; De Tijd, 9. 5. 73, Mieke Kolk; IJmuider Courant, 9. 5. 73, Jac Heÿer; Trouw, 10. 5. 73, Bert Huising; Volkskrant, 10. 5. 73, Jan Paul Bresser; De Groene Amsterdammer, 13. 5. 73, Guus Rekers; ein Szenenphoto findet man in: Mickery 1965–1987, A photographic History, Amsterdam: Theatre Bookshop 1988, S. 79.

[3] De Telegraaf, 3. 10. 84, Peter Liefhebber; Algemeen Dagblad, 3. 10. 84, Ton Olde Monnikhof; Trouw, 3. 10. 84, Hanny van der Harst; De Volkskrant, 5. 10. 84, Ruud Gortzak; NRC, 10. 10. 84, Jac Heÿer; Parool, 10. 10. 84, Per Justesen; Nieuwsblad van het Noorden, 12. 11. 84, Henk Scholten; vgl. auch: 20 Jaar Globe, Eindhoven 1988.

[4] Toneel Teatraal, Nr. 1/2, 1976, S. 15ff.

[5] De macht der gewoonte: Die Belgier benutzten genau wie bei der ersten Rotterdamer Inszenierung die Übersetzung von Josephine Soer. Die Groninger spielten eine neue Übersetzung von Hans W. Bakx. Vgl. Trouw, 2. 12. 82, André Rutten; Vrij Nederland, 11. 12. 82, Willem van Toorn; vgl. zu Mannen van de Dam: Etcetera, Jg. 1, Nr. 1, Jan. 1983, S. 63; Toneel Teatraal, Nr. 1, Jan. 1983, S. 21f.

[6] Nieuwsblad van het Noorden, 10. 3. 86, Peter Blom; NRC, 1. 4. 86, Pieter Kottmann; Algemeen Dagblad, 2. 4. 86, L. Oomens; De Telegraaf, 4. 4. 86, Wim Gijsen; K. J. Hupperetz war als dramaturgischer Berater an dieser Inszenierung beteiligt und hielt am 7. 4. 86 in Emmen einen Vortrag über Thomas Bernhards »Die Macht der Gewohnheit«.

[7] Jachtgezelschap: De Waarheid, 10. 11. 80, Peter van Kooten; Trouw, 10. 11. 80, André Rutten; De Telegraaf, 10. 11. 80, Jan Spierdijk; Rotterdamsch Nieuwblad, 10. 11. 80, Piet Ruivenkamp; Haarlems Dagblad, 10. 11. 80, Alma Post; De Volkskrant, 10. 11. 80, Daniel de Lange; NRC, 10. 11. 80, Jac Heÿer; Parool, 12. 11. 80, Hans van den Bergh; De Nieuwe Linie, 19. 11. 80, Hennie van de Louw; Vrij Nederland, 22. 11. 80, Willem Jan Otten; Nieuwsblad van het Noorden, 25. 2. 81, Henk Scholten; De Gooi en Eemlander, (...), Evert van Tijn; Algemeen Dagblad, (...), Robert van de Weetering; Toneel Teatraal, 1980, H. 9/10, S. 9, Nic Brink; Vortrag: Über Thomas Bernhard und »Die Jagdgesellschaft«, K. J. Hupperetz, Groningen, Oosterpoort, 23. 2. 81.

[8] Jachtgezelschap: Parool, 23. 1. 91, Hans van de Bergh; Nieuwsblad van het Noorden, 23. 1. 91, Luuk Verpalen; NRC, 24. 1. 91, Pieter Kottmann; De Volkskrant, 24. 1. 91, Marian Buys; Trouw, 24. 1. 91, Hans Oranje; Algemeen Dagblad, 24. 1. 91, Eddy Geerlings; H.P. de Tijd, 1. 2. 91, Hein Janssen; Het Financiële Dagblad, 9./11. 2. 92, Hana Bobkova; Theaterprogrammheft, Schouwburg Leeuwarden, Karel Hupperetz, Febr. '91; Vortrag über Jagdgesellschaft, K. J. Hupperetz, Stadttheater, Leeuwarden, 12. 2. 91; vgl. auch: Nico van Rossen u. a., De roes en de Rede, over Gerardjan Rijnders, Amsterdam: Parade 1992, S. 49f.

[9] De Wereldverbeteraar: NRC, 17. 12. 80, Jac Heijer; De Waarheid, 17. 12. 80, Peter van

Kooten; Parool, 17. 12. 80, Per Justesen; Trouw, 18. 12. 80, André Rutten; Volkskrant, 19. 12. 80, Ruud Gortzak; Toneel Teatraal, 1981, H. 1, S. 28f., Ronald Klamer; die Dezember-Nr. (9/10) 1980 von Toneel Teatraal enthält mehrere Aufsätze zu Thomas Bernhard. Vgl. ferner zur wichtigen Rolle dieser Gruppe das Buch: Baal, vijftien jaar toneelhistorie 1973–1988, Red. Rob Erenstein/Joost Sternheim, Amsterdam: Theatre Bookshop 1988.

[10] NRC, 20. 11. 81, Kester Freriks; De Volkskrant, 6. 2. 82, Renske Heddema.

[11] Utrechts Nieuwsblad, 9. 6. 90, Peter Zonderland; De Telegraaf, 11. 6. 90, Eric de Ruyter; De Volkskrant, 11. 6. 90, Hein Janssen; Trouw, 9. 10. 90, Hanny van der Harst; Theaterprogrammheft, Schouwburg Groningen, Karel Hupperetz, Oktober 1990.

[12] Voor het Pensioen: NRC, 4. 5. 81, Jac Heÿer; De Volkskrant, 4. 5. 81, Daniel de Lange; Trouw, 4. 5. 81, André Rutten; De Nieuwe Linie, 13. 5. 81, Hennie van de Louw; De Groene Amsterdammer, 20. 5. 81, Guus Rekers.

[13] NRC, 10. 6. 81, Jac Heijer; De Volkskrant, 11. 6. 81, Daniel de Lange; André Rutten, Thomas Bernhard door Baal en Bochum, Toneel Teatraal, H. 7, 1981, S. 9f.

[14] Trouw, 22. 3. 82, André Rutten; NRC, 22. 3. 82, Kester Freriks; De Volkskrant, 23. 3. 82, Renske Heddema; Nieuwsblad van het Noorden, 31. 3. 82, Harry Huizing; vgl. Toneelgroep Theater 1953–1988. Arnhem 1988, S. 54.

[15] Trouw, 6. 2. 82, Dirkje Houtman; De Telegraaf, 8. 2. 82, Peter Liefhebber.

[16] De President: Parool, 27. 3. 85, Maarten van Nispen; NRC, 27. 3. 85, Kester Freriks; Algemeen Dagblad, 28. 3. 85, Eddy Geerlings; De Telegraaf, 29. 3. 85, Peter Liefhebber; Trouw, 29. 3. 85, Hanny van der Harst; De Waarheid, 29. 3. 85, Nico Vos; De Volkskrant, 30. 3. 85, Hanny Alkema.

[17] Trouw, 26. 2. 91, Hans Oranje; NRC, 26. 2. 91, Kester Freriks; HP/De Tijd, 1. 3. 91, Hein Janssen; Nieuwsblad van het Noorden, 16. 3. 91, Peter Blom.

[18] Minetti: De Volkskrant, 4. 2. 82, Renske Heddema.

[19] De Telegraaf, 17. 9. 90, Peter Liefhebber; NRC, 25. 9. 90, Kester Freriks; Nieuwsblad van het Noorden, 26. 9. 90, Peter Blom; De Volkskrant, (...), Marian Buys; 1988/89 spielte eine Theatergruppe in Den Haag Minetti: Trouw, 27. 5. 89, Hanny van der Harst; bei dieser Gelegenheit wurde ein umfangreiches Programmheft zusammengestellt, HOHO-Theater, März/April 88, Nr. 28.

[20] Über allen Gipfeln ...: Trouw, 20. 12. 82, André Rutten; Parool, 11. 1. 83, Hans van den Bergh; Toneel Teatraal, Nr. 1, Jan. 1983, S. 21f.

[21] Am Ziel (Wederom): De Telegraaf, 11. 1. 82, Renske Heddema; Trouw, 11. 1. 82, Hanny van der Harst; NRC, 12. 1. 82, Jac Heÿer; De Volkskrant, 12. 1. 82, Renske Heddema.

[22] NRC, 2. 2. 82, Jac Heÿer; Trouw, 6. 2. 82, Dirkje Houtman; Trouw, 8. 2. 82, Hanny van der Harst; De Telegraaf, 8. 2. 82, Peter Liefhebber; De Volkskrant, 9. 2. 82, Renske Heddema.

[23] Plaats van bestemming (Am Ziel): Parool, 16. 10. 89, Don Duyns; NRC, 16. 10. 89, Kester Freriks; Algemeen Dagblad, 16. 10. 89, Eddy Geerlings; De Volkskrant, 17. 10. 89, Martin Schouten; Trouw, 17. 10. 98, Loes Goedbloed; Nieuwsblad van het Noorden, 17. 12. 89, Harry Huizing.

[24] Der Schein trügt: Trouw, 23. 1. 84, Hans Oranje; De Telegraaf, 23. 1. 84, Peter Liefhebber; Parool, 23. 1. 84, Per Justesen; De Volkskrant, 23. 1. 84, Ruud Gortzak; NRC, 23. 1.

84, Kester Freriks; ein Vergleich der beiden Inszenierungen in: NRC, 3. 2. 84, Kester Freriks; Trouw, 16. 2. 84, Hans Oranje.

[25] Das Programmheft des Publiekstheater enthält auch das bekannte Interview von Jean-Louis de Rambures (1983). Parool, 19. 1. 85, Hans van den Bergh; Trouw, 21. 1. 85, Hans Oranje; Algemeen Dagblad, 21. 1. 85, Eddy Geerlings; De Telegraaf, 21. 1. 85, Peter Liefhebber; De Volkskrant, 21. 1. 85, Ruud Gortzak; NRC, 21. 1. 85, Kester Freriks; Elzeviers Magazine, 26. 1. 85, Joop Bromet; HP/De Tijd, 2. 2. 85, Dirkje Houtman; Nieuwsblad van het Noorden, 22. 2. 85, Henk Scholten; zur belgischen Inszenierung vgl.: Etcetera, Jg. 3, H. 11, Juni 1985, S. 21.

[26] De toneelmaker: De Volkskrant, 12. 10. 85, Ruud Gortzak; NRC, 12. 10. 85, Pieter Kottmann; Trouw, 14. 10. 85, Loes Goedbloed; De Telegraaf, 14. 10. 85, Peter Liefhebber; Algemeen Dagblad, 15. 10. 85, Ton Olde Monnikhof; Nieuwsblad van het Noorden, 13. 11. 85, Harry Huizing.

[27] NRC, 6. 8. 87, Chris van Esterik; die Zeitschrift Etcetera sprach sogar ihr Bedauern über die entstandenen Mißverständnisse aus: Etcetera, Jg. 5., Nr. 19, Sept. 1987, S. 14f.

[28] Gazet van Antwerpen, 27. 9. 88; Het laatste Nieuws, 27. 9. 88, Ph. M.; Knack, 12. 10. 88, Roger Arteel.

[29] Het rad van de geschiedenis: NRC, 17. 6. 91, Noor Hellmann; De Volkskrant, 17. 6. 91, Martin Schouten; Algemeen Dagblad, 18. 6. 91, Eddy Geerlings; Trouw, 20. 6. 91, Hans Oranje.

[30] Vgl. das ausführliche Programmheft zu De Theatermaker mit Aufsätzen, Interviews usw. NRC, 1. 2. 92, Noor Hellmann; De Volkskrant, 11. 2. 92, Marian Buys.

[31] Ritter, Dene, Voss: vgl. Jury-Rapport, S. 30–33; Etcetera, Jg. 5, H. 17, März 1987, S. 60f.; Algemeen Dagblad, 18. 11. 86, L. Oomens; Telegraaf, 18. 11. 86, Leo Pot; Trouw, 24. 11. 86, Dirkje Houtman; Parool, 29. 1. 87, Per Justesen.

[32] Henri van Zanten, Theatraal onderzoek sedert 1984, Amsterdam: De Balie 1991, S. 24.

[33] NRC, 13. 4. 88, Kester Freriks; De Volkskrant, 15. 4. 88, Hein Janssen; Het Parool, 2. 6. 88, Hans van den Bergh; Knack, 21. 10. 88, Roger Arteel; Academische Tijdingen, Universität Löwen, Lutgart Rouffaer-Meyers.

[34] Parool, 26. 11. 88, Don Duyns; NRC, 28. 11. 88, Kester Freriks; Algemeen Dagblad, 28. 11. 88, L. Oomens; Trouw, 28. 11. 88, Hanny van der Harst; De Telegraaf, 28. 11. 88, Eric de Ruyter; De Volkskrant, 29. 11. 88, Martin Schouten; Het Financiële Dagblad 10./12. 12. 88, Hana Bobkova; Nieuwsblad van het Noorden, 6. 3. 89, Peter Blom.

[35] Nur Leonard Frank hat in einer kritisch-negativen Besprechung zu Minetti Stellung genommen, NRC, 27. 7. 90.

[36] Heldenplatz: vgl. Henri van Zanten, O. C., S. 6 und 61; Algemeen Dagblad, 11. 6. 90, L. Oomens.

[37] Parool, 28. 9. 91, Bas van Putten; Trouw, 30. 9. 91, Hans Oranje; Parool, 30. 9. 91, Hans van den Bergh; De Volkskrant, 30. 9. 91, Hein Janssen; NRC, 1. 10. 91, Pieter Kottmann; Toneel Teatraal, H. 7, 1991, S. 12f., Paul Binnerts; K. J. Hupperetz hielt am 13. 10. 91 in Den Haag einen Vortrag über Thomas Bernhards »Heldenplatz«.

[38] Vgl. zum Film VPRO-gids (Fernsehprogrammheft), 20. 12. 80. Der Artikel erschien in: De Volkskrant, 20. 12. 80, Leon de Winter, Een fascinerende treiteraar; Vrij Nederland, 10. 1. 81.

[39] Der Text erschien teilweise in Toneel Teatraal, H. 4, 1982, S. 22f.

[40] Bernhard-Hommage, Den Haag, 1. 3. 89, an der Schauspieler vom Nationaal Toneel sowie Frouke Fokkema, Martin van Amerongen und Karel Hupperetz teilnahmen.

[41] Die Zeit, 4. 8. 89.

[42] De Volkskrant, 11. 8. 89.

[43] NRC, 16. 2. 90.

[44] NRC, 8. 2. 82, Jac Heÿer.

[45] Dramolette: NRC, 16. 11. 90, Noor Hellmann; Algemeen Dagblad, 17. 11. 90, Eddy Geerlings; Vrij Nederland, 24. 11. 90, Gerben Hellinga; De Volkskrant, (...), Martin Schouten; Het Binnenhof, (...), Dick van Teylingen; Haarlems Dagblad, 20. 12. 90, Ko van Leeuwen; Programmheft, Groninger Stadttheater, Karel Hupperetz, März 1990.

[46] NRC, 24. 1. 92.

[47] Vgl. Lia Gieling, Toneelbeeld vanaf 1945 in Nederland, Amsterdam 1990, S. 132 u. 168.

[48] Ich bin überzeugt, daß man in Theatertexten von Frans Strijards (Hensbergen) und Gerardjan Rijnders (Liefhebber) bei einer genaueren Analyse mühelos Bernhards Einfluß aufzeigen könnte.

[49] August Hans den Boef: De onbewoonbare wereld van Thomas Bernhard, in: De Volkskrant, 2. 7. 82.

[50] Toneel Teatraal, Nr. 4, Mai 1982, S. 19–21 (A. Rutten), S. 24 (Mieke Kolk).

[51] Toneel Teatraal, Nr. 1, Jan. 1983, S. 21f.

[52] Thomas Bernhard, Komedie als valstrik, in: Streven, H. 11, 1986/87.

[53] Thomas Bernhard in Nederland, in: NRC, 17. 3. 89.

[54] Het elan van de wanhoop, Thomas Bernhard 1931–1989, in: Toneel Teatraal, Nr. 4, April 1989, S. 6–11.

[55] Thomas Bernhard 1931–1989, in: Etcetera, Jg. 7, Nr. 26, Juni 1989, S. 60.

[56] De theatermaker, Els Theaterkollektief, Amsterdam 1992.

Niederländische Übersetzungen

- Der Ignorant und der Wahnsinnige: 1973 Lien Heyting; 1984 Lien Heyting/Gerardjan Rijnders
- Die Macht der Gewohnheit: 1976, Josephine Soer; 1986 Hans W. Bakx
- Die Jagdgesellschaft: 1980/1982/1990 Hans W. Bakx
- Vor dem Ruhestand: 1981/1982 Hans W. Bakx
- Der Präsident: 1985 Theodor Duquesnoy; 1991 Henri van Zanten
- Minetti: 1982, -; 1989 Ruud Hisgena; 1990 Leon van der Sanden
- Über allen Gipfeln ist Ruh: 1982 Theodor Duquesnoy
- Am Ziel: 1982 Jan Joris Lamers; 1989 Hans W. Bakx
- Der Schein trügt: 1984 Jan Joris Lamers / Titus Muizelaar; 1985 Ger Thijs
- Der Theatermacher: 1985 Janine Brogt; 1988 Karel Hermans; 1991 Jan Joris Lamers; 1992 Jacques Peeters / Nirav Christophe
- Ritter, Dene, Voss: 1986 Jan Joris Lamers; 1987 Henri van Zanten; 1988 Karel Hermans
- Heldenplatz: 1990 Henri van Zanten, 1991 Tom Kleyn.

Sverre Dahl

Starke Lektüre
Bernhard in Norwegen

Bis 1985 war der Name Thomas Bernhard in Norwegen praktisch unbekannt, schriftliche Spuren einer Rezeption liegen kaum vor. Acht Jahre später sieht das Bild völlig anders aus: Fünf seiner späteren Prosawerke sind ins Norwegische übersetzt[1], von wichtigen Zeitungen zum Teil recht begeistert rezensiert, und ein Theaterstück[2] ist mit Erfolg aufgeführt worden; tonangebende Zeitschriften haben analysierende Artikel, der Rundfunk hat einige Programme über Bernhard gebracht, und ein Universitätsseminar mit internationaler Teilnahme[3] ist veranstaltet worden. Obwohl man natürlich nicht von einer größeren Massenwirkung sprechen kann, ist es bemerkenswert, wie Thomas Bernhard im Laufe weniger Jahre in den literarisch interessierten Kreisen Norwegens zu einem Begriff geworden ist. Auch eine Reihe z. T. sehr bekannnter norwegischer Schriftsteller hat sich (vorläufig mündlich) enthusiastisch über Bernhard geäußert. Das Wort »Kultfigur« ist gefallen, was aber (noch?) als übertrieben zu bezeichnen ist. Man kann aber feststellen, daß Bernhard Interesse weckt, offenbar hauptsächlich als origineller Stilist und allgemeiner Zeitkritiker, da der spezifisch österreichische Hintergrund der Bernhardschen Schimpftiraden in Norwegen zweifellos weitgehend unbekannt ist. Im folgenden sollen die Hauptstationen der erstaunlichen Bernhard-Rezeption in Norwegen nachgezeichnet werden.

Seit Anfang der achtziger Jahre begann man, sich im führenden norwegischen Verlag für übersetzte Literatur, Gyldendal Norsk Forlag, für Thomas Bernhard zu interessieren. Sein internationaler Ruhm und sein Ruf als einer der allerwichtigsten Autoren der österreichischen Gegenwartsliteratur prädestinierten ihn für eine Sonderreihe dieses Verlages, »Vita«, die es sich zur Aufgabe macht, das Beste aus der zeitgenössischen Weltliteratur dem norwegischen Publikum in Übersetzung vorzustellen. Der Redakteur der Reihe, Cheflektor Gordon Hølmebakk, galt schon seit Jahrzehnten als Norwegens bester »Spürhund« für solche Literatur. 1984 setzte er dann endlich die erste Bernhard-Übersetzung in Gang. Daß dies nicht früher geschehen war, läßt sich damit erklären, daß Bernhard in der norwegischen

Öffentlichkeit bis dahin ein unbekannter Name war und unter den wenigen Kennern ursprünglich als »schwieriger« und »extrem pessimistischer« Autor galt.

Nachdem ein paar andere Möglichkeiten (*Korrektur*, eine Auswahl Erzählungen) diskutiert worden waren, fiel die endgültige Wahl auf *Beton*, das damals jüngst erschienene Prosawerk des Autors, das als repräsentativ angesehen wurde und von einem überkömmlichen Umfang war. Als die Übersetzung im Herbst 1985 in der Reihe »Vita« erschien, wurde sie in den darauffolgenden Monaten von elf norwegischen Zeitungen und Zeitschriften, darunter so wichtigen wie *Aftenposten* und *Arbeiderbladet* (Oslo), *Bergens Tidende* und *Stavanger Aftenblad*, rezensiert.[4] Dieses erste Echo ging also über das bei Übersetzungen gewohnte Maß hinaus.

Bei dieser unvorbereiteten ersten Begegnung überrascht es kaum, daß etwa die Hälfte der Rezensenten mit der allesumfassenden Misanthropie Bernhards wenig anfangen kann. Man erwartet wahrscheinlich hellere und versöhnlichere Töne und wird von einem so schwarzen und denkerisch souveränen Pessimismus völlig überwältigt. »Er kommt nicht vom Fleck«, faßt *Stavanger Aftenblad*[5] seine Sicht von Bernhards Ich-Erzähler zusammen. »Ein Buch, das auf weiten Strecken eine tüchtig inszenierte intellektuelle Übung ist – ein Buch, das deutlich an das Gehirn, aber kaum an das Herz appelliert.«[6] Diese Äußerungen mögen vielleicht als eine typisch norwegische Reaktion der ersten Phase der Bernhard-Rezeption gelten. Die linksradikale Zeitung *Klassekampen* vermißt die erwünschten ideologiekritischen Momente in diesen »Jeremiaden eines Mannes« und findet das Buch »zum Gähnen, trotz wohlformulierter Sprache«[7].

Die andere Hälfte der Rezensenten ist dagegen von den hohen literarischen und stilistischen Qualitäten des Buches durchaus überzeugt. Die Einheit von Inhalt und Form bei Bernhard wird deutlich erkannt, und die Gesamtbeurteilungen sind recht positiv, z. T. auch enthusiastisch: »Meisterlicher Pessimismus«[8] und »das nihilistischste Werk, das es gibt [...], aber, in einem Wort, Literatur, die funktioniert.«[9] Die Nähe zu Samuel Beckett wird von einem Kritiker betont.[10] Der bekannte norwegische Schriftsteller Paal Brekke[11] leitet die Misanthropie des Bernhardschen Erzählers Rudolf aus seiner schweren Krankheit (*morbus boeck*, erstmals von den beiden norwegischen Professoren Boeck nachgewiesen!) ab und hebt auch die Begegnung Rudolfs mit der noch viel unglücklicheren Anna Härdtl hervor. Die mögliche positive Auswirkung dieser Begegnung auf

Rudolf scheint dessen misanthropische Litaneien den norwegischen Rezensenten erträglicher zu machen: Wir sind ja wohl alle, mehr oder weniger, mit der Ermahnung erzogen worden: Es gibt immer welche, die es noch schlimmer haben! Paal Brekke stellt das Buch in eine »wohlbekannte Katharsis-Tradition« und schließt seine Rezension mit der Feststellung, daß die Lektüre »eine starke« war.

Noch zu erwähnen ist ein Rezensent, der »starke Irritation« verspürt, und diese z. T. auf die Übersetzung zurückführt, weil sie so lange, umständliche, »deutsche« Sätze enthielte.[12] Dieser Einwand ist scheinbar berechtigt, da die norwegische Sprache Sätze der Bernhardschen Länge nicht gern aufnimmt, verkennt jedoch die Absicht, Bernhards Stil möglichst original erhalten zu wollen. Zusammenfassend könnte man sagen, daß die norwegischen Kritiker teils mit Unverstand, teils mit überraschter Begeisterung auf den ersten Bernhard reagiert haben. Von einer stärkeren Wirkung auf die Öffentlichkeit kann zu diesem Zeitpunkt aber noch nicht gesprochen werden.

Im folgenden Jahr, 1986, beschränkt sich die Bernhard-Rezeption auf eine germanistische Veranstaltung. Mit dem signifikant anwachsenden Ruhm Bernhards und der ersten norwegischen Übersetzung als Anlaß fand im März an der Universität Trondheim ein Seminar mit fünf Referenten aus Norwegen und Österreich statt. Hier wurden, nach einer Einführung, ein Beispiel aus dem Frühwerk (*Der Kulterer*), Übersetzungsprobleme, textlinguistische Aspekte und die Prosabände *Holzfällen* und *Alte Meister* behandelt.[13] Hinweise auf den Österreichbezug, der für das norwegische Publikum aufschlußreich hätte sein können, gingen leider nicht über den akademischen Rahmen hinaus.

Die nächste Phase der Bernhard-Rezeption folgte erst zwei Jahre später – mit dem Zusammenfall zweier Ereignisse: Der Tod des Autors im Februar 1989, der in Norwegen mit einer kurzen Radiosendung und mehreren Notizen in den Tageszeitungen gewürdigt wurde, und die fast gleichzeitige Herausgabe der zweiten Übersetzung, *Wittgensteins Neffe*: Im norwegischen Verlag hat man sich also auf die späteren Prosawerke Bernhards konzentriert. Auch diese Übersetzung wurde von zahlreichen Tageszeitungen des ganzen Landes rezensiert, nur schienen sich die Kritiker inzwischen besser vorbereitet zu haben. Die meisten erkennen nun deutlicher die »einzigartige Künstlerstimme« Bernhards und seine »hochwertige und provozierende Schreibkunst«[14]. Die Rezensenten erwähnen auch öfters die kontroversielle Rolle Bernhards in Österreich, wie »gefährlich« er war, und daß er ein »moralisches Korrektiv«[15] für sein Vaterland darstellte. Darüber hinaus wird aber auch die Bedeutung gerade einer solchen Stimme für Norwegens Verhältnis zu Europa betont: »Sollte es in einer zukünftigen norwegischen EG-Debatte um mehr als Wirtschaftswachstum, Binnenmärkte und einheitliche Kennzeichnung von Toastern gehen, wäre das Buch Bernhards ein wichtiger Beitrag.«[16] Eine Verbindung Skandinavien-Europa wird auch in der großen Zeitung *Aftenposten* hervorgehoben: Bernhards Liebe zur Wahrheit sei die Liebe »zu seiner ureigensten und subjektiven Wahrheit«, und darin stehe er Kierkegaard nicht fern.[17]

Der Übersetzung von *Wittgensteins Neffe* folgten auch die ersten größeren Aufsätze über Bernhard in norwegischen Zeitschriften. In der traditionsreichen, renommierten Kulturzeitschrift *Samtiden* stellt der Ideengeschichtler Knut Ove Eliassen Bernhard vor; seine Größe liege »in der Fähigkeit, der Raserei Form zu geben«; Eliassen interpretiert *Wittgensteins Neffe* unter Heranziehung von Nietzsches »Idee des Dionysischen und des Ressentiments«[18]. In der Avantgardezeitschrift *Arena* berichtet der bekannte experimentelle Autor Jon Fosse über seine Lektüre von *Wittgensteins Neffe*, die ein großes und »sozusagen mystisches« Erlebnis war und auf dringliche Empfehlungen von Schriftstellerkollegen und Journalisten zurückgeht: »In seiner [Thomas Bernhards] Fiktionsprosa erkenne ich mich wieder. Aber gleichzeitig erkenne ich mich selbstverständlich nicht wieder, um es so zu sagen: es ist in seiner Schreibweise, in seiner Schreibmusik, daß ich mich wiedererkenne, nicht in seinen Kenntnissen, in seinen Aggressionen, in seinem Spott; von den Milieus, über die er schreibt, habe ich keine Ahnung, seine Gedankengänge wirken oft fremd – seine Inhalte stehen mir also im großen und ganzen ziemlich fern.«[19] Es ist das ausgeprägt »Romanhafte«, das Fosse interessiert. Er findet es in der »Ironie«, der »Vorstellbarkeit«, im »Nichts«, in der »Fiktion« und in der »Schreibweise«. Er ortet bei Bernhard eine »Postmodernität«, die darin zum Ausdruck komme, »daß die Fiktivität von dem, was ich mangels eines treffenderen Ausdrucks ›das wirkliche Leben‹ nennen darf, nicht deutlich abgegrenzt wird. [...] Man erfährt nicht eindeutig, was da und dort, mit diesen und jenen Personen geschehen ist, sondern liest eine Schrift, die um Episoden, Aggressionen, Erinnerungen kreist.«[20]

Im Frühjahr 1989 fand auch die bisher einzige Aufführung eines Theaterstücks von Thomas Bernhard in Norwegen statt: *Ritter, Dene, Voss* im

Rogaland Teater in der »Ölhauptstadt« Stavanger. Bernhards internationaler Ruhm mag der Hauptgrund für diese Aufführung gewesen sein, die allerdings schon vor dem Tod des Autors in Vorbereitung war. Die Regisseurin Bente Erichsen, die als Filmschöpferin bekannt ist und über Bernhard und seinen österreichischen Hintergrund keine besonderen Vorkenntnisse verfügte, bemerkt im Programmheft: »Als ich *Ritter, Dene, Voss* zum ersten Mal las, fühlte ich, daß ein Teil der Grundfragen des *Lebens* behandelt wird – depressiv und existentiell, aber auf eine allgemeinmenschliche, absurde, poetische und, tatsächlich, humorvolle Weise.«[21] Die Vorstellung war ein großer Erfolg und wurde auch durchaus begeistert rezensiert. Der Rezensent in *Aftenposten* (Oslo) betont, daß dies ein »Theater des Wortes« im besten Sinne und »ein Sieg« für die Mitwirkenden war. Bernhards Haß gegen Österreich »reicht weiter. Er erreicht uns im Saal [...]. Er trifft schwache Punkte in uns, wir erkennen uns wieder. Hier ist im Grunde nichts Überraschendes, aber alles ist überdimensioniert. Wir erkennen die Fortführung von Tendenzen, die uns bekannt sind.«[22] Auf der Premiere konnte der Verfasser dieser Zeilen Aufmerksamkeit und Interesse beim Publikum beobachten, und es wurde auch gelacht.

1989 wurde die bis jetzt (erstaunlicherweise!) einzige germanistische Arbeit über Bernhard an einer norwegischen Universität (Oslo) vorgelegt, eine sogenannte Hauptfachdissertation mit einem linguistischen Thema.[23]

Seit 1989 ist dann jedes Jahr eine neue Bernhard-Übersetzung vom Verlag Gyldendal herausgebracht worden. Es wurde immer selbstverständlicher, die Reihe fortzuführen, und zwar mit weiteren Prosatexten aus Bernhards Spätwerk. Im Winter 1990 erschien *Holzfällen* und wurde sofort von zahlreichen Zeitungen durchweg sehr positiv rezensiert. Hans Rossiné referiert am Anfang seiner äußerst begeisterten Besprechung in *Aftenposten* wie viele andere Rezensenten den Skandal, den dieser »infame Schlüsselroman« in Österreich ausgelöst hat, betont aber auch, daß sich die Angriffe auf die Pseudokünstler »mit nicht allzuviel Phantasie auch auf norwegische Verhältnisse übertragen« ließen. Bernhards größte Leistung macht er in seiner »sprachlichen Musikalität« und »auf kompositorischer Ebene« aus. Bereits der Schlußsatz, in dem die Hauptperson durch die Straßen Wiens rennt, »berechtigt dazu, Thomas Bernhard in den Rang unserer hervorragendsten Romanautoren zu erheben«[24].

In einer anderen groß angelegten Rezension wird die in Österreich stattgefundene Skandalisierung als »Medienwert« des Buches bezeichnet,

»der aber *literarisch* nur von wenig Interesse ist«. Dieser Kritiker meint, diese »unliterarische« Seite dominiere vor allem im letzten Drittel des Romans. Ansonsten rühmt er Bernhard vorbehaltlos als »Meister der Invektive«, lobt seinen »nervösen, gehetzten Rhythmus« und seine »prachtvollen sarkastischen Ausbrüche«[25]. Mehrere Kritiker betonen ihre Überraschung – ihre Erleichterung? – angesichts des Schlußteils des Buches, in dem der Burgschauspieler plötzlich nicht mehr eine »abstoßende Figur«, sondern ein »philosophischer Mensch wird, dem die Zuneigung des Erzählers gilt. [...] Ein zu Beginn scheinbar arroganter und zynischer Text stellt sich plötzlich als konzentriert lyrisch dar; sozusagen im Handumdrehen verkehrt Thomas Bernhard das provozierend Subjektive und manisch Nivellierte in etwas fast verblüffend Allgemeinmenschliches.«[26] Die Bedeutung dieses Umschlags einer totalen Misanthropie wird auch von einem anderen Kritiker hervorgehoben: »Ohne dieses doppelt negierte – und damit positive – Bekenntnis wäre das Motiv für das Schreiben nur schwer auszumachen. Ohne latente Liebe – oder wie man es nennen will – wäre die Schrift Bernhards nie etwas anderes als stumme, echolose Schreie geworden.«[27] Der Schriftsteller Pål Gerhard Olsen reagiert hingegen ausgesprochen negativ: »Für mich war dies ein peinlicher und enttäuschender Schluß [...]. Warum eine Bannbulle erlassen, wenn sie nie in Kraft gesetzt wird, dafür aber der Nachgeschmack einer Generalabsolution für alle Sünden zurückbleibt? [...] Ich kann mich nicht des Gefühls erwehren, daß *Holzfällen* eine private Vendetta ist, der es gut angestanden hätte, wenn sie privat geblieben wäre.«[28]

Die Übersetzung von *Holzfällen* wurde 1990 von einem weiteren umfangreichen Aufsatz des Schriftstellers Jon Fosse in der Sondernummer »Wien« der ideengeschichtlichen Zeitschrift *Arr* gewürdigt. Hier gibt Fosse sich wieder als ein großer Bewunderer Bernhards zu erkennen und betont nochmals, daß der reale österreichische Kontext für ihn völlig unwichtig ist. Ihn interessiert nur die »Romanschrift« Bernhards, seine »ungeheuerlich schöne Prosa [...], die eine eigene Welt [...], ein eigenes Bedeutungsuniversum ist.« Er schließt mit folgenden Worten: »Die Fiktionsprosa Thomas Bernhards ist ausgesprochen Roman und ausgesprochen Schrift, sie ist eine ironische und tief verzweifelte Geste, die fraglos die Signatur Thomas Bernhards trägt. Es ist unbestritten die Signatur eines der bedeutendsten Autoren unserer Zeit.«[29]

Auch die nächste Übersetzung, *Alte Meister*, 1991, wurde von zahlreichen Kritikern bejubelt. »Den vor kurzem verstorbenen Thomas Bernhard zu lesen ist, als ob man Literatur intravenös zugeführt bekäme.«[30] »Endlich ein wütender Roman [...]. Ein Roman im Format einer geballten Faust.«[31] Der Kritiker von *Aftenposten* betont die subtile, an Thomas Manns *Doktor Faustus* erinnernde Erzählkonstruktion und die Verknüpfung von Kulturkritik und tragischer Biographie.[32] Der Schriftsteller Peter Serck bezeichnet Bernhards Roman als »Ausdruckskunst, Expressionismus« und meint: »Bernhard hätte den Literaturnobelpreis erhalten können. Obwohl er so wenig erbaulich ist. Der glaubwürdigste Schriftsteller nach Beckett?«[33] Und wiederum werden das Kompositorische, die Musikalität der Sprache und die meisterlichen Invektiven positiv hervorgehoben – aber auch der Humor: »Vor allem ist dies eines der lustigsten Bücher, das ich je gelesen habe. Lustig, weil das Lachen dadurch verstärkt und wieder zum Verstummen gebracht wird, daß Thomas Bernhard eigentlich auch einen verwundbaren Punkt in uns allen trifft.«[34] Pål Gerhard Olsen lacht auch, hat aber immer noch »Probleme damit, die Größe Thomas Bernhards zu erkennen [...]. Das Buch ist ganz monoman, ganz manisch, einfach ein einziger langer Strom von Schikanen. Es hat keinen Mitteilungsdrang, will niemanden erreichen, sondern bellt und grunzt in lärmender Monotonie.«[35] Ein einziger Rezensent, einer eher rechtsradikalen Zeitung, macht in Bernhards Beschimpfung »einer der großen Kunstzentren Europas« sogar eine *Gefahr* aus: »Ich wage kühn zu behaupten, daß ein Buch wie dieses mit seinen (negativen) Worten und Wertungen hierzulande Schaden verursacht. [...] Von dergleichen hätten wir verschont bleiben sollen.«[36]

Im Winter 1991 wurde im norwegischen Rundfunk eine längere Sendung über das Werk Bernhards ausgestrahlt. Es wurden der Übersetzer interviewt und Passagen aus den Übersetzungen von einem Schauspieler zu Gehör gebracht.

1992 erschien in der anerkannten Literaturzeitschrift *Vinduet* zum ersten Mal ein größerer literaturwissenschaftlicher Aufsatz über Bernhard.[37] Sein Verfasser, Per Bjørnar Grande, will »darauf hinweisen, daß Bernhard in der realistischen Romantradition des Erfassens von Bewußtseinsformen eine neue Innerlichkeit dadurch zu schaffen versucht, daß er seinen Ausgangspunkt im traditionellen psychologischen Roman nimmt und diesen intimisiert. Ich will auch zu zeigen versuchen, wie man Bernhard in die Reihe der Entmythologisierungsautoren stellen kann.«[38] Grande möchte Bernhards Stil als »einen kontinentalen« verstanden wissen: »Dieser kontinentale Stil mit zahllosen eingeschobenen Nebensätzen wird bei Proust und Broch in philosophischer Absicht verwendet; man wollte ein Phänomen erschöpfend behandeln, indem man alle seine Aspekte vorstellte. Die Autoren brachen mit der traditionellen Romanform, um zu vermeiden, daß der Stoff nach rein ästhetischen Kriterien modifiziert und geformt wurde. Bei Bernhard funktioniert der kontinentale Stil anders, aus einer anderen Absicht heraus. Durch die zahllosen eingeschobenen Nebensätze läßt er die Hauptpersonen immer wieder ihren eigenen Standpunkten widersprechen. Auf diese Weise löst er den autonomen Sinn jedes Satzes auf. Der Leser wird gezwungen, die Aussagen auf den Bewußtseinszustand der Hauptperson zurückzuführen und bekommt trotz der ganzheitlichen Romanentwicklung keinen Sinn zu fassen.«[39] Grande stellt Bernhard auf eine spätere Stufe der Entmythologisierungstradition. Aus der Wertkrise am Anfang des 20. Jahrhunderts »erwuchs eine neue Form des Absolutismus: die Kunst. Die Kunst bedeutete das Positive, das Schöpferische, das Überschreitende [...]. Die Helden Bernhards stehen mitten in dieser Atmosphäre von Wertkrise und Kunstverehrung.«[40] Von besonderer Bedeutung bei Bernhard aber sei, daß »die Kunst den Menschen in Marginalsituationen nicht helfen kann« – und daß die Helden auch an sich selbst zweifeln. »Die Schlußfolgerungen Bernhards sind die Schlußfolgerungen der Negation.«[41]

Als im Herbst 1992 die fünfte Bernhard-Übersetzung (*Auslöschung*) in Norwegen erschien, war deutlich zu erkennen, daß die Kritiker mit diesem Autor nun schon recht vertraut waren. Man sprach begeistert von »großer Romankunst der Nobelpreisklasse, [...] an der Spitze der europäischen Gegenwartsliteratur«[42]. Oder ließ sich wiederum vom »Meister der Schimpfworte« faszinieren: »*Auslöschung* ist ein meisterlicher Roman, die Krönung von Bernhards Lebenswerk. Unter seiner extremen Subjektivität, seinem metaphysischen Unbehagen und seiner existentiellen Verzweiflung brodelt eine zwangsneurotische Suche nach Wahrheit, nach Gerechtigkeit.«[43]

Zusammenfassend könnte man sagen, daß Thomas Bernhard Ende 1992 zu einer etablierten Figur im literarischen Leben Norwegens geworden ist. Es ist auffallend, wie viele norwegische *Schriftsteller* als Rezensenten seiner Bücher aufgetreten sind und daß viele von ihnen begeistert über Bernhard sprechen und seine Bücher weiterempfehlen. Man hat unter literarisch interessierten Leuten den Eindruck, daß es ein *must* geworden ist, Bernhard gelesen zu haben. Sein wie aus einem Stück gegossener Stil und die vielen Schimpfwörter haben die Leser offenbar mehr gefesselt als die Realitäten des Österreichbezugs. Vorläufig sind dem norwegischen Publikum also nur die späteren Prosawerke Bernhards bekannt, und nur das interessierte Publikum einer einzigen Stadt hat eines seiner Stücke auf der Bühne sehen können. Erst jetzt dürfte die Zeit für die Theaterstücke, die frühere Prosa und insbesondere die autobiographischen Bände gekommen sein. Angesichts der unsicheren Situation der Bühnen und der geringen Verkaufszahlen von übersetzter Literatur überhaupt (auch) in Norwegen läßt sich zur Zeit jedoch nicht abschätzen, ob die Bernhard-Rezeption das Tempo der letzten vier Jahre halten können wird.

Der norwegische Übersetzer von bisher sechs Prosawerken Bernhards kann sich also über recht viele lobende Worte der Rezensenten freuen. Ich wage dies als Zeichen dafür zu deuten, daß mein Hauptprinzip der Bernhard-Übersetzung richtig gewesen ist: nämlich seine charakteristischen Stilmittel – trotz der im Norwegischen oft fremd wirkenden Satzlänge – möglichst genau wiederzugeben. Denn als Übersetzer bin auch ich zur Überzeugung gelangt, daß Thomas Bernhards über Österreich hinausreichende Größe und Originalität vor allem in seinem Stil und in seiner Sprache begründet liegen.

Anmerkungen

[1] Bernhard, Thomas: Betong (Beton) 1985, Wittgensteins nevø (Wittgensteins Neffe) 1989, Trær som faller (Holzfällen) 1990, Gamle mestere (Alte Meister) 1991, Utslettelse (Auslöschung) Oslo 1992, alle von Sverre Dahl übersetzt, erschienen im Gyldendal Norsk Forlag. 1994 erscheint Havaristen (Der Untergeher).

[2] Bernhard: Worringers (Hofseth/Sandsberg/Grønli) (Ritter, Dene, Voss). Inszenierung: Bente Erichsen. Rogaland Teater, Stavanger. Premiere: 14. April 1989.

[3] Universität Trondheim, 19. und 20. März 1986. Die Vorträge und die Einleitung des Veranstalters, Prof. Bernd Neumann, sind abgedruckt in: Text und Kontext. Zeitschrift für germanistische Literaturforschung in Skandinavien, Jahrgang 14/1986, Heft 2, S. 169–252.

[4] Näheres über die »Beton«-Rezeption und Probleme der Übersetzung, vgl. Sverre Dahl: Anmerkungen zur Übersetzung von Thomas Bernhards Erzählung »Beton«, in: Text und Kontext. Zeitschrift für germanistische Literaturforschung in Skandinavien, Jahrgang 14/1986, Heft 2, S. 198–210.

[5] Aske, Lotti in: Stavanger Aftenblad, 19. 11. 1985.

[6] Hustoft, Yngve in: Moss Avis, 1. 11. 1985.

[7] Eide, Elisabeth in: Klassekampen, 8. 10. 1985.

[8] Stoveland, Kåre in: Fædrelandsvennen, 30. 9. 1985.

[9] Buvik, Per in: Bergens Tidende, 30. 9. 1985.

[10] Abrahamsen, Odd in: Frisprog, 5. 10. 1985.
[11] Brekke, Paal in: Aftenposten, 21. 11. 1985.
[12] Jensen, Kjell Olaf in: Morgenbladet, 9. 10. 1985.
[13] Alle Referate abgedruckt in: Text und Kontext, a. a. O.
[14] Nyrønning, Sverre M. in: Adresseavisen, 15. 6. 1989.
[15] Sivertsen, Steinar in: Rogalands Avis, 11. 10. 1989. Die Bedeutung dieser Art Gesellschaftskritik wird auch in der Rezension des bekannten norwegischen Schriftstellers Karsten Alnæs betont (Dagbladet, 7. 7. 1989).
[16] Bøe, Lars Tore in: Fredrikstad Blad, 11. 5. 1989.
[17] Rossiné, Hans in: Aftenposten, 3. 3. 1989.
[18] Eliassen, Knut Ove: Thomas Bernhard og Wittgensteins nevø. In: Samtiden, Nr. 2, 1990, S. 98–100.
[19] Fosse, Jon: Gud er, men finst ikkje. Thomas Bernhards romanskrift. In: Arena, Nr. 1/2 (1990), S. 22.
[20] Ebda, S. 22f.
[21] Erichsen, Bente in: Programmheft zu Worringers. Hofseth/Sandsberg/Grønli, Rogaland teater, Stavanger 1989.
[22] Straume, Eilif in: Aftenposten, 18. 4. 1989.
[23] Nyhus, Helga: Serialisierungsmöglichkeiten drei- und viergliedriger Verbketten im Schlußfeld in der gegenwärtigen österreichischen Literatursprache. Eine empirische Untersuchung anhand des Erzählwerks von Thomas Bernhard. Germanistisches Institut, Universität Oslo, 1989.
[24] Rossiné in: Aftenposten, 12. 2. 1990.
[25] Kolstad, Harald in: Arbeiderbladet, 3. 2. 1990.
[26] Blom, Ina in: Nationen, 22. 10. 1990.
[27] Hverven, Tom Egil in: Vårt Land, 19. 7. 1990.
[28] Olsen, Pål Gerhard in: Bergens Tidende, 24. 2. 1990.
[29] Fosse: Liten begrepsstyrt refleksjon rundt Thomas Bernhards vakre romanskrift. In: Arr. Idéhistorisk tidsskrift, Nr. 4, 1990, S. 67–69.
[30] Bostad, Inga in: VG, 20. 9. 1991.
[31] Aagenæs, Bjørn in: Nationen, 21. 10. 1991.
[32] Flikke, Geir in: Aftenposten, 19. 11. 1991.
[33] Serck, Peter in: Kritikjournalen, Nr. 4/1991, S. 54f.
[34] Rossiné in: Dagbladet, 1. 10. 1991.
[35] Olsen in: Bergens Tidende, 11. 11. 1991.
[36] Raastad, Ottar in: Morgenbladet, 11. 10. 1991.
[37] Grande, Per Bjørnar: Thomas Bernhard og den nye innadvendthet. In: Vinduet, Nr. 2/1992, S. 51–54.
[38] Ebda, S. 51.
[39] Ebda.
[40] Ebda.
[41] Ebda, S. 45.
[42] Rossiné in: Dagbladet, 22. 9. 1992.
[43] Stemland, Terje in: Aftenposten, 27. 9. 1992.

Urs Bugmann

»Aber die Schweiz ist dann doch für alle der tödliche Kerker«

Es wäre zu einfach, nur die inhaltlichen Verwandtschaften, die Motivnähe herzunehmen, wenn es gilt, die Spuren Thomas Bernhards in der Literatur der deutschsprachigen Schweiz zu sichern. Zu offensichtlich entsprechen die engen Täler, die abschreckenden Berge einer Topographie, die von der Fremdenverkehrswerbung verklärt, von den einheimischen Autoren als Metapher für auswegloses Verhängnis genommen wird. Schon Büchners Lenz ging ins Gebirge, um das Reale zu übersteigen; Thomas Bernhard hat die Natur als Seelenlandschaft nicht erst erfunden, so wenig wie Franz Böni, Hermann Burger oder E. Y. Meyer.

Nach Trubschachen, ins Emmental, läßt E. Y. Meyer seinen Erzähler fahren. Dieses unpersönliche »man«, als Erzählsubjekt ein prekäres Ich, will an einer Kant-Studie arbeiten, stattdessen versteigt sich der Erzähler in eine »Rede von der Pflicht«, er gerät in der Natur ins Ausweglose einer Schneeverwehung, im wärmenden Bad danach in den Sog eines Auslöschungswunsches. Selbstmord und Wahnsinn sind Gipfelpunkte, auf die hin Thomas Bernhards Figuren existieren. E. Y. Meyers Erzähler aber ist nicht erst durch die Lektüre von Bernhards *Watten* in dieselbe Richtung geraten: »Später, nachdem man das reichhaltige Abendessen zu sich genommen hat, würde man dann im Lichte der Nachttischlampe, das Deckbett über Beine und Unterleib geschlagen in den Kleidern auf dem Bett liegend, ohne die Lektüre einmal zu unterbrechen, bis gegen ein Uhr in der Früh *Watten* von Thomas Bernhard lesen.«[1]

Es sind nicht die inhaltlichen Bezüge, es sind nicht einmal formale Entsprechungen, die zwischen E. Y. Meyer und Thomas Bernhard eine Verwandtschaft markieren. »Um uns wiederzufinden. Um unser eigenes Bild bei anderen wiederzufinden«[2], deshalb lesen wir. Paul Nizon, auch einer, der Thomas Bernhard zu den ihm wichtigen Autoren zählt, sagt es in seinen Frankfurter Vorlesungen *Am Schreiben gehen.*

Dies Wiederfinden ereignet sich in tieferen als den Oberflächenschichten von Form und Inhalt. Es betrifft eine Grundstruktur, und gerade das prekäre Ich des Erzählsubjekts von E. Y. Meyers *In Trubschachen* steht dafür.

Thomas Bernhards Erzähler sind keine autonomen Subjekte. Sie sind zumeist Durchgangsobjekte, durch die in Umkehrung narzißtischer Besetzung ein anderes, größeres Ich Sprache erhält. Für diese anderen sprechen die Ich-Erzähler, ihre Aufzeichnungen sichten sie, sie übernehmen das Erbe, ordnen den Nachlaß. Im Verschmelzen mit dem narzißtischen Objekt, dem anderen Ich, wird dieses Erzähler-Ich im selben Maße erhöht und verstärkt, wie es sich selber aufgibt und erniedrigt.

E. Y. Meyers Erzähler, dieses »man«, hält in der Mitte der Bewegung inne. Es bleibt nicht sich selber, es wendet sich keinem anderen, größeren Ich zu, es bleibt unbestimmt, ein allgemeines Pronomen, das zum Kernpunkt für Erfahrungen nicht taugt. Deshalb erzählt dieses »man« im konjunktivischen Konditionalis; es hat nur Möglichkeiten anzubieten.

Der prekären Ich-Erfahrung entspricht eine Wirklichkeitserfahrung, die nicht minder unsicher ist. Von der Schwierigkeit, »sich überhaupt noch eine Vorstellung von dem, was man mit Wirklichkeit bezeichnet, zu machen«[3], spricht der Text an einer Stelle, und diese Schwierigkeit hängt in einem Umkehrverhältnis mit dem unsicher begründeten Ich zusammen.

Was sich hier offenbart, ist eine Grundproblematik in der Literatur, nicht allein aus der deutschsprachigen Schweiz, die sich ab Mitte der siebziger Jahre zunehmend äußert.

Das Ich erhält neues Gewicht. Nach der programmatischen Außenwendung des Ichs am Ende der sechziger Jahre in die Gesellschaft hinaus, seiner Bestimmung nicht als Identität, sondern als Teilkörper einer politisch und sozial bestimmten Gemeinschaft, markieren Bücher wie Peter Handkes *Die Stunde der wahren Empfindung* (1975) oder auch Max Frischs *Montauk* aus dem selben Jahr eine Wendung nach innen.

Augenfällig wird diese Innenwendung an dem ersten Roman der 1948 geborenen Gertrud Leutenegger. *Vorabend* ist die Sicht auf eine Ich-Erzählerin, die am Vorabend einer Mai-Kundgebung die Straßen abschreitet, durch die am kommenden Tag der Demonstrationszug ziehen wird. Vorgeblich, um sich bei der Demonstration durch die eigenen Erinnerungen und Assoziationen nicht ablenken zu lassen, in Tat und Wahrheit aber, um sich seiner selbst zu versichern, unter den vielen als Ich nicht unterzugehen, konzentriert sich dieses Ich auf sich selbst.

Diese Ich-Konzentration und Selbstversicherung dient der Vergewisserung der Wirklichkeit, nicht allein des Ichs, sondern seiner Außenwelt, der Realität.

Das Ich und die Wirklichkeit, sie waren schon bei Kant nicht allein, das eine nicht ohne die andere zu haben, das Wirkliche nicht ohne das Ich, das sich seiner bewußt ist.

Eine solche Selbstvergewisserung unternimmt auch das Erzähler-Ich in Hermann Burgers 1976 erschienenem Roman *Schilten*. Dieser »Schulbericht zuhanden der Inspektorenkonferenz« entfaltet ein durchgestaltetes Wahnsystem, in dem sich das Ich gerade nicht gewiß wird, sondern abhanden kommt. Peter Stirner verliert sich in seinem angenommenen Pseudonym, im systematischen Wahnsinn Armin Schildknechts. Hier ist in einer einzigen Figur zusammengenommen, was bei Thomas Bernhard zwischen dem Ich-Erzähler und seinem narzißtischen Objekt spielt. Als seinen »Prosalehrer«[4] hat Hermann Burger Thomas Bernhard einmal bezeichnet. Doch Hermann Burgers schriftstellerische wie literaturkritische Arbeiten (gerade seine zahlreichen Äußerungen zu Thomas Bernhard) machen deutlich, daß es eine weitgehende Übereinstimmung – nun wieder nicht in Motiven und Formen – ist, die die beiden Autoren verbindet. Zuletzt ist es der Tod, den Hermann Burger keinen Monat nach Bernhards Sterben wählt.

Unsere »sämtlichen Handlungen« seien nichts anderes »als ein notdürftiger, immer wieder neu zu überprüfender *Schutz vor der Angst vor dem Tod* und als ein notdürftiger und immer wieder neu zu überprüfender *Schutz vor dem Verzweifeln und dem Wahnsinnigwerden an dieser Angst vor dem Tod*«[5], sagt der Erzähler in E. Y. Meyers *In Trubschachen*. Ein Imitationssatz, der deutlich genug auf das Vorbild verweist.

Solche Imitation hat im erzählerischen Kontext ihre Funktion – es ist die Sprechweise des systematisierten Wahns. »Es ist eine völlig durchinstrumentierte Partitur Wahnsinn«, sagt Thomas Bernhards Ich-Erzähler in *Watten* (W 86).

Solche Instrumentierung brachte Thomas Bernhard in der Literaturkritik der deutschsprachigen Schweiz zweierlei ein: den Tadel manieristischer Selbstwiederholung und das Lob, mit musikalischen Strukturprinzipien jene Sogwirkung zu erzielen, der beim Lesen von Bernhards Texten nicht leicht zu entkommen ist.

In seinem Nachruf auf Thomas Bernhard schreibt Jürg Laederach, ein anderer Bewunderer und auf vertrackte Weise mit Bernhard verbunden:

Machen wir uns nichts vor: er hat uns die exzentrischsten, schrundigsten, aufgerissensten und rotierendsten Sätze der deutschen Literatur geboten, doch hingerissen hat er uns durch seine Leidenschaft, die auch da, wo er sie nicht ganz glühend verfocht, über die Struktur seiner literarischen Werke mit sehr viel Hilfs-Leidenschaft behauptet wurde; ganz unterirdische Satzerzeugungsturbinen und virtuos hingebaute syntaktische Kreisel waren mit ihrer Fabrikation beschäftigt; so daß es nur eine geringe Rolle spielte, ob man jeweils mit wahrer Leidenschaft oder mit ihrer ganz und gar gelingenden Herstellung konfrontiert wurde. Ich meine, er beherrschte die beneidenswerte Kunst, mit wenigen selbstgefundenen existentiellen Kürzeln ein Univers zu errichten, das – man verzeihe – einfach stimmte: auf der Ebene des Leser-Kopfes fielen Setzung und Wirklichkeit zusammen. Vermutlich darf von dem überwiegenden Teil seiner Arbeit gesagt werden: Was er schrieb, das *gab es sodann*, qua passioniertem Dekret des Erzeugers. Einen mit solcher Suggestivität der Vision wird es nicht bald wieder geben.[6]

Die Leidenschaft in Thomas Bernhards Werk, auch sie ist keine Frage von Inhalt oder Form – wenn, dann eine Frage ihres Zusammenspiels –, sie ist eine Frage der Haltung. Am schwersten festzumachen und am weitesten um sich greifend, ist es diese Leidenschaft, die am deutlichsten die Spur des Werks von Thomas Bernhard in die Literatur der deutschsprachigen Schweiz hineinträgt.

Das läßt sich an der Verbissenheit des Romanerstlings von Hermann Burger, diesem rücksichtslos seine Leser traktierenden *Schilten*, ablesen, das ist an der Eigenwilligkeit, mit der E. Y. Meyer die literarische Szene betritt, zu erkennen. Das zeigen aber auch die Bücher von Gertrud Leutenegger, die – in ganz anderem Ton – auf dem Wahrheitswillen beharrt, die an dem »kurzen präzisen Moment offenen Träumens«[7] festhält.

Diesem Moment verwandt und wieder näher im Ton bei Thomas Bernhard, ist es Reto Hänny, der ein Echo gibt auf das unerbittliche Schreiben des Österreichers. In seinem Erstling *Ruch. Ein Bericht* findet sich der Verweis auf Thomas Bernhards Erzählung *Ungenach* von 1968. *Ruch* ist 1979 erschienen:

In einem unscheinbaren blaugrünen schmalen Bändchen bezeichnet der Erzähler eines heutigen Schriftstellers die Stadt als EINE DER KÄLTESTEN DIE ES GIBT DIE FINSTERSTE DIE ER KENNE, deren Bewohner TIEF SIND ODER SCHWACH ODER WIDERSINNIG VON FINSTERNIS UND KÄLTE. IN DEN MEISTEN GESICHTERN IST NICHTS ALS DUMMHEIT, heißt es wenig rühmlich, UND DUMMHEIT IST IN ALLEN DIESEN GESICHTERN ETWAS ANDERES ZU VERMUTEN ODER ZU SUCHEN ODER BEGREIFEN ZU WOLLEN ALS DUMMHEIT; mag der Erzähler sich dabei nun ebensogut auf die Darstellung aus der Sicht jenes Diplomaten aus der Zeit der

Postkutschenromantik kurz vor Beginn der Neuzeit berufen und nicht unbedingt ausschließlich auf Zustände in der heutigen Zeit des Massentourismus, AUS DEM GEDANKEN, heißt es im gleichen Text, MACHEN WIR EINE WIRKLICHKEIT DIE DIE TATSÄCHLICHE WIRKLICHKEIT IST.[8]

Die Wirklichkeit »aus dem Gedanken« rückt das Zitat, das der Voralpenstadt Chur gilt (sie taucht ein weiteres Mal bei Thomas Bernhard im *Untergeher* auf), aus der vordergründig für real genommenen Wirklichkeit in »die tatsächliche Wirklichkeit«. Anders gesagt: dieser Ort, Chur, ist bei Thomas Bernhard ein fiktiver (und austauschbarer) Ort, der mit dem realen Ort nichts zu tun hat. Nicht anders ist Reto Hännys *Ruch*, das als Anagramm für ebendieses Chur steht, ein Ort, der zwar Merkmale des realen Orts aufweist, aber zugleich ein imaginärer Ort ist. E. Y. Meyers Trubschachen, wiewohl seine Bewohner den Roman als Wirklichkeitsbeschreibung nahmen und sich entsprechend ärgerten, steht genauso für eine fiktive Wirklichkeit.

Was Samuel Moser über Franz Böni schreibt, gilt für diese fiktive Wirklichkeit: »Böni ist kein Realist, sondern ein Hyperrealist: ein Kritiker des gegebenen Realen, das ihm zunehmend unwirklich, unwahrscheinlich und damit auch unwahr wird.«[9]

Nur verläuft die Bewegung bei Thomas Bernhard, bei E. Y. Meyer, bei Reto Hänny und auch bei Hermann Burger umgekehrt: Das gegebene Reale, unwirklich, unwahr und unwahrscheinlich geworden, weil es im selbstungewissen Ich keinen Haltepunkt hat, wird zurückgeformt in ein wahrscheinlich erscheinendes Wirkliches. Die vorgefundene Realität wird mit einer Akribie beschrieben, die anstelle von Wirklichkeit Irrealität schafft; das Irreale erhält seinerseits in der scheinobjektiven Beschreibung Wirklichkeitscharakter.

»Aber es ist nur *meine* Wirklichkeit. Im Grunde befinde ich mich mit meinem Schreiben auf der Jagd nach dem eigenen Ich. Das Ich ist das Unbekannte«[10], formuliert Paul Nizon in seinen *Frankfurter Vorlesungen.*

Weil das Ich unbekannt ist, festgemacht werden soll, taucht mit der Innenwendung eine neue Art von Realismus auf, eine Wirklichkeitsbeschreibung, die mit aller Genauigkeit und Überprüfbarkeit die Objektivität nur vortäuscht, gleichzeitig aber in höchster Subjektivität die Wirklichkeit nicht abbildet, sondern neu konstituiert.

Diese Wirklichkeit, die fiktive Realität, greift aus ins Surreale und ist dennoch alles andere als eine Flucht »in die voreilige Vergeistigung«[11], von der Paul Nizon in seinem »Diskurs in der Enge« spricht. Die Autoren aus der deutschsprachigen Schweiz kennen in der Mitte der siebziger Jahre durchaus auch andere Antworten auf ihre Gegenwart und Gegend als Vergeistigung oder Flucht aus dem Land.

Auch darin läßt sich ein Niederschlag von Thomas Bernhards Schaffen sehen. Denn seine Schauplätze sind allesamt so, daß in ihren Engnissen, in diesen kleinen Zellen und Kopfkerkern ein ganzer Kosmos Platz findet, sich entfalten kann. Intensität ist es viel mehr als »voreilige Vergeistigung«, was den Realismus, der diese Schauplätze in die Literatur einbringt, überhöht. Paul Nizon weiß selbst um diese Intensivierung, wenn er in seinem »Versuch über das Sehen« von der Verwandlung des »Lebensstoffes« spricht: Der Erzähler »soll diese Materie, seine Gegenwart, vergessen, er soll sie überdauern«. Erst viel später wird ihm diese Gegenwart zum Werk, wenn er fähig ist, »sie aus seiner Tiefe heraufzuholen, aber nun in einem hoffentlich essentiellen Sinne, vom rein Subjektiven abgelöst.«[12]

Dies ist die besondere Qualität der autobiographischen Bücher von Thomas Bernhard, deren erstes, *Die Ursache*, 1975 erscheint. Dieses Jahr ist ein Kulminationspunkt in Thomas Bernhards Werk. Mit seinem großen Roman *Korrektur* erreicht er ein Äußerstes an Verdichtung des in den frühen Romanen und Erzählungen Angelegten, eine unüberbietbare Komplexität von Komposition und Gehalt. Das Jahr 1975 ist auch die Wegmarke, um die herum in der Literatur aus der deutschsprachigen Schweiz am deutlichsten sichtbar wird, was als Echo und (nicht immer direkte) Spiegelung sich dem Werk von Thomas Bernhard verdankt.

Dennoch scheint sich in der deutschsprachigen Schweiz, wirft man einen Blick auf die Absatzzahlen von Bernhards Büchern (die Zahlen geben nur Annäherungswerte, da sich der Schweizer Absatz nicht säuberlich abgrenzen läßt), erst fast ein Jahrzehnt später das Interesse an Thomas Bernhards Werk breit durchzusetzen.

Selbst auf den Bühnen der deutschen Schweiz ist Thomas Bernhard nach bald zehn Jahren Unterbrechung erst wieder mit der Spielzeit 1983/84 präsent: In Bern wird *Am Ziel* gegeben. *Ein Fest für Boris* (1970/71), *Der Ignorant und der Wahnsinnige* (1972/73; beide in Zürich) und *Die Jagdgesellschaft* (1974/75 in Basel) wurden kurz nach der Uraufführung in der Schweiz nachgespielt.

Das in der Schweiz am häufigsten inszenierte Stück ist *Der*

Theatermacher mit sechs Inszenierungen. In der Spielzeit 1991/92 wurde es allein an drei Theatern gezeigt. Dies war die Spielzeit mit den meisten Bernhard-Inszenierungen: zwei weitere Theater spielten in derselben Saison *Über allen Gipfeln ist Ruh.*

Das in der Schweiz meistverkaufte Buch von Thomas Bernhard ist *Der Untergeher*, zuerst 1983 erschienen. In seinen drei verschiedenen Ausgaben fand der Titel gegen 4000 Käufer. Je zwischen 2000 und 3000 Exemplare wurden von *Wittgensteins Neffe* (1982), *Alte Meister* (1985) und *Auslöschung* (1986) in der deutschsprachigen Schweiz abgesetzt.

Der Erfolg des *Untergehers* verdankt sich wohl einer seiner Hauptfiguren, dem Pianisten-Genie Glenn Gould. Gewiß nicht der Nennung von Chur und von Zizers («diese perverse Wortschöpfung!« [DU 71]). Denn die Schweiz, die mit dem Auftreten eines Schweizers in *Ja* (1978) ebenfalls explizit genannt ist, wird im *Untergeher* zum Untergangsort, zum Selbstmordort des Scheiterers Wertheimer. Über seine Schwester heißt es:

> Auf dem Höhepunkt der Verhätschelung, so er, ist sie davongelaufen, nach Zizers bei Chur, in diese entsetzliche Gegend. Alle laufen sie in die Schweiz, wenn sie nicht mehr weiter wissen, so er, dachte ich. Aber die Schweiz ist dann doch für alle der tödliche Kerker, nach und nach ersticken sie in der Schweiz an der Schweiz, wie auch meine Schwester an der Schweiz ersticken wird, er sehe es voraus, Zizers wird sie umbringen, der Schweizer wird sie umbringen, so er, dachte ich. (DU 71)

»*Der Untergeher* langweilt, wo der Autor vom Modell zehrt, vom selbsttätig abschnurrenden Sackgassenmechanismus«, schreibt Hermann Burger in seiner Rezension in der *Weltwoche*, »er beginnt zu fesseln, sobald Bernhard Erfahrungen einbringt, etwa diejenige des Gerichtsberichterstatters in der Episode des Dichtelmühlprozesses«[13]. Ganz ähnlich moniert Anton Krättli in den *Schweizer Monatsheften*: »Man liest es, wie man eine Fuge hört. Die Form bleibt Sieger; der Inhalt, die düstere, dem Tode verfallene Lebensrealität, von der das Buch handelt, wird Spielmaterial.«[14]

Uneingeschränkten Beifall spendet Anton Krättli, einer der kontinuierlichsten Kommentatoren von Bernhards Werk in der Schweiz – und dies seit den Anfängen –, dem Roman *Auslöschung*, der 1986 als letztes großes Werk von Thomas Bernhard erscheint: »Nun trifft es nicht einmal genau zu, wenn behauptet wird, Thomas Bernhard wiederhole in *Auslöschung. Ein Zerfall*, was er schon immer erzählt habe. Ich würde eher sagen, er fasse es zusammen, er bündle zu einer auch bei ihm so noch nie verwirklichten Einheit, was vorher in Einzelheiten fasziniert und erschreckt hat.«[15] Dagegen kalauert Hansres Jacobi in der *Neuen Zürcher Zeitung*: »Echo-Prosa könnte man dieses bis zum Überdruß praktizierte Verfahren nennen, in welchem die vermeintliche Kunst der Fuge zum Unfuge der Kunst wird.«[16]

Die *Auslöschung* thematisiert in ihren in Rom spielenden Passagen, vor allem in der Figur des Kardinals Spadolini, den Katholizismus, der das Österreich Thomas Bernhards prägt wie die alpenländische Schweiz. In einem katholisch durchtränkten barocken Zug, der mit Sprachüberschwang weniger zu tun hat als mit einer sinnlichen Gegenwart, die sich aus dem Bewußtsein der Todesallgegenwart des Lebens, der Todesbestimmung jeder Existenz nährt, ist eine weitere Nähe einheimischer Autoren zu Bernhard gegeben, die sich jenseits bezeichenbarer Parallelen in Inhalt und Form als Grundgestus in den Werken niederschlägt. Hier trifft sich Thomas Bernhard vor allem mit Hermann Burger und mit E. Y. Meyer.

Von der Todesnähe spricht schon das Montaigne-Zitat im Motto der *Auslöschung*: »Ich fühle, wie der Tod mich beständig in seinen Klauen hat. Wie ich mich auch verhalte, er ist überall da.« Die *Auslöschung* ist ein letzter Kulminationspunkt in Thomas Bernhards Werk.

Wenn wir unsere Übertreibungskunst nicht hätten, hatte ich zu Gambetti gesagt, wären wir zu einem entsetzlich langweiligen Leben verurteilt, zu einer gar nicht mehr existierenswerten Existenz. Und ich habe meine Übertreibungskunst in eine unglaubliche Höhe entwickelt, hatte ich zu Gambetti gesagt. Um etwas begreiflich zu machen, müssen wir übertreiben, hatte ich zu ihm gesagt, nur die Übertreibung macht anschaulich, auch die Gefahr, daß wir zum Narren erklärt werden, stört uns in höherem Alter nicht mehr. (A 128)

Da erscheint plötzlich ein anderer großer Übertreiber in der Ferne des Echoraums: Friedrich Dürrenmatt. Wie ein fern sich entziehendes Gestirn macht er doch auf sich aufmerksam – und würde sich für jede Unterstellung einer Verwandtschaft bedanken. Oder ins komödiantische Lachen des Narren ausbrechen.

Im Begriff der »Übertreibungskunst« faßt Bernhards Ich-Erzähler in der *Auslöschung*, was sein bedeutendes Werk als Stringenz und Intensität bestimmt. Gerade darin ist dieses Werk ein mächtiger Ruf, dem weither das Echo antwortet. In den Werken der Autoren aus der deutschsprachigen Schweiz ist dieses Echo einmal deutlicher, einmal kaum merkbar auszumachen – an dem Ruf kommt keine und keiner der Zeitgenossen vorbei.

Anmerkungen

[1] Meyer, E. Y.: In Trubschachen. Frankfurt/M. 1979, S. 33.
[2] Nizon, Paul: Am Schreiben gehen. Frankfurter Vorlesungen. Frankfurt/M. 1985, S. 120.
[3] Meyer, a. a. O., S. 191.
[4] Burger, Hermann: Ein Mann aus Wörtern. Frankfurt/M. 1983, S. 238.
[5] Meyer, a. a. O., S. 182.
[6] Laederach, Jürg: Tod eines Handlungsreichen. In: Basler Zeitung, 17. Februar 1989.
[7] Leutenegger, Gertrud: Vorabend. Frankfurt/M. 1975, S. 207.
[8] Hänny, Reto: Ruch. Ein Bericht. Frankfurt/M. 1984, S. 83.
[9] Moser, Samuel: Franz Böni. In: Arnold, Heinz Ludwig (Hg.): Kritisches Lexikon zur deutschsprachigen Gegenwartsliteratur. München 1978ff.
[10] Nizon, a. a. O., S. 120.
[11] Nizon: Diskurs in der Enge. Verweigerers Steckbrief. Schweizer Passagen. Frankfurt/M. 1990, S. 167.
[12] Nizon: Über den Tag und durch die Jahre. Essays, Nachrichten, Depeschen. Frankfurt/M. 1991, S. 193.
[13] Burger: Gould-Variationen. Thomas Bernhards Roman »Der Untergeher«. In: Die Weltwoche, 17. November 1983.
[14] Krättli, Anton: Variationen über den Sackgassenmenschen. Zu Thomas Bernhard, »Der Untergeher«. In: Schweizer Monatshefte 1/1984.
[15] Krättli: Wolfsegg auslöschen. Thomas Bernhard, »Auslöschung. Ein Zerfall«. In: Schweizer Monatshefte 3/1987.
[16] haj. (= Jacobi, Hansres): Echo-Prosa. Thomas Bernhards Roman »Auslöschung«. In: Neue Zürcher Zeitung, 5. Dezember 1986.

Della Couling

Champagner mit einer Prise Strychnin

Bernhards Theaterstücke in England

Der Ärmelkanal hat sich bisher als unüberwindliches Hindernis für Thomas Bernhards Theaterstücke erwiesen: Die Briten haben auch auf diesem Gebiet einen ausgeprägten Hang zum Konservativen; sie bevorzugen Stücke mit deutlich erkennbarer Handlungsführung und stehen ausländischen Arbeiten und ungewohnten dramatischen Idiomen im allgemeinen eher reserviert gegenüber. Dazu kommt noch, daß Bernhards scharfzüngige Misanthropie vor dem Hintergrund unserer humanistischen Tradition ausgesprochen schockierend wirkt.

Bernhards englisches Debüt als Theaterautor fand an der bestmöglichen Adresse statt: am Londoner National Theatre, wo eine englische Fassung von *Die Macht der Gewohnheit* unter der Regie Elijah Moshinskys 1976 zum Großteil negative Besprechungen erntete. Bernhard war zu dieser Zeit außerhalb kleiner Intellektuellenkreise, die mit seinen Büchern bereits vertraut waren – *Verstörung* war 1967 und *Das Kalkwerk* 1973 übersetzt worden –, in England noch unbekannt. Die meisten Kritiker, deren Arbeit durch die allgemein als unzureichend beurteilte Übersetzung von Neville und Stephen Plaice noch zusätzlich erschwert wurde, tappten daher noch im dunklen. »Die Übersetzung ist korrekt, aber farblos«, schrieb Frank Marcus im *Sunday Telegraph* und zeigte sich irritiert:

> Der Abend ist nicht uninteressant, fordert dem Publikum aber einiges an Konzentrationsfähigkeit und Phantasie ab. Das Stück ist insofern ein Mißerfolg, als es ihm nicht gelingt, das Thema und die Variationen des vierten Satzes des Forellenquintetts in eine bühnengerechte Sprache umzusetzen. Der Autor ist zwar ausgebildeter Musiker und wußte vermutlich, was er tat, aber selbst wenn es uns gelänge, in bestimmten Textpassagen Abschnitte des Musikstücks wiederzuerkennen, hätte das Ergebnis nicht mehr Bedeutung als ein bloßes Gesellschaftsspiel.

B. A. Young schlug in den *Financial Times* einen scherzhaften Ton an: »Sie können sicher sein, daß ein österreichischer Theaterautor, sofern es ihm irgendwie möglich ist, die Musik Schuberts auch in ein Stück über einen Zirkus aufnehmen wird.« Nach diesem Eröffnungssatz stellt Young mehrmals (und bezeichnenderweise) Vergleiche mit britischen Bühnengrößen an: Rattigan, den Komödiendarsteller Brian Rix und sogar Robert Browning, allerdings stets zu Bernhards Nachteil. In der Rezension heißt es weiter: »Sollte ich den Eindruck erweckt haben, *The Force of Habit* sei ein langweiliges und nicht gerade subtiles Stück, so kann ich nur sagen, daß ich es als solches empfunden habe.« Er schließt mit der üblichen Note verwirrter Nachdenklichkeit: »Vielleicht haben wir unwissentlich den falschen Zugang [zu Bernhard] gewählt. Vielleicht wurde uns auch durch die auf den ersten Blick völlig perfekt wirkende Übersetzung [...] ein völlig falsches Bild vermittelt. Wie dem auch sei, *The Force of Habit* macht ihn uns nicht gerade liebenswert.«

Sheridan Morley fällte in *Punch* das härteste Urteil: Er äußerte den scherzhaften Verdacht, das National Theatre müsse in selbstmörderischer Umnachtung gehandelt haben, als es *Die Macht der Gewohnheit* auf den Spielplan setzte, und forderte alle, die ihm nicht glauben wollen, auf, doch ins National zu eilen, »wo Sie der grausigen Realität von Thomas Bernhards *The Force of Habit* begegnen werden [...], das schon am zweiten Abend die zweifelhafte Auszeichnung erfuhr, den Zuschauerraum in der Pause um etwa zwanzig Prozent geleert zu haben. Hätte es eine zweite Pause gegeben, wäre ich wahrscheinlich beim Schlußvorhang allein gewesen. Bernhard«, prahlte Morley mit der atemberaubenden Überheblichkeit des Inselbewohners, »[ist] ein Bühnenautor, der mir bisher völlig unbekannt war, in Zukunft aber leider unvergeßlich bleiben wird«. Und auch er stellt unvorteilhafte Vergleiche mit britischen Schriftstellern an, die aus diesem Stoff – natürlich – mehr gemacht hätten.

Noch katastrophaler fiel die Besprechung Irving Wardles in *The Times* aus – katastrophal vor allem deshalb, weil er nach wie vor als einer der angesehensten Londoner Kritiker gilt; seine Rezension beginnt mit einem Hinweis auf »diese erbärmliche Produktion« und endet mit den Worten: »Was für eine Verschwendung von Talent und unser aller Zeit [...]«, mit nichts Positivem dazwischen.

Wardles Kollege Bernard Levin fällte eine ähnlich vernichtende Kritik:

> Vielleicht ist mit dem Zirkusdirektor Gott gemeint oder der Teufel; vielleicht ist mit seiner Enkelin die Unschuld und mit dem Jongleur moralische Verworfenheit gemeint; vielleicht ist mit dem Spaßmacher das Schicksal gemeint; andererseits aber ist mit dem mißhandelten Dompteur vielleicht ein mißhandelter Dompteur gemeint. Es ist unmöglich zu sagen, schwer zu erraten und lohnt auch nicht das Nachdenken, da das Ganze letztlich auf eine

Zurschaustellung fabrizierter Attitüden und künstlicher Posen hinausläuft und nur denen empfohlen werden kann, die der Meinung sind, daß Verständnislosigkeit und Langeweile der Seele guttun.

Die zwei einzigen positiven Besprechungen standen im *Daily Telegraph* und im *Guardian*. John Barber bezeichnete im *Guardian* das Stück als

Metapher für die Situation des Menschen, mit einigen meiner Meinung nach originellen und durchaus amüsanten Äußerungen zu den herrschenden Zuständen. [...] Nimmt man ein wenig teutonische Mystik in Kauf, funktioniert das Stück auf vielen Ebenen. Es parodiert die Exzesse der Salzburg-Fanatiker. Es bietet eine Laurel-and-Hardy-Ansicht der perversen Niedertracht der Welt. Es stellt die Nichtswürdigkeit der Sterblichen in einen scharfen Kontrast zur göttlichen Harmonie, so wie sie sich in den Augen Gottes darstellen würde. [...] Dabei bleibt es aber, während es den Verstand mit Ideen foppt, immer humorvoll.

Michael Billington, damals wie heute leitender Theaterkritiker des *Guardian*, schloß seine kluge Besprechung mit den Worten: »Das Stück ist im Grunde ein permanenter Drahtseilakt zwischen Verzweiflung und Delirium; und weil Bernhard sich der Lächerlichkeit seines Pessimismus ständig bewußt bleibt, stellt es sich als das Werk eines erfrischenden und originellen Talents dar.«

London mußte daraufhin 16 Jahre auf die nächste Bernhard-Aufführung warten – was zum Großteil der katastrophalen Aufnahme von *Die Macht der Gewohnheit* zuzuschreiben war. Der zweite Versuch, *Elisabeth II*, fand im recht bescheidenen Rahmen des Gate Theatre statt, einem kleinen *fringe*-Theater über einem Pub nördlich des Hyde Park mit 56 Sitzplätzen. Das Gate Theatre hat in London mit Aufführungen ausländischer Stücke viel Ruhm geerntet – obwohl man gerade auf diesem Gebiet nicht von einer starken Konkurrenz sprechen kann –, und der auffälligste Unterschied der Kritikerreaktionen zu denen 16 Jahre zuvor ist ihr schamhaftes Eingeständnis, daß das interessanteste europäische Theater *möglicherweise* außerhalb Großbritanniens stattfinden könnte.

Paul Taylor fand am Schluß seiner Besprechung im *Independent* zu lobenden, ja begeisterten Worten: »Diesmal war die Pressevorführung ausnahmsweise keine versäumte Gelegenheit, was die Publikumsreaktionen betrifft. Meine Kollegen haben eindeutig als erste gelacht.« Nicholas de Jongh, ein Kritiker, der nicht gerade für seine Barmherzigkeit bekannt ist, zeigte sich im *Evening Standard* ebenfalls enthusiastisch: »Selten ist ein umfassender Weltekel so eindrucksvoll für durchschlagende komische Effekte genutzt worden [...]. Und obwohl sich Bernhard in *Elisabeth II* an seiner Heimat rächt und sie als Schlangengrube entlarvt, zielt das Stück auf mehr ab. Es bietet eine expressionistische Darstellung des Alters [...].« Malcolm Rutherford von der *Financial Times* war einer der wenigen, die an dem Stück etwas auszusetzen fanden: »Das Gate Theatre in Notting Hill hat die Auszeichnung erfahren, an einem verregneten Montagabend völlig überfüllt gewesen zu sein, obwohl Thomas Bernhards nicht gerade vielversprechendes Stück *Elisabeth II* auf dem Programmzettel stand. [...] Die erste Hälfte besteht aus einem nicht endenwollenden Monolog im Stil eines gealterten österreichischen Jimmy Porter, die Witze freilich abgerechnet [...].« Rutherford hielt es ähnlich wie die meisten Kritiker für notwendig, seine Rezension mit einer kurzen Biographie Bernhards anzureichern. Michael Billington vom *Guardian* fällte diesmal ein entschieden positiveres Urteil; sein Bericht schloß mit den Worten: »Er ist ein Bühnenautor, den wir besser kennenlernen sollten: ein österreichischer, zutiefst verbitterter Timon.« Und Robert Hewison in der *Sunday Times*:

> Dieses entsetzliche, zugleich düstere und komische Stück ist etwas für Masochisten mit Sinn für Humor. Der Österreicher Thomas Bernhard (1931–1989) hat eine Apotheose der Misanthropie geschrieben. Sein 87jähriger, an den Rollstuhl gefesselter »Held« ist ein übelgelaunter Großindustrieller, der alles und jeden aus tiefstem Herzen verabscheut: ein geiziger Tyrann, der sich von seiner Umgebung in eifriger, aber komatöser Unterwürfigkeit hofieren läßt. David Fieldings auf hinterhältige Weise unterhaltsame Produktion stellt all dies in der Art eines modernen Totentanzes dar, der von den 32 Darstellern mit vergifteter Hingabe gespielt wird. Julian Curry spielt die Hauptrolle wie ein verkrüppelter Geier. Ein fieses, elegantes Stück, wie mit einer Prise Strychnin versetzter Champagner.

Eine Veränderung zum Guten also, obwohl die Kritiker ihrer Aufgabe offenbar immer noch nicht ganz gewachsen waren: sie wußten zwar bereits, daß man von ihnen erwartete, Bernhard gut zu finden, hatten aber noch nicht recht verstanden, warum. Dem dritten und letzten in London produzierten Bernhard-Stück, dem im Mai 1993 am Almeida Theatre unter der Regie von Jonathan Kent aufgeführten *Theatermacher*, ist es leider auch nicht gelungen, Bernhards Ruf zu verbessern, obwohl das Almeida Theatre heute bei der Kritik und beim informierten Publikum als das anspruchsvollste Theater Londons gilt: Harold Pinters jüngstes Stück erlebte dort im September 1993 seine Welturaufführung.

Der vom bekannten Schauspieler Alan Bates, der selbst in der Rolle des Bruscon zu sehen war, entdeckte *Theatermacher* leidet in dieser Inszenierung unter dem Versuch einer recht angestrengt wirkenden Übertragung auf englische Verhältnisse: Bates' Bruscon ist ein englischer Theaterdirektor und Schauspieler aus den dreißiger Jahren; diesen bekommen wir auch auf der Bühne zu sehen, aber nicht viel mehr: Bernhards Subtext fehlt völlig. Der riskante Versuch, diese Rolle mit einem überaus berühmten Darsteller zu besetzen und Bernhard dadurch zu allgemeiner Anerkennung zu verhelfen, ist offenbar gescheitert und wird den Regisseur Jonathan Kent zweifellos davon abhalten, einen weiteren Versuch zu wagen. Die Rezensionen waren im allgemeinen positiv, geben aber auch zu verstehen, daß das eigentliche Ziel verfehlt wurde. Als Hauptursache dafür wurde die mangelnde Ausgewogenheit der Besetzung genannt. Der Bühnenstar Alan Bates ist von drittklassigen Schauspielern umgeben, für die sich jedes Provinztheater schämen müßte; hier hat ein Darsteller ironischerweise den Blick auf das Stück verstellt.

Bis heute sind etwa ein halbes Dutzend Prosatexte und drei der Stücke (sie sind in einem Band erschienen: *Ein Fest für Boris*; *Ritter, Dene, Voss* und *Der Theatermacher*) ins Englische übertragen worden. Alle erschienen bei Quartet Books in Zusammenarbeit mit University of Chicago Press, die sich auch die Auswahl der Übersetzer vorbehielt: Bernhards auf englisch erschienene Bücher haben England also erst auf dem Umweg über die USA erreicht, ein Schicksal, das sie mit den meisten Übersetzungen ins Englische teilen. Sie wurden von der seriösen Presse respektvoll bis zurückhaltend rezensiert, wobei Bernhard bezeichnenderweise jedes Mal den Lesern mit einigen Worten vorgestellt wurde. Er ist eben, kurz gesagt, bei uns nie so heimisch geworden wie Günter Grass oder Heinrich Böll.

Wittgensteins Neffe erschien auf englisch 1987 und bekam umfangreiche, aber nicht immer positive Kritiken. Die Besprechung Francis Kings im rechtslastigen Wochenmagazin *The Spectator* grenzte an einen Verriß. King läßt sich dazu verleiten, das Buch für bare Münze zu nehmen, und hinterfragt ernsthaft die ihm zugrundeliegenden »Fakten«: »Wie genau ist dieser Bericht? Wurden die Geisteskranken, die den Pavillon der Lungenkranken aufsuchen wollten, von den Wärtern wirklich unter erbärmlichen Geschrei mit Gummiknüppeln zurückgeholt? Wurden die von den lungenkranken Patienten weggeworfenen Papiertaschentücher wirklich von Eichhörnchen aufgeschnappt und auf die Bäume mitgenommen?«

Demgegenüber erscheint Ian Hackings Kritik in der *London Review of Books* als weit fundierter. Hacking verbindet seine Besprechung mit einer Kritik einer Studie zur Philosophie Wittgensteins, begeht aber genauso wie King den Irrtum, alle Aussagen Bernhards über Paul Wittgenstein wörtlich zu nehmen.

Martin Chalmers hatte als Übersetzer aus dem Deutschen bessere Voraussetzungen für eine Besprechung von *Wittgensteins Neffe* im Kontext von Bernhards Gesamtwerk. Seine Rezension im *New Statesman* beginnt mit einer Beschreibung der Zusammenhänge zwischen Bernhards Werk einerseits und der deutschprachigen Literatur und der österreichischen Gesellschaft andererseits und schließt mit den Worten:

> Es wäre ein Irrtum, Bernhard als »politischen Schriftsteller« auffassen zu wollen; Radikale oder Reformer werden aus seinen Büchern nicht mehr Trost schöpfen können als die konservativen Katholiken Österreichs. Man würde ebenfalls in die Irre gehen, wollte man seine Kunst der Hyperbel für bare Münze nehmen. Wie bei einem großen Komiker oder Clown kann seine Tragödie stets in eine groteske Komödie umschlagen und umgekehrt. Und so werden sich seine Leser trotz der Erbarmungslosigkeit seiner Sujets und trotz der Perfektion seiner Prosa häufig dabei ertappen zu lachen. [...] Es ist ein bemerkenswertes Buch, wie beinahe alles, was Bernhard geschrieben hat, und das nicht zuletzt aufgrund der umwerfend komischen Szenen, die es enthält. [...] Und je mehr man von ihm liest, desto beeindruckender wird jedes einzelne Buch und desto stärker gerät es in Resonanz mit den anderen.

P. N. Furbank trifft im *Sunday Telegraph* den hierzulande leider üblichen Ton bornierten Unbehagens: »Der österreichische Romancier und Bühnenautor Thomas Bernhard, in den deutschsprachigen Ländern mittlerweile eine Berühmtheit, ist bei uns kaum bekannt. [...] Ist es ungerecht, ihn derart zu vernachlässigen? Vermutlich ja, man kann aber nicht gerade sagen, daß *Wittgensteins Neffe* als überzeugender Beweis dafür gelten könnte.« Wie viele andere faßt Furbank das Buch als eine den Tatsachen verpflichtete Erinnerung an Paul Wittgenstein auf; er schließt seine Rezension mit dem triumphalen Urteil:

> Und so stellt sich dieses Buch als Rede eines Mannes dar, der ausschließlich mit sich selbst spricht und sich dabei den größten und uns allen bekannten Vorteil derartiger Selbstgespräche zunutze macht – den Umstand nämlich, daß wir uns selbst zum Vergnügen alles Mögliche erzählen können, ohne uns lange Gedanken darüber machen zu müssen, ob wir sie selbst glauben oder ob sie anderen als glaubhaft erscheinen.

Darin liegt vielleicht auch der Schlüssel zur größten Schwäche dieses Buchs: zur Tatsache, daß die Genialität, der erstaunliche philosophische Intellekt und die tiefe Musikalität des jüngeren Wittgenstein – Eigenschaften, die an seinen Onkel erinnern – in keiner Weise substantiell untermauert werden.

Furbanks Besprechung ist ein schönes Beispiel für die – bei Engländern eigentlich überraschende – völlig humorlose Verständnislosigkeit, die die Briten Bernhard entgegenbringen, was ihr mangelndes Selbstbewußtsein im Umgang mit neuen und ungewohnten Formen der Literatur und des Theaters bestätigt. Die Situation hat sich im Lauf der Jahre allmählich verbessert: Immer mehr Verlage bringen Romane in englischer Übersetzung heraus, obwohl ihr Anteil an den Verlagsprogrammen immer noch unter zehn Prozent liegt. *Holzfällen* wurde 1988 übersetzt und im allgemeinen freundlich aufgenommen. Die einsichtige Besprechung im *Daily Telegraph* stammt von Michael Glenny, einem hervorragenden Übersetzer aus dem Russischen; sie endet folgendermaßen: »Die eigentliche Qualität dieses Buchs liegt im Grunde in der Art und Weise, wie der Ich-Erzähler seine eigene unattraktive Persönlichkeit indirekt genauso bloßlegt wie er diejenigen entlarvt, die er in seinem Selbstgespräch attackiert.

Man erliegt zunächst einer entsetzten Faszination, die sich angesichts einer blendend souveränen, von der Übersetzung [Ewald Osers'] makellos wiedergegebenen Schreibweise allmählich in ein reines Vergnügen verwandelt; dieses Vergnügen erinnert an jene Mischung aus elektrisierter Spannung und Unbehagen, die man empfindet, wenn man einem geschickten Chirurgen bei einer perfekt durchgeführten Operation zusieht – die allerdings mit dem Exitus des Patienten endet.«

Alte Meister (1989), *Die Billigesser* (1990) und *Der Untergeher* (1992) haben viel dazu beigetragen, Bernhards Ruf als herausragenden Romancier bei der kritischen Leserschaft zu festigen. Als größtes Hindernis seiner Aufnahme in England erweist sich die mangelnde Vertrautheit vieler Leser mit den Erzählweisen nicht-englischer Literatur.

Solange der Prozentsatz der hierzulande übersetzten fremdsprachigen Literatur so gering bleibt, wird Thomas Bernhards Aufnahme in England nur ein Aspekt eines größeren Rezeptionszusammenhanges bleiben.

(AUS DEM ENGLISCHEN VON WOLFRAM BAYER)

Stefan H. Kaszyński

Seit drei Jahrzehnten präsent
Zur Rezeption in Polen

1. Der methodologische Kontext

Die Aufnahme der literarischen Produktionen von Thomas Bernhard in Polen wird erst dann verständlich, wenn wir sie im Rahmen der allgemeinen Rezeptionsgeschichte der österreichischen Literatur in unserem Land auswerten. Historisch gesehen, bestehen nämlich leicht erkennbare Unterschiede zwischen der Rezeption deutscher und österreichischer Literatur in Polen. Es werden hier zwei weitgehend verschieden funktionierende Wirkungsmodelle der Rezeption eingesetzt. Diesen ungleichen Rezeptionsverfahren liegen bestimmte soziologische und psychologische Wirkungsstrategien zugrunde.

Der Transfer der deutschen Literatur nach Polen ist gewissermaßen historisch negativ belastet. Die Gründe für Vorurteile resultieren u. a. aus der Germanisierungspolitik im 19. Jahrhundert und aus der Konfrontation des Polentums mit den Nazis in der jüngsten Vergangenheit. Die Aufnahme der österreichischen Literatur in Polen ist von diesen Vorurteilen hingegen frei. Österreichische Literatur, soweit sie überhaupt als solche identifiziert wird, ruft bei polnischen Lesern vorerst positive Assoziationen hervor, was sich u. a. aus dem Kulturphänomen Mitteleuropa ableiten läßt. Unter den Völkern dieses Kulturraums, die auf eine eng miteinander verbundene Geschichte zurückblicken können – und das trifft auch auf Polen und Österreich zu –, haben sich im Lauf der Zeit eigenartige, sozialpsychologisch motivierte Verhaltensweisen entwickelt, die eine kulturelle Kommunikation maßgeblich erleichtern, weil sie auf ähnliche Symbolwerte und Erfahrungen zurückgehen. Kurzum, das polnisch-österreichische Kulturgefälle ist im Unterschied zu dem polnisch-deutschen weniger auf Konfrontation, mehr auf gegenseitiges Verstehen und Zusammenwirken ausgerichtet.

Die Vermittlung österreichischer Literatur nach Polen war in der Zeit nach dem Zweiten Weltkrieg nie auf politische oder psychologische Hindernisse gestoßen. Im Gegenteil, sie wurde immer als eine Bereicherung der eigenen Kulturszene empfunden, als eine Erweiterung der intellektuellen und ästhetischen Horizonte der polnischen Intelligenz. Der Weg der österreichischen Literatur zum polnischen Leser war auf diese Weise viel unkomplizierter als der der Literatur aus Deutschland. Freilich unterlag auch sie den vom politischen Machtsystem auferlegten Beschränkungen. Der totalitäre Staat, dem alle Medien, Zeitschriften und Verlage gehörten, versuchte der Nation seine eigene Kulturpolitik aufzuzwingen, indem er Prioritäten in der Verlagspolitik, besonders in bezug auf die Auslandsliteratur, diktierte. Diese autoritären Maßnahmen haben aber der Rezeption der österreichischen Literatur in Polen nicht sonderlich geschadet. Dies beweisen die durchaus positive Statistik und das breite thematische Spektrum der ins Polnische übersetzten österreichischen Literatur.[1]

Viel komplizierter als das Spiel mit der Kulturpolitik und ihren Institutionen, etwa der Zensur, waren die Bemühungen der polnischen Literaturkritik, überhaupt den Begriff der österreichischen Literatur in der breiten Öffentlichkeit durchzusetzen. Die engeren intellektuellen Kreise hatten selbstverständlich schon vor dem Krieg die Existenz der österreichischen Literatur, die sie mit Joseph Roth, Arthur Schnitzler oder Karl Kraus gleichsetzten, wahrgenommen. Die neue gesellschaftliche Situation nach 1945, die das kulturelle Leben den breiten Massen ohne Zweifel zugänglicher machte, verlangte eine neue Aufklärungsstrategie. In der literarischen Öffentlichkeit waren Dichter wie Franz Kafka, Rainer Maria Rilke oder Stefan Zweig hauptsächlich als Weltliteratur und nicht als österreichische Literatur rezipiert worden. Von der jüngsten Literatur aus Österreich wußte man bis in die späten 50er Jahre so gut wie gar nichts. Die Lage sollte sich erst in den 60er und 70er Jahren entschieden ändern. Die auf europäische Kultur ausgerichtete Arbeit vieler Kulturzeitschriften, die neuen Verlagsprogramme, schließlich die Herausgabe von mehreren Anthologien moderner österreichischer Literatur haben dazu beigetragen, daß sich der Begriff österreichische Gegenwartsliteratur langsam im Bewußtsein der literarischen Öffentlichkeit etablierte.

Es war genau jene Zeit, in der sich, sei es über Zeitschriften, sei es über Anthologien, auch die ersten literarischen Produkte von Thomas Bernhard auf der polnischen Kulturszene durchsetzten. Die erste nachweisbare Quelle in der polnischen Rezeption von Thomas Bernhard ist das im August 1965 herausgegebene Sonderheft der angesehenen literarischen Monatsschrift *Twórczość*. Diese Zeitschrift hatte damals in Kooperation mit dem Wiener literarischen Magazin *Wort in der Zeit* ein ganzes Heft der österreichischen Gegenwartsliteratur gewidmet. Unter den 22 präsentierten österreichischen Autoren wurde auch Thomas Bernhard erstmalig in polnischer Übersetzung gedruckt. Neben Bernhard tauchten hier die Namen von Ingeborg Bachmann, Paul Celan, H. C. Artmann, Erich Fried, Albert Paris Gütersloh, Georg Saiko etc. zum ersten Mal in Polen auf. Thomas Bernhard, der in dieser Publikation mit der von Maria Wisłowska sorgfältig übersetzten Kurzgeschichte *Ein junger Schriftsteller*[2] vorgestellt wurde, blieb jedoch in den beiden einleitenden Essays von Gerhard Fritsch und Hans Brunmayr ungenannt. Man wußte anscheinend schon damals in Österreich nicht so genau, wie man ihn einzuschätzen hat. Er war vertreten, paßte aber nicht ins Bild.

Nach dieser erstmaligen Vorstellung eines seiner Werke sollte Thomas Bernhard im Laufe der Zeit zu einem der repräsentativsten österreichischen Autoren seiner Generation in Polen werden. In den folgenden Jahren wurden, abgesehen von den Zeitschriftenpublikationen, sieben Prosabände und sieben Theaterstücke übersetzt, er ist zudem als Lyriker und Prosaschriftsteller in drei renommierten Anthologien der österreichischen Literatur in Polen vertreten. Polnische Bühnen und das polnische Fernsehen haben Bernhards Stücke aufgeführt, man schreibt in Polen über ihn Dissertationen, Diplomarbeiten, Essays und zahlreiche literarische Abhandlungen.

2. Der Lyriker

Genau einen Monat nach der Vorstellung des Prosaschriftstellers Bernhard in der Zeitschrift *Twórczość* haben zwei auflagenstarke Literaturwochenschriften, *Kultura* und *Życie literackie*, Bernhards erste Gedichte abgedruckt. Für die guten Übersetzungen sorgte Maria Kuryluk, die Frau des damaligen polnischen Botschafters in Wien. *Kultura* veröffentlichte drei Gedichte, darunter »Frühling der schwarzen Blüten« und »Mein Großvater war ein Schmalzhändler«[3], und *Życie literackie* das Gedicht »Hinter den Bäumen ist eine andere Welt«[4].

Die darauffolgenden Jahre sind, was die Gedichtpublikationen anbetrifft, vor allem mit dem Namen des heute wohl bedeutendsten polnischen Lyrikers der mittleren Generation, Stanisław Barańczak, verbunden, der für verschiedene Zeitschriften ca. zehn Gedichte von Thomas Bernhard feinfühlig ins Polnische übersetzte. Die in Posen erscheinende Kulturmonatsschrift *Nurt*, in der Barańczak zeitweilig redaktionell engagiert war, veröffentlichte im August 1967 in einer breiteren Präsentation österreichischer Lyrik seine Übersetzung des Gedichts »An H. W.«[5], und ein Jahr später publizierte die gleiche Zeitschrift sieben weitere Gedichte Bernhards in den Übertragungen von Barańczak.

Die Gedichte »Unten liegt die Stadt«, »Beschreibung einer Familie«, »Geburtstagsode«, »Im Tal« und »An H. W.«, deren Übersetzungen Barańczak in *Nurt* und in anderen Zeitschriften (wie *Współczesność*) im Vorabdruck veröffentlichte, wurden 1972 in die erste in polnischer Sprache edierte Anthologie österreichischer Lyrik, *W błękicie kształt swój odmalować*, übernommen.[6] Diese Anthologie ist bis jetzt die einzige Buchpublikation in Polen, die Gedichte von Bernhard enthält.

Die polnische Literaturkritik hat bis auf eine Ausnahme keine Notiz von den Gedichten Thomas Bernhards genommen; die Ausnahme bildet die Monographie zum Thema *Die Problematik der Abrechnung in der österreichischen Gegenwartslyrik* (1974)[7]. Im Abschnitt »Existentialismus als Vorwarnung« wird auf zwei Seiten über Bernhards lyrische Stellungnahme zur unbewältigten Vergangenheit berichtet. Das Buchkapitel, in dem auch auf die Lyrik von Bachmann, Kräftner, Busta und Fried eingegangen wird, enthält unter anderem eine Inhaltsanalyse des Gedichts »Im Tal«.

3. Der Prosaschriftsteller

Es war bereits laut um Thomas Bernhard in Polen geworden, in die repräsentative Prosaanthologie *tu felix Austria* (1973) war seine Erzählung *Die Mütze*[8] aufgenommen worden, die polnischen Literaturhistoriker Norbert Honsza und Karol Sauerland hatten ausführliche Essays über den kontroversen Dichter publiziert, als sich endlich im Jahr 1979 der in Posen ansässige Verlag Wydawnictwo Poznańskie entschloß, Bernhards ersten Roman, *Frost*[9], auf den polnischen Büchermarkt zu bringen. Für die Übersetzung sorgte Polens renommiertester Übersetzer, Sławomir Błaut, und das Buch wurde zudem noch mit einem instruktiven Nachwort des Posner Germanisten Hubert Orłowski versehen. Der Verlag setzte die Auflage auf 10.000 Exemplare fest, und sie war in kürzester Zeit vergriffen. Das Echo war allgemein positiv, die polnische Literaturkritik reagierte auf Bernhards Erstlingsroman mit vier kompetenten und durchaus anerkennenden Rezensionen, von denen die eindringlichste aus der Feder des Breslauer Germanisten Zbigniew Światłowski stammte. Seine in der Monatsschrift *Odra*[10] publizierte Besprechung des Romans schließt ihn vor allem mit den Kategorien der Existentialphilosophie auf (die Krankheit zum Tode), zugleich versucht der Rezensent, Bernhards narrative und stilistische Innovationen auch positiv einzuschätzen.

Der vom Warschauer Verlag PIW unternommene Versuch, die Erzählung *Amras* zu veröffentlichen, scheiterte vorerst an der Unmöglichkeit, einen geeigneten Übersetzer für dieses Werk zu finden. Inzwischen, 1980, war es aber dem Krakauer Verlag Wydawnictwo Literackie gelungen, in einer preiswerten Taschenbuchreihe Bernhards Kurzroman *Watten* in der Übersetzung von Gabriela Mycielska dem polnischen Leser zugänglich zu machen. Auch diesmal war die Auflage, die 10.000 Exemplare betrug, binnen kurzer Zeit vergriffen. Zwei wohlwollende Presserezensionen, darunter die von Anna Bronżewska in *Nurt*[12], begleiteten diese überaus gelungene Verlagsinitiative.

1981 spitzte sich die politische Situation in Polen aufs äußerste zu, was auch verhängnisvolle Auswirkungen auf die Buchpublikation haben sollte. Aus wirtschaftlichen und politischen Gründen wurden damals sämtliche Verlagsprojekte erheblich reduziert. Diesen Kürzungen fiel vor allem die Übersetzungsliteratur zum Opfer. Trotz dieser schwierigen Umstände gelang es 1983 dem Warschauer Verlagshaus Czytelnik, sogleich zwei Romane der autobiographischen Reihe von Bernhard zu veröffentlichen. Erst *Der Atem*[13] und dann *Der Keller*[14], beide übertragen von Sława Lisiecka. Den Versuch, Bernhards ersten Roman aus dieser Reihe, *Die Ursache*, herauszugeben, hatte der Verlag wegen der darin enthaltenen Kritik am Katholizismus aufgegeben. Der gleiche Verlag veröffentlichte hingegen im Jahr 1987 Bernhards Roman *Die Kälte*[15], ebenfalls in der Übersetzung von Sława Lisiecka, und hatte somit wenigstens teilweise die autobiographische Reihe abgerundet. Daß sich die Romane gut verkauft haben, belegt nicht zuletzt die Auflagenhöhe, die in allen drei Fällen 20.000 Exemplare erreichte.

In dieser Zeit beschäftigte sich die polnische Literaturkritik nur wenig mit fremden Literaturen, daher gab es auch nur vereinzelte Reaktionen auf Bernhards autobiographische Schriften. Die einzige umfangreiche Besprechung erschien relativ spät in der bereits mehrmals zitierten Zeitschrift *Nurt* (1989); Aleksandra Łukomska-Woroch unternahm in einem kulturgeschichtlich angelegten Essay mit dem Titel »Die literarische Autobiographie Bernhards«[16] eine kritische Analyse des Romanzyklus. Die Posner Kritikerin suchte nach einer existentialistischen Begründung dieser Autobiographie und befragte den Text nach seinen Motiven, um diese in einem breiteren literarhistorischen Kontext auszuwerten. Der Essay verbindet geschickt vielschichtige Informationen über Bernhards Schaffen mit einer prinzipiellen Polemik in bezug auf seine innere Haltung.

Die achtziger Jahre bringen noch zwei weitere Prosawerke Bernhards an die literarische Öffentlichkeit Polens. Im Jahr 1981 erschien in Form eines Privatdrucks ein Kunstband, in dem *Ereignisse*[17] von Thomas Bernhard mit den Graphiken von Zbigniew Janeczek konfrontiert werden. Das Büchlein, das in Łódź in einer Liebhaberreihe erschienen ist, wurde in 100 Exemplaren veröffentlicht und enthielt neben der Übersetzung von Sława Lisiecka auch den deutschen Originaltext.

Aus diesem Überblick der Prosaveröffentlichungen Bernhards in Polen geht deutlich hervor, daß sich für seine Prosa verschiedene, meist renommierte Verlage in Warschau, Posen, Łódż und Krakau interessierten, und daß es unter den namhaften Übersetzern inzwischen einige gibt, die sich auf Bernhard-Übersetzungen spezialisiert haben, etwa Sława Lisiecka, die für ihre Übersetzungen sogar den Preis des Deutschen Polen-Instituts in Darmstadt bekommen hat. Dieser erlesenen Übersetzerreihe schließen sich 1986 noch zwei Schriftsteller aus Breslau an, die sich der beinbrechenden Aufgabe, *Das Kalkwerk*[18] ins Polnische zu übersetzen, angenommen haben. Die Aufgabe ist wegen der ungewöhnlichen Sprachstruktur des Romans besonders schwierig. Der Autor operiert hier sehr bewußt mit der für den polnischen Sprachgebrauch untypischen Form des Konjunktivs. Da der Konjunktiv in diesem Werk neben seiner üblichen sprachkommunikativen Rolle auch zur Bedeutungsebene des Textes gehört, ist der sorgfältige Umgang mit dieser Form für das Gelingen der Übersetzung von eminenter Bedeutung. Die polnischen Übersetzer, Ernest Dyczek und Marek Feliks Nowak, legten dem Verlag Wydawnictwo Literackie eine künstlerisch durchaus beachtenswerte polnische Fassung des *Kalkwerks* vor, die viele textimmanente stilistische Komplikationen auf bravouröse Weise löst. Eines ist den polnischen Übersetzern jedoch nicht gelungen: Sie fanden im polnischen Wortschatz keinen entsprechenden Begriff für »Kalkwerk«, sodaß der Roman in Polen unter dem etwas verfremdend wirkenden deutschen Titel *Kalkwerk* erschienen ist, der demjenigen, der den Text nicht kennt, von sich aus nicht viel sagen dürfte.

Die Übersetzung und der Roman wurden von der Kritik und von den polnischen Bernhard-Liebhabern wohlwollend aufgenommen und sollten bald eine überraschende Nachwirkung in theatralischer Form erfahren. Um das Bild der Prosarezeption Bernhards in Polen abzurunden, muß man noch ergänzend hinzufügen, daß eine 1980 erschienene Anthologie moderner österreichischer Prosa Bernhards berühmte Erzählung *An der Baumgrenze* in den Mittelpunkt der durchaus repräsentativen Sammlung stellte.

Das Prosawerk von Thomas Bernhard ist wahrscheinlich noch nicht ausreichend übersetzt, um dem literarisch interessierten Leser einen globalen Überblick über ihre Bedeutung zu bieten. Es ermöglicht aber mit Sicherheit einen guten Einstieg in die faszinierende Romanwelt des österreichischen Autors.

4. Der Dramatiker

Noch bevor Bernhards erster ins Polnische übersetzter Roman seine Leser erreicht hatte, war der Autor der literarischen Öffentlichkeit als Dramatiker bekannt. Zur Spezifik des polnischen Literaturbetriebs gehört die Tatsache, daß die Werke der modernen Dramatiker nur selten in isolierter Buchform erscheinen, dafür aber in der vorrangig dem Theater gewidmeten literarischen Monatsschrift *Dialog* vollständig abgedruckt werden. In dieser Hinsicht scheint der regelmäßig seit 38 Jahren erscheinende *Dialog* ein Phänomen auf dem europäischen Literaturmarkt zu sein. Durch seine Vermittlung haben die polnischen Leser Hunderte von Dramentexten repräsentativer polnischer und ausländischer Autoren des 20. Jahrhunderts kennengelernt. Die österreichische Dramenkunst hatte an dieser Zeitschrift einen durchaus zahl- und qualitätsmäßig respektablen Anteil. Das Spektrum dieses österreichischen Anteils am *Dialog* reichte von Schnitzler, Musil, Canetti, Horváth bis Handke, Bauer und Turrini.

In dieser für die Vermittlung der europäischen Dramenkunst hochverdienten Monatsschrift erschienen seit 1974 sechs hervorragend ins Polnische übersetzte Dramentexte von Thomas Bernhard. Das siebente in polnischer Sprache vorliegende Stück wurde ebenfalls durch eine Zeitschrift vermittelt, nämlich durch das literarische Magazin *Literatura na świecie*, das sich hauptsächlich mit der Popularisierung der Weltliteratur in Polen befaßte. Die Monatsschrift *Dialog* erfüllt im literarischen Leben Polens eine doppelte Funktion: Zum ersten hat sie die Aufgabe, über die neuesten Ereignisse auf dem Gebiet der Dramenkunst zu informieren, enthält deshalb neben dem Textteil auch einen Essayteil, in dem übrigens mehrmals über den Dramatiker Bernhard berichtet wurde; zum zweiten setzen sich die Herausgeber dieser Zeitschrift, durchweg renommierte polnische Theaterwissenschaftler, zum Ziel, durch den Abdruck von komplexen Dramentexten die Intendanten und Regisseure der polnischen Theater zu Bühnenaufführungen der gedruckten Stücke anzuregen. Auf diesem Weg gelangten auch einige Stücke von Thomas Bernhard auf die polnischen Bühnen.

Bevor es zur Aufführung im Theater kam, konnte man Bernhards Stücke also im *Dialog* lesen. Das erste in polnischer Sprache veröffentlichte Stück war *Der Ignorant und der Wahnsinnige*[20], das in Deutschland 1972 erschienen ist und bereits im Mai-Heft des Jahres 1974 in polnischer Übersetzung abgedruckt wurde. Das Besondere an dieser Publikation ist die Tatsache, daß der Übersetzung nicht das Original, sondern die englische Fassung zugrunde lag. An der Übersetzung – sie wurde von dem angesehenen polnischen Theaterwissenschaftler und Anglisten Grzegorz Sinko besorgt – ist an sich fachlich nichts auszusetzen, sie ist sprachlich exzellent und zudem noch durchaus bühnenfähig. Die nächsten Stücke Bernhards hatte dann der *Dialog* schon aus der Originalsprache übersetzen lassen. So erschienen der Reihe nach: 1980 *Vor dem Ruhestand*[21], 1981 *Der Weltverbesserer*[22], 1985 *Der Schein trügt*[23], 1987 *Abschied von Bochum, Ankunft in Wien*[24], alle in zuverlässigen Übersetzungen, für die Danuta Żmij-Zielińska, ein Redaktionsmitglied der Monatsschrift, sorgte. Die Hefte, in denen Bernhards Stücke gedruckt wurden, enthalten darüber hinaus im Informationsteil meist Kurzberichte über Bernhards Dramenkunst und über die erfolgreichen Aufführungen seiner Stücke im Ausland. Diese Informationen werden von der Redaktion aufgrund ausländischer Quellen rekonstruiert und sind entweder anonym oder nur mit den Anfangsbuchstaben der Namen des entsprechenden Redakteurs signiert.

Im Februar 1990 erschien im *Dialog* Bernhards *Theatermacher*[25] in einer, wie die Kritik bestätigte, beinahe kongenialen Übersetzung von Jacek St. Buras, die sich später auf der polnischen Bühne bewährt hat. Der

Dialog war übrigens die einzige polnische Literaturzeitschrift, die im Juni 1989 einen ausführlichen Nachruf auf Thomas Bernhard brachte.[26]

Bei der Analyse der Rezeption der Theaterstücke Bernhards in Polen darf man die Publikation von *Ein Fest für Boris*[27], das 1975 in *Literatura na świecie* in der Übersetzung von Barbara L. Surowska und Karol Sauerland erschienen ist, nicht außer acht lassen. Das Sonderheft dieser Zeitschrift ist der deutschsprachigen Literatur gewidmet, und Thomas Bernhard steht dort neben Robert Walser im Mittelpunkt der Betrachtung. Sein Stück wird von gleich zwei instruktiven Essays umrahmt, dem Beitrag von Karol Sauerland[28] zur Eigenart der Literatur von Bernhard und dem Bericht von Janina Zapaśnik[29] über die österreichischen und deutschen Aufführungen von *Ein Fest für Boris* in der Regie von Erwin Axer.

Der soeben erwähnte polnische Regisseur Erwin Axer hatte sich nicht nur im Ausland, wo er als Konkurrent zu Claus Peymann galt, um Inszenierungen von Bernhard-Stücken verdient gemacht. Auch die Theaterbesucher von Warschau haben ihm unvergeßliche Begegnungen mit der dramatischen Kunst Bernhards zu verdanken. In den einleitenden Worten zu diesem Rezeptionsüberblick wurde nicht rein zufällig auf die kulturgeschichtliche Nähe der polnischen und österreichischen Literatur hingewiesen, deren Quellen u. a. im Kulturphänomen Mitteleuropa zu suchen sind. Die Theaterkunst von Erwin Axer, der erfolgreich und feinfühlig Bernhards Stücke, darunter *Ein Fest für Boris* 1973 in Wien und 1976 in Warschau, inszenierte, ist ein indirekter Beweis dafür, daß man über die Erschließung gemeinsamer mitteleuropäischer Kulturzeichen den Zugang zum kollektiven Bewußtsein in verschiedenen Ländern dieses Raums finden kann. *Ein Fest für Boris* wurde auf der von Axer geleiteten Bühne des Teatr Współczesny aufgeführt und von der professionellen Theaterkritik in Polen insgesamt positiv aufgenommen. Rezensionen in zuverlässigen Kulturzeitschriften, darunter in der Fachzeitschrift *Teatr*[30] und in der kulturpolitischen Wochenzeitung *Polityka*[31], waren durchaus sachlich ausgerichtet und in ihren Schlußfolgerungen befürwortend. Man lobte die Regie und die Schauspielkunst und brachte auch Verständnis für die Problematik des Stückes auf.

Erwin Axer war es auch, der als Regisseur für den zweiten, diesmal überragenden Erfolg des Bühnenautors Thomas Bernhard in Polen sorgte. Seine Aufführung des Stückes *Der Theatermacher* im Warschauer Teatr Powszechny im Frühjahr 1990 wurde besonders wegen der großen Rolle von Tadeusz Łomnicki, einem der besten polnischen Schauspieler des 20. Jahrhunderts, gerühmt. Die wie auf Łomnicki zugeschnittene Rolle des Bernhardschen Theatermachers ist bereits als etwas Einmaliges und Außergewöhnliches in die Geschichte des polnischen Theaters eingegangen. Die zahlreichen begeisterten Kritiken konzentrierten sich allerdings mehr auf die Kreation Łomnickis als auf die Auswertung des Stückes von Bernhard, das hier eher als geeignete Vorlage für die übrigens letzte große Rolle des hervorragenden Schauspielers behandelt wurde. Mit Łomnickis Rolle waren die kreativen Möglichkeiten der polnischen Schauspieler jedoch keineswegs erschöpft. Dies beweist eine Neuaufführung des *Theatermachers* 1993 am Stadttheater in Breslau unter der Regie von Maciej Wojtyszko, mit dem angesehenen Breslauer Schauspieler Igor Przygrodzki in der Hauptrolle. Auch diese Aufführung wurde vom polnischen Fernsehen übernommen.

Als wahres theatralisches Ereignis in Polen, das sehr eng mit der Literatur von Thomas Bernhard verbunden ist, könnte man die Inszenierung des *Kalkwerks* im Krakauer Teatr Stary im November 1992 bezeichnen. Der Adaption und Regie dieses als Roman in Polen bereits bekannten Werkes hatte sich Krakaus unkonventioneller Theatermacher Krystian Lupa angenommen. Die Theaterkunst von Krystian Lupa ist seit einigen Jahren auf Inszenierungen österreichischer Autoren ausgerichtet. Lupa hatte dem Krakauer Theaterpublikum schon seine eigene Bühnenbearbeitung des *Malte*-Romans von Rainer Maria Rilke vorgeführt, und seine Inszenierung des Stückes *Die Schwärmer* von Robert Musil fand landesweite Anerkennung und wurde auch vom polnischen Fernsehen ausgestrahlt.

Lupa hatte um die Erlaubnis der Bühnenadaption des Romans noch zu Bernhards Lebzeiten beim Autor angesucht; dieser hatte jedoch den Vorschlag mit dem Hinweis abgelehnt, er sei selber dabei, eine Bühnenfassung seines Romans vorzubereiten. Zur ersten Aufführung von Lupas *Kalkwerk* kam es schließlich bei den mitteleuropäischen Theaterfestspielen im italienischen Cividale im Juni 1992. Diese Inszenierung löste eine Begeisterung bei den dort versammelten Theaterleuten aus, somit war auch der Erfolg in Polen gewissermaßen vorprogrammiert. Lupa beweist, daß er sich sehr überzeugend in die eigenartige Welt von Thomas Bernhard einfühlen und die dort verbalisierten Komplexe der Menschen des 20. Jahrhunderts in Theaterbilder umsetzen kann. Seine Dramatisierung der Prosa von Bernhard ist eine intellektuelle Provokation, und als solche wurde sie auch in der Rezension der größten polnischen Tageszeitung, *Gazeta Wyborcza*[32], angekündigt. Der Herausgeber der Fachzeitschrift *Teatr*, Andrzej Wanat[33], zählte diese *Kalkwerk*-Dramatisierung jedenfalls zu den wichtigsten kulturellen Ereignissen der Theatersaison 1992 in Polen.

Zugegeben, die Aufführungen der Stücke von Thomas Bernhard sind in Polen, so wie auch in vielen anderen Ländern außerhalb Österreichs, keine überwältigenden Publikumserfolge, sondern zielen unmittelbar auf ein Publikum ab, das den hohen intellektuellen Ansprüchen, die Bernhard an seine Rezipienten stellt, auch gewachsen ist. Der Dramatiker Thomas Bernhard hat inzwischen auch in Polen mit Sicherheit seine Theatergemeinde gefunden. Die äußerst hohe Einschätzung der Aufführungen seiner Stücke durch die sehr anspruchsvolle polnische Theaterkritik beweist dies.

5. Thomas Bernhard in der polnischen Germanistik

Die polnische Germanistik hatte das literarische Schaffen von Thomas Bernhard relativ früh registriert. Literaturwissenschaftler, die oft auch als Berater großer staatlicher Verlage tätig waren, haben bereits in den sechziger Jahren auf den damals noch wenig bekannten österreichischen Nachwuchsdichter aufmerksam gemacht. In der Folge wurden Texte Bernhards in repräsentative Anthologien und Verlagsprojekte aufgenommen. Auf diese für die breite literarische Öffentlichkeit unsichtbaren germanistischen Aktivitäten folgten auch bald zuverlässige Publikationen in der literarischen Presse. Ein aufmerksamer Beobachter der deutschsprachigen Literaturszene, der Breslauer Germanist Norbert Honsza, widmet in seinem 1974 unter dem Titel *Zur literarischen Situation nach 1945 in der BRD, in Österreich und in der Schweiz*[34] veröffentlichten Überblick ein ganzes Kapitel der Prosa Thomas Bernhards. Diese Publikation hatte vor allem einen informatorischen Charakter, zumal sie ja als Handbuch für polnische Germanistikstudenten gedacht war. Honsza rekonstruiert in seinem Aufsatz die Hauptzüge der frühen Prosa von Bernhard, setzt bei *Frost* an, berichtet über *Verstörung* und *Amras* und endet mit einer Besprechung von *Kalkwerk*. Der Breslauer Literaturwissenschaftler sieht in Bernhard einen zeittypischen Autor, der sehr sensibel auf die gesellschaftlichen und geistigen Widersprüche seiner Zeit reagiert.

Da das Buch von Honsza als wichtige Informationsquelle zur gesamten deutschsprachigen Literatur galt, hatte sich der Verlag Śląsk in Kattowitz entschlossen, auch eine polnische Fassung auf den Markt zu bringen.[35] Sie löste in der polnischen Presse eine heftige Auseinandersetzung aus, die sich aber nicht gegen die Darstellung der Literatur von Thomas Bernhard richtete. Das von Norbert Honsza 1980 publizierte akademische Handbuch *Deutschsprachige Literaturgeschichte der Gegenwart*[36] enthält in dem Kapitel »Der große Einzelgänger« ebenfalls eine Analyse des Prosawerks; neben den bereits erwähnten Romanen werden auch *Korrektur* und *Die Ursache* sowie einige Erzählungen und Stücke[37] berücksichtigt. Der polnische Germanistikstudent ist mit diesem Bericht über Bernhard an sich gut bedient, es steht ihm darüber hinaus die Gelegenheit frei, seine Informationen zu diesem Autor mit Hilfe des Lehrbuchs *Der westdeutsche Roman 1945–1980*[38] von Zbigniew Światłowski zu erweitern.

Die germanistische Forschung in Polen hat sich in den letzten Jahrzehnten häufig mit dem Werk Bernhards auseinandergesetzt. Unter den Forschern, die sich für Bernhard interessieren, sind besonders Literaturwissenschaftler der jüngeren Generation aktiv. Wir erwähnten hier den Namen Zbigniew Światłowski, die meisten Publikationen zu Bernhard stammen aber von der an der Universität Łódź tätigen Germanistin Anna Bronżewska. Sie war es auch, die 1982 das erste Manuskript einer Dissertation über Thomas Bernhard vorgelegt hatte. Diese in polnischer Sprache geschriebene Abhandlung *Fenomen lęku w prozie Thomasa Bernharda*[39] (Das Phänomen der Angst in der Prosa Thomas Bernhards) erschien 1989 als Buch im Universitätsverlag von Łódź. Die Dissertantin konzentriert sich in ihrer vielseitigen Arbeit auf die Analyse der Kategorie der Angst im Prosawerk Bernhards. Ihrer Auffassung nach ist gerade diese Kategorie eine heteronome Struktur, die das ganze Romanwerk Bernhards weltanschaulich und psychologisch determiniert. Sie versucht in ihren Ausführungen, verschiedene Varianten der Angst bei Bernhard aufzuschlüsseln, spricht also von der existentiellen, der gesellschaftlichen und der psychoanalytischen Ebene dieser Grundkategorie. Das Umsetzen des komplexen Angstbegriffs in ästhetische Kategorien zwecks einer Autotherapie sei das Hauptanliegen der literarischen Produktion von Thomas Bernhard. Um ihre Thesen nachzuweisen, hatte Bronżewska vielseitige gründliche Studien im Bereich der Tiefenpsychologie, der Existenzphilosophie und der Literaturwissenschaft unternommen. Aufschlußreich scheinen besonders die Passagen zu sein, in denen die Autorin Bernhards Komplexe mit den Kategorien des polnischen Tiefenpsychologen und Mediziners Antoni Kępiński zu erklären versucht. Teilaspekte ihrer Bernhard-Studie hatte Bronżewska seit Jahren in mehreren literaturwissenschaftlichen Zeitschriften und Sammelbänden veröffentlicht.[40]

Über Thomas Bernhard haben in Polen gelegentlich noch andere Germanisten gearbeitet, so z. B. der ebenfalls aus Łódź stammende Literaturforscher Marek Ostrowski, der 1982 eine gründliche Strukturanalyse des Romans *Frost* vorlegte.[41] Der Warschauer Germanistik-Professor Karol Sauerland befaßt sich hingegen mit dem Figurenaufbau in Bernhards Dramen und Romanen.[42] Auch in einem 1991 in Posen veröffentlichten Buch über die Hauptprobleme der österreichischen Literatur im 20. Jahrhundert wird Thomas Bernhard als repräsentativer Autor berücksichtigt.[43]

6. Schlußfolgerungen

Thomas Bernhard ist als Buchautor und Dramatiker in der literarischen Öffentlichkeit in Polen seit knapp dreißig Jahren präsent und heute allgemein bekannt. Er selbst war als Tourist und später als eingeladener Schriftsteller in Polen zu Gast. Seine Lesung aus *Korrektur* im Österreichischen Kulturinstitut in Warschau im Jahre 1976 war als persönlicher Erfolg des Dichters anzusehen. Die Gesamtauflage seiner Bücher in polnischer Übersetzung hat inzwischen 100.000 Exemplare überschritten. Mit einer solchen Resonanz können in Polen nur wenige so »hermetische« Dichter wie Thomas Bernhard rechnen. Nach dem Zusammenbruch des kommunistischen Staates in Polen hat bei den jetzt marktwirtschaftlich orientierten Verlagen das Interesse an seinem Werk allerdings deutlich nachgelassen. Die intellektuelle Elite des Landes steht aber, wie die erfolgreichen Theateraufführungen zeigen, weiterhin unter dem starken Eindruck der geistigen Qualität der Bernhardschen Denkweise. Seine Position in der germanistischen Literaturforschung wird zunehmend bedeutender. Man sieht in Bernhard einen modernen Schriftsteller, der in Österreich Fragen stellt, mit denen man sich hierzulande durchaus identifizieren kann.

Anmerkungen

[1] Vgl. Krysztofiak, Maria: Kulturgeschichtliche Nähe. Österreichische Literatur in Polen. In: Kneip, Heinz und Orłowski, Hubert (Hg.): Die Rezeption der polnischen Literatur im deutschsprachigen Raum und die der deutschsprachigen in Polen 1945–1985. Darmstadt: Deutsches Polen-Institut 1988, S. 373–386.
[2] Bernhard, Thomas: Młody pisarz. Übersetzt von Maria Wisłowska. In: Twórczość, Heft 8, Warszawa 1965, S. 62–64.
[3] Bernhard: Wiosna czarnego kwiecia. Mój pradziad handlował smalcem. Zmęczony. Übersetzt von Maria Kuryluk. In: Kultura, Heft 39, Warszawa 1965, S. 2.
[4] Bernhard: Za drzewami jest inny świat. Übersetzt von Maria Kuryluk. In: Życie literackie, Heft 38, Kraków 1965, S. 1.
[5] Bernhard: An H. W. In: Nurt, Heft 7, Poznań 1967, S. 34.
[6] Kaszyński, Stefan H. (Hg.): W błękicie kształt swój odmalować. Anthologie österreichischer Gegenwartslyrik. Poznań: Wydawnictwo Poznańskie 1972. Dort Gedichte von Th. B. in der Übersetzung von Stanisław Barańczak: Tam w dole leży miasto; Opis pewnej rodziny; Do H. W.; W dolinie, S. 257–261.
[7] Kaszyński: Problematyka obrachunku w powojennej poezji austriackiej. Poznań: Wydawnictwo UAM 1974, S. 136–137.
[8] Lichański, Stefan (Hg.): ... tu felix Austria. Anthologie der österreichischen Novelle des 20. Jahrhunderts. Warszawa: PIW 1973. Dort die Erzählung »Czapka« von Th. B. in der Übersetzung von Sławomir Błaut, S. 486–500.
[9] Bernhard: Mróz. Übersetzt von Sławomir Błaut. Nachwort von Hubert Orłowski. Poznań: Wydawnictwo Poznańskie 1979.
[10] Światłowski, Zbigniew: Choroba na śmierć. In: Odra, Heft 2, Wrocław 1981, S. 82–84.
[11] Bernhard: Partyjka. Übersetzt von G. Mycielska. Kraków: Wydawnictwo Literackie 1980.
[12] Bronżewska, Anna: Partyjka. In: Nurt, Heft 1, Poznań 1981, S. 33.
[13] Bernhard: Oddech. Decyzja. Übersetzt von Sława Lisiecka. Warszawa: Czytelnik 1983.
[14] Bernhard: Suterena. Wyzwolenie. Übersetzt von S. Lisiecka. Warszawa: Czytelnik 1983.
[15] Bernhard: Chłód. Izolacja. Übersetzt von S. Lisiecka. Warszawa: Czytelnik 1987.
[16] Łukomska-Woroch, Aleksandra: Literacka autobiografia Thomasa Bernharda. In: Nurt, Heft 11, Poznań 1989, S. 31f.
[17] Bernhard: Zdarzenia/Ereignisse. Übersetzt von S. Lisiecka. Graphik von Zbigniew Janeczek. Łódź: Correspondance des Arts 1981.
[18] Bernhard: Kalkwerk. Übersetzt von Ernest Dyczek und Marek Feliks Nowak. Kraków, Wrocław: Wydawnictwo Literackie 1986.
[19] Kaszyński (Hg.): Czyż jest piękniejszy kraj. Anthologie österreichischer Erzählungen. Warszawa: Czytelnik 1980. Dort die Erzählung »Na granicy lasów« von Th. B. in der Übersetzung von S. Lisiecka, S. 168–178.
[20] Bernhard: Ignorant i szaleniec. Übersetzt von Grzegorz Sinko. In: Dialog, Heft 5, Warszawa 1974, S. 29–60.
[21] Bernhard: Przed odejściem w stan spoczynku. Übersetzt von Danuta Żmij-Zielińska. In: Dialog, Heft 5, Warszawa 1980, S. 38–102.

[22] Bernhard: Naprawiacz świata. Übersetzt von Danuta Żmij-Zielińska. In: Dialog, Heft 4, Warszawa 1981, S. 33–79.
[23] Bernhard: Pozory mylą. Übersetzt von Danuta Żmij-Zielińska. In: Dialog, Heft 12, Warszawa 1985, S. 34–84.
[24] Bernhard: Pożegnanie z Bochum. – Przyjazd do Wiednia. Übersetzt von Danuta Żmij-Zielińska. In: Dialog, Heft 11/12, Warszawa 1987, S. 114–128.
[25] Bernhard: Komediant. Übersetzt von Jacek St. Buras. In: Dialog, Heft 2, Warszawa 1989, S. 25–95.
[26] Żmij-Zielińska, Danuta: Zmarł Thomas Bernhard. In: Dialog, Heft 7, Warszawa 1989, S. 165–167.
[27] Bernhard: Święto Borysa. Übersetzt von Barbara L. Surowska und Karol Sauerland. In: Literatura na świecie, Heft 8, Warszawa 1975, S. 43–111.
[28] Sauerland, Karol: Ucieczka w pustkę i mrok. In: Literatura na świecie, Heft 8, Warszawa 1975, S. 113–118.
[29] Zapaśnik, Janina: Inscenizacje sztuki Thomasa Bernharda »Święto Borysa« w reżyserii Erwina Axera w świetle krytyki austriackiej i RFN-owskiej. In: Literatura na świecie, Heft 8, Warszawa 1975, S. 121–123.
[30] Wanat, Andrzej: Święto Borysa. In: Teatr, Heft 26, Warszawa 1976, S. 6f.
[31] Fik, Marta: Święto Borysa. In: Polityka, Heft 79, Warszawa 1976, S. 10.
[32] Mikos, Marek: Mózg wariata na scenie. In: Gazeta Wyborcza, Nr. 278, Warszawa, 26. 11. 1992, S. 9.
[33] Wanat im Fernsehinterview im Dezember 1992 anläßlich der Verleihung des Polnischen Theaterpreises.
[34] Honsza, Norbert: Zur literarischen Situation nach 1945 in der BRD, in Österreich und in der Schweiz. Wrocław: Wydawnictwo Uniwersytetu Wrocławskiego 1974, S. 133–140.
[35] Honsza: Kształt i struktura. Katowice: Wydawnictwo Śląsk 1975, S. 202–212.
[36] Honsza: Deutschsprachige Literaturgeschichte der Gegenwart. Warszawa: PWN 1980, S. 323–329.
[37] Ebda, S. 347f.
[38] Światłowski, Zbigniew: Der westdeutsche Roman 1945–1980. Rzeszów: Wydawnictwo WSP 1983, S. 272–286.
[39] Bronżewska: Fenomen lęku w prozie Thomasa Bernharda. Łódź: Wydawnictwo Uniwersytetu Łódzkiego 1989.
[40] z. B. Bronżewska: Lęk, miłość i czyszczenie butów. Próba psychologicznej interpretacji motywu miłości w prozie Thomasa Bernharda. In: Acta Universitatis Lodziensis Folia Litteraria, Heft 21/1988, S. 319–332.
Dieselbe: An der Grenze zum Wahn. Motivwandlung in der Bernhardschen Prosa seit den fünfziger Jahren. In: Lengauer, Hubert (Hg.): Abgelegte Zeit. Österreichische Literatur der fünfziger Jahre. Zirkular, Wien 1992, S. 155–164.
[41] Ostrowski, Marek: Zum Landschaftsbild im Roman »Frost« von Thomas Bernhard. In: Acta Universitatis Lodziensis Folia Litteraria, Heft 6/1982, S. 219–277.
[42] Sauerland, a. a. O.
[43] Kaszyński: Identität. Mythisierung. Poetik. Beiträge zur österreichischen Literatur im 20. Jahrhundert. Poznań: Wydawnictwo UAM 1991, S. 153–155.

Milan Tvrdík

Ein Autor für Germanisten

Bernhard in Tschechien

»Wer ist Thomas Bernhard?« Auf diese Frage bekommt man in Böhmen und Mähren wohl kaum eine ausführlichere Antwort als die, die ein Prager Dramaturg formuliert hat: »Das ist doch der, der die Aufführung seiner Stücke verboten hat.« Diese oberflächliche Auslegung des Testaments von Thomas Bernhard (es ist bei uns kaum bekannt) scheint symptomatisch für die Rezeption seines Schaffens in unserem Land zu sein. Der Gigant der deutschsprachigen Gegenwartsliteratur ist bei uns so gut wie unbekannt; dem Theater, aber auch der Leserschaft, die sich bisher eigentlich nur über eine einzige Übersetzung von Bernhards Prosa freuen konnte.

1984 gab der renommierte Prager Verlag Odeon den dritten Teil der Pentalogie *Der Atem* (tschechisch *Dech*), in der gelungenen Übersetzung von Vratislav Slezák heraus. Das schmale Büchlein aus der Reihe »Malá řada soudobé světové prózy« (Kleine Reihe der zeitgenössischen Weltprosa) ist für die tschechischen Leser die erste Begegnung mit Bernhards Prosawerk. Der Brünner Literaturwissenschaftler und Philosoph Jaroslav Střítecký führte in seinem Nachwort die tschechischen Leser in den autobiographischen Zyklus ein und stellte Querverbindungen zur zeitgenössischen deutschsprachigen Prosa her. Er ging von der Definiton der literarischen Memoiren aus und belegte überzeugend, daß es sich bei Bernhard nicht um diese Gattung handelt, die ihren Wert aus dem objektiv Gültigen persönlich aufgezeichneter Ereignisse bezieht. Im Gegenteil: Bernhards Erinnerungen an Kindheit und Jugend seien asketisch konzentriert ausgedrückte, souverän formulierte literarische Texte.[1] Bernhard unterscheide streng zwischen der Welt seiner Texte und der der ästhetischen Illusion. Der Autor trete sich selbst als beinahe zum Ding herabgesunkener Mensch gegenüber, der sich zu einer neuen Persönlichkeit zusammensetzt. Die Novelle liest sich so als ein Protokoll über den persön-lich erlebten Verlauf der Krankheit. Alles, was die nüchterne Sachlichkeit des beschriebenen Krankheitsprozesses stören könnte – Sentimentalität, freie Assoziation, potentielle Symbolik oder Allegorien – muß aus dem literarischen Text ausscheiden.

Stříteckýs Nachwort, das übrigens die einzige bei uns publizierte Studie zu Bernhards Werk darstellt, enthält auch einige weiterführende Überlegungen. Er wies auf die Tatsache hin, daß die Illusion nach der Ästhetisierung der Politik durch den Faschismus den Anspruch auf Schönheit verspielt hat. In Bernhards Werken werde der (romantische) Konflikt zwischen der schönen Illusion und der nüchternen Wahrheit exemplarisch ausgetragen, ein Kampf der nur zugunsten der Wahrheit entschieden werden kann. Střítecký stellt einen Vergleich mit jenen deutschsprachigen Erzählern an, die sich wie Broch, Hesse oder Th. Mann mit dem Verlust einer Illusion konfrontiert sahen, die in ihrer Welt noch einen Platz gehabt hatte. Auf den Verfall der herkömmlichen Werte reagierten diese Schriftsteller, indem sie dem faschistischen Mythos einen humanistischen entgegenhielten und den Mechanismus der Verführung von innen zu beleuchten suchten; sie unterschieden die mörderische Schönheit des einen von der moralisch reinen des anderen und glaubten damit neue Spielregeln zu entwerfen, in denen alles Schöne, Humane und Gute seinen Platz findet. Die Künstlergeneration der Kriegs- und der ersten Nachkriegsjahre ließ die in eine allumfassende Symbolik eingepferchte Darstellung von Realität hingegen unbefriedigt: Einige von ihnen ließen das erlebte Inferno hinter sich und tauschten ihr Trauma gegen die verlockende Vorstellung von einer neuen Weltordnung ein. Die meisten aber entschlossen sich zu einem Leben und Schreiben in vollem Bewußtsein ihres Traumas. Zu ihnen gehöre auch Thomas Bernhard. In seinen Texten legte er Analysen seiner Beobachtungen vor, reinigte sie von Allegorischem und Symbolischem und vertiefte so sein ewiges Thema: Krankheit und Tod. Seine Werke demystifizieren, und diese Demystifikationen entbehren aller illusionärer Ästhetisierung: ein wesentlicher Unterschied zur existentialistischen Literatur. Bernhards literarische Technik sei als Technik der Isolierung und Erfassung von Fakten, die für sich allein sprechen, zu verstehen. Gestützt habe sich Bernhard auf Gedächtnis und kritische Vernunft, deshalb habe er deskriptiv geschrieben und die schöne Illusion einer Bildsprache abgelehnt.

Die Resonanz auf diese Übersetzung und auf die brillante Darlegung der schöpferischen Methode ist bis zum heutigen Tag vergleichsweise gering. Noch Jahre nach seinem Erscheinen stand das Buch auf den Regalen der Buchhändler, was bei anderen Titeln der westlichen Literatur damals kaum der Fall war. Im Gegensatz zu Handke ist Bernhard bei uns ein Autor für Germanisten geblieben. Warum? Die Ursachen können hier nur vermutet werden. Sind wir noch so sehr mit unserer eigenen, noch kaum bewältigten Realität beschäftigt, daß wir kaum Augen und Ohren für die Probleme unserer Nachbarn haben, auch wenn sie den unsrigen ähneln mögen? Vor der Revolution 1989 war auch stets mit Zensureingriffen zu rechnen. *Der Atem* kam aber problemlos durch.

Ausschlaggebend für diese bescheidene bzw. gänzlich ausgebliebene Rezeption dürfte aber die Tatsache sein, daß die deutschsprachige Literatur bei den tschechischen Intellektuellen seit jeher eine eher untergeordnete Rolle spielt. Das tschechische Geistesleben ist stark von einer Orientierung an der romanischen, vor allem französichen (schon seit den letzten Jahrzehnten der Monarchie), angloamerikanischen (sehr stark seit den sechziger Jahren) und russisch-sowjetischen (seit den neunziger Jahren des vorigen Jahrhunderts, verstärkt und ideologisch bedingt nach 1945) Kunst und Literatur geprägt. Das bis 1945 bestehende tschechische Dilemma der zweifachen Kultur im Land (auf dem Gebiet Böhmens und Mährens war ja eine wichtige deutschsprachige Literatur entstanden, die allerdings von den Tschechen kaum beachtet wurde) schien nach dem Zweiten Weltkrieg endgültig gelöst zu sein. Die Rezeption der deutschsprachigen Kultur und Literatur ging nach dem Zweiten Weltkrieg stark zurück. Mit der Entstehung der DDR wurde die Annäherung an die sozialistische deutsche Literatur ideologisch gefördert, die zwar oft übersetzt, aber (vor allem in den ersten Jahrzehnten) wenig gelesen wurde. Die neuere österreichische Literatur blieb (auch infolge der künstlich genährten, von der Ersten Republik ererbten Überzeugung, mit Österreich verbinde uns nach dem Abschütteln des Habsburgerjochs gar nichts mehr) längere Zeit völlig unbekannt. Erst in den sechziger Jahren »erinnerte« man sich an Broch, Musil, Roth, (Werfel und Kafka zählte und zählt man zur deutschböhmischen, und nicht zur österreichischen Literatur). Durch westdeutsche Vermittlung nahm die tschechische Intelligenz auch Bachmann und Handke zur Kenntnis. Bernhard nahm damals eine Randposition ein und war für die Intellektuellen der »freien« sechziger Jahre nicht besonders interessant (im Gegensatz zu Handke, den man übersetzte und kommentierte). Nach 1970 war es dann zu spät. Die verhärteten Bedingungen, unter denen der Kulturbetrieb zu funktionieren hatte, ermöglichten keine Abweichungen von den dogmatischen Parteibeschlüssen zur marxistischen Auffassung von Kunst und Literatur.

Ähnlich bescheiden ist die Rezeption der Bühnenwerke. Obwohl vier von Bernhards neunzehn Dramen – nämlich *Immanuel Kant*, *Vor dem Ruhestand* (*Před penzí*), *Der Theatermacher* (*Divadelník*), *Heldenplatz* (*Náměstí Hrdinů*) – in tschechischer Übersetzung vorliegen, hat es den Anschein, als existiere einer der wichtigsten Dramatiker der Gegenwart für das tschechische Theater nicht: Bei diesen Übertragungen handelt es sich lediglich um Arbeitsübersetzungen, die der Verlag Dilia in seiner »Informativen Reihe« herausgegeben hat, die also nicht allgemein zugänglich, d. h. käuflich zu erwerben sind. Die »Informative Reihe« ist vorrangig für Dramaturgen und Regisseure gedacht, die sich eine Übersicht über das zeitgenössische Theater verschaffen wollen. Dank ihres halboffiziellen Charakters konnten hier vor der Revolution oft auch Stücke von Autoren erscheinen, die sonst kaum durch die Zensur gekommen wären. Aber als vor vier Jahren alle künstlerischen Hindernisse und ideologischen Voruteile quasi über Nacht abgeschafft wurden, war trotzdem kein erhöhtes Interesse für Bernhards Dramen zu verzeichnen. Es scheint, als ob auf Bernhard »der Fluch der Schwierigkeit« einer experimentellen oder Minderheitenkunst lastete, »was für unsere Theater, die sich Hals über Kopf an die Marktmechanismen im kulturellen Bereich anzupassen versuchen, nicht gerade eine Empfehlung zu sein scheint«, klagt im Artikel »Symposion über das Werk Thomas Bernhards« Jana Patočková, eine Mitarbeiterin des Prager Theaterinstituts: »Daß uns die Angst vor dem Neuen, die wir, uns selbst verteidigend, so oft schon im voraus äußern, um neue Leseerlebenisse bringt, müssen wir natürlich bei Bernhard konstatieren, sobald wir uns in seine Texte einlesen, deren monologische Helden um so dramatischere Kämpfe austragen, je vollkommener das Echo auf sie ausbleibt.«[2]

Um Bernhard bei uns »auf die Beine« zu helfen, beschlossen die Prager Germanisten und Theaterwissenschaftler, ein kleines Kolloquium zu Bernhards Werk zu veranstalten. Die Schirmherrschaft übernahm die Kulturabteilung der österreichischen Botschaft in Prag. Am 4. und 5. Mai 1992 kamen die Referenten und Interessenten in den Räumlichkeiten des Prager Theaterinstituts in der Altstädter Zeltnergasse zusammen. »Das Programm war nicht nur umfangreich, sondern auch ausgesprochen bunt. Es fand keine ›akademisch‹ unverdauliche Konferenz statt, auf der abstrakt theoretisiert worden wäre«, so der Bericht über die Ereignisse des Kolloquiums in der Prager Theaterzeitschrift *Divadelní revue*.[3] Es referierten vier Wissenschaftler, zwei Österreicher, ein Deutscher und ein Tscheche, die in ihren Beiträgen das Schaffen Thomas Bernhards von verschiedenen Gesichtspunkten beleuchteten. Hilde Haider-Pregler vom Institut für Theaterwissenschaft der Universität Wien behandelte Bernhards dramatisches Werk als Reaktion auf den Neorealismus und auf das politische Theater der fünfziger Jahre und wies dabei auf die Zusammenhänge mit dem Wiener Volkstheater hin. Als einzige stellte sie unseren Theaterleuten Bernhards dramatische Texte eher von ihrer theatralischen als literarischen Seite her vor und machte darauf aufmerksam, daß der Autor die Darsteller dazu aufgefordert hat, die Bühnenwirkung der Stücke zu vervollkommnen. Den überzeugenden Beweis für diese These leistete die Schauspielertruppe mit dem bekannten Josef Somr an der Spitze, die am Vorabend der Tagung Bernhards *Der Theatermacher* in einer gelungenen szenischen Lesung aufführte. Sie widerlegte den unter unseren Theaterleuten weit verbreiteten Vorwand, Bernhard sei für das Theater der Umbruchphase einfach zu kompliziert ...

Das dramatische Schaffen behandelte in seinem Beitrag der Verfasser dieser Zeilen, der im Bewußtsein der mangelnden Bernhard-Kentnisse im tschechischen Kontext den inhaltlich-thematischen Bereich in Bernhards Dramen anschnitt und sich dann auf die ins Tschechische übersetzten Stücke konzentrierte. Zwei Beiträge waren Bernhards Prosa gewidmet. Kurt Krolop befaßte sich mit dem Komischen im Roman *Alte Meister*. Martin Huber stellte sich in seinem Referat die Frage, ob man den autobiographischen Roman als ein die Lebensfakten widerspiegelndes Dokument, als einen glaubwürdigen Bericht vom Leben des Autors verstehen oder als eine dichterische Schöpfung akzeptieren soll, für die Realien, Erlebnisse und Fakten bloßes Ausgangsmaterial sind. Aufgrund seiner Analyse kam Huber zu dem Schluß, daß die Pentalogie keine »authentische« Biographie, sondern ein bewußt und sehr geschickt stilisiertes Werk ist, in dem es nicht vordergründig um die Darstellung des konkreten Lebens, sondern um die Erfassung der Potentialitäten des Lebens geht (vgl. Martin Hubers Beitrag in diesem Band).

Die Veranstalter hatten sich ursprünglich mehr von ihrer Initiative versprochen. Die Resonanz war zwar begeistert, entsprach aber keineswegs den aufgebrachten Mühen. Im Grunde hatte sich in Sachen Bernhard nichts Wesentliches ereignet. Wie zuvor scheuten die Verleger den vermutlich bescheidenen Absatz von Bernhards Büchern, und wie zuvor wandten sich die Theater »leichteren«, populäreren Stücken zu, die Germanisten, Übersetzer und Theaterleute geben trotzdem die Hoffnung nicht auf. *Alte Mei-*

ster geriet unlängst ins Blickfeld der Intellektuellen, eine Übersetzung ist in Vorbereitung, es fehlt nur noch der Verleger. Thomas Bernhard wartet bei uns immer noch auf seine Entdeckung.

Anmerkungen

[1] Bernhard, Thomas: Dech. Prag: Odeon 1984, S. 94.
[2] Zprávy Divadelního ústavu, březen 1992, Prag 1992, S. 54.
[3] Šormová, Eva: Sympozium o Thomasu Bernhardovi. In: Divadelní revue, Nr. 3, Prag 1992, S. 59.

Maria Kajtár

Eine trotz allem vertraute Welt
Zur Rezeption in Ungarn

Thomas Bernhard zählt neben Peter Handke zu den in Ungarn am besten bekannten Autoren der zeitgenössischen österreichischen Literatur. Bisher sind fünf seiner größeren Prosatexte, etwa ein Dutzend Erzählungen und einige Dramen und Dramolette auf ungarisch erschienen; sie fanden bei Literaturkritik und Literaturwissenschaft zunächst nur vereinzelte, dann allmählich zunehmende Beachtung. Zu den auffälligen Erscheinungen der ungarischen Thomas-Bernhard-Rezeption zählt darüber hinaus die Tatsache, daß nicht wenige ungarische Schriftsteller – bewußt oder unbewußt – an sein Werk anzuschließen bzw. in einer Gedankenwelt zu arbeiten scheinen, die mit der seinen eng verwandt ist.

Betrachten wir zunächst den naheliegendsten und offensichtlichsten Aspekt der Rezeption, die ungarischen Ausgaben der Werke Bernhards, wobei wir uns ohne den Anspruch auf Vollständigkeit auf die wichtigsten Werke beschränken (vgl. Bibliographie am Ende des Beitrags[1]). Bernhards erster Roman, *Frost,* erschien 1974, also elf Jahre nach dem Erscheinen des Originals, in der Reihe *Modern Könyvtár* (Moderne Bibliothek) des Európa Verlages, und zwar in der Übertragung des außergewöhnlichen Schriftstellers, Dichters und Übersetzers Dezső Tandori. Diese heute noch bestehende Reihe macht es sich zur Aufgabe, die bemerkenswertesten und experimentierfreudigsten Autoren der Weltliteratur zu publizieren; ihre Leserschaft setzt sich im wesentlichen aus Intellektuellen und Studenten zusammen, einer kleinen, aber beständigen, anspruchsvollen und gebildeten Leserschicht. Es war ebenfalls dem Európa Verlag zu verdanken, daß das ungarische Publikum schon in den Jahren davor auf Bernhard aufmerksam wurde: 1971 und 1973 waren einige Erzählungen in der alljährlich erscheinenden Anthologie *Égtájak* (Himmelsrichtungen) publiziert worden. Damit signalisierte der Verlag zweierlei: zum einen, daß es sich um Weltliteratur handelt, und zum anderen – durch seine vorsichtige Beschränkung auf Erzählungen, obwohl zu dieser Zeit bereits einige großangelegte Prosawerke Bernhards vorlagen –, daß es ein riskantes Unterfangen war, Bernhard in Ungarn zu verlegen. Riskant freilich nicht in geschäftlicher Hinsicht: Es interessierte damals niemanden, ob ein Buch in dem – in Begriffen der Planwirtschaft – programmgemäß funktionierenden Verlag mit einer jährlichen Auflage von 200.000 Exemplaren und enormer staatlicher Unterstützung geschäftlichen Nutzen abwarf oder nicht. Riskant war vielmehr das Wagnis, dem ungarischen Leser derart düstere, pessimistische, entmutigende und »dekadente« Werke zuzumuten. Der Európa Verlag schien jedenfalls nach der Herausgabe von *Frost* eine Zeitlang die Meinung vertreten zu haben, daß eine Publikationspause angebracht sei. *Das Kalkwerk* erschien, ebenfalls in einer Übersetzung von Dezső Tandori, 1979 in einem anderen Verlag. Diesen beiden Romanen folgten unmittelbar keine weiteren Veröffentlichungen, der nächste Band sollte erst 1987 herauskommen. Zwischen 1971 und 1979 wurden vor allem in der Zeitschrift für Weltliteratur *Nagyvilág* (Große Welt) mehrere Dramen und Erzählungen von Bernhard veröffentlicht.

1987 erschien nach längerer Unterbrechung wieder eine Einzelpublikation, und zwar eine Anthologie aus den Erzählungen in der Auswahl von Miklós Györffy, der auch das Nachwort verfaßte und für die Übersetzung mitverantwortlich zeichnet. Thomas Bernhards Tod 1989 fiel mit den politischen Veränderungen in unserem Land zusammen, die sich in gewisser Hinsicht auf die Publizierung seiner Werke sogar positiv auswirkten. Zwischen 1990 und 1992 erschienen drei selbständige Bände: *Wittgensteins Neffe* und *Der Untergeher* bei den noch immer unter staatlicher Leitung stehenden Verlagen Magvető und Európa, und *Ein Kind,* der letzte bzw. erste Teil von Bernhards autobiographischer Pentalogie, bei einem kleinen Privatverlag, der für 1993 die Herausgabe der weiteren Teile der Pentalogie plant.

Neben diesen Prosawerken erschienen auch einige wenige Theaterstücke, die, sofern sie zur Aufführung gelangten, ohne großes Aufsehen durchfielen. Dabei spielte unter Umständen auch die unglückliche Auswahl der Stücke eine Rolle; *Ritter, Dene, Voss,* das mit unverändertem Titel aufgeführt wurde – man entschied sich dafür, die Namen der Burgschauspieler doch nicht durch die der ungarischen Darsteller zu ersetzen –, löste beim ungarischen Theaterpublikum, auch wenn es möglicherweise an Bernhards Texten durchaus interessiert war, allem Anschein nach keinerlei Assoziationen aus. Auch das auf die Person Claus Peymanns anspielende Stück *Der Theatermacher*, welches in einer Übersetzung von István Eörsi vorliegt, blieb ohne Echo; das ungarische Publikum verstand die bittere

Tragikomik des Stückes nicht, da es eine nach wie vor unzureichende Kenntnis österreichischer Realien hat: es weiß nicht, was »der Steinhof« ist und daß Peymanns Experimente mit dem konservativen Wiener Theater, der Zahl von Protesten und Sympathieerklärungen nach zu urteilen, beinahe eine Staatskrise ausgelöst hätten. Die Wogen dieses Sturms reichten natürlich nicht bis Budapest.

Soweit das annähernd vollständige Verzeichnis der auf ungarisch erschienenen Werke Bernhards. Das ist einerseits wenig, wenn wir Bernhards heute schon unbestreitbare Bedeutung für die Weltliteratur betrachten, andererseits aber auch viel, sofern wir das Umfeld seiner Rezeption in Ungarn, nämlich die Situation der Medien, und nicht zu vergessen die Verlagspolitik, in Betracht ziehen. Sein Name war schon 1966 im Bewußtsein der literarischen Öffentlichkeit aufgetaucht – damals erschien erstmals eines seiner Gedichte in der Zeitschrift *Nagyvilág* –, und es dauerte einige Zeit, bis die ungarische Germanistik auf ihn aufmerksam wurde und die Lektoren der ungarischen Verlage sowohl Verlagsvorstand als auch Publikum von den literarischen Qualitäten der Texte Bernhards überzeugen konnten. Den Umständen entsprechend flexibel zeigte sich hingegen der Európa Verlag, der in unserem Zusammenhang an erster Stelle zu nennen ist, was wir seinem ehemaligen, besonders gut unterrichteten Lektor Miklós Györffy zu verdanken haben: Thomas Bernhard, ein für den durchschnittlichen Leser schwer verständlicher, für viele eher abstoßender als interessanter Schriftsteller, der sich nirgends einreihen ließ, mußte nämlich durch ein Organ publiziert werden, das sich immer noch dem Ideal eines auf der marxistischen Ästhetik basierenden Realismus, wenn nicht gar dem »sozialistischen« Realismus verschrieben hatte: der Verlagsvorstand bzw. die die Herausgabe überwachenden Einrichtungen setzten sich aus der Hauptdirektion für Verlagswesen des Kulturministeriums und der Kulturabteilung des Zentralkomitees der kommunistischen Partei zusammen. Obwohl Bernhard gegen die Tabus des damaligen Ungarn (z. B. Kommunismus, Sowjetunion, DDR) nur selten, dann aber um so energischer zu Felde zog, stießen seine nichts bemäntelnde Offenheit, seine tödliche Ironie und sein immer vorhandener Widerspruchsgeist bei den Vertretern der offiziellen Kulturpolitik auf offene Ablehnung. In den frühen sechziger Jahren, zu der Zeit also, als in den Gefängnissen die »Vergeltungsmaßnahmen« gegen die an der Revolution 1956 Beteiligten noch anhielten, konnten Werke der modernsten französischen und amerikanischen Autoren durchaus erscheinen. Weniger aktiv war das ungarische Verlagswesen auf dem Gebiet der deutschsprachigen Literatur – man beschränkte sich darauf, Lücken zu schließen –, da man sich noch immer nicht von der hemmenden Vorstellung der Nachkriegszeit befreit hatte, es handle sich um die Literatur eines schuldig gewordenen Volkes. Allmählich erschienen jedoch auch die zuvor vernachlässigten deutschen und österreichischen Klassiker sowie die immer bekannter werdenden Zeitgenossen, etwa Böll und Grass.

Als Bernhard schließlich doch verlegt wurde, schrieb man den Anfang der siebziger Jahre, und Ungarn spielte die Rolle der »muntersten Baracke« innerhalb des sozialistischen Lagers. Für Literatur und Kultur bedeutete dies, daß man die Publizierung von Werken aus dem Westen, die zu diesem Image paßten, zuließ, wenn auch nicht gerne. Es bedeutete auch, daß man in Ungarn freier atmen konnte; es herrschte keine Zensur (die es allerdings trotzdem gab, vor allem als Selbstzensur, bisweilen auch in anderer Form), es durfte theoretisch alles veröffentlicht werden, was durch die Praxis auch bestätigt wurde.

Ab dieser Zeit erschienen Werke der österreichischen Literatur der Zwischenkriegszeit: Musil, Broch, Karl Kraus und auch die neuen »experimentellen« Autoren, zunächst meist in verschiedenen Anthologien. In diese Konzeption paßte auch Bernhard, der im Vergleich zu anderen Autoren überdurchschnittlich intensiv rezipiert wurde: öfter als er erschien nur Handke mit einem eigenständigen Band. Die bedeutenden Autoren der »experimentellen« österreichischen Literatur, Bauer, Jonke, Artmann, Wiener, Rosei etc. sind im Bewußtsein der literarischen Öffentlichkeit und im Verlagswesen viel weniger präsent. Das gilt besonders für die Zeit Ende der achtziger, Anfang der neunziger Jahre, als die Verlage freier arbeiten konnten und nacheinander drei Werke von Bernhard herausbrachten. Während es jedoch früher nicht gezählt hatte, ob ein Buch Gewinn abwarf, unterlagen die von politischem Druck befreiten Verlage nun dem Diktat des Geldes. Bernhard in Ungarn zu publizieren, bedeutete einen vorhersehbaren finanziellen Verlust, da die Leserschaft, die sich nach dem Erscheinen des ersten Bandes gebildet hatte, nur klein war.

Damit sind wir bei einem weiteren Aspekt der Berhard-Rezeption angelangt: von wem wird er heute bei uns gelesen, wird er überhaupt gelesen und wenn ja, wie? Obwohl es nicht verwunderlich ist, daß Bernhard von der breiten Öffentlichkeit fast nicht gelesen wird – gehört er doch zu den »schwierigsten« Autoren – gibt es schon mehr zu denken, daß die ungarische Germanistik seine Existenz anfangs fast überhaupt nicht zur Kenntnis nahm. Die ersten größeren Studien über ihn schrieb der Literaturwissenschaftler Béla G. Németh in den Jahren 1970 und 1971;[2] er untersuchte damals die philosophischen, ontologischen und kulturhistorischen Bezüge verschiedener Werke und Epochen mit geistesgeschichtlichen Methoden und trat dabei der marxistisch orientierten Literaturwissenschaft vorsichtig entgegen. Es war also natürlich, daß er sich vor allem mit den Epochen und Schriftstellern befaßte, die wie etwa die ungarische Literatur und die Weltliteratur der Romantik und der Jahrhundertwende vernachlässigt oder ihrer »Dekadenz« wegen in den Hintergrund gedrängt worden waren. Und es ist auch kein Zufall, daß Béla G. Németh als erster auf Bernhard aufmerksam wurde, dessen Werk sich, wie er zeigt, am direktesten von der deutschen Romantik und ihren Ausläufern in der österreichischen Literatur der Jahrhundertwende ableiten läßt. Obwohl Néméths erste Studie den Text lediglich vorsichtig abtastet, erfaßt sie in Zusammenhang mit dem Roman *Das Kalkwerk* dennoch ein wesentliches Merkmal von Bernhards Schaffen: die Beschreibung des Zerfalls von Psyche und Persönlichkeit. In seiner Studie von 1971 analysierte Németh die drei Romane *Frost, Verstörung* und *Ungenach* in ähnlicher Weise wie zuvor *Das Kalkwerk.* Er war es, der ohne zu zögern festhielt, Bernhard sei »das stärkste und eigenständigste Talent unseres Jahrzehnts«.

Die danach bis zum Ende der achtziger Jahre erscheinenden Besprechungen[3] unternahmen den Versuch, Bernhard seinen Lesern verständlicher zu machen, ließen sich aber nicht auf eine tiefergehende Untersuchung der Texte ein. Eingehendere Analysen wurden von zwei Übersetzern verfaßt, die aufgrund ihres Berufes und ihrer täglichen Arbeit mehr als andere zu Aufmerksamkeit gegenüber dem Text, an dem sie arbeiten, gezwungen sind. Dezső Tandori und auch Ambrus Bor[4] stellen Bernhards Sprache und Stil in den Mittelpunkt ihrer Besprechungen; Ambrus Bor, der übrigens eingesteht, den Autor zu bewundern, seine Texte aber persönlich nicht zu mögen, beruft sich im Lauf der Analyse ebenfalls auf einen Theoretiker der Romantik, nämlich Schlegel, und vergleicht die von ihm entworfene feindliche Welt mit der Bernhards.

1982 erschien eine Anthologie mit dem Titel *Wer war Edgar Allen?*, in die Miklós Györffy, der die Textauswahl besorgte, Bernhards Erzählung *Gehen* aufnahm. Neben Bernhard waren auch Wolfgang Bauer, Gert Jonke und Peter Rosei vertreten. Im Nachwort begründet Györffy seine Auswahl unter Bezugnahme auf die Sprachkritik Wittgensteins und zieht von Bernhard aus Querverbindungen zur zeitgenössischen experimentellen Literatur Österreichs; er weist nach, inwiefern Wittgenstein als wichtigster gemeinsamer Nenner dieser Autoren betrachtet werden kann.

Vom Ende der achtziger Jahre an, ab dem Erscheinen der Erzählung *An der Baumgrenze* also, war ein neuer Tonfall bei der Bewertung Bernhards in Ungarn vernehmbar, was zweifellos in Zusammenhang mit dem veränderten literarischen Umfeld zu sehen ist: damals entstanden jene neuen, anspruchsvollen Literaturzeitschriften, in denen junge oder bis dahin mehr oder weniger in den Hintergrund gedrängte Kritiker Bernhards Werke auf andere Art untersuchten: frei von allem Ballast früherer Literaturtheorie und –kritik, sensibler und tiefgründiger als ihre Vorgänger.

Einer von ihnen ist András Zoltán Bán[5]; er betrachtet Bernhard als ein Genie im Sinne der Romantik, bei dem produktives Vermögen und Schöpfungsdrang in Einklang stehen: Bernhard hat ein vollständiges, abgerundetes Lebenswerk geschaffen, was für einen modernen Schriftsteller eher untypisch ist. Neben diesem von früheren Kritikern schon angesprochenen Faktum bringt der Artikel von András Zoltán Bán insofern einen neuen, oder zumindest lange Zeit vernachlässigten Aspekt zutage, als er die Komik seiner Texte nachdrücklich hervorhebt.

Ein anderer junger Kritiker, György János Máté, bezeichnet in seinem Artikel »Unser Leben und Tod: Steinhof«[6] den Wahnsinn als die beherrschende organisatorische Kraft in Bernhards Werken: »Bernhard beschreibt die Geschichte des universellen Wahnsinns.« Als typische Gattungsform Bernhards bezeichnet er die »Verfallsgeschichte«, die vor dem Leser das Bild einer unablässigen Rückentwicklung der Weltgeschichte entwirft.

Die Werke Bernhards haben jedoch nicht nur Literaturwissenschaftler zu Stellungnahmen veranlaßt: in Zusammenhang mit dem Roman *Der Untergeher* meldete sich auch ein Musikwissenschaftler, Péter Halász, zu Wort, was im Grunde nicht verwunderlich ist. Er versucht nachzuweisen, wie der Autor um die gleichzeitig fiktive und reale Figur Glenn Gould die Bestandteile eines Lebenswerks gruppiert, welche sich bei all ihrer Konstanz fortwährend verändern und darin an Bachs Goldberg-Variationen erinnern.[7]

Aus der Darstellung dieser wenigen Artikel und kurzen Studien läßt sich dieselbe Schlußfolgerung ziehen wie hinsichtlich der Verlagstätigkeit: die ungarische Bernhard-Rezeption durch Kritik und Literaturwissenschaft ist sowohl relativ umfangreich als auch ungenügend. Umfangreich, weil man vor allem in den letzten drei Jahren reichhaltige Analysen lesen konnte, die zahlreiche Aspekte des Werks durchaus treffend erfassen. Das Bild, das diese Arbeiten dem Leser vermitteln, ist als authentisch, wenn auch mosaikartig zu bezeichnen. Will man sich heute in Ungarn darüber informieren, wer Thomas Bernhard war, welche Bedeutung er hat, welchen Platz er in der deutschen Literatur und der Weltliteratur einnimmt, so ist dies ohne weiteres möglich. Eine wirklich umfassende Analyse bekommt man jedoch nicht geboten, da keine Gesamtdarstellung vorliegt. Dafür kann es mehrere Gründe geben: offenbar verfügen hierzulande nur wenige über die literaturgeschichtlichen, philosophischen, sprachwissenschaftlichen und kulturgeschichtlichen Kenntnisse, die vonnöten wären, um sein Werk umfassend (d. h. von der Sprache bis zur Komik, vom Wahnsinn bis zur Tragikomik, von literatur- und geisteswissenschaftlichen Verknüpfungen bis zu geschichtlichen und geographischen Bezügen usw.) beschreiben oder interpretieren zu können. Als Lösung böte sich an, ein Detailthema auszuwählen; Bernhards Lebenswerk – oder auch nur eines seiner Bücher – stellt jedoch einen derart in sich verflochtenen Komplex dar, daß ein einzelner Bezug nur sehr schwer aus den anderen herauszulösen ist. Aufgrund dieser unendlichen, verborgenen Vielschichtigkeit ist es auch kaum möglich, sich auf den »jungen«, den »reifen« oder den »späten« Bernhard zu beschränken oder zwischen einem »Frühwerk« und einem »Spätwerk« zu unterscheiden.

Dessenungeachtet ist es eine ebenso überraschende wie bedauerliche Tatsache, daß man gerade in Ungarn nicht weiter in die Geheimnisse dieses Autors vorgedrungen ist; denn wenn irgendwo in Europa, dann müßte sein Werk bei uns auf ein stärkeres Echo stoßen. Denn Bernhards Sicht der Dinge, seine Attitüde als Schriftsteller und die von ihm vorgeführte Welt sind uns sogar sehr bekannt – seine Welt und die unsrige entspringt denselben Wurzeln, der Geschichte Mitteleuropas, das auf der Österreichisch-Ungarischen Monarchie und ihren Trümmern errichtet worden ist. Durch Bernhards Brille gesehen, beginnen das in unseren Augen so schöne, helle und saubere Österreich und seine neurotischen und unerträglichen Bewohner unseren zugrundegerichteten Ländern zu ähneln. Aus diesem Grund fühlen wir uns trotz allen Widerstrebens in der von ihm entworfenen Welt durchaus heimisch.

Bleibt die Resonanz in der Öffentlichkeit und der Kritik auch unter den

Erwartungen, so ist Bernhards Werk in den tieferen Schichten der ungarischen Literatur und Kultur um so lebendiger präsent. Es ist in diesem Rahmen nicht möglich, alle Parallelen zu den bedeutenden Vertretern der heutigen ungarischen Literatur eingehend zu untersuchen. Eine längere Analyse, die von Julia Deréky[8] auch schon geleistet wurde, verdient etwa die Rolle seiner Texte im System von Peter Esterházys Zitaten. Ebensosehr würde es lohnen zu entschlüsseln, inwiefern sich die philosophischen und erkenntnistheoretischen Grundlagen im *Buch der Erinnerungen* von Péter Nádas mit denen Bernhards decken. An dieser Stelle möchte ich nur auf einen Schriftsteller und eines seiner Werke genauer eingehen: auf Imre Kertész und den Roman *Kaddisch*[9].

Die verblüffende Übereinstimmung zwischen Kertész' Roman und Thomas Bernhards Lebenswerk, insbesondere seinem *Untergeher*, ist natürlich kein Zufall. Ihr Ursprung liegt in der gemeinsamen Vergangenheit der Österreichisch-Ungarischen Monarchie und der gemeinsamen Gegenwart Mitteleuropas, wie sie nach 1918 gestaltet wurde. Ilona Sármány beschreibt in ihrer hervorragenden Studie über die Kunst im Wien der Jahrhundertwende[10] die existentielle Grunderfahrung des nicht volkstümlichen Zweiges der österreichischen Kunst und Literatur, und ihre prägnante Formulierung kann getrost auch auf die nicht volkstümliche Literatur Ungarns angewendet werden:

> In diesem Vierteljahrhundert veränderte sich in den verschiedenen Zweigen der Wiener Kunst die Sprache, die Methode und der Stil, das Leitmotiv hingegen blieb konstant. Indem das Hier und Jetzt an Wichtigkeit verlor, rückte die Hinterfragung vom Sinn und Ziel der menschlichen Existenz in den Vordergrund: wonach streben wir auf der Welt, was taugt unsere Philosophie, unser Wissen, unsere Systeme, unsere Kunst, wenn sie den einzelnen nicht glücklich machen, das Kollektiv nicht moralisch läutern und wenn sie dem Menschen angesichts des quälenden Bewußtseins der Sterblichkeit keine Zuflucht gewähren? [...] Hundert Jahre später stehen wir, bedrängt von Krisen, nun wiederum an diesem Punkt und können erneut nur hoffen, daß wieder eine Blütezeit anbricht und das Gespenst des neuen Weltendes vielleicht ausbleibt.

Sowohl Bernhard als auch Imre Kertész, dessen Roman *Kaddisch* vor kurzem auch auf deutsch erschienen ist, lassen von ihrem ersten Werk an keinen Augenblick Zweifel daran, daß das Gespenst des neuen Weltendes *nicht* ausbleiben wird – weder im Leben des Individuums noch in dem der Gemeinschaft. »Die menschliche Rasse ist die Drachensaat«, schrieb einer der größten ungarischen Dichter, Mihály Vörösmarty, in der zweiten Hälfte des neunzehnten Jahrhunderts – im Prinzip ist es dieser mit emblematischer Prägnanz formulierte Gedanke, auf den unsere beiden Autoren immer wieder zurückkommen. Den Grundkonflikt, der beide beschäftigt, formulierte Imre Kertész folgendermaßen:

Ich hätte nicht in Auschwitz gewesen sein müssen, schrie ich, um diese Zeit und diese Welt zu begreifen, und daß ich das, was ich begriffen habe, fortan nicht mehr leugnen werde, schrie ich, nicht leugnen werde im Namen irgendeines komischen, wenn auch, wie ich zugebe, überaus anschaulich erläuterten Lebensprinzips, das im Grunde nur ein Prinzip der Anpassung sei, gut, schrie ich, ich habe nichts dagegen einzuwenden, doch machen wir uns klar, schrie ich, ja, machen wir uns klar, daß *Assimilation* hier nicht die Assimilation einer Rasse – Rasse! daß ich nicht lache! – an eine andere Rasse – daß ich nicht lache! – ist, sondern die *totale Assimilation* an das Bestehende, an die bestehenden Umstände und an die existierenden Verhältnisse, die so oder so seien, es lohne nicht, ihre Beschaffenheit zu beurteilen, die so seien, wie sie seien, einzig *unseren Entschluß* lohne es, sei es sogar unsere *Pflicht* zu beurteilen, unseren Entschluß, die totale Assimilation zu vollziehen, oder unseren Entschluß, die totale Assimilation nicht zu vollziehen, schrie ich, aber wahrscheinlich schon leiser, und dann müssen wir, das sei unsere *Pflicht*, unsere Fähigkeiten beurteilen, ob wir die totale Assimilation vollziehen können oder ob wir sie nicht vollziehen können, und ich habe schon in meiner frühen Kindheit klar erkannt, daß ich dazu unfähig sei, unfähig sei, mich dem Bestehenden, dem Existierenden, dem *Leben* zu assimilieren, und trotz alledem, schrie ich, würde ich dennoch bestehen, existieren und leben, aber so, daß ich wisse, daß ich unfähig dazu sei, so, daß ich schon in meiner frühen Kindheit klar erkannt habe: wenn ich mich assimiliere, tötet mich das noch eher, als wenn ich mich nicht assimiliere, was mich eigentlich ebenfalls tötet.[11]

Diese in einem weiten Sinn verstandene »Assimilation« stellt auch bei Bernhard ein Kernproblem dar und scheint auf eine mitteleuropäische Grundproblematik zu verweisen: Inwieweit wird das Andere in dieser Region akzeptiert und toleriert, im Vergleich wozu wird es überhaupt als solches wahrgenommen? Bei beiden Autoren offensichtlich im Vergleich zum »Österreichertum« bzw. »Ungarntum«, zu jenem überspannten nationalen Identitätsbewußtsein, das aus den Ereignissen nach dem Ersten Weltkrieg, dem Zerfall der Monarchie und den Gebietsverlusten Ungarns entstanden ist. Man neigt in Ungarn nämlich zur Annahme, daß nur wir in diesem Krieg Gebiete verloren und Menschenopfer zu beklagen hätten ... Nach dem Krieg und der russischen Besatzung versuchte Österreich jedoch, die Verluste dadurch zu kompensieren, daß es sich zur Schmuckschatulle Europas entwickelte – bemüht darum, seine mitunter nicht ganz makellose Vergangenheit vergessen zu machen. Bernhard war nicht gewillt, sich an dieses Österreich anzupassen; aus der Position des radikalen Außenseiters warf er dem österreichischen Bürger mit beißendem Spott und mit Krausscher Unbarmherzigkeit die existentielle Grundtatsache an den Kopf: aller Glanz ist umsonst, alles ist von vornherein hoffnungslos, da wir sterblich sind. Imre Kertész' Grundeinstellung zum Leben gleicht der Bernhards: letzten Endes erwartet uns alle dasselbe – die Vergänglichkeit, jener Tod also, der bei Kertész Erlösung und eine Befreiung vom engen und beschränkenden Dasein verspricht.

Um diese Grundhaltung einer bewußt verweigerten Assimilation organisieren sich weitere, nicht weniger wichtige Motive der gedanklichen und schriftstellerischen Verwandtschaft zwischen Bernhard und Kertész: die unbarmherzige, an Karl Kraus erinnernde Offenheit, das Streben der Protagonisten nach Perfektion – im allgemeinen in ihrer Arbeit –, die Arbeit als Narkotikum, der Kampf gegen allgegenwärtige Vernichtung und die bedrückende, feindliche Natur, in der beide als »Untergeher« leben.

Diese Verwandtschaft kommt auch auf formaler Ebene zum Ausdruck: Imre Kertész' Roman *Kaddisch* bedient sich durchaus Bernhardscher Verfahrensweisen: innerer Monolog in der ersten Person Singular, rigoros systematisierter Redezwang, weitverzweigte Gedankengänge, krampfartige Zügelung des in strenge Schranken verwiesenen Geschehens. Bernhards Konjunktiv, der dem Ungarischen nicht nur grammatisch, sondern in seiner sprachlichen Grundstruktur völlig fremd ist, gebraucht Imre Kertész mit natürlicher Leichtigkeit; mit seinen langen, ineinandergreifenden Sätzen läßt er die Tradition der großen ungarischen Prediger des siebzehnten Jahrhunderts und der romantischen Schriftsteller des neunzehnten Jahrhunderts – von denen viele besser Deutsch als Ungarisch sprachen – wiederaufleben und versieht sie mit modernen philosophischen Inhalten.

Die Werke von Imre Kertész als auch die von Thomas Bernhard sind im Grunde Variationen auf ein Thema: auf unsere trotz allem gemeinsame Geschichte, auf die Tatsache, daß diese unsere Vergangenheit weder verleugnet noch umgeschrieben werden kann. Es hat den Anschein, als käme in ihren Werken eine Welt zum Ausdruck, die trotz der geschichtlichen Entwicklung in unterschiedlichen Kulturkreisen als das Ergebnis eines gemeinsamen Nenners aufgefaßt werden muß.

(Aus dem Ungarischen von Nadja Grössing)

Anmerkungen

[1] *Werke Thomas Bernhards in Ungarn*

Romane
Fagy (Frost). Budapest: Európa 1974.
A mészégető (Das Kalkwerk). Budapest: Magvetö 1979.
Wittgenstein unokaöccse (Wittgensteins Neffe). Budapest: Magvetö 1990.
A menthetetlen (Der Untergeher). Budapest: Európa 1992.
Egy gyermek megindul (Ein Kind). Budapest: Ab ovo 1992.

Anthologie
Az erdőhatáron / Midland Stilfsben, Alsózás, Az erdőhatáron, Ungenach, A körgallér, Igen / (Midland in Stilfs, Watten, An der Baumgrenze, Ungenach, Der Wetterfleck, Ja). Budapest: Európa 1987.

Vereinzelte Veröffentlichungen
Szegényházban (Im Armenhaus). In: Nagyvilág 1971/2.
Az erdőhatáron (An der Baumgrenze). In: Égtájak (Európa) 1973.
Francia követségi attasé (Attaché an der französischen Botschaft). In: Égtájak (Európa) 1973.
Esetek (Ereignisse; Auszüge). In: Nagyvilág 1973/9.
A hangutánzó művész tanításai (Der Stimmenimitator; Auszüge). In: Nagyvilág 1979.
Járás (Gehen). In: Ki volt Edgar Allen? (Wer war Edgar Allen?). Budapest: Európa 1982.
A szokás hatalma (Die Macht der Gewohnheit). In: Nagyvilág 1974/12.
Minetti. In: Nagyvilág 1978/1.
Claus Peymann vásárol egy nadrágot (C. P. kauft sich eine Hose ...). In: Nagyvilág 1978/1.
Claus Peymann és Hermann Beil a kocsonyaréten (C. P. und H. B. auf der Sulzwiese). In: Nagyvilág 1990/6/12.
Heldenplatz (Auszüge). In: Nagyvilág 1989/2.

Sekundärliteratur zu Thomas Bernhard

[2] Németh, Béla G.: A »létdilettantizmus« ábrái (Zeichen des »Seinsdilettantismus«). In: Nagyvilág 1970/1.
Ders.: Idő és életterv (Zeit und Lebensentwurf). In: Nagyvilág 1971/3.
[3] Kurucz, Gyula: Frost (Buchbesprechung). In: Élet és irodalom 1974/11.
Komáromi, Sándor: Das Kalkwerk (Buchbesprechung). In: Magyar Hirlap, 2. 12. 1979.
[4] Bor, Ambrus: Thomas Bernhard vagy a humanizmus sarkvidéke (T. B. oder die Arktis des Humanismus). In: Fagy (Nachwort), 1974.
Tandori, Dezső: A regény kényszerhelyzete (Die Zwangslage des Romans). In: A mészégető (Nachwort), 1979.

[5] Bán, Zoltán András: Az őrült és a tüdőbeteg (Der Wahnsinnige und der Lungenkranke). In: Holmi 1990/8.
[6] Máté, János György: Életünk és halálunk: Steinhof (Unser Leben und Tod: Steinhof). In: Hitel 1990/23.
[7] Halász, Péter: Glenn Gould, a regényhős (G. G., der Protagonist). In: Muzsika, Okt. 1992.
[8] Deréky, Julia: Die Kunst des Kombinierens. Form und Fiktion der Zitate in der Prosa Peter Esterházys. Diss. Wien 1991.
[9] Kertész, Imre: Kaddis a meg nem született gyermekért. Budapest: Magvető 1990.
[10] Sármány, Ilona: Válságok virágkora – Bécs (Blütezeit der Krisen – Wien). In: Mozgó Világ 1991/11.
[11] Kertész, Imre: Kaddisch für ein nicht geborenes Kind. Berlin 1992, S. 153f.

Dimitri Satonsky

Der sowjetische Bernhard oder Die Macht der Tradition

Zur Rezeption in Rußland und in der Ukraine

Ich weiß es nicht mehr genau, aber es müssen wohl Amerikaner gewesen sein, denen dieses Experiment einfiel: Man nimmt eine Schachtel mit schwarzen Kugeln und legt weiße Kugeln so dazwischen, daß sie ein Kreuz bilden; dann wird die Schachtel geschüttelt und der unweigerliche Zerfall des Kreuzes gefilmt. Spult man den Film zurück, tritt das weiße Kreuz fast ebenso unweigerlich und unumgänglich, ja mit geradezu übernatürlicher Notwendigkeit wieder aus dem Chaos der schwarzen und weißen Kugeln hervor. Dieses Experiment sollte die fanatischen Deterministen bloßstellen mit ihrem Hang, für alles Geschehen nachträglich eine unerschütterliche rationale Erklärung zu finden.

Solcher Determinismus ist auch bei Philologen zu beobachten, die der Frage nachgehen, warum ein Schriftsteller über sein eigenes Land hinaus weltweit berühmt wurde, während nicht weniger glänzende und talentierte Autoren Jahrzehnte, ja Jahrhunderte auf internationale Anerkennung warten müssen oder überhaupt unbeachtet bleiben.

Ich selbst bin überzeugt davon, daß der – manchmal fast irrationale – Zufall hier, wie auch im gesamten Leben, eine nicht geringe, ja eindeutig nicht zu unterschätzende Rolle spielt. Geht es um Dichter vom Rang eines Shakespeare, Cervantes, Goethe, Dostojewski oder Kafka, so siegt zweifellos letztlich doch die Gerechtigkeit – bei Kafka hing allerdings manches an einem seidenen Faden. Wenn das Niveau aber nicht ganz so hoch ist? Dann, fürchte ich, gewinnt der Zufall an Bedeutung ...

Wie aber ist dieses tückische Wort »Zufall« zu verstehen? Ist es mit dem Begriff »Gerechtigkeit« vereinbar, wenn es in dieser Welt keine Gerechtigkeit gibt und geben kann? Es heißt, die Geschichte weise letztlich jedem seinen verdienten Platz zu. Aber woher wollen wir das wissen, wenn wir nur das Resultat kennen, also etwas bereits Erreichtes? Und was ist mit dem Unerreichten? Ist es nicht durchaus vorstellbar, daß es einen großen Schriftsteller gegeben hat, von dem wir nie auch nur das Geringste erfahren haben, ja noch schlimmer: den wir nicht als solchen erkannt haben?

In einer zivilisierten Demokratie wird das Schicksal eines Buches in vielfacher Hinsicht von seinem kommerziellen Erfolg bestimmt. Das ist noch ein relativ »objektives« Kriterium im Vergleich zu den Faktoren, die in totalitären Regimes zum Tragen kommen. Dort spielen Zufälle – die übrigens auch als Schnittpunkte von Gesetzmäßigkeiten betrachtet werden können – eine wesentlich größere Rolle: Der Schriftsteller muß Schriftsteller bleiben und darf sich nicht in der Unterstützung des herrschenden Systems oder im Widerstand dagegen usw. usf. zu sehr aufreiben.

Selbst wenn man annimmt, daß wirtschaftliche und ideologische Faktoren auf ähnliche Weise die Rezeption bestimmen – was natürlich falsch ist, obwohl beide gleich wenig mit Kunst zu tun haben –, bleibt die Situation im Kommunismus eine ziemlich spezifische. So wäre es im Westen völlig undenkbar, daß ein Buch nicht übersetzt wird, obwohl Nachfrage danach besteht, nur weil der Verlag kein einziges Exemplar zur Verfügung hat. Genau das war bei uns wegen des ständigen Devisenmangels gang und gäbe; zwar nicht in Moskau, dessen Bibliotheken den Löwenanteil der weltweit angekauften Bücher erhielten, aber sehr wohl in der »Provinz«, zum Beispiel in der ukrainischen Hauptstadt Kiew. Irgendjemand brachte *zufällig* ein Buch aus dem Ausland mit, das *zufällig* bei irgendeinem Übersetzer landete. Dieser bot es, ohne die Möglichkeit eines Vergleiches zu haben, einem Verlag an. Und der wiederum nahm, ebenfalls ohne eine Vergleichsmöglichkeit zu haben, das Angebot an. *Zufällig* konnte sich das Buch als Meisterwerk erweisen, noch dazu als ein hervorragend übersetztes. Aber ebensogut konnte auch der entgegengesetzte Fall eintreten ...

Insofern hat es auch nichts zu bedeuten, daß es nur eine einzige Übersetzung Thomas Bernhards ins Ukrainische gibt, nämlich *Drei Tage*, erschienen in der Literaturzeitschrift *Vsesvit* (Die ganze Welt), II. 4, Kiew 1991. Als Nachweis dafür, daß hier der reine Zufall am Werk war, mag folgende Episode dienen, die sich erst kürzlich zugetragen hat. Bei den Recherchen für diesen Artikel fragte ich in der Redaktion von *Vsesvit* nach, ob die Zeitschrift bereits etwas von Bernhard publiziert hatte. Das wurde verneint. Der Chefredakteur schlug mir allerdings vor, für seine Zeitschrift eine schöne Bernhardsche Erzählung auszuwählen, sie zu übersetzen und ein kurzes Vorwort dazu zu verfassen. Beide Texte sind bald darauf erschienen. Der Chefredakteur und das Lektorat hatten schlicht und einfach vergessen, daß knapp zwei Jahre zuvor ein Bernhard-Text in ihrer Zeitschrift veröffentlicht worden war.

Das alles war natürlich reiner Zufall, ändert aber nichts an der allgemeinen Situation: Hinter der Tatsache, daß Bernhard in der Ukraine so gut wie nicht herausgegeben wurde, steckt nämlich eine Gesetzmäßigkeit, ebenso wie hinter dem Umstand, daß auch in Rußland, genauer gesagt in der Sowjetunion, sehr wenig von ihm veröffentlicht worden ist. Hier eine vollständige Liste der russischen Bernhard-Ausgaben, jedenfalls soweit mir Angaben vorliegen; die (ausgezeichneten) Übersetzungen stammen zum Großteil von Rita Reit-Kowaljowa:

Midland in Stilfs – Sammelband *Awstriskaja nowella 20. weka* (Die Österreichische Erzählung des 20. Jahrhunderts). Moskau: Chudoschestwennaja Literatura 1981;
Der Keller – Zeitschrift *Inostrannaja literatura* (Ausländische Literatur) 1983, Nr. 11;
Thomas Bernhard. Isbrannoe. Raskasy i powesti (Thomas Bernhard. Ausgewählte Werke. Erzählungen). Moskau: Raduga 1983 (enthält *Viktor Halbnarr, Der Kulterer, Attaché an der französischen Botschaft, An der Baumgrenze, Watten, Midland in Stilfs, Der Wetterfleck, Die Ursache, Der Keller*).
Ein Kind – Sammelband *Powesti awstriskich pisatelei* (Erzählungen österreichischer Schriftsteller). Moskau: Raduga 1988.

Die Liste ist also ziemlich kurz. Und sie zeigt vor allem deutlich, daß Bernhard hierzulande sehr spät zur Kenntnis genommen wurde – fast zwanzig Jahre nach dem Erscheinen seines ersten Romans und erst Jahre nach seinen mehrfachen Auszeichnungen.

Das ist keinesfalls durch ein allgemeines Desinteresse an der österreichischen Literatur zu erklären; bereits 1971 veröffentlichte der Moskauer Verlag Progress den Sammelband *Mimo tetschjot Dunai. Sowremennaja awstriskaja nowella* (Die Donau fließt vorbei. Die zeitgenössische österreichische Novelle), in dem u. a. Ilse Aichinger, Ingeborg Bachmann, Gerhard Fritsch, Peter Handke, Herbert Eisenreich und sogar Hugo Huppert und Franz Kein vertreten sind, Bernhard aber nicht erwähnt wird. Noch deutlicher ist wohl das folgende Beispiel: Bereits 1988, am Höhepunkt der Perestroika also, legte der Verlag Raduga seinen Lesern die ausgezeichnete Anthologie *Der goldene Schnitt. Lyrik aus Österreich in russischen Nachdichtungen. 19.–20. Jahrhundert* vor. Doch auch darin sucht man Bernhard vergebens. Hatte sein lyrisches Werk die Herausgeber, W. W. Weber und D. S. Dawlianidse, nicht genügend stark beeindruckt? Immerhin fanden sie doch Platz für einen Hugo Huppert, dessen kommunistische Überzeugungen unmittelbar vor dem Zerfall der Sowjetunion nicht mehr viel wert waren.

Ist Bernhard demnach bei uns so etwas wie eine literarische Randerscheinung? Faktum ist, daß nicht mehr als drei autobiographische Texte und sieben Erzählungen eines Autors auf Russisch vorliegen, der doch ein so umfangreiches Werk verfaßt hat, der zu Recht als einer der ganz Großen der deutschsprachigen Literatur gilt und dessen Name weltweit bekannt ist. Besonders erstaunlich dabei ist, daß diese »Diskriminierung« vor dem Hintergrund einer gewissen Renaissance der österreichischen Literatur in Rußland stattfindet.

Grillparzer übte so große Anziehungskraft auf Aleksandr Blok aus, daß dieser ihn übersetzte. Dann eroberten Rainer Maria Rilke, Arthur Schnitzler und Stefan Zweig unseren Buchmarkt. Lange Zeit war Zweig der einzige uns zugängliche österreichische Schriftsteller. Gegen Ende der siebziger Jahre brach jedoch sozusagen der Damm, und auf unseren Markt strömten Werke von Joseph Roth, Robert Musil, Heimito von Doderer, Hermann Broch, George Saiko, Ingeborg Bachmann, Peter Handke, Barbara Frischmuth, und in den letzten zwei bis drei Jahren sogar Franz Kafka. Und selbstverständlich auch Werke von Thomas Bernhard. Aber wie schrieb Thomas Mann einst in bezug auf Dostojewski – »mit Maßen«. Und das »Maß« ist es auch, das uns in erster Linie interessieren muß. Denn gerade darin vereinigen sich die Zufälle der Bernhard-Rezeption mit den Gesetzmäßigkeiten der kommunistischen Ideologie und des sowjetischen Literaturgeschmacks.

Sieht man von *Watten* ab, so ist Bernhard im Russischen durch drei mehr oder weniger große Werke vertreten: *Die Ursache*, *Der Keller* und *Ein Kind.* Zwischen 1975 und 1982 entstanden, bilden sie mit *Der Atem* (1978) und *Die Kälte* (1981) Bernhards autobiographischen Zyklus und sind seinem – höchst spezifischen – »Spätwerk« zuzurechnen. In dieser Schaffensperiode verfiel der Autor der Ketzerei einer beispiellosen Schlichtheit, um die Worte Boris Pasternaks zu verwenden.[1]

Doch das war bekanntlich nicht immer so. Am Anfang seines Schaffens zeichnete sich Bernhard durch eine außerordentliche, ja geradezu unerhörte

Originalität aus. Natürlich schafft sich jeder große Schriftsteller seine eigene, unverwechselbare Kunstwelt. Aber nicht bei jedem ist das so augenscheinlich wie bei Bernhard. Seine Welt ist nämlich nicht nur einmalig, sondern auch in höchstem Maße abgehoben von der empirisch erfaßbaren Welt – jener Welt, die für alle Menschen mehr oder weniger gleich aussieht. Für Bernhard ist die Welt jedoch immer *auf dieselbe Weise* abgehoben, so daß jeder, der eines seiner Bücher gelesen hat, den Autor leicht wiedererkennen wird.

Die Welt Bernhards ist eine Welt, die sich nicht darstellen, sondern nur *nacherzählen* läßt. Und mit jedem Roman wird die Form der Nacherzählung komplexer und unpersönlicher. In *Frost* (1963) steht ein einziger »Vermittler« – der Medizinstudent – zwischen dem Leser und Strauch. Im Roman *Kalkwerk* (1970) werden bereits mehrere »Vermittler« zwischengeschaltet, wobei sich allerdings der konkrete Inhalt der übermittelten Botschaft zusehends verflüchtigt. Die Geschichte des »wahnsinnigen« Konrad, der seine Frau erschossen hat, wird von jemandem geschildert, der so gut wie nichts mit Konrad zu tun hat und sich auf lückenhafte Aussagen von Informanten stützt, die Konrad selbst nur flüchtig gekannt und eigentlich nie verstanden haben. Das alles gleicht einem Spiel.

Für Bernhard ist dieses Spiel in erster Linie ein Mittel, um seine ganz spezifische Welt – eine *abgeschlossene, nach innen gerichtete* Welt – zu errichten. Strauch kommt jahrelang nicht aus seinem Dorf Weng hinaus, sein Leben verläuft, wie in unsichtbaren Bahnen vorgezeichnet, zwischen Gasthaus und Bahnhof. Dasselbe gilt auch für andere Bernhard-Figuren: Die Brüder in der Erzählung *Amras* (1964) bewohnen einen Turm, der Fürst Saurau im Roman *Verstörung* (1967) wohnt in einer Burg auf einem Felsen, die Geschwister in der Erzählung *Midland in Stilfs* (1971) auf einem »absolut isoliert[en]« Herrensitz. Diese Abgeschlossenheit ist jedoch nicht nur oder nicht so sehr eine räumliche. Weit spürbarer sind die Grenzen, die der Wahrnehmung, der Phantasie und damit letztendlich dem Geist gesetzt sind. Die meisten Figuren Bernhards waren einmal, früher, durchaus welterfahren: Konrad zum Beispiel ist in Europa, Amerika und Rußland herumgekommen. Möglich, daß sich das in *seinen* Erfahrungen niedergeschlagen hat, der Leser bekommt davon jedoch nichts zu spüren. Wir hören die Namen von Orten, können sie aber nicht sehen, nicht fühlen, weil weder der ungewisse Erzähler noch seine unglaubwürdigen Informanten sie je zu Gesicht bekommen haben.

So entsteht gewissermaßen eine Legende, ein eigenartiger Mythos, der auf dem gesprochenen Wort beruht, auf einem *nacherzählten* Ereignis, das sich nicht vor unseren Augen abspielt. Bernhards Stilmitteln haftet daher etwas Gleichnishaftes, manchmal sogar Kafkaeskes an. In der Tat ist sein dörfliches Gebirgsösterreich auch ein »Weltmodell«. Und zwar vor allem ein Modell des Niedergangs – des globalen, ständigen, unabwendbaren Niedergangs ... Und von dem Leben, das Bernhard so entschieden ablehnt, bleibt letztendlich nichts übrig als ein Wortschwall, der es entlarvt.

Anneliese Botond beschreibt dieses »Drama« folgendermaßen:

Mit einem Minimum an Exponenten – eine Rede und ein Ohr (Zeuge), das sie aufnimmt – wird ein maximaler Spielraum (Spannungsraum) geöffnet für ein unbeschränkt variables und monotones, großartiges, lächerliches, schreckliches, faszinierendes Drama, ein einziges, immer dasselbe, und von so universeller Natur, daß nicht nur ein Individuum, eine Situation, ein Ort, sondern ein einzelner Satz (jeder Satz), ein einziges Wort (jedes Wort) es auszudrücken imstande sein müßte. Jede Uraufführung dieses Dramas ist eine Wiederholung; jede Wiederholung eine Uraufführung. Dieses Drama ist immer, vielleicht sogar noch in der Geschichte seiner Wiederholungen, ein Prozeß der Zerstörung.[2]

Ich führe dieses lange Zitat an, weil es ein typisches Produkt des westlichen Denkens ist, geprägt von unerschütterlichem Individualismus, geformt von der »neuen Kritik«, geschärft durch die Hermeneutik, verfeinert durch die Semiotik, diszipliniert durch den Strukturalismus und bereits mit einer leichten postmodernen Patina überzogen.

In der Sowjetunion stellen sich die geistigen Werte ganz anders dar: Klassendenken, ideologische Ausrichtung, Verpflichtung zum Dienst an der Gesellschaft, Fetischisierung des Realismus – der übrigens nicht als Wahrheit, sondern als Wahrheitsanalogie gesehen wird – und schließlich das tiefe, durch und durch materialistische Mißtrauen gegenüber der Form. In dieses Wertesystem passen weder *Verstörung* noch *Kalkwerk*, *Amras* oder *Ungenach*. Wie man sie auch drehen und wenden mag.

Warum also wurde Handkes Erzählung *Begrüßung des Aufsichtsrats* in den in Moskau erschienenen Sammelband *Mimo tetschjot Dunai* aufgenommen, während Bernhard darin nicht vertreten ist? Wohl weil man sie, wenn man will, durchaus als Satire auf die kapitalistische Weltordnung interpretieren kann. Dagegen läßt sich natürlich einwenden, daß auch Bernhard das Leben in seiner nichtsozialistischen Heimat kritisiert hat, noch dazu mit außerordentlicher Kompromißlosigkeit.

So erklärte er anläßlich der Verleihung des Staatspreises 1968 zum Entsetzen des Ministers, der ihm den Preis überreichte: »Wir sind Österreicher, wir sind apathisch; wir sind das Leben als das gemeine Desinteresse am Leben, wir sind in dem Prozeß der Natur der Größenwahn-Sinn als Zukunft.«[3] Diese »Kritik« am – in unserer damaligen Sicht – feindlichen Gesellschaftssystem vermochte unsere bolschewistischen Herzen keineswegs zu erwärmen; sie ist vielmehr eine allgemeine Klage über den Zustand der Welt, ohne spezielle politische Zielrichtung. Freilich finden sich darin auch Angriffe gegen die zerfallene Habsburgermonarchie und ihre noch vorhandenen Endmoränen; seine »Kritik« ist aber, würde ich meinen, so allgemein gehalten, daß nichts davon in diese Ablagerungen dringt, es sei denn ein tiefer gesellschaftlicher Pessimismus, der alle Hoffnungen auf einen Fortschritt der Menschheit zunichte macht. OPTIMISMUS und FORTSCHRITT aber sind die Pfeiler, auf denen die sowjetische Weltanschauung ruhte.

Im Gegensatz dazu »ruht« die Welt bei Bernhard auf dem Wort, dem Stil, der Form. Das ist der Grund, warum unsere Verleger, die eben erst Roth, Musil und Broch kennengelernt haben, mit dem Bernhard von *Frost*, *Verstörung* und *Kalkwerk* wenig anfangen konnten.

Ich glaube nicht, daß diese Verleger Bernhard richtig eingeschätzt haben. (Als Künstler ist er zweifellos viel komplexer, tiefgründiger und widersprüchlicher als seine ziemlich konventionellen Überlegungen, wie etwa die, daß im Angesicht des unausweichlichen Todes alles »lächerlich« erscheine.) Wie auch immer, sie haben dem Bild, das sie sich von ihm machten, nicht vertraut. Am deutlichsten kommt dieses Mißtrauen darin zum Ausdruck, daß unsere Verlage lieber einen »anderen« Bernhard herausgaben, den »der Ketzerei einer beispiellosen Schlichtheit« verfallenen Bernhard, den Verfasser von *Die Ursache*, *Der Keller* und *Ein Kind* also.

Dieser Bernhard sprach plötzlich nicht nur in der Ich-Form, sondern wirklich *über sich selbst*. Einerseits bedeutet das autobiographische Element eine gewisse Verengung der Perspektive, andererseits aber auch ein Abrücken von jenen auf mehreren Ebenen erzählenden Vermittlern, für die sich die sowjetischen Verleger so wenig begeistern konnten. Im übrigen hatte Bernhard schon früher auf diese Vermittler verzichtet, und zwar durchweg bei der Schilderung von Charakteren, in die offenbar autobiographisches Material eingeflossen war. Man könnte meinen, daß es bei ihm ausschließlich auf »Sujets« ankommt; solange sie erfunden waren, brauchte er »Vermittler«, waren sie aber einmal authentisch, trat der Autor selbst auf. Im Grunde sind ja auch *Frost* und *Ungenach* als autobiographisch zu bezeichnen, wenn auch nur im übertragenen Sinn. Demnach kommt es also doch auf etwas anderes an.

Triebfeder der emblematischen Handlung und zugleich tragende Idee in *Der Keller* ist die Entscheidung des Sechzehnjährigen, »die entgegengesetzte Richtung« einzuschlagen; auch in *Der Atem* erzählt Bernhard eine Geschichte: die Geschichte seiner Krankheit und seines Sanatoriumsaufenthaltes.

In diesen autobiographischen Erzählungen ist also Bewegung, Leben, Entwicklung – und genau darauf kommt es an. Der Protagonist, der zugleich auch der Erzähler ist, hat seine Entscheidung getroffen und beginnt sie in die Tat umzusetzen: er rollt Fässer, steht hinter dem Ladentisch, oder versucht, einfach nur am Leben zu bleiben ... Darüber kann man, muß man sogar erzählen.

Der Blickwinkel, unter dem die Welt betrachtet wird, ändert sich also allmählich. Nicht aber die Grundeinstellung: sie bleibt durch und durch pessimistisch. Das optimistischste Werk Bernhards – falls man diese Bezeichnung überhaupt auf seine Bücher anwenden kann – ist wahrscheinlich der Roman *Korrektur* (1975), der allerdings in derselben Manier geschrieben ist wie *Frost* und *Verstörung*. Der Stil scheint hier völlig unabhängig von seiner Weltanschauung zu sein und könnte in dieser Hinsicht sogar als »neutral« bezeichnet werden.

Die sowjetische Kritik wie auch die sowjetischen Verlage haben dem Stil der späten Erzählungen den Vorzug gegeben. Wie der Germanist Juri Archipow schreibt, komme

> Bernhards Zuneigung zu den Menschen wohl am besten in seiner autobiographischen Tetralogie[4] zum Ausdruck; die ersten beiden Erzählungen aus diesem Zyklus, *Die Ursache* und *Der Keller*, werden im vorliegenden Buch vorgestellt. Mit welch unerschütterlichem Glauben an das Leben und das Talent beschreibt er den Großvater, selbst Schriftsteller, die Gesangslehrerin, ja sogar die heruntergekommenen Gestalten und den Kolonialwarenhändler, der sie bedient. Gleichzeitig übt Bernhard deutlich und scharf wie nirgends sonst Kritik an der Gesellschaft seiner Heimat, vor allem an Faschismus und Katholizismus.[5]

Archipow hat wahrscheinlich am meisten dazu beigetragen, Bernhard und die österreichische Literatur insgesamt in der Sowjetunion bekanntzumachen: Er hat die Bände *Isbrannoe. Raskasy i powesti, Awstriskaja nowella 20. weka* und *Powesti awstriskich pisatelei* zusammengestellt und jeweils mit einem Vorwort versehen. Seine Ausführungen über den Stil Bernhards sind interessant und stimmen in vielem mit der Meinung Botonds überein:

Die strukturelle Grundlage seines Stils liegt in den Kombinationen der stimmigen Details, in der Trockenheit, Monotonie und der – bei allen möglichen Asymmetrien – geradezu mathematischen Exaktheit. Bei Bernhard verzweigt sich der Satz in zahlreiche Nebensätze, wird jedes stützende Syntagma auf den Kopf gestellt und durch endlose Wiederholungen strapaziert; zwei bis drei Seiten lange Sätze sind keine Seltenheit, und das ganze Werk – ob eine kurze Erzählung oder ein langer Roman – wirkt wie ein kompakter, von keinem Absatz unterbrochener Wortblock.[6]

Da aber Juri Archipow den *Keller* höher schätzt als *Watten*, muß man annehmen, daß ihm gerade dieser Stil unzugänglich geblieben ist.

Zwar wurde alles, was ich bisher von Archipow zitiert habe, in der Breschnjew-Ära und folglich mit einem deutlichen Seitenblick auf die ideologische Konjunktur verfaßt, die Veröffentlichung des Sammelbandes *Powesti awstriskich pisatelei* fiel aber bereits in die Zeit der geistigen Freiheit. Dennoch tritt der Verfasser des Vorworts noch entschiedener für den »Spätstil« Bernhards ein:

In den autobiographischen Erzählungen Bernhards finden sich weder literarische Spielereien noch modernistische Kunstgriffe; in der Darstellung der tiefsten inneren Vorgänge verwirklicht Bernhard seine vielfältigen Möglichkeiten als klassischer realistischer Erzähler, der es versteht, in einer scheinbar einfachen Schilderung der Ereignisse plastische Figuren einer vergangenen Epoche wiederauferstehen zu lassen.[7]

Über Geschmack soll man bekanntlich nicht streiten. Und schon gar nicht, wenn es um Bernhard geht: In welchem Stil er auch schreibt, er bleibt ein erstklassiger Schriftsteller, ein subtiler Stilist, der sich durch eine einzigartige Sprachmelodie auszeichnet. Und dennoch ...

Wäre aus dem Ozean des menschlichen Geistes der »Kontinent Bernhard« aufgetaucht, wenn es nur die autobiographische Pentalogie gäbe? oder, noch genauer, wenn auch *Frost*, *Verstörung*, *Watten*, *Gehen* und *Jauregg* im Stil der Pentalogie geschrieben wären? Bernhards Texte erschaffen eine völlig neue Welt, die des »frühen Bernhard« sogar eine radikal neue Welt. Man kann sie gut finden oder nicht, Tatsache ist, daß hier ein Bruch stattfand, etwas Neues hinzugefügt und nicht nur Bekanntes und Bewährtes fortgesetzt wurde.

Das Mißtrauen gegenüber dem Neuen, dem »Hinzugefügten«, ist ein fester Bestandteil unserer Tradition. Die marxistisch-leninistische Ideologiepolitik hat dieses Mißtrauen gefördert und festgeschrieben, aber entgegen der gängigen Meinung keineswegs hervorgebracht. Wohl gab es bei uns das elegische Silberne Zeitalter der Symbolisten und Imaginisten, die tektonische Bewegung der bahnbrechenden Essayistik des Sammelbandes *Wechi*, den ungestümen Avantgardismus der ersten Jahre der Sowjetunion und schließlich die russischen Formalisten, die auf ihre Art die Welt eroberten. Doch das alles ist in Vergessenheit geraten. Kaum haben wir uns vom sozialistischen Realismus befreit, sind wir schon in die Postmoderne katapultiert worden, die im großen und ganzen alles bereits Dagewesene übersteigert darstellt, es also »fortsetzt«.

Vor vielen Jahren trafen der damals noch relativ junge Kritiker Umberto Eco und mehrere andere Italiener in Moskau mit sowjetischen Schriftstellern zusammen, um über die Sprache der Kunst zu diskutieren. Fast alle Gäste fühlten sich verpflichtet, die großen Verdienste des russischen Formalisten Viktor Schklowski zu würdigen. Plötzlich erhob sich ein kleiner, kahlköpfiger Mann. Als die Italiener erkannten, daß sie Schklowski höchstpersönlich vor sich hatten, stand ihnen die Überraschung deutlich ins Gesicht geschrieben: offenbar hatten sie ihn längst in einem Pantheon ruhend gewähnt. Schklowski erhob seine dumpfe Bauchredner-Stimme und sorgte nun auch noch für zusätzliche Verwirrung. Er erklärte den Gästen ohne Umschweife, daß sie sich das Geld für die Flugtickets hätten sparen können: was sie da von sich gaben, sei nichts als »gelehrter formalistischer Unsinn«, der ihn an seine eigenen Jugendsünden erinnere ...

Sogar Schklowski kehrte also letzten Endes in den Schoß der stilistischen Tradition zurück, die damit für alle anderen um so erstrebenswerter wurde. Besonders jetzt, da das sowjetische Imperium mitsamt dem vermeintlichen Urgestein, auf dem unsere Identität ruhte, zusammengebrochen ist. Das 19. Jahrhundert war das Goldene Zeitalter der russischen Literatur: Damals hatte sie etwas unleugbar Neues zu sagen, das von der Welt begeistert und einhellig aufgenommen wurde. Da war gewissermaßen nichts zu streichen und nichts hinzuzufügen. Und heute glauben viele, daß sich die schlechten Zeiten nur überstehen lassen, wenn man sich an die unzerstörbare Originalität klammert. Hier liegen die Wurzeln unseres traditionellen Mißtrauens gegenüber dem Neuen, dem »Hinzugefügten« in der Kunst und sogar im Leben und in der Politik ...

In gewissem Sinn läßt sich das österreichische 19. Jahrhundert mit dem russischen vergleichen: Im Gegensatz zu den Deutschen neigten die Österreicher zum gegenständlichen Erzählen, zur beschreibenden Schilderung bis hin zum einzigartigen »Stifterstil«. Die Sternstunde der österreichischen Literatur brach aber erst später an – ich jedenfalls sehe es so –, in den zwanzig Jahren zwischen den beiden Weltkriegen, als ein Strich unter den Zusammenbruch des Habsburgerreiches gezogen wurde. Allein das schon prägte den Stil Kafkas und Musils, Hofmannsthals und Brochs, dieser so unterschiedlichen Schriftsteller, die doch in gleichem Maße den Stempel der Apokalypse tragen. Sie alle sind revolutionäre Konservative oder konservative Revolutionäre, was im Grunde auf dasselbe hinausläuft. Und aus eben dieser Widersprüchlichkeit entstand jenes unverkennbar Neue, das sich später auch Bernhard zu eigen machte.

Unter den bedeutendsten österreichischen Schriftstellern des 20. Jahrhunderts finden sich wohl nur zwei wirkliche Erzähler; und was ihre Leidenschaft für das Schreiben betrifft, sind sie durchaus mit Gogol, Turgenjew, Gontscharow, Tolstoj oder Leskow zu vergleichen. Ich denke dabei an Joseph Roth und Heimito von Doderer. Doderer unterscheidet sich in seiner Erzählkunst jedoch sehr deutlich von Roth. Letzterer schrieb Geschichten – traurige, sentimentale und komische Geschichten, auch Geschichten aus seinem eigenen Leben, er ist ein Fabulierer, der die Eskapaden des Lebens poetisiert und den tragischen Geschehnissen scheinbar gleichmütig gegenübersteht. Doderer hingegen beschreibt vor allem das tägliche Leben, sammelt Realien und fungiert als Chronist Wiens; seine Vorliebe gilt dem Empirischen, dem Sichtbaren und Greifbaren. Roth – nicht umsonst in Galizien geboren und aufgewachsen – verkörpert gewissermaßen das »slawische« Element in der österreichischen Literatur, Doderer hingegen die einzigartige Synthese ihrer in der antiken Polis wurzelnden Grundelemente. Während man Roth in Rußland – ebenso wie in der Ukraine! – gern übersetzt und Doderer gerade noch mit Respekt aufnimmt, begegnet man Bernhard, wie gesagt, mit Mißtrauen. Dies rührt daher, daß er außerhalb jener slawischen Erzähltraditionen steht, die man auch als epische Traditionen bezeichnen könnte.

Max Frisch schrieb gegen Ende der vierziger Jahre:

Vermutlich aus dem gleichen Grund, warum Europa, das heutige, keine epische Dichtung mehr hat, wie die Amerikaner sie haben, wie die Russen sie haben könnten.

Räume unbekannten Lebens, unerfahrene Räume, Welt, die noch nicht geschildert worden ist, nennenswert als Fakt, das ist der Raum der Epik ...

Episch ist die Schilderung, die Mitteilung, nicht die Auseinandersetzung ...[8]

Die EPIK ist neben OPTIMISMUS und FORTSCHRITT der dritte Pfeiler, auf dem das sowjetische Kunstverständnis ruhte. Natürlich war alles Irrationale und Mythische herausgefiltert worden; als Endprodukt dieser gesellschaftspolitischen Destillation blieb das nach Frisch Wichtigste, nämlich die »Schilderung, die Mitteilung«, das Epische also, und »nicht die Auseinandersetzung« erhalten.

Nach Ansicht Frischs kann nur eine gänzlich neue und junge, von niemandem zuvor beschriebene Welt mit epischen Mitteln wiedererschaffen werden. Europa ist nicht nur eine alte – und somit eine bereits unzählige Male beschriebene –, sondern auch eine zu erschöpfte und hochzivilisierte Welt, um sich für Größeres als die »Auseinandersetzung« zu eignen. Zu Größerem eigne sich hingegen Amerika. Wahrscheinlich nicht so sehr der südamerikanischen Steppe oder der Rocky Mountains, sondern vielmehr der »Jugend des Geistes« wegen. Rußland habe dieselbe Chance gehabt, sie aber nicht genützt. Ich weiß nicht, was Frisch damit meinte, vielleicht das Gekünstelte des sowjetischen Epos oder seine Existenzunmöglichkeit in einem Land, das zwar einerseits keineswegs »erschöpft« und nur in geringem Maße zivilisiert ist, aber andererseits doch auf eine lange und reiche Geschichte zurückblicken kann.

Von Österreich spricht Frisch überhaupt nicht. In der österreichischen Literatur des 20. Jahrhunderts ergab sich aber eine besondere Situation, die die Episierung begünstigte und zugleich untergrub: der Kataklysmus des Staates, vergleichbar dem Untergang von Atlantis, die Orientierung an der großen Vergangenheit, der Versuch, sie zu einem Mythos zu machen, und die gleichzeitige Unmöglichkeit seiner Verwirklichung, jene Unmöglichkeit, die den Schriftsteller der skeptischen Ironie in die Arme treibt und eine nüchterne und schonungslose »Auseinandersetzung« mit der dahingegangenen Monarchie unerläßlich macht. Bernhard bewegte sich genau an der Bruchlinie dieser unvereinbaren Tendenzen des Selbstbeweinens und Selbstbelächelns. Dies ist ein weiterer Grund dafür, daß er sich so schlecht in unsere Welt der Zerrbilder und trügerischen Epen eingefügt hat. Heißt das aber auch, daß Bernhards Werk bei uns keine Zukunft hat?

Nach dem Ersten Weltkrieg sind bekanntlich zwei Imperien untergegangen: 1917 das russische und ein Jahr später das österreichische. Im Fall des russischen Imperiums handelte es sich jedoch nicht um einen Untergang, sondern »nur« um eine Umgestaltung, die das in vieler Hinsicht noch schlimmere sowjetische Imperium hervorbrachte: Der verknöcherte imperialistische Geist ist – wenn auch in einem anderen ideologischen Kleid – überall im Land erhalten geblieben. In der Geschichte der Neuzeit gibt es wahrscheinlich nichts, was mit den Tragödien der Völker der Sowjetunion zu vergleichen wäre. Im Gegensatz zu den Völkern der Habsburgermonarchie blieb ihnen aber wenigstens eine Katastrophe erspart: jene des *völligen* – physischen wie geistigen – Zerfalls ihrer früheren Welt.

Nahezu alle mehr oder weniger bedeutenden österreichischen Künstler des 20. Jahrhunderts reagierten auf diesen Zerfall, natürlich jeder auf seine eigene Art und Weise. Diese verschiedenartigen Reaktionen lassen sich – wenn auch etwas schematisch – in drei Grundkategorien einteilen.

Die erste wird am besten von Joseph Roth verkörpert. Bei ihm ist das Tragische die beherrschende Kategorie: Der Untergang der alten Welt ist ein nicht wiedergutzumachender Verlust.

Heimito von Doderer sieht die Dinge anders: Die Jahrtausende der österreichischen Geschichte haben für ihn nicht weniger Gewicht als für Roth – vielleicht sogar noch mehr –, der Untergang der Monarchie ist ihm hingegen gleichgültig. Denn wenn dieser Untergang etwas verändert hat, dann nur zum Besseren:

> Die versunkene Monarchie und ihr völker-komplexes Sein scheinen wir uns integriert und ihr Erbe jetzt erst angetreten zu haben. In konzentrierter Form, sozusagen implicite, womit alle Krankheiten des alten Groß-Staates uns erspart bleiben.[9]

Die dritte Kategorie ist die Kategorie Thomas Bernhards. Der Schriftsteller machte bei der Preisverleihung keinen Hehl aus seiner Meinung über das heutige Österreich. Ähnliches gilt auch von seinen Helden – von Strauch, dem Fürsten Saurau, Konrad und vor allem dem Notar Moro in der Erzählung *Ungenach*: die Vergangenheit ist schrecklich, aber nicht minder schrecklich ist die Gegenwart, die sich daraus hervorschält – ein geschlossener Kreis ohne jede Hoffnung also.

In der Erzählung *Gehen* werden die Ursachen für den Selbstmord des hervorragenden, ja genialen Chemikers Hollensteiner dargelegt: Er erhängt sich, als die Regierung seinem Institut die finanzielle Unterstützung verweigert. Ein typisch österreichisches Schicksal: Der im Ausland angesehene Wissenschaftler wird zu Hause beharrlich totgeschwiegen. In diesem Land werden, so der Erzähler, alle totgeschwiegen, bis sie wirklich tot sind, bis sie sich selbst das Leben nehmen. Hollensteiner hätte übrigens einen Ausweg gehabt: Er wurde in verschiedene Länder eingeladen, und viele Universitäten hätten es sich zur Ehre gemacht, ihm ein erstklassiges Labor zur Verfügung zu stellen. Aber das ist kein Ausweg für Hollensteiner, denn er kann sein Land nicht verlassen: Österreich ist sein Fluch, zugleich aber auch seine bittere Liebe. An einem anderen Ort könnte er keinesfalls leben, und so zieht er es vor, Hand an sich zu legen ...

Dem Maler Strauch geht es nicht anders: Trotz seiner endlosen Haßtiraden auf Österreich und das Dorf Weng bewegt er sich nie von dort weg. Weng ist seine, Strauchs, Welt. Eine andere hat und will er nicht. Analog dazu versucht Roithamer, die Hauptfigur aus *Korrektur*, diesem geschlossenen Kreis zu entkommen: Er geht nach Cambridge, bleibt jedoch in Gedanken stets bei dem verhaßten und zugleich über alles geliebten Österreich; er geht weg, um wieder zurückzukehren, den Familiensitz in Altensam – den Inbegriff des unerträglichen Österreich – niederzureißen und einen seltsamen, bewohnbaren Kegel für seine Schwester bauen zu lassen, die Miniatur-Utopie einer gerechten Heimat.

Bernhards Protagonisten führen die Unmöglichkeit vor, in einem Land zu leben, in dem sie doch leben wollen und müssen. Dieses Paradox bezieht sich – in unseren Augen – weniger auf die Österreicher, die die Trauer um den Verlust des einstigen Weltreiches bereits in der einen oder anderen Form überstanden haben, sondern auf die Menschen der ehemaligen Sowjetunion, vor deren Augen nicht nur ein riesiges Imperium zusammengebrochen, sondern denen eine ganze Welt eingestürzt, denen ihr Atlantis untergegangen ist.

Interessanterweise sind unsere ersten Versuche, mit der Vergangenheit abzurechnen, gewissermaßen eine Wiederholung der drei österreichischen Kategorien – was offenbar unvermeidlich ist. Freilich findet diese Wiederholung noch nicht in der Literatur statt, sondern vorerst nur im Bewußtsein der Menschen. Daher ist sie auch viel verschwommener, ohne Hell-Dunkel-Kontraste, mit beinahe parodistischen Zügen. Die größten Hoffnungen liegen meines Erachtens in der Bernhardschen Kategorie jener Haßliebe, die Raum für ein Fünkchen Optimismus läßt. Übrigens auch deshalb, weil sie sich einer ideologischen Profanierung widersetzt: Es ist leicht, die eigene Vergangenheit *einfach nur* zu lieben, wie es auch leicht ist, sie *einfach nur* mit Füßen zu treten.

Im übrigen möchte ich keine Prognosen abgeben, da sich unser Buchmarkt – soweit er nicht überhaupt zerstört ist – an den Wirtschaftsgesetzen des »wilden Westens« orientiert und von Zufall und Willkür regiert wird. Dennoch hoffe ich, daß die Werke Thomas Bernhards in absehbarer Zukunft ein breiteres Publikum und größere Nachfrage finden werden. Ich hoffe es, denn es würde bedeuten, daß wir selbst allmählich reif genug sind, um aus der Grube unserer tristen Vergangenheit hervorzukriechen ...

(AUS DEM RUSSISCHEN VON BRIGITTE RAPP UND SABINE SEIZOV)

Anmerkungen

[1] Pasternak, Boris: Gedichte und Verse in zwei Bänden. »Biblioteka poeta«, Verlag Sowjetskij pisatelj, Leningradskoe otdelenije, 1990, Bd. 1, S. 347.
[2] Botond, Anneliese: Schlußbemerkung. In: Über Thomas Bernhard. Frankfurt/M. 1970, S. 139.
[3] Ebda, S. 7.
[4] Obwohl der letzte Teil der Pentalogie, Ein Kind, 1982 erschien, und die Ausgewählten Werke, aus deren Vorwort hier zitiert wird, mit 1983 datiert sind, unterblieb die notwendige Korrektur aufgrund der Schwerfälligkeit der sowjetischen Herausgeber.
[5] Archipow, Juri: Vorwort. In: Bernhard, Thomas: Ausgewählte Werke. Moskau: Raduga 1983, S. 10f.
[6] Ebda, S. 9.
[7] Archipow, Juri: Die zeitgenössische österreichische Erzählung. In: Erzählungen österreichischer Autoren. Moskau: Raduga 1988, S. 15.
[8] Frisch, Max: Tagebuch 1946–1949. Frankfurt/M. 1965, S. 240f.
[9] Doderer, Heimito von: Tangenten. Tagebuch eines Schriftstellers. München 1964, S. 416.

Alexander Andreev

Ein Nationalnihilist
Bernhard in Bulgarien

Bis in die achtziger Jahre ist Thomas Bernhard in Bulgarien nur einem engen Kreis von Literaturkennern ein Begriff gewesen. Unter den ersten, die den österreichischen Schriftsteller erwähnt haben, war die große bulgarische Dichterin und Dissidentin (jetzt Vizepräsidentin von Bulgarien) Blaga Dimitrowa. Diese relativ späte »Entdeckung« Bernhards ist in erster Linie auf die fehlenden Kulturschichten zurückzuführen, die für das Verständnis seiner Texte notwendig sind. Darunter verstehe ich sowohl den Nachlaß der Existentialisten als auch die Problematik der bürgerlichen Nachkriegsgesellschaften im Westen Europas. In Fachkreisen ist Bernhard selbstverständlich immer öfter unter den lebenden Klassikern der deutschsprachigen Literatur erwähnt worden, aber für das breite Publikum und für die Verleger waren und sind andere Namen für die moderne deutschsprachige Literatur repräsentativ und maßgebend: Max Frisch, Heinrich Böll, Günter Grass, Friedrich Dürrenmatt. Dabei wurde diese Wahl wenig von politischen oder ideologischen Prämissen beeinflußt: Nach der Jahrzehnte dauernden Stagnation waren gerade Autoren wie Böll und Frisch dazu geeignet, die bulgarischen Leser in die deutschsprachige Nachkriegsliteratur einzuführen.

Ich werde also eher eine *mögliche* als die *tatsächliche* Rezeption von Thomas Bernhard in Bulgarien schildern. Dieser Versuch, den Rahmen einer möglichen Rezeption zu definieren, ist natürlich durch den Mangel an Übersetzungen und an sekundären Texten zu erklären. Abgesehen von einem Prosaband[1] sind nur noch drei Bernhard-Werke[2] dem bulgarischen Publikum zugänglich. Sporadische biographische Angaben[3] und aus westlichen Medien übernommene Zeitungskritiken[4] vervollständigen das Bild. Zu erwähnen wären nur noch meine bescheidenen Bemühungen, einige Werke von Thomas Bernhard in der bulgarischen Literaturpresse vorzustellen.[5] Das ambivalente Gefühl, beinahe der einzige Rezipient von Thomas Bernhard im Lande zu sein – abgesehen von den bulgarischen Germanisten, die ja nicht zu den Durchschnittslesern zählen –, läßt sich auch durch das komisch-unglückliche Schicksal der ersten (und bislang einzigen) bulgarischen Bernhard-Buchausgabe veranschaulichen: Der Prosaband mit der phantasievollen Umschlaggestaltung der in den USA lebenden bulgarischen Künstlerin Ada Mitrani war kaum im Buchhandel ausgeliefert worden, als Thomas Bernhard seinen Vertrag mit dem Verlag Narodna Kultura durch seinen Agenten rückgängig machen ließ und die Verbreitung des Buches in Bulgarien untersagte. So ist die ganze Auflage aus dem Vertrieb gezogen worden, und Jahre später fand ich zufällig Hunderte Exemplare in einem Lagerhaus liegen.

Ähnlich war auch das Schicksal des Theaterstückes *Heldenplatz*[6], das ich 1991 im Auftrag des Kleinen Stadttheaters (Malak Gradski Teatar zad Kanala) in Sofia übersetzte. Damals, kurz nach der politischen Wende in Bulgarien, war das Bestreben, sich gegenüber dem Westen zu öffnen, ausgesprochen stark. Die Gewohnheiten aus der Zeit der subventionierten Hochkultur waren zwar noch lebendig, aber die Möglichkeiten für die Verbreitung »nicht-marktorientierter Produkte« wurden immer geringer. Das berühmt-berüchtigte Stück war mittlerweile durch Zeitungsberichte in den Theaterkreisen Bulgariens bekannt geworden. Meine Auftraggeberin versprach sich einen – wenn auch bescheidenen – Erfolg durch den skandalösen Text, der europaweit Schlagzeilen gemacht hatte. Das antibürgerliche Pathos des Stückes empfand man eher als antikonservativ, also die damalige politische Situation im Lande genau treffend. Darüber hinaus hätten die konkreten politischen Anspielungen in *Heldenplatz*, etwa über die Verwandtschaft zwischen Sozialismus und Faschismus oder über die Verlogenheit der Presse, für das bulgarische Publikum besonders aktuell klingen können. Auf den Österreich-Bezug des Stückes kam es weniger an – wie ich gelegentlich schon erwähnt habe, waren (und sind) die verbreiteten Vorstellungen über den »Westen« zu allgemein und amorph, um die feinen Unterschiede des Textes würdigen zu können. Auf der Bühne in Sofia wäre *Heldenplatz* als ein Familiendrama mit starken sozial-kritischen und politischen Akzenten rezipiert worden, falls man das Stück aufgeführt hätte. Dazu kam es aber leider nicht. Im Überlebenskampf der letzten zwei Jahre entschied sich auch das Kleine Stadttheater für leichtverdauliche Theaterkost. Dazu äußerte sich meine Auftraggeberin: »*Heldenplatz* ist ein gewaltiges Stück Theater, leider aber überspielt die politische Dramatik hierzulande jegliches geschriebene Drama. Und das Publikum im Saal sucht eher die Ablenkung als die Geistesproblematik.«

Die *mögliche* Rezeption von Thomas Bernhard ließe sich also im

Kontext des hierzulande bekannten Teiles der österreichischen Literatur sowie in Zusammenhang mit der gegenwärtigen bulgarischen Literatur beschreiben. Auch die im Prosaband getroffene Auswahl der Werke[7] war durch den Gedanken an diese mögliche Rezeption beeinflußt. Die autobiographische Form von *Der Atem* schien mir für diese erste Begegnung mit Thomas Bernhard angemessen. In diesem Roman, obwohl stellenweise thesenhaft und voreingenommen, gelingt es dem Autor im bedeutenden Ausmaß, einige seiner Grundkonzepte zu verteidigen: die Kompliziertheit der Beziehungen zwischen den Individuen, die Priorität des Geistigen gegenüber dem Materiellen, Schaffensdrang als rettende Selbstbestätigung. Die ausgewählten Erzählungen sollten, im Gegenteil, andere Assoziationen wecken und an die Tradition gerade zu dieser Zeit bekannt gewordener Absurdisten der »zweiten Welle« – wie Sławomir Mrożek zum Beispiel – anknüpfen.

Aus der Sicht der bulgarischen Literaturtradition ließe sich Thomas Bernhard bei einer oberflächlichen Betrachtung direkt in die Schublade der »Nestbeschmutzer« stecken. Kurz vor dem Ersten Weltkrieg sind nämlich zwei philosophische und stilistische Richtungen in der bulgarischen Literatur aneinandergeraten. Um das Problem kurz zusammenzufassen: gerade die »Eurozentristen« (im Gegensatz zu den patriotisch gesinnten und bodenständigen Schriftstellern) geraten wegen ihres angeblichen »Nationalnihilismus« regelmäßig in die Schußlinie der patriarchal-konservativen Kritik. Das heißt, der heutige bulgarische Leser ist von vornherein überempfindlich gegenüber Autoren, die skeptisch oder gar ironisch das sogenannte »nationale Wertesystem« in Frage stellen. In einer Rezension zum Roman *Auslöschung*[8] versuche ich wieder einmal, eine mögliche Rezeption unter diesem Gesichtspunkt zu analysieren:

> In diesem Roman sind die Ursachen für die allgemeine Empörung gegenüber Thomas Bernhard am deutlichsten zu erkennen. Der konservative Leser – und der bulgarische Leser ist ausgesprochen konservativ – empfindet sich einerseits persönlich beleidigt, andererseits in seiner Besserwisserei bestätigt: »Nichts ist heilig für diesen Bernhard«, sagt er. »Er ist ein Zyniker und Misanthrop. Er kennt das Leben nicht. Ihm sind die Gefühle des einfachen Menschen unzugänglich. Leichtsinnig bespöttelt er die Grundwerte der Menschheit: Heimatliebe, Geborgenheit der Familie, Glauben, gesellschaftliche Ordnung, Achtung für unsere Toten ...

Auch Krankheit, Tod und die Leiden des Geistesmenschen als weitere

Themenbereiche bei Thomas Bernhard haben ihre Bezugspunkte in der bulgarischen Literatur der ersten Hälfte des Jahrhunderts. Mit dem Aufmarsch des sozialistischen Realismus nach dem Zweiten Weltkrieg aber wurde diese Problematik für längere Zeit als »weltfremd« und »dekadent« tabuisiert. Die heldenhafte Romantik des »sozialistischen Aufbaus« verdrängte die Ästhetik des Leidens aus dem kulturellen Bewußtsein, und erst in den späten sechziger Jahren wurden die ersten schüchternen Annäherungsversuche an Autoren wie Kafka, Sartre oder Camus unternommen. Auch manchen bulgarischen Schriftstellern ermöglichte diese langsame Entideologisierung der Literatur ein Anknüpfen an diese Tradition. In meinem Nachwort[9] zur bulgarischen Bernhard-Ausgabe schreibe ich:

Auf den ersten Blick, so scheint es, überwiegt das Thema der Krankheit, der Entfremdung, der Unangepaßtheit des Individuums an die soziale Umgebung, seiner Machtlosigkeit und geistigen und physischen Ohnmacht. Die Welt, in der die Helden Bernhards leben (oder vielmehr vegetieren), ist eigenartig, fast absurd; der Leser nimmt sie wie durch eine angelaufene Fensterscheibe wahr. Und es hat nichts zu bedeuten, ob der Erzähler der kranke Jüngling aus *Der Atem*, der langsam verrückt werdende Förster aus der Erzählung *Die Mütze* oder der machtlose Rächer aus *Jauregg* ist – sie alle prallen wie Nachtfalter gegen die beleuchteten Fenster einer feindlichen Realität. [...] läßt sich der Leser aber dennoch in die endlosen Labyrinthe von Bernhards monologischer Erzählweise ein, wo an jeder Ecke groteske Situationen und Bilder und in ihrer übertriebenen Tragik komisch wirkende Helden lauern, dann wird klar, daß Thomas Bernhard mehr ist als nur einer der vielen Propheten, die das Ende der Welt verkünden. Krankheiten, menschliche Unfähigkeit zur Anpassung, beklemmende Angst – all das, von Thomas Bernhard auf Papier übertragen, hört auf, nur ein sich selbst genügendes Herumirren zu sein und wird zum Befreiungsakt, zur spontanen Schutzreaktion gegen die unerklärliche und absurde Wirklichkeit.

Die bulgarischen Übersetzungen von Broch, Schopenhauer und Kierkegaard schufen kurz vor der politischen Wende eine günstige intellektuelle Situation für eine repräsentative Bernhard-Ausgabe. Nach dem von mir vorgeschlagenen Konzept[10] sollte Thomas Bernhard mit drei Romanen vorgestellt werden: *Holzfällen, Ein Kind* und *Der Untergeher*. In einer Rezension zu *Holzfällen*[11] versuche ich, diese Auswahl zu erläutern:

Auch im Roman *Holzfällen* stellt Bernhard seine Vorliebe zu gewissen philosophischen Ideen und stilistischen Mitteln unter Beweis. Die Handlung kreist wieder um ein Kernproblem: die körperliche und geistige Erschöpfung des modernen Menschen, sein Unvermögen, mit den anderen in Dialog zu kommen, die Sterilität der von den Helden bewohnten geisterhaft-absurden Welt. [...] Wieder einmal beschäftigt sich Bernhard mit der dramatischen Ausweglosigkeit des »Geistesmenschen«, der zwar über die Heucheleien seines Milieus hinausgewachsen ist, sie aber noch nicht loswerden und seinen Konformismus nicht bekennen kann. Dabei richtet der Autor seine unverhohlene Ironie immer wieder gegen die geputzte Fassade der Scheinrealität, gegen die Manieriertheit einer jeden Situation und schließlich gegen die Sujetlosigkeit des Lebens. Einige gedämpft groteske Szenen erwecken den Eindruck, auch in *Holzfällen* ist Thomas Bernhard seinen ironischen Kommentaren zum Werk zeitgenössischer Autoren – wie Max Frisch, um nur einen zu nennen – treu geblieben.

»Existenz-Clown«, »böser Prophet«, »ironiebesessener Erzengel« – die »Thomas-Bernhard-Charta« der Literaturkritik ist zwar reich an Attributen über den Autor selbst, seine *totale Literatur* vermag sie aber nicht mit einem brauchbaren Etikett zu versehen. Eine weitere Rezeptionsfalle für den potentiellen bulgarischen Leser, denn die fehlenden Assoziationszusammenhänge sind kaum wieder herzustellen. Anhand des Romans *Auslöschung* versuche ich einen einleitenden Kommentar[12] zu dieser totalen Literatur Thomas Bernhards:

Man kann sie entschlüsseln mittels der Opposition zweier Kategorien, die der Autor selbst preisgibt: die Übertreibung und die Auslöschung. Die Übertreibung als größtes Geheimnis jeder schöpferischen Tätigkeit, jeder Philosophie und schließlich des Geistes selbst. Und die Auslöschung als einzige Möglichkeit, sich von der Last der gegenständlichen und der geistigen Welt zu befreien. Ohne diesen Schlüssel würde sich der ahnungslose Leser direkt in die Hölle der Verzweiflung stürzen sehen, da sowohl die suggerierte Realität als auch die Literatur von Thomas Bernhard apokalyptisch hoffnungslos anmuten. [...] Der Roman ist ein absurdes Lexikon der Existenz. Er ist ein Nachschlagewerk, das heißt, man könnte und sollte ihn eben wie ein Lexikon, wie eine Enzyklopädie »lesen«, hier und da aufschlagen, um sich das Weltbild aus den unterschiedlichsten Artikeln »zusammenpuzzlen« zu können.

Gerade diesen Puzzle-Effekt versuche ich, dem bulgarischen Leser im bereits erwähnten Nachwort[13] näherzubringen:

In den meisten seiner belletristischen Werke beschränkt sich Thomas Bernhard nicht nur auf die äußere Sujetebene. Die dramatischen Kämpfe finden meist im Bewußtsein des Ich-Erzählers statt. Wie in einem Zerrspiegel wird darin die Wirklichkeit reflektiert: deformiert, in unzählige Details zerstückelt, ist sie das Objekt einer ständigen, krankhaften Analyse. Der Autor gibt selten Erklärungen zu konkreten Tatsachen – normalerweise sind sie vorausgesetzt, fixiert, und der Leser ist gezwungen, sich mit den flüchtigen und zufällig scheinenden Anspielungen auf das Vorhandensein eines kausalen Zusammenhangs und auf die Logik der Handlung zufriedenzugeben.

Unter den bereits erwähnten Umständen könnte ich natürlich fast unbegrenzt über die mögliche Rezeption Thomas Bernhards in Bulgarien weiterspekulieren. Es ist aber nicht das Ziel dieses Textes, schon bekannte Bernhard-Konzepte zu reproduzieren. Deshalb – und notgedrungen – habe ich mir die Freiheit genommen, anhand zahlreicher Selbstzitate die wenigen dem bulgarischen Leser zugänglichen Bernhard-Interpretationen zusammenzufassen. Ich möchte mit einem letzten Zitat aus dem Nachwort[14] über die sprachlichen und stilistischen Mittel Thomas Bernhards schließen:

> Es ist nicht leicht, in den belletristischen Gewässern Thomas Bernhards zu schwimmen. Von den Fluten der Wörter überwältigt, geht dem Leser in den endlosen Sätzen mal der Atem aus, mal geht er im monotonen Erzählgeschehen unter. Gerade diese Monotonie – die periodische Wiederholung von Themen und einzelnen Bildern – kennzeichnet am deutlichsten den Erzählstil Bernhards. Es kann nicht Zufall sein, daß in seinem letzten Stück, *Am Ziel*, die beiden Heldinnen Jahr für Jahr durch das offene Fenster ausgerechnet Maurice Ravels Orchesterstück *Bolero* hören. Mit diesem scheinbar kleinen Detail verrät der Autor selbst den Code, mit welchem teilweise seine belletristischen Kunstgriffe zu entziffern sind. Die Suche nach kompositorischen, stilistischen und sprachlichen Schemata, die jenen eines musikalischen Werks gleichen, findet ihre Erklärung auch in der Vergangenheit des Schriftstellers, die außer von Krankheiten und familiären Problemen auch von seiner großen Liebe zur Musik geprägt ist. [...] Für Thomas Bernhard sind die expressive Ausdrucksweise und die grammatischen Fallen nicht nur ein Element seiner schriftstellerischen Technik – sie sind vielmehr ein chirurgisches Instrument, das mit gnadenloser Rationalität und sich selbst parodierender Pedanterie in das kranke Gewebe der Realität hineingestoßen wird. Doch diese Operation ist im voraus zum Scheitern verurteilt. Die einzige Alternative, die Bernhard anzubieten hat, ist die Ironie. Die bittere Selbstironie eines der vielen Einsamen der zeitgenössischen europäischen Literatur.

Anmerkungen

[1] Bernhard, Thomas: Der Atem. Eine Entscheidung. Prosaanthologie, Sofia: Narodna Kultura 1983. Herausgegeben und übersetzt von Alexander Andreev. (Enthält auch: Jauregg, Die Mütze, Ist es eine Komödie? Ist es eine Tragödie? sowie Viktor Halbnarr.)

[2] Bernhard: An der Baumgrenze. In: An der Baumgrenze – Erzähler aus Österreich. Sofia: BZNS Verlag 1985. Übersetzt von Wentzislaw Konstantinow. Bernhard: Letzte Augenblicke. In: LIK, Nr. 20, Sofia 1982 (Auflage ca. 100 000). Übersetzt von Jana Koschuharowa. Bernhard: Beton. In: Sawremennik, Nr. 3, Sofia 1986.

[3] Koschuharowa, Jana: Thomas Bernhard. In: LIK, Nr. 20, 1982.

[4] Buchka, Peter: Nörgelei als Widerstand – Thomas Bernhards neues Prosabuch »Beton«.

In: Süddeutsche Zeitung, 6. Okt. 1982 (unter dem Titel: »Die Betonwelt von Thomas Bernhard« abgedruckt in: LIK, Nr. 49, Sofia 1982).

[5] Andreev, Alexander: Holzfällen (Rezension). In: Knigoswjat, Nr. 3, Sofia 1985. Ders.: Auslöschung (Rezension). In: Knigoswjat, Nr. 7, 1987. Ders.: Zum »Heldenplatz« (mit einem Fragment aus dem Stück). In: Literaturen Forum, Nr. 6–7, Sofia 1991. Ders.: Der Untergeher (Rezension). In: Panorama, Nr. 6, Sofia 1985 (Auflage ca. 80 000).

[6] Bernhard: Heldenplatz. Archiv: Kleines Stadttheater Sofia, nicht aufgeführt. Übersetzt von Alexander Andreev.

[7] Siehe Anm. 1.

[8] Andreev: Auslöschung (Rezension). In: Knigoswjat, Nr. 7, 1987.

[9] Andreev: Die Wort- und Moralrätsel von Thomas Bernhard. Nachwort in: Der Atem. Siehe Anm. 1.

[10] Andreev schlug 1986 dem Verlag Narodna Kultura eine zweibändige Bernhard-Ausgabe in folgender Auswahl vor. Erzählungen: Der Zimmerer; Attaché an der französischen Botschaft; Der Wetterfleck; Am Ortler; Nachricht aus Gomagoi. Romane: Holzfällen; Der Untergeher; Ein Kind. (Diese Ausgabe ist wegen Geldmangels noch nicht zustande gekommen.)

[11] Andreev: Holzfällen (Rezension). In: Knigoswjat, Nr. 3, 1985.

[12] Andreev: Auslöschung (Rezension). In: Knigoswjat, Nr. 7, 1987.

[13] Siehe Anm. 9.

[14] Siehe Anm. 9.

»Man darf nie versuchen, Thomas Bernhard zu überlisten ...«
Round-table-Gespräch über die Inszenierungen auf französischen Bühnen

Teilnehmer:

Michel Bataillon, Germanist, Dramaturg am Théâtre National Populaire Villeurbanne
Wolfram Bayer, Übersetzer, Wien
Michel Nebenzahl, Philosoph und Germanist, Bernhard-Übersetzer, Paris
Claude Porcell, Germanist, Bernhard-Übersetzer, Paris
Rudolf Rach, ehemaliger Bernhard-Lektor beim Suhrkamp Verlag, Leiter des Theater-Verlags L'Arche, Paris
Lionel Richard, Professor der Vergleichenden Literaturwissenschaft, Feuilletonist des »Magazine littéraire«, Paris
Jean-Pierre Vincent, Regisseur, ehemaliger Leiter des Théâtre National Straßburg, ehemaliger Generalintendant der Comédie Française, inszenierte als erster Bernhards »Theatermacher« in Frankreich
Jean-Marie Winkler, Germanist und Bernhard-Forscher, Paris
Publikum

Die Diskussion fand am 24. November 1991 anläßlich des Bernhard-Kolloquiums an der Sorbonne statt.

Michel Bataillon – Viele fragen sich, warum Bernhards Theater in Frankreich erst so spät zum Durchbruch kam. Unsere Theaterleute sind an neuen Texten sehr interessiert. Normalerweise genügen einige Monate, damit ein neues Werk von Botho Strauß oder das letzte Theaterstück von Handke hier gelesen wird und ein Aufführungsprojekt entsteht. Um so erstaunlicher ist es, daß es acht Jahre dauerte, bis Bernhards erstes Stück auf einer französischen Bühne aufgeführt wurde, und achtzehn Jahre, bis er in Frankreich volle Anerkennung fand.

Es gibt dafür materielle, von der Dramaturgie unabhängige Gründe. Als Bernhard Theaterstücke zu schreiben begann, waren die zur schnellen Verbreitung und Förderung notwendigen Bedingungen in Frankreich noch nicht vorhanden. Vor Rudolf Rachs Übernahme des Verlags L'Arche brachte dieser kaum Texte in Umlauf; der Verlag bemühte sich nicht, einen

Autor zu fördern. Das ist übrigens eine französische Eigenart: die Rechte werden von der Société des Auteurs, dem offiziellen Autorenverband, wahrgenommen, und dieser hält es nicht für notwendig, sich für die Autoren einzusetzen. Seit einigen Jahren aber hat die neue Politik des Verlags L'Arche, der die Rechte vieler deutscher Autoren verwaltet, zweifellos eine große Rolle bei diesem Durchbruch gespielt.

Für diese Verspätung gibt es aber auch einen textimmanenten Grund: Bernhards Monologe sind geradezu antitheatralisch. Theaterleute suchen zuerst Dialoge, und was sie da vorfinden, sind Selbstgespräche. Man muß schon sehr genau hinsehen, um zu erkennen, daß sie im Grunde großartige Theaterdialoge sind. Und diese Sprache, diese Konstruktion verlangen ein hohes Maß an Abstimmung zwischen den Theaterpartnern: unbedingt notwendig ist die Übereinstimmung zwischen Bernhards erstem Interpreten, d. h. dem Übersetzer, und dem zweiten, d. h. dem Regisseur; dann zwischen dem Regisseur und dem, der den Text spielt, dem Schauspieler. Wenn diese drei Personen sich nicht über das einigen können, was Bernhard erzählt, über diese äußerst präzise Dramaturgie des Affekts und des Gedankens, dann ist Sand im Getriebe, und es wird unmöglich, Bernhard zu spielen.

Und dann gibt es noch die großen Mißverständnisse. Das erste 1981 anläßlich des *Präsidenten.* Sehr talentierte Leute hatten das Projekt übernommen, vor allem Roger Blin, der große Regisseur und Schauspieler, der seit den fünfziger Jahren die meisten großen Texte entdeckt hatte, zum Beispiel die von Beckett und Genet. Er hatte sich mit großen Schauspielern wie Guy Tréjan zusammengetan. Das Stück wurde aber in einem Boulevard-Theater gespielt, richtete sich also an Zuschauer, die etwas ganz anderes erwarteten. So entstand eine Kluft zwischen dem *Präsidenten* und der Erwartung des Publikums. Das Stück wurde nur acht- oder zehnmal gespielt und mußte abgesetzt werden.

Claude Porcell – So um die 14 Aufführungen hat es erlebt. In diesen zwei Wochen schreckte die verzweifelte Pressedame vor nichts zurück, um das Schauspiel als großen Theaterskandal, als neue Theaterschlacht wie bei Genets *Paravents* (Wände überall) darzustellen. Hinzu kam eine äußerst unglückliche Fügung. Einerseits befanden wir uns – im Februar oder März 1981! – mitten in der historischen Wahlkampagne, die die Linke in Frankreich an die Macht brachte, und die ziemlich lebhaft war. Ein »Café-

Théâtre« hatte sogar ein Stück gleichen Namens auf dem Programm. Von Bernhard erwarteten sich die Leute ein burleskes, satirisches Schauspiel, in dem z. B. Mitterrand und Giscard d'Estaing als Narren auftreten. Zum anderen hatte zwar die neue Leitung des Theaters die Programmpolitik geändert – sie bemühte sich um einen »intellektuellen« Spielplan – nicht aber der Pressedienst, der dem kommerziellen System des Boulevard-Theaters verhaftet blieb: so war der Zuschauersaal bei der Premiere voll mit Stars aus dem Showgeschäft und dem Fernsehen. Und schließlich war Roger Blin, der bald darauf starb, schon schwerkrank. Also eine typisch Bernhardsche Katastrophen-Konstellation. Sicher ist aber auch, daß sich ein paar Jahre später, selbst unter den gleichen Umständen, Bernhards »natürliches« Publikum eingefunden hätte.

Bataillon – Es gab auch das umgekehrte Mißverständnis. Jahrelang haben hier die Regisseure Bernhard einen philosophischen Tiefgang angehängt, haben auf sein Theater das Bild übertragen, das man von seiner Prosa hatte. Sie behandelten es wie eine tiefschürfende Philosophie und vernachlässigten dabei die Eigenart dieses komisch-unheimlichen Theaters. Ein drittes Mißverständnis: Man darf nie versuchen, Thomas Bernhard zu überlisten. So zum Beispiel bei der Arbeit Joël Jouanneaus an *Minetti*. Er erfindet ein postmodernes Bühnenbild und vernachlässigt dabei das Wesentliche. Bernhard war ein ausgezeichneter Kenner des Theaters, er verfolgte das Theaterleben mit größerer Aufmerksamkeit, als man glauben möchte; die Bühne und ihre impliziten Gesetze waren ihm wohlvertraut. Wenn er Bühnenanweisungen gibt, dann sind diese ein wesentlicher Bestandteil des Werkes. Bernhard ist ein Bumerang: wenn man ihn schlecht wirft, bekommt man ihn ins Gesicht zurück. Das ist also recht gefährlich.

Wenn Bernhards Durchbruch erst so spät erfolgt ist, dann auch deshalb, weil man an dieses Werk sehr vorsichtig, ohne falschen Handgriff herangehen muß.

Lionel Richard – Ein anderer Grund: Ich weiß noch, daß sich der Regisseur Henri Ronse, der als erster ein Bernhard-Stück in Frankreich inszenierte, schon 1972 für *Ein Fest für Boris* interessierte, doch keinen Übersetzer fand. Damals gab es kaum Germanisten, die sich mit dieser neuen Literatur beschäftigten.

Porcell – Dabei hatte doch schon zu dieser Zeit, spätestens 1973/74, der Germanist Michel-François Demet die ersten Stücke übersetzt. Nur arbeitete jeder in seinem Winkel, und der Verlag stellte erst später die Verbindungen her. Denn hierzulande beschließt nicht der Übersetzer, diesen oder jenen Text zu übersetzen, sondern der Verleger kauft die Rechte und sucht sich erst dann einen Übersetzer aus, wenn er meint, sich für den Autor einsetzen zu sollen. In diesem Fall war es aber ausnahmsweise umgekehrt. Diese Übersetzungen waren nicht für die Öffentlichkeit bestimmt und existierten nur als Manuskripte. Dank Rudolf Rachs hat sich das später zwar geändert, nicht aber das grundsätzliche Problem des Verlegens von Theaterstücken in Frankreich: die sehr geringe wirtschaftliche Rentabilität der Buchveröffentlichungen bewirkt, daß die Verleger lieber auf eine große Theaterproduktion warten, um das Stück gleichzeitig herauszugeben, anstatt es zu publizieren, damit es gelesen und aufgeführt wird. Ein Teufelskreis ...

Rudolf Rach – Außerdem war Bernhard 1972 auch in Deutschland noch nicht so bekannt. Auf der Bühne hatte er einen nur sehr begrenzten Erfolg. Der Büchnerpreis wurde ihm für das Romanwerk verliehen. Sein Theater befremdete, das Publikum wußte nicht recht, was es damit anfangen sollte. Sein Durchbruch ließ daher vergleichsweise lange auf sich warten. Bernhards Theaterruhm begann erst mit der Zusammenarbeit mit Peymann, die andrerseits ambivalente Folgen hatte: sie hat uns Agenten daran gehindert, die Texte zu verbreiten und neue Verträge zu verhandeln. Es hat mich erhebliche Anstrengungen gekostet, Bernhard davon zu überzeugen, daß ein Text von dem Augenblick an, wo er für das Theater geschrieben worden ist, ein Eigenleben führt und mehrere Interpretationen haben kann. Schließlich, nachdem sich mit dem Erfolg die Spannung gelöst hatte, sagte er sich: Na, warum nicht, außerdem bringt das Geld ein, schon gut. Und wir fanden am Ende ein Gleichgewicht zwischen den künstlerischen – und medienbedingten – Anforderungen Herrn Peymanns einerseits und den Interessen des Verlegers und natürlich des Autors andrerseits.

Richard – Ein anderes Hindernis war zu jener Zeit, so paradox es klingen mag, die Schwierigkeit, die Leute von Bernhards Originalität zu überzeugen, besonders in der Hinsicht auf Beckett, mit dem dieses Theater doch auch tatsächlich verwandt ist.

Bataillon – Rudolf Rach beschrieb soeben auf etwas kritische Weise, vom Standpunkt des deutschen Verlegers aus, das Zweiergespann Bernhard/ Peymann. In Frankreich hat diese Zusammenarbeit mit einem Regisseur gefehlt. Mir scheint, daß sie in Deutschland trotz allem dynamisch war.

Rach – Sie hat ihm geholfen, das stimmt. Doch sobald in Frankreich die Dinge in Bewegung kamen und sich ein stärkeres Interesse bemerkbar machte, stellte sich das gleiche Problem wie in Deutschland, nämlich das der Exklusivität – weniger auf künstlerischer, als auf technischer Ebene. Nun war meiner Meinung nach die einzig fruchtbare Entscheidung, die Exklusivität zu verweigern – das heißt, Vorstellungen in der Provinz zu erlauben, obwohl Regisseure von nationalem Rang in Frankreich meistens darauf bestehen, das Stück als einzige, und hauptsächlich in Paris spielen zu dürfen.

Bataillon – Eine Frage an Jean-Pierre Vincent: Warum hast du den *Theatermacher* inszeniert, der die Bernhard-Welle in Frankreich erst richtig auslöste, und nicht z. B. *Die Macht der Gewohnheit*?

Jean-Pierre Vincent – Ich wollte Thomas Bernhard groß herausbringen, und diese Absicht konnte ich dank des Théâtre National Populaire auch verwirklichen. Nun, was mir die wesentliche Stärke des *Theatermachers* auszumachen schien, ist, daß die, ich würde sagen metaphysischen Kräfte, die im Bernhardschen Dialog am Werk sind, im *Theatermacher* plötzlich mit einer Materialität, einer Ideologie, einer bestimmten Sprachpraxis zusammenfallen. Und sie förderten eine alte Religiosität, ein altes Schuldgefühl zutage, die ich von meinem langen Aufenthalt im Elsaß ganz gut kenne, diese süddeutsche Katholizität, die sich von Straßburg über Bayern bis nach Österreich erstreckt. Auf einmal war da etwas, was Bernhard in die Nähe einer bestimmten deutschen Tradition rückte, die von Lenz über Büchner bis zum jungen Brecht reicht, eine Art Realismus, der zu Bernhards bisherigem Theater hinzukam, ohne daß etwas von seiner früheren Spezifizität verloren ging. Etwas, was z. B. dem *Roberto Zucco* von Koltès ähnlich war, ein qualitativer Sprung, der durch Bernhards spätere Texte, *Heldenplatz* etwa, bestätigt wurde. Ich bin der einzige deutsche Regisseur unter den Franzosen: Was mich immer dazu gebracht hat, auf dem Theater von Frankreich zu sprechen, das war die Art und Weise, wie die deutschen

Intellektuellen immer von Deutschland, von der »deutschen Misere« etc. gesprochen haben. Freilich jeder auf seine Weise, aber immer mit Bezug auf ein philosophisches Rückgrat, auf Kant, Hegel usw., auf einen roten Faden der religiösen Selbstanalyse – nicht nur im Sinn der eigentlichen Religion, sondern auch der Religion des Deutschseins, dieser ständigen Selbstkritik –, während Frankreich in seinem kleinlichen Provinzialismus natürlich immer schon vermieden hat, von diesen Dingen zu sprechen. Was mich also interessierte war, daß Bernhards Theater plötzlich einen Raum der Wirklichkeit und der Wahrheit betrat, einen wirklich theatralischen, ja perversen, doch wahrhaftigen *Raum*. Ich erkannte jene Art und Weise wieder, zugleich stolz und schuldgebeugt zu sein, der ich im Elsaß begegnet war.

Ich hatte aber auch etwas anderes entdeckt, nämlich das spezifisch Österreichische an Bernhards Arbeit und die absolute Notwendigkeit, ein in geographischer, geohistorischer Hinsicht sehr genau definiertes, abgegrenztes Schauspiel zu konstruieren. Ich war überzeugt davon: Je mehr man Bernhard »austriazisierte«, desto besser konnte man ihn den Franzosen verständlich machen. Außerdem tat man der europäischen Kultur einen Dienst. Denn: Ich habe ja »französierte« Bernhard-Stücke gesehen. Ich habe die Leute in *Heldenplatz* lachen sehen, weil sie die französischen Sozialisten mit den Sozialisten in Österreich auf die gleiche Stufe stellten oder miteinander verwechselten. Wenn es uns gelingt, die Leute zum Nachdenken darüber zu bewegen, welchen Unterschied es zwischen den französischen und den österreichischen Sozialisten gibt, welchen Unterschied zwischen den Problemen, die die Beziehungen von Sozialismus und Faschismus in Frankreich und Österreich aufwerfen, dann helfen wir den Leuten, die komplexen Beziehungen der Geographie, der Geschichte und der Politik zu erkennen – anstatt alles zu vereinfachen, wie man das heute so gerne tut, im Zeitalter summarischer Vergleiche und Gleichsetzungen. Wenn wir hier einen Text über Frankreich aufführen wollen, dann muß ihn ein Franzose schreiben, und es soll ein Text über Frankreich sein. Da stellt sich natürlich das Übersetzungsproblem wieder. Glücklicherweise gibt es seit fünfzehn oder zwanzig Jahren eine neue Übersetzergeneration: Man neigt jetzt endlich eher dazu, zugunsten der Ausgangssprache zu übersetzen, nicht mehr zugunsten der Sprache, in die der Text übersetzt wird. Jahrhundertelang sind alle Autoren, die ganze Mannigfaltigkeit der europäischen Sprachen, in »gutes Französisch« übertragen worden. Ich glaube, daß man in »schlechtes Französisch« übersetzen soll. Bei der Lektüre ist das zwar nicht *schön* und der Académie Française nicht würdig, aber der Schauspieler kann dann eine Art Gestik des Denkens wiederfinden, die der unsrigen zwar nicht gleicht, sie aber ergänzt. An der Übersetzung des *Theatermachers* haben wir in diesem Sinn gefeilt, indem wir an etwa 300 bis 350 Stellen kleine Änderungen anbrachten. Ich hatte einen deutschen Assistenten, der Französisch spricht, und der Hauptdarsteller, Bernard Freyd, ist Elsässer und spricht perfekt Deutsch. Jedesmal, wenn wir nicht mehr weiterkonnten, haben wir festgestellt, daß etwas in der Übersetzung nicht klappte, daß ein Wort nicht an der richtigen Stelle im Satz war. Das war »materiell«. Es gibt eine »Materialität« des deutschen Theaters, im Gegensatz zum »Fließenden« der französischen Tradition: Seitdem ich Stücke inszeniere, besteht meine Arbeit darin, daß Französische materiell zu machen.

Porcell – Zur Übersetzungsfrage: Ich würde natürlich keineswegs das französisch »Fließende«, geschweige denn die Académie Française verteidigen, nur zweifle ich an dieser Vorstellung von einer Übersetzung, die zugunsten der einen oder anderen Sprache erfolgen sollte. Schließlich geht es darum, zugunsten des *Textes* zu übersetzen. Diese Anwendung des »schlechten Französisch« ist eine heikle Sache und eine Frage des Maßes. Denn man läuft ja Gefahr, dem Text eine Fremdheit hinzuzufügen, die ursprünglich gar nicht da war. Nämlich jene, die jede Fremdsprache für denjenigen hat – Leser oder Zuschauer –, der mit ihr einfach nicht vertraut ist. Dann entspricht man nicht der eigentlichen Aufgabe der Übersetzung, die, wie ich glaube, darin besteht, die wirkliche Originalität des Textes wiederzugeben – das heißt: gemessen an dem sprachlichen, kulturellen, historischen usw. Zusammenhang, in dem er geschrieben wurde, an einem bestimmten Ort und zu einem bestimmten Zeitpunkt. *Diese* Differenz ist schließlich zu übersetzen, eher als diejenige, die sowieso zwischen den beiden Sprachen strukturell besteht, und die man bei jedem beliebigen Text wiederfinden wird. Etwas ganz Banales z. B. kann sonst als unerhörte Trouvaille oder als Verschrobenheit oder Originalität erscheinen. Und das habe ich manchmal im Theater erlebt. Wenn ich »Es ist mir wurscht« durch »C'est pour moi de la saucisse« übersetze, dann entstehen für einen Franzosen surrealistische Assoziationen, die ihm überhaupt kein Verständnis ermöglichen und das Alltägliche am Ausdruck auch gar nicht wiedergeben. Ein äußerst zugespitztes Beispiel freilich. Doch dieses Risiko geht man ein, wenn man um jeden Preis das Fremdartige *an der Fremdsprache* beibehalten – also *zugunsten* dieser Sprache übersetzen will.

Bei Bernhard stellt sich aber meines Erachtens das Problem etwas anders: Man ist schon glücklich, wenn man es erreicht, nicht viel zuviel Originalität der schon ursprünglich ausgiebig vorhandenen *hinzuzufügen*. Schon wegen der so unterschiedlichen Strukturen der beiden Sprachen, auch oder vor allem in seinem Theater, wo diese Struktur beständig gebrochen, unterbrochen wird: dann machen diese Unterbrechungen in dem grammatikalisch anders angeordneten französischen Satz gewaltige Probleme. Vor allem eben, weil dies eine *Bewegung* verkörpert, der der Schauspieler folgen können soll, eine *ambivalente* Bewegung, in der man nicht genau weiß – und das hat natürlich seinen Sinn –, ob sich eine Zeile auf die vorige oder auf die nächste bezieht, eine Vorwärts- oder eine Rückwärtsbewegung andeutet, eine Frage, die die Schauspieler immer wieder stellen. Schon diese zentrale Funktion der Aufeinanderfolge fordert den Franzosen eine unerhörte Gymnastik ab. Hier kann man einfach nicht umhin, die Originalität der Fremdsprache als solche in den französischen Text einzuschmuggeln, wenn man Bernhards Spezifizität beibehalten will. Mir fällt auf, daß bei deutschsprachigen Aufführungen der Text Bernhards trotz aller Spezifizität doch viel *natürlicher* klingt als auf Französisch – aber wir Übersetzer können eben nicht anders. Damit hängt ja wahrscheinlich auch das Problem der Komik zusammen, die in Frankreich viel weniger erkannt wird. Da muß man diese Fremdheit höchst subtil dosieren – was sowieso hoffnungslos bleibt. Bernhard ist aber eine Zwangsjacke – glücklicherweise vielleicht, denn schließlich stellt man mit Erstaunen fest, daß im großen und ganzen alle vernünftigen Bernhard-Übersetzer und -Regisseure im Text übereinstimmen.

Vincent – Die *Emphase* der französischen Tradition muß man bekämpfen. Bernhards Monolog ist in Wirklichkeit ein Dialog, der den Tschechovschen Dialog auf die Spitze treibt. Tatsache ist, daß nur eine einzige Figur spricht, und es sollte deutlich gemacht werden, *warum* die anderen nicht sprechen. Einer ist da, der das Wort ergreift und es nicht wieder losläßt, und aus irgendeinem Grund haben die anderen ein Interesse daran, es nicht wieder aufzugreifen. Die Situation der Kinder im *Theatermacher* ist ziemlich bequem. Oft ist es eben ziemlich bequem, das Maul zu halten.

Bataillon – Wie bist du auf diesen alemannischen Schauspieler gekommen, Bernard Freyd?

Vincent – Um Bernhard eine Chance zu geben, wollte ich natürlich einen großen Schauspieler haben, eine sogenannte Lokomotive. Einige von ihnen habe ich angesprochen: aus Schreck sind sie Hals über Kopf davongerannt – sie haben nichts verstanden, Robert Hirsch, Piccoli, Bouquet usw. Nachdem ich also meine Pflicht getan hatte, bin ich auf meine ursprüngliche Idee zurückgekommen: daß nämlich die wirkliche Lokomotive Bernard Freyd war, weil er die sozusagen angeborene Fähigkeit hat, diese Sprache und diesen Denkprozeß zu verstehen. Freyd hatte in *Violences à Vichy* von Bernard Chartreux hintereinander zwei sehr lange Monologe zu sprechen, von denen einer die bloße Aufzählung der Gegenstände war, die die Franzosen 1941-1943 Maréchal Pétain schenkten: ein verblüffendes, umwerfendes Bild Frankreichs unter der Vichy-Regierung. Zum Totlachen. Wir in Frankreich neigen dazu, das Tiefgründige, Melodramatische interessant zu finden. Es ist daher wichtig, Bernhards Ironie, seinen Humor auf die Bühne zu bringen. Selbst wenn dieser Humor zum Totlachen ist – und Bernhard hat sich ja totgelacht.

Michel Nebenzahl – Sie sprachen von der Notwendigkeit einer Abstimmung zwischen Autor, Übersetzer und Regisseur. Ich würde vielmehr sagen, daß Bernhard gar keinen Konsens duldet. Bernhard ist ein Autor der Schwierigkeit, und jeder hat seinen Bernhard. Die Provokation bei Bernhard ist die Ablehnung jeder Einigung. Irgendwann wird der Regisseur vom Schauspieler hintergangen, der Schauspieler vom Übersetzer etc. Jedesmal geht man ein Risiko ein, jedesmal ist der Leser auf seine eigene Verantwortung angewiesen. Bernhard hat die höchste Kunst verwirklicht, daß jeder Leser zum Autor wird, und dasselbe gilt für den Regisseur, den Schauspieler usw. Dazu kommt seine außerordentliche Theaterkenntnis, die man besonders als Übersetzer im Auge behalten muß. Zum Beispiel ist *Einfach kompliziert*, an dem ich gerade arbeitete, ein richtiges Theatergedächtnis, mit Zitaten aus *Richard III*, *Zarathustra*, den *Meistersingern* und anderen mehr. So ist auch *Ritter, Dene, Voss* eine Art *remake* der *Zofen* von Genet. Es gibt bei Bernhard eine kulturelle, politische, künstlerische Radikalität, die von Minetti im gleichnamigen Stück ausgesprochen wird: »Der Schauspieler reißt / dem Schriftsteller die Maske herunter / und setzt sie sich auf / und verjagt das Publikum / indem er dem Publikum die Geisteskappe aufsetzt«. Bei dieser Publikumsfrage findet man Brechts Prinzip wieder, dem zufolge das Theater nicht dazu da sei, um das Publikum zu einigen, sondern um es zu entzweien.

Porcell – Was die Übersetzung angeht: Jeder hat seinen eigenen Bernhard, Bernhards Texte stellen aber ein geschlossenes, äußerst strenges System dar. Nun möchten aber meistens die Theaterleute einen Text nach Maß. Kann man aber das Bernhardsche System für jede Inszenierung retuschieren? Die Zusammenarbeit zwischen Übersetzer und Regisseur ist wünschenswert und möglich, wenn es sich um weniger strenge Texte handelt, und mehr noch, wenn sie mit Zeitgeist und -sprache spielen, welche sich eben schnell ändert. Aber bei so geschlossenen Texten? Wir wissen ja, daß bei Bernhard die Änderung eines einzigen Worts die gesamte Konstruktion zum Einsturz bringen kann. Bei Beethoven und Bach wird selten dieser oder jener Ton nach den Wünschen des jeweiligen Interpreten geändert. Nicht die Partitur soll sich dem Interpreten anpassen, sondern der Interpret soll die Partitur interpretieren. Genausowenig wie bei den Bühnenanweisungen darf man hier versuchen, Bernhard zu überlisten.

Als Übersetzer habe ich interessante Experimente gemacht und sonderbare Situationen erlebt: Nachdem ich einmal nach langen Diskussionen Änderungen akzeptiert hatte (das war bei *Am Ziel*), sind Regisseur und Schauspieler auf meinen ursprünglichen Text zurückgekommen. Das besagt natürlich nicht, das er der einzig mögliche, der einzig gute war und nicht hätte verbessert werden können. Bernhard hat übrigens recht, wenn er in den Fernsehinterviews mit Krista Fleischmann scherzhaft meint, daß ein übersetzter Text von ihm eben kein Text von ihm mehr sei. Der neue Text aber, wenn er korrekt und redlich gemacht wird, hat wenigstens das Verdienst einer inneren Konsequenz, die die Gesamtkonsequenz der Werke als Kontinuum berücksichtigt. Gott und der Teufel wissen, wie wichtig diese Kontinuität bei einem Autor ist, der sehr viel mit Rekurrenzen und Variationen arbeitet. Deshalb glaube ich, daß es bei Bernhard nicht möglich ist – bei anderen Autoren wäre es selbstverständlich anders –, spezielle Übersetzungen für die jeweiligen Inszenierungen anzufertigen.

Bataillon – Ich verstehe ja, was vorhin den Widerstand gegen das begründete, was ich über die notwendige Abstimmung sagte. Ich sprach aber von der materiellen Verkörperung des Gedankenprozesses. Wenn man im Laufe einer Probe nicht mehr weiter weiß, dann gibt es oft sprachliche Gründe dafür. 1972 habe ich zum Beispiel mit Langhoff, der kein Französisch konnte, an Brechts *Brotladen* gearbeitet. Manchmal sagte Langhoff: Dort ist sicher ein Irrtum in der Übersetzung, der Gedanke nimmt einen anderen Weg, die Satzordnung ist umgekehrt, und deshalb kann diese Schauspielerin nicht spielen. Und das stimmte. Das ist keine Frage des »schlechten« oder »guten« Französisch, sondern der Grundrhetorik, die man wiederfinden muß. Darin muß Übereinstimmung herrschen.

Vincent – Symptomatisch ist, daß es in Frankreich bei diesem gerontophilen und gerontokratischen Verleihungsfest der »Molières« einen »Molière« der besten Bearbeitung gibt, nicht aber der *Übersetzung*. Darin spiegelt sich die Ideologie der französischen Sprache und Tradition wider, die eine »Adaptation« verlangen, eine Anpassung: d. h. die Sprache dieser Mistbauern zu verschönern, die nicht einmal Franzosen sind! Sie dem Geschmack des Theaters anzugleichen, das die Franzosen für das beste der Welt halten.

Bataillon – Zu dem, was ich Mißverständnis nannte, gehört auch das Spiel des Darstellers. Bei den Vorstellungen von *Heldenplatz* in Paris waren die Unterschiede deutlich zu erkennen. Guy Tréjan in der Rolle von Professor Schuster weiß, daß er sich nicht einen Augenblick lang von der Gestalt trennen darf, daß die Gestalt, die mit dem größten Ernst gespielt wird, die komischste ist. Er stellte den Text nicht in Frage, suchte kein Einverständnis mit dem Publikum hinter dem Rücken der Gestalt. Dagegen warb Annie Girardot in der Rolle der Frau Zittel ständig um das Publikum und hörte nicht auf, ihre Rolle zu beurteilen, so daß sie schließlich nicht glaubwürdig war. Bei Bernhard muß man die Gestalten bis zum Äußersten ihrer Logik durchspielen, mit ihrer schrecklichen Ernsthaftigkeit. Dann erst werden sie komisch.

Vincent – Beim Bernhard-Spielen gibt es tatsächlich zwei wichtige Begriffe: das Unheimliche, diese sonderbare Mischung aus Wirklichkeit und Unwirklichkeit. Und dann Kleists Prinzip, nach dem man den Denkprozeß entwickelt, wie man *geht*. Man muß den Denkprozeß körperlich darstellen, Schritt für Schritt. Bei den *Theatermacher*-Proben gab es zwei Situationen, in denen wir nicht mehr zuhörten: die, wo diese Konstruktion fehlte, und die, wo das Stummsein der zuhörenden Gestalt nicht präzis, ungenau war. Bruscon spricht 2 Stunden 36 Minuten, die anderen Figuren teilen sich die restlichen 2 Minuten. Aber sie haben einen absolut notwendigen Zuhörtext. Solange dieser unklar bleibt, höre ich, als Dritter, nicht zu.

Nebenzahl – Bernhards Schreibweise leistet der Figur Widerstand. Sie ist eine Sprache des Bruchs, der Unterbrechung und des Vergessens, und erst durch dieses Vergessen kommt die Erinnerung. Im Schweigen erinnern sich die Leute, durch das Schweigen, nicht durch das Gesagte, nicht durch die Ideologie. Hier haben wir es mit einer wirklich politischen und künstlerischen Sprache zu tun. Der Schauspieler widersteht beständig der Figur. Bernhards Menschen werden von der Figur angezogen, in Versuchung geführt, doch sie widerstehen. In Frankreich erwarten einige Regisseure und das Publikum, daß ihnen der Darsteller *die Figur* gibt.

Richard – Dieser Widerstand gilt aber auch einer ganzen Theatertradition, dem Schillerschen Pathos. Bernhard, das ist ein Kampf gegen eine ganze Kulturtradition. Jean-Pierre Vincent hat recht, wenn er die Übersetzungen kritisiert, die man früher »belles infidèles«, schöne Betrügerinnen nannte, aber braucht das Theater doch nicht auch »Bearbeitungen«? Wie kann man die kulturellen Bezüge transportieren, die zum großen Teil, ob man will oder nicht, an Österreich gebunden sind? Wie kann man Bernhards österreichische Identität dem französischen Publikum zugänglich machen?

Vincent – Zunächst muß man sie erkennen und übersetzen wollen, was nicht bearbeiten heißt. Wenn im Theater adaptiert werden soll, dann als meine Anpassung an den anderen, nicht des anderen an mich. Wenn ich ins Theater gehe, will ich eine Reise machen und keinen Prospekt nach Hause mitnehmen, ich will selber die Reise unternehmen. Es gibt viele kulturelle Bezüge, Hinweise, Referenzen, aber sie ergeben einen Bernhard erst in ihrer Verschmelzung. Das ist wie ein Stück Scheiße, aus vielen verschiedenen Nahrungsmitteln und Körperausscheidungen zusammengesetzt. Das ergibt dann einen einzigen Gegenstand: einen Scheißhaufen. Und jeder verrichtet den seinen, der aus vielen verschiedenen Sachen besteht. Übrigens – Österreich ist auch Scheiße.

(*Unruhe im Saal – Lachen, Proteste, Beifall*)

Apropos Essen und Übersetzung: Im *Theatermacher* hatten wir das Problem der »Frittatensuppe«. Die Übersetzerin hatte ein mögliches Äquivalent aus der Gegend von Lyon gewählt, die »matefaim«-Suppe. Ich fand diesen Namen etwas rätselhaft. So sind wir eine Frittatensuppe essen gegangen, um zu wissen, was das ist. Ich dachte, die »matefaim«-Suppe müßte etwas Kräftiges, sehr Nahrhaftes sein, womit man den Hunger bezwingt (»mater la faim«). Die Frittatensuppe ist aber das genaue Gegenteil, ziemlich asketisch: Fleischbrühe mit kleinen, sehr dünnen Stückchen Omelett und ein bißchen Schnittlauch. Sie schmeckt übrigens sehr gut. Aber das ist es gerade: Er verlangt eine leichte, künstlerische Suppe. Schließlich haben wir das durch »bouillon à l'omelette« übersetzt, weil »bouillon« besser als »soupe« dieses Leichte wiedergibt.

Eine Zuhörerin aus Österreich – Ich bin mit der Idee gar nicht einverstanden, daß etwas umso universeller sein soll, je österreichischer es ist. Bei *Heldenplatz* hat das französische Publikum eben nur an Österreich gedacht: das ist alles schön und gut, sehr hübsch, sehr lustig, doch uns geht das nichts an. Dort ist alles Scheiße, hier nicht.

Richard – Richtig, das Publikum fand das exotisch, selbst und vor allem den Antisemitismus.

Rach – Dieses Problem umfaßt aber zwei verschiedene Aspekte, den künstlerischen und den politischen. Es gibt Theaterstücke, die man in ihrem ursprünglichen Rahmen lassen muß. Mir scheint es schwierig, sogar undenkbar, *Heldenplatz* nach Paris zu versetzen. Einige Stücke, *Saved* von Bond zum Beispiel, kann man viel leichter adaptieren. Andrerseits aber hat man es mit der Mentalität, der Psychologie des französischen Publikums zu tun, das gerne die Situation in Österreich zur Verdrängung der eigenen benutzen möchte. So daß Jean-Pierre Vincents Meinung aus künstlerischer Hinsicht richtig, aus politischer aber falsch sein kann.

Wolfram Bayer – Ja, mit der Politik ist am Theater stets zu rechnen. Aber hat man das Recht, den Text zur Geisel der Politik zu machen? Es hat mich ehrlich gesagt schockiert zu hören, daß in gewissen Pariser *Heldenplatz*-Aufführungen im Text aus den »Sozialisten« »*österreichische* Sozialisten« gemacht wurden usw. Das steht nicht im Text.

Porcell – Das wurde von den Schauspielern hinzugefügt, wenn sie merkten, daß ein Teil des Publikums hauptsächlich die französische Regierung belachte. Man muß doch auch sagen, daß die Situation nicht ganz die gleiche ist.

Bayer – Ja, aber man ist versucht, den Spieß umzudrehen: hat man nie (was beispielsweise in den Niederlanden gemacht wurde) versucht, Bernhard mit Hilfe einiger Retuschen an einen anderen Ort zu übertragen, anstatt ihn einfach zu übersetzen? *Heldenplatz* – um es etwas brutal zu sagen, den Titel *Vichy* zu geben? »Alle Wiener sind Antisemiten« durch »Alle Pariser sind Rassisten« zu übersetzen? Sind derartige Experimente versucht worden?

Rach – Selbstverständlich nicht! Aber damit das französische Publikum die Situation und Problematik von *Heldenplatz* wirklich versteht, wäre ein Stück notwendig, das von einem französischen Autor geschrieben wurde, sich mit einer aktuellen, auf Vichy bezogenen Situation befaßt und an der Comédie Française gespielt wird.

Bayer – Das ist sehr bedauerlich. Damit verschenkt man jenen Aspekt des Werkes, den Bernhard wiederholt eingefordert und Peymann genial umgesetzt hat: die Wirkung des Stückes als seine »verschärfte«, »zugespitzte« Verwirklichung, und damit seinen provokatorischen Impetus, die vielzitierte Virulenz, die, wie ich glaube, an den Grenzen Österreichs nicht haltmacht. Bernhard hat oft genug betont, *gegen* das Publikum zu schreiben.

(*Unruhe im Saal, Befremden, Empörung*)

Porcell – Nur: wenn man »Vichy« sagt, ist es im Grunde ein anderes Stück. Man müßte ja nicht nur einige Retuschen vornehmen. Es müßten die spezifisch französischen Probleme behandelt werden, und das tut ein französisches Stück wahrscheinlich besser. Es gab und es gibt ja welche, nur scheint es, daß sich in Frankreich die Bühne heute viel weniger dazu eignet als das Kino oder das Fernsehen. Damals erregten Genets *Paravents* oder Hochhuths *Stellvertreter* enormes Aufsehen, lösten sogar richtige Prügeleien aus. Später gab es die im Fernsehen zuerst verbotenen *Français, si vous saviez* und *Le Chagrin et la Pitié*. Bemerkenswert ist allerdings, daß derzeit Chabrols Film *L'Oeil de Vichy* und Marbeufs *Pétain* eine nur zaghafte Polemik auslösen.

Richard – Festzuhalten ist auch, daß hier keine Proteste gegen einen ambivalenten Aspekt von *Heldenplatz* – wie seinerzeit bei Faßbinder – laut wurden, gegen die Möglichkeit einer Reaktion in der Art: »Warum wollen sich denn diese Juden immer den anderen so überlegen zeigen, soviel intelligenter als die anderen, die Situation von oben herab betrachten« usw. In der französischen Presse hat es jedenfalls keine Auseinandersetzungen darüber gegeben. Und soviel ich weiß, reagierten die französischen Juden nicht. Stellen wir uns mal vor, das Stück wäre auf Paris übertragen worden: Die jüdische Gemeinschaft hätte gegen diese Zumutung protestiert. So aber spielte das Stück in Wien, und es handelte sich um Österreich.

Porcell – Leider scheint es mir wirklich schwer, Bernhards Stücke zu versetzen, zu »übertragen«, und gerade die politischsten unter ihnen, diejenigen, die sich auf Situation, Geschichte, Kultur und Psyche eines Volkes, eines Landes konzentrieren. Hier Österreich, anderswo Deutschland – zum Beispiel in *Vor dem Ruhestand*, das auch einen großen Erfolg in Paris hatte. Ich fürchte, daß man diese Stücke für das nehmen muß, was sie auch sind, nämlich *etwas, was von woanders her kommt*, auch wenn es uns natürlich angeht. Ich frage mich, ob eine derartige Übertragung nicht durch den Zuschauer selbst bewerkstelligt werden muß, wozu ihn selbstverständlich die Kunst des Regisseurs und des Schauspielers bewegen soll. Ich bin gerade dabei, eine Übersetzung von *Über allen Gipfeln ist Ruh* zu wagen – ohne zu wissen, ob eine französische Aufführung überhaupt möglich ist. Man sieht es ja: schon der Titel, vom »Inhalt« ganz zu schweigen, ist ein Kapitel für sich, eine ganze Landschaft – übrigens spielen darin die süddeutschen Weinberge eine ziemlich wichtige Rolle. Nun: diese physische, historische, kulturelle, psychische Landschaft ist *eine einzigartige*, auch wenn sie mit anderen gemeinsame Züge aufweist. Weinberge gibt es in Deutschland, in Frankreich, in Spanien, in Nordafrika ... Bäume und Blumen gibt es in Papeete und Sussex. Ich glaube aber kaum, daß man eine Tahiti-Landschaft auf Englands Hügel »übertragen« oder »Goethe« durch »Victor Hugo« übersetzen kann.

Rach – Dieses Problem ist ein künstlerisches. Bestimmte Stücke eignen sich zur »Übertragung«, andere wieder nicht. Ich bin eher mit Jean-Pierre Vincent einverstanden, wenn er sagt: Je präziser, je »zielgenauer« man ein Stück spielt, desto bessere Chancen hat man, das richtige Verständnis über die Rampe zu bringen.

Vincent – Man soll ja den Schriftstellern vertrauen, deren Beruf es doch ist, von gewissen Dingen zu sprechen. Ich habe den Plan ins Auge gefaßt, den *Theatermacher* in die Normandie zu versetzen. Da wären wir dort in die Metzgerei eines kleinen Nestes gekommen –

Porcell – Nur sind eben in der Normandie die Metzgereien nicht zugleich Wirtshäuser!

Vincent – Na, wir hätten jedenfalls ausgerufen: »Es sind Sozialisten, sagen sie, aber es sind nur Pétainisten« usw. An einigen Stellen klappt das vollkommen. Doch was die Beweggründe der Figur betrifft, ihre Quellen, die diejenigen eines ganzen Volkes sind und dieser alemannischen Katholizität entspringen, da geht es auf einmal nicht mehr weiter. Im Übrigen gab es unter den Zuschauern nicht nur Leute, die mir sagten: Das ist Österreich, das geht uns nichts an. Keineswegs. (*An die Zuhörerin*) Sie sind vielleicht dafür empfänglicher, weil Sie als Österreicherin in Paris leben. Aber es gab ja nicht nur Leute, die das Ganze auf Österreich abgewälzt haben. Ich sprach mit vielen, die gar nicht unversehrt davongekommen sind. Natürlich versucht die Mehrheit zu fliehen, welches Schauspiel es auch sein mag. Da die Bedingungen des heutigen Lebens die Leute vereinzeln, suchen sie im Theater nicht die Entzweiung, sondern die Einigung. Das ist schrecklich, das bringt uns in eine sehr schwierige Lage, weil unsere Aufgabe, die darin besteht, die Zuschauer zu entzweien, dem innigen Wunsch des Zuschauers entgegensteht. Als könnte das Theater die Leute vor etwas retten, was immer unerbittlicher, immer entsetzlicher wird. Nein, meiner Meinung nach gibt es eine *territoriale* Art, das Unglück der Menschheit zu verkörpern. Es stimmt, daß Bruscon vielleicht nicht tyrannischer ist als Ödipus, wenn dieser mit der kleinen Antigone auf Kolonos ankommt. Sie sind im großen und ganzen gleichwertig. Ödipus ist ein altes Arschloch, aber ein griechisches. Bruscon ist ein österreichisches Arschloch, und es gibt auch französische Stücke über französische Arschlöcher.

Jean-Marie Winkler – Bei der Untersuchung der *Heldenplatz*-Rezeption fand ich sehr wenige jüdische Proteste – nur in einer Zeitschrift mit geringer Auflage, wo alles in allem gesagt wird, daß seit der Gründung des Staates Israel die Juden nicht mehr Selbstmord zu begehen brauchten. Im Grunde darf man sich fragen, ob Bernhards Durchbruch in Frankreich nicht auch mit einer Fluchtstrategie zusammenhängt. Die rechtsradikale Presse hat eine sehr subtile ausgemacht, indem sie Bernhard Antisemitismus vorwirft: er zeige Juden, die ihr Vaterland beschimpfen, weil sie eben keines haben usw. So daß *National-Hebdo*, die Wochenzeitung der von Le Pen geleiteten Nationalen Front, die Antirassisten gegen Bernhard aufruft!

Porcell – Das besagt, daß bei den Rechtsradikalen die Botschaft ganz gut vernommen wurde, denn sie stülpen sie wieder einmal um, wie sie es systematisch tun, indem sie ständig vom »französischfeindlichen Rassismus« der Immigranten sprechen. Schon 1983 wurden bei *Vor dem Ruhestand* solche Reaktionen laut, doch hauptsächlich – und paradoxerweise – beim Kritik-Papst Cournot in der eher linken Zeitung *Le Monde*!

Ein Zuhörer – Bezüglich dieser Bernhardschen Radikalität: wie wird das Verhältnis zwischen Künstler und Politiker gestaltet?

Porcell – Gerade das ist bei der Rezeption problematisch. Bernhard behandelt den einen und den anderen auf absolut gleiche Weise und thematisiert sogar diese Kontinuität, indem er – im *Präsidenten* zum Beispiel – eine Hierarchie der Künste aufstellt, die die Politik einschließt: »Die Politik ist die höchste Kunst« usw. Auch auf diesem Gebiet benutzt er die provokatorische Technik des Vexier- bzw. Umspringbildes, die Reaktionen wie die soeben erwähnte auslösen kann. Das ist ein außerordentlicher Schock: Der Musiker und der SS-Mann sind im Grunde gleich.

Nebenzahl – Was die Politik mit der dramatischen Kunst verbindet, ist eben Bernhards Radikalität, der Schnittpunkt, an dem Lüge und Wahrheit zusammentreffen. Die Frage nach der Wahrheit vereinigt in sich gleichermaßen eine politische und eine künstlerische Frage – das Wesentliche. In *Einfach kompliziert* bewegt sich der Schauspieler ohne Unterlaß zwischen den beiden Polen: Er will das Publikum faszinieren und gleichzeitig die Faszination zerstören. Er spielt mit den Nerven des Publikums, das die

Figur, den Konsens, das Fest erwartet. Und eben das darf man ihm auf keinen Fall geben. Um Freuds Sprache zu benutzen: Das Publikum flieht jeden Ort, an dem es Wahrheit, Verantwortung, Freiheit gibt.

Richard – Das heißt: wir sind alle Schauspieler.

Vincent – Und: im Theater ist alles Lüge. Theater ist eine mehrtausendjährige Perversität, in die die Menschheit vernarrt ist. Und sie ist deshalb so vernarrt in sie, weil sie in die Lüge vernarrt ist. Der Anfang des Zitats aus dem *Präsidenten* stammt eigentlich aus *König Ödipus*: »O höchste Kunst« etc. – Kreon sagt das über die Politik, genau in dem Moment, wo er und Ödipus einander belügen. Übrigens: Bernhards Theater ist fast kabbalistisch, voller solcher Anspielungen, geheimer Begegnungen, so dicht, vielleicht noch dichter als bei Shakespeare. Er ist fähig, sich formale, numerische Schwierigkeiten aufzuerlegen, wie Johann Sebastian Bach, wenn er alles andere überwunden hatte. Im *Theatermacher* zum Beispiel nimmt die erste Szene die Hälfte des Stückes ein, sie ist genau doppelt so lang wie die zweite etc. Es gibt eine Logik, einen Fetischismus, die sich auf Namen, Dinge, Zahlen beziehen, wie bei Bach oder Shakespeare.

Rach – Noch ein Wort zu *Heldenplatz*, um Bernhards nicht nur künstlerisches, sondern auch politisches Bewußtsein zu betonen. Wenn die französische Aufführung stattfinden konnte, dann nur aufgrund eines letzten Mißverständnisses: Zu jener Zeit haben wir nicht gewußt, daß Bernhard im Prinzip jede Aufführung außerhalb Österreichs untersagt hatte. Er wollte es nur in Wien gespielt wissen und sonst nirgendwo. Wenn ich das gewußt hätte, hätte ich mich natürlich nie darüber hinweggesetzt. Aber das war wenige Wochen vor seinem Tod, er lag schwerkrank, und wir hatten mit ihm keinen direkten Kontakt mehr. Nachdem alles schon im Gang war, haben die Rechtsnachfolger zugesagt. Bernhard war sich also völlig bewußt, daß sich das Stück an die Österreicher richtete und auf keinen Fall für ein anderes Volk ein Mittel sein durfte, sich schuldfrei zu fühlen, seine eigene Schuld auf die Österreicher abzuwälzen.

(Aus dem Französischen von Helga Scholle-Mészaros)

Die Autoren

Alexander Andreev, geb. 1956 in Sofia, Bulgarien. Studium an der Universität Sofia. Seit 1979 als Journalist, Schriftsteller und Übersetzer aus dem Deutschen tätig. Hörfunk- und Fernsehbeiträge in Bulgarien und Deutschland, Publikationen in bulgarischen und ausländischen Zeitungen und Zeitschriften. 1986 erscheint in Bulgarien sein erstes Prosabuch »Freiheitsgrade«.
Literarische Übersetzungen aus dem Deutschen: Thomas Bernhard: Der Atem, Erzählungen, Sofia 1984. Rainer Maria Rilke: Aufzeichnungen des Malte Laurids Brigge, Sofia 1985. Günter Grass: Katz und Maus, Örtlich betäubt, Das Treffen in Telgte, Sofia 1986; Unkenrufe, 1993. Friedrich Dürrenmatt: Justiz, Sofia 1987. Gert Hofmann: Gespräch über Balzacs Pferd, Sofia 1988. Jakob Wassermann: Caspar Hauser, Sofia 1993. Urs Jaeggi: Grundrisse (unpubliziert) sowie Erzählungen von Max Frisch, Heinrich Böll, Peter Härtling, Ilse Aichinger u. a.

Wolfram Bayer, geb. 1953 in Vorau (Stmk.). Studium der Romanistik und Germanistik in Wien und Paris. 1979 Promotion mit einer Arbeit über Charles Baudelaire; Universitätslektor, Verlagslektor, seit 1990 freiberuflicher Übersetzer (J. Kristeva, G. Duby, E. Benveniste, G. Genette, Ph. Lejeune, J. Semprún u. a.) und Lektor. Lebt in Wien und in der Steiermark.

Eugenio Bernardi, Professor für deutsche Sprache und Literatur an der Universität Venedig. Veröffentlichungen über Goethe, Jean Paul, Robert Walser, Max Frisch, Friedrich Dürrenmatt, Thomas Bernhard.
Übersetzungen: Goethe: Clavigo, Jean Paul: Des Luftschiffers Gianozzo Seebuch, Schnitzler: Das weite Land; Komödie der Verführung, Dürrenmatt: Die Panne, Bernhard: Verstörung, Der Keller, Der Stimmenimitator, Ungenach, Am Ziel, Ritter, Dene, Voss.

Urs Bugmann, geb. 1951 in Cham. Studium der Germanistik, Publizistik und Literaturkritik in Zürich. 1981 Promotion mit einer Arbeit über Thomas Bernhards autobiographische Schriften. Arbeitet als Lektor, Literatur-, Theater- und Kunstkritiker. Derzeit Kulturredakteur einer Tageszeitung.
Veröffentlichungen: Bewältigungsversuch. Thomas Bernhards autobiographische Schriften, Bern 1981. Nachwort in: Meinrad Inglin: Erzählungen, Zürich 1990.

Della Couling, Übersetzerin von Theaterstücken aus dem Italienischen und Holländischen, Theater- und Musikkritikerin, u. a. für The Independent, Theater heute, Ridotto, NRC Handelsblad, De Volkskrant; monatliche Features und Rezensionen für Opera Now; das von ihr zuletzt übersetzte Stück »Operazione« von Stefano Reali wurde im September 1993 im von Alan Ayckbourn geleiteten Stephen-Joseph-Theater in Scarborough aufgeführt. Lebt in London.

Sverre Dahl, geb. 1946 in Oslo. Studium der Germanistik, Ideengeschichte und Anglistik in Oslo und Freiburg i. Br. 1971 philologisches Staatsexamen. Promotion zum Doktor der Philosophie 1978 mit der Arbeit »Relativität und Absolutheit. Studien zur Geschichtsphilosophie Hermann Brochs (bis 1932)«, Bern etc. 1980. Zahlreiche Aufsätze zur deutschsprachigen Literatur in norwegischen und ausländischen Zeitschriften und Zeitungen. Seit 1986 freiberuflicher Übersetzer und Lektor. Hat etwa dreißig deutschsprachige Bücher ins Norwegische übersetzt, darunter - neben fünf von Thomas Bernhard - Werke von Schiller, Novalis, Hermann Broch, Max Frisch, Stefan Heym, Heinrich Böll, Martin Walser, Jurek Becker und Christoph Ransmayr.

Udo Dickenberger, geb. 1958 in Ilbenstadt, einer Ortschaft zwischen Taunus und Vogelsberg. Nach dem Schulbesuch im hessischen Friedberg und dem Wehrdienst in Wetzlar und Arolsen Studium des Bibliothekswesens und dann der Germanistik und Philosophie in Stuttgart. 1981 Diplom-Bibliothekar, 1988 Magister Artium, 1990 Dr. phil.
Zahlreiche Artikel und Aufsätze in diversen Tageszeitungen und Zeitschriften im deutschsprachigen Raum. Bücher: Liebe, Geist, Unendlichkeit, Hildesheim 1990. Der Tod und die Dichter, Hildesheim 1991.

Franz Eybl, geb. 1952 in Neumarkt im Hausruckkreis (OÖ). Dozent und Assistenzprofessor am Germanistischen Institut der Universität Wien. Forschungsschwerpunkte: Rhetorik und Homiletik (Abraham a Sancta Clara), Literatur des Barock, österreichische Literatur des 20. Jhdts. (historischer Roman der Zwischenkriegszeit, Thomas Bernhard).
Veröffentlichungen u. a.: Gebrauchsfunktionen barocker Predigtliteratur, Wien 1982. Abraham a Sancta Clara. Vom Prediger zum Schriftsteller, Tübingen 1992. Abraham a Sancta Clara: Ein Karren voller Narren und andere kleine Schriften (Hg.), Salzburg 1993, sowie Aufsätze in Zeitschriften und Sammelbänden zur barocken Lyrik, zur Rhetorik und zum Problemkreis von Oralität und Literalität in der frühen Neuzeit (Geschichte des Lesens, Predigt, Druckgeschichte und Buchwesen).

Brigitte Felderer, Studium der Sprachwissenschaften, Kommunikationswissenschaften und Romanistik; Veröffentlichungen über den Sprachgebrauch von J. Haider und K. Waldheim; seit 1991 Beschäftigung mit dem Thema »Höflichkeit«; lebt und arbeitet in Wien.

Carlos Fortea, geb. 1963 in Madrid. Germanist, arbeitet seit 1986 als freier Übersetzer. Seit 1990 Mitglied der Asociación Colegial de Escritores de España (Spanischer Schriftstellerverband).
Wichtigste Übersetzungen: Thomas Bernhard: Los comebarato (Die Billigesser), Madrid 1989. Heinrich Heine: Relatos (Erzählende Prosa), Madrid 1992. Elfriede Jelinek: El ansia (Lust), Madrid 1993.
Veröffentlichungen: Retorno a Bernhard (Rückkehr zu Bernhard), in: Ajoblanco, September 1990. Alemania, el verano de nuestro descontento (Deutschland, der Sommer unserer Unzufriedenheit), in: Ajoblanco, September 1990. Thomas Mann: La memoria de la ruina (Thomas Mann: Erinnerung des Zusammenbruchs), in: Ajoblanco, Juli 1991.

Heide Helwig, Studium der Germanistik und Romanistik in Salzburg. Dissertation über Elias Canetti. Seit 1990 Lektorin für Deutsch an der Universität Nantes.

Andreas Herzog, geb. 1959. Lehrerstudium Deutsch/Geschichte, Promotion über Thomas Bernhard 1990, Assistent an der Universität Leipzig (Bereich Literatur des 20. Jahrhunderts), Schwerpunkt österreichische Literatur. Publikationen auch zum »Dilemma des kritischen Engagements von DDR-AutorInnen« sowie zur Auseinandersetzung mit dem Judentum in der deutsch-jüdischen Literatur 1860-1938. Publizistische Beiträge zur österreichischen Gegenwartsliteratur und zu Arnold Zweig.

Renate Hörlezeder, geb. 1967 in Wien. AHS-Matura 1985, Tätigkeiten in der Hotellerie als Rezeptionschefin und Verkaufsleiterin, stellvertretende Verkaufs- und Marketingleiterin bei der Firma Eurest im Austria Center Vienna, 1991 Lehrgang für Werbung und Verkauf an der Wirtschaftsuniversität Wien.

Martin Huber, geb. 1963. Studium der Germanistik und Philosophie in Wien, Mag. Dr. phil., Literaturwissenschaftler, derzeit Lektor an der Prager Karlsuniversität. Veröffentlichungen zur Literatur des 20. Jhdts. mit Schwerpunkt Thomas Bernhard (zuletzt: Thomas Bernhards philosophisches Lachprogramm. Zur Schopenhauer-Aufnahme im Werk Thomas Bernhards, Wien 1992).

Willi Huntemann, geb. 1960. Studium der Germanistik und Philosophie in Göttingen. Dissertation zum Gesamtwerk von Thomas Bernhard, 1990. Neben Arbeiten zu Bernhard und Beckett sowie zur Bernhard-Forschung in Form einer kommentierten Bibliographie (1991) Tätigkeit am Göttinger Sonderforschungsbereich »Die literarische Übersetzung«; lebt in Göttingen.

Karl J. Hupperetz, Studium der Germanistik und der Theaterwissenschaften in Groningen und Utrecht. Seit 1969 Dozent an der Reichsuniversität Groningen. Veröffentlichte eine Reihe von Aufsätzen zu Literatur und Theater im 20. Jhdt.

Maria Kajtár, geb. in Budapest. Studium der Germanistik und Hungarologie an der ELTE in Budapest. Nach dem Studium wissenschaftliche Mitarbeiterin am Institut für Literaturgeschichte der Ungarischen Akademie der Wissenschaften. 1985-89 Dozentin an der Universität in Szeged. Ab 1976 Lektorin für die deutschsprachigen Literaturen beim Európa-Verlag in Budapest. Ab 1992 Verlagsleiterin von »Magyar Könyvklub«.
Veröffentlichungen zu Karl Kraus, Josef Roth, Peter Handke und Péter Esterházy. Arbeiten zur Rezeption der österreichischen Literatur in Ungarn.

Stefan H. Kaszyński, geb. 1941 in Chojnice. Studium der Germanistik an den Universitäten Posen und Wien. Ordentlicher Universitätsprofessor, Leiter des Lehrstuhls für österreichische Literatur und Kultur an der Adam-Mickiewicz-Universität in Posen. Literaturhistoriker und Herausgeber.

Veröffentlichungen u. a.: Typologie und Deutung der Kurzgeschichten von Wolfgang Borchert, Poznań 1970. Die Problematik der Abrechnung in der österreichischen Lyrik der Nachkriegszeit, Poznań 1974. Identität Mythisierung Poetik, Beiträge zur österreichischen Literatur im 20. Jahrhundert, Poznań 1991. Herausgeber von Sammelbänden zu Elias Canetti, Karl Kraus u. a. 14 Übersetzungsanthologien österreichischer, deutscher und skandinavischer Literatur. Gottfried-von-Herder-Preis 1992.

Edmund Licher, geb. 1938 in Amsterdam. Studium der Germanistik, Philosophie und Allgemeinen Literaturwissenschaft an den Universitäten Amsterdam und Hamburg. Lehrt seit 1968 deutsche Literatur an der Universität Groningen. 1983 Promotion über die Lyrik Brechts. Aufsätze über Brecht, Ringelnatz u. a. sowie das Lehrgedicht; empirische Untersuchungen zur Rezeption von Emblemata, Fotogrammen und von Gedichten des niederländischen Maler-Dichters Lucebert. Aufsätze zum Phänomen des literarischen Durchbruchs und zu Thomas Bernhards Autobiographie »Ein Kind« (1993).

Miklós Györffy, geb. 1942 in Budapest. Studium in Budapest. Gymnasiallehrer, Regieassistent, Redakteur. Seit 1978 Adjunkt am Lehrstuhl für Allgemeine und Vergleichende Literaturwissenschaft an der Budapester Eötvös-Loránd-Universität. Doktorarbeit über Ingmar Bergman (1976), Habilitation über den Romanheldentyp »Der Fremde« (1992). Veröffentlicht Belletristik, Literatur- und Filmkritik sowie Übersetzungen (Goethe, Fontane, Schnitzler, Kafka, Musil, Broch, Frisch, Handke, Bernhard u. a.).

Fritz Mühlbek, geb. 1958 in Linz. Matura 1977 in Linz, Medizinstudium in Wien, Verkaufsmanager bei Tele Uno, Repräsentant bei der Kleinen Zeitung Wien. 1991 Lehrgang für Werbung und Verkauf an der Wirtschaftsuniversität Wien.

Alfred J. Noll, geb. 1960 in Salzburg. Studium der Rechtswissenschaft, Politikwissenschaft und Publizistik in Salzburg und Wien. Promotion zum Dr. iur. 1983. Postgraduate-Studium der Soziologie am IHS Wien. Rechtsanwalt und Publizist, Lehrbeauftragter an der TU Wien. Herausgeber des Journals für Rechtspolitik.
Zahlreiche Veröffentlichungen zum Polizei- und Verfassungsrecht sowie zum Neutralitätsrecht, u. a.: »Sicherheitsstaat« Österreich, Wien 1991; Sicherheitspolizeigesetz, Wien, New York 1991; Internationale Verfassungsgerichtsbarkeit, Wien 1992, sowie zahlreiche Aufsatzveröffentlichungen.

Andreas Nowak, geb. 1964 in Mödling. HTL-Matura 1982, Vertriebsleiter bei Tektronix. 1991 Lehrgang für Werbung und Verkauf an der Wirtschaftsuniversität Wien.

Claude Porcell, geb. 1946. Germanist, studierte an der Ecole Normale Supérieure Paris, der Sorbonne, der Universität Konstanz und der Freien Universität Berlin. Dozent für neuere deutsche Literatur an der Sorbonne. Übersetzte mehrere Stücke und Texte von Bernhard, Werke von Botho Strauß, Handke, Rilke, Frisch, Härtling u. a. Herausgeber von Bernhard-Sekundärliteratur in Frankreich, vor allem des Bandes Thomas Bernhard - Ténèbres (Paris

1986) und Veranstalter der Pariser Bernhard-Symposien 1982 und 1991 (Österreichisches Institut/Sorbonne/Centre National de la Recherche Scientifique).

Luigi Reitani, geb. 1959 in Cerignola (Apulien). Studium der Germanistik und Romanistik in Bari und Wien. Arbeitet am Institut für Germanistik der Universität Udine. Verschiedene Publikationen zur österreichischen Literatur sowie Übersetzungen ins Italienische: Thomas Bernhard, Elfriede Jelinek, Friederike Mayröcker, Ingeborg Bachmann, Uwe Johnson, Arthur Schnitzler, Friedrich Schiller u. a.

Miguel Sáenz, geb. 1932 in Larache (Marokko) als Sohn spanischer Eltern. Dr. iur. und Staatsexamen in Germanistik an der Universidad Complutense Madrid. Übersetzer bei den Vereinten Nationen in New York und Wien. Dozent für Übersetzungstheorie an der Universidad Complutense. Staatsanwalt am Obersten Gerichtshof bis 1992. Nationaler Übersetzerpreis 1981 (Günter Grass, Der Butt), Nationaler Übersetzerpreis für Kinderliteratur 1983 (Michael Ende, Die unendliche Geschichte), Honour List of the International Board für Young People (IBBY) 1986, Nationalpreis für ein Übersetzerlebenswerk 1991. Übersetzungen aus dem Deutschen von Brecht, Döblin, Ende, Grass, Handke, Mörike, Mozart, Schnitzler, Christa Wolf und fast des gesamten Thomas Bernhard.

Dimitri Satonsky, geb. 1922 in Odessa. Studium an der Universität Kiew, Philologische Fakultät. Ordentlicher Professor, Leiter der Hauptabteilung Weltliteratur im Institut für Literatur in Kiew.
Veröffentlichungen u. a.: Das 20. Jahrhundert. Notizen über literarische Formen im Westen, Kiew 1961. Franz Kafka und die Probleme der Moderne, Moskau 1965. Die Kunst des Romans und das 20. Jahrhundert, Moskau 1973. Die Spiegel der Kunst, Moskau 1975. In unserer Zeit. Essays über die westlichen Literaturen, Moskau 1979. Der europäische Realismus des 19. Jahrhunderts, Kiew 1984. Die österreichische Literatur im 20. Jahrhundert, Moskau 1985. Die Richtlinien der modernen Kunst, Moskau 1988. Realismus als Zweifel, Kiew 1992. Mitglied der Akademie der Wissenschaften der Ukraine.

Wendelin Schmidt-Dengler, geb. 1942 in Zagreb. Studium der Klassischen Philologie und Germanistik in Wien, Habilitation für neuere deutsche Literatur an der Universität Wien 1974; seit 1980 ordentlicher Universitätsprofessor.
Veröffentlichungen u. a.: Genius. Zur Wirkungsgeschichte antiker Mythologeme in der Goethezeit, 1978; Eine Avantgarde aus Graz, 1979; Der Übertreibungskünstler. Studien zu Thomas Bernhard, ^{2}1989; Editionen aus dem Nachlaß von Heimito von Doderer; zahlreiche Aufsätze zur österreichischen Literatur des 19. und 20. Jahrhunderts. Österreichischer Staatspreis für Literaturkritik 1993.

Milan Tvrdík, geb. 1953. Oberassistent für deutsche und österreichische Literaturgeschichte an der Prager Karlsuniversität. Beschäftigt sich mit der böhmisch-deutschen Literatur des 19. und 20. Jahrhunderts sowie mit Barockliteratur. Co-Autor verschiedener Publikationen und Lexika zur deutschen und österreichischen Literatur: Lexikon deutschsprachiger

Schriftsteller, 1987. Lexikon berühmter literarischer Werke, 1988. Studien und Aufsätze zur österreichischen Literatur: Einige Aspekte der Entwicklung der österreichischen Prosa nach 1945, 1990. Drei Österreicher - Handke, G. Roth, Ransmayr, 1993, u. a.; zur böhmisch-deutschen Literatur: Franz Kafka und Felice Bauer, 1991. Der Schicksalskreis. Zur Form von Kafkas Romanen »Der Prozeß« und »Das Schloß«, 1993, u. a.

Jean-Marie Winkler, geb. 1960. Promotion 1988 mit einer Dissertation über Thomas Bernhard an der Universität Paris X - Nanterre. Maître de conférences an der Universität Paris IV - Sorbonne. Mitarbeiter der Zeitschrift »Austriaca«.
Publikation: L'attente et la fête. Recherches sur le théâtre de Thomas Bernhard. Bern etc. 1989.

Klaus Zeyringer, geb. 1953. Professor für Neuere deutsche Literatur an der Université Catholique de l'Ouest, I.P.L.V., Angers, Frankreich.
Zahlreiche Veröffentlichungen zur Literatur des 18., 19. und 20. Jahrhunderts, u. a. Innerlichkeit und Öffentlichkeit. Österreichische Literatur der achtziger Jahre, Tübingen 1992.

Siglenverzeichnis

A	Auslöschung. Ein Zerfall. Frankfurt a. M. 1986.
AB	An der Baumgrenze. Erzählungen. Reinbek 1980 (rororo 4477).
AM	Alte Meister. Komödie. Frankfurt a. M. 1985.
Am	Amras. Frankfurt a. M. 1988 (st 1506).
At	Der Atem. Eine Entscheidung. München 1981 (dtv 1610).
AV	Ave Vergil. Gedicht. Frankfurt a. M. 1981 (bs 769).
B	Beton. Frankfurt a. M. 1982.
CP	Claus Peymann kauft sich eine Hose und geht mit mir essen. Drei Dramolette. Frankfurt a. M. 1990.
DE	Die Erzählungen. Frankfurt a. M. 1979.
DU	Der Untergeher. Frankfurt a. M. 1990.
E	Erzählungen. Frankfurt a. M. 1988 (st 1564).
F	Frost. Frankfurt a. M. 1972 (st 47).
G	Gehen. Frankfurt a. M. 1971 (st 5).
H	Holzfällen. Eine Erregung. Frankfurt a. M. 1984.
He	Heldenplatz. Frankfurt a. M. 1988 (bs 997).
I	Der Italiener. Salzburg 1971.
J	Ja. Frankfurt a. M. 1988 (st 1507).
K	Korrektur. Roman. Frankfurt a. M. 1988 (st 1533).
Ka	Das Kalkwerk. Roman. Frankfurt a. M. 1973 (st 128).
Kä	Die Kälte. Eine Isolation. München 1984 (dtv 10 307).
Ke	Der Keller. Eine Entziehung. München 1979 (dtv 1426).
Ki	Ein Kind. München 1985 (dtv 10 385).
Sti	Der Stimmenimitator. Frankfurt a. M. 1978 (bs 770).
St1	Stücke 1. Frankfurt a. M. 1988 (st 1524).
St2	Stücke 2. Frankfurt a. M. 1988 (st 1534).
St3	Stücke 3. Frankfurt a. M. 1988 (st 1544).
St4	Stücke 4. Frankfurt a. M. 1988 (st 1554).
U	Ungenach. Erzählung. Frankfurt a. M. 1968 (es 279).
Ur	Die Ursache. Eine Andeutung. München 1977 (dtv 1299).
V	Verstörung. Frankfurt a. M. 1969 (bs 229).
W	Watten. Ein Nachlaß. Frankfurt a. M. 1969 (es 353).
WN	Wittgensteins Neffe. Eine Freundschaft. Frankfurt a. M. 1982 (bs 788).

Titelindex